westermann

Hans Jecht, Marcel Kunze, Peter Limpke, Rainer Tegeler

Wirtschaftslehre für Fachoberschulen in Hessen

Schülerband 1

1. Auflage

Bestellnummer 32427

Die in diesem Produkt gemachten Angaben zu Unternehmen (Namen, Internet- und E-Mail-Adressen, Handelsregistereintragungen, Bankverbindungen, Steuer-, Telefon- und Faxnummern und alle weiteren Angaben) sind i. d. R. fiktiv, d. h., sie stehen in keinem Zusammenhang mit einem real existierenden Unternehmen in der dargestellten oder einer ähnlichen Form. Dies gilt auch für alle Kunden, Lieferanten und sonstigen Geschäftspartner der Unternehmen wie z. B. Kreditinstitute, Versicherungsunternehmen und andere Dienstleistungsunternehmen. Ausschließlich zum Zwecke der Authentizität werden die Namen real existierender Unternehmen und z. B. im Fall von Kreditinstituten auch deren IBANs und BICs verwendet.

Zusatzmaterialien zu „Wirtschaftslehre für die Fachoberschulen in Hessen. Schülerband 1“

Für Lehrerinnen und Lehrer

Lösungen: 978-3-427-32429-4
Lösungen Download: 978-3-427-32428-7

BiBox westermann
inkl. E-Book

BiBox Einzellizenz für Lehrer/-innen (Dauerlizenz): 978-3-427-32430-0
BiBox Kollegiumslizenz für Lehrer/-innen (Dauerlizenz): 978-3-427-32431-7
BiBox Kollegiumslizenz für Lehrer/-innen (1 Schuljahr): 978-3-427-32432-4

Für Schülerinnen und Schüler

BiBox westermann
inkl. E-Book

BiBox Einzellizenz für Schüler/-innen (1 Schuljahr): 978-3-427-32433-1
BiBox Klassensatz PrintPlus (1 Schuljahr): 978-3-427-82937-9

Druck und Bindung: Westermann Druck GmbH, Georg-Westermann-Allee 66, 38104 Braunschweig

ISBN 978-3-427-32427-0

Vorwort

Ziel des Unterrichts an hessischen Fachoberschulen ist das Erreichen einer umfassenden Handlungskompetenz der Schülerinnen und Schüler, verstanden als Bereitschaft des Einzelnen, sich in gesellschaftlichen, beruflichen und privaten Handlungssituationen sachgerecht, durchdacht und sozialverantwortlich zu verhalten. Sie entfaltet sich in den Dimensionen Fachkompetenz, Personalkompetenz und Sozialkompetenz, Methodenkompetenz und Lernkompetenz.

Dieses Buch möchte die Handlungskompetenz der Lernenden explizit und nachhaltig fördern.
Die Schülerinnen und Schüler sollen auf die selbstständige Bewältigung der zunehmend komplizierteren und komplexeren Wirtschaftspraxis vorbereitet werden.

Dabei setzt das vorliegende Werk die Forderungen des neuen Lehrplans an der FOS Hessen wie folgt um:

- Es strukturiert den von den Lernsituationen ausgelösten Lernprozess
- Es stellt die zur Erreichung der geforderten Kompetenzen notwendigen Inhalte und Methoden dar.
- Es bewegt und motiviert zum Lesen und Lernen.

Die einzelnen Kapitel dieses Schulbuchs sind einheitlich gegliedert:

1. **Einstieg:** Jedes Kapitel beginnt mit einer anschaulichen Fallschilderung oder Darstellung, die auf eine Problemstellung des Kapitels hinweist.
2. **Information:** Es schließt sich ein ausführlicher Informationsteil mit einer großen Anzahl von Beispielen und weiteren Veranschaulichungen an.
3. **Aufgaben:** Die im Aufbau folgenden Lernaufgaben, die der Erschließung des Textes dienen, sollen von den Schülerinnen und Schülern mithilfe des Informationsteils selbstständig gelöst werden. Durch zusätzliche Anwendung wichtiger Lern-, Arbeits- oder Präsentationstechniken im Zusammenhang mit dem behandelten Thema werden Grundlagen zum Erwerb der beruflich geforderten Handlungskompetenz gelegt.
4. **Zusammenfassung:** Am Kapitelende werden die wesentlichen Lerninhalte in Form einer farblich hervorgehobenen Übersicht als Post-Organizer zusammengefasst. Die Übersicht eignet sich sehr gut zur Wiederholung des Gelernten.

Die übersichtliche Gestaltung der Kapitel, die ausführlichen Erläuterungen der Fachbegriffe, die leicht verständliche Textformulierung und die vielen Beispiele und Abbildungen veranschaulichen die Inhalte ganz besonders, sodass das Lernen wesentlich erleichtert wird.

Das umfangreiche Sachwortverzeichnis am Schluss des Buches soll dem schnellen und gezielten Auffinden wichtiger Inhalte dienen.

Frühjahr 2023 Die Autoren dieses Buches

4 Lern- und Arbeitsmethoden

5 Arbeiten mit ökonomischen Quellen und der Wirtschaftspresse

6 Kaufmännisches Rechnen und Statistik

Verwendete Icons in den Aufgaben

Partner- oder Gruppenarbeit

Digitales Arbeiten

Vortrag oder Präsentation

Rechtliche Grundlagen wirtschaftlichen Handelns

1

1.1 Das Praktikum in einem Unternehmen

EINSTIEG

Carolin Saager,

Katarzyna Popov,

Dominik Schlote und

Volkan Karaca

beginnen ihr Praktikum bei der Hoffmann KG in Frankfurt. Am ersten Tag des Praktikums informiert die Ausbildungsleiterin Julia Schneider, die auch für die Praktikanten zuständig ist, diese über das Unternehmen.

1. Vergleichen Sie dieses Unternehmen mit den Abteilungen Ihres Praktikumsbetriebs.
2. Führen Sie auf, wo es Gemeinsamkeiten bzw. Unterschiede gibt.

INFORMATION

Das Praktikum in der FOS

Für die meisten Schülerinnen und Schüler der FOS ist das Praktikum die erste Situation, in der sie praktische Erfahrungen in einem Unternehmen sammeln können. Hauptzweck eines solchen Praktikums ist vor allem eine Einsichtnahme in das Arbeits-, Berufs-, und Wirtschaftsleben. Die Praktikantinnen und Praktikanten sollen eine berufliche Orientierung gewinnen. Daneben kann das Praktikum oft auch eine Chance auf einen Einstieg in ein Ausbildungsverhältnis bzw. in ein Arbeitsverhältnis sein.

Praktikanten haben umfangreiche Rechte und Pflichten. Diese ergeben sich für die Schülerinnen und Schüler aus dem mit dem Unternehmen abgeschlossenen Praktikumsvertrag.

Da das Praktikum im 11. Schuljahr der FOS ein Pflichtpraktikum ist, besteht für die Praktikanten kein Anspruch auf Vergütung.

Praktikantinnen und Praktikanten haben während des Praktikums bestimmte – aus verschiedenen Rechtsquellen ableitbare – Rechte:

- Für volljährige Praktikantinnen und Praktikanten richtet sich die Arbeitszeit nach den rechtlichen Regeln, die auch für normale Arbeitsverhältnisse gelten. Die Dauer der Arbeitszeiten im Praktikum ist hauptsächlich im Arbeitszeitgesetz geregelt.
- Das Arbeitszeitgesetz (ArbZG) legt die Höchstgrenzen für die wöchentliche Arbeitszeit fest, um die Gesundheit der Beschäftigten zu schützen. Pro Woche darf eine Arbeitnehmerin oder ein Arbeitnehmer nach diesem Gesetz höchstens 48 Stunden arbeiten.
- An einem Werktag dürfen Beschäftigte – und damit auch Praktikanten – grundsätzlich nicht mehr als acht Stunden arbeiten. Pausen werden dabei nicht eingerechnet.

BEISPIEL

Ein Praktikant startet morgens um 9 Uhr und verlässt abends um 17:30 Uhr sein Praktikumsunternehmen. Folglich hat er acht Stunden gearbeitet, weil eine 30 Minuten lange Mittagspause abgezogen wird.

Nur in Ausnahmefällen darf das Unternehmen den Arbeitstag auf zehn Stunden verlängern. Diese Zehn-Stunden-Grenze darf nie überschritten werden. Wer in diesem Zusammenhang länger arbeitet, darf in der Folgezeit weniger arbeiten, also seine Überstunden „abbummeln".

Zusätzlich sind noch die Regelungen des Jugendarbeitsschutzes zu beachten, wenn die Praktikanten noch unter 18 Jahre sind.

BEISPIEL

Nach dem Jugendarbeitsschutzgesetz dürfen Praktikanten die 15,16 oder 17 Jahre alt sind, maximal acht Stunden täglich und 40 Stunden pro Woche arbeiten. Verboten ist auch eine Arbeit für diese Jugendlichen zwischen 20:00 und 6:00 Uhr.

Gelten im Hinblick auf die Arbeits- und Pausenzeiten im Unternehmen tarifvertragliche Regelungen, die die Beschäftigten bzw. die Praktikanten besserstellen als die gesetzlichen Regeln, gelten immer die Bestimmungen der Tarifverträge.

- Praktikanten haben auch einen Anspruch auf die volljährigen bzw. nicht volljährigen Beschäftigten zustehenden Pausen.
- Praktikanten müssen keine Arbeiten und Aufgaben aufführen, die sie körperlich oder seelisch stark belasten.
- Praktikanten haben das Recht auf Schutz ihrer Persönlichkeit: Die Praktikumsunternehmen müssen also die Praktikanten gegen eine ungerechte Behandlung durch Vorgesetzte oder andere Mitarbeiterinnen und Mitarbeiter schützen.
- Die Unternehmen haben die Pflicht, die Arbeitsumgebung so zu gestalten, dass die Praktikanten gegen physische und psychische Gefährdungen geschützt sind. Vor diesem Anspruch haben die Praktikanten gegebenenfalls einen Anspruch auf Unterweisung in der Gefahrstoffverordnung oder in Unfallverhütungsvorschriften.

Die Praktikanten haben jedoch während des Praktikums auch bestimmte Pflichten:

- Hauptpflicht der Praktikanten ist es, alles zu tun, um das Praktikumsziel zu erreichen. Dieses liegt hauptsächlich darin, im bestimmten Umfang ausgebildet zu werden. Demnach haben die Praktikanten sich zu bemühen, die beruflichen Fertigkeiten, Kenntnisse, Fähigkeiten und beruflichen Erfahrungen zu erwerben, die zum Erreichen des Praktikumsziels erforderlich sind.
- Alle Praktikanten sind verpflichtet, die ihnen übertragenen Arbeiten sorgfältig zu verrichten.
- Nach Ablauf des Praktikums haben die Praktikanten einen Anspruch auf die Ausstellung eines schriftlichen Zeugnisses.
- Praktikanten haben Stillschweigen über Betriebsinterna zu bewahren. Sie sind verpflichtet, die Vorschriften des Datenschutzes zu beachten. Oft müssen sie auch eine Verpflichtungserklärung zur Einhaltung des Datengeheimnisses unterschreiben.

Hoffmann KG – von der Textilgroßhandlung zum Industrieunternehmen

Kurz nach dem Zweiten Weltkrieg gründete Carl Hoffmann die Textilgroßhandlung Hoffmann in Frankfurt. Später übernahm sein Sohn Wolfgang Hoffmann das Unternehmen. Seitdem eröffnete er nach und nach weitere Häuser. Im Zuge der Expansion wurde das Einzelunternehmen zur Hoffmann KG. Sie hat nun die Rechtsform einer Kommanditgesellschaft. Eingetragen ist sie beim Amtsgericht Frankfurt unter HRA 200147 Frankfurt. Komplementäre (Vollhafter) sind mittlerweile Michael Hoffmann – der Enkel von Carl Hoffmann – und Susanne Hahne. Hinzu kommen noch fünf Kommanditisten (Teilhafter).

Die Hoffmann KG umfasst Niederlassungen in zehn deutschen Städten. Sie haben insgesamt eine Lagerfläche von 1,5 Mio. m^2. 300 Beschäftigte arbeiten bei der Hoffmann KG. Der Umsatz betrug im letzten Jahr 110 Mio. Euro. Die Filialen befinden sich überwiegend in Gewerbegebieten des jeweiligen Standorts. Die Hoffmann KG möchte sich dort als Textilgroßhandlung der Zukunft positionieren.

Die Zentrale befindet sich am Stammsitz in Frankfurt. Hier werden alle wichtigen Unternehmensentscheidungen getroffen. Die Beschaffung der Ware erfolgt bislang ausschließlich durch die Zentrale, um Kostenvorteile bei der Beschaffung größerer Mengen auszunutzen. Aus diesem Grund bieten alle Filialen der Hoffmann KG in den meisten Bereichen ein einheitliches Sortiment an, das durch regionale Besonderheiten ergänzt wird. Der Stammsitz dient gleichzeitig auch als Filiale.

Die betrieblichen Grundfunktionen der Hoffmann KG

Die Hoffmann KG bietet ihren Kunden ein breites und überwiegend tiefes Sortiment an:

- Dies geschieht durch einen zweimal jährlich erscheinenden Katalog. Die Kunden bestellen schriftlich. Ein Teil des Sortiments wird aber auch in Verkaufsgesprächen per Telefon abgesetzt.
- Gleichzeitig hat jedes Haus einen Showroom, der das Sortiment vorstellt. Dort kann das Fachpersonal die Kunden beraten, insbesondere z. B. bei erklärungsbedürftigen Artikeln.
- Zwei Reisende können das Sortiment aber auch direkt beim Kunden vor Ort vorstellen.
- Über einen von der Zentrale geführten Webshop kann auch über das Internet bestellt werden. Zusätzlich tritt die Hoffmann KG sowohl im Einkauf als auch auf der Absatzseite auf verschiedenen Onlineplattformen (Marktplätzen) auf.

RECHTLICHER RAHMEN

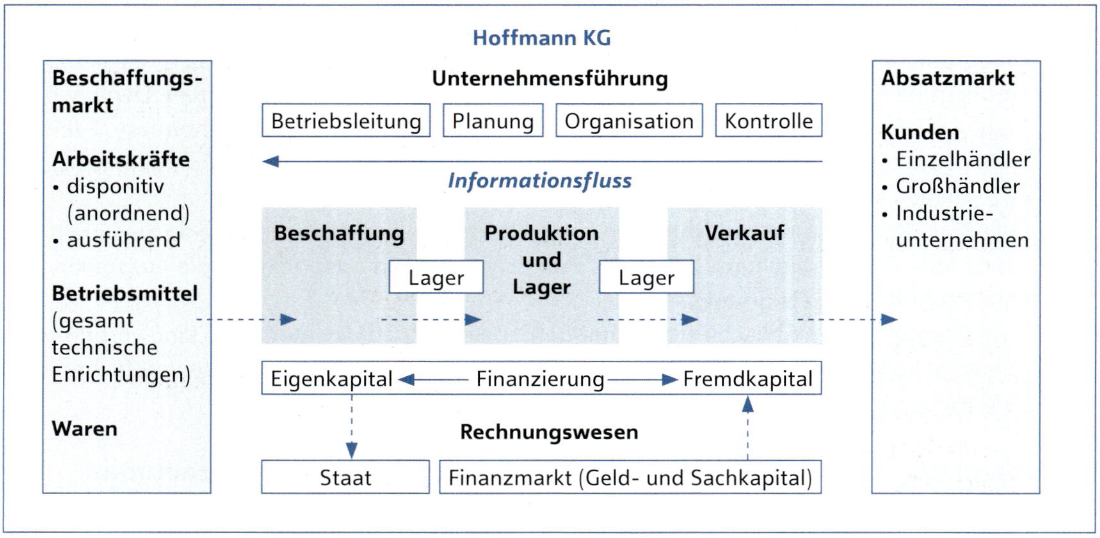

Das Unternehmen in Frankfurt

In der Filiale Frankfurt sind fast 50 Mitarbeiterinnen und Mitarbeiter beschäftigt. Der Anteil der Auszubildenden beträgt in der Regel etwa 10 %.

Zum 1. August haben Carolin Saager, Katarzyna Popov, Dominik Schlote und Volkan Karaca ein Praktikum bei der Hoffmann KG begonnen. Am 5. August entschließt sich Michael Hoffmann kurzfristig, Tamara Nestmann, die Tochter eines Geschäftsfreundes, als weitere Praktikantin zu übernehmen.

Die Hoffmann KG ist bisher nach Funktionsbereichen organisiert. Für jeden Funktionsbereich ist eine Abteilungstung zuständig. Um einen reibungslosen Ablauf im betrieblichen Geschehen zu gewährleisten, wird mindestens einmal pro Woche eine Abteilungsleiterkonferenz einberufen, bei der alle wichtigen Informationen ausgetauscht und Themen von Bedeutung durchgesprochen werden.

Die Funktionsbereiche der Hoffmann KG werden von folgenden Personen geleitet:

- Funktionsbereich Einkauf: Uwe Hetzel
- Funktionsbereich Logistik: Hans Kreipe
- Funktionsbereich Verkauf: Bernd Staub
- Funktionsbereich Verwaltung: Tanja Schwab
- Funktionsbereich Rechnungswesen: Martina Bertram
- Funktionsbereich Fahrradproduktion: Ekkehard Klante
- Funktionsbereich Textilproduktion: Roland Matthes

Komplementäre der Hoffmann KG sind Michael Hoffmann und Susanne Hahne. Beide sind auch als Geschäftsführer tätig.

Personalvertretung

Im Unternehmen sind ein Betriebsrat und eine Jugend- und Auszubildendenvertretung eingerichtet. Der Betriebsrat vertritt die Interessen der Beschäftigten gegenüber dem Arbeitgeber und hat Rechte bei Kündigungen und Einstellungen. Er wird für jeweils vier Jahre durch die Arbeitnehmerinnen und Arbeitnehmer gewählt. Die letzte Wahl fand vor einem halben Jahr statt. Vorsitzende des Betriebsrats ist Frau Diedrichs, ihr Stellvertreter Herr Weidner. Daniela Stange ist Vorsitzende der Jugend- und Auszubildendenvertretung. Diese vertritt die Interessen der jugendlichen Arbeitnehmer.

Einmal im Quartal wird eine Betriebsversammlung durchgeführt, bei der alle Beschäftigten die Gelegenheit bekommen, neue Ideen vorzuschlagen, Verbesserungsvorschläge zu machen, aber auch aktuelle Probleme anzusprechen. Dadurch herrscht bei der Hoffmann KG ein ausgesprochen gutes Betriebsklima. In regelmäßigen Abständen finden für die Beschäftigten Schulungen statt. Insgesamt gilt bei allen Mitarbeiterinnen und Mitarbeitern der Hoffmann KG das Motto: Die Kundschaft steht im Mittelpunkt. Weiterhin wird auf die Warenpflege besonderer Wert gelegt.

Sortiment und Produktionsprogramm

Historisch gesehen trat die Hoffmann KG vor allem als Großhandelsunternehmen auf.

Das Sortiment der Hoffmann KG umfasst die folgenden Warengruppen:

- Herrenbekleidung
- Damenoberbekleidung
- Kindermode
- Herrenwäsche
- Damenwäsche
- Fashion
- Sportartikel
- Sport- und Freizeitbekleidung
- Haushaltswäsche
- Accessoires
- Schmuck

Sehr früh ergänzte die Hoffmann KG ihre reinen Großhandelsaktivitäten um eine Fabrikationsanlage in Frankfurt. Die dort hergestellten Artikel werden über die eigenen Großhandlungen, aber auch über Warenhäuser, Textilketten und andere Großhandlungen vertrieben. Um weitere Kundengruppen zu erreichen, hat die Hoffmann KG das Unternehmen Fairtext GmbH in diesem Jahr übernommen.

Das produzierte Textilsortiment der Hoffmann KG			
Damenmode	**Herrenmode**	**Kindermode**	**Sportmode**
• Shirts • Blusen • Pullover • Strickjacken • Hosen • Jeans • Röcke • Blazer	• Shirts • Hemden • Pullover • Hosen • Jeans • Anzüge • Sakkos • Mäntel	• Mädchenmode • Jungenmode	• Fitness • Trekking • Bademode • Kindersportmode
In allen vier Sortimentsbereichen werden in fast allen Warengruppen jeweils zwei Linien hergestellt: • **Basic:** Diese Artikel sind vergleichsweise zeitlos. • **Trend:** Hier handelt sich um hochmoderne, dem Zeitgeist angepasste Produkte.			

Die Hoffmann KG produziert jedoch heute noch in einem anderen Bereich. Sie stellt in einer eigenen Abteilung in Frankfurt die Fahrräder der Eigenmarke „Blizzard" her. Das Produktionsprogramm enthält unterschiedliche Fahrradtypen in verschiedenen Preislagen. Innerhalb der einzelnen Produktarten werden verschiedene Ausführungen bzw. Varianten (Modelle) hergestellt und angeboten. Hier wendet die Hoffmann KG also die Marketingstrategie der Diversifikation an: Durch eine Ausweitung der Produktpalette auf einen ganz anderen Bereich als bisher möchte man die Gewinnchancen verbessern und/oder Verlustrisiken vermindern.

Auszug aus dem Produktionsprogramm Fahrräder					
Herrenfahrräder	**Damenfahrräder**	**Kinderfahrräder**	**Rennräder**	**Trekkingräder/ Tourenräder**	**Mountainbikes**
• Modell „City" • Modell „Star" • Modell „Go" • Modell „Rocky"	• Modell „Katie" • Modell „Julia" • Modell „City-Lady"	• Modell „Wickie" • Modell „Micky"	• Modell „Vuelta" • Modell „Tour" • Modell „Giro"	• Modell „Touringstar" • Modell „Landscape"	• Modell „Alpinstar" • Modell „High Mountain"

Um die gewünschten Waren jederzeit präsent zu halten bzw. eine optimale Belieferung der Verbraucher zu gewährleisten, hat jede Filiale der Hoffmann KG – also auch die in Frankfurt – ein eigenes Lager. Durch die Größe des Lagers können gut laufende Artikel in größeren Mengen zu günstigen Preisen eingekauft werden, wodurch den Kunden weitere Vorteile entstehen.

Ein ausgeklügeltes EDV-gestütztes Warenwirtschaftssystem (WWS) diente bisher der artikel-, artikelgruppen- oder warengruppengenauen sowie stück-, mengen- und wertgenauen Bestandserfassung und -führung des vorhandenen Sortiments und Lagerbestands an Waren. Es wurde sowohl im Zentrallager Frankfurt als auch in den Filialen der Hoffmann KG eingesetzt. Die Erfassung der Warendaten bei Bestellung bzw. Wareneingang und im gesamten Warenfluss erfolgte mittels Personal Computers, z. T. auch durch MDE-Geräte. Bei Verkauf der Waren wird durch das WWS –

das die Daten über die Kassen bekommt – automatisch die Warendisposition bzw. auch die Bestellung gesteuert. Erweitert wurde das WWS durch ein Rechnungswesenprogramm.

Hochregallager

Ein WWS dient als Informationsquelle, um
- laufend das Sortiment bedarfsgerecht an Kundenwünsche anzupassen,
- den Lagerumschlag zu optimieren (optimale Bestellmenge),
- exakte Daten für die Inventur zu erhalten (Bilanzierung) sowie
- den Personaleinsatz zu planen und
- Warenverluste und Auszeichnungsfehler zu vermeiden.

Momentan übernimmt ein ERP-System (Enterprise-Resource-Planning-System) in der Hoffmann KG die Aufgaben des WWS.

Die Geschäftsleitung der Hoffmann KG strebt eine hochwertige Ausbildung ihrer Auszubildenden an, um sich langfristig qualifiziertes Personal zu sichern. Deshalb nimmt sie gerne auch Praktikanten. Besonders gefordert wird daher der Erwerb von Fachkenntnissen. Zu einem weiteren wesentlichen Aspekt der Ausbildung ist die gezielte Förderung der Kundenbetreuung geworden, mit der Zielsetzung, den Kunden als König zu betrachten und ihn entsprechend zu behandeln. Neben der Ausbildungsleiterin schulen auch die Abteilungsleiter die Auszubildenden und Praktikanten. Sie informieren sie über wesentliche Betriebsabläufe und -zusammenhänge. Die Geschäftsführung bzw. Julia Schneider als Ausbildungsleiterin halten einen engen Kontakt zu den ortsansässigen Berufsschulen, um die Ausbildung zu optimieren und eine Abstimmung der Lerninhalte und Lernziele beider Lernorte sicherzustellen.

Wie jeder andere gewerbesteuerpflichtige Betrieb ist auch die Hoffmann KG Mitglied der örtlichen Industrie- und Handelskammer. Diese informiert und berät die Mitgliedsunternehmen in wirtschaftlichen Angelegenheiten. Sie erstellt Gutachten und Berichte. Bei Streitigkeiten zwischen Unternehmen versucht sie über ihre Schlichtungsstelle auszugleichen. Eine der Hauptaufgaben der Industrie- und Handelskammer ist die Überwachung der Berufsausbildung. In diesem Zusammenhang sind Herr Hoffmann, Herr Matthes und Frau Vosges Mitglied von Prüfungsausschüssen.

Unternehmensphilosophie

Immer mehr ist in der Wirtschaft das Bewusstsein für wirtschaftsethische Fragen gestiegen. Viele Kunden halten die folgenden Aspekte bei der Produktion bzw. dem Verkauf von Gütern für sehr wichtig:

- **Umweltverträglichkeit der Produkte**
  Verbrauchern wird zunehmend deutlich, dass das Kollektivgut Umwelt immer mehr bedroht ist. Die Umweltaktivitäten von Unternehmen werden deshalb beobachtet und kritisch hinterfragt.

- **Gesundheitsverträglichkeit von Waren**
  Die Produktion bzw. der Verkauf gesundheitsverträglicher Artikel wird immer mehr zu einem entscheidenden Verkaufsargument bei Verhandlungen zwischen Lieferanten und Kunden.

- **Sozialverträglichkeit von Waren**
  Viele Unternehmen verpflichten sich, soziale, menschenrechtliche und arbeitsmedizinische Mindeststandards in der eigenen Produktion und in der ihrer Lieferanten einzuhalten.

Die Hoffmann KG hat beschlossen, diese Aspekte in Zukunft besonders zu beachten. Sie nimmt regelmäßig an einem Ökoaudit teil und hat sich eine Umweltcharta gegeben. Auch das Unternehmensleitbild geht darauf ein.

AUFGABEN

1. Erklären Sie die Zielsetzung eines Praktikums.
2. Führen Sie Rechte von Praktikantinnen und Praktikanten während eines Praktikums auf.
3. Erläutern Sie Pflichten von Praktikantinnen und Praktikanten.
4. Besuchen Sie die Internetseite
   https://www.rv.hessenrecht.hessen.de/bshe/document/hevr-FOSchulAPrOHE2018pP37
   a) Informieren Sie sich dort über die Regelungen zum Praktikum.
   b) Führen Sie stichwortartig weitere Bereiche auf, über die die FOS Hessen informiert.
5. Erklären Sie, was der Handelsregistereintrag HRA 200147 Frankfurt am Main bedeutet.
6. Erläutern Sie den Zusatz „KG“ in Hoffmann KG.
7. Führen Sie auf, wie die Hoffmann KG Frankfurt am Main organisiert ist.
8. Skizzieren Sie, wozu Warenwirtschaftssysteme dienen.
9. Arbeiten Sie heraus, welche Aussagen ein Unternehmensleitbild enthalten kann.
10. Stellen Sie dar, worauf die Hoffmann KG bei der Einstellung von Mitarbeiterinnen und Mitarbeitern besonderen Wert legt.
11. Entscheiden Sie, wer Kunde der Hoffmann KG sein kann.
    a) Textilabteilung der Ambiente Warenhaus AG
    b) Privatkundin Sabine Porth
    c) Textilgroßhandlung Grotex GmbH
12. Beschreiben Sie den Weg einer Ware vom Beschaffungsmarkt durch die Hoffmann KG bis zum Absatz.
13. Geben Sie an, welche Beziehungen zwischen der Hoffmann KG und
    a) dem Finanzamt,
    b) weiteren Behörden des Staates bestehen.

ZUSAMMENFASSUNG

Unternehmen haben u. a.

Aufbauorganisationen
Gliederung des Unternehmens in Abteilungen und Stellen

Verkaufsformen und Produktionsformen
- Art und Weise, wie der Kunde Ware auswählen kann
- Art und Weise, wie das Unternehmen Produkte herstellt

Warensortimente
ein von der Branche und der Betriebsgröße abhängiges Warenangebot

Rechtsform
Aus der Rechtsform lassen sich Art und Ausmaß der Merkmale
- Haftung,
- Leitungsbefugnis,
- Gewinnverwendung,
- Kapitalaufbringung usw.

erkennen.

Betriebsformen
Art des Unternehmens, die sich unterscheiden kann nach Merkmalen wie
- Standort,
- Größe,
- Umfang des Sortiments,
- Abnehmer.

1.2 Die ersten Tage im Praktikumsunternehmen

EINSTIEG

Carolin Saager hat ihren ersten Tag in der Abteilung hinter sich. Kurz vor Feierabend kommt ihre Betreuerin, Frau Schneider, zu ihr.

Carolin Saager: „Hallo Frau Schneider!“

Julia Schneider: „Na, Carolin, wie geht es Ihnen so nach Ihrem ersten Tag in der Abteilung?“

Carolin Saager: „Ich glaube, ich bin sonst nicht auf den Kopf gefallen, aber heute bin ich doch etwas verunsichert: So viel Neues auf einmal ...!“

1. Führen Sie Gründe auf, warum Carolin an ihrem ersten Tag in der Abteilung verunsichert ist.
2. Machen Sie Vorschläge, wie Carolin sich möglichst schnell an ihrem Arbeitsplatz zurechtfinden kann.

INFORMATION

Orientierungsschwerpunkte der ersten Arbeitstage

Die ersten Tage in einem neuen Unternehmen werden oft als sehr schwierig empfunden:

- Das gesamte Unternehmen ist unbekannt. Das betrifft sowohl den Aufbau des Betriebs als auch die Hierarchie und die Stellung bzw. die Aufgaben der Abteilungen.
- Unternehmen haben häufig eine eigene Unternehmensphilosophie, nach der sie und die Beschäftigten handeln.
- Die unternehmenseigenen Arbeitsabläufe sind noch nicht vertraut.
- Praktikanten und Auszubildende kannten bisher nur die Schule, jetzt sind sie in einer neuen Welt. Mit dem Eintritt in ein Unternehmen gelten bestimmte Regeln, die für die Arbeit am Arbeitsplatz unerlässlich sind.

Der erste Eindruck, den man als neue Mitarbeiterin oder neuer Mitarbeiter macht, ist besonders wichtig: Er wirkt sich darauf aus, wie man zukünftig im Unternehmen wahrgenommen wird. Auf diese ersten Tage sollte man gut vorbereitet sein. Je schneller Auszubildende die Unsicherheit der ersten Tage ablegen, desto erfolgreicher wird die Praktikumszeit werden.

Folgende Punkte sollten daher so früh wie möglich geklärt werden:

- Wie verhält man sich – gerade in den ersten Tagen – erfolgreich am Arbeitsplatz?
- Welche Strukturen und Besonderheiten kennzeichnen das Unternehmen?

Verhalten am neuen Arbeitsplatz

Tritt eine Praktikantin in ein Unternehmen ein, muss sie sich klarmachen, dass dort die Regeln der Arbeitswelt gelten. Manche sind zwar schon aus der Schule bekannt, viele sind jedoch neu:

- **Kleidung**
  Wer ernst genommen werden möchte, muss sich angemessen und der Unternehmenskultur entsprechend kleiden.
- **Siezen**
  Grundsätzlich beginnt der erste Kontakt im Geschäftsleben mit dem „Sie". Wenn in einigen Abteilungen das „Du" üblich ist, wartet man, bis es einem offiziell angeboten wird.
- **Ordnung**
  Ein ordentlicher Arbeitsplatz signalisiert Übersicht und Verantwortungsgefühl.
- **Einsatzfreude**
  Gerade von neuen Mitarbeiterinnen und Mitarbeitern wird viel Engagement erwartet.
- **Pünktlichkeit**
  Die Einsatzbereitschaft neuer Beschäftigter wird von Kollegen und Vorgesetzten auch an der Pünktlichkeit gemessen. Dies gilt nicht nur für den Beginn der Arbeitszeit, sondern auch für betriebsinterne Termine wie z. B. Besprechungen.
- **Mut zum Fragen**
  Zwar will man oft beweisen, dass man die richtige Person für den Praktikumsplatz ist. Aber im Praktikum – und gerade zu Beginn der Praktikumszeit – ist es wichtig und ein Zeichen von Interesse, Fragen zu stellen und so Fehler zu vermeiden. Gerade am Anfang kann man im Unternehmen noch nicht alles richtig machen.
- **Höflichkeit**
  Eine Selbstverständlichkeit ist die Höflichkeit: Sie sorgt für einen angenehmen und rücksichtsvollen Umgang, wenn Menschen aufeinandertreffen. Zudem ist sie ein Ausdruck von Respekt gegenüber dem anderen.

BEISPIEL

Dominik Schlote wird von allen in der Abteilung, aber auch von vielen im Privatleben als höflich empfunden:

- Er grüßt andere und verabschiedet sich von ihnen.
- Andere Personen werden von ihm nicht in peinliche Situationen oder in Verlegenheit gebracht.
- Er bedankt sich, fordert aber selbst keinen Dank ein.
- Mit anderen spricht er in einer angemessenen Form. Er verwendet weder Slang noch Schimpfwörter.
- In der Straßenbahn bietet er älteren Menschen oder Frauen mit Kindern seinen Sitzplatz an.

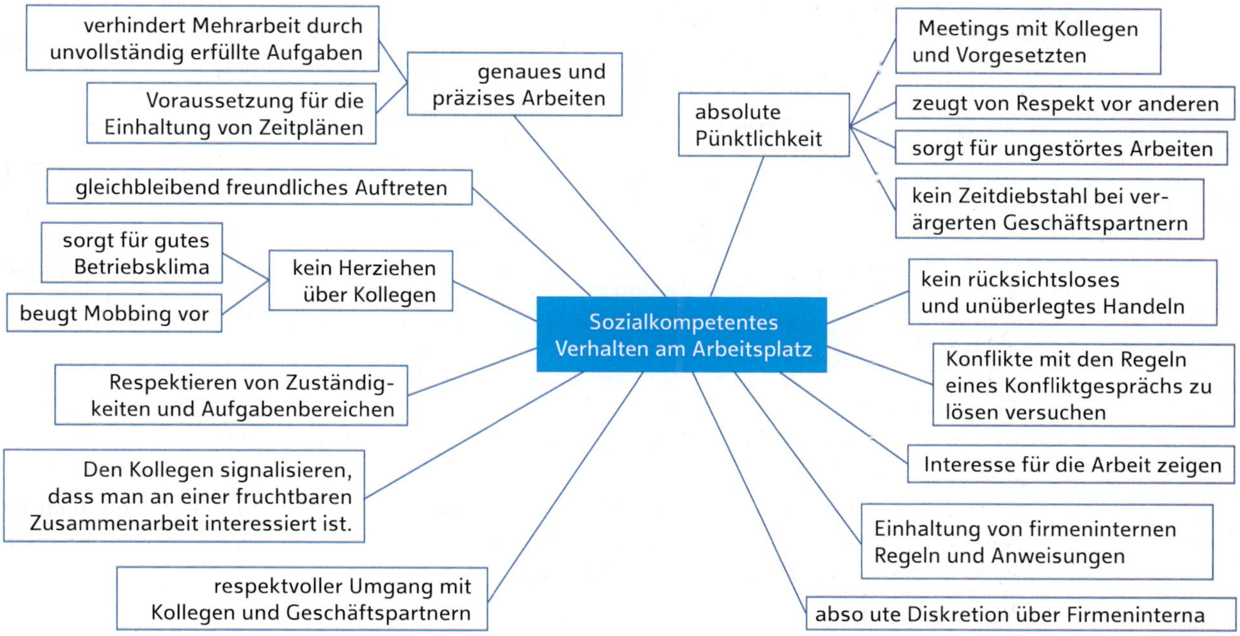

Immer höflich sein!

Wenn sich neue Mitarbeitende nicht vorstellen und die anderen auch nicht grüßen, empfinden das viele Kolleginnen und Kollegen als unhöflich und sogar respektlos. Es gibt aber viele weitere Verstöße gegen das Gebot der Höflichkeit, die die gute Zusammenarbeit in den Abteilungen stört.

„Man freut sich, wenn man freundlich behandelt wird, egal, ob dies ein Kunde, ein Lieferant oder eine Mitarbeiterin ist“, sagt Barbara Bremer, Personalchefin einer Großhandlung. „Mit höflichem Verhalten kann man nur gewinnen. Dieses bekommt man dadurch oft auch zurück“, führt sie weiter auf. Sie hat schon oft erlebt, in welchem Ausmaß unhöfliches Verhalten die

Gesprächspartner enttäuscht und frustriert und die Geschäfts- und zwischenmenschlichen Beziehungen langfristig belastet.

Erkundung des neuen Unternehmens

Um das eigene Interesse am Unternehmen zu verdeutlichen, sollten neue Beschäftigte sowie Praktikanten und Auszubildende so viel Wissen wie möglich über das Unternehmen in Erfahrung bringen. In den ersten Tagen müssen dazu sehr viele Informationen gesammelt werden.

Besonders wichtige Fragen

Ein besonderes Augenmerk muss auf die Beantwortung der folgenden Fragen gelegt werden.

- **Wie ist das Sortiment/Produktionsprogramm/Leistungsangebot des Unternehmens?**
  Das Unternehmen lebt vom reibungslosen Angebot und Absatz seiner Produktpalette. Daher sollte wer neu im Unternehmen ist die Produktpalette so schnell wie möglich kennenlernen.
- **Welche Informationen werden benötigt, um sofort mit der Arbeit am Arbeitsplatz loslegen zu können?**
  Als Erstes ist die direkte Umgebung des Arbeitsplatzes zu erkunden.

BEISPIEL

Für einen erfolgreichen Start am Arbeitsplatz klärt Carolin Saager erst einmal:

- Wie werden Postein- und -ausgänge gehandhabt?
- Wie wird die Post verteilt?
- Wie funktioniert die Telefonanlage?
- Wie meldet man sich am Telefon?
- Wer ist für welche Unterschriften zuständig?
- Woher bekommt man Formulare und anderes Büromaterial?
- Wo befinden sich Arbeitsunterlagen, auf die jeder zugreifen können muss?
- Wo sind Kopierer und Faxgerät?

- **Wie ist die Aufbauorganisation im Unternehmen gestaltet?**
  Unter der Aufbauorganisation versteht man die hierarchische Struktur eines Unternehmens. Unternehmen können unterschiedlich aufgebaut sein. Erfolgt eine Abteilungsbildung nach im Unternehmen vorkommenden Tätigkeiten (z. B. Einkauf, Produktion, Lager, Verkauf), liegen **Liniensysteme** vor.
  - Um ein **Einliniensystem** handelt es sich, wenn jeder Untergebene einen direkten Vorgesetzten hat.
  - Im **Mehrliniensystem** dagegen kann jeder Untergebene bei der Lösung einer Aufgabe Weisungen von unterschiedlichen Vorgesetzten bekommen, je nachdem, zu welchem Bereich die Aufgabe gehört.
  - Eine Mischform ist das **Stabliniensystem.** Dies ist ein Einliniensystem, das durch Stabsstellen erweitert wurde, die keine Weisungsbefugnis haben, aber beraten dürfen.

- **Wie ist die Unternehmensphilosophie?**
  Immer mehr Unternehmen sehen einen direkten Zusammenhang zwischen der Zufriedenheit der Kunden und einer erfolgreichen Geschäftstätigkeit. Sie setzen daher konsequent auf eine kundenorientierte Unternehmensausrichtung.

  Im Rahmen der **Kundenorientierung** versucht ein Unternehmen, alle Kundenerwartungen zunächst zu ermitteln und zu analysieren. Anschließend wird versucht, diese mit den betrieblichen Leistungen weitgehend zu erfüllen, um langfristig stabile und vorteilhafte Beziehungen zu den Kunden aufzubauen.

- **Nach welchem Prinzip werden betriebliche Abläufe gestaltet?**
  In der herkömmlichen Ablauforganisation wird eine Aufgabe von verschiedenen Abteilungen (z. B. personell) getrennt bearbeitet. Da hier niemand die Verantwortung für den Gesamtprozess hat, führt dies oft zu Problemen.

  Ist das Unternehmen dagegen an **Geschäftsprozessen** ausgerichtet, bearbeitet beispielsweise eine Person abteilungsübergreifend den Fall. Ein Geschäftsprozess ist also eine zusammengehörende Folge von betrieblichen Tätigkeiten mit dem Ziel, vom Kunden erwartete Leistungen optimal zu erzeugen.

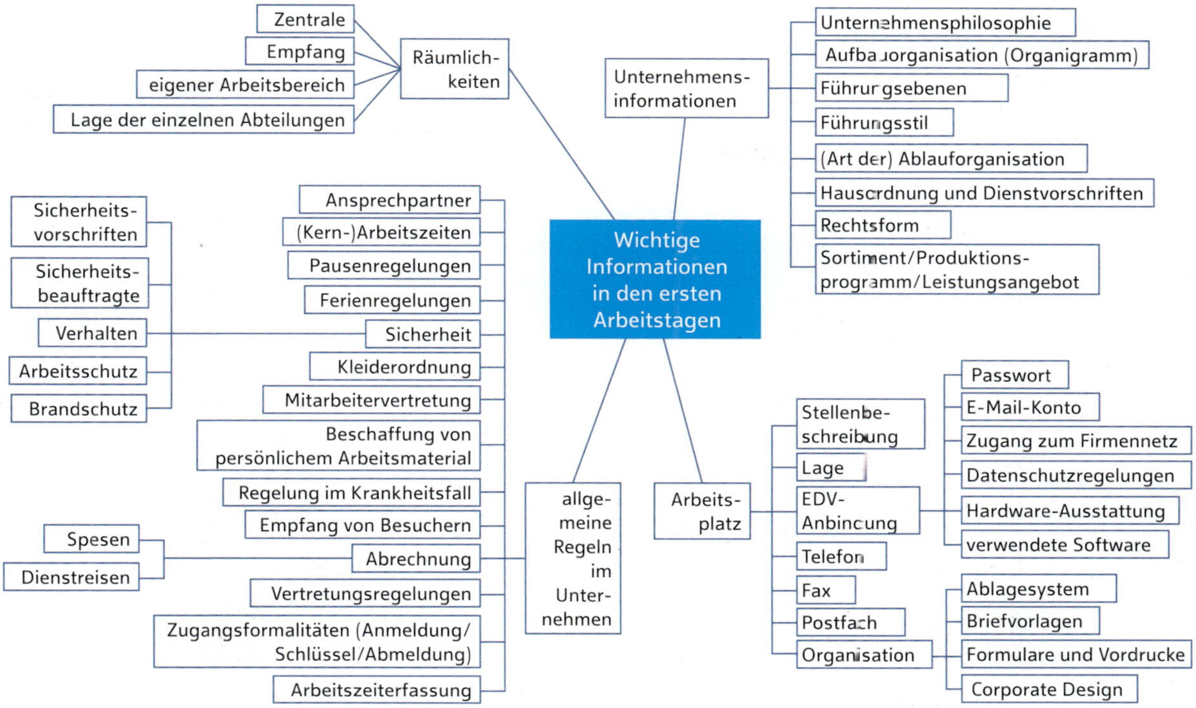

AUFGABEN

1. Erläutern Sie, warum es wichtig ist, sich so schnell wie möglich im Unternehmen zurechtzufinden.
2. Führen Sie fünf wichtige Regeln für das Verhalten am Arbeitsplatz auf.
3. Verschaffen Sie sich einen Überblick darüber, welche Informationen in den ersten Tagen am Arbeitsplatz benötigt werden.
4. Erklären Sie, was ein Stabliniensystem ist.
5. Begründen Sie, wozu die Kundenorientierung dient.
6. Erläutern Sie, was ein Geschäftsprozess ist.

ZUSAMMENFASSUNG

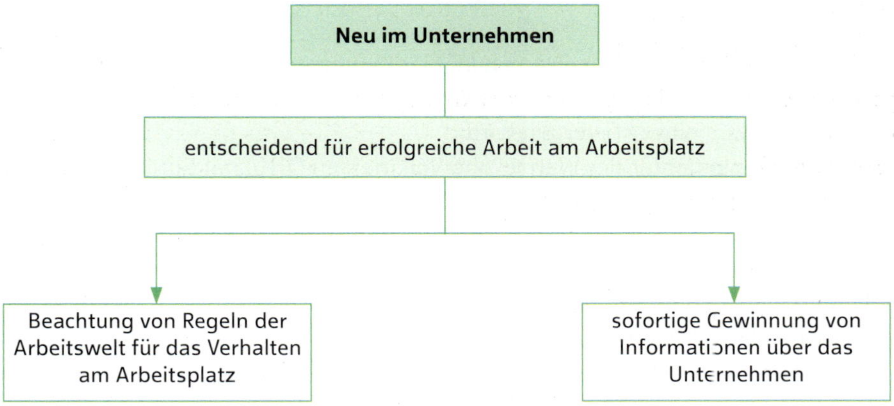

1.3 Überblick über die Rechtsformen

EINSTIEG

Herr Werner arbeitete bis vor Kurzem in der Hoffmann KG. Er ist fachkundig und tatkräftig. So machte er beispielsweise häufig Verbesserungsvorschläge, um die Umsatzsituation seiner Abteilung zu verbessern. Nicht immer konnte er seine Ideen verwirklichen.

Während seiner Tätigkeit bei der Hoffmann KG, bei der er häufig auch in China zu tun hatte, hat Herr Werner eine Marktlücke entdeckt. Er sieht Chancen für eine Großhandlung, die chinesische Lebensmittel importiert, und beschließt, sich selbstständig zu machen. Nach einer Erbschaft verfügt er über das notwendige Startkapital, mietet Geschäftsräume in günstiger Lage und beginnt, sie einzurichten. Doch bevor sein Unternehmen die Geschäftstätigkeit aufnimmt, muss er noch einige rechtliche Probleme überprüfen.

1. Stellen Sie fest, welche Fragen geklärt werden müssen.
2. Herr Werner möchte zunächst als Einzelunternehmer tätig werden. Halten Sie die wichtigsten Merkmale der Rechtsform Einzelunternehmen fest.
3. Führen Sie die wichtigsten Vor- und Nachteile dieser Rechtsform auf.
4. Herr Werner stöhnt über die große Arbeitsbelastung. Seine Firma „Egbert Werner Asia Import e. Kfm.“ ist sehr erfolgreich. Aus Gesprächen mit Kunden erfährt Herr Werner, dass diese zu den hochwertigen Lebensmitteln auch gern die passenden Weine und chinesischen Spirituosen kaufen möchten. Eines Tages trifft er zufällig Lukas Volkmarsen. Dieser sucht, nachdem er mehrere Jahre in einer Weinhandlung gearbeitet hat, eine neue, anspruchsvolle Beschäftigung. Da Herr Volkmarsen sehr sparsam ist, verfügt er über ein Kapital von 120.000,00 €. Herr Werner, der über 180.000,00 € Kapital verfügt, möchte sein Unternehmen auf eine breitere Kapitalbasis stellen und außerdem um eine Abteilung für Weine und Spirituosen ergänzen. Daher schlägt er Herrn Volkmarsen die Gründung einer Personengesellschaft vor.
   a) Stellen Sie fest, welche Rechtsformen dafür infrage kommen.
   b) Schlagen Sie eine Rechtsform vor, wenn Herr Volkmarsen
      - nicht möchte, dass seine Beteiligung nach außen hin bekannt wird,
      - zur Geschäftsführung bereit ist,
      - sein Risiko im Fall einer Insolvenz minimieren möchte.
   c) Im ersten Jahr werden 400.000,00 € Gewinn erzielt. Geben Sie an, wie dieser Gewinn in einer OHG bzw. in einer KG verteilt wird.
5. Herr Werner, Komplementär der Werner und Volkmarsen OHG, hat Sorgen. In der Nachbarschaft hat sich eine andere Lebensmittelgroßhandlung eine chinesische Feinkostabteilung zugelegt. Die Umsatzzahlen des bisher erfolgreichen Unternehmens gehen stark zurück. Da die Situation momentan nicht gerade rosig ist, macht sich Herr Werner vorsichtshalber Gedanken um die Zukunft. Im Insolvenzfall würde er als Gesellschafter wegen der vollen Haftung sein ganzes Privatvermögen aufs Spiel setzen.
   Herr Werner sucht eine Unternehmensform, bei der er als Gesellschafter nicht persönlich

haften muss. Nachdem er einige Erkundigungen eingezogen hat, wandelt er mit Zustimmung der übrigen Gesellschafter die bisherige Firma in die Werner GmbH um.

a) Führen Sie Vorteile der GmbH auf.
b) Stellen Sie fest, ob Herr Werner auch allein eine GmbH gründen kann, wenn alle anderen Gesellschafter ausscheiden würden.
c) Führen Sie auf, wodurch sich eine GmbH & Co. KG von
   - einer GmbH,
   - einer KG

   unterscheidet.

INFORMATION

Die Rechtsform[1] eines Unternehmens muss bei der Gründung festgelegt werden. Es muss dann entschieden werden, wie das Unternehmen im Hinblick auf die unternehmerische Zielsetzung rechtlich am besten gestaltet werden soll. Änderungen der Rechtsform werden oft vorgenommen, wenn sich wesentliche persönliche, wirtschaftliche oder rechtliche Bedingungen im Umfeld eines schon bestehenden Unternehmens ändern.

Die richtige Wahl der Unternehmensform ist abzuleiten von der Beantwortung folgender Fragen:

- Wer bringt das Eigenkapital auf?
- Wer soll die Entscheidungen im Unternehmen treffen?
- Wer soll das Unternehmen nach außen vertreten?
- Wer soll haften, wenn das Unternehmen – z. B. im Insolvenzfall – nicht mehr zahlen kann?
- Wer soll – in welchem Ausmaß – Anspruch auf Gewinn haben?

Der Unternehmer wird die Unternehmensform wählen, die sich am besten für die Aufgaben eignet, die das Unternehmen zu leisten hat. Er kann das Unternehmen – als Einzelunternehmen – allein führen oder aber mehrere Personen am Unternehmen beteiligen. Dann liegt eine Gesellschaft vor.

Einzelunternehmen

DEFINITION

Ein **Einzelunternehmen** ist ein Unternehmen, dessen Eigenkapital von einer Person aufgebracht wird.

Diese Unternehmensform hat also nur einen Inhaber, der für das Unternehmen mit seinem ganzen **Privatvermögen haftet**. Da der Eigentümer daher das Unternehmensrisiko allein zu tragen hat, steht ihm als Ausgleich auch der gesamte erzielte Gewinn zu.

Personengesellschaften

Personengesellschaften entstehen immer dann, wenn sich mindestens zwei Personen zur Erreichung eines genau bestimmten Zwecks – in diesem Fall also zur Führung eines Einzelhandelsunternehmens – zusammenschließen.

1 Erheblich detaillierter eingegangen wird in Jahrgang 12 auf die Rechtsformen.

Die Gründung erfolgt durch einen Gesellschaftsvertrag. Personengesellschaften sind dadurch gekennzeichnet, dass bei ihnen die persönliche Mitarbeit und Haftung der Unternehmer im Vordergrund stehen. Der Zusammenschluss zu Personengesellschaften beruht auf dem persönlichen Vertrauen, das sich die einzelnen Gesellschafter entgegenbringen. Deshalb ist der Fortbestand einer Personengesellschaft grundsätzlich von der unveränderten Zusammensetzung des Personenkreises abhängig, der sich zu der Gesellschaft zusammengeschlossen hat.

Das bedeutet u. a.:

- Im Zweifel endet die Gesellschaft mit dem Tod eines Gesellschafters.
- Grundsätzlich muss sich keiner der Gesellschafter gegen seinen Willen einen anderen Gesellschafter aufzwingen lassen.

Die Gründung einer Personengesellschaft erfordert einen geringen Kapitalbedarf und ist relativ einfach durchzuführen. Die Geschäftsführung ist auf einen oder mehrere Inhaber zugeschnitten. Kredite können wegen der persönlichen Haftung wenigstens einer Person leicht beschafft werden.

Wichtige Personengesellschaften sind:

- die Offene Handelsgesellschaft (OHG): Hier haften alle Gesellschafter mit ihrem Privatvermögen.
- die Kommanditgesellschaft (KG): Mindestens ein Gesellschafter (Komplementär genannt) haftet mit seinem Privatvermögen, für mindestens einen Gesellschafter (den Kommanditisten) gilt dies nicht.

Kapitalgesellschaften

Kapitalgesellschaften unterscheiden sich von den Einzelunternehmen und den Personengesellschaften dadurch, dass sie „anonym“ sind. Das zum Betrieb erforderliche Kapital wird hier nicht von Einzelpersonen unter ihrem Namen gegeben, sondern von einem nicht mit Namen genannten größeren Personenkreis, der Anteile erwirbt. Die Höhe der Kapitalbeteiligung ist die Grundlage für Haftung, Stimmrecht und Gewinnbeteiligung der Gesellschafter.

Die Form der Kapitalgesellschaft erleichtert die Beschaffung von langfristigem Kapital. Bei einer Kapitalgesellschaft ist das Verlustrisiko eines Teilhabers auf seinen Anteil beschränkt. Den Geschäftsanteil kann er im Allgemeinen jederzeit verkaufen. Die Teilhaber haften für Gesellschaftsschulden nur mit ihrer Geldeinlage. Da die Gesellschafter an den Kapitalgesellschaften meist nur geldmäßig beteiligt sind, wird die Geschäftsführung von besonderen, gesetzlich vorgeschriebenen Organen wahrgenommen.

Die beiden wichtigsten Kapitalgesellschaften sind die

- GmbH (Gesellschaft mit beschränkter Haftung): Eine oder mehrere Personen gründen mit ihren Einlagen eine Gesellschaft, deren Merkmal ist, dass keiner persönlich haftet.
- die AG (Aktiengesellschaft): Verschiedene Personen halten Anteile an der Gesellschaft in Form von Aktien. Auch für die Aktionäre gilt, dass sie nicht persönlich haften.

Die Form der Aktiengesellschaft spielt eine große Bedeutung für die Finanzierung eines Unternehmens. Sie bietet Investoren die Möglichkeit, sich an Unternehmen zu beteiligen und ermöglicht den Unternehmen eine flexible Kapitalaufnahme: Die Aktiengesellschaft kann somit ihr Kapital durch den Verkauf von Aktien an Investoren erhöhen. Eine weitere Möglichkeit der Finanzierung von Unternehmen besteht in der Ausgabe von Unternehmensanleihen.[1]

1 Mehr zur Finanzierung durch Ausgabe von Wertpapieren und Unternehmensanleihen in Band 2.

Genossenschaften

Als besondere Gesellschaft ist noch die Genossenschaft zu nennen. Sie ist eine Selbsthilfeorganisation, die auf der Solidarität ihrer Mitglieder beruht. Sie strebt vorrangig also keine Gewinnmaximierung an wie Personen- und Kapitalgesellschaften. Bei der Genossenschaft ist eine Mindestgründerzahl von drei „Genossen" vorgeschrieben, die allerdings kein Mindestkapital aufbringen müssen. Das Verlustrisiko eines Genossen ist in der Regel auf seinen Anteil beschränkt: Es haftet also nur das Vermögen der Genossenschaft. Die Gewinnverteilung erfolgt laut Statut oder nach Geschäftsanteilen.

Wichtige Merkmale der Rechtsformen

Merkmale		Einzelunternehmen	OHG (offene Handelsgesellschaft)	KG (Kommanditgesellschaft)	AG (Aktiengesellschaft)	GmbH (Gesellschaft mit beschränkter Haftung)	eG (eingetragene Genossenschaft)
Wesen		Inhaber führt das Unternehmen selbstständig	Unternehmen für den Betrieb eines Handelsgewerbes	Unternehmen für den Betrieb eines Handelsgewerbes	• Gesellschaft mit eigener Rechtspersönlichkeit • Errichtung für jeden gesetzlichen Zweck zulässig • Aktionäre haften nur mit Gesellschaftsvermögen	• Gesellschaft mit eigener Rechtspersönlichkeit • Errichtung für jeden gesetzlichen Zweck zulässig • Gesellschafter haften nur mit Gesellschaftsvermögen • Errichtung durch eine oder mehrere Personen	• Gesellschaft mit nicht geschlossener Mitgliederzahl • Förderung der Mitglieder bzw. deren Wirtschaft (Selbsthilfe) durch gemeinsamen Geschäftsbetrieb • verschiedene Formen der Haftung der Gesellschaftsmitglieder
Gründung	Rechtsnatur	keine eigene Rechtspersönlichkeit des Unternehmens	keine eigene Rechtspersönlichkeit des Unternehmens	keine eigene Rechtspersönlichkeit des Unternehmens	juristische Person	juristische Person	juristische Person
	Form	formfrei; Schriftform üblich	formfrei; Schriftform üblich	formfrei; Schriftform üblich	notarielle Beurkundung des Vertrags, Satzung	notarielle Beurkundung des Vertrags, Satzung	notarielle Beurkundung des Vertrags, Statut
	Beginn	mit Geschäftsbeginn	mit Geschäftsbeginn	mit Geschäftsbeginn Haftungsbeschränkung des Kommanditisten ab Eintragung ins Handelsregister	mit Eintragung ins Handelsregister Abt. B	mit Eintragung ins Handelsregister Abt. B	mit Eintragung ins Genossenschaftsregister
	Mindestkapital				50.000,00 €	25.000,00 € (Sonderfall 1,00 € bei haftungsbeschränkter Unternehmergesellschaft)	
	Gründer (Mindestzahl)	1	2	2	1	1	3
	Firma	Vor- und Zuname und/oder (Zusatz möglich); Fantasiefirma mit Zusatz e. K., e. Kfm, e. Kffr.	Fantasiefirma mit Zusatz OHG, Name eines Gesellschafters oder mehrerer Gesellschafternamen mit Zusatz OHG	Fantasiefirma mit Zusatz KG, Name mindestens eines Komplementärs mit Zusatz KG	Sachfirma oder fortgesetzte Personenfirma mit Zusatz AG	Fantasiefirma, Sachfirma oder fortgesetzte Personenfirma mit Zusatz GmbH	Sachfirma mit Zusatz eG
Inhaber		Unternehmer	Gesellschafter (natürliche und/oder juristische Person)	a) Komplementär b) Kommanditist	Aktionäre	Gesellschafter	Genossenschaftsmitglieder
Eigenkapital	Bezeichnung	Eigenkapital	Kapitalanteile	a) Kapitalanteil(e) b) Einlage(n)	Grundkapital (gezeichnetes Kapital)	Stammkapital	Geschäftsguthaben (+ Reservefonds)
	Beteiligung		Stand der Kapitalkonten	Stand der Kapitalkonten	Aktien	Geschäftsanteil/Stammeinlage	Geschäftsanteil
Organe					• Vorstand (VS) (mind. 1 Pers.) • Hauptversammlung (HV) • Aufsichtsrat (AR) (mindestens 3 Personen)	• Geschäftsführer (GeFü) • Gesellschafterversammlung • Aufsichtsrat bei mehr als 500 Arbeitnehmern erforderlich	• Vorstand (mind. 2 Pers.) • Generalversammlung (GV), ggf. Vertreterversammlung, mind. 3 Pers.

Merkmale	Einzelunternehmen	OHG (offene Handelsgesellschaft)	KG (Kommanditgesellschaft)	AG (Aktiengesellschaft)	GmbH (Gesellschaft mit beschränkter Haftung)	eG (eingetragene Genossenschaft)
Rechte und Pflichten der Gesellschafter/ Organe	**Inhaber** • führt das Unternehmen selbstständig • hat alle Aufgaben eines ordentlichen Kaufmanns zu erfüllen • erhält/trägt allein Gewinn/Verlust	**Vollhafter** • Geschäftsführungsbefugnis für alle gewöhnlichen Geschäfte, für außergewöhnliche Geschäfte ist der Beschluss aller Gesellschafter erforderlich, auch für die Bestellung von Prokuristen und Handlungsbevollmächtigten • Kontrollrecht über den Gang der Gesellschaft, insbesondere, falls einzelne Gesellschafter von der Geschäftsführungsbefugnis ausgeschlossen sind • Anspruch auf Jahresgewinn, 4 % Zinsen auf Kapitaleinlage, Rest nach Köpfen • Verlust Verteilung nach Köpfen • Recht auf Privatentnahmen (bis zu 4 % Zinsen auf Kapitaleinlage) • Wettbewerbsverbot – für Geschäfte im gleichen Handelszweig – für Beteiligung als Vollhafter an anderen Gesellschaften	**Vollhafter** Rechte und Pflichten wie OHG-Gesellschafter **Teilhafter** • Kontrollrecht, Recht zur Einsicht in Jahresbilanz sowie Recht, ihre Richtigkeit anhand von Büchern und Papieren zu prüfen • Anspruch auf Jahresgewinn, 4 % Zinsen auf Kapitaleinlage, Rest im angemessenen Verhältnis • Recht auf Auszahlung des Gewinns • Verlust nur bis zur Höhe seiner (gezeichneten) Kapitaleinlage • Recht auf Privatentnahmen (bis zu 4 % Zinsen auf Kapitaleinlage)	**Vorstand** • Wahl für fünf Jahre • gemeinschaftliche Geschäftsführung und Vertretung • verantwortlich für Führung der Handelsbücher, Vorlage des Jahresabschlusses, Lagebericht und Bericht des AR zur HV **Hauptversammlung** • Bestellung der AR-Mitglieder für höchstens vier Jahre (Wiederwahl möglich) • Beschluss über Verwendung des Bilanzgewinns (dabei an Bestimmungen von Gesetz und Satzung gebunden) • nur bei Bewilligung des AR ist dem VS erlaubt – Betreiben eines Handelsgewerbes – im Geschäftszweig für eigene und fremde Rechnung tätig zu sein • Entlastung von VS und AR, Bestellung des Abschlussprüfers • Recht auf Auskunft über Angelegenheiten der Gesellschaft • Beschlussfassung über Satzungsänderungen (Dreiviertelmehrheit des anwesenden Kapitals) • Beschlussfassung über Kapitalbeschaffung, -herabsetzung, bedingte Kapitalerhöhung und genehmigtes Kapital **Aufsichtsrat** • Wahl für höchstens vier Jahre (Wiederwahl möglich) • Zusammensetzung gemäß den gesetzl. Bestimmungen; überwacht die Geschäftsführung des VS	**Geschäftsführer** • Bestellung für unbestimmte Zeit • Geschäftsführung und Vertretung (im Innenverhältnis ist Einschränkung der Vertretungsbefugnis möglich) einschl. Recht zur Bestellung von Prokuristen und Handlungsbevollmächtigten; alle Aufgaben eines ordentlichen Kaufmanns **Gesellschafterversammlung** • Bestellung der AR-Mitglieder für höchstens vier Jahre (Wiederwahl möglich) • Feststellung der Jahresbilanz und Verteilung des Gewinns • Bestellung und Abberufung der GeFü • Maßnahmen zur Prüfung und Überwachung der GeFü • Geltendmachung von Ansprüchen gegen GeFü und Gesellschafter • Beschlussfassung über Satzungsänderungen (drei Viertel der anwesenden Stimmen) • Beschlussfassung über – Einforderung von Einzahlungen auf ihre Stammeinlagen – Rückzahlung von Nachschüssen – Teilung und Einziehung von Geschäftsanteilen **Aufsichtsrat** Sofern AR gebildet wird, gelten die aktienrechtlichen Vorschriften.	**Vorstand** • gemeinschaftliche Geschäftsführung und Vertretung • im Übrigen entsprechen Rechte und Pflichten des VS im Wesentlichen denen des VS einer AG **Generalversammlung** • vertritt die Interessen der Genossenschaftsmitglieder • entspricht im Wesentlichen der HV einer AG **Anmerkung** Bei mehr Mitgliedern als 1 500 kann, 3 000 muss AR gebildet werden. Die Vertreterversammlung besteht aus mind. 50 Vertretern. **Aufsichtsrat** Sofern AR gebildet wird, gelten die aktienrechtlichen Vorschriften.
Haftung	Inhaber haftet mit seinem gesamten Vermögen für sämtliche Schulden seines Unternehmens	Vollhafter haftet gesamtschuldnerisch (unbeschränkt, unmittelbar, solidarisch)	Vollhafter haftet gesamtschuldnerisch (unbeschränkt, unmittelbar, solidarisch) Teilhafter haftet nur bis zur Höhe der gezeichneten Kapitaleinlage	Haftung der Aktionäre auf Kapitaleinlage beschränkt	Haftung der Gesellschaftsversammlung auf Stammeinlage beschränkt (ggf. beschränkte oder unbeschränkte Nachschusspflicht gemäß Satzung)	Haftung der Genossenschaftsmitglieder beschränkt auf Geschäftsanteile; laut Statut möglich – bis zum Geschäftsanteil – bis zum Geschäftsanteil zzgl. einer Haftsumme – unbeschränkt mit dem Privatvermögen

AUFGABEN

1. Skizzieren Sie, was eine Rechtsform ist.
2. Geben Sie an, durch welche Merkmale sich Rechtsformen unterscheiden.
3. Führen Sie Merkmale eines Einzelunternehmens auf.
4. Diskutieren Sie, wodurch ein Unternehmer veranlasst sein könnte, sein Einzelunternehmen in eine Gesellschaft umzuwandeln.
5. Erläutern Sie, was eine OHG ist.
6. Zeigen Sie Vorteile, die für die Unternehmensform der GmbH sprechen.
7. Eine Gesellschaft erstrebt für ihre Mitglieder Vorteile durch Großeinkauf. Ihre Organe sind der Vorstand, der Aufsichtsrat und die Generalversammlung. Entscheiden Sie, welche Rechtsform vorliegt.
   a) GmbH, b) OHG, c) eG, d) AG, e) KG
8. Prüfen Sie in den folgenden Fällen, um welche Unternehmensform es sich handelt:
   a) 14 selbstständige Winzer haben sich zusammengeschlossen. Durch einen gemeinsamen Verkauf ihrer Produkte und gemeinschaftliche Werbung erhoffen sie sich bessere Absatzmöglichkeiten. Andere Winzer des Weinanbaugebiets sind aufgerufen, sich ebenfalls zu beteiligen.
   b) Christine Errath beabsichtigt die Eröffnung einer Modeboutique. Mit einem angesparten Kapital von 45.000,00 € richtet sie ihr Geschäft ein. Als zusätzliche Hilfe stellt sie die Verkäuferin Helga Herzhom ein.
   c) Herr Schmidt und Herr Rössig betreiben zehn Lebensmittelsupermärkte. Herr Schmidt haftet mit seinem Geschäfts- und Privatvermögen, Herr Rössig nur mit seiner Einlage von 700.000,00 €.
   d) Fünf Hotelbesitzer in einem Alpendorf wollen eine Seilbahn bauen, um die Attraktivität des Feriengebiets zu erhöhen. Von den veranschlagten Kosten von 7.000.000,00 € können sie nur 2.000.000,00 € aufbringen. Deshalb sollen sich auch andere Bewohner des Ortes sowie interessierte Feriengäste beteiligen. Der Mindestanteil beträgt 50,00 €.
   e) Hans Ebensen beteiligt sich am Sportartikelgeschäft Franz Feuerstein. Er hat das Recht auf einen angemessenen Gewinnanteil, ist jedoch von der Geschäftsführung ausgeschlossen.
   f) Göttmann, Sehimanski und Marlowe betreiben eine Privatdetektei. Die drei Gesellschafter haften aber nur mit ihrem Geschäftsanteil von 40.000,00 €, 10.000,00 € und 50.000,00 €.
   g) Erwin Bodenburg und Matthias Groß vereinbaren die Gründung eines Fotogeschäfts. Bodenburg übernimmt die Verwaltungsarbeiten, Groß den Verkauf. Beide sind bereit, auch mit ihrem Privatvermögen zu haften.

ZUSAMMENFASSUNG

Unternehmensformen

rechtliche Gestaltungsmöglichkeit eines Unternehmens

- **Einzelunternehmen** – Eine Person bringt das Eigenkapital auf.
- **Gesellschaftsunternehmen** – Zwei oder mehr Personen bringen das Eigenkapital auf.
  - **Personengesellschaften**: Neben dem Gesellschaftsvermögen haftet den Gläubigern auch das Privatvermögen mindestens eines Gesellschafters.
  - **Kapitalgesellschaften**: Nur das Gesellschaftsvermögen haftet den Gläubigern.
- **Genossenschaft** – Selbsthilfeorganisation zur Förderung wirtschaftlicher Ziele der Mitglieder

1.4 Rechtsgeschäfte

EINSTIEG

Inhaber und Beschäftigte der Hoffmann KG geben folgende Willenserklärungen ab:

- Carolin Saager leiht sich von einer Freundin für einen Wochenendausflug ein Fahrrad.
- Die Hoffmann KG macht dem Herrenausstatter Grüner ein Angebot über Herrenhosen. Beim Schreiben des Angebotsbriefs macht Dominik Schlote einen Tippfehler und schreibt 23,00 € je Stück anstatt 32,00 € je Stück. Der Herrenausstatter Grüner bestellt 20 Hosen zum Preis von 23,00 € je Stück.
- Herr Hoffmann schließt einen Vertrag über den Kauf eines Wochenendhauses mündlich ab.
- Der Sachbearbeiter im Verkauf der Hoffmann KG, Herr Weidner, kündigt seine Arbeitsstelle fristgerecht schriftlich, weil es ihm bei der Hoffmann KG nicht mehr gefällt. Die geschäftsführende Gesellschafterin der Hoffmann KG, Frau Hahne, ist mit der Kündigung nicht einverstanden.

Prüfen Sie, in welchen Fällen ein gültiges Rechtsgeschäft zustande gekommen ist.

INFORMATION

Willenserklärungen

DEFINITION

Rechtsgeschäfte entstehen durch eine oder mehrere Willenserklärungen. **Willenserklärungen** sind gewollte und zwangsfreie Erklärungen einer Person.

BEISPIELE

- Ein Verkäufer bietet einer Kundin eine preisgünstige Kaffeemaschine an. Er will der Kundin die Kaffeemaschine verkaufen.
- Die Geschäftsführerin eines Technikkaufhauses kündigt einem Abteilungsleiter. Sie will, dass der Abteilungsleiter nicht mehr in dem Technikkaufhaus arbeitet.

Willenserklärungen werden abgegeben

- durch ausdrückliche mündliche oder schriftliche Äußerungen,
- durch bloße Handlungen, aus denen der Wille zu erkennen ist, z. B. Handzeichen bei Versteigerungen, Geldeinwurf in einen Zigarettenautomaten, Einsteigen in ein Taxi,
- in Ausnahmefällen durch Schweigen.

Unter Kaufleuten gilt Schweigen nur dann als Annahme einer unbestellten Lieferung, wenn zwischen beiden Kaufleuten ein regelmäßiger Geschäftsverkehr besteht. Sonst bedeutet das Schweigen Ablehnung der unbestellten Lieferung.

BEISPIEL

Der Großhändler Hahn schickt dem Lebensmitteleinzelhändler Grewe, den er regelmäßig mit Konserven beliefert, 100 Dosen Gemüsekonserven, ohne dass Grewe diese bestellt hat. Wenn sich der Einzelhändler Grewe zu dieser Lieferung nicht äußert, bedeutet dieses Schweigen, dass er mit der Lieferung einverstanden ist.

Ist der Empfänger der unbestellten Ware eine Privatperson, gilt ihr Schweigen immer als Ablehnung der unbestellten Lieferung. Der Verbraucher ist nicht verpflichtet, eine unerwünschte Ware zu bezahlen, und er muss die Ware auch nicht zurücksenden. Er ist auch nicht verpflichtet, den Absender davon zu unterrichten, dass er die Ware nicht kaufen möchte. Dies braucht er auch dann nicht zu tun, wenn es in der Sendung z. B. heißt, ein Kaufvertrag gelte als abgeschlossen, wenn nicht binnen bestimmter Frist Einspruch erhoben wird.

Einseitige Rechtsgeschäfte

Einseitige Rechtsgeschäfte entstehen durch die Willenserklärung nur einer Person. Sie können empfangsbedürftig oder nicht empfangsbedürftig sein.

Empfangsbedürftige Willenserklärungen sind z. B. Kündigungen, Mahnungen, Bürgschaften. Sie sind erst dann wirksam, wenn sie einer anderen Person zugehen.

Nicht empfangsbedürftige Willenserklärungen sind z. B. Testamente. Sie sind gültig, ohne dass sie einer anderen Person zugehen.

Mehrseitige Rechtsgeschäfte oder Verträge

Verträge kommen grundsätzlich durch die Abgabe von zwei übereinstimmenden gültigen Willenserklärungen zustande. Die 1. Willenserklärung wird als Antrag, die 2. Willenserklärung als Annahme bezeichnet. Mit der Annahme des Antrags ist ein Vertrag abgeschlossen.

Vertragsarten

Vertragsart	Vertragsinhalt	BEISPIEL
Kaufvertrag	Veräußerung von Sachen und Rechten	Ein Verkäufer verkauft einem Kunden einen Anzug gegen Bezahlung.
Tauschvertrag	gegenseitige Übereignung von Sachen oder Rechten	Ein Briefmarkensammler gibt einem anderen Briefmarkensammler eine Marke, die er doppelt hat. Als Gegenleistung erhält er eine andere Briefmarke.
Schenkung	unentgeltliche Vermögensübertragung an andere Personen	Ein junger Mann schenkt seiner Freundin einen Ring.
Mietvertrag	Überlassung einer Sache gegen Zahlung eines vereinbarten Mietpreises	Ein Mieter mietet eine Wohnung. Er erhält das Wohnrecht gegen Zahlung einer monatlichen Miete an den Vermieter.
Pachtvertrag	Überlassung von Sachen und Rechten zum Gebrauch und zur Nutzung gegen Zahlung eines vereinbarten Pachtzinses	Ein Landwirt pachtet ein Stück Land. Er darf auf diesem Land Ackerbau betreiben. Die Früchte, die er von dem Acker erntet, gehören ihm als Pächter.
Leihvertrag	Überlassung einer Sache zum unentgeltlichen Gebrauch	Jemand leiht in der Stadtbücherei kostenlos ein Buch aus und bringt es nach Ende der Leihfrist wieder zurück.
Darlehensvertrag	Überlassung von Geld oder anderen vertretbaren Sachen zum Verbrauch gegen spätere Rückgabe gleichartiger Sachen	Ein Einzelhändler nimmt bei einer Bank einen Kredit von 25.000,00 € auf. Er zahlt diesen Kredit bis zu einem vereinbarten Zeitpunkt an die Bank zurück.
Dienstvertrag	Leistung von Diensten gegen Bezahlung	Durch Abschluss eines Arbeitsvertrags verpflichtet sich ein Arbeitnehmer, für einen Arbeitgeber zu arbeiten. Der Arbeitgeber muss ihm als Gegenleistung Lohn oder Gehalt zahlen.
Werkvertrag	Herstellung eines Werks gegen Bezahlung	Eine Schneiderin näht für eine Kundin ein Kleid. Die Kundin liefert dazu den Stoff.
Reisevertrag	Erbringung von Reiseleistungen gegen Bezahlung	Ein junges Ehepaar bucht bei einem Reiseveranstalter eine vierzehntägige Pauschalreise nach Florida. Die Reiseleistungen, die der Reiseveranstalter erbringen muss, umfassen den Hin- und Rückflug und die Unterbringung in einem Hotel in Florida.
Versicherungsvertrag	Leistungen des Versicherers und die zu zahlenden Versicherungsbeiträge	Die Hoffmann KG schließt eine Einbruchdiebstahlversicherung ab. Die Versicherung bezahlt die durch Einbruchdiebstahl entstandenen Schäden und Verluste an Waren, Bargeld und sonstigen Sachen.

Vertragsfreiheit

Für den Abschluss von Rechtsgeschäften gilt der Grundsatz der Vertragsfreiheit, der sich aus drei Aspekten zusammensetzt:

Abschlussfreiheit

Jeder Person steht es frei, einen Vertrag abzuschließen. Personen können also nicht gezwungen werden, einen Vertrag abzuschließen.

Nur in wenigen Ausnahmefällen gibt es die Pflicht zum Vertragsabschluss (Kontrahierungszwang). Einem Kontrahierungszwang unterliegen z. B. Stromanbieter.

Formfreiheit

Der Abschluss eines Vertrags unterliegt normalerweise keiner Formvorschrift (Formfreiheit). Das heißt, Verträge können z. B. mündlich, fernmündlich, schriftlich, per Fax, per E-Mail, im Internet abgeschlossen werden. Nur in wenigen Ausnahmefällen ist eine bestimmte Form vorgeschrieben, z. B. Darlehensverträge, Ausbildungsverträge.

Inhaltsfreiheit

Die Vertragspartner können die Inhalte eines Vertrags frei festlegen.

Nichtigkeit und Anfechtbarkeit von Willenserklärungen

Nichtige Willenserklärungen

Nichtige Willenserklärungen sind von Anfang an ungültig. Sie haben keine Rechtsfolgen.

Nichtig sind ...	BEISPIEL
Willenserklärungen von Geschäftsunfähigen[1]	Ein sechsjähriger Schüler kauft eine Hörspielkassette.
Willenserklärungen, die im Zustand der Bewusstlosigkeit oder vorübergehenden Störung der Geistesfähigkeit abgegeben wurden	Ein Mann kauft im volltrunkenen Zustand eine Schlafzimmereinrichtung.
Willenserklärungen von beschränkt Geschäftsfähigen[1] gegen den Willen des gesetzlichen Vertreters	Ein siebzehnjähriger Auszubildender kauft ohne Zustimmung seines Vaters ein Motorrad.
Willenserklärungen, die gegenüber einer anderen Person mit deren Einverständnis nur zum Schein abgegeben wurden (= Scheingeschäft)	Ein Gast lässt sich in einem Restaurant von einem Kellner eine Quittung über 75,00 € geben, obwohl er nur 50,00 € bezahlt. Er will die Quittung als Beleg für Geschäftskosten verwenden, um damit Steuern zu sparen.
nicht ernst gemeinte Willenserklärungen (= Scherzgeschäfte)	Jemand sagt im Scherz: „Du kannst mein Haus geschenkt haben!“
Rechtsgeschäfte, die nicht in der vorgeschriebenen Form abgeschlossen wurden	Ein Vertrag über einen Hauskauf wurde nur mündlich abgeschlossen.
Rechtsgeschäfte, die gegen ein gesetzliches Verbot verstoßen	Ein Verkäufer verkauft Alkohol an Kinder.
Rechtsgeschäfte, die gegen die guten Sitten verstoßen	Ein Glasermeister nimmt nach einer Sturmkatastrophe überhöhte Preise für seine Glasscheiben (= Wucher).

1 siehe Kap. 1.7

Anfechtbare Willenserklärungen
Anfechtbare Willenserklärungen können im Nachhinein durch Anfechtung ungültig werden. Bis zur Anfechtung sind sie gültig.

Die **Anfechtung wegen Irrtums** muss unverzüglich nach Entdecken des Irrtums erfolgen. Entsteht durch die Anfechtung ein Schaden, so ist der Anfechtende schadenersatzpflichtig.

Bei **widerrechtlicher Drohung** muss die Anfechtung innerhalb eines Jahres, nachdem die Drohung nicht mehr besteht, erfolgen.

Bei **arglistiger Täuschung** muss die Anfechtung innerhalb eines Jahres, nachdem die Täuschung entdeckt wurde, erfolgen. Bei der Anfechtung wegen arglistiger Täuschung hat der Anfechtende Schadenersatzanspruch.

Anfechtungsgrund	BEISPIELE
Irrtum in der Erklärung Die Äußerung einer Person entspricht nicht dem, was sie sagen wollte.	Ein Einzelhändler bestellt irrtümlich 53 Mäntel anstatt 35 Mäntel.
Irrtum über die Eigenschaft einer Person oder Sache Merkmale, die eine Person oder eine Sache ausmachen, werden falsch beurteilt.	Ein Großhändler stellt einen Buchhalter ein und erfährt nachträglich, dass dieser wegen Urkundenfälschung vorbestraft ist.
Irrtum in der Übermittlung Die Willenserklärung wurde von der mit der Übermittlung beauftragten Person oder Organisation (z. B. der Post) falsch weitergegeben.	Ein Einzelhändler bittet einen Angestellten, bei einem Großhändler telefonisch 100 A4-Blöcke, rautiert, zu bestellen. Der Angestellte bestellt irrtümlich karierte Blöcke.
Widerrechtliche Drohung Eine Person wird durch eine Drohung zur Abgabe einer Willenserklärung gezwungen.	Ein Zeitschriftenwerber bedroht eine alte Frau, damit sie ein Zeitschriftenabonnement bestellt.
Arglistige Täuschung Eine Person wird durch arglistige Täuschung zur Abgabe einer Willenserklärung veranlasst.	Ein Kunde kauft einen gebrauchten Pkw. Nach Angaben des Verkäufers ist er unfallfrei. Nachträglich stellt sich heraus, dass der Pkw einen Unfallschaden hatte.

BEISPIEL

Jens K. aus Kassel: „Ich habe für 5.500,00 € einen Gebrauchtwagen gekauft. Noch am selben Tag wollte der Autohändler das Geschäft rückgängig machen. Er habe den Preis versehentlich um 1.500,00 € zu niedrig angesetzt. Darf ich mein Schnäppchen trotzdem behalten?“

Antwort: Im vorliegenden Fall ist ein wirksamer Kaufvertrag zustande gekommen, sodass Jens K. den Wagen behalten darf. Zwar gilt nach dem BGB, dass Angebote anfechtbar sind, wenn ein Irrtum vorliegt. Allerdings gilt nicht jeder Irrtum als Anfechtungsgrund: So darf sich niemand auf den sogenannten „Berechnungsirrtum“ berufen, wenn er sich bei der Preiskalkulation vertan hat. Wirksam anfechten könnte der Händler sein Angebot, wenn er sich beim Vertragsabschluss nur verschrieben oder sich im Verkaufsgespräch versprochen hätte. In solchen Fällen müsste der Käufer den Wagen zurückgeben.

Allerdings bekäme der Kunde die Kosten ersetzt, die durch das Vertrauen auf die Gültigkeit des Geschäfts entstanden sind, etwa weil ihm nachweislich eine andere günstige Kaufchance entgangen ist und er nun teurer kaufen muss.

AUFGABEN

1. Führen Sie auf, in welcher Form Willenserklärungen abgegeben werden können.
2. Erklären Sie, was der Grundsatz der Vertragsfreiheit für den Abschluss von Rechtsgeschäften bedeutet.
3. Geben Sie an, in welchen der folgenden Fälle ein Vertrag zustande gekommen ist. Begründen Sie Ihre Antwort.
   a) Der Reisebüromitarbeiter unterbreitet ein Reiseangebot. Der Kunde bucht die Reise zu den Angebotsbedingungen.
   b) Der Käufer bestellt, ohne ein Angebot erhalten zu haben. Der Verkäufer liefert die Ware.
   c) Die Hoffmann KG beauftragt ein Teppichreinigungsunternehmen mit der Reinigung der Teppichböden in der Zentralverwaltung. Das Teppichreinigungsunternehmen schickt eine Auftragsbestätigung.
   d) Carolin Saager bestellt eine Pizza Prosciutto. Der Pizzaservice liefert sofort eine Pizza Salami.
4. Entscheiden Sie, um welche Vertragsarten es sich jeweils in den folgenden Fällen handelt.
   a) Ein Autofahrer lässt in einer Kfz-Werkstatt einen Kotflügel seines Wagens ausbeulen.
   b) Ein Bankkunde leiht bei seiner Bank Geld, das er mit Zinsen zurückzahlen muss.
   c) Ein Verkäufer arbeitet in einem Supermarkt für ein Monatsgehalt von 1.200,00 €.
   d) Ein Tischler fertigt für einen Kunden einen Einbauschrank an. Das Holz für den Schrank besorgt er selbst.
5. Erläutern Sie, wodurch sich Mietvertrag und Pachtvertraunterscheiden.
6. Beurteilen Sie folgende Fälle:
   a) Eine Ware, die 198,00 € kostet, wird irrtümlich mit 189,00 € angeboten.
   b) Ein Kunsthändler verkauft die Kopie eines Bildes als Original.
   c) Der sechzehnjährige Frank Schrader kommt stolz mit einem Motorrad nach Hause. Er hat es für 1.250,00 € gekauft. Den Kaufpreis will er in zehn Raten abbezahlen. Sein Vater ist nicht so begeistert und verlangt, dass er das Motorrad zurückbringt.
   d) Ein Druckereibesitzer schließt den Kauf über ein Grundstück mündlich ab.
   e) Ein Einzelhändler verrechnet sich bei der Ermittlung des Verkaufspreises für eine Ware. Irrtümlich errechnet er 28,50 € anstatt 32,60 €.
   f) Der Kaufpreis eines Hauses war doppelt so hoch wie der durch ein späteres Gutachten ermittelte Wert.

ZUSAMMENFASSUNG

Rechtsgeschäfte

einseitige Rechtsgeschäfte

werden durch **eine** Willenserklärung rechtswirksam

entstehen durch eine

empfangsbedürftige Willenserklärung

erst wirksam, wenn sie einer anderen Person zugeht

nicht empfangsbedürftige Willenserklärung

auch gültig, ohne dass sie einer anderen Person zugeht

mehrseitige Rechtsgeschäfte (Verträge)

werden durch **mindestens zwei** übereinstimmende Willenserklärungen (Antrag und Annahme) rechtswirksam

Vertragsarten sind z. B.

- Kaufvertrag
- Tauschvertrag
- Schenkung
- Mietvertrag
- Pachtvertrag
- Leihvertrag
- Darlehensvertrag
- Dienstvertrag
- Werkvertrag

Rechtsgeschäfte sind

nichtig
= von Anfang an ungültig

bei

- Willenserklärungen von Geschäftsunfähigen
- Willenserklärungen von beschränkt Geschäftsfähigen gegen den Willen des gesetzlichen Vertreters
- Willenserklärungen, die im Zustand der Bewusstlosigkeit oder vorübergehender Geistesstörung abgegeben wurden
- Scherzgeschäft
- Scheingeschäft
- sittenwidrigem Rechtsgeschäft
- Fehlen der vorgeschriebenen Form
- Verstoß gegen ein gesetzliches Verbot

anfechtbar
= bis zur Anfechtung gültig

wegen

- Irrtums
  - in der Erklärung
  - in der Eigenschaft einer Person oder Sache
  - in der Übermittlung
- widerrechtlicher Drohung

- arglistiger Täuschung

Schadenersatzanspruch!
(nur für den Anfechtenden)

1.5 Abschluss und Erfüllung von Kaufverträgen

EINSTIEG

Die Wodsack AG, Hildesheim, bietet der Hoffmann KG in Frankfurt am Main 100 Damenjeans zu 24,90 € je Stück an. Der Leiter der Einkaufsabteilung der Hoffmann KG, Herr Staub, findet das Angebot günstig und bestellt die angebotene Ware.

1. Stellen Sie dar, durch welche Erklärungen der Vertrag über den Kauf von 100 Hemden zustande kommt.
2. Erläutern Sie die Pflichten, die die Wodsack AG und die Hoffmann KG nach Abschluss dieses Vertrags erfüllen müssen.

Abschluss des Kaufvertrags

Der Antrag auf Abschluss eines Kaufvertrags kann vom Verkäufer oder vom Käufer einer Sache oder eines Rechts ausgehen.

Abschluss des Kaufvertrags	
1. Möglichkeit	**2. Möglichkeit**
Der Verkäufer macht einen Antrag auf Abschluss eines Kaufvertrags, indem er dem Käufer ein Angebot unterbreitet. Der Käufer nimmt das Angebot durch eine Bestellung an. Ein Kaufvertrag kommt zustande, wenn die Bestellung mit dem Angebot übereinstimmt.	Der Antrag auf Abschluss eines Kaufvertrags geht vom Käufer aus, wenn der Käufer bestellt, ohne dass er ein Angebot erhalten hat. Der Verkäufer nimmt diesen Antrag durch die sofortige Lieferung oder die Zusendung einer Bestellungsannahme (= Auftragsbestätigung) an.
Antrag (1. Willenserklärung) **Verkäufer**	Antrag (1. Willenserklärung) **Käufer**
1. Angebot ↓	1. Bestellung ↓
bei Übereinstimmung **= Kaufvertrag**	bei Übereinstimmung **= Kaufvertrag**
2. Bestellung ↑	2. Bestellungsannahme oder sofortige Lieferung ↑
Annahme (2. Willenserklärung) **Käufer**	Annahme (2. Willenserklärung) **Verkäufer**

Erfüllung des Kaufvertrags

Mit dem Abschluss des Kaufvertrags übernehmen die Vertragspartner folgende Pflichten:

- Der Verkäufer hat die Pflicht,
  - die mangelfreie Ware am richtigen Ort, zur richtigen Zeit zu übergeben,
  - dem Käufer das Eigentum an der Ware zu verschaffen.
- Der Käufer hat die Pflicht,
  - ie ordnungsgemäß gelieferte Ware anzunehmen,
  - die ordnungsgemäß gelieferte Ware fristgerecht zu bezahlen.

Erst wenn beide Vertragspartner ihre Pflichten erfüllt haben, ist der Kaufvertrag erfüllt.

Eigentum und Besitz

Der Verkäufer verschafft dem Käufer das Eigentum an der Ware durch Einigung und Übergabe der Ware. Der Käufer wird damit Eigentümer der Ware.

Eigentümer einer Sache ist derjenige, dem eine Sache gehört (rechtliche Verfügungsgewalt).

Besitzer einer Sache ist derjenige, der eine Sache hat (tatsächliche Verfügungsgewalt).

Häufig sind Besitzer und Eigentümer einer Sache identisch.

BEISPIEL

Jemand liest ein Buch, das er in einer Buchhandlung gekauft hat. Der Besitzer des Buchs ist hier Eigentümer des Buchs. Es gehört ihm, weil er es rechtmäßig erworben hat.

Nur der Eigentümer einer Sache darf diese Sache verkaufen, weiterverarbeiten, vermieten, verleihen, verändern, verschenken und auch vernichten.

Eigentumsvorbehalt

Durch die ordnungsgemäße Übergabe einer Ware wird der Käufer Eigentümer dieser Ware, auch wenn er den Kaufpreis noch nicht bezahlt hat.

Als Eigentümer kann er über diese Ware frei verfügen. Er kann sie z. B. weiterverkaufen, verschenken oder weiterverarbeiten. Darum ist es für den Verkäufer häufig nicht möglich, die Rückgabe der Ware zu verlangen, sofern der Käufer den Kaufpreis der Ware nicht oder nicht fristgerecht zahlt.

Dieses Risiko kann der Verkäufer durch die Vereinbarung eines Eigentumsvorbehalts verringern.

Beim Eigentumsvorbehalt unterscheidet man:

- einfacher Eigentumsvorbehalt
- verlängerter Eigentumsvorbehalt
- erweiterter Eigentumsvorbehalt

Einfacher Eigentumsvorbehalt

Beim einfachen Eigentumsvorbehalt wird vertraglich vereinbart, dass die Ware so lange das Eigentum des Verkäufers bleibt, bis der Käufer den Kaufpreis vollständig bezahlt hat.

Dieser einfache Eigentumsvorbehalt erlischt jedoch, wenn

- die gelieferte Ware weiterverarbeitet wurde,
- mit einem Gebäude oder Grundstück fest verbunden wurde,
- weiterverkauft wurde.

Damit bietet der einfache Eigentumsvorbehalt nur einen unzureichenden Schutz vor Zahlungsausfällen.

Verlängerter Eigentumsvorbehalt
Beim verlängerten Eigentumsvorbehalt erlischt der Eigentumsvorbehalt nicht, wenn der Käufer die Ware weiterverkauft. Beim Weiterverkauf wird die entstehende Forderung an den ursprünglichen Verkäufer übertragen.

BEISPIEL

Der Hemdenhersteller Spengler & Sohn verkauft 500 Herrenhemden an die Hoffmann KG auf Ziel. Er liefert die Hemden unverzüglich unter verlängertem Eigentumsvorbehalt. Bevor sie die Hemden bezahlt hat, verkauft die Hoffmann KG 300 dieser Hemden ebenfalls auf Ziel an die Ambiente Warenhaus AG. Da der Hoffmann KG die Hemden von Spengler & Sohn unter verlängertem Eigentumsvorbehalt geliefert wurden, wird die Forderung der Hoffmann KG an die Ambiente Warenhaus AG an den ursprünglichen Verkäufer Spengler & Sohn übertragen.

Erweiterter Eigentumsvorbehalt
Beim erweiterten Eigentumsvorbehalt erstreckt sich der Eigentumsvorbehalt nicht nur auf das Eigentum an der Ware, die noch nicht bezahlt wurde, sondern auf alle vom Verkäufer an den Käufer gelieferten Waren. Beim erweiterten Eigentumsvorbehalt bleiben alle vom Verkäufer an den Käufer gelieferten Waren so lange Eigentum des Verkäufers, bis alle gelieferten Waren vollständig bezahlt wurden.

Erfüllungsort

DEFINITION

Der **Erfüllungsort** ist der Ort, an dem der Schuldner seine Leistung zu erbringen hat.

Gesetzliche Regelung
Wenn zwischen Käufer und Verkäufer keine vertragliche Regelung getroffen wurde, ist der Erfüllungsort der Wohn- oder Geschäftssitz des Schuldners (= gesetzlicher Erfüllungsort).

Da durch den Abschluss eines Kaufvertrags sowohl der Verkäufer als auch der Käufer Leistungsverpflichtungen übernommen haben, gibt es auch zwei Erfüllungsorte:

- Der Verkäufer schuldet dem Käufer die ordnungsgemäße Lieferung der Ware (= Warenschulden). Deshalb ist der Erfüllungsort für die Warenlieferung der Wohn- oder Geschäftssitz des Verkäufers.

- Der Käufer schuldet dem Verkäufer die fristgerechte Zahlung des Kaufpreises (= Geldschulden). Deshalb ist der Erfüllungsort für die Zahlung der Wohn- oder Geschäftssitz des Käufers.

Bedeutung des gesetzlichen Erfüllungsorts für die Warenschulden
Der Verkäufer muss die Ware fristgerecht an seinem Geschäfts- oder Wohnsitz übergeben oder zur Abholung bereitstellen (Warenschulden sind Holschulden):

- Beim Handkauf muss er dem Käufer die Ware in seinem Geschäft übergeben.
- Beim Platzkauf muss er dem Käufer die Ware zum vereinbarten Zeitpunkt in dessen Geschäft oder Wohnung übergeben.

- Beim Versendungskauf muss er die Ware zum vereinbarten Zeitpunkt an den mit dem Warentransport beauftragten Frachtführer übergeben.

Am Erfüllungsort geht die Haftung für die Beschädigung und den Verlust der Ware vom Verkäufer auf den Käufer über. Dies geschieht

- beim Handkauf und Platzkauf durch die Übergabe der Ware an den Käufer und
- beim Versendungskauf durch die Übergabe an den Frachtführer.

Der Erfüllungsort regelt auch die Übernahme der Versandkosten. Sofern vertraglich nichts anderes vereinbart wurde, muss der Käufer bei einem Versendungskauf die Transportkosten ab Versandstation am Geschäfts- oder Wohnsitz des Verkäufers bis zu seinem Geschäfts- oder Wohnsitz bezahlen.

Bedeutung des gesetzlichen Erfüllungsorts für die Geldschulden
Der Käufer muss die Ware zum vereinbarten Zeitpunkt an seinem Geschäfts- oder Wohnsitz bezahlen oder auf das Konto des Verkäufers überweisen (Geldschulden sind Bring- oder Schickschulden). Die Überweisungskosten trägt der Käufer.

Anders als bei den Warenschulden geht die Haftung für den Verlust des Geldbetrags aber nicht schon am Erfüllungsort (Geschäfts- oder Wohnsitz des Käufers), sondern erst am Geschäfts- oder Wohnsitz des Verkäufers auf den Verkäufer über. Der Geldversand erfolgt also auf Risiko des Käufers.

Vertragliche Regelung
Verkäufer und Käufer können Abweichungen von der gesetzlichen Regelung vertraglich vereinbaren (= vertraglicher Erfüllungsort).

BEISPIEL

Erfüllungsort für beide Teile ist der Geschäftssitz des Verkäufers.

Gerichtsstand

DEFINITION

Der **Gerichtsstand** ist der Ort, an dem die Vertragsparteien klagen oder verklagt werden können.

Gesetzliche Regelung
Der gesetzliche Erfüllungsort bestimmt den Gerichtsstand, wenn vertraglich nichts anderes vereinbart wurde. Für Warenschulden ist der Gerichtsstand somit der Geschäfts- oder Wohnsitz des Verkäufers. Für Geldschulden ist der Gerichtsstand der Geschäfts- oder Wohnsitz des Käufers.

Vertragliche Regelung
Zwischen Kaufleuten kann der Gerichtsstand abweichend von der gesetzlichen Regelung vertraglich vereinbart werden. Bei Verträgen mit Verbrauchern ist eine vertragliche Vereinbarung, die von der gesetzlichen Regelung abweicht, nicht zulässig.

AUFGABEN

1. Führen Sie auf, wie in folgenden Fällen der Kaufvertrag zustande kommt.
   a) Der Einzelhändler Reimann bestellt, ohne dass ihm ein Angebot vorliegt, bei der Hoffmann KG 100 T-Shirts zum Preis von 3,00 € je Stück. Die Hoffmann KG nimmt die Bestellung an und liefert die Ware.
   b) Eine Kundin lässt sich in den Geschäftsräumen der Hoffmann KG Pullover vorlegen. Nach langem Vergleichen entscheidet sie sich für einen Pullover. Sie sagt: „Den nehme ich."
   c) Frau Lange bestellt 1 000 Briefumschläge für 1,50 €. Der Lieferant liefert zwei Tage später.
2. In welchen der folgenden Fälle ist ein Kaufvertrag zustande gekommen? Begründen Sie Ihre Antwort.
   a) Der Verkäufer unterbreitet ein Angebot. Der Käufer bestellt zu den Angebotsbedingungen.
   b) Der Käufer bestellt, ohne ein Angebot erhalten zu haben. Der Verkäufer reagiert überhaupt nicht.
   c) Der Verkäufer macht ein Angebot. Der Käufer bestellt mit abgeänderten Bedingungen.
   d) Der Käufer bestellt. Der Verkäufer liefert sofort.
3. Geben Sie an, welche Pflichten
   a) der Verkäufer und
   b) der Käufer

   nach Abschluss eines Kaufvertrags erfüllen muss.
4. Unterscheiden Sie Besitz und Eigentum.
5. In einem Angebot findet sich der Satz „Die Ware bleibt bis zur vollständigen Bezahlung des Kaufpreises unser Eigentum".
   a) Aus welchem Grund hat der Anbieter diese Klausel in sein Angebot aufgenommen?
   b) Wodurch erlischt dieser einfache Eigentumsvorbehalt?
6. Unterscheiden Sie den erweiterten Eigentumsvorbehalt vom verlängerten Eigentumsvorbehalt.
7. Der Inhaber eines Herrenoberbekleidungsgeschäfts in Göttingen bestellt aufgrund eines Angebots der Hoffmann KG, Frankfurt 50 Herrenoberhemden. Die Bestellung trifft am 15.11.20.. bei der Hoffmann KG ein. Die Lieferung soll gemäß Angebot spätestens 14 Tage nach Eingang der Bestellung erfolgen. Die Ware wird am 29.11.20.. mit einem Paketdienst an das Herrenoberbekleidungsgeschäft versandt und trifft dort erst am 01.12.20.. ein.
   a) Prüfen Sie, ob die Ware rechtzeitig geliefert wurde.
   b) Stellen Sie fest, wer für eine Beschädigung oder den Verlust der Ware auf dem Transport von Frankfurt nach Göttingen haftet.
   c) Wo befindet sich der Erfüllungsort für die Zahlung, wenn darüber vertraglich nichts vereinbart wurde?
   d) An welchem Ort muss die Hoffmann KG klagen, wenn sie den Kunden wegen nicht rechtzeitiger Zahlung verklagen möchte?
8. In den Geschäftsräumen der Spindler KG bietet ein Verkaufssachbearbeiter Carolin Saager Damenblusen aus der neuen Frühjahrskollektion an.
   Versetzen Sie sich in die Rolle von Carolin Saager und stellen Sie den Abschluss des Kaufvertrags über den Kauf von Damenblusen im Rollenspiel dar.

9. Stellen Sie fest, wie in Ihrem Praktikumsbetrieb Kaufverträge mit den Kunden abgeschlossen werden. Präsentieren Sie das Ergebnis Ihren Klassenkameradinnen und Klassenkameraden mit einem von Ihnen gewählten Präsentationsmittel.

ZUSAMMENFASSUNG

Abschluss des Kaufvertrags durch

- **Angebot + Bestellung**

oder

- **Bestellung + Bestellungsannahme (Auftragsbestätigung) oder Lieferung**

Pflichten

des Verkäufers

- ordnungsgemäße Übergabe der Ware
- Übereignen der Ware an den Käufer

des Käufers

- Annahme der Ware
- fristgerechte Bezahlung

Regelungen zur Vertragserfüllung	gesetzliche Regelung	vertragliche Regelungen
Eigentumsvorbehalt		• einfacher Eigentumsvorbehalt • verlängerter Eigentumsvorbehalt • erweiterter Eigentumsvorbehalt
Erfüllungsort	• für die Ware: Wohn- und Geschäftssitz des Verkäufers • für Geld: Wohn- und Geschäftssitz des Käufers	von der gesetzlichen Regelung abweichende Vereinbarungen möglich
Gerichtsstand	Erfüllungsort bestimmt den Gerichtsstand	von der gesetzlichen Regelung abweichende Vereinbarungen nur zwischen Kaufleuten möglich

1.6 Abschluss von Dienst-, Miet- und Werkverträgen

EINSTIEG

Die geschäftsführende Gesellschafterin der Hoffmann KG, Susanne Hahne, benötigt eine neue Schrankwand für ihr Büro und ein neues Fotokopiergerät für ihr Vorzimmer. Die Schreinerei Schöller bietet ihr an, die Schrankwand nach ihren Wünschen zum Preis von 7.000,00 € herzustellen und einzubauen. Die Orga-Bürogeräte GmbH erklärt sich bereit, Frau Hahne ein Fotokopiergerät gegen eine monatliche Zahlung von 135,00 € zur Verfügung zu stellen. Frau Hahne findet die Angebote günstig. Sie beauftragt die Schreinerei Schöller mit dem Einbau der Schrankwand. Die Orga-Bürogeräte GmbH bittet sie, ihr ein Fotokopiergerät zur Verfügung zu stellen.

1. Durch welche Erklärungen der Vertragspartner kommen die Verträge über den Einbau der Schrankwand und die Bereitstellung des Fotokopiergeräts zustande?
2. Um welche Vertragsart handelt es sich
   a) bei dem Vertrag über den Einbau der Schrankwand?
   b) bei dem Vertrag über die Bereitstellung des Fotokopiergeräts?
3. Welche Pflichten haben die Schreinerei Schöller, die Orga-Bürogeräte GmbH und Susanne Hahne nach Abschluss der Verträge zu erfüllen?

INFORMATION

Dienstvertrag

DEFINITION

Der **Dienstvertrag** ist ein Vertrag über die Leistung von Diensten gegen Bezahlung. Er kommt durch zwei übereinstimmende Willenserklärungen eines Dienstberechtigten (Auftraggebers) und eines Dienstverpflichteten zustande.

Gegenstand des Dienstvertrags können Dienste jeder Art sein.

Es können zwei Grundformen des Dienstvertrags unterschieden werden:

- freier Dienstvertrag
- Arbeitsvertrag

Bei einem **freien Dienstvertrag** führt der Dienstverpflichtete die Tätigkeit selbstständig und eigenverantwortlich aus. Ein freier Dienstvertrag kann formlos abgeschlossen werden.

BEISPIELE für freie Dienstverträge

- Erteilen von Nachhilfeunterricht
- Trainingsstunden bei einem Tennislehrer
- Freie Dienste von z. B. Ärzten, Architekten, Rechtsanwälten, Steuerberatern
- Dienste von gelegentlichen Hilfskräften, z. B. Haushaltshilfen, Fensterputzern, Gebäudereinigern

Beim **Arbeitsvertrag** führt der Dienstverpflichtete die Tätigkeit über einen gewissen Zeitraum in persönlicher und wirtschaftlicher Abhängigkeit vom Dienstberechtigten aus.

Die folgenden Ausführungen beziehen sich nur auf die allgemeinen Regelungen über Dienstverträge.

Mit dem Abschluss eines Dienstvertrags übernehmen die Vertragspartner folgende Pflichten:

Der **Dienstverpflichtete hat die Pflicht,**

- die versprochenen Dienste gemäß der vertraglichen Vereinbarung zu leisten,
- die versprochenen Dienste im Zweifel persönlich zu erbringen,
- zur Aufklärung und zur Verschwiegenheit.

Der **Dienstberechtigte hat die Pflicht,** die vereinbarte Vergütung nach Leistung des Dienstes zu entrichten.

Beim Dienstvertrag schuldet der Dienstverpflichtete allein die Leistung der vereinbarten Tätigkeit. Der Erfolg der Dienstleistung spielt dabei keine Rolle. Der Dienstverpflichtete erbringt eine reine Tätigkeit und bekommt diese auch dann vergütet, wenn sie zu keinem Erfolg führt. Wenn die vereinbarte Tätigkeit jedoch von dem Dienstverpflichteten überhaupt nicht ausgeführt wird, muss ihm der Dienstberechtigte auch keine Vergütung bezahlen.

Da ein Arbeitserfolg beim Dienstvertrag nicht geschuldet ist, gibt es beim Dienstvertrag auch keine Abnahme der vereinbarten Leistung.

Bei Mängeln hat der Dienstberechtigte auch kein Recht auf Nachbesserung, Rücktritt vom Vertrag oder Minderung der Vergütung.

BEISPIEL

Die Hoffmann KG verpflichtet für ihren Betriebsunterricht die Berufsschullehrerin Claudia Fröhlich. Sie wird von der Hoffmann KG stundenweise bezahlt, unabhängig von den Ergebnissen der Auszubildenden in Klassenarbeiten und Prüfungen.

Bei schuldhaft schlecht erbrachten Leistungen hat der Dienstberechtigte jedoch einen Schadenersatzanspruch gegenüber dem Dienstverpflichteten.

BEISPIEL

Weil ein Rechtsanwalt schuldhaft eine Frist versäumt, wird die Klage seines Mandanten vom Gericht abgewiesen. Den dadurch entstandenen Schaden muss der Rechtsanwalt seinem Mandanten ersetzen.

Werkvertrag

DEFINITION

Der **Werkvertrag** ist ein formloser Vertrag über die Herstellung eines Werks gegen Bezahlung. Er kommt durch zwei übereinstimmende Willenserklärungen eines Bestellers (Auftraggebers) und eines Unternehmers (Werkunternehmers) zustande.

BEISPIELE für Werkverträge

- Streichen der Geschäftsräume der Hoffmann KG durch einen Malermeister
- Erstellen eines Büroregals für den Anlageberater Kurz
- Erstellung einer neuen Werkstatt für die Bauschlosserei Lienhardt durch das Bauunternehmen Lanz
- Inspektion der Firmenwagen der Hoffmann KG
- Haarschnitt durch eine Friseurin oder einen Friseur
- Reparatur der EDV-Anlage durch einen IT-Dienstleister
- Gütertransport durch eine Spedition
- Taxifahrt vom Büro des Architekten Grüneis bis zum Bahnhof
- Erstellung eines Rechtsgutachtens durch den Rechtsanwalt Omipour im Auftrag der Sparkasse Schönstadt

Mit dem Abschluss eines Werkvertrags übernehmen die Vertragspartner folgende Pflichten:

Der **Werkunternehmer hat die Pflicht,**

- das versprochene Werk herzustellen,
- dem Besteller das Werk frei von Sach- und Rechtsmängeln zu verschaffen.

Der **Besteller hat die Pflicht,**

- das vertragsgemäß hergestellte Werk abzunehmen,
- die vereinbarte Vergütung nach Abnahme des Werks zu bezahlen.

Der Werkvertrag unterscheidet sich vom Dienstvertrag dadurch, dass der Unternehmer dem Besteller (Auftraggeber) einen bestimmten Erfolg, ein bestimmtes Arbeitsergebnis (= Werk) schuldet. Durch seine Leistung muss der beauftragte Unternehmer eine Sache herstellen bzw. verändern oder einen durch Dienstleistung erbrachten Erfolg herbeiführen. Mit der Abnahme akzeptiert der Besteller das Werk als vertragsgemäß erbrachte Leistung. Erst mit der Abnahme des Werks wird die vereinbarte Vergütung fällig.

BEISPIELE

- Die Hoffmann KG möchte einen Zweigbetrieb in Kroatien eröffnen. Sie gibt bei einer Unternehmensberatung ein Gutachten in Auftrag. Erst nach Abnahme des Gutachtens durch die Hoffmann KG hat die Unternehmensberatung einen Anspruch auf Bezahlung.
- Die Hoffmann KG vergibt an einen Bauträger den Auftrag, in Nürnberg ein neues Lagergebäude zu errichten. Erst nach Abnahme des neuen Lagergebäudes durch die Hoffmann KG hat der Bauträger einen Anspruch auf die vollständige Bezahlung.

Stellt der Besteller des Werks bei der Abnahme einen Mangel fest, kann er von dem Werkunternehmer Nacherfüllung verlangen. Kommt der Werkunternehmer seiner Nacherfüllungspflicht nicht innerhalb einer ihm vom Besteller gesetzten angemessenen Frist nach, kann der Besteller den Mangel selbst beseitigen. Eventuelle Mehrkosten können auf den nicht leistenden Werkunternehmer, der schadenersatzpflichtig ist, abgewälzt werden. Wenn das Werk mangelhaft ist, kann der Besteller auch vom Vertrag zurücktreten oder die vereinbarte Vergütung mindern.

Für Werkverträge, deren Gegenstand die Lieferung herzustellender oder zu erzeugender beweglicher Sachen ist, gelten die Vorschriften über den Kauf (Kaufvertrag[1]).

Mietvertrag

DEFINITION

Ein **Mietvertrag** regelt die Überlassung einer Sache gegen Zahlung eines vereinbarten Mietpreises. Er kommt durch zwei übereinstimmende Willenserklärungen eines Vermieters und eines Mieters zustande.

Mietverträge können befristet oder unbefristet abgeschlossen werden. Bei einem befristeten Mietvertrag endet das Mietverhältnis nach Ablauf der in dem Mietvertrag festgelegten Zeit. Mit dem Abschluss eines unbefristeten Mietvertrags gehen Vermieter und Mieter ein Mietverhältnis auf unbestimmte Zeit ein. Der unbefristete Mietvertrag kann jedoch von jedem Vertragspartner jederzeit ohne Angabe eines Kündigungsgrundes gekündigt werden.

Mietverträge können über bewegliche Sachen (z. B. Kraftfahrzeuge, Maschinen, Büromaschinen) oder unbewegliche Sachen (Grundstücke, Gebäude, Geschäftsräume, Lagerräume, Wohnungen usw.) abgeschlossen werden.

BEISPIELE für Mietverträge

- Ein Gebäudereinigungsunternehmen mietet Büroräume. Es erhält das Recht, die Büroräume gegen Zahlung einer monatlichen Miete an den Vermieter zu nutzen.
- Ein Handwerker mietet ein Kopiergerät für sein Büro. Er darf das Kopiergerät in seinem Büro gegen Zahlung einer monatlichen Miete für die Erstellung von Fotokopien nutzen.

Mit dem Abschluss eines Mietvertrags übernehmen die Vertragspartner folgende Pflichten:
Der **Vermieter hat die Pflicht,**

- dem Mieter eine Sache zeitweise zu überlassen,
- dem Mieter während der Mietzeit den Gebrauch der vermieteten Sache zu ermöglichen,
- dem Mieter die Sache in einem gebrauchsfähigen Zustand zu überlassen,
- die Sache während der Mietzeit in einem gebrauchsfähigen Zustand zu erhalten,
- den vertragsgemäßen Gebrauch der Sache durch den Mieter zu dulden,
- die Versorgung vermieteter Räume mit Wasser, Strom und Heizung sicherzustellen.

1 siehe Kap. 1.5

Der **Mieter hat die Pflicht,**

- die vereinbarte Miete für die Sache zu bezahlen,
- die Sache nur vertragsgemäß zu gebrauchen,
- die Sache nicht ohne Erlaubnis einem Dritten zu überlassen,
- die Sache dem Vermieter nach Beendigung des Mietverhältnisses zurückzugeben.

AUFGABEN

1. Entscheiden Sie, ob in den folgenden Fällen ein Dienstvertrag, Werkvertrag oder Mietvertrag vorliegt.
   a) Haareschneiden beim Fiseur
   b) Auswechseln einer Platine in einem Fernsehgerät (Hausbesuch des Mechanikers)
   c) Durchführung eines Ölwechsels am Auto
   d) Bereitstellung von Konferenzmöbeln gegen eine monatliche Zahlung
   e) Auslichten von Obstbäumen durch einen Gärtner
   f) Einsetzen einer neuen Schaufensterscheibe
   g) Kürzen einer Hose
   h) Behandlung einer Beinverletzung durch einen Chirurgen
   i) Bereitstellung von Gläsern und Geschirr für eine Jubiläumsfeier
   j) Erstellen der Einkommensteuererklärung von Herrn Hoffmann durch einen Steuerberater
2. Unterscheiden Sie Dienst- und Werkvertrag.
3. Erläutern Sie, welche Voraussetzung erfüllt sein, muss, damit ein Werkunternehmer von dem Besteller (Auftraggeber) die Bezahlung des Werks verlangen kann.
4. Ein Maler hat den Auftrag, die Büroräume der Hoffmann KG zu streichen, mangelhaft ausgeführt. Argumentieren Sie, welche Rechte die Hoffmann KG ihm gegenüber geltend machen kann.
5. Trotz aller Bemühungen ihres Rechtsanwalts wurde Claudia Jungmann von einem Gericht zu einer Geldstrafe verurteilt. Führen Sie auf, welche Rechte sie gegenüber ihrem Rechtsanwalt geltend machen kann.
6. Das von Susanne Hahne gemietete Fotokopiergerät ist in seiner Funktion gestört. Machen Sie Vorschläge, was sie tun kann.

ZUSAMMENFASSUNG

Vertragsart	Pflichten des...	
Dienstvertrag	**Dienstverpflichteten**	**Dienstberechtigten**
= Vertrag über die Leistung von Diensten gegen Bezahlung	• Leistung der versprochenen Dienste • im Zweifel persönliche Dienste • Pflicht zur Aufklärung und Verschwiegenheit	Zahlung der vereinbarten Vergütung nach Leistung des Dienstes
Werkvertrag	**Unternehmers**	**Bestellers (Auftraggebers)**
= Vertrag über die Herstellung eines Werks gegen Bezahlung	• Herstellung des versprochenen Werks • Erschaffung des Werks frei von Sach- und Rechtsmängeln	• Abnahme des vertragsgemäß hergestellten Werks • Zahlung der vereinbarten Vergütung nach Abnahme des Werks

Vertragsart	Pflichten des...	
Mietvertrag	**Vermieters**	**Mieters**
= Vertrag, der die Überlassung einer Sache gegen Zahlung eines vereinbarten Mietpreises regelt	• zeitweise Überlassung einer Sache in gebrauchsfähigem Zustand • Erhaltung des gebrauchsfähigen Zustands der Sache während der Mietzeit • Duldung des vertragsgemäßen Gebrauchs der Sache durch den Mieter • Sicherstellung der Wasser-, Strom- und Heizungsversorgung der vermieteten Räume	• Zahlung der vereinbarten Miete • vertragsmäßiger Gebrauch der gemieteten Sache • Überlassung der Sache einem Dritten gegenüber nur mit Erlaubnis des Vermieters • Rückgabe der Sache nach Beendigung des Mietverhältnisses

1.7 Die Geschäftsfähigkeit

EINSTIEG

Die siebzehnjährige Ronja Bunko ist als Auszubildende zurzeit im Verkauf der Hoffmann KG beschäftigt. Aufgrund eines Angebots der Bätje OHG bestellt sie 250 Damenshirts bei der Bätje OHG.

Stellen Sie fest, ob Ronja Bunko dieses Geschäft abschließen darf.

INFORMATION

Rechtsfähigkeit

DEFINITION

Unter **Rechtsfähigkeit** versteht das Gesetz die Fähigkeit einer Person, Träger von Rechten und Pflichten zu sein.

Eine Person hat z. B. das Recht, ein Geschäft zu erben, oder die Pflicht, die Schule zu besuchen.

Rechtsfähig sind nicht nur Menschen (= natürliche Personen), sondern auch Personenvereinigungen, z. B. Vereine, Aktiengesellschaften, Gesellschaften mit beschränkter Haftung, Genossenschaften. Sie werden als juristische Personen bezeichnet.

Rechtsfähigkeit		
	natürliche Personen	**juristische Personen**
Beginn	Vollendung der Geburt	Gründung: AG: Eintragung ins Handelsregister
Ende	Tod	Auflösung: AG: Löschung im Handelsregister

Geschäftsfähigkeit

DEFINITION

Unter **Geschäftsfähigkeit** versteht das Gesetz die Fähigkeit von Personen, Rechtsgeschäfte rechtswirksam abzuschließen.

Eine geschäftsfähige Person kann z. B. Waren einkaufen oder verkaufen, eine Wohnung mieten oder eine Reise buchen.

Man unterscheidet drei Stufen der Geschäftsfähigkeit:

- Geschäftsunfähigkeit
- beschränkte Geschäftsfähigkeit
- unbeschränkte oder volle Geschäftsfähigkeit

Geschäftsunfähigkeit
Geschäftsunfähig sind:

- Kinder unter sieben Jahren
- dauernd geisteskranke Personen

Die Willenserklärung eines Geschäftsunfähigen ist nichtig, d. h. ungültig. Geschäftsunfähige Personen können also keine Rechtsgeschäfte rechtswirksam abschließen.

Beschränkte Geschäftsfähigkeit
Beschränkt geschäftsfähig sind Personen, die mindestens sieben, aber unter 18 Jahre alt sind. Eine beschränkt geschäftsfähige Person darf Rechtsgeschäfte normalerweise nur mit Zustimmung des gesetzlichen Vertreters (Vater, Mutter, Vormund) abschließen.

Rechtsgeschäfte, die sie ohne vorherige Einwilligung des gesetzlichen Vertreters abgeschlossen hat, sind schwebend unwirksam. Sie können durch die nachträgliche Genehmigung des gesetzlichen Vertreters wirksam werden.

BEISPIEL

Der 17-jährige Auszubildende Jiri Subotka kauft einen Blu-Ray-Player, ohne dass er seinen Vater vorher gefragt hat. Der Verkäufer des Blu-Ray-Players fragt den Vater von Jiri später, ob er mit dem Kauf einverstanden ist. Wenn sich Jiris Vater mit dem Kauf einverstanden erklärt, ist ein Kaufvertrag zustande gekommen. Ist er nicht einverstanden, kommt kein Kaufvertrag zustande.

In Ausnahmefällen darf eine beschränkt geschäftsfähige Person Rechtsgeschäfte auch ohne Zustimmung ihres gesetzlichen Vertreters abschließen.

- Sie darf Willenserklärungen abgeben, die ihr nur rechtliche Vorteile bringen, z. B. ein Geschenk annehmen.
- Sie darf Verträge abschließen, die sie mit ihrem Taschengeld erfüllen kann.

BEISPIEL

Die 15-jährige Sabine Beyer kauft von ihrem Taschengeld eine DVD zum Preis von 12,90 €.

- Sie darf Rechtsgeschäfte im Rahmen eines Arbeitsvertrags abschließen, den sie mit Zustimmung ihres gesetzlichen Vertreters eingegangen ist.

BEISPIEL

Ein 17-jähriger Verkäufer darf Ware an Kunden verkaufen, ohne vorher seinen gesetzlichen Vertreter zu fragen. Er darf ohne Zustimmung seines gesetzlichen Vertreters Vereinbarungen über Arbeitszeit, Gehalt, Pausen, Urlaub usw. treffen. Er darf das Arbeitsverhältnis, sofern es als Dienstverhältnis anzusehen ist, auch ohne Zustimmung des gesetzlichen Vertreters kündigen.

- Wenn sie ihr gesetzlicher Vertreter mit Erlaubnis des Vormundschaftsgerichts ermächtigt, einen selbstständigen Geschäftsbetrieb zu führen, darf sie ohne Zustimmung alle Rechtsgeschäfte abschließen, die dieser Betrieb mit sich bringt.

BEISPIEL

Die 16-jährige Carmen Rodriguez führt selbstständig einen Jeansshop. Sie darf ohne Zustimmung ihres gesetzlichen Vertreters Ware einkaufen und verkaufen, Rechnungen bezahlen usw. Will sie jedoch privat von ihrem Geld eine teure Stereoanlage kaufen, muss sie ihren gesetzlichen Vertreter um Erlaubnis bitten.

Unbeschränkte Geschäftsfähigkeit

Unbeschränkt geschäftsfähig sind natürliche Personen, die das 18. Lebensjahr vollendet haben. Willenserklärungen unbeschränkt geschäftsfähiger Personen sind voll rechtswirksam.

Kann ein Volljähriger seine Angelegenheiten aufgrund einer psychischen Krankheit oder einer körperlichen, geistigen oder seelischen Behinderung ganz oder teilweise nicht erledigen, so bestellt das Vormundschaftsgericht für ihn einen Betreuer, der ihn gerichtlich und außergerichtlich vertritt.

AUFGABEN

1. Unterscheiden Sie Rechtsfähigkeit und Geschäftsfähigkeit.
2. Der 17 Jahre alte Hans Vollmer erhält von seinem Vater 500,00 € für ein Notebook. Der Händler besteht darauf, dass der Vater ihm gegenüber erklärt, dass er mit dem Kauf einverstanden ist. Begründen Sie, warum der Händler diese Einverständniserklärung verlangt.
3. Die 14-jährige Sandra und der 15-jährige Thomas kaufen von ihrem Taschengeld einen gebrauchten CD-Player für 20,00 €. Ihr Vater will den Kaufvertrag rückgängig machen. Der Händler weigert sich. Wer hat recht? Begründen Sie Ihre Meinung.
4. Der neun Jahre alte Jürgen bekommt von seiner Tante einen MP3-Player geschenkt. Seine Eltern verbieten ihm die Annahme des Geschenks. Sind sie dazu berechtigt? Begründen Sie Ihre Meinung.
5. Die 17-jährige Anja Schneider schließt mit Einwilligung ihrer Eltern ein Ausbildungsverhältnis zur Kauffrau für Büromanagement bei einem Haushaltsgerätehersteller ab. Entscheiden Sie, welches der folgenden Rechtsgeschäfte sie nur mit Zustimmung ihrer Eltern abschließen darf. Begründen Sie Ihre Meinung.
   a) In ihrem Ausbildungsbetrieb verkauft sie fünfzig Geschirrspülmaschinen an einen Kunden.
   b) Am Wochenende verkauft sie ihre Waschmaschine an eine Freundin.
6. Britta Körber arbeitet in der Abteilung „Unterhaltungselektronik" eines Warenhauses. Heute kommen unter anderem folgende Kunden zu ihr:
   - Ein 17-jähriger Schüler: Er möchte einen Laserdrucker zum Preis von 534,00 € kaufen.
   - Ein 6-jähriges Mädchen: Es möchte eine CD zum Preis von 7,00 € als Geburtstagsgeschenk für seine Mutter kaufen.
   - Ein 12-jähriger Junge: Er möchte DVD-Rohlinge im Wert von 5,60 € kaufen.
   - Ein ca. 30 Jahre alter Mann: Er möchte ein Fernsehgerät zum Preis von 560,00 € kaufen.

   Erläutern Sie, wie sich Britta Körber gegenüber den einzelnen Kunden verhalten sollte.
7. Der 17 Jahre alte Frank Förster führt mit Genehmigung des Vormundschaftsgerichts den Betrieb seines verstorbenen Vaters. Entscheiden Sie, welche der folgenden Rechtsgeschäfte er ohne Zustimmung seines gesetzlichen Vertreters abschließen darf. Begründen Sie Ihre Meinung.
   a) Einkauf einer neuen Maschine für den Betrieb
   b) Kauf eines Ferienhauses in Griechenland
   c) Kauf eines Taschenrechners im Wert von 15,00 €
   d) Einstellen eines neuen Mitarbeiters

ZUSAMMENFASSUNG

Rechtsfähigkeit

= Fähigkeit einer Person, Träger von Rechten und Pflichten zu sein

natürlicher Personen	**juristischer Personen**
• beginnt mit der Vollendung der Geburt • endet mit dem Tod	• beginnt mit der Gründung • endet mit ihrer Auflösung • handelt durch ihre Organe (AG = Vorstand; GmbH = Geschäftsführer)

Geschäftsfähigkeit

= Fähigkeit einer Person, Rechtsgeschäfte rechtswirksam abzuschließen

Geschäftsunfähigkeit	**beschränkte Geschäftsfähigkeit**	**unbeschränkte Geschäftsfähigkeit**
Willenserklärungen von • Kindern unter sieben Jahren und • dauernd geisteskranken Personen sind **nichtig.**	Willenserklärungen von Personen, die mindestens sieben Jahre, aber unter 18 Jahre alt sind, sind bis auf bestimmte Ausnahmen **schwebend unwirksam.**	Personen, die das 18. Lebensjahr vollendet haben, können **uneingeschränkt** Rechtsgeschäfte abschließen.

1.8 Die Allgemeinen Geschäftsbedingungen

EINSTIEG

Volkan Karaca hat bei der Spengler & Sohn OHG eine Anfrage gestellt und bekommt nun das Angebot. Zunächst liest er das sogenannte **Kleingedruckte** auf der Rückseite:

§§ **Allgemeine Geschäftsbedingungen**

1. Allgemeines
Unsere Lieferungen, Leistungen und Angebote erfolgen ausschließlich aufgrund dieser AGB. Alle weiteren Vereinbarungen sowie Abänderungen sind nur gültig, wenn sie von uns schriftlich bestätigt werden.

2. Vertragsabschluss
Unsere Angebote sind nur bei unverzüglicher Bestellung als verbindlich anzusehen, andernfalls freibleibend. Lieferungsangebote aufgrund von Prospekten, Katalogen oder Anzeigen sind freibleibend.

3. Auftragserteilung
An uns gerichtete Aufträge gelten erst dann als angenommen, wenn die Annahme von uns schriftlich bestätigt wurde.
Der Kaufvertrag kommt zu unseren AGB zustande.
Nachträgliche Auftragsänderungen können nur berücksichtigt werden, wenn sie im Bereich unserer Möglichkeiten liegen und von uns schriftlich bestätigt werden.

4. Konstruktionsänderungen, Farbabweichungen
Vertraglich vereinbart sind auch Abweichungen von der in Prospekten vorhandenen Darstellung oder in Angeboten beschriebenen Beschaffenheit (Form und Farbe), soweit sie aus der natürlichen Unregelmäßigkeit der verwendeten Materialien erfolgen.

5. Lieferung
Die Lieferung erfolgt ab Werk auf Rechnung und Gefahr des Kunden.

6. Lieferzeit
Nicht eingehaltene Lieferfristen oder Liefertermine berechtigen zur Geltendmachung von Rechten erst nach angemessener Nachfrist. Diese muss mindestens acht Werktage betragen.

7. Preise
Die Preise gelten ab Werk.
Bei Rücksendungen hat die Frachtkosten der Kunde zu tragen.
Sämtliche Preise sind Nettopreise ohne Umsatzsteuer.

8. Garantie
Wir leisten Garantie für Fabrikations- und Materialfehler. Die Garantiezeit beträgt zwei Jahre, gerechnet vom Empfang der Ware.

9. Mängelrügen
Mängel sind unverzüglich, spätestens innerhalb von vier Werktagen zu rügen.

10. Zahlungsbedingungen
Abzüge irgendwelcher Art sind nicht gestattet, es sei denn, sie werden auf der Rechnung speziell eingeräumt. Wechsel werden nur nach Absprache angenommen. Diskontspesen sind vom Bezogenen zu tragen.
Alle Zahlungen müssen so rechtzeitig bei uns eingegangen sein, dass uns die Beträge beim Fälligkeitstag gutgeschrieben worden sind.
Bei Überschreitung der Zahlungsfrist sind wir zur Geltendmachung eines Verzugsschadens nach § 247 BGB und § 288 BGB berechtigt. Dabei können wir, vorbehaltlich eines höheren Schadens, einen Zinssatz von 8 % über dem Basiszinssatz berechnen.

11. Eigentumsvorbehalt
Alle Waren bleiben bis zur vollständigen Bezahlung unser Eigentum.

12. Erfüllungsort und Gerichtsstand
Erfüllungsort für Lieferung und Zahlung ist 35578 Wetzlar.

1. Erläutern Sie, welche Bedeutung diese AGB für die Hoffmann KG haben.
2. Führen Sie auf, welche Inhalte zu den Allgemeinen Geschäftsbedingungen Ihnen aus Ihrem Praktikumsunternehmen bekannt sind.

INFORMATION

Beim Abschluss von Verträgen ist es notwendig, dass Vertragsbestimmungen im Vorfeld geregelt werden. Dabei sind ein sehr bedeutender Bestandteil der Vertragsgestaltung die Allgemeinen Geschäftsbedingungen (AGB), das sogenannte **Kleingedruckte**.

DEFINITION

Allgemeine Geschäftsbedingungen sind alle für eine Vielzahl von Verträgen vorformulierten Vertragsbedingungen, die eine Vertragspartei (Verwender) der anderen Vertragspartei bei Abschluss eines Vertrags stellt (§ 305 BGB).

Auf diese Weise werden Vertragsabschlüsse für Käufer und Verkäufer vereinfacht, weil man nicht jedes Mal individuelle Bedingungen aushandeln muss.

Der Verwender, also der Vertragspartner, der die AGB formuliert hat, trifft damit Vereinbarungen, die von gesetzlichen Bestimmungen abweichen können. Die gesetzlichen Bestimmungen sind im Bürgerlichen Gesetzbuch (BGB) formuliert. Die §§ 305–310 BGB ersetzen seit dem 1. Januar 2002 das alte AGB-Gesetz.

Eine Problematik bei Kaufverträgen ist der Interessenkonflikt, den Käufer und Verkäufer miteinander haben können.

BEISPIEL

Die Hoffmann KG möchte gern 2 % Skonto bei frühzeitiger Zahlung eingeräumt bekommen. Wenn sie nun auf das in der Einstiegssituation dargestellte Angebot eingehen sollte, akzeptiert sie die Zahlungsbedingungen der Spengler & Sohn OHG und hat kein Recht auf Skontoabzug.

Es sind durchaus individuelle Änderungen möglich. Die AGB dürfen aber nicht unlauter sein, das heißt, sie müssen sich im Rahmen der in den §§ 305–310 BGB geregelten Klauseln bewegen. Dabei ist zwischen einem einseitigen und einem zweiseitigen Handelsgeschäft zu unterscheiden.

Ein zweiseitiges Handelsgeschäft besteht zwischen zwei Kaufleuten, ein einseitiges Handelsgeschäft existiert zwischen einem Kaufmann und einer Privatperson. Durch die gesetzlichen Regelungen soll der schwächere Vertragspartner besonders geschützt werden.

Damit ist der **Verbraucherschutz** ein Hauptzweck der in den §§ 305–310 BGB geregelten Bestimmungen zu den AGB. Der Verbraucher ist in der Regel der „schwächere" Vertragspartner, weil er kein Kaufmann ist und als Privatmann über seine Rechte häufig nicht informiert ist. Neben den AGB gibt es auch Behörden beziehungsweise Institutionen, die den Schutz des Verbrauchers besonders beachten. Dies sind beispielsweise:

- verschiedene Landesministerien in den Bundesländern (z. B. Senatsverwaltung Verbraucherschutz Berlin, Verbraucherschutzinformationssystem Bayern usw.),
- Bundesministerium für Ernährung und Landwirtschaft,
- Bundesamt für Verbraucherschutz und Lebensmittelsicherheit,
- Verbraucherzentralen,
- Stiftung Warentest,
- Foodwatch.

AGB	
Vorteile	• Vertragsinhalte müssen nicht jedes Mal neu ausgehandelt werden. • Vereinheitlichung der Vertragsinhalte • Rationalisierung (Zeit- und Geldersparnis)
Nachteile (in der Regel Gefahren für den Käufer)	• Käufer muss oftmals AGB akzeptieren • Verlagerung der Risiken auf den Käufer (Benachteiligung des Käufers)

AUFGABEN

1. Begründen sie, warum viele Unternehmen ihre AGB bereits vorformuliert haben.
2. Erläutern Sie folgende Paragrafen jeweils anhand eines praktischen Beispiels aus Ihrem Unternehmen.
   a) § 305 BGB
   b) § 305 b BGB
   c) § 307 BGB
3. Begründen Sie, ob nachfolgende AGB-Klauseln die §§ 305–310 BGB verletzen:
   a) Die Lieferung erfolgt ab Werk auf Rechnung und Gefahr des Kunden.
   b) Bei Vertragsrücktritt betragen die Gebühren 75 % des Preises.
   c) Bei verspäteter Zahlung wird direkt das gerichtliche Mahnverfahren eingeleitet.
   d) Unsere Angebote sind nur bei unverzüglicher Bestellung als verbindlich anzusehen, andernfalls freibleibend.
   e) Ein offener Mangel muss durch den Kunden innerhalb von sieben Tagen erfolgen, ansonsten entfallen die Gewährleistungsrechte.
   f) Bei Rücksendungen hat die Frachtkosten der Kunde zu tragen.
4. In § 305 c BGB ist von einer „überraschenden Klausel" die Rede. Erläutern Sie, warum überraschende Klauseln nicht erlaubt sind?
5. Bringen Sie aus Ihren Praktikumsbetrieben gültige AGB mit. Bilden Sie branchenähnliche Gruppen und erstellen Sie branchenspezifische AGB.
6. Vergleichen Sie die erstellten AGB mit denen einer branchenfremden Gruppe. Wo gibt es Unterschiede, wo Gemeinsamkeiten?
7. Lesen Sie im BGB die §§ 305 bis 308 und führen Sie kurz die Aussagen in einer Tabelle auf.

ZUSAMMENFASSUNG

Allgemeine Geschäftsbedingungen (AGB)

Gesetzliche Bestimmungen
(§§ 305–310 BGB)

- Schutz vor unseriösen AGB
- Individuelle Absprachen haben Vorrang.
- Überraschende Klauseln sind unwirksam.
- Bestimmungen, die gegen den Grundsatz von Treu und Glauben verstoßen, sind unwirksam.
- Bei unwirksamen Klauseln gelten die gesetzlichen Bestimmungen.

Allgemeiner Zweck

- vorformulierte Vertragsbedingungen
- grundsätzliche Ausgestaltung von Verträgen
- besonderer Verbraucherschutz
- Rationalisierung (Zeitersparnis)

1.9 Die Schlechtleistung

EINSTIEG

Im Aufenthaltsraum der Hoffmann KG diskutiert Dominik Schlote gerade mit einer Kollegin, als Carolin Saager aufgeregt dazukommt:

Carolin Saager:
„Hallo, ihr beiden, tut mir leid, wenn ich störe. Aber ich habe ein Problem und ihr könnt mir bestimmt helfen.“

Dominik Schlote:
„Was ist denn los, Carolin?“

Carolin Saager:
„Im Lager gibt es gerade mal wieder Ärger: Die Hessing GmbH hat falsche Ware geliefert. Ich soll den Fall bearbeiten. Aber wie gehe ich denn nun vor?“

1. Beurteilen Sie die Rechtslage.
2. Schlagen Sie Maßnahmen vor, die Carolin Saager ergreifen könnte.

INFORMATION

Eine der Haupttätigkeiten der Beschäftigten in Unternehmen ist die Behandlung von Reklamationen der Kunden.

Um Reklamationen angemessen bearbeiten zu können, müssen Mitarbeiter und Mitarbeiterinnen zunächst einmal die rechtlichen Folgen von Reklamationen kennen.

Reklamierende Kunden sind oft aufgeregt, empfindlich, manchmal sogar verärgert. Durch ein richtiges Verhalten der Beschäftigten können Kundenverluste vermieden werden. Oft ist die richtige Behandlung von Reklamationen ein Weg zu einer stärkeren Kundenbindung.

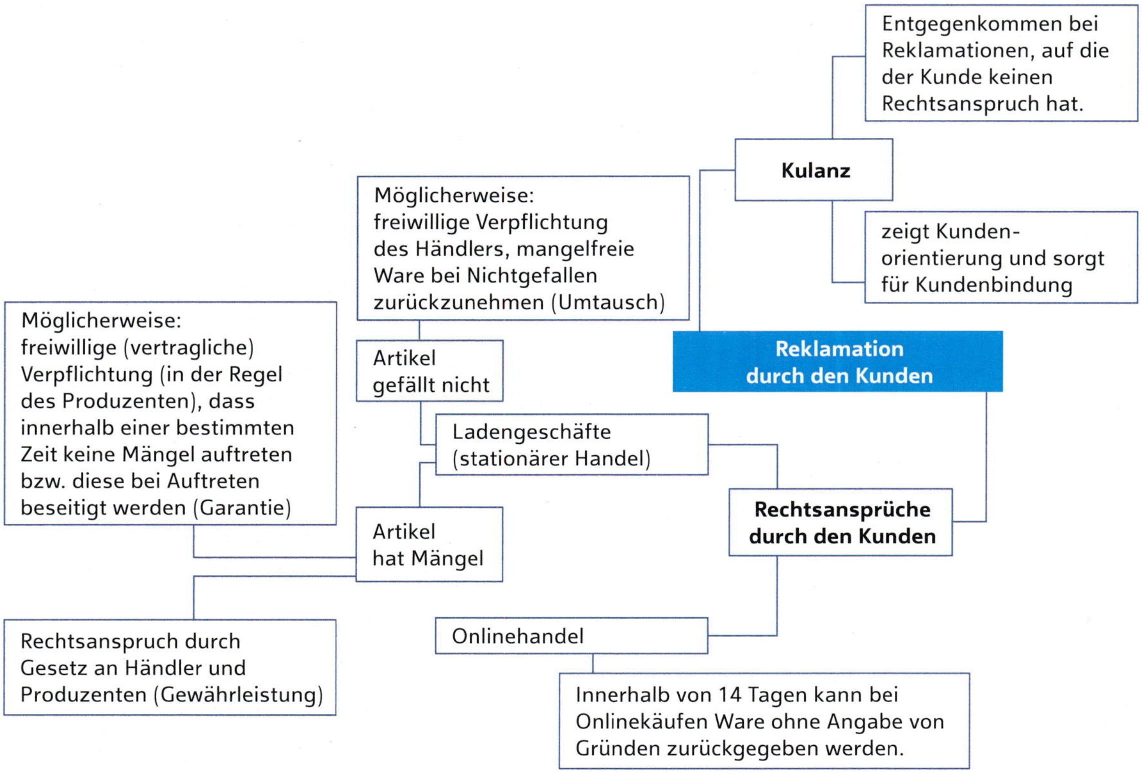

Umtausch

DEFINITION

Beim **Umtausch** nimmt das Unternehmen Ware ohne Mangel freiwillig zurück.

Es gibt eine Reihe von Gründen für Umtauschwünsche von Kunden:

- Dem Kunden gefällt der gekaufte Artikel nicht mehr.
- Angehörigen sagt die Ware nicht zu.
- Der Kauf war unüberlegt.
- Größe, Form, Farbe usw. der Ware passen nicht.
- Die für einen Dritten gekaufte Ware (Geschenke) ist schon vorhanden, gefällt oder passt nicht.
- Der Kunde sieht den gleichen Artikel günstiger bei einem Konkurrenzunternehmen.

Im deutschen Recht herrscht der Grundsatz, dass einmal geschlossene Verträge eingehalten werden müssen. Ein Rechtsanspruch auf Umtausch einer mangelfreien Ware besteht deshalb nach dem Gesetz nicht.

BEISPIEL

Carolin Saager möchte in einem Bekleidungsgeschäft einen Pullover für ihren 14-jahrigen Bruder Birk kaufen. Sie geht zur Kasse. Dadurch macht sie ein Angebot zum Abschluss des Kaufvertrags, das vom Unternehmen angenommen wird. Carolin Saager zahlt den Kaufpreis und bekommt den Pullover von der Verkäuferin in einer Tragetasche übergeben. Damit überträgt die Verkäuferin den Besitz und das Eigentum an Corinna Schwarz.

Kurze Zeit später möchte Carolin Saager den Pullover umtauschen, weil ihrem Bruder der Pullover nicht gefällt. Außerdem ist ihr Bruder schon wieder gewachsen. Das Einzelhandelsunternehmen kann den gewünschten Umtausch mit dem Hinweis auf den ordnungsgemäß abgeschlossenen Kaufvertrag ablehnen.

Ohne Einverständnis des Kaufmanns ist ein Umtausch zunächst einmal nicht möglich. Doch dies geschieht nur in den seltensten Fällen: Umtausch wird als Kundendienstleistung betrachtet. Außerdem ist Großzügigkeit beim Umtauschen eine sehr kostengünstige Werbung für das Unternehmen.

Wenn der Einzelhändler nicht besonders auf das Umtauschrecht des Kunden hinweist, muss jeder Kunde, der etwas kauft und sich die Rückgabe vorbehalten will, also fragen, ob die Ware zurückgegeben werden kann. Deshalb weisen viele Unternehmen extra darauf hin, dass Waren bei Nichtgefallen umgetauscht werden.

Will man Missverständnisse vermeiden, sollten Verkäufer und Kunde ausdrücklich vereinbaren, dass der Kaufmann die Ware aus Kulanzgründen zurücknimmt, falls der Umtausch gewünscht wird.

Wenn das Unternehmen dem Kunden die Umtauschrechte schriftlich einräumt, muss es klar und deutlich darauf hinweisen, welche Artikel vom Umtausch ausgeschlossen sein sollen.

BEISPIELE

Bestimmte Artikel sind aus hygienischen Gründen vom Umtausch ausgeschlossen, z. B. Kosmetikartikel, Perücken oder Unterwäsche.

Auch in den Saison-Schlussverkäufen wird das generelle Umtauschrecht meistens ausdrücklich von den Einzelhandelsunternehmen ausgeschlossen. Von der Absicht her, in kurzer Zeit die Lager zu räumen, ist dieses Verhalten des Einzelhandels verständlich.

In weiten Kreisen des Einzelhandels hat sich jedoch eingebürgert, Umtauschrechte ohne vorherige besondere Vereinbarung einzuräumen.

Der Einzelhändler kann die Regeln beim Umtausch aus Kulanzgründen selbst gestalten.

Bei einem Umtausch muss das Verkaufspersonal die folgenden Punkte prüfen:

- Ist der Artikel unbeschädigt (kann er damit wiederverkauft werden)?
- Liegt der Kassenbon vor?
- Ist die betriebliche Umtauschfrist eingehalten worden?

Viele Unternehmen haben für den problemlosen Umtausch eigene Bereiche eingerichtet.

Wie großzügig dabei verfahren wird, ist von Unternehmen zu Unternehmen unterschiedlich.

BEISPIEL

Die Hoffmann KG hat eine Umtauschfrist bestimmt, auf die sie schriftlich hinweist. In der Regel wird lediglich eine Gutschrift über die Kaufsumme ausgestellt und nicht der Kaufpreis zurückerstattet. Eine anderslautende Vereinbarung kann jedoch jederzeit von der Abteilungsleitung getroffen werden.

All dies gilt selbstverständlich nur, wenn die Ware nicht mangelhaft ist. Liegt eine berechtigte Reklamation vor, stehen dem Kunden die Rechte im Rahmen der gesetzlichen Gewährleistung zu.

Garantie

Im Gegensatz zum Umtausch geht es sowohl bei der Garantie als auch bei der gesetzlichen Gewährleistung um die rechtliche Behandlung mangelhafter Ware.

Die Übernahme einer Garantie muss klar von der gesetzlichen Gewährleistung unterschieden werden. Dies wird in der geschäftlichen Praxis oft versäumt. Auch Kunden verwechseln Garantie und Gewährleistung häufig beziehungsweise kennen den Unterschied nicht.

MERKSATZ

Der entscheidende Unterschied zwischen Garantie und Gewährleistung besteht darin, dass
- die Garantie auf einem freiwilligen Vertrag, die Gewährleistung aber auf einem Gesetz beruht,
- bei der Gewährleistung der Mangel bereits bei der Übergabe vorhanden sein musste.

Die Garantierechte des Käufers stehen also selbstständig neben den gesetzlichen Gewährleistungsrechten.

DEFINITION

Unter **Garantie** versteht man das freiwillige Versprechen eines Unternehmens, dass während einer bestimmten Zeitdauer ab Übergabe der Ware keine Mängel auftreten und der Unternehmer für die Mängelfreiheit einsteht. Zumeist übernimmt diese Haftung der Hersteller.

Unternehmen sind nicht gesetzlich verpflichtet, eine Garantie zu übernehmen. Sie bedarf daher der ausdrücklichen vertraglichen Vereinbarung, die den Inhalt und Umfang sowie die Garantiefrist bestimmt.

Die Garantieübernahme von Herstellern erfolgt oft über Garantiekarten, die der Hersteller seinen Erzeugnissen beilegt. Darin werden dem Endverbraucher Rechte zumeist auf Nachbesserung oder Ersatzlieferung eingeräumt. Da diese Rechte eine freiwillige und zusätzliche Leistung des Herstellers sind, kann er sie nach seinen Vorstellungen inhaltlich ausgestalten. Es kommt ein Garantievertrag direkt zwischen dem Endkunden und dem Hersteller zustande.

BEISPIEL

Susanne Eilers kauft bei der Larstadt Warenhaus AG einen Geschirrspüler des Herstellers Dosch, dem eine Garantiekarte des Herstellerwerks beigefügt ist. Die Garantiekarte weist eine Garantiefrist von 48 Monaten nach Kauf aus.
Wenn beispielsweise nach drei Jahren der Geschirrspüler defekt würde, müsste der Hersteller Dosch je nach eingegangener Verpflichtung auf der Garantiekarte entweder eine Reparatur vornehmen oder Susanne Eilers ein neues Gerät zur Verfügung stellen.

Der Garantiegeber (also entweder der Hersteller oder auch der Händler) muss seine Garantieerklärungen dem Käufer immer in Textform übergeben, auch wenn der Kunde dies nicht verlangt hat. Dies kann auf einem (analogen) Datenträger in Papierform (z. B. Garantiekarte, Garantieurkunde) oder auf einem digitalen Datenträger erfolgen. Dies muss spätestens zum Zeitpunkt der Lieferung der Kaufsache geschehen.

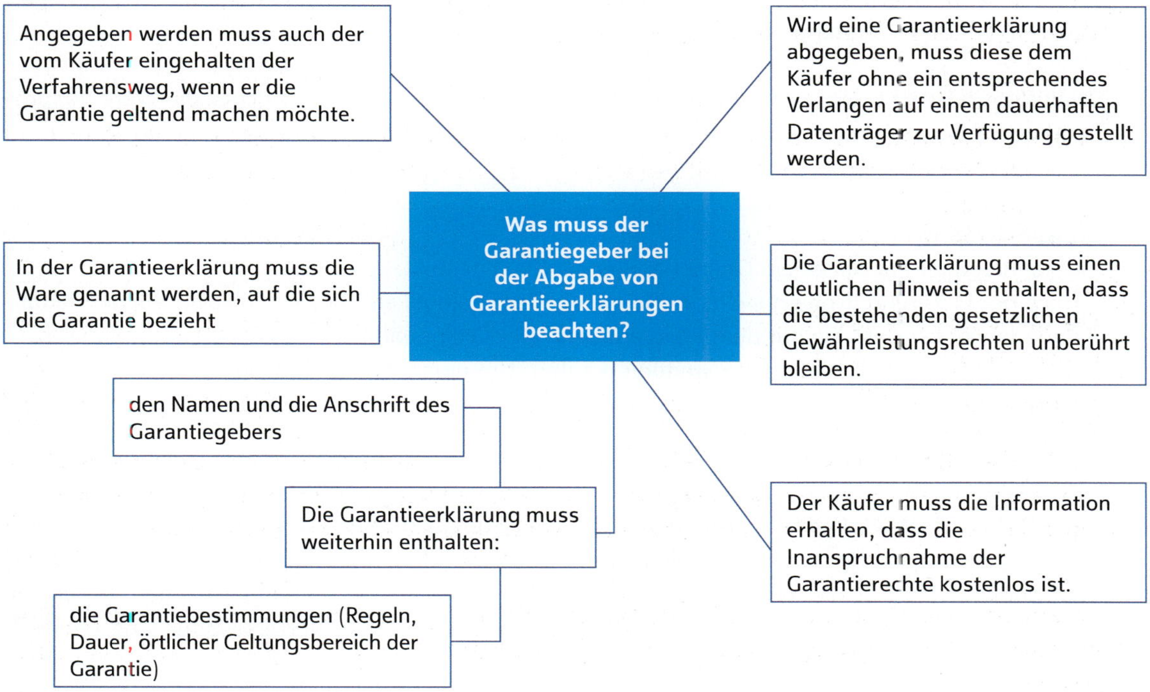

Widerrufsrecht des Verbrauchers bei Onlinekäufen

Unabhängig davon, ob der Grund der Rücksendung aufgrund der gesetzlichen Gewährleistung, aufgrund eines Garantieversprechens oder wegen eines bewusst eingeräumten Umtauschrechts erfolgt, kann der Kunde bei **Onlinekäufen** die Ware auch ohne Angabe von Gründen zurückgeben. Mit seinem Widerrufsrecht kann er die Ware ohne Begründung zurückschicken.

Der Verbraucher kann also innerhalb von 14 Tagen den **Fernabsatzvertrag** ohne Angabe von Gründen widerrufen. Er ist dann nicht mehr an den Vertrag gebunden.

Diese Regelung gilt u. a. nicht bei Fernabsatzverträgen zur Lieferung von:

- Frischeartikeln, z. B. Lebensmittel, Blumen,
- Presseartikeln,

- Waren, die ersteigert wurden,
- Produkten, die entweder nach Kundenspezifikationen angefertigt wurden oder sich nicht für die Rücksendung eignen,
- Software, wenn sie vom Käufer entsiegelt wurde,
- Video- und Audioaufzeichnungen.

Generell gilt zunächst einmal, dass die Widerrufsfrist beginnt, wenn der Verbraucher eine ordnungsgemäße Widerrufsbelehrung erhalten hat. Verpflichtend vorgeschrieben ist, dass der Verkäufer den Käufer auf ein Musterformular für einen Widerruf hinweist, das der Käufer im Bedarfsfall nutzen kann. Er kann aber auch auf andere Weise widerrufen:

- per Brief,
- per Fax,
- per E-Mail,
- per Telefon. (Hier ist auf die Beweisbarkeit zu achten.)

Das Fernabsatzrecht legt zusätzlich fest, dass bei Warenlieferungen die Frist bei Erhalt der Ware beginnt, bei Dienstleistungen beim Vertragsabschluss.

Das Widerrufsrecht wird nicht dadurch ausgeschlossen, dass der Verbraucher die Ware ausprobiert oder benutzt hat. Innerhalb der 14-tägigen Widerrufsfrist dürfen Kunden bestellte Ware nicht nur anschauen, sondern auch ausprobieren.

BEISPIEL

Carolin Saager hat bei einem Onlinehändler ein Kleid bestellt.
Nach der Lieferung probiert sie es zu Hause vor dem Spiegel an. Dies ist zulässig. Nicht erlaubt dagegen ist es, dass sie mit dem Kleid ausgeht. Der Onlinehändler kann in diesem Fall das zurückgeschickte Kleid nicht mehr weiterverkaufen. Um einen Wertersatz einfordern zu können, muss er allerdings beweisen, dass Carolin die Ware über die Überprüfung und Anprobe hinaus für andere Zwecke benutzt hat.

Zur fristgerechten Rückgabe innerhalb der 14-Tages-Frist ist die Originalverpackung nicht gesetzlich vorgeschrieben. Nur wenn der Onlinehändler darüber hinaus freiwillig eine längere Widerrufsfrist anbietet, darf er die Rücknahme von der Originalverpackung abhängig machen. In diesem speziellen Fall darf der Onlinehändler sogar einen angemessenen Wertersatz für eine fehlende bzw. beschädigte Originalverpackung verlangen

Kulanz

Für Unternehmen kann die Kulanz eine wichtige Eigenschaft sein, mit der sie bei Kunden einen positiven Eindruck erzielen können. Unter Kulanz wird das Entgegenkommen des Verkäufers nach dem Verkauf einer Ware bei einer Reklamation des Kunden verstanden, wobei es dazu keine rechtliche Verpflichtung des Herstellers oder Verkäufers gibt.

BEISPIEL

Heike Fleck hat sich ein Auto gekauft und ist damit zwei Jahre lang ohne Probleme gefahren. Nach 25 Monaten hat ihr Auto einen Motorschaden. Die Reklamationsfrist von zwei Jahren (24 Monaten) ist gerade abgelaufen. Sie kann daher keine Rechte mehr im Rahmen der gesetzlichen Gewährleistung in Anspruch nehmen.

Heike Fleck ist verärgert, weil sie den Zeitraum für Reklamationen im Rahmen einer mangelhaften Lieferung um einen Monat verpasst hat.

Das Autohaus möchte Heike Fleck weiter als Stammkundin behalten und bietet ihr deshalb an, die Reparaturkosten zu übernehmen, obwohl es rechtlich nicht mehr dazu verpflichtet gewesen wäre: Das Autohaus gewährt also Kulanz. Heike Fleck ist sehr zufrieden. In ihrem Bekanntenkreis spricht sie oft von ihren positiven Erfahrungen mit dem Autohaus.

Kulanz ist letztlich ein Serviceangebot eines Unternehmens. Es kommen zwar Kosten auf das Unternehmen zu. Oft sind die Vorteile jedoch größer als dieser Nachteil, weil

- die Kundenbindung (der zufriedenen Kunden) erheblich gestärkt wird,
- die Gewährung von Kulanz sich oft bei weiteren Personen herumspricht.

Gesetzliche Gewährleistung

Aufgrund gesetzlicher Vorschriften stehen jedem Käufer von Waren bestimmte Rechte zu, wenn die Ware Mängel hat. Diese Rechte existieren unabhängig von ggf. zugesagten Umtauschmöglichkeiten oder Garantieerklärungen.

Oft beschweren sich Kunden über Ware. Sind tatsächlich Mängel vorhanden, so hat man als Kunde Rechte im Rahmen der gesetzlichen Gewährleistung. Unter Gewährleistung versteht man die gesetzliche Verpflichtung eines Schuldners – in diesem Falle also des Verkäufers –, Sachen (z. B. Waren) in einem mangelfreien Zustand zu liefern. Die Rechte im Rahmen der gesetzlichen Gewährleistung dürfen nicht mit Rechten aus Umtausch- oder Garantieverpflichtungen verwechselt werden.

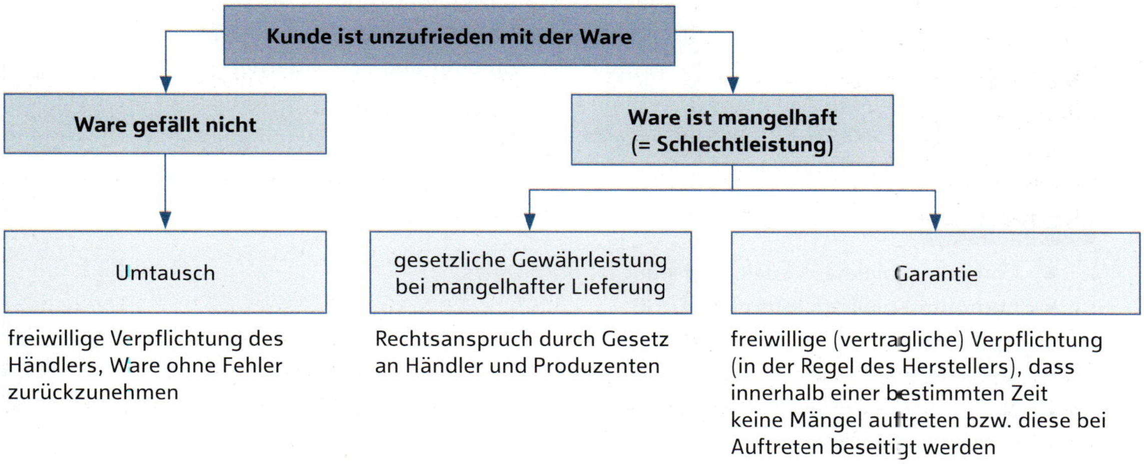

Gewährleistung für mangelfreie Lieferung

DEFINITION

Durch die gesetzliche **Gewährleistung** haftet der Unternehmer dafür, dass die Ware zum Zeitpunkt der Übergabe die zugesicherten Eigenschaften besitzt und mangelfrei ist.

Gemäß den rechtlichen Vorschriften muss ein Verkäufer dem Käufer seine Sache grundsätzlich fehlerfrei übergeben und ihm das Eigentum an dieser Sache verschaffen. Die gesetzlichen Rechte, die ein Kunde bei Schlechtleistung in Anspruch nehmen kann, hängen ab von der Art des Mangels. Der Käufer muss deshalb zunächst feststellen, um

- welche Art von Ware und
- welche Fehlerart

es sich handelt, um reklamieren zu können.

Verträge für unterschiedliche Arten von Produkten

Möchte man eventuell einen Mangel reklamieren, muss man zunächst einmal untersuchen, welche Kaufvertragsarten im Hinblick auf die Kaufsache vorliegt. Die Klärung, um welches Produkt es sich handelt, ist wichtig, weil sich davon abhängig zusätzliche oder unterschiedliche Gewährleistungsvorschriften ergeben. Unterschieden werden

- (analoge) Waren,
- digitale Produkte,
- Waren mit digitalen Elementen.

(Analoge) Waren

Waren sind rein physische Güter. Sie haben für den Menschen einen Gebrauchswert und werden deshalb gehandelt. Es sind Produkte ohne digitale Elemente. Waren bestehen aus einem oder mehreren materiellen Bestandteilen.

BEISPIELE

- Lebensmittel
- Textilien
- Bücher
- Werkzeuge
- Spielzeug
- Möbel

Digitale Produkte

Digitale Produkte umfassen alle digitalen Inhalte und Dienstleistungen, die Gegenstand von Kaufverträgen (aber auch von Dienstverträgen, Werkverträgen oder Mietverträgen) sind. Digitale Produkte können auf einem Datenträger gespeichert sein oder aus dem Internet geladen werden. Zu den digitalen Produkten zählen auch digitale Dienstleistungen, die es Verbrauchern ermöglichen, Daten in digitaler Form zu erstellen, zu verarbeiten, zu speichern und zu nutzen bzw. einen Zugang zu solchen Daten zu bekommen.

BEISPIELE

- Computerspiele auf Speichern wie CDs oder DVDs
- Computerspiele im Internet
- Apps
- Nutzung von Clouds
- Nutzung von Programmen und Daten über Datenfernübertragung bzw. das Internet
- Social-Media-Dienste
- Messenger-Dienste
- E-Papers und E-Books

Im Gegensatz zu den (analogen) Waren hat der Verkäufer hier nicht die Pflicht, eine körperliche Kaufsache zu übergeben. Stattdessen muss er ein digitales Produkt bereitstellen.

Digitale Produkte

Als Kaufverträge über digitale Produkte gelten auch Verträge, in denen der Verbraucher statt (oder zusätzlich zu) einer Geldzahlung mit der Bereitstellung personenbezogener Daten zahlt.

BEISPIEL

Viele Dienste im Bereich sozialer Medien verlangen von ihren Kunden kein Geld.

Digitale Inhalte (digitale Produkte im engeren Sinn)

Daten, die in digitaler Form erstellt und bereitgestellt worden sind

BEISPIELE

- Programme
- Video- und Audiodateien
- Musik-Dateien
- E-Books

Digitale Dienstleistungen

Dienste, die dem Verbraucher die Erstellung, die Verarbeitung oder die Speicherung von Daten in digitaler Form oder den Zugang zu solchen Daten ermöglichen

BEISPIELE

- Software as a Service
- Spiele, die in einer Cloud-Computing-Umgebung und in sozialen Medien angeboten werden
- Streamingdienste
- Social-Media-Mitgliedschaften
- Messenger-Dienste
- Live-Trainings
- Webinare

Der Verbraucher kann als Kunde die Bereitstellung des digitalen Produkts unverzüglich nach Vertragsschluss verlangen. Ein digitales Produkt (Inhalte) gilt als bereitgestellt, sobald der Kunde Zugang zu diesem hat.

Waren mit digitalen Elementen

Waren mit digitalen Elementen sind im Vergleich zu digitalen Produkten eher körperliche Gegenstände, die aber digitale Inhalte bzw. digitale Dienstleistungen umfassen.

BEISPIELE

- Smartphones
- Tabletts
- Smart Watches
- Digitalkameras
- intelligente Haushaltsgeräte (z. B. Waschmaschine mit Sensoren und Steuerungsprogramm)
- intelligente Fernsehgeräte
- Computer

Bei Waren mit digitalen Elementen sind zwei Fälle zu unterscheiden:

- Die digitalen Elemente sind für die Funktion des Kaufgegenstandes entscheidend: Ohne sie wird der Zweck der Sache nicht erfüllt.

BEISPIEL

Der Bildschirm eines Tabletts ist defekt.
Für diesen Fall gelten die Regeln für digitale Produkte.

- Die Kaufsache kann ihre Funktion (eventuell eingeschränkt) erfüllen: Die Gewährleistungsrechte können je nach betroffenem Produktteil in Anspruch genommen werden.

BEISPIEL

Bei einem smarten Kühlschrank gilt das Kaufrecht für analoge Waren, wenn es zu einem Fehler bei der Kühlung kommt. Fällt jedoch aufgrund eines Softwarefehlers die intelligente Steuerung der Temperaturen aus, gelten die Regeln für digitale Produkte.

Die Erkennbarkeit von Mängeln

Abhängig davon, inwieweit ein Mangel bei der Übergabe der Ware dem Käufer bekannt war, hat dieser zum Teil unterschiedliche Rechte und Pflichten.

Mängelarten im Hinblick auf die Erkennbarkeit		
Art	**Beschreibung**	**BEISPIELE**
offene Mängel	Bei der Übergabe der Ware kann der Käufer deutlich erkennen, dass die Ware einen Mangel hat.	Bei einem gelieferten Büroschrank ist die Oberfläche stark verkratzt.
versteckte Mängel	Diese Mangelart liegt vor, wenn der Mangel trotz einer gewissenhaften Überprüfung der Ware zunächst nicht erkennbar ist	Bei einem Computer funktioniert ein Teil des Hauptspeichers nicht.
arglistig verschwiegene Mängel	Bei arglistig verschwiegenen Mängeln verheimlicht der Verkäufer dem Käufer einen versteckten Mangel absichtlich.	Die Hoffmann KG kauft eine größere Menge Wollpullover. Der Verkäufer verschweigt dabei, dass die Pullover durch einen Wasserschaden in seinem Lager nass geworden sind.

Sachmängel

Weist eine Kaufsache nicht die Beschaffenheit auf, die sie nach Ansicht der Vertragspartner haben soll, liegt ein Sachmangel vor.

Ein Produkt ist frei von Sachmängeln, wenn es den subjektiven Anforderungen, den objektiven Anforderungen und den Montageanforderungen entspricht.
Die drei Kategorien zur Bestimmung der Mangelfreiheit sind gleichwertig zueinander. Nur wenn die gelieferte Sache **alle** drei Voraussetzungen erfüllt, ist sie frei von Sachmängeln.

Die Mangelfreiheit von Kaufsachen		
Eine Kaufsache hat keine Mängel, wenn sie drei Anforderungen **gleichzeitig** erfüllt:		
Subjektive Anforderungen	**Objektive Anforderungen**	**Montageanforderungen**
Die Kaufsache muss dem entsprechen, was Käufer und Verkäufer im Vertrag im Hinblick auf die Beschaffenheit vereinbart haben.	Die Kaufsache muss sich für die branchenübliche Verwendung eignen oder eine Beschaffenheit haben, die für Sachen der gleichen Art üblich ist.	Diese Anforderungen fallen im Prinzip unter subjektive und objektive Anforderungen. Sie sind aber vom Gesetzgeber darüber hinaus noch einmal ausdrücklich vereinbart worden.
Bemerkenswert ist, dass ein Kaufgegenstand also auch dann mangelhaft sein kann, wenn er der vereinbarten Beschaffenheit vollständig entspricht (und damit die subjektiven Anforderungen erfüllt). Dies wäre etwa der Fall, wenn die Beschaffenheit dem Vereinbarten entspricht, die Sache sich jedoch nicht für eine gewöhnliche Verwendung eignet (also nicht den objektiven Anforderungen entspricht).		

Subjektive Anforderungen

Eine mangelfreie Kaufsache liegt vor, wenn sie die **im Kaufvertrag** vereinbarte Beschaffenheit aufweist und sich auch für die im Kaufvertrag vorausgesetzte Verwendung eignet. Grundlage, ob wegen eines Mangels reklamiert werden kann, ist also zunächst die Beschaffenheitsvereinbarung des Kaufvertrages.

Ein subjektiver Mangel ist gegeben, wenn die Ist-Beschaffenheit der Kaufsache von der im Kaufvertrag festgelegten Soll-Beschaffenheit negativ abweicht.

BEISPIEL

Carolin Saager kauft einen Luxus-Staubsauger. Im Kaufvertrag ist neben dem Kaufpreis nur festgelegt, dass es sich um das Modell XR 1200 in Rot handelt. Geliefert bekommt sie einen Staubsauger des Modells XC 600 in Gelb.

Da die Ware nicht die im Kaufvertrag vereinbarte Beschaffenheit hat, entspricht sie nicht den subjektiven Anforderungen: Es liegt ein Mangel vor.

Objektive Anforderungen

Ist dies nicht ausdrücklich ausgeschlossen worden (siehe unten), gilt eine Kaufsache zudem als mangelfrei, wenn sie der üblichen Beschaffenheit vergleichbarer Kaufgegenstände entspricht und sich für die gewöhnliche Verwendung eignet. Grundlage, ob Rechte wegen einer mangelhaften Lieferung in Anspruch genommen werden können, ist also zusätzlich, ob die Ware **branchenüblichen** Anforderungen entspricht. Eine große Bedeutung spielen in diesem Zusammenhang Werbeaussagen des Herstellers.

BEISPIEL

Nach einer Reklamation bekommt Carolin Saager endlich das Staubsaugermodell XR 1200 in Rot ausgeliefert. Sie probiert den Staubsauger das erste Mal aus. Der Boden ist tatsächlich sauber. Ihr schmerzen aber die Ohren, weil der Staubsauger extrem laut ist. Zweimal sprangen die Sicherungen raus, weil der in der Werbung mit „extrem energiesparend" beworbene Staubsauger anscheinend sehr viel Strom verbraucht.

Hier entspricht der Staubsauger zwar den im Kaufvertrag festgelegten subjektiven Anforderungen (Modell R 1200; Farbe Rot; Funktionsfähigkeit, weil das Gerät saugt). Nicht erfüllt sind aber die objektiven Anforderungen, weil Carolin Saager als Käuferin eine Beschaffenheit des Staubsaugers erwartet hatte, die bei Staubsaugern derselben Art üblich ist.

Hat der Verkäufer eine Probe oder ein Muster bereitgestellt, so muss die Kaufsache diesem entsprechen, um den objektiven Anforderungen zu entsprechen.

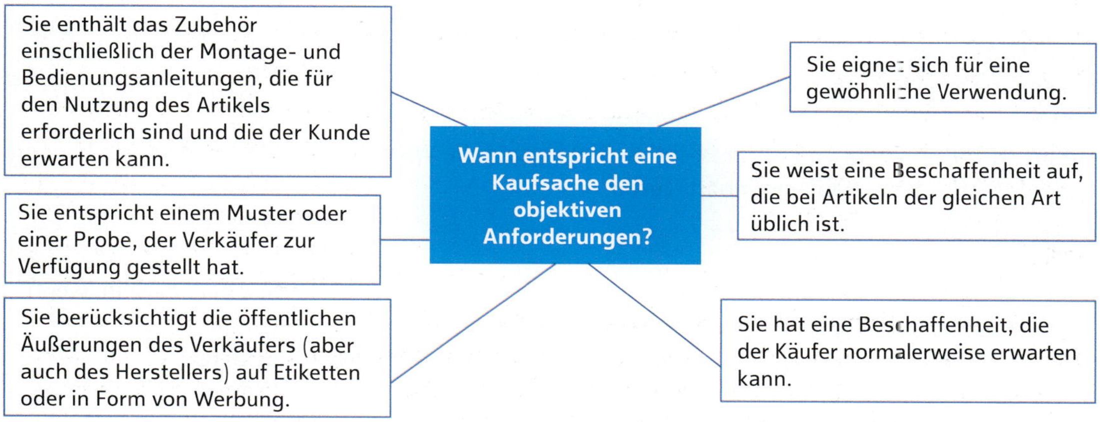

Montageanforderungen
Diese Anforderungen gelten nur, wenn eine Montage erforderlich ist. Sie sind erfüllt, wenn die Montage

- sachgerecht durchgeführt worden ist oder
- zwar unsachgemäß durchgeführt worden ist, dies jedoch weder auf einer unsachgemäßen Montage durch den Verkäufer noch auf einem Mangel in der vom Verkäufer übergebenen Anleitung beruht.

Subjektive Anforderungen	Objektive Anforderungen	Montageanforderungen
Das Vorliegen eines Mangels ist an Bestimmungen des Kaufvertrages gebunden.	Das Vorliegen eines Mangels wird nicht aus dem speziellen Kaufvertrag zwischen Käufer und Verkäufer abgeleitet, sondern daraus, was üblicherweise bei Kaufverträgen dieser Art allgemein erwartet werden kann.	Das Vorliegen eines Mangels kann unabhängig vom Vorliegen der subjektiven und objektiven Anforderungen bei Notwendigkeit und Durchführung einer Montage abgeleitet werden.
Die Kaufsache muss den Vereinbarungen zwischen Käufer und Verkäufer im Rahmen des Kaufvertrages entsprechen, ansonsten ist die Kaufsache mangelhaft.	Wenn nicht wirksam (im Kaufvertrag) etwas anderes vereinbart wurde, muss die Kaufsache für eine gewöhnliche Verwendung, die bei Sachen derselben Art zu erwarten ist, geeignet sein. Ist dies nicht der Fall, liegt eine mangelhafte Kaufsache vor.	Ein Mangel liegt vor, wenn die Kaufsache • entweder vom Verkäufer unsachgemäß montiert wird • oder vom Käufer aufgrund einer fehlerhaften Bedienungsanleitung unsachgemäß aufgebaut wird.
Eine Mangelfreiheit liegt vor, wenn die Sache: • die vereinbarte Beschaffenheit hat, • sich für die nach dem Vertrag vorausgesetzte Verwendung eignet • und mit dem vereinbarten Zubehör und den vereinbarten Anleitungen, einschließlich Montage- und Installationsanleitungen, übergeben wird.	Eine Mangelfreiheit liegt vor, wenn die Kaufsache einem allgemein anerkannten Produktstandard entspricht.	Ist die Montage sachgemäß durchgeführt worden (oder beruht eine unsachgemäße Montage nicht auf einem Fehler des Verkäufers), gilt die Kaufsache als mangelfrei.

Rechtsmängel

In einigen Fällen können beim Abschluss von Kaufverträgen auch Rechtsmängel auftreten. Dies ist eine besondere Form von Mängeln:
Ein Rechtsmangel liegt vor, wenn Dritte im Hinblick auf die Ware Rechtsansprüche stellen können, ohne dass dies beim Kauf vereinbart wurde.

BEISPIELE

- Ein Verkäufer ist nicht Eigentümer der Ware. Dies kann beispielsweise der Fall sein, wenn ein Handyshop gestohlene Smartphones verkauft.
- Eine Ware ist zur Absicherung eines Kredits mit einem Pfandrecht belastet.

Bei Rechtsmängeln hat der Käufer die gleichen Rechte wie bei Sachmängeln.

Digitale Mängel

Für digitale Produkte gilt genau wie bei analogen Waren, dass sie mangelfrei sind, wenn sie den subjektiven und objektiven Anforderungen entsprechen. Zusätzlich müssen Sie jedoch noch den Anforderungen an die Integration entsprechen.

> **MERKSATZ**
>
> Kann ein digitales Produkt so in das EDV-System eingebunden bzw. mit diesem verbunden werden, dass es ordnungsgemäß vom Verbraucher genutzt werden kann, liegt eine gelungene Integration vor.

Die Integration eines digitalen Produkts muss vom Verkäufer sachgemäß durchgeführt werden bzw. darf im Falle einer unsachgemäßen Durchführung durch den Käufer nicht auf einem Mangel der vom Verkäufer bereitgestellten Anleitung beruhen.

> **MERKSATZ**
>
> **Die Aktualisierungspflicht des Verkäufers**
>
> Anbieter von Kaufsachen müssen dafür sorgen, dass die in der Sache enthaltenen digitalen Elemente während des Bereitstellungszeitraums mangelfrei sind und auch bleiben. Verkäufer haben daher grundsätzlich die Pflicht, Aktualisierungen für den Zeitraum der üblichen Nutzungs- und Verwendungsdauer eines digitalen Produkts bereitzustellen. Zusätzlich müssen sie den Käufer auf anstehende Aktualisierungen hinweisen. Ein Verstoß gegen diese Pflicht liegt vor, wenn während des Bereitstellungszeitraums von mindestens zwei Jahren ab Ablieferung der Kaufsache keine vertraglich vereinbarten oder üblicherweise zu erwartenden Updates zur Verfügung gestellt werden. Ist vertraglich ein längerer Zeitraum über die zwei Jahre hinaus vereinbart worden, gilt der vereinbarte Zeitraum.

Ein weiterer Mangel, der nur bei digitalen Produkten und bei Waren mit digitalen Elementen auftreten kann, ist die Nichtzurverfügungstellung von Aktualisierungen. Der Verkäufer ist verpflichtet, durch Software-Aktualisierungen und Sicherheitsupdates eine dauerhafte Nutzbarkeit dieser Produkte zu gewährleisten. Wird dagegen verstoßen, liegt ein digitaler Mangel vor.

Aktualisierungen bereitstellen muss der Verkäufer in einem Verbrauchsgüterkauf wenn

- sie im Kaufvertrag vereinbart worden sind und
- in jedem Fall, wenn dies erwartet werden kann, damit die Vertragsmäßigkeit der Kaufsache erhalten bleibt.

Ein Mangel liegt auch vor, wenn der Verbraucher nicht über die jeweiligen Aktualisierungen und ihre Bereitstellung informiert wird. Die Verkäufer sind also verpflichtet, Updates zur Verfügung zu stellen, die die Funktionsfähigkeit und informationelle Sicherheit der Kaufsache gewährleisten.

Die Aktualisierungspflicht gilt nicht für Verbesserungen der digitalen Elemente einer Kaufsache.

> **BEISPIEL**
>
> Ein Smart-TV und dessen Software funktionieren einwandfrei. Inzwischen gibt es eine neue Version der Software, die weitere, zusätzliche Vorteile bringt. Wenn zwischen Händler und Käufer nicht extra die Bereitstellung solcher Upgrades vereinbart wurde, hat der Händler keine Pflicht, die Software zu aktualisieren.

Die Regelungen zu digitalen Mängeln gelten im Prinzip zwar nur für Verträge im Rahmen von Verbrauchsgüterkäufen. Möchte ein Unternehmer beim Vorliegen eines Mangels aber auf seinen Lieferanten regressmäßig zurückgreifen, spielen diese auch im B2B-Bereich eine Rolle.

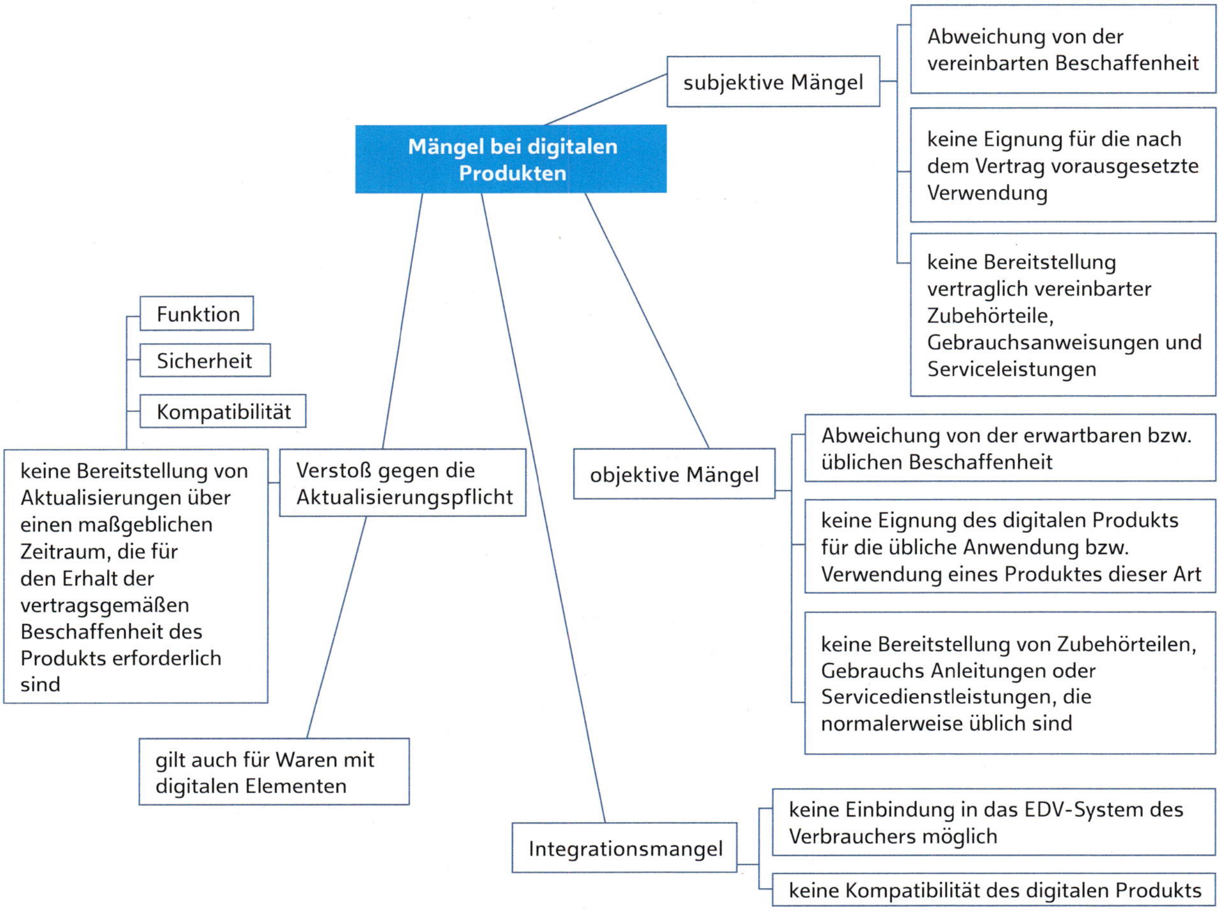

Die Beschaffenheit von Kaufsachen

Eine Kaufsache darf nicht von der vereinbarten und erwartbaren Beschaffenheit abweichen. Mängel können auftreten, wenn die Ware nicht den subjektiven und objektiven Anforderungen entspricht. Zur Überprüfung der Mangelfreiheit einer Ware sollten folgende Merkmale der Beschaffenheit eines Produktes überprüft werden. Bei diesen Beschaffenheitsmerkmalen können sowohl subjektive als auch objektive Mängel auftreten, unter anderem:

- Qualität,
- Art,
- Menge,
- Kompatibilität und Interoperabilität,
- sonstige Merkmale.

Einige Erscheinungsformen von Mängeln: Wie können Mängel auftreten?			
Art	**Beschreibung**	**BEISPIEL**	
Qualitätsmangel (Mangel in der Beschaffenheit im engeren Sinn)	Ein Qualitätsmangel liegt vor bei einer negativen Abweichung der Produktqualität. Die Ware ist fehlerhaft: • Die Ware ist ganz oder teilweise beschädigt. • Die Ware ist verdorben.	Ein der Hoffmann KG gelieferter Schreibtisch hat eine zerkratzte Arbeitsfläche.	objektiver und subjektiver Mangel
Mangel in der Art	Bei diesem Mangel wird eine andere Ware als bestellt geliefert. Die Falschlieferung wird manchmal auch als Aliud-Lieferung bezeichnet.	Statt des Druckers HAPE t400 wird ein einwandfreies Gerät HAPE t200 geliefert.	objektiver Mangel
Mangel in der Menge	Hier liegt eine nicht vollständige Warenlieferung vor.	Die Hoffmann KG hat 1 000 Packungen Kopierpapier bestellt. Geliefert werden aber nur 500 Stück.	objektiver und subjektiver Mangel
falsche Werbeaussagen	Ein Mangel liegt auch vor, wenn Eigenschaften der Ware entgegen öffentlicher Äußerungen des Verkäufers nicht vorhanden sind.	Ein Drucker soll nach Aussagen des Herstellers in Werbeanzeigen 60 Seiten pro Minute drucken können. Tatsächlich schafft er aber nur 20 Seiten in der Minute.	subjektiver Mangel
Montagefehler	Ein Montagefehler liegt vor, wenn der Verkäufer etwas unsachgemäß montiert.	Ein Möbelhaus liefert die neue Teeküche für die Hoffmann KG und baut diese auf. Zwei Türen eines Schranks lassen sich anschließend nicht öffnen.	objektiver und subjektiver Mangel: wird vom Gesetzgeber aber zusätzlich explizit herausgestellt.
mangelhafte Montageanleitung	Fehlt eine Montageanleitung oder hat diese Fehler, sodass es zu einer falschen Montage durch den Käufer kommt, gilt dies auch als Sachmangel.	▪ Uwe Otte kauft einen technisch anspruchsvollen DVD-Player mit japanischer Bedienungsanleitung, die nicht zu verstehen ist. Er kann daher das Gerät nicht bedienen. Es ist damit mangelhaft.	objektiver und subjektiver Mangel: wird vom Gesetzgeber aber zusätzlich explizit herausgestellt

		■ Markus Marx kauft in der Möbelabteilung von Kaufstadt ein Regal, das er aufgrund unverständlicher Montageanleitung nicht aufbauen kann. Er kann sich auf einen Mangel des Regals berufen. ■ Michael Hoffmann hat eine kleine Anrichte gekauft. Am Paket steht groß und deutlich: „Problemloser Aufbau! Auspacken und Zusammenbau in fünf Minuten!“ Da Michael Hoffmann wegen der fehlenden Bedienungsanleitung falsche Teile zusammengeschraubt hat, werden die Teile beschädigt.	
Kompatibilitäts- und Interoperabilitätsmangel	■ Ein digitales Produkt funktioniert auf einem oder mehreren Systemen nicht ohne Probleme. ■ Digitale Produkte können sich nicht verbinden und auf koordinierte Weise kommunizieren.	■ Ein Softwareprodukt kann bestimmte Standards bzw. gesetzliche Bestimmungen nicht einhalten. ■ Ein Softwarepaket kann auf bestimmten Computersystemen nicht installiert werden.	nur bei digitalen Produkten: objektiver und subjektiver Mangel

Die negative Beschaffenheitsvereinbarung

Bei B-Ware, gebrauchten Artikeln und Artikeln mit (bekannten) Mängeln kann für Händler das Problem auftauchen, dass die Ware einerseits die vertraglich vereinbarte Beschaffenheit aufweist und somit kein subjektiver Mangel vorliegt. Andererseits erfüllt solche Ware aber nicht die objektiven Anforderungen, weswegen dennoch ein objektiver Mangel vorliegt. Damit die Warenlieferung nicht als Schlechtleistung gilt, können in den Kaufverträgen negative Beschaffenheitsvereinbarungen verwendet werden. Durch diese haben Verkäufer und Käufer die Möglichkeit, die objektiven Anforderungen durch vertragliche Vereinbarung außer Kraft zu setzen: Die negative Beschaffenheitsvereinbarung dient dafür, dass der Kunde aktiv über den Mangel informiert wird.

- Bei **bürgerlichen Käufen** (C2C-Geschäften) und **zweiseitigen Handelskäufen** (B2B-Geschäften) ist dies vergleichsweise einfach.

MERKSATZ

Schließen zwei Privatleute einen Kaufvertrag ab, liegt ein bürgerlicher Kauf vor. Ein zweiseitiger Handelskauf liegt vor, wenn beide Geschäftspartner im Rahmen eines Kaufvertrages Unternehmen sind.

Es muss nur eine entsprechende Erklärung, dass man von den objektiven Anforderungen abweichen möchte, bewusst und deutlich im Kaufvertrag aufgenommen werden.

BEISPIEL

Ein Kaufvertrag zwischen Privatleuten enthält die Klausel „gekauft wie gesehen'. Damit wird die Mängelhaftung im Hinblick auf objektive Anforderungen ausgeschlossen. Etwaige Mängel, die gegen Beschaffenheitsvereinbarungen des Kaufvertrages verstoßen, können weiterhin reklamiert werden.

- Bei zweiseitigen Handelskäufen und bürgerlichen Käufen ist es relativ unkompliziert, dem Käufer durch einen Hinweis im Kaufvertrag aufzuzeigen, dass der Kaufgegenstand von schlechterer Qualität ist, als man objektiv erwarten kann. Bei **Verbrauchsgüterkäufen** müssen zusätzliche Voraussetzungen erfüllt sein.

MERKSATZ

Beim Verbrauchsgüterkauf ist der Verkäufer ein Unternehmen, der Käufer eine Privatperson.

- Eine negative Beschaffenheitsvereinbarung gilt bei einseitigen Handelsgeschäften (Verbrauchsgüterkäufen) nur noch dann als abgegeben, wenn
  - der Käufer – vor Abschluss des Kaufvertrages – bewusst und deutlich auf schlechtere Beschaffenheit des Kaufgegenstandes hingewiesen wurde und
  - anschließend dies – im Kaufvertrag – ausdrücklich und gesondert (also in einem vom Kaufvertrag getrennten Dokument) vereinbart wurde.

Im Onlinehandel kann dies durch einen Button oder eine Schaltfläche erreicht werden, die der Verbraucher anklicken oder auf andere Weise bestätigen kann.

Pflichten des Käufers

Der Käufer einer Ware ist verpflichtet, zunächst die Ware zu prüfen und festgestellte Mängel dem Verkäufer mitzuteilen. Versäumt der Käufer, einer dieser beiden Pflichten nachzukommen, kann er Rechtsansprüche gegenüber dem Verkäufer verlieren.

Mängelrüge

Wird also ein Mangel entdeckt, muss der Käufer dies beim Verkäufer reklamieren. Diese Mitteilung heißt Mängelrüge. Dabei muss der entsprechende Mangel sehr genau beschrieben werden. Die Mängelrüge ist grundsätzlich formfrei. Aus Beweissicherungsgründen sollte man eine Mängelrüge jedoch in Schriftform an den Verkäufer senden.

Hoffmann KG
seit 1949

Bergener Straße 6a
60547 Frankfurt am Main
Telefon: 069 9876-42

Hoffmann KG – Postfach 21 31 41 – 60310 Frankfurt am Main
Dieter Molzanski GmbH
Lehnhast 40
55122 Mainz

Ihr Zeichen: vk-we
Ihre Nachricht vom: 20..-03-11
Unser Zeichen: ek-ja
Unsere Nachricht vom: 20..-02-01

Name: Petra Janssen
Telefon: 069 9876-42
Telefax: 069 9876-10
E-Mail: petra.janssen@hoffmann-kg-wvd.de

Datum: 20..-03-20..

Mangelhafte Lieferung: Unsere Bestellung 2398 vom 1. Februar d. J.

Sehr geehrte Damen und Herren,

wir haben Ihre Lieferung fristgerecht am 12. März erhalten.

Bei der unverzüglichen Überprüfung der Sendung stellten wir allerdings folgenden Mängel fest:

Statt der bestellten 500 Jeans mit der Bestellnummer 768543 haben Sie uns nur 300 Stück geliefert.

Zur Behebung dieses Mangels bitten wir Sie, die fehlenden Artikel umgehend frachtfrei nachzuliefern.

Trotz dieser mangelhaften Lieferung hoffen wir auch zukünftig auf gute Zusammenarbeit.

Mit freundlichem Gruß

Hoffmann KG

Petra Janssen

Petra Janssen

Reklamationsfristen

Mängelrügen müssen innerhalb bestimmter Fristen – den sogenannten Rügefristen – bei dem Verkäufer eingegangen sein. Diese Fristen sind bei den verschiedenen Arten des Verkaufs unterschiedlich.

Bei einem **zweiseitigen Handelskauf** verkauft ein Unternehmer (z. B. ein Industrieunternehmen) einem anderen Unternehmen (z. B. einem Einzelhandelsunternehmen) eine Ware. Gibt es einen offenen Mangel, so muss unverzüglich gemahnt werden. Ist der Mangel versteckt, muss die Reklamation innerhalb von zwei Jahren erfolgen. Sie muss in diesem Zeitraum jedoch unverzüglich nach Entdeckung erfolgen. Bei arglistig verschwiegenen Mängeln beträgt die Reklamationsfrist drei Jahre.

Die Reklamationsfristen für den **einseitigen Handelskauf** unterscheiden sich von denen des zweiseitigen Handelskaufs bzw. von denen des bürgerlichen Kaufs: Bei einem einseitigen Handelskauf verkauft ein Kaufmann (z. B. ein Einzelhandelsunternehmen) einer Privatperson eine Ware. Für feste Sachen (z. B. Grundstücke oder bewegliche Sachen; dann spricht man vom Verbrauchsgüterkauf) gilt für offene und versteckte Mängel eine zweijährige Rügefrist[1]. Für arglistig verschwiegene Mängel beträgt die Rügefrist drei Jahre.

Zum Schutz des Verbrauchers gilt im Rahmen des Verbrauchsgüterkaufs bei einseitigen Handelskäufen eine Besonderheit, die **Beweislastumkehr**: Tritt in den ersten zwölf Monaten nach Kauf der Ware ein Mangel auf, geht man davon aus, dass er schon bei Lieferung bestand und somit vom Verkäufer verschuldet wurde. Im Streitfall muss der Verkäufer nachweisen, dass die Ware zum Zeitpunkt des Verkaufs mangelfrei war.

BEISPIEL

Christiane Otto kauft in einem Einzelhandelsgeschäft einen Regenschirm, der sich nach dem ersten Regen als defekt erweist. Daraufhin reklamiert sie den Mangel.
Christiane Otto muss in den ersten zwölf Monaten nach dem Kauf nicht darlegen, auf welche Ursache der Defekt des Regenschirms zurückzuführen ist. Dagegen muss das Einzelhandelsunternehmen überzeugend beweisen, dass der Defekt am Regenschirm zum Zeitpunkt des Gefahrenübergangs noch nicht vorhanden war. Gelingt dem Unternehmen das nicht (z. B., weil es auch nach einer Beweisaufnahme unklar bleibt), geht das zulasten des Verkäufers.

Erst nach Ablauf der zwölf Monate findet eine Beweislastumkehr statt. Nun muss der Käufer beweisen, dass der Mangel nicht von ihm verursacht wurde.

BEISPIEL

Würde Christiane Otto den Regenschirm erst nach Ablauf von zwölf Monaten reklamieren, muss sie die Beweislastumkehr beachten: Ab dem 13. Monat müsste sie nun nachweisen, dass der Mangel vom Anfang an vorhanden war.

DEFINITION

Unter der **Beweislastumkehr** versteht man die für den Verbraucher vorteilhafte Annahme, dass es sich bei einem im ersten Jahr nach Erhalt der Ware auftretenden Fehler um einen bereits bei der Übergabe vorhandenen Sachmangel handelt. Ein Verbraucher kann im Rahmen der Beweislastumkehr in den ersten zwölf Monaten nach Kauf seine Gewährleistungsrechte damit leichter und mit weniger Aufwand geltend machen.

Der **bürgerliche Kauf** ist ein Kauf unter Privatleuten. Auch hier gilt die Rügefrist von zwei Jahren. Gewährleistungsansprüche können aber beim bürgerlichen Kauf vertraglich ausgeschlossen werden.

1 Rügefrist ist ein anderer Begriff für Reklamationsfrist.

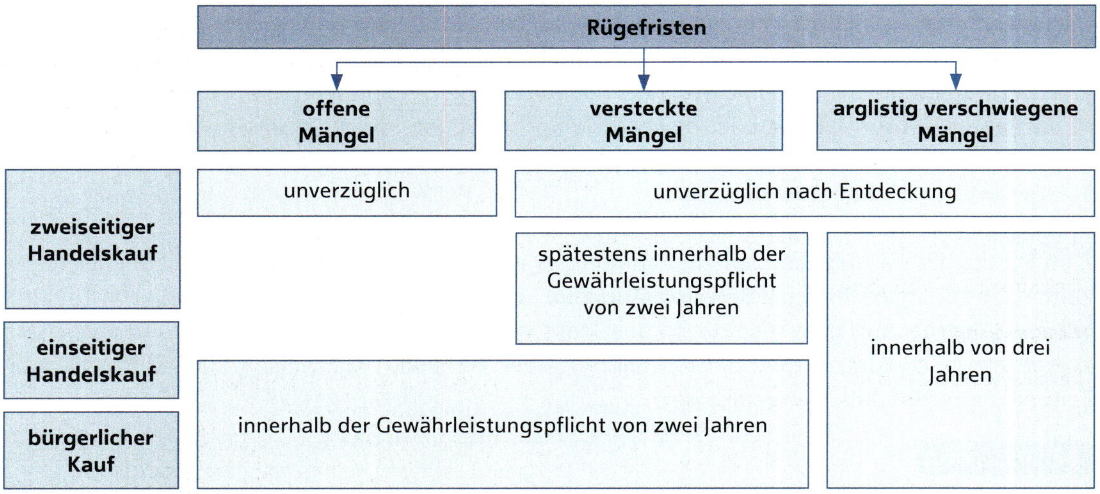

Beim zweiseitigen Handelskauf muss ein Käufer noch die Regelungen zur Aufbewahrung der mangelhaften Ware beachten.

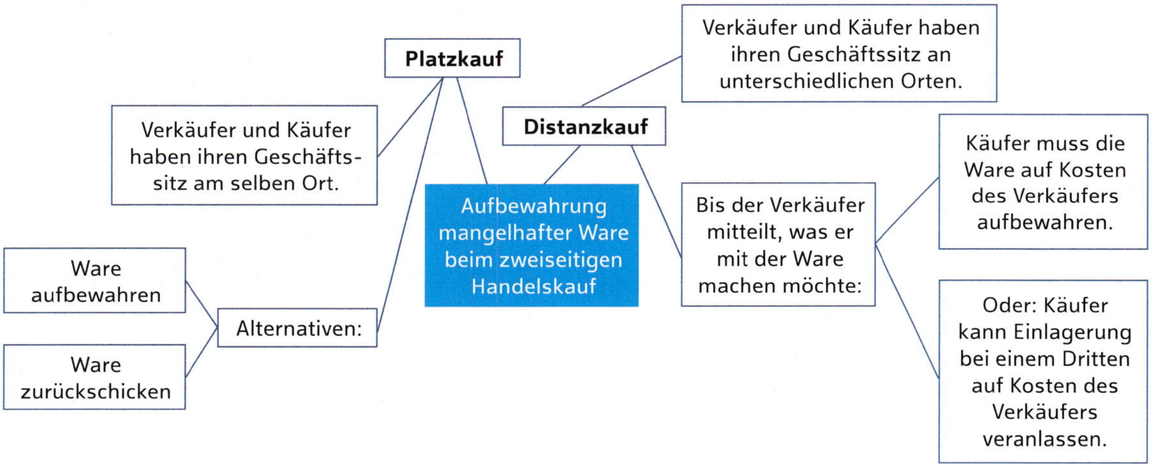

Rechte des Käufers

Die Nacherfüllung als vorrangiges Recht

Zunächst einmal hat der Käufer einen Nacherfüllungsanspruch, den er geltend machen muss, bevor er auf die anderen Gewährleistungsrechte zurückgreifen kann. Bei der Nacherfüllung kann der Kunde grundsätzlich zwischen

- der Beseitigung des Mangels (Nachbesserung)
- oder der Neulieferung einer mangelfreien Sache wählen.

BEISPIELE

- Die Hoffmann KG hat einen neuen Firmen-Pkw gekauft. Gleich nach der Auslieferung fällt er wegen eines Motorschadens aus. Die Hoffmann KG kann nun wählen, ob sie den Motor reparieren lässt oder sich einen neuen Firmen-Pkw liefern lässt.
- Die Hoffmann KG kauft hochwertige Sportschuhe. Bei der Auslieferung stellt sich heraus, dass die Schnürsenkel nicht wie im Angebot beschrieben weiß, sondern schwarz sind. In

Anbetracht der Geringfügigkeit dieses Mangels wäre es wohl für den Verkäufer unzumutbar, von ihm die Neulieferung der einwandfreien Sportschuhe zu verlangen. Hier besteht nur Anspruch auf Nachbesserung. Der Hersteller der Sportschuhe braucht also nur weiße Schnürsenkel nachzuliefern.

Nacherfüllung	
Der Kunde kann zunächst auswählen zwischen	
Neulieferung:	**Nachbesserung:**
Verkäufer stellt Ersatz für mangelhafte Ware	Reparatur der mangelhaften Ware

Der Verkäufer kann die vom Käufer gewählte Art der Nacherfüllung zurückweisen, wenn

- dies mit unverhältnismäßig hohen Kosten verbunden ist,
- die Neulieferung (z. B. bei einem Einzelstück) oder Nachbesserung (es gibt etwa keine Ersatzteile mehr) unmöglich ist oder
- für den Verkäufer unzumutbar ist.

Für die Nacherfüllung muss der Käufer den Verkäufer zur Nacherfüllung auffordern. Beim **zweiseitigen Handelskauf** muss dies mit einer angemessenen Fristsetzung verbunden sein.

Dagegen ist es beim Verbrauchsgüterkauf nicht erforderlich, dass dem Verkäufer eine ausdrückliche Frist zur Nacherfüllung gesetzt wird. Der Verkäufer muss von sich aus innerhalb einer angemessenen Frist nacherfüllen.

Was als angemessene Frist gilt, hängt vom Aufwand ab, den die Nacherfüllung für den Verkäufer bedeutet.

Der Verkäufer hat die im Rahmen der Nacherfüllung entstehenden Kosten zu tragen.

BEISPIEL

Der Verkäufer einer mangelhaften Ware muss sowohl die Versandkosten des Käufers sowie alle Reparaturkosten zahlen. Der Käufer muss bereit sein, dem Verkäufer die Kaufsache zur Überprüfung der Mängelrüge zur Verfügung zu stellen Die Kosten der Einsendung sowie der Überprüfung der vermeintlich mangelhaften Sachen fallen ebenfalls zulasten des Verkäufers.

Hat der Käufer die Mangelfreiheit jedoch fahrlässig nicht erkannt (bzw. wusste sogar von Mängeln), muss er die Einsendungs- und Überprüfungskosten übernehmen.

Der Käufer ist verpflichtet, die Kaufsache zum Zwecke der Nacherfüllung dem Verkäufer zur Verfügung zu stellen. Er muss die Ware also z. B. zur Nachbesserung (also Reparatur) an den Händler schicken bzw. sie dem Händler übergeben. Ausnahmen gibt es, wenn die Rücksendung mit einer erheblichen Unannehmlichkeit für den Käufer verbunden ist.

Die nachrangigen Rechte

Die Nacherfüllung ist gescheitert, wenn sie unmöglich oder unverhältnismäßig ist oder eine Frist zur Nacherfüllung als erfolglos abgelaufen gilt.

Bei Verbrauchergeschäften (einseitigen Handelsgeschäften) entfällt hinsichtlich der Geltendmachung von Schadenersatz und Rücktritt das Erfordernis der – ausdrücklichen – Fristsetzung zur Nacherfüllung. Bereits mit der Mitteilung des Mangels durch den Verbraucher an den Unternehmer beginnt eine – fiktive – angemessene Frist zu laufen.

BEISPIEL

Der Rentner Uwe Brandes hat bei einem Autohaus einen Gebrauchtwagen gekauft. Nach einiger Zeit stellt er einen Mangel fest, den er schriftlich reklamiert. Nach vier Monaten hat er noch immer keine Antwort vom Autohaus bekommen. Das Autohaus läuft nun Gefahr, dass es den Kaufpreis bei Rückgabe des gebrauchten Pkws zurückzahlen muss, wenn Uwe Brandes dies möchte.

Erst wenn die Nacherfüllung gescheitert ist, kann der Käufer die anderen Gewährleistungsansprüche geltend machen. Er kann dann vom Vertrag zurücktreten, den Kaufpreis herabsetzen (= Minderung) oder Schadenersatz verlangen.

Die Inanspruchnahme von Rücktritt und Minderung (und auch vorher die Nacherfüllung) sind auch dann möglich, wenn der Verkäufer den Mangel überhaupt nicht zu vertreten hat. Lediglich bei der Durchsetzung eines Schadenersatzanspruches ist das Verschulden des Verkäufers notwendig.

Nachrangige Rechte bei der Schlechtleistung		
Schlägt die Nachbesserung durch den Verkäufer fehl, hat der Käufer anschließend die folgenden Rechte:		
Wandlung	**Preisminderung**	**Schadenersatz**

Der Kunde tritt vom Vertrag zurück.	Der Kaufpreis wird herabgesetzt.	Die Kosten, die durch die mangelhafte Lieferung entstanden sind, werden erstattet.

Bei zweiseitigen Handelsgeschäften und bei bürgerlichen Käufen muss man zunächst eine angemessene Frist setzen, um eines dieser drei Rechte in Anspruch nehmen zu können. Dies gilt nicht, wenn

- zwei Nacherfüllungsversuche fehlgeschlagen sind,
- die Nacherfüllung für den Käufer beziehungsweise Verkäufer unzumutbar ist,

- der Verkäufer die Nacherfüllung verweigert,
- der Mangel nicht behebbar ist,
- die Leistung bei einem Fixkauf bzw. Zweckkauf vom Verkäufer nicht rechtzeitig erbracht wurde (deshalb ist die Kaufsache ab diesem Tag für den Käufer nicht mehr von Interesse).

Beim **Verbrauchsgüterkauf** (also beim einseitigen Handelskauf, wo Kaufverträge zwischen Unternehmen und Verbrauchern abgeschlossen werden) ist es nicht mehr nötig, dass der Käufer eine ausdrückliche Frist zur Nacherfüllung setzt. Hier ist festgelegt, dass der Verkäufer die Nacherfüllung von sich aus innerhalb einer angemessenen Frist erbringt. Läuft eine solche Frist ergebnislos ab, kann der Käufer sofort den Rücktritt oder eine Minderung erklären und gegebenenfalls Schadenersatz verlangen.

Nachrangige Rechte der Käufer bei mangelhafter Lieferung und ihre Voraussetzungen	
Rücktritt vom Vertrag	1. Ein Sach- oder Rechtsmangel liegt vor. 2. Es darf **kein unerheblicher Mangel** sein. BEISPIEL An einem Schreibtisch fehlen drei Schrauben zur Montage der Griffe. Da hier ein unerheblicher Mangel vorliegt, kann nicht vom Kaufvertrag zurückgetreten werden. Es darf allerdings der Kaufpreis gemindert werden. 3. Eine angemessene Frist zur Nacherfüllung muss als erfolglos abgelaufen gelten beziehungsweise entbehrlich sein. 4. Der Käufer muss eine Rücktrittserklärung abgeben: Dies kann formfrei geschehen.
Minderung (Herabsetzung des Kaufpreises)	1. Ein Sach- oder Rechtsmangel liegt vor. 2. Dieses Recht kann **auch bei unerheblichen Mängeln** (anders als beim Rücktritt!) in Anspruch genommen werden. 3. Eine angemessene Frist zur Nacherfüllung muss als erfolglos abgelaufen gelten beziehungsweise entbehrlich sein. 4. Die Minderung kann erst nach einer entsprechenden Erklärung gegenüber dem Verkäufer vorgenommen werden. 5. Der Kaufpreis darf in dem Verhältnis gemindert werden, in dem der Wert des Kaufgegenstands im mangelfreien Zustand zu dem Wert der mangelhaften Sache steht.

	BEISPIEL Die Hoffmann KG hat einen gebrauchten Firmen-Pkw zu einem Preis von 10.000 € gekauft. Es stellt sich heraus, dass der Pkw früher einen Unfall gehabt hat. Da der Wagen nun als Unfallwagen gilt, ist er nach offiziellen Listen nur noch 6.000 € wert. Die Hoffmann KG behält den Firmen-Pkw und übt ihr Minderungsrecht aus.
Schadenersatz	1. Ein Sach- oder Rechtsmangel liegt vor. 2. Ein Verschulden des Verkäufers muss vorliegen. Im Streitfall trägt der Verkäufer die Beweislast, dass er kein Verschulden hat. 3. Es darf **kein unerheblicher Mangel** sein. 4. Eine angemessene Frist zur Nacherfüllung muss als erfolglos abgelaufen gelten beziehungsweise entbehrlich sein. 5. Unterschieden werden zwei Arten des Schadenersatzes: ▪ Beim **Schadenersatz neben der Leistung** behält der Käufer die mit Mängeln versehene Ware. Bei dieser Art Schadenersatz werden die Kosten ersetzt, die anfallen, um die Mängel beseitigen zu können. ▪ Beim **Schadenersatz statt der Leistung** verzichtet der Käufer auf die Ware und gibt sie zurück (Rücktritt vom Kaufvertrag). Abgedeckt wird der Schaden, der durch die nicht zustande gekommene Warenlieferung entstanden ist.

RECHTE DES KÄUFERS BEI MANGELHAFTER LIEFERUNG (SCHLECHTLEISTUNG)

Vorrangiges Recht: **NACHERFÜLLUNG**

Nach Wahl des Käufers

NACHBESSERUNG:
- Beseitigung des Mangels

NEULIEFERUNG
- Ersatzlieferung eines Artikels ohne Mangel

- Nacherfüllt werden muss auch bei geringfügigen Mängeln.
- Wenn unverhältnismäßig hohe Kosten anfallen würden, kann der Verkäufer Neulieferung und/oder Nachbesserung verweigern. Die Beweislast dafür liegt bei ihm.
- Nach zwei erfolglosen Versuchen gilt die Nacherfüllung als fehlgeschlagen.

Nachrangige Rechte

RÜCKTRITT VOM VERTRAG

MINDERUNG
(auch bei geringfügigen Mängeln)

SCHADENERSATZ

Nur nach erfolglosem Ablauf einer dem Verkäufer zur Nacherfüllung gesetzten Frist.

Besonderheit beim Verbrauchsgüterkauf: Der Ablauf einer angemessenen Zeit nach Mitteilung des Mangels gilt als (fiktive) Frist.

Diese ist nicht notwendig bei
- Verweigerung der Nacherfüllung durch den Verkäufer,
- Unzumutbarkeit der Nacherfüllung für Verkäufer bzw. Käufer,
- Fehlschlagen zweier Nacherfüllungsversuche.

Die Ablaufhemmung

Die reguläre Verjährungsfrist für Mängelansprüche beträgt zwei Jahre ab Auslieferung der Sache. Zum Schutz des Kunden bei Verbrauchsgüterkäufen kann sich die 24-Monats-Frist noch im Rahmen der sogenannten Ablaufhemmung verlängern.

Die zwei Varianten der Ablaufhemmung bei Verbrauchsgüterkäufen	
Verlängerung der Verjährungsfrist um *vier Monate* nach dem erstmaligen Auftreten des Mangels	**Verlängerung der Verjährungsfrist um *zwei Monate* nach einer vorgenommenen Nacherfüllung durch den Verkäufer**
Ziel ist es, dem Verbraucher mehr Zeit zur Geltendmachung seiner Mängelrechte zu verschaffen. Es soll vermieden werden, dass die Privatperson keine oder zu wenig Zeit hat, den Mangel geltend zu machen, falls sich kurz vor Ablauf der Gewährleistungsfrist ein Mangel zeigt.	Ziel ist es, dass • einerseits die Verjährung nicht abläuft, während sich die Kaufsache zur Nacherfüllung beim Verkäufer befindet, • andererseits der Käufer nach Rückerhalt des Kaufgegenstandes überprüfen kann, ob die Nacherfüllung erfolgreich war.

Die Verjährung von Ansprüchen wegen geltend gemachter Mängel soll also erst nach Ablauf von zwei Monaten nach dem Zeitpunkt einsetzen, in dem die nachgebesserte oder ersetzte Ware dem Verbraucher übergeben wurde.

BEISPIEL

Eine Privatperson hat sich vor 23 Monaten einen Monitor gekauft. Nun tritt ein gravierender Mangel auf. Der Käufer kann seine Rechtsansprüche noch bis zum 27. Monat nach Kauf geltend machen.

BEISPIEL

Eine Privatperson hat nach 23 Monaten wegen eines Mangels reklamiert. Der Verkäufer führt im Rahmen der Nacherfüllung eine Reparatur durch und gibt die Ware am letzten Tag der zweijährigen Gewährleistungsfrist ab. Dadurch läuft die Gewährleistungsfrist noch zwei Monate weiter und verlängert sich somit praktisch auf 26 Monate.

Einschränkung von Gewährleistungsfristen

Beim Verbrauchsgüterkauf im Rahmen des einseitigen Handelskaufs darf – wie oben schon dargestellt – bei neuen Sachen die Gewährleistungsfrist – vertraglich oder im Rahmen der AGB – nicht verkürzt werden. Bei gebrauchten Sachen ist eine Verkürzung auf ein Jahr möglich.

Beim zweiseitigen Handelskauf ist eine komplette Streichung der Gewährleistungspflicht für Mängelansprüche dagegen möglich. Voraussetzung dafür ist, dass es sich um eine eindeutige individuelle Absprache zwischen Lieferer und Käufer handelt. Die Mängel dürfen zudem vom Verkäufer nicht arglistig verschwiegen worden sein. Verwendet der Lieferer Allgemeine Geschäftsbedingungen, kann bei der Lieferung neuer Waren eine kürzere Frist als die normale Gewährleistungsfrist vereinbart werden. Möglich ist hier allerdings eine Begrenzung des Gewährleistungsanspruchs auf mindestens ein Jahr.

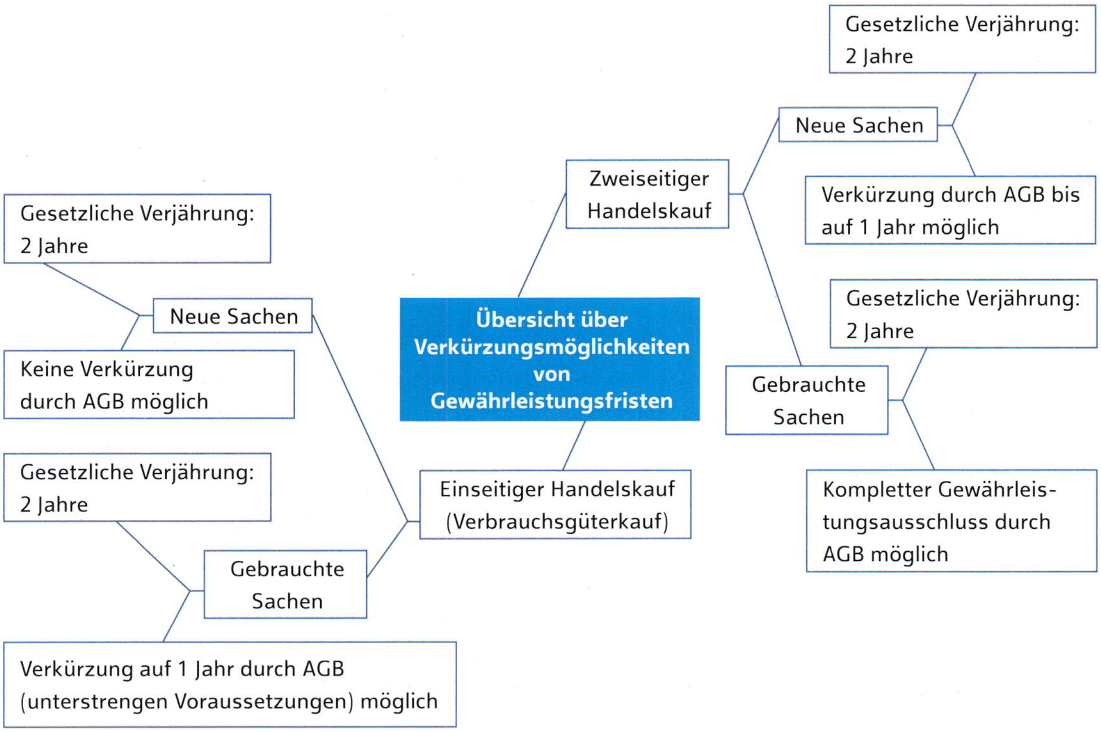

Unternehmerrückgriff

Wenn ein Unternehmen als letzter Verkäufer eine gelieferte Ware wegen eines Mangels vom Endkunden wieder zurücknehmen oder den Kaufpreis mindern muss, kann er die gleichen Rechte gegenüber seinem Lieferer geltend machen.

AUFGABEN

1. Geben Sie an, was man unter Gewährleistung versteht.
2. Unterscheiden Sie einen Umtausch von der Neulieferung im Rahmen der gesetzlichen Gewährleistung.
3. Nennen Sie Umtauschgründe.
4. Unterscheiden Sie die Garantie von der gesetzlichen Gewährleistung.
5. Geben Sie an, was man unter einem zweiseitigen Handelskauf steht.
6. Erläutern Sie
   a) den einseitigen Handelskauf,
   b) den bürgerlichen Kauf.
7. Unterscheiden Sie die Verträge für unterschiedliche Arten von Produkten.
8. a) Führen Sie Beispiele für digitale Produkte auf.
   b) Welche Art von Produkten liegt vor?
   - Digitalkamera
   - Spiel im Internet
   - Puppe „Anja“
   - Tablet
   - Herrenoberhemd
   - E-Book
   - Textverarbeitungsprogramm auf CD
9. Erläutern Sie die Rechtslage, wenn einer Privatperson im Rahmen eines Onlinegeschäfts eine Ware nicht (mehr) gefällt.
10. Unterscheiden Sie
    a) offene,
    b) versteckte,
    c) arglistig verschwiegene Mängel.
11. Geben Sie an, wann ein Sachmangel vorliegt.
12. Definieren Sie, was man unter einem subjektiven Mangel versteht.
13. Erläutern Sie, wann ein objektiver Mangel vorliegt.
14. Geben Sie an, ob in den folgenden Fällen jeweils ein objektiver oder subjektiver Mangel vorliegt.
    a) Ein Auto wird in der Werbung als Geländewagen bezeichnet. Jan Tiemann schließt einen Kaufvertrag ab. In diesem werden nur die Leistungsmerkmale aufgeführt, eine spezielle Eignung als Geländewagen ist laut Vertrag nicht vorgesehen. Jan ist auf normalen Straßen sehr zufrieden damit, wie das Auto fährt. Es zeigt sich aber nach einiger Zeit, dass der Wagen für Geländefahrten überhaupt nicht geeignet ist.
    b) Auch Carolin Saager kauft ein Auto. Im Kaufvertrag wurde vereinbart, dass am Auto Winterreifen installiert sind. Bei der Übergabe stellt Carolin fest, dass der Wagen nur Sommerreifen hat.
15. Geben Sie an, was man unter einem Rechtsmangel versteht.
16. Erläutern Sie, was ein digitaler Mangel ist.
17. Erklären Sie den Begriff der Integration im Rahmen digitaler Mängel.

18. Führen Sie verschiedene Erscheinungsformen objektiver und subjektiver Mängel auf.
19. Erläutern Sie den Begriff „negative Beschaffenheitsvereinbarung“.
20. Stellen Sie für die folgenden Fälle jeweils fest, welche Erscheinungsform objektiver und subjektiver Mängel vorliegt:
    a) Die Hoffmann KG kauft Outdoor-Kaffeetassen. Bei zwei Tassen sind die Henkel abgebrochen.
    b) Die Hoffmann KG liefert an einen Einzelhändler schwarze statt blaue Jeans.
    c) Aufgrund fehlerhafter Nähte können Sportschuhe nach kurzer Einsatzzeit nicht mehr verwendet werden. Dies reklamieren mehrere Einzelhandelsunternehmen.
    d) Ein italienischer Pullover hat einen Webfehler.
21. Erläutern Sie den Begriff der Beweislastumkehr.
22. Heike Fleck möchte sich einen Geländewagen kaufen. Zufälligerweise stolpert sie in ihrer Tageszeitung über eine Anzeige eines bekannten Automobilherstellers. Dort ist die Rede von „Der ideale Geländewagen“ und „Verbrauch maximal 9 l/100 km“. In einem Autohaus schließt sie einen Kaufvertrag ab. In diesem wird festgehalten:
    - die Modellbezeichnung,
    - die Farbe,
    - die PS-Zahl,
    - der Preis.

    Nach dem Kauf muss sie feststellen, dass das Auto immer mindestens 12 l/100 km verbraucht. Zudem ist es überhaupt nicht geländegängig.
    Beurteilen Sie die Situation in Partnerarbeit.
23. Führen Sie Voraussetzungen auf, die gegeben sein müssen, damit die Käufer ihre Rechte bei der mangelhaften Lieferung in Anspruch nehmen können?
24. Geben Sie an, wie lang die gesetzliche Gewährleistung
    a) bei neuen Sachen,
    b) bei gebrauchten Sachen ist.
25. Führen Sie die Rechte auf, die der Kunde im Rahmen der Nacherfüllung hat.
26. Geben Sie an, welche Rechte der Käufer hat, wenn die Nacherfüllung gescheitert ist.
27. In der Warenannahme wird festgestellt, dass bei einer Lieferung von 200 Herrenhemden bei 24 Hemden jeweils ein Knopf fehlt. Verkäufer war die Hotex GmbH. Jakub Nowak wird beauftragt, diesen Fall von Schlechtleistung weiter zu bearbeiten.
    Beantworten Sie die folgenden Fragen:
    a) Zunächst einmal muss er feststellen, um was für einen Fehler es sich handelt. Welche Mängelart liegt vor?
    b) Wie muss Jakub Nowak weiter vorgehen?
    c) Welches Recht wird die Hoffmann KG wahrscheinlich wahrnehmen?
28. Die Hoffmann KG kauft bei der Bürobedarfs-Spezialisten-GmbH fünf neue Computersysteme. Nach der Inbetriebnahme zeigt sich, dass vier Monitore defekt sind. Carolin Saager reklamiert telefonisch und setzt eine Nachfrist von 14 Tagen. Der Gesprächspartner lehnt dies jedoch empört ab mit der Begründung: „Unser Experte ist seit gestern für vier Wochen im Urlaub.“
    Entscheiden Sie, ob die Hoffmann KG daraufhin vom Vertrag zurücktreten kann.
29. Auch bei einer weiteren Lieferung der Bürobedarfs-Spezialisten-GmbH gibt es Probleme. Vor sechs Wochen wurden drei Schreibtische zum Selbstaufbau geliefert. Die Lieferung war weitgehend in Ordnung, es fehlten lediglich fünf Schrauben. Der Verkäufer wurde sofort – mit einer Nachfristsetzung – darüber informiert. Nach 14 Tagen wurde per Brief noch einmal zur Nachbesserung aufgefordert. Die fehlenden Schrauben wurden aber immer noch nicht geliefert. Sein Vorgesetzter lässt Jakub Nowak die fehlenden Schrauben für 3,20 € im Baumarkt besorgen. Es wird mit dem Aufbau der Schreibtische begonnen.
    Schlagen Sie vor, welches Recht die Hoffmann KG in Anspruch nehmen kann.

30. Erstellen Sie in Partnerarbeit eine Tabelle, die folgende Fragen für die unten stehenden Situationen beantwortet:

- Welche Art Kaufvertrag liegt vor?
- Welche Mängelart liegt vor?
- Welche Reklamationsfristen muss der Käufer einhalten?
- Welche Rechte kann er geltend machen?

a) Fall 1: Die Hoffmann KG bekommt statt der bestellten Farblaserdrucker Schwarz-Weiß-Laser-Drucker geliefert.

b) Fall 2: Die Hoffmann KG bekommt statt der bestellten 100 Pakete Kopierpapier nur 60.

c) Fall 3: Die Hoffmann KG hat ein fahrbares Regal gekauft, das sie selbst zusammenbauen muss. Beiliegende Hinweise sind nur auf Schwedisch. Der Aufbau misslingt.

d) Fall 4: Das Privatauto von Herrn Hoffmann verbraucht dreimal so viel Benzin wie in der Werbung versprochen.

e) Fall 5: Sabine Wiegand verkauft an Herrn Hoffmann eine alte, von ihrer Großmutter geerbte Halskette. Diese schenkt er seiner Frau. Frau Hoffmann bemerkt, dass sich der Verschluss nicht richtig schließen und öffnen lässt.

31. Entwerfen Sie für Fall 2 aus der Aufgabe 30 eine Mängelrüge.

32. Die Nichte von Herrn Hoffmann kauft einen Fernseher. Es stellt sich heraus, dass ein Pfandsiegel auf der Rückseite entfernt wurde. Stellen Sie fest, welcher Mangel hier vorliegt.

33. Die Hoffmann KG kauft bei einem Händler einen Lkw für Auslieferungsfahrten. Vier Wochen später – beim ersten kalten Herbsttag – wird festgestellt, dass die Heizung nicht funktioniert. Beurteilen Sie die Situation.

34. Carolin Saager kauft bei einem Sportartikelhändler ein japanisches Laufband. Carolin Saager baut das Laufband erst fünf Monate später auf, weil sie sich zwischenzeitlich eine Verletzung zugezogen hatte und das Gerät daher nicht benötigte. Der Aufbau misslingt, da sie die japanischen Schriftzeichen in einer dem Paket beiliegenden Broschüre nicht entziffern kann. Beurteilen Sie die Situation.

35. Erläutern Sie die Ablaufhemmung bei der Verjährung für Mängelansprüche.

ZUSAMMENFASSUNG

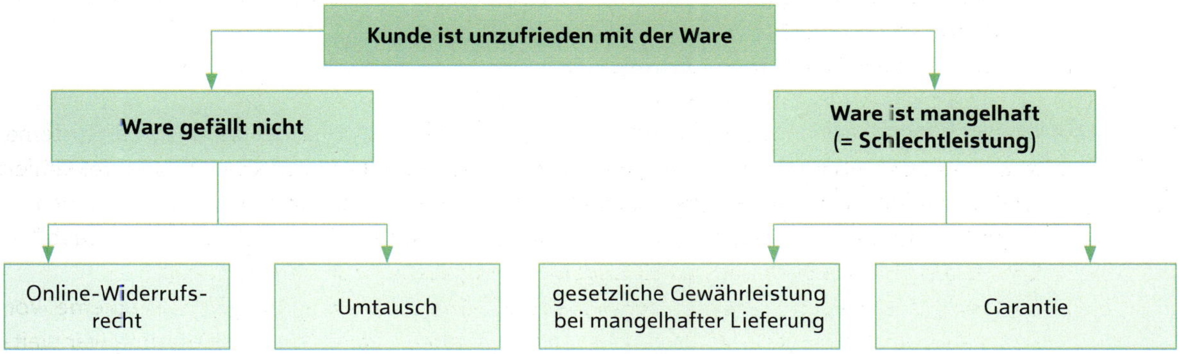

Online-Widerrufsrecht: 14-tägiges Recht des Verbrauchers, bei Nichtgefallen über das Internet bestellte Ware ohne Angabe von Gründen zurückgeben zu dürfen

Umtausch: freiwillige Verpflichtung des Händlers, Ware ohne Fehler zurückzunehmen

gesetzliche Gewährleistung bei mangelhafter Lieferung: Rechtsanspruch durch Gesetz an Händler und Produzenten

Garantie: freiwillige (vertragliche) Verpflichtung (in der Regel des Herstellers), dass innerhalb einer bestimmten Zeit keine Mängel auftreten bzw. diese bei Auftreten beseitigt werden

Verkäufer ← Kaufvertrag → Käufer

→ Pflicht für den Verkäufer, die Ware mangelfrei zu liefern

wird verletzt

↓

gesetzliche Gewährleistungen

= Unternehmer haftet aufgrund gesetzlicher Vorschriften dafür, dass die Ware zum Zeitpunkt der Übergabe die zugesicherten Eigenschaften besitzt und mangelfrei ist

---

Mängelarten

nach Erkennbarkeit
- offener Mangel
- versteckter Mangel
- arglistig verschwiegener Mangel

Rechtsmangel
- Ware gehört nicht dem Verkäufer
- Ware ist mit Rechten Dritter belastet

Sachmangel
- objektiver Mangel
- subjektiver Mangel
- Verstoß gegen Montageanforderungen

Pflichten des Käufers

= müssen erfüllt werden, um keine Reklamationsrechte zu verlieren
- Ein festgestellter Mangel muss dem Verkäufer mit einer **Mängelrüge** mitgeteilt werden.
- Der Käufer muss bestimmte **Rügefristen** einhalten.

↓

zweiseitiger Handelskauf
- offene Mängel: unverzüglich
- versteckte Mängel: unverzüglich nach Entdeckung, innerhalb von zwei Jahren

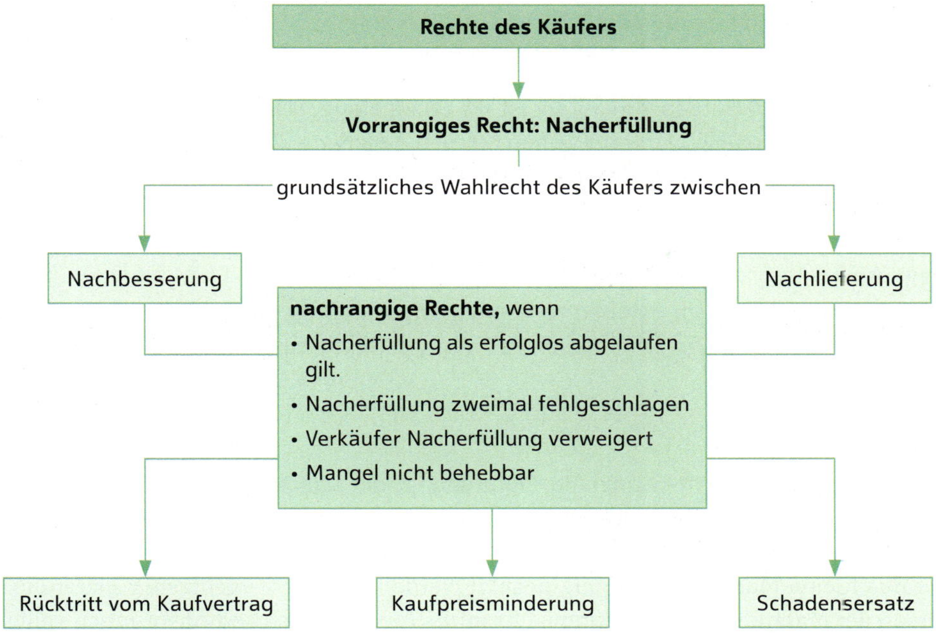

1.10 Die Nicht-rechtzeitig-Lieferung

EINSTIEG

Die Hoffmann KG bestellte am 21. Juli des Jahres 1 000 Anzüge bei der Kinke AG, An der Bojewiese 80 A, 21033 Hamburg. Im Angebot war verbindliche „Lieferung bis Ende August" zugesagt worden. Dies wird noch einmal in der Auftragsbestätigung vom 24. Juli bestätigt.

Am 15. September hat die Kinke AG immer noch nicht geliefert. Ein Mitarbeiter hat dort nach Abschicken der Auftragsbestätigung die Bestellung verlegt. Zwischenzeitlich hat der Hersteller andere Aufträge angenommen. Die Hoffmann KG selbst hat mittlerweile eine Bestellung der Ambiente Warenhaus AG über 1 000 Anzüge vorliegen.

1. Stellen Sie fest, ob eine Nicht-rechtzeitig-Lieferung vorliegt.
2. Beurteilen Sie die rechtlichen Möglichkeiten der Hoffmann KG.

INFORMATION

Eine selbstverständliche Pflicht des Verkäufers ist die rechtzeitige, also termingerechte Lieferung der vereinbarten Ware. Wenn ein Lieferant seinen Kunden eine Ware aber gar nicht oder verspätet liefert, dann liegt eine sogenannte **Nicht-rechtzeitig-Lieferung** vor. Früher wurde diese Kaufvertragsstörung auch Lieferungsverzug genannt.

Voraussetzungen

Um überhaupt Rechte in Anspruch nehmen zu können, muss geprüft werden, ob tatsächlich eine Nicht-rechtzeitig-Lieferung vorliegt. Für diesen Fall müssen nämlich bestimmte Voraussetzungen gegeben sein.

Fälligkeit der Lieferung

Erste Voraussetzung für die Nicht-rechtzeitig-Lieferung ist die Fälligkeit der Lieferung: Der Zeitpunkt der Lieferung muss tatsächlich gekommen sein. Dies ist unproblematisch, wenn der Lieferzeitpunkt kalendermäßig genau bestimmt oder bestimmbar ist. Ist dies jedoch nicht der Fall, muss der Lieferant durch eine Mahnung in Verzug gesetzt werden. Die Nicht-rechtzeitig-Lieferung gilt dann ab Zugang der Mahnung. Die Mahnung ist formfrei. Aus Beweissicherungsgründen sollte sie jedoch schriftlich sein und ihre Zustellung bewiesen werden können.

Liefertermin kalendermäßig nicht bestimmt bzw. nicht bestimmbar	Liefertermin kalendermäßig bestimmt bzw. bestimmbar
Eine Mahnung ist beispielsweise bei den folgenden Formulierungen erforderlich:	Keine Mahnung ist beispielsweise bei den folgenden Formulierungen erforderlich:
• Lieferung acht Wochen nach Bestellung • Lieferung sofort • Lieferung bald • Lieferung demnächst • Lieferung ab dem 01.06.20.. • Lieferung 30 Tage nach Rechnungserhalt	• Lieferung bis zum 28.02.20.. • Lieferung bis Ende März • Lieferung in der 20. Kalenderwoche • Lieferung 30 Tage nach Bestelldatum

Die Mahnung selbst sollte eindeutig darauf hinweisen, dass sich der Lieferant in Verzug befindet. Abhängig davon, welche Rechte der Käufer in Anspruch nehmen möchte, sollte die Mahnung zudem

- entweder zur Lieferung auffordern oder
- eine Nachfrist setzen und die Inanspruchnahme weiterer Rechte androhen.

Neben der Nicht-rechtzeitig-Lieferung bei kalendermäßig genau bestimmbaren Terminen muss in drei weiteren Fällen nicht gemahnt werden:

- **bei Verweigerung der Leistung**
  Dadurch setzt sich der Verkäufer selbst in Verzug.
- **beim Fixkauf**
  Dies ist eine Kaufvertragsart, deren wichtigster Vertragsbestandteil ist, dass der Verkäufer an einem ganz bestimmten, vereinbarten Termin (also weder vorher noch nachher) liefern muss.

BEISPIEL

Wenn die Hoffmann KG mit der Kinke AG eine „Lieferung am 30. August fix“ vereinbart, dann ist die entscheidende – von beiden Vertragsparteien anerkannte – Vertragsleistung die Lieferung genau am 30. August.

- **beim Zweckkauf**
  Hier ist beiden Vertragspartnern klar, dass eine spätere Lieferung für den Käufer keinen Sinn mehr macht.

BEISPIEL

verspätete Lieferung von Badeanzügen nach der Badesaison

Verschulden des Verkäufers
Eine weitere Voraussetzung des Lieferungsverzugs ist das Verschulden des Verkäufers. Es liegt vor, wenn er

- entweder mit Absicht die Ware nicht rechtzeitig liefert (Vorsatz)
- oder bei der Lieferung nicht mit der Sorgfalt handelt, die angebracht wäre (Fahrlässigkeit).

Handelt es sich um Gattungswaren, muss ein Verschulden des Lieferanten nicht nachgewiesen werden. Gattungswaren werden durch Gattungsmerkmale beschrieben und können ersetzt werden: Gattungswaren sind also vertretbare Sachen. Dem Empfänger genügt es, wenn er die bestellte Menge in einer bestimmten Qualität erhält. Der Gesetzgeber geht davon aus, dass der Lieferant diese Art von Waren noch woanders hätte beschaffen können.

BEISPIELE

- Jeans
- neue Autos
- Kartoffeln

Höhere Gewalt: Durch einen Streik der Lokführer im Güterverkehr bleiben die Züge mit den Containern im Überseehafen in Bremerhaven stehen.

Liegt höhere Gewalt vor, trifft den Verkäufer keine Schuld. In diesem Fall ist es dem Käufer jedoch möglich, vom Rücktrittsrecht Gebrauch zu machen.

Rechte des Käufers

Welche Rechte der Käufer in Anspruch nimmt, hängt davon ab, ob er weiterhin ein Interesse an der Lieferung hat.

Bestehen auf Lieferung
Der Käufer kann auf der Erfüllung des Kaufvertrags bestehen. Dies wird oft gemacht, z. B. wenn

- die Ware woanders überhaupt nicht zu kaufen ist,

- die Ware bei anderen Lieferanten nur mit noch größerem Zeitaufwand zu beschaffen ist,
- es sich um einen Stückkauf handelt. Hier liegt ein Kaufvertrag vor, der sich auf eine individuell bestimmte Sache bezieht.

BEISPIEL

Der Gebrauchtwagen von Rudolf Schmidt ist ein Einzelstück und somit eine nicht vertretbare Sache.

Ist ein Verzugsschaden beweisbar und ist zudem eine entsprechende Mahnung erfolgt, kann zusätzlich noch ein **Schadenersatz wegen verspäteter Lieferung** verlangt werden.

Rücktritt vom Vertrag

Kann der Käufer die benötigte Ware woanders preisgünstiger oder schneller beschaffen, hat er die Möglichkeit, vom Vertrag zurückzutreten und das dem Lieferanten gegenüber mitzuteilen. Dies geht jedoch nur nach erfolglosem Ablauf einer Nachfrist.

Die Nachfrist kann entfallen, wenn

- der Verkäufer die Lieferung endgültig verweigert,
- es sich um einen Zweckkauf oder Fixkauf handelt,
- in bestimmten Fällen besondere Umstände gelten.

BEISPIEL

Die Fahrradproduktionsabteilung der Hoffmann KG wartet am vereinbarten Termin vergeblich auf eine Just-in-time-Lieferung eines Lieferanten.

Gleichzeitig zum Rücktritt kann der Käufer, dem ein Nichterfüllungsschaden entsteht, **Schadenersatz statt der Leistung** verlangen.

Hier kann auf eine Nachfristsetzung verzichtet werden, wenn

- der Lieferant endgültig die Lieferung ablehnt,
- besondere Umstände auftreten.

Bei den Schäden, die ersetzt werden müssen, können zwei Arten unterschieden werden:

- Bei **konkreten Schäden** kann deren Höhe genau berechnet werden.

BEISPIEL

Die Hoffmann KG kauft wegen einer ausgebliebenen Lieferung von Waren im Wert von 1.200,00 € identische Artikel bei einem anderen Lieferanten zu einem Preis von 1.500,00 €. Es fallen noch 100,00 € Kosten für Büromaterial, Schreibarbeiten und Telefonate an. Bei diesem Deckungskauf kann der Schaden konkret berechnet werden:

höherer Preis für die Waren des Deckungskaufs	1.500,00 €
– Preis für die Waren des Lieferungsverzugs	– 1.200,00 €
+ sonstige Kosten	+ 100,00 €
= Schadenersatzanspruch gegenüber dem nicht liefernden Verkäufer	= 400,00 €

- Bei **abstrakten Schäden** handelt es sich um Schätzgrößen für den Fall, dass keine Deckungskäufe vorgenommen werden. Dabei geht es in der Regel um den entgangenen Gewinn, der bei rechtzeitiger Lieferung mit großer Wahrscheinlichkeit hätte erzielt werden können.

Gerade bei der abstrakten Schadensberechnung gibt es oft Streitereien zwischen den beiden Vertragsparteien, die durch die Vereinbarung von Konventionalstrafen vermieden werden können. Unabhängig davon, wie hoch der tatsächlich entstandene Schaden ist, verpflichtet sich der Verkäufer zur Zahlung einer Geldsumme als Strafe für eine Nicht-rechtzeitig-Lieferung.

Haftungsverschärfung

Während des Lieferungsverzugs gilt die sogenannte **Haftungsverschärfung:** Der Lieferant muss Schadenersatz leisten bei zufälligem Untergang der zu liefernden Sache während der Nicht-rechtzeitig-Lieferung.

BEISPIEL

Bei der STO AG, Nadelweg 5, 44532 Lünen ist eine Bestellung der Hoffmann KG verloren gegangen. Daraufhin mahnte die Hoffmann KG und setzte die STO AG in Lieferungsverzug.

Die STO AG produziert daraufhin die Artikel, verliert diese aber direkt vor der Auslieferung durch einen selbst verschuldeten Wasserschaden. Da der Schaden nicht passiert wäre, wenn vor dem Lieferungsverzug ordentlich geliefert worden wäre, haftet die STO AG.

Die Haftungsverschärfung gilt nicht bei höherer Gewalt.

Unmöglichkeit der Lieferung

Die Nicht-rechtzeitig-Lieferung wird als vorübergehende Leistungsstörung angesehen. Man geht dabei davon aus, dass der Lieferant zwar noch nicht geliefert hat, aber liefern könnte. Sollte sich nach Vertragsabschluss herausstellen, dass endgültig nicht geliefert werden kann, hat der Käufer keinen Anspruch auf eine Lieferung. Er kann jedoch Schadenersatz statt der Lieferung bekommen.

AUFGABEN

1. Geben Sie an, was ist eine Nicht-rechtzeitig-Lieferung ist.
2. Führen Sie die Voraussetzungen auf, die bei einer Nicht-rechtzeitig-Lieferung vorliegen müssen.
3. Geben Sie an, in welchen Fällen welchen Fällen auf eine Mahnung verzichtet werden kann.
4. Die Hoffmann KG hat mit verschiedenen Lieferanten Kaufverträge abgeschlossen. Deren Angebote enthielten die folgenden Formulierungen:
   a) Lieferung sofort
   b) Lieferung 60 Tage nach Rechnungserhalt
   c) Lieferung bis zum 01.10. diesen Jahres
   d) Lieferung in der 10. Kalenderwoche nächsten Jahres
   e) Lieferung ab 15.07.

   Entscheiden Sie, in welchen Fällen bei verspäteter Lieferung gemahnt werden muss.
5. Führen Sie auf, in welchem Fall ein Lieferant trotz Lieferfristüberschreitung eines kalendermäßig genau bestimmten Termins nicht in Lieferungsverzug kommt.

6. Die Hoffmann KG kauft bei der Stockmann OHG, Bachstr. 38, 75180 Pforzheim, 2000 Hosen. Vereinbart wurde eine „Lieferung ab der 12. Kalenderwoche“. In der 14. Kalenderwoche ist immer noch kein Wareneingang zu verzeichnen.
   a) Ist die Stockmann OHG bereits im Lieferungsverzug?
   b) Welche rechtlichen Möglichkeiten hat die Hoffmann KG?
7. Die Hoffmann KG hat bei der Mathesmat KG, Heinkelstr. 15, 88520 Weingarten, am 5. April Verpackungsmaterial bestellt. In der Auftragsbestätigung wurde noch einmal auf die Lieferbedingung „so schnell wie möglich“ hingewiesen. Am 1. Juni ist die Ware immer noch nicht geliefert worden. Das Verpackungsmaterial wird dringend benötigt. Es kann leider nicht auf andere Anbieter ausgewichen werden.
   a) Beurteilen Sie, ob die Voraussetzungen für eine Nicht-rechtzeitig-Lieferung gegeben sind.
   b) Entscheiden Sie, welche Rechte kann die Hoffmann KG in Anspruch nehmen kann.
8. Die Hoffmann KG bestellt aufgrund eines Angebots am 5. Juni bei einem Erftstädter Unternehmen 15 Regale. Als Lieferungstermin wird eine Lieferung am 19. Juni vereinbart. Der Termin wird vom Lieferanten bestätigt. Am 27. Juni ist noch keine Lieferung zu verzeichnen gewesen. Beurteilen Sie diesen Fall.
9. Unterscheiden Sie konkrete und abstrakte Schäden im Rahmen der Nicht-rechtzeitig-Lieferung.
10. Die Hoffmann KG wollte für 5.000,00 € Waren bei einem Göttinger Unternehmen kaufen, das jedoch nicht liefert. Stattdessen müssen die Artikel bei einer Hamburger Großhandlung für 6.200,00 € bestellt werden. Es fallen 400,00 € zusätzliche Kosten im Rahmen dieses Deckungskaufs an. Berechnen Sie den konkreten Schaden.
11. Die Hoffmann KG hat mit einem Lieferanten einen Kaufvertrag abgeschlossen, der die folgende Klausel enthält: „Erfolgt die Lieferung nicht bis zum 15. November, dann muss für jeden Tag der Verspätung eine Vertragsstrafe von 200,00 € an den Käufer gezahlt werden.“
    a) Geben Sie an, wie eine solche Vereinbarung genannt wird.
    b) Führen Sie den zweck einer solchen Vereinbarung auf.
12. Erläutern Sie die Haftungsverschärfung.
13. Die in diesem Kapitel vorgestellten Regelungen zur Nicht-rechtzeitig-Lieferung basieren auf den rechtlichen Grundsätzen des BGB (Bürgerliches Gesetzbuch). In manchen Zweifelsfällen ist es ratsam, immer auch den jeweiligen Gesetzestext zu untersuchen. Deshalb soll in dieser Aufgabe die Arbeit mit Gesetzestexten geübt werden.
    - Gehen Sie zur Internetadresse www.gesetze-im-internet.de/aktuell.html
    - Suchen Sie unter der dort angegebenen Sortierung unter dem Buchstaben B das BGB (Bürgerliches Gesetzbuch).
    - Beantworten Sie die folgenden Fragen mithilfe der angegebenen Paragrafen des BGB.

    a) Was sind die Voraussetzungen für den Eintritt einer Nicht-rechtzeitig-Lieferung?
       → § 286 (1) und 286 (4) BGB
    b) Wann wird von einem Verschulden des Verkäufers gesprochen?
       → §§ 276 bis 278 BGB
    c) Wann muss der Käufer keine Nachfrist setzen?
       → § 281 BGB
    d) Welche Rechte hat der Käufer bei einer Nicht-rechtzeitig-Lieferung?
       → § 281, § 284, § 286 und § 323 BGB

ZUSAMMENFASSUNG

Nicht-rechtzeitig-Lieferung

= Verkäufer liefert nicht oder nicht rechtzeitig

Voraussetzungen

- Fälligkeit der Lieferung
- Mahnung
  - erforderlich bei nicht bestimmbarem Liefertermin
  - nicht erforderlich bei:
    - kalendermäßig bestimmbarem Liefertermin
    - Selbstinverzugsetzung durch den Lieferer
    - Fix- oder Zweckkauf
- Verschulden des Verkäufers nicht erforderlich bei:
  - Gattungskauf
  - Fixkauf

Rechte des Käufers

- Interesse an der Lieferung
  - sofort
    - Bestehen auf Lieferung
    - ggf. Schadenersatz wegen Verzögerung
- kein Interesse an der Lieferung
  - mit in der Regel angemessener Nachfristsetzung
    - Rücktritt vom Vertrag
    - ggf. Schadenersatz statt der Lieferung

1.11 Der Zahlungsverzug

EINSTIEG

Carolin Saager und Dominik Schlote treffen sich in der Mittagspause.

Carolin Saager: „Bei uns gibt es gerade Ärger. Gestern wurde entdeckt, dass eine Firma seit sechs Monaten nicht gezahlt hat.“

Dominik Schlote: „Wie konnte das denn passieren? Die Abteilung ist doch optimal organisiert. Ich war ja selbst schon drei Monate dort eingesetzt.“

Carolin Saager: „Hängt irgendwie damit zusammen, dass Frau Schellack, die die Firma betreute, vor sechs Monaten nach München gegangen ist. Dann hat sich wohl keiner richtig zuständig gefühlt. Frau Duchnik hat ja gerade angefangen bei uns und hat das jetzt – während sie sich eingearbeitet hat – entdeckt.“

Dominik Schlote: „Und was nun?“

Carolin Saager: „Jetzt habe ich von Herrn Hoffmann die Aufgabe bekommen, das ausstehende Geld einzutreiben. Ich habe aber erst vor drei Tagen in der Abteilung angefangen und muss mich in die ganze Thematik erst mal einarbeiten.“

Dominik Schlote: „Das habe ich in der Abteilung schon mehrmals mitmachen können – da kann ich dir helfen. Ich brauche allerdings noch ein paar Informationen, um beurteilen zu können, ob und was wir machen können.“

Carolin Saager: „Es geht um eine Lieferung von Waren im Wert von 13.800,00 € an die Firma Gertrud Schön e. Kffr., Textileinzelhandel, Sundernstr. 34, 22159 Hamburg. Ausgeliefert wurde am 17.03 dieses Jahres. Das Rechnungsdatum war der 15.03. Vereinbart war sofortige Zahlung. Bis heute am 30.10. ist kein Zahlungseingang zu verzeichnen gewesen.“

1. Beurteilen Sie, ob die Hoffmann KG gegen die Firma Gertrud Schön e. Kffr. vorgehen kann.
2. Stellen Sie fest, welche Rechte die Hoffmann KG im Fall einer ausstehenden Zahlung in Anspruch nehmen kann.

INFORMATION

Nicht-rechtzeitig-Zahlung

DEFINITION

Eine **Nicht-rechtzeitig-Zahlung** liegt vor, wenn jemand seine Geldschulden nicht oder nicht rechtzeitig begleicht.

Bei dieser häufig auch Zahlungsverzug genannten Kaufvertragsstörung stehen dem Gläubiger bestimmte Rechte zu. Um diese in Anspruch nehmen zu können, müssen jedoch bestimmte Voraussetzungen erfüllt sein.

Voraussetzungen des Zahlungsverzugs

Der Zahlungsverzug gilt bei fehlender Zahlungsfähigkeit immer als verschuldet, auch wenn der Grund der Zahlungsunfähigkeit unverschuldet eingetreten ist.

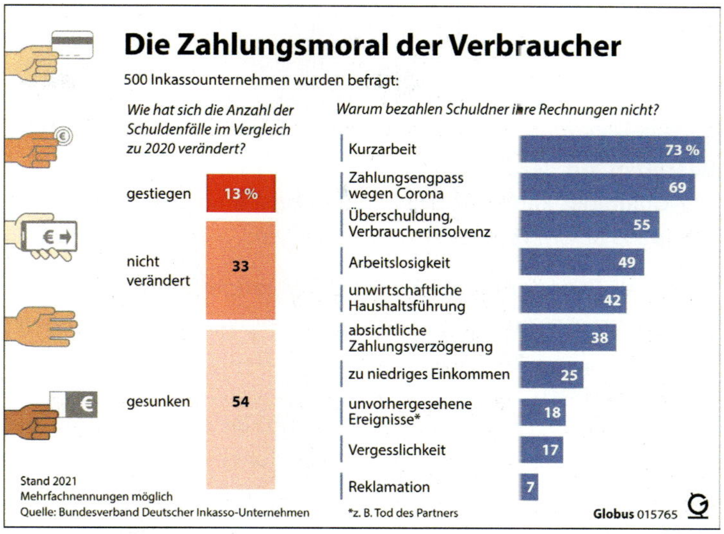

Zahlungsverzug bei Fälligkeit und Mahnung

Erste Voraussetzung ist, dass die Zahlung tatsächlich fällig sein muss. Abgesehen von einigen gesetzlich bestimmten Fällen muss immer noch eine Mahnung erfolgen, um den Schuldner in Verzug zu setzen. Als Mahnung gilt auch die Zustellung eines Mahnbescheids[1] beziehungsweise die Erhebung einer Zahlungsklage.

Zahlungsverzug bei Fälligkeit ohne Mahnung

In bestimmten Fällen kann der Schuldner auch ohne Mahnung in Verzug geraten:

- Der Zahlungstermin ist kalendermäßig bestimmt oder in Abhängigkeit von einem bestimmten Ereignis bestimmbar.
- Der Schuldner verweigert ernsthaft und endgültig die Zahlung.
- Es sind 30 Tage seit Rechnungszugang vergangen. Dann kommt ein Schuldner automatisch in Verzug. Beim einseitigen Handelskauf gilt diese Regelung nur, wenn der Endverbraucher ausdrücklich auf diese Rechtsfolge hingewiesen wurde.

BEISPIEL

Aus der Rechnung eines Einzelhandelsunternehmens an einen Endverbraucher:
„Kann innerhalb von 30 Tagen nach Zugang kein Zahlungseingang festgestellt werden, kommt der Zahlungspflichtige automatisch in Verzug."

<table>
<tr><th colspan="2">Voraussetzungen des Zahlungsverzugs</th></tr>
<tr><th colspan="2">Fälligkeit</th></tr>
<tr><th>Mahnung</th><th>keine Mahnung</th></tr>
<tr><td>Der Zahlungstermin ist kalendermäßig nicht bestimmt oder nicht bestimmbar.</td><td>Der Zahlungstermin ist kalendermäßig genau bestimmt beziehungsweise bestimmbar.</td></tr>
<tr><td>BEISPIELE
■ Formulierung „Zahlung sofort"
■ kein Hinweis in einer Rechnung an einen Endverbraucher, dass er nach 30 Tagen automatisch in Zahlungsverzug gerät
■ bei Hinweis auf 30-Tage-Klausel, wenn der Gläubiger die Zahlung vor Ablauf der 30-Tage-Frist wünscht</td><td>BEISPIELE
■ zahlbar bis zum 15. Juli 20..
■ zahlbar bis Ende August
■ zahlbar in der 40. Kalenderwoche</td></tr>
</table>

1 siehe Kap. 1.12 und 1.13

Rechte beim Zahlungsverzug

Liegt ein Zahlungsverzug vor, hat der Gläubiger zwei Alternativen:

- Er besteht auf der Zahlung.
- Er lehnt die Zahlung ab und fordert die Ware zurück.

Bestehen auf der Zahlung

Der Gläubiger kann auf der Zahlung bestehen. Zusätzlich kann er den Ersatz des Verzögerungsschadens sowie Verzugszinsen verlangen:

- Als **Schadenersatz** wegen der Verzögerung der Zahlung kann der Gläubiger alle für die Durchsetzung seines Anspruchs notwendigen Auslagen geltend machen.

BEISPIELE

- Kosten der Mahnung (Papier, Porto, Telefonkosten)
- Rechtsanwaltskosten oder Kosten für ein Inkassobüro nach Eintritt des Verzugs

- Ab Eintritt des Zahlungsverzugs kann der Gläubiger **Verzugszinsen** verlangen. Angewendet werden im Normalfall die gesetzlichen Verzugszinsen. Beim einseitigen Handelskauf und beim bürgerlichen Handelskauf betragen die gesetzlichen Verzugszinsen 5 % über dem aktuellen Basiszinssatz der Deutschen Bundesbank.

BEISPIEL

Wenn der aktuelle Basiszinssatz zum Zeitpunkt der Kreditaufnahme –0,88 % beträgt, muss ein Schuldner 4,12 % Verzugszinsen bei einer Nicht-rechtzeitig-Zahlung im Rahmen einseitiger Handelskäufe oder bürgerlicher Käufe zahlen.

Bei zweiseitigen Handelskäufen liegt der gesetzliche Zinssatz 9 % über dem aktuellen Basiszinssatz der Deutschen Bundesbank.

BEISPIEL

Bei einem aktuellen Basiszinssatz von –0,88 % muss die Firma Gertrud Schön e. Kffr. 8,12 % gesetzliche Verzugszinsen zahlen.

Falls vertraglich ein höherer Verzugszinssatz vereinbart wurde oder tatsächlich angefallene höhere Bankzinsen nachgewiesen werden können, hat der Gläubiger auch die Möglichkeit, diese einzufordern.

Ablehnen der Zahlung

Der Gläubiger kann die vereinbarte Zahlung ablehnen. Im Normalfall muss er dies aber dem Schuldner androhen und ihm eine **angemessene Nachfrist** setzen. Diese ist nicht notwendig, falls

- die Zahlung durch den Schuldner endgültig verweigert wird,
- ein Fix- oder Zweckkauf vorliegt,
- ein besonderer Umstand gegeben ist, der den sofortigen Rücktritt bei Abwägung der beiderseitigen Interessen rechtfertigt.

Ist nach Ablauf der Nachfrist immer noch kein Zahlungseingang zu verzeichnen, wird der Gläubiger die Herausgabe der Ware fordern. Zusätzlich kann er Schadenersatz statt der Leistung verlangen.[1]

1 Die Berechnung der Zinsen und der Zinstage wird in Kap. 6.7 ausführlich dargestellt.

Bonitätsprüfungen zur Vermeidung von Zahlungsverzügen

Ein ganz wichtiges Instrument des Forderungsmanagements ist die **Bonitätsprüfung**. Ein Unternehmen sollte diese durchführen, wenn es Kredite vergibt. Um ihre Absatzchancen zu vergrößern, bieten Lieferanten ihren potentiellen Kunden z. B. oft ein Zahlungsziel ein. Dies bedeutet, sie gewähren dem Abnehmer ihrer Waren einen Lieferantenkredit.

BEISPIEL

Die Hoffmann KG bietet in einem Angebot der Ambiente Warenhaus AG die folgende Zahlungskondition an: „90 Tage Ziel, bei Zahlung innerhalb von zehn Tagen 2 % Skonto". Die Ambiente Warenhaus AG bekommt damit für 90 Tage einen Kredit eingeräumt. Sollte sie aber innerhalb von zehn Tagen bezahlen, darf sie sich 2 % Skonto abziehen.

Wenn Kredite vergeben werden, besteht jedoch immer das Risiko ein, dass dieser nicht oder nur teilweise zurückgezahlt wird. Deshalb sollte vor einer Kreditvergabe eine Bonitätsprüfung vorgenommen werden.

Untersucht wird bei der Bonitätsprüfung:

- **Die Kreditfähigkeit des Kreditnehmers**
  Kontrolliert wird, ob der Kreditnehmer den Kreditvertrag rechtswirksam abschließen kann. Bei juristischen Personen (Personengesellschaften oder Kapitalgesellschaften) wird deshalb geprüft, wer zur Kreditaufnahme befugt ist. Ist der Kreditnehmer eine natürliche Person, wird festgestellt, ob diese unbeschränkt geschäftsfähig ist.
- **Die Kreditwürdigkeit des Kreditnehmers**
  Geprüft wird auch die Fähigkeit – und voraussichtliche Bereitschaft – des Kreditnehmers, für einen zur Verfügung gestellten Kredit anschließend vereinbarungsgemäß Zahlungen für Zinsen und Tilgung vornehmen zu können. Die Kreditwürdigkeit wird beeinflusst von persönlichen Eigenschaften des Kreditnehmers und dessen sachlichen Voraussetzungen.
- **Sicherheiten des Kreditnehmers**
  Für den Fall, dass es trotz gegebener Kreditfähigkeit und Kreditwürdigkeit zu Problemen bei der Rückzahlung des Kredites kommen sollte, wird oft auch noch festgestellt, ob der Kreditnehmer über Sicherheiten verfügt.

Im Rahmen der Bonitätsprüfung können eine oder mehrere der folgenden Vorgehensweisen angewendet werden:

- **Die eigene Prüfung**
  Es wird in den im Unternehmen vorliegenden Unterlagen geschaut, ob sich dort positive oder negative Informationen über die Kreditwürdigkeit des Kreditnehmers ergeben. Da im Fall einer Kreditaufnahme ein berechtigtes Interesse vorliegt, kann das Unternehmen auch öffentliche Register wie das Handelsregister, das Genossenschaftsregister oder das Grundbuch einsehen.
- **Selbstauskunft**
  Soll einen Kreditvertrag abgeschlossen werden, kann der Kreditgeber den Kreditnehmer auffordern, eine Selbstauskunft zu geben. Dazu füllt er i. d. R. einen vom Kreditgeber vorbereiteten Fragebogen mit gezielten Fragen zur Vermögenssituation aus. Die Antworten sollten nach Möglichkeit mit entsprechenden Belegen nachgewiesen werden.

- **Bankauskunft**
  Der Kreditgeber kann sich auch an die Hausbanken seines Kunden wenden: Auch Banken können Auskunft über die wirtschaftlichen Verhältnisse eines ihrer Kunden, seine Kreditwürdigkeit und Zahlungsfähigkeit geben. Über Privatkunden dürfen Banken nur Auskünfte erteilen, wenn diese allgemein oder im Einzelfall ausdrücklich zugestimmt haben. Eine Bank ist – meistens in den AGB festgehalten – berechtigt, über juristische Personen und Kaufleute Bankauskünfte zu erteilen. Dies gilt aber nicht, wenn eine anders lautende Anordnung ihres Kunden vorliegt. In diesem Fall gilt das Bankgeheimnis: Nur mit Einwilligung des Kunden dürfen Informationen weitergegeben werden.
  Die Bankauskunft umfasst normalerweise nur allgemeine Angaben: Die Kreditinstitute müssen gegenüber ihren Kunden einerseits das Bankgeheimnis beachten, andererseits sind sie aber den Anfragenden gegenüber bei unrichtigen Auskünften schadenersatzpflichtig.

- **Informationen durch professionelle Wirtschaftsauskunfteien**
  Oft wenden sich Unternehmen im Rahmen einer Bonitätsprüfung auch an Wirtschaftsauskunfteien. Dies sind Firmen, die sich darauf spezialisiert haben, wichtige wirtschaftliche Daten von Unternehmen zu sammeln.

BEISPIEL

Bekannte Wirtschaftsauskunfteien sind u. a. „Creditreform“, „Bürgel“, „Schufa“, „Deltavista“.

Bei berechtigten Interesse – und dies liegt bei einer Kreditaufnahme vor – dürfen entsprechende Informationen über den Kreditnehmer an den möglichen Kreditgeber verkauft werden.

BEISPIEL

Die Hoffmann KG möchte die Bonität des Kunden Alfred E. Neumann überprüfen. Von einer damit beauftragten Wirtschaftsauskunftei erhält sie die folgende Auskunft:

Rechtsform	Einzelfirma
Gründung	01.04.2004 als Gewerbebetrieb 01.03.2005 als Einzelfirma
Handelsregister	02.04.2005 AG Braunschweig HRA502
Inhaber	Alfred E. Neumann, Kaufmann, geb. 01.10.1977, kinderlos verheiratet mit Edith, geb. Weit, geb. 15.03.1980, Hamburger Str. 6, 38108 Braunschweig
Allgemeines	Schreinerei, Innenausbau Handel mit Möbeln und Fertigteilen Firma arbeitet vorwiegend für Großkunden, wie Behörden, Kirchen, Körperschaften öffentlichen Rechts, Betriebsräume Hildesheimer Str. 66, 38108 Braunschweig, Größe ca. 16o qm, Monatsmiete ca. 1.000,00 €
Beschäftigte	3 Angestellte, 10 Facharbeiter
Jahresumsatz	2015 ca. 1,5 Mio €, 2014 ca. 1,4 Mio €, Umsatzerwartung 2016 ca. 1,8 Mio €
Immobilien	keine
Aktiva	Betriebseinrichtung ca. 80.000,00 € Material- und Warenlager ca. 30.000,00 € Außenstände ca. 50.000,00 €
Passiva	Lieferantenverbindlichkeiten ca. 20.000,00 €
Anmerkung	Wohnhaus Hamburger Str. 6, 38108 Braunschweig, Eigentum der Ehefrau, Verkehrswert ca. 250.000,00 €, Belastung ca. 100.000,00 € Überprüfung der Angaben zum Immobilieneigentum durch Grundbucheinsicht nicht möglich
Banken	Stadtsparkasse Braunschweig
Zahlung	innerhalb vereinbarter Ziele

Rechtsform	Einzelfirma
Kredit	Höchstkredit 20.000,00 €

Im Normalfall wird eine Haftung bei falsch erteilten Auskünften ausgeschlossen.

Bonität	Ausfallwahrscheinlichkeit	Bonitätsindex
ausgezeichnet	0,10 %	100 – 149
sehr gut	0,44 %	150 – 200
gut	0,99 %	201 – 250
mittel	1,87 %	251 – 300
angespannt	6,94 %	301 – 350
sehr schwach	17,27 %	351 – 499
massive Zahlungsverzüge	–	500
harte Negativmerkmale	–	600

Bei den Bonitätsprüfungen der Banken und der professionellen Wirtschaftsauskunfteien erfolgt die Einstufung des Kreditantragstellers in sogenannte Bonitätsstufen. Sie drücken in absteigender Rangfolge das Risiko eines späteren Zahlungsausfalls aus.
Als Beispiel hier die Bewertungsskala des Wirtschaftsauskunftsunternehmens „Creditreform".

AUFGABEN

1. Definieren Sie die Nicht-rechtzeitig-Zahlung.
2. Die Hoffmann KG vermisst einen Zahlungseingang der Hampe KG, Textilgroßhandel, Südstraße 6, 06132 Halle.
   a) Welche Voraussetzungen müssen gegeben sein, damit die Hampe KG sich im Zahlungsverzug befindet?
   b) Welche Rechte kann die Hoffmann KG bei einem Zahlungsverzug gegenüber der Hampe KG geltend machen?
3. Entscheiden Sie, ob in den folgenden Fällen gemahnt werden muss.
   a) „zahlbar bis Ende Juli"
   b) „zahlbar sofort"
   c) „zahlbar bis zur 20. Kalenderwoche"
4. Die Hoffmann KG besteht gegenüber der Hampe KG auf Zahlung. Führen Sie auf, welche Kosten beim Schadenersatz wegen Verzögerung der Zahlung geltend gemacht werden können.
5. Ermitteln Sie, wie hoch die gesetzlichen Verzugszinsen bei
   a) bürgerlichen Käufen,
   b) einseitigen Handelskäufen,
   c) zweiseitigen Handelskäufen sind.
6. Die Hoffmann KG hat 500 Herrenanzüge an die Firma Wolfgang Mehlert e. Kfm, Textileinzelhandel, Böhmerstr. 5, 60437 Frankfurt geliefert. Der Zugang der Rechnung dort erfolgt am 14. Februar 20... Stellen Sie für die folgenden Situationen fest, ab wann sich die Firma Wolfgang Mehlert in Zahlungsverzug befindet.
   a) Die Rechnung der Hoffmann KG enthält die Formulierung „zahlbar sofort". Am 22. Februar hat die Hoffmann KG eine Mahnung versandt.
   b) Die Rechnung der Hoffmann KG enthält die Formulierung „zahlbar sofort". Es wird keine Mahnung versandt.
   c) Die Rechnung der Hoffmann KG enthält die Formulierung „ Zahlung bis spätestens 3. März".
7. Svenja Ambroß kauft am 1. Februar ein Notebook bei der Notebooks-günstiger GmbH. Als Zahlungsbedingung wurde „Zahlung sofort nach Rechnungserhalt" vereinbart. Am 11. Fe-

bruar tritt Svenja ihren fünfwöchigen Kuraufenthalt an der Ostsee an. Am 12. Februar wird in ihren Briefkasten die Rechnung eingeworfen. Am 19. März ist Svenja aus dem Urlaub zurück. Prüfen Sie, ob bereits ein Zahlungsverzug vorliegt.

8. Erstellen Sie in Partnerarbeit eine Mindmap, die alle wichtigen Inhalte des Themas Nicht-rechtzeitig-Zahlung zusammenfasst.

ZUSAMMENFASSUNG

Nicht-rechtzeitig-Zahlung (Zahlungsverzug)

= Schuldner zahlt nicht rechtzeitig oder gar nicht

Voraussetzungen

- **Fälligkeit**
- **Mahnung**
  - Grundsätzlich muss immer eine Mahnung erfolgen.
  - Ohne Mahnung kommt der Schuldner nach 30 Tagen automatisch in Verzug.
  - keine Mahnung erforderlich, wenn der Zahlungstermin kalendermäßig bestimmt oder bestimmbar ist

---

Rechte des Gläubigers

- **Bestehen auf Zahlung**
  - Es wird weiter auf Zahlung beharrt.
  - Zusätzlich kann verlangt werden:
    - Schadenersatz wegen Verzögerung der Zahlung
    - Verzugszinsen
- **Ablehnen der Zahlung**
  - Die Zahlung wird abgelehnt und die Herausgabe der Ware gefordert.
  - Zusätzlich kann verlangt werden: Schadenersatz statt der Leistung
  - (für beide:)
    - im Normalfall nur nach Androhen und Setzen einer angemessenen Nachfrist
    - keine Nachfristsetzung u. a. bei:
      - endgültiger Verweigerung der Zahlung
      - Fix- oder Zweckkauf

1.12 Das kaufmännische Mahnverfahren

EINSTIEG

Heute in der Rechnungswesenabteilung der Hoffmann KG:

Frau Bertram: „Hallo Carolin, haben Sie mal die Offene-Posten-Liste durchgeguckt? Irgendetwas auffällig?“

Carolin Saager: „Eigentlich alles in Ordnung, bis auf eine Forderung. Die Firma Söffgen OHG – Rechnungsdatum war vor 14 Tagen – hat noch nicht gezahlt. Es geht immerhin um einen Betrag von 3.476,00 €. Müssen wir da jetzt eine Klage vorbereiten?“

Frau Bertram: „Nein, da machen wir erst einmal etwas anderes.“

1. Stellen Sie fest, warum die Hoffmann KG zunächst nicht den Klageweg einschlägt.
2. Machen Sie Vorschläge, wie die Hoffmann KG vorgehen könnte, um an den ausstehenden Geldbetrag zu kommen.

INFORMATION

Außergerichtliches Mahnverfahren

Leistet ein Schuldner absichtlich oder versehentlich eine Zahlung trotz Fälligkeit nicht, wird ein Gläubiger ihm in der Regel im Rahmen des außergerichtlichen Mahnverfahrens Mahnungen schicken.

Im kaufmännischen Geschäftsleben hat sich die Praxis bewährt, ein oder mehrere Mahnschreiben in abgestufter Form an den Schuldner zu verschicken. Man möchte dabei den säumigen Kunden (der die Rechnung ja vielleicht nur versehentlich verlegt hat) nicht durch sofortiges gerichtliches Vorgehen verärgern. Stattdessen wird er zunächst mehr, dann etwas weniger höflich an seine Zahlungspflicht erinnert.

Mahnung

> DEFINITION
>
> Eine **Mahnung** ist eine einseitige, empfangsbedürftige Willenserklärung. Sie fordert den Schuldner auf, die fällige Zahlung zu leisten.

Ziel der Mahnung ist es, einerseits den Schuldner rechtlich in Verzug zu setzen und andererseits schnell und kostengünstig den Schuldner zur Zahlung zu bringen.

Zu beachten bei einer Mahnung ist: Eine Mahnung ist grundsätzlich formfrei. Sie kann schriftlich, mündlich oder auch durch schlüssiges Verhalten erfolgen. Zu empfehlen ist aus Beweissicherungsgründen jedoch immer, die Mahnung in schriftlicher Form abzugeben.

Damit klar ist, was der Gläubiger anmahnt, sollte eine schriftliche Mahnung nach Möglichkeit folgende Punkte enthalten:

- Datum und Nummer der Rechnung
- gegebenenfalls Datum und Nummer des Lieferscheins
- Zahlungsziel

Ablauf des außergerichtlichen Mahnverfahrens

Das außergerichtliche Mahnverfahren wird oft angewandt in den Fällen, in denen der Schuldner sich auch ohne Mahnung in Verzug befindet. Dabei möchte man z. B. schon seit längerem bestehende gute Geschäftsbeziehungen nicht belasten. Befindet sich der Schuldner bei einer fälligen Forderung noch nicht in Verzug, ist gesetzlich eine Mahnung notwendig, damit die Rechte aus einer Nicht-rechtzeitig-Zahlung in Anspruch genommen werden können.

Für das außergerichtliche Mahnverfahren gibt es kein allgemeingültiges Schema. Typisch für ein kaufmännisches Vorgehen sind jedoch drei Mahnungen.

Zahlungserinnerung

Die Zahlungserinnerung ist die erste Mahnung. Der Schuldner wird höflich darauf hingewiesen, dass die ausstehende Rechnung noch nicht beglichen wurde.

Der Gläubiger bittet den Schuldner, die Forderung zu begleichen. Für den Fall, dass die Rechnung auf dem Postweg verloren gegangen sein sollte oder beim Kunden versehentlich verlegt wurde, sollte der Zahlungserinnerung eine Kopie der Rechnung beigelegt werden.

Ausdrückliche Mahnung

Ist nach der Zahlungserinnerung kein Zahlungseingang zu verzeichnen, sollte an den Schuldner eine zweite Mahnung verschickt werden: die ausdrückliche Mahnung.

Diese ist eindeutig formuliert. Es wird nachhaltig zum Ausdruck gebracht, dass die Zahlung verlangt wird. Oft wird auch schon eine Zahlungsfrist angegeben.

Hoffmann KG
seit 1949

Hoffmann KG | Bergener Straße 6a | 60547 Frankfurt am Main

Söffgen OHG
Bergstr. 11
51503 Rösrath

Telefon	069 9876-42
Telefax	069 9876-10
Internet	www.hoffmann-kg-wvd.de
E-Mail	info@hoffmann-kg-wvd.de

Mahnung: Rechnung 2010140632 vom 14. Juni d. J.

Sehr geehrte Damen und Herren,

leider konnten wir nach unserer Zahlungserinnerung vom 28. Juni für unsere Rechnung 2010140632 vom 14. Juni auf unseren Konten noch keinen Zahlungseingang verzeichnen. Wir fordern Sie daher höflich auf, den Betrag von 3.476,00 € bis zum 22. Juli d. J. auf eines unserer Konten zu überweisen.

Bedenken Sie bitte, dass wir Ihnen im Fall einer nicht rechtzeitigen Zahlung Mahnkosten und Verzugszinsen berechnen müssen.

Sollte die Zahlung zwischenzeitlich schon erfolgt sein, bitten wir Sie, dieses Schreiben als gegenstandslos anzusehen.

Mit freundlichen Grüßen

Hoffmann KG

Martina Bertram

Martina Bertram

Verschärfte Mahnung

Reagiert der Schuldner auf die zweite Mahnung nicht, wird häufig noch eine verschärfte Mahnung geschickt. Als letzte Mahnung droht der Gläubiger dem säumigen Zahler die Einleitung weiterer rechtlicher Schritte an. Dies können sein:

- Beauftragung eines Inkassoinstituts,
- Einschaltung eines Rechtsanwalts,
- Übergang in das gerichtliche Mahnverfahren,
- Klage zur Zahlung des ausstehenden Betrags.

Bei der verschärften Mahnung werden dem Schuldner oft auch die schon angefallenen Kosten in Rechnung gestellt.

Einige Unternehmen versuchen manchmal noch vor oder nach der dritten Mahnung den überfälligen Betrag durch Postnachnahme einzuziehen.

Hoffmann KG
seit 1949

Hoffmann KG | Bergener Straße 6a | 60547 Frankfurt am Main
Söffgen OHG
Bergstr. 11
51503 Rösrath

Telefon | 069 9876-42
Telefax | 069 9876-10
Internet | www.hoffmann-kg-wvd.de
E-Mail | info@hoffmann-kg-wvd.de

Letzte Mahnung: Rechnung 2010140632 vom 14. Juni d. J.

Sehr geehrte Damen und Herren,

trotz einer Zahlungserinnerung vom 28. Juni und einer Mahnung vom 15. Juli wurde unsere Rechnung 2010140632 vom 14. Juni leider immer noch nicht beglichen.

Wir fordern Sie daher letztmals auf, die Zahlung des Rechnungsbetrags in Höhe von 3.476,00 € zuzüglich 15,00 € Mahnkosten spätestens bis zum 15. August d. J. vorzunehmen.

Sollte nach diesem Termin bei uns kein Zahlungseingang zu verzeichnen sein, werden wir unverzüglich gerichtliche Schritte ergreifen.

Mit freundlichen Grüßen

Hoffmann KG

Martina Bertram

Martina Bertram

AUFGABEN

1. Definieren Sie, was man unter dem außergerichtlichen Mahnverfahren versteht.
2. Begründen Sie, warum ein Unternehmen das außergerichtliche Mahnverfahren anwendet.
3. Führen Sie auf, in welcher Form kann gemahnt werden kann.
4. Unterscheiden Sie die drei typischen Mahnstufen.
5. Entscheiden Sie, ab welchem Zeitpunkt der Schuldner beim außergerichtlichen Mahnverfahren spätestens in Verzug gerät (wenn der Zahlungstermin nicht genau festgelegt ist)?
   a) mit der 3. Mahnung
   b) mit 2. Mahnung
   c) mit der 1. Mahnung
   d) mit der Postnachnahme
   e) mit dem Mahnbescheid in Verzug gerät.
6. Geben Sie an, welche Art Mahnung bei dem jeweiligen Auszug aus einem Mahnschreiben vorliegt.
   a) „... Leider haben Sie unser Schreiben vom 19.01. nicht beachtet. Der Rechnungsbetrag von 1.376,80 € ist seit dem 12.01. überfällig. Wir fordern Sie daher auf, den fälligen Rechnungsbetrag bis zum 01.03. zu begleichen ...“
   b) „... bei Durchsicht unserer Konten mussten wir feststellen, dass noch die folgende Rechnung trotz einer Zahlungserinnerung vom 03.01. sowie einer Mahnung vom 01.02. zur Zahlung offensteht: Rechnung vom 18.11. über die Lieferung von 100 Jeans. Zahlungstermin für den

Betrag von 4.250,00 € war der 15.12. Zusätzlich sind uns Mahnkosten von 24,98 € entstanden, die wir Ihnen jetzt ebenfalls in Rechnung stellen. Wegen unserer langjährigen guten Geschäftsbeziehungen setzen wir Ihnen einen letzten Zahlungstermin. Sollte bis dahin nicht gezahlt werden, werden wir gerichtlich gegen Sie vorgehen ..."

c) „... Wir haben großes Verständnis dafür, wenn bei der täglichen Hektik die pünktliche Bezahlung einer Rechnung beziehungsweise die Rechung selbst einmal übersehen wird. Daher erinnern wir Sie heute an die Begleichung des Rechnungsbetrags über 4.500,00 €. In der Anlage befindet sich zu Ihrer Information eine Kopie der Rechnung. Wir bitten Sie, den fälligen Betrag von 4.500,00 € in den nächsten Tagen zu überweisen ..."

7. Die Hoffmann KG hat eine Forderung gegenüber der Firma
Ivakno GmbH
Schützenwiese 34
31139 Hildesheim
in Höhe von 2.448,00 €. Grundlage dafür ist die Rechnung 214078 vom 12.04. des Jahres. Spielen Sie mithilfe eines Textverarbeitungsprogramms das außergerichtliche Mahnverfahren durch. Erstellen Sie in diesem Zusammenhang alle drei Mahnungen, die im Rahmen des außergerichtlichen Mahnverfahrens normalerweise an den Schuldner geschickt werden.

8. Hat eine verschärfte Mahnung keinen Erfolg, versuchen einige Unternehmen, den fälligen Betrag über Postnachnahme oder die Einschaltung eines Inkassounternehmens einzutreiben. Informieren Sie sich im Internet über diese beiden Maßnahmen. Erstellen Sie ein Wandplakat, das die beiden Maßnahmen vorstellt.

ZUSAMMENFASSUNG

Außergerichtliches Mahnverfahren

Der Schuldner erhält vom Gläubiger in abgestufter Form

Mahnungen

= Aufforderungen an den Schuldner, umgehend zu zahlen

- sind formfrei, sollten aber aus Beweissicherungsgründen schriftlich erfolgen

Ziele:
- Möglichkeit, eine schnelle Zahlung zu bewirken
- den Schuldner in Verzug setzen

Typischer Ablauf des außergerichtlichen Mahnverfahrens

Zahlungserinnerung
- 1. Mahnung
- Schuldner wird höflich um Zahlung gebeten.
- oft mit Kopie der Rechnung

ausdrückliche Mahnung
- 2. Mahnung
- Schuldner wird mit Hinweis auf die Zahlungserinnerung deutlich zur Zahlung aufgefordert.

verschärfte Mahnung
- 3. Mahnung
- Hinweis „Letzte Mahnung"
- Dem Schuldner werden rechtliche Schritte angedroht, wenn er den letzten Zahlungstermin nicht einhält.

1.13 Das gerichtliche Mahnverfahren

EINSTIEG

Frau Bertram: „Hat die Söffgen OHG eigentlich auf die dritte Mahnung reagiert?“

Carolin Saager: „Nein, die dort gesetzte Frist ist abgelaufen.“

Frau Bertram: „Tja, dann wird es jetzt so richtig ernst ...“

Stellen Sie fest, welche zwei Möglichkeiten die Hoffmann KG hat, um den Zahlungsanspruch durchzusetzen.

INFORMATION

Alternativen: gerichtliches Mahnverfahren – Zahlungsklage

Hat das kaufmännische Mahnverfahren gegenüber einem säumigen Schuldner keinen Erfolg gehabt, gibt es für das Unternehmen noch zwei Möglichkeiten, das zustehende Geld einzutreiben:

- Das Unternehmen erhebt vor Gericht Klage gegen den Schuldner. Einen Prozess vorzubereiten kostet Zeit, und man benötigt in der Regel einen Rechtsanwalt. Es fallen zunächst einmal Kosten an.
- Das Unternehmen leitet ein gerichtliches Mahnverfahren ein.

Das gerichtliche Mahnverfahren ist ein einfaches Verfahren, um einen Zahlungsanspruch durchzusetzen. Hierbei wird der Schuldner durch das Gericht aufgefordert, den Forderungsbetrag zu begleichen. Dabei ist ein Gericht zwar für die Durchführung des Mahnverfahrens sachlich zuständig. Es finden jedoch

- weder eine Prüfung, ob die Forderung des Gläubigers zu Recht besteht,
- noch eine Beweiserhebung statt.

Dadurch wird im Normalfall das gerichtliche Mahnverfahren schneller und kostengünstiger als eine aufwendige Klage. Es empfiehlt sich vor allem dann, wenn mit keinen Einwänden des Schuldners gerechnet wird.

Ziel des gerichtlichen Mahnverfahrens ist es, für den Gläubiger einen Vollstreckungstitel zu erhalten.

Mit diesem kann er den offenstehenden Geldbetrag durch einen Gerichtsvollzieher eintreiben lassen.

Kann dagegen damit gerechnet werden, dass der Schuldner Einwendungen macht, sollte überlegt werden, ob nicht die Klage der direktere und damit schnellere Weg ist.

Sämtliche Kosten für das Erwirken eines gerichtlichen Mahnbescheids sind in voller Höhe vom Schuldner zu tragen, vorausgesetzt, dass

- die Forderung berechtigt ist,
- der Schuldner sich in Zahlungsverzug befindet und
- nicht zahlungsunfähig ist.

Voraussetzungen des gerichtlichen Mahnverfahrens

Um ein gerichtliches Mahnverfahren durchführen zu können, müssen bestimmte Voraussetzungen beachtet werden:

- Es dürfen nur Zahlungsansprüche auf eine bestimmte Geldsumme geltend gemacht werden.
- Der Betrag der Geldsumme muss auf Euro lauten. Geldforderungen in ausländischer Währung müssen durch Klage geltend gemacht werden. Dies gilt auch für Zinsforderungen aus Verbraucherdarlehensverträgen.
- Der Anspruch muss fällig sein.
- Der Anspruch darf nicht abhängig sein von einer nicht erbrachten Gegenleistung.

Einleitung des gerichtlichen Mahnverfahrens

Ein Unternehmen, das ein gerichtliches Mahnverfahren einleiten möchte, muss sich – z. B. im örtlichen Schreibwarenhandel oder auch bei Fachverlagen – zunächst einmal einen Vordruck für einen Antrag auf Erlass eines Mahnbescheids besorgen. Dem Antrag, der zwingend zu verwenden ist, liegen Ausfüllhinweise bei.

Der Antragsteller füllt das offizielle Formular vollständig aus.

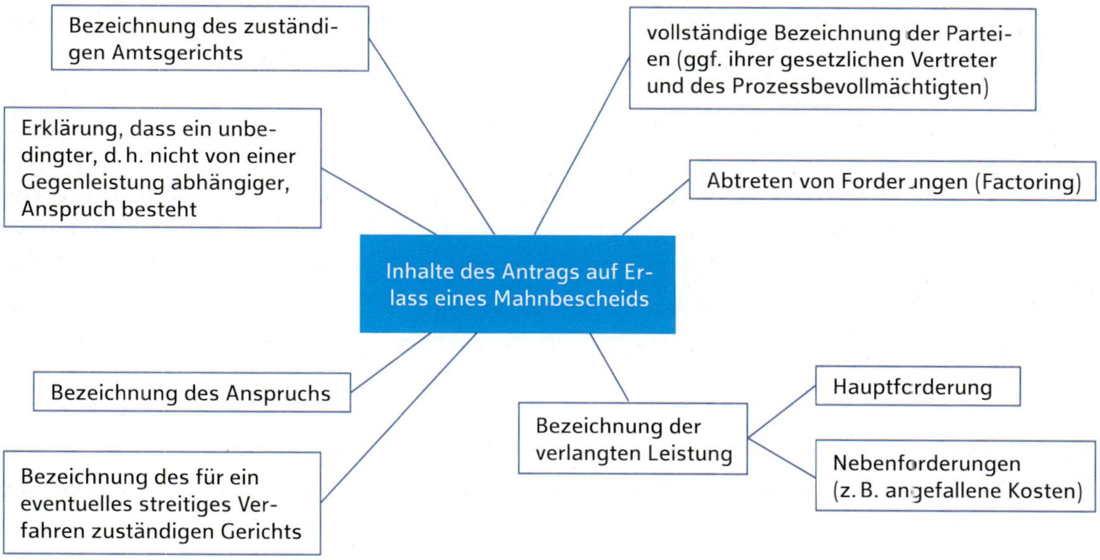

Der ausgefüllte Vordruck ist beim Amtsgericht des Antragstellers abzugeben. Davon abweichend haben die Landesregierungen einiger Bundesländer die Verordnung erlassen, dass Mahnbescheide ausschließlich von bestimmten, eigens damit beauftragten Amtsgerichten bearbeitet werden dürfen.

Mittlerweile kann der Antrag auf Erlass eines Mahnbescheids auch online gestellt werden. Dazu wird der Antrag im Internet ausgefüllt und anschließend elektronisch an das zuständige Mahngericht geschickt. Notwendig ist dazu allerdings eine qualifizierte elektronische Signatur.

Wird der Mahnbescheid beantragt, muss der Antragsteller Gebühren zahlen, die sich nach der Höhe der offenen Forderung richten. Der Gläubiger erhält vom Gericht eine Kostenrechnung.

Ablauf des gerichtlichen Mahnverfahrens

Liegen nach Abgabe des Antrags auf Erlass eines Mahnbescheids alle formellen Voraussetzungen vor, wird der Mahnbescheid vom zuständigen Amtsgericht unverzüglich erlassen und dem Schuldner förmlich durch die Post zugestellt. Es findet dabei keine Prüfung statt, ob dem Gläubiger der geltend gemachte Anspruch auch tatsächlich zusteht.

Vonseiten des Schuldners, dem eine zweiwöchige Widerrufsfrist eingeräumt wird, sind nun drei Reaktionen denkbar:

Schuldner zahlt

Der Schuldner bezahlt innerhalb der 14 Tage die komplette Forderung. Das gerichtliche Mahnverfahren hat seinen Zweck erfüllt. Der Zahlungsanspruch ist durchgesetzt.

Schuldner reagiert nicht

Reagiert der Schuldner innerhalb der Widerspruchsfrist von zwei Wochen nicht (beziehungsweise verspätet), kann der Gläubiger beim zuständigen Amtsgericht einen Vollstreckungsbescheid beantragen. Dies muss er allerdings innerhalb einer Frist von sechs Monaten nach Zustellung des Mahnbescheids machen.

Das Amtsgericht wird dann auf der Grundlage des durch den Schuldner nicht angefochtenen Mahnbescheids einen Vollstreckungsbescheid erlassen. Dies ist ein Vollstreckungstitel, mit dem das Zwangsvollstreckungsverfahren eingeleitet werden kann. Damit erfüllt das gerichtliche Mahnverfahren auch hier seinen Zweck.

Den Vollstreckungsbescheid schickt das Amtsgericht an die im Mahnbescheid angegebene Adresse. Der Vollstreckungsbescheid kann innerhalb von zwei Wochen teilweise oder im Ganzen schriftlich und ohne Begründung angefochten werden: Das Verfahren wird an das zuständige Prozessgericht abgegeben.

Reagiert aber der Schuldner weiterhin nicht, kann die Zwangsvollstreckung eingeleitet werden.

Unter dieser Internetadresse kann man sich das Formular zur Beantragung eines Mahnbescheides anschauen: https://www.mahngerichte.de/verfahrensueberblick/antragstellung/zulaessige-vordrucke/

Schuldner legt Widerspruch ein

Der Schuldner legt Widerspruch ein. In der Regel wird dies mit dem Vordruck für das Einlegen eines Widerspruchs, der dem Mahnbescheid beiliegt, gemacht. Der Widerspruch muss nicht begründet werden. Beginn der zweiwöchigen Widerspruchsfrist ist die Zustellung des Mahnbescheids. Sollte danach noch kein Vollstreckungsbescheid erlassen worden sein, ist auch ein späterer Widerspruch ausnahmsweise noch wirksam.

Wurde rechtswirksam Widerspruch eingelegt, kann jede der beiden Parteien die Durchführung des streitigen Verfahrens beantragen. Das für das Mahnverfahren zuständige Amtsgericht gibt dann den Rechtsstreit an das zuständige Prozessgericht ab. Dieses fordert den Gläubiger innerhalb von zwei Wochen auf, seinen Zahlungsanspruch zu begründen. Der Schuldner kann sich hier gegen die Forderung mit sachlichen Argumenten wehren.

AUFGABEN

1. Dominik Schlote meint: „Manchmal ist es bei einem Zahlungsverzug sinnvoll, zunächst einmal mit dem kaufmännischen Mahnverfahren sanft zu mahnen.“ Beurteilen Sie diese Aussage.
2. Definieren Sie das gerichtliche Mahnverfahren.
3. Führen Sie Vorteile auf, die das gerichtliche Mahnverfahren gegenüber einer Klage hat.
4. Schlagen Sie vor, in welchem Fall – um ausstehende Geldbeträge einzutreiben – gleich Klage eingereicht werden sollte.
5. Führen Sie die Voraussetzungen des gerichtlichen Mahnverfahrens auf.
6. Auf welche Weise kann der Antrag auf Erlass eines Mahnbescheids beim Amtsgericht gestellt werden?
7. Führen Sie auf, was der Antrag auf Erlass eines Mahnbescheids enthalten soll.
8. Ermitteln Sie, wie lang ist die Widerspruchsfrist nach Zustellung des Mahnbescheids ist.
9. Geben Sie die drei Reaktionen an, die nach Zustellung des Mahnbescheids denkbar sind.
10. Führen Sie auf, was geschieht, wenn der Schuldner beim gerichtlichen Mahnverfahren innerhalb von zwei Wochen dem Mahnbescheid des Gläubigers widerspricht.
    a) Der Gläubiger kann einen Vollstreckungsbescheid beantragen.
    b) Das strittige Verfahren wird vor Gericht durchgeführt.
    c) Der Gläubiger kann die Zwangsvollstreckung beantragen.
    d) Es geschieht nichts.
    e) Das Gericht zwingt den Schuldner zur Zahlung des Betrags.
11. Entscheiden Sie, welche Aussage auf das gerichtliche Mahnverfahren zutrifft.
    a) Das gerichtliche Mahnverfahren wird immer von einem Landgericht durchgeführt.
    b) Die Hoffmann KG als Antragsteller muss dem zuständigen Gericht nachweisen, dass sein Anspruch zu Recht besteht.
    c) Wenn der Schuldner der Hoffmann KG gegen den Mahnbescheid Widerspruch erhebt, kann die Hoffmann KG die Zustellung eines Vollsteckungsbescheids beantragen.
    d) Wenn der Schuldner der Hoffmann KG nichts gegen den Vollstreckungsbescheid unternimmt, kann eine Zwangsvollstreckung durchgeführt werden.
12. Die Milchreit GmbH hat mehrere Rechnungen der Hoffmann KG nicht gezahlt. Obwohl im Rahmen des außergerichtlichen Mahnverfahrens drei Schreiben an den Schuldner gingen, hat dieser bisher nicht gezahlt. Bei der Hoffmann KG wird entschieden, einen Antrag auf Erlass eines Mahnbescheids zu stellen.
    a) Wo muss der Antrag gestellt werden?
    b) Die Milchreit GmbH legt nach Zustellung des Mahnbescheids Widerspruch ein. Welche Folgen hat dies?

13. Berechnen Sie mithilfe der Internetadresse www.mahngerichte.de/verfahrenshilfen/kostenrechner.htm die Kosten für einen Mahnbescheid, wenn das gerichtliche Mahnverfahren selbst durchgeführt wird, für eine ausstehende Forderung in Höhe von:
   a) 500,00 €
   b) 5.000,00 €
14. Ermitteln Sie mithilfe der Internetadresse aus der Aufgabe 13 die Höhe der Gesamtkosten, wenn mit der Durchführung des Verfahrens ein Rechtsanwalt beauftragt wird.

ZUSAMMENFASSUNG

Außergerichtliches Mahnverfahren war erfolglos:

Gerichtliches Mahnverfahren

- Der Schuldner wird durch das zuständige Amtsgericht aufgefordert, den offenstehenden Zahlungsbetrag zu begleichen.
- Es findet weder eine Prüfung der Rechtmäßigkeit der Forderung noch eine Beweiserhebung statt.

Ablauf

Gläubiger reicht Antrag auf Erlass eines Mahnbescheids beim zuständigen Amtsgericht ein.

- offizieller Vordruck
- online

Amtsgericht stellt den Mahnbescheid zu.

Drei Reaktionsmöglichkeiten des Schuldners innerhalb der zweiwöchigen Widerspruchsfrist

Schuldner zahlt

Das Verfahren hat durch den Forderungsausgleich seinen Zweck erfüllt.

Schuldner reagiert nicht

- Der Gläubiger kann nach Ablauf der Widerspruchsfrist innerhalb von sechs Monaten einen Vollstreckungsbescheid beantragen.
- Das Verfahren hat seinen Zweck erfüllt, da der Gläubiger letztlich einen Vollstreckungstitel erhält.

Durchführung der Zwangsvollstreckung möglich

Schuldner legt Widerspruch ein

Möglichkeit der Abgabe an das zuständige Prozessgericht: Beginn des Klageverfahrens

1.14 Die Zwangsvollstreckung

EINSTIEG

Carolin Saager: „Jetzt haben wir ja im Rahmen des gerichtlichen Mahnverfahrens einen Vollstreckungsbescheid gegenüber der Söffgen OHG. Wie kommen wir denn jetzt endlich an unser Geld?"

Frau Bertram: „Eigentlich sind wir nur noch zwei Schritte vor unserem Geld. Wir müssen bestimmte Voraussetzungen prüfen. Liegen diese vor, müssen wir eine passende Zwangsvollstreckungsmaßnahme auswählen und beantragen."

Carolin Saager: „Na, dann schauen wir doch mal ..."

1. Stellen Sie fest, welche Voraussetzungen vorliegen müssen, damit ein Zwangsvollstreckungsverfahren eingeleitet werden kann.
2. Führen Sie mögliche Zwangsvollstreckungsmaßnahmen auf.
3. Erläutern Sie, welche Maßnahme ergriffen werden kann, wenn das Zwangsvollstreckungsverfahren erfolglos blieb.

INFORMATION

Ist ein Schuldner zahlungsunwillig, kann er letztlich mit Maßnahmen der Zwangsvollstreckung gezwungen werden, doch zu zahlen.

DEFINITION

Die **Zwangsvollstreckung** ist ein staatliches Verfahren zur zwangsweisen Durchsetzung von Leistungsansprüchen.

Dabei wird mit Machtmitteln des Staates auf Vermögenswerte des Schuldners zugegriffen. Diese werden zugunsten des Gläubigers verwertbar gemacht oder verwertet. Der Staat besitzt hierzu ein Vollstreckungsmonopol: Nur er darf dazu Gewalt anwenden.

Voraussetzungen

Um als Gläubiger das Zwangsvollstreckungsverfahren durchführen zu können, sind drei Voraussetzungen nötig:

- ein Vollstreckungstitel,
- eine Vollstreckungsklausel,
- die Zustellung des Vollstreckungstitels.

Vollstreckungstitel

Der Gläubiger muss sich zunächst einen Vollstreckungstitel beschaffen. Dies ist eine gerichtlich bestätigte Urkunde, aus der hervorgeht, dass einer Person ein Anspruch auf Zahlung zusteht, aber eventuell auch auf:

- eine Handlung

  BEISPIEL

  Ein Schuldner zahlt nicht. Er wird gezwungen, einen unter Eigentumsvorbehalt stehenden Artikel herauszugeben.

- Unterlassung

  BEISPIEL

  Eine Person wird gezwungen, beleidigende Äußerungen in Zukunft nicht mehr abzugeben.

- Duldung

  BEISPIEL

  Ein Unternehmen weigert sich, Kontrolleuren einer Aufsichtsbehörde Zugang zu den Betriebsräumen zu gewähren. Mit einem Vollstreckungstitel kann sie gezwungen werden, dies zuzulassen.

Als Vollstreckungstitel gelten u. a.:

- Vollstreckungsbescheide im Rahmen des gerichtlichen Mahnverfahrens,
- rechtskräftige oder für vorläufig vollstreckbar erklärte Endurteile,
- in bestimmten Fällen auch Teil-, Versäumnis-, Anerkenntnis- und Vorbehaltsurteile (§ 704 Absatz 1 ZPO),
- gerichtliche Vergleiche,
- notarielle Urkunden,
- Kostenfestsetzungsbeschlüsse,
- bestandskräftig gewordene Zahlungsaufforderungen von Behörden.

Vollstreckungsklausel

Ein Vollstreckungstitel muss zusätzlich – dies trifft nur auf den Vollstreckungsbescheid und einige wenige Ausnahmen nicht zu – eine Vollstreckungsklausel enthalten. Diese bezeugt das Bestehen des Vollstreckungstitels. Nur mit ihr entsteht eine vollstreckbare Ausfertigung des Vollstreckungstitels, mit der das Zwangsvollstreckungsverfahren betrieben werden kann.

BEISPIEL

Eine Vollstreckungsklausel könnte lauten:
„Vorstehende Ausfertigung wird der Hoffmann KG zum Zwecke der Zwangsvollstreckung erteilt."

Man erhält die Vollstreckungsklausel, indem man

- bei der Stelle, die den Vollstreckungstitel erlassen hat, die Erteilung der Vollstreckungsklausel auf den Vollstreckungstitel beantragt.
- bereits vorher – z. B. in der Klageschrift – die Erteilung einer vollstreckbaren Ausfertigung (nebst Zustellvermerk) beantragt.

Zustellung des Vollstreckungstitels
Damit der Schuldner noch eine letzte Chance hat, dem Anspruch nachzukommen, muss fast jeder Vollstreckungstitel dem Schuldner vor der Vollstreckung zugestellt werden. Die Zustellung wird als ein gesonderter Schritt angesehen, der nicht mit anderen Vollstreckungshandlungen kombiniert werden kann.

Bei den meisten Vollstreckungstiteln darf mit der Zwangsvollstreckung erst begonnen werden, wenn seit der Zustellung an den Schuldner zwei Wochen vergangen sind. Eine Ausnahme ist die Vollstreckung durch den Gerichtsvollzieher.

BEISPIEL

Gerichtsvollzieher Hansen hat einen Vollstreckungstitel zugestellt. Unmittelbar nach der Zustellung kann er mit der Zwangsvollstreckung beginnen, ohne dass es dadurch zu einer großen zeitlichen Verzögerung kommt.

Vollstreckungsmaßnahmen
Der Gläubiger hat verschiedene Möglichkeiten, wie er das Zwangsvollstreckungsverfahren betreiben möchte, wenn die Voraussetzungen erfüllt sind.

Pfändung beweglicher Sachen
Der Gläubiger kann die Pfändung beweglicher Sachen des Schuldners beim zuständigen Amtsgericht beantragen. Dieses beauftragt einen Gerichtsvollzieher, der sich zum Wohnort beziehungsweise Sitz des Schuldners begibt. Der Gerichtsvollzieher fordert dort den Schuldner zur Zahlung auf. Zahlt dieser wider Erwarten, wird ihm der Vollstreckungstitel ausgehändigt. Zahlt er dagegen nicht, wird die Pfändung durchgeführt.

Trifft der Gerichtsvollzieher den Schuldner nicht an, fordert er diesen auf, sich mit ihm in Verbindung zu setzen. Gleichzeitig hinterlässt der Gerichtsvollzieher eine Nachricht, dass er beim nächsten Besuch – wenn der Gläubiger dies beantragt – sich gewaltsam, eventuell mit Unterstützung von Polizei und Schlüsseldiensten, Zugang zu den Räumen verschaffen wird.

Bei der Pfändung beweglicher Sachen nimmt der Gerichtsvollzieher Gegenstände, über die der Schuldner die tatsächliche Verfügungsgewalt hat, in Besitz. Geld und Wertsachen des Schuldners werden mitgenommen. Andere Sachen können zwar zunächst noch beim Schuldner bleiben, an ihnen wird aber ein Pfandsiegel angebracht.

MERKSATZ

Die Pfandsiegelmarke darf nie eigenmächtig entfernt werden. Dies ist strafbar, auch wenn der Schuldner beziehungsweise der rechtmäßige Eigentümer die Pfändung für unrechtmäßig hält.

Verwertet werden die mitgenommenen beziehungsweise gepfändeten Sachen später meist durch Versteigerung. Der sich daraus ergebende Betrag wird dem Gläubiger ausgehändigt. Gepfändete Geldbeträge werden dem Gläubiger direkt übergeben.

Der Gerichtsvollzieher muss beachten, dass
- nicht mehr gepfändet wird, als es zur Befriedigung des Gläubigers und zur Deckung der Kosten der Zwangsvollstreckung erforderlich ist;
- bestimmte Sachen von der Pfändung ausgeschlossen sind.

BEISPIEL

Zum Schutz der wirtschaftlichen Existenz und unter Berücksichtigung der sozialen Belange des Schuldners sehen die Gesetze Ausnahmen von der Pfändbarkeit vor. Nicht gepfändet werden dürfen Sachen, die dem persönlichen Gebrauch oder dem Haushalt dienen, wie z. B.:

- Kleidungsstücke
- Möbel
- Kühlschrank
- Fernsehgerät
- Wäsche
- Betten
- Nahrungsmittel
- Haustiere

Höherwertige Sachen, die unpfändbar sind, können jedoch im Wege der sogenannten Austauschpfändung durch geringwertige Gegenstände ersetzt werden.

Das Notebook des Büroarbeitsplatzes kann als Grundlage der wirtschaftlichen Existenz nicht gepfändet werden.

Lohnpfändung

Eine offene Forderung kann auch im Zuge der Lohnpfändung eingetrieben werden. Dazu wird beim Amtsgericht, in dem der Schuldner seinen Sitz hat, ein entsprechender Antrag gestellt. Das Amtsgericht lässt dann sowohl dem Schuldner als auch dessen Arbeitgeber den Pfändungs- und Überweisungsbeschluss zukommen. Der Arbeitgeber muss dann so lange Geldbeträge an den Gläubiger abführen, bis dessen Forderung einschließlich Zinsen und Kosten ausgeglichen ist. Der Arbeitgeber muss aber nicht den gesamten Lohn abführen: ein gewisser Betrag muss dem Schuldner bleiben, damit er seinen Lebensunterhalt bestreiten kann. Wie hoch diese Pfändungsfreigrenze ist, hängt von der jeweiligen Situation des Schuldners ab (unterhaltsberechtigter Ehegatte, Kinder).

Kontopfändung

Ähnlich wie eine Lohnpfändung funktioniert auch eine Kontopfändung. Hauptunterschied ist, dass die Zahlungen nicht vom Arbeitgeber, sondern von der Bank des Schuldners an den Gläubiger erfolgen.

Forderungspfändungen

Es können alle weiteren Forderungen und Ansprüche des Schuldners gepfändet werden.

BEISPIELE

- Sozialansprüche
- Ansprüche aus Lebensversicherungen
- Steuererstattungsansprüche
- Anteile an Gesellschaften

Pfändung unbeweglicher Vermögensgegenstände

Unbewegliche Vermögensgegenstände wie z. B. Grundstücke, Wohnungen, Häuser können entweder mit Zwangshypotheken belegt oder zwangsversteigert werden. Ebenfalls möglich ist die Anordnung der Zwangsverwaltung.

Eidesstattliche Versicherung

Ist eine Zwangsvollstreckungsmaßnahme erfolglos gewesen, hat der Gläubiger noch die Möglichkeit, beim zuständigen Gerichtsvollzieher zu beantragen, dass der Schuldner eine eidesstattliche Versicherung abgibt. Diese ähnelt in verschiedenen Punkten dem früheren „Offenbarungseid". Dieser Begriff wird heute häufig noch umgangssprachlich verwendet, obwohl er nicht ganz korrekt ist. Mit der eidesstattlichen Versicherung soll die Offenlegung des Vermögens des Schuldners erzwungen werden, um dem Gläubiger die erfolgreiche Zwangsvollstreckung zu erleichtern.

Der Schuldner muss einen mehrseitigen Vordruck – das sogenannte **Vermögensverzeichnis** – ausfüllen und die Richtigkeit und Vollzähligkeit seiner Angaben an Eides statt versichern. Vorsätzliche und fahrlässige Falschangaben sind strafbar: Sie gelten als Meineide und werden mit Gefängnis bestraft.

Falls der Schuldner die eidesstattliche Versicherung nicht freiwillig abgibt, kann das Amtsgericht auf Antrag des Gläubigers einen Haftbefehl erlassen. Die Haft dauert so lange, bis die eidesstattliche Versicherung abgegeben wird, jedoch maximal sechs Monate.

Nach Abgabe der eidesstattlichen Versicherung wird der Schuldner grundsätzlich für drei Jahre beim zuständigen Amtsgericht im Schuldnerverzeichnis geführt. Für den Schuldner bedeutet dies einen Riesennachteil: Er verliert endgültig seine Kreditwürdigkeit.

BEISPIEL

Kreditauskunfteien wie z. B. creditreform oder die Schufa werten die Schuldnerverzeichnisse bundesweit aus und geben die Informationen an ihre Mitglieder oder Kunden weiter.

Die Löschung des Eintrags im Schuldnerverzeichnis erfolgt taggenau automatisch nach drei Jahren. Der Schuldner kann vorher eine Löschung beantragen, wenn er die Befriedigung desjenigen Gläubigers nachweist, der die eidesstattliche Versicherung veranlasst hatte.

AUFGABEN

1. Definieren Sie, was eine Zwangsvollstreckung ist.
2. Beurteilen Sie die folgende Meinung: „Falls einer meiner Schuldner nicht zahlt, beauftrage ich ein russisches Unternehmen zum Forderungseinzug, das eine Zweigstelle in Berlin hat. Deren Vertreter fackeln nicht lang und holen mit Gewalt die mir zustehenden Beträge."
3. Führen Sie Beispiele für einen Vollstreckungstitel auf.
4. Erklären Sie die Aufgabe der Vollstreckungsklausel.
5. Klären Sie, was passiert, wenn der Schuldner bei der Pfändung beweglicher Sachen doch noch zahlt.
6. Erläutern Sie, wie die Pfändung beweglicher Sachen abläuft.
7. Geben Sie an, was im Zusammenhang mit Pfandsiegeln beachtet werden muss.
8. Geben Sie an, auf welche Arten die Pfändung unbeweglicher Sachen erfolgen kann.
9. Bei Jan Verstraaten taucht der Gerichtsvollzieher auf. Als er einen 9.000,00 € teuren Fernseher pfänden möchte, weist Jan Verstraaten auf die Notwendigkeit aktueller Informationen für seine beruflichen Chancen hin. Führen Sie auf, welche Möglichkeit hier der Gerichtsvollzieher hat.
10. Unterscheiden Sie Lohn- und Kontopfändung.
11. Definieren Sie die Pfändungsfreigrenze.
12. Erläutern Sie die Aufgabe einer eidesstattlichen Versicherung.

13. Ein Unternehmer nimmt bei einem Arbeitnehmer eine Lohnpfändung vor. Dieser hat eine Frau und zwei Kinder. Sein bereinigtes Nettoeinkommen beträgt 2.499,00 €. Berechnen Sie mithilfe der Internetadresse www.sozialleistungen.info/con/themen/pfaendungstabelle.html, wie viel Euro gepfändet werden können.

14. Bearbeiten Sie den Inhalt dieses Kapitels zur Zwangsvollstreckung mit der Methode des Gruppenlesens.

Warum hat Ihre Lehrkraft diese Aufgabe mit dieser Methode ausgewählt?

Das Gruppenlesen (auch **reziprokes Lesen** genannt) ist eine Methode, mit der durch das gewählte Vorgehen

- einerseits die Texte besser verstanden werden, als wenn sie allein bearbeitet werden,
- andererseits die Inhalte der Texte besser behalten werden (dafür sorgt die aktive Auseinandersetzung mit dem Text in der Gruppe), als wenn sie nur einmal kurz gelesen werden.

a) Bilden Sie aus drei Personen bestehende Gruppen.
b) Die drei Personen werden abwechselnd – parallel zu den Abschnitten des Textes – die Gruppenleitung übernehmen.
c) Die erste Person, die die Gruppenleitung übernimmt, sorgt dafür, dass der erste Abschnitt in Einzelarbeit still gelesen wird.
d) Anschließend sorgt die Gruppenleitung für folgendes Vorgehen:
   - Die Gruppenleitung fragt nach schwierigen Wörtern beziehungsweise gegebenenfalls nach Sätzen, die nicht verstanden wurden. Zusammen in der Gruppe wird versucht, die Erklärung zu finden.
   - Das zweite Gruppenmitglied stellt Fragen zu den verschiedenen Inhalten des Abschnitts. Die anderen Gruppenmitglieder beantworten diese.
   - Das dritte Gruppenmitglied fasst den Inhalt des Abschnitts kurz zusammen.
   - Da nun ein neuer Absatz ansteht, wechselt die Gruppenleitung.

ZUSAMMENFASSUNG

Zwangsvollstreckung

= gewaltsame Durchsetzung der Ansprüche eines Gläubigers mit Mitteln des Staates

Voraussetzungen

- Vollstreckungstitel
- Vollstreckungsklausel
- Zustellung

mögliche Vollstreckungsmaßnahmen

- Pfändung beweglicher Sachen
- Lohnpfändung
- Kontopfändung
- Pfändung weiterer Forderungen
- Pfändung unbeweglicher Sachen

bleiben diese erfolglos

eidesstattliche Versicherung

= Auf Antrag des Gläubigers muss der Schuldner nach bestem Wissen und Gewissen sein Vermögen offenlegen.

1.15 Die Verjährung

EINSTIEG

Dominik Schlote unterhält sich während der Pause mit dem Auszubildenden Sven Lakenmacher.

Dominik Schlote: „Und? Was gibt es bei euch Neues?“

Sven Lakenmacher: „Wir haben gerade mal wieder ein Problem. Obwohl wir das kaufmännische Mahnverfahren angewandt haben, hat ein Textileinzelhändler seit dem 11. Juli 2019 nicht gezahlt – und jetzt haben wir den 14. Dezember 2022! Ich frage mich, ob wir an das Geld überhaupt noch herankommen?“

Dominik Schlote: „Doch, da hat man Möglichkeiten. Ihr müsst nur die Verjährung beachten. Das ist aber eine wichtige Sache!“

1. Stellen Sie fest, welche rechtlichen Folgen eine Verjährung hat.
2. Berechnen Sie den Beginn der Verjährung.
3. Wie kann der Endzeitpunkt der Verjährung herausgeschoben werden?

INFORMATION

Verjährung

Eine entscheidende Voraussetzung für den Erhalt von Forderungen ist, dass diese innerhalb der gesetzlich bestimmten Verjährungsfristen geltend gemacht werden. Mit Eintritt der Verjährung kann der Schuldner die Zahlung von Forderungen berechtigt verweigern.

Die Forderung bleibt dabei trotz der Verjährung weiterhin bestehen, der Gläubiger kann sie nur nicht mehr mit rechtlichen Mitteln eintreiben. Zahlt ein Schuldner in Unkenntnis der Verjährungsfrist nach deren Ablauf, kann er daher den Geldbetrag nicht zurückfordern.

BEISPIEL

Bei der Lohde KG sind durch ein Versehen eines Mitarbeiters drei Rechnungen nicht bezahlt worden.

- Eine Gläubigerfirma versucht, mit rechtlichen Mitteln vor Ablauf der Verjährungsfrist die Forderung einzutreiben: Da die Verjährung noch nicht eingetreten ist, wird ihr dies gelingen.
- Bei einer zweiten Rechnung verweigert die Lohde KG nach Ablauf der Verjährungsfrist die Zahlung: Die Verjährung ändert die rechtliche Durchsetzbarkeit eines an sich bestehenden Anspruchs. Daher bleibt der Anspruch gegen den Schuldner bestehen, auch wenn er verjährt ist. Der Schuldner muss ihn jedoch nicht erfüllen, sondern kann sich auf das Vorliegen der Verjährung berufen.
- Eine dritte Rechnung wird von der Lohde KG nach Ablauf der Verjährungsfrist überwiesen: Da die Forderung des Gläubigers berechtigt war, kann die Lohde KG trotz der Verjährung den Geldbetrag nicht zurückfordern.

Verjährungsfristen

Regelmäßige Verjährungsfrist von drei Jahren

Die regelmäßige Verjährungsfrist ist eine gesetzliche Vorschrift. Sie beträgt drei Jahre und gilt grundsätzlich für alle Ansprüche des täglichen Lebens, soweit diese nicht anderweitig geregelt sind. Es gibt dabei keinen Unterschied zwischen Kaufleuten und Privatpersonen.

BEISPIELE

- Lieferansprüche aus Kaufverträgen
- Lieferansprüche aus Werkverträgen
- Ansprüche auf Erfüllung aus Aufträgen
- Ansprüche auf Erfüllung aus Dienstleistungsverträgen
- Zahlungsansprüche aus sämtlichen Verträgen

Die dreijährige Verjährungsfrist beginnt mit dem Ende des Jahres, in dem der Anspruch entstanden ist.

BEISPIEL

Die Hoffmann KG liefert der Spindler KG am 15.06.2022 Waren im Wert von 1.678,00 €, die sie am 15.07. in Rechnung stellt. Trotz dreier Mahnungen am 15.09, 15.10 und 15.11 erfolgt keine Zahlung.

Die Verjährungsfrist beginnt am 31.12.2022 (24:00 Uhr) und endet am 31.12.2025 (24:00 Uhr).

In Ausnahmefällen kann die regelmäßige Verjährung zehn oder 30 Jahre dauern. Dies ist der Fall, wenn

- es erst Jahre später in zumutbarer Weise möglich war zu erfahren, dass eine Forderung überhaupt existiert;
- trotz Durchführung zumutbarer Maßnahmen der Schuldner nicht ermittelbar war.

Besondere Verjährungsfristen
Zu der regelmäßigen Verjährungsfrist von drei Jahren gibt es viele Ausnahmen.

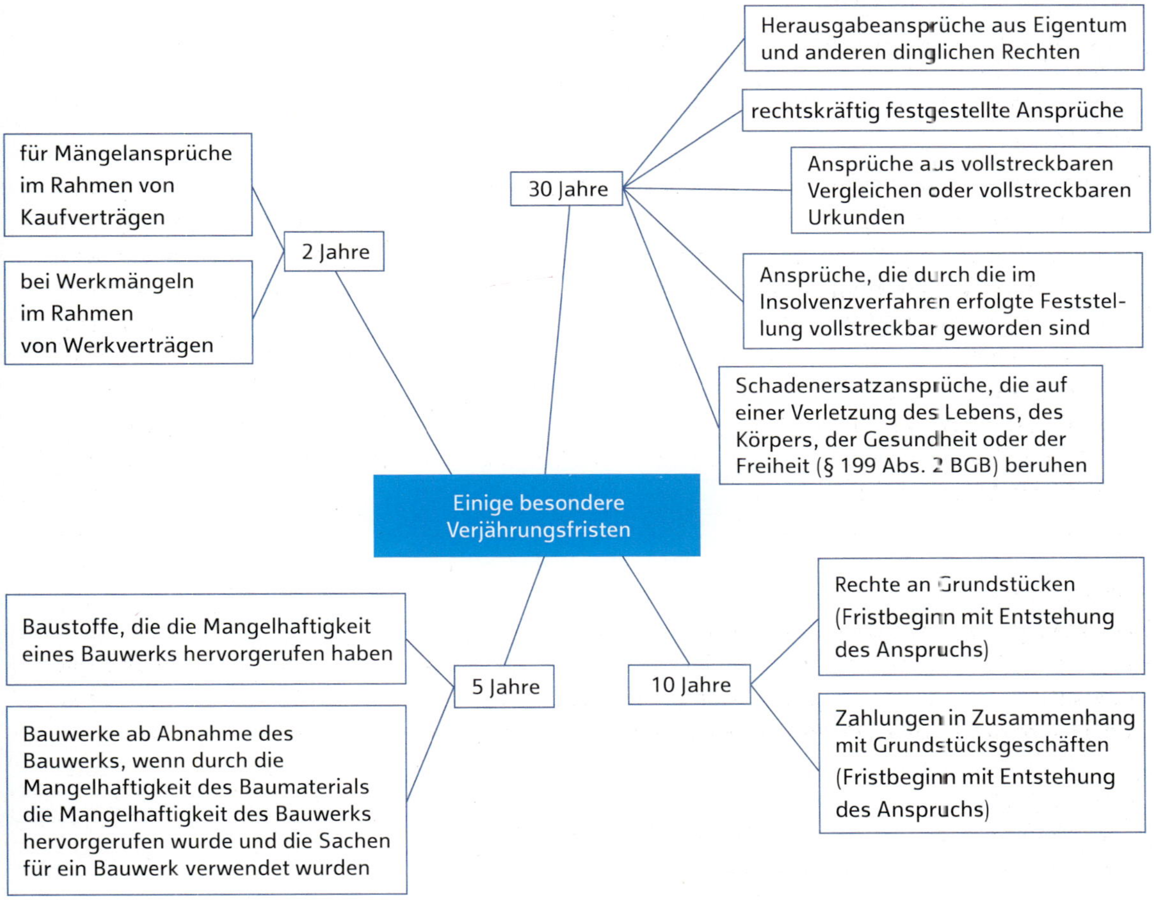

Hemmung und Neubeginn der Verjährung

Hemmung und Neubeginn der Verjährung führen zu einem Hinausschieben des Endzeitpunkts der Verjährung.

Hemmung der Verjährung
Durch bestimmte Ereignisse kann die Verjährung gehemmt werden. Das bedeutet, dass die Verjährung gewissermaßen pausiert: Bei der Hemmung kommt die Verjährung also durch einen Hemmungsgrund zu einem Stillstand. Nach Wegfall des Hemmungsgrunds läuft die Verjährung weiter. Die Zeit, während der die Verjährung gehemmt war, wird nicht in die Verjährungsfrist eingerechnet.

Eine Hemmung endet sechs Monate nach

- rechtskräftiger Entscheidung oder
- anderweitiger Erledigung des eingeleiteten Verfahrens oder
- der letzten Verfahrenshandlung bei Stillstand wegen Nichtbetreiben des Verfahrens durch die Parteien.

Hemmungsgründe können sein:

- Klageerhebung,
- Zustellung eines gerichtlichen Mahnbescheids,
- Anmeldung des Anspruchs im Insolvenzverfahren,
- Einreichung eines Antrags auf Prozesskostenhilfe,
- Verhandlungen zwischen Schuldner und Gläubiger (dieser muss die Verhandlungen beweisen können).

Neubeginn der Verjährung
Der Neubeginn der Verjährung wurde früher oft auch Unterbrechung der Verjährung genannt: Hier wird die bereits verstrichene Frist – anders als bei der Hemmung – nicht berücksichtigt. Die zu Beginn des Ereignisses angelaufene Verjährungsfrist wird hinfällig. Die Verjährungsfrist beginnt komplett wieder von vorn zu laufen.

Gründe für den Neubeginn können sein:

- die Anerkenntnis des Anspruchs durch den Schuldner,

BEISPIELE

- Abschlagszahlungen
- Zinszahlungen
- Leistung von Sicherheiten
- Handlungen des Schuldners, die sich als Anerkennung der Forderungen deuten lassen

- Beantragung und Durchführung einer gerichtlichen beziehungsweise behördlichen Vollstreckungshandlung.

BEISPIEL

Die Hoffmann KG hat zweimal Waren verkauft, die nicht bezahlt wurden.

Fall 1:
Die Hoffmann KG hat am 17.06.2022 an die Firma Ria Knorr Boutique KG in Überlingen Waren im Wert von 1.200,00 € mit 30 Tagen Ziel geliefert. Da bis dahin kein Zahlungseingang zu verzeichnen ist, schickt die Hoffmann KG am 17.09.2022 eine Mahnung. Die Verjährungsfrist beginnt am 31.12.2022 (24:00 Uhr) und endet regulär am 31.12.2025 (24:00 Uhr).
Nach mehr als zwei Jahren entschließt sich die Hoffmann KG, das gerichtliche Mahnverfahren einzuleiten. Der Firma Ria Knorr Boutique KG wird am 01.04.2025 ein Mahnbescheid zugestellt. Damit beginnt die **Hemmung.**

Am 15.04.2025 bekommt die Hoffmann KG die Nachricht, dass Widerspruch eingelegt wurde. Da wegen organisatorischer Schwierigkeiten und interner Abspracheprobleme die Angelegenheit bei der Hoffmann KG nicht weiterverfolgt wird, ist damit der 15.04.2025 die letzte Verfahrenshandlung. 6 Monate später endet die Hemmung, also am 15.10.2025 (24:00 Uhr).

Die Zeit der Hemmung dauerte 6,5 Monate (6 Monate nach Ende der letzten Verfahrenshandlung und die 14 Tage zwischen Mahnbescheidzustellung und Widerspruch). Diese Zeit wird nun zu dem Datum, an dem die Verjährung normalerweise endet, addiert. Damit tritt die Verjährung am 15.07.2026 (24:00 Uhr) in Kraft.

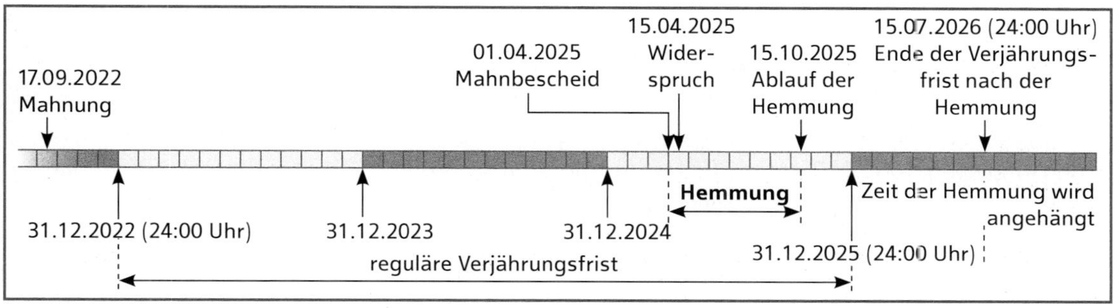

Fall 2:
Die Hoffmann KG hat am 23.06.2022 an die Firma Schneider Moden GmbH in Hildesheim Waren im Wert von 3.600,00 € mit 30 Tagen Ziel geliefert. Da bis dahin kein Zahlungseingang zu verzeichnen ist, schickt die Hoffmann KG am 18.09.2022 eine Mahnung. Die Verjährungsfrist beginnt am 31.12.2022 (24:00 Uhr) und endet regulär am 31.12.2025 (24:00 Uhr).

Am 02.05.2024 überweist Schneider Moden GmbH einen Teilbetrag von 900,00 €. Da dies als Anerkenntnis der Schuld zu werten ist, beginnt die Verjährungsfrist neu zu laufen. Es kommt zu einem **Neubeginn der Verjährung.** Die Verjährungsfrist beginnt nun nicht erst wieder mit dem 1. Januar des Folgejahres zu laufen, sondern unmittelbar nach dem Tag des Ereignisses, das zum Neubeginn der Verjährung geführt hat (03.05.2024). Die Verjährung endet am 02.05.2027.

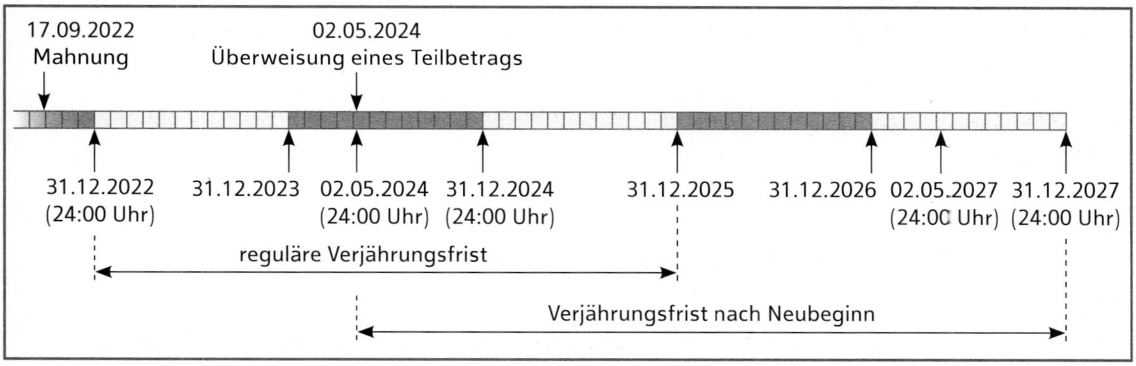

AUFGABEN

1. Führen Sie rechtliche Folgen einer Verjährung auf.
2. Geben Sie die Dauer der regelmäßigen Verjährungsfrist an.
3. Führen Sie Fälle auf, in denen die besondere Verjährungsfrist von 30 Jahren gilt.
4. Die Hoffmann KG kauft am 27. März 2022 Waren ein. Entscheiden Sie, ab wann die Verjährung eintritt.
5. Die Hoffmann KG verkaufte am 7. April 2018 eine Lieferung Herrenanzüge an die Grotex GmbH. Da am 14. Juli 2020 noch kein Zahlungseingang zu verzeichnen war, ergriff die Hoffmann KG den Klageweg. Am 20. Oktober 2020 wurde die Grotex GmbH zur Zahlung rechtskräftig verurteilt. Beurteilen Sie, wann die Forderung der Hoffmann KG verjährt ist.
6. Zwei wichtige Begriffe im Verjährungsrecht sind Hemmung und Neubeginn der Verjährung.
   a) Stellen Sie Gemeinsamkeiten zwischen Hemmung und Verjährung heraus.
   b) Arbeiten Sie Unterschiede zwischen Hemmung und Neubeginn heraus.
7. Entscheiden Sie, ob in den folgenden Fällen eine Hemmung oder ein Neubeginn der Verjährung eintritt.
   a) Der Grotex GmbH wird ein Mahnbescheid zugestellt.
   b) Die Spindler KG zahlt überraschend einen Teil der ausstehenden Forderung.
   c) Die Firma Roswitha Warnke e. Kffr. bittet die Hoffmann KG um Stundung der Forderung in Höhe von 12.786,00 €.
   d) Die Rudolf Schmidt KG reicht Klage gegen die Emmermann Textil GmbH wegen ausstehender Zahlungen ein.
8. Die Boutique Bijou hat die am 12. September 2018 fällige Zahlung am 15. Dezember 2021 immer noch nicht bezahlt. An diesem Tag setzte sich Herr Hoffmann mit der Inhaberin der Boutique zusammen und verhandelte über die Zahlungsabwicklung. Man konnte sich aber nicht einigen, sodass es am 15. März 2022 zu einem Abbruch der Verhandlungen kommt. Herr Hoffmann verlangt daraufhin die sofortige Zahlung aller ausstehenden Forderungen.
   Die Inhaberin der Boutique beruft sich auf die Verjährung: „Die Verjährungsfrist ist am 31. Dezember 2021 abgelaufen."
   Begründen Sie, ob sie recht hat.
9. Suchen Sie sich drei Termine aus, an denen eine Forderung entstanden sein könnte.
   a) Stellen Sie fest, ab wann diese verjährt sind.
   b) Überprüfen Sie Ihre Lösung mit einem Verjährungsrechner:
      https://www.creditreform.de/info-center/
      Dort in der linken Spalte den online Rechner aufrufen.
10. In dieser Aufgabe soll das gesamte Kapitel mithilfe der Fragenkettenmethode bearbeitet werden.
    a) Lesen Sie das Kapitel.
    b) Formulieren Sie eine Frage zu einem bestimmten Inhalt des Textes und halten Sie diese und die Antwort dazu schriftlich fest.
    c) Ihre Lehrkraft wählt eine Schülerin oder einen Schüler aus, der seine Frage an die Klasse stellt.
    d) Der Mitschüler, der sich als Erstes meldet, beantwortet die Frage. War die Antwort richtig, darf er seine Frage der Klasse vorstellen.
    e) Alle Schülerinnen und Schüler, die einmal richtig geantwortet haben, brauchen nicht mehr zu antworten.
    f) Haben alle geantwortet, ist diese Unterrichtsphase beendet.

ZUSAMMENFASSUNG

Verjährung

= Der Schuldner kann nach Ablauf der Verjährungsfrist die Leistung (z. B. eine Zahlung) verweigern.

Rechtsfolgen

- Der Gläubiger kann keine rechtlichen Mittel ergreifen.
- Die Forderung bleibt aber bestehen.
- Leistet ein Schuldner in Unkenntnis, kann der Zahlungsbetrag nicht zurückgefordert werden.

Fristen

regelmäßige Verjährungsfrist

- drei Jahre
- Berechnung ab Ende des Jahres, in dem der Anspruch entstand

besondere Verjährungsfrist

Der Endzeitpunkt der Verjährung kann hinausgeschoben werden durch

Hemmung der Verjährung

Die Verjährungsfrist wird verlängert um die Zeitspanne der Hemmung, z. B. durch:

- Maßnahmen der Rechtsverfolgung
- Verhandlungen über die Forderung

Neubeginn der Verjährung

Die Verjährungsfrist beginnt neu ab der Unterbrechung, z. B. durch:

- Anerkennung der Forderung durch den Schuldner
- Beantragung oder Durchführung einer gerichtlichen Vollstreckungshandlung durch den Gläubiger

1.16 Der Annahmeverzug

EINSTIEG

Carolin Saager und Volkan Karaca treffen sich in der Mittagspause.

Carolin Saager: „Hallo, Volkan! “

Volkan Karaca: „Hi, Carolin, was gibt es Neues?“

Carolin Saager: „Herr Kruk hat gerade berichtet, dass sie im Lager ein Problem haben. Vereinbart war gestern eine Lieferung von Geschenkartikeln als Großhandelsgeschäft an das Warenhaus Harrissen in Göttingen. Heute steht der Fahrer unseres Frachtführers mit der Ladung an der Rampe und erzählt, dass es in Göttingen Ärger gegeben hat. Dort wollte man nicht, dass er die Ware ablädt. Ihm ist gesagt worden, dass man sich günstigere Ware in Taiwan besorgt hätte ... Das zusätzliche Problem bei uns: Wegen der neuen Kollektion ist das Lager proppevoll.“

Volkan Karaca: „Ach du Schreck, was kann man denn da machen?“

1. Stellen Sie fest, ob die Voraussetzungen für einen Annahmeverzug vorliegen.
2. Geben Sie die möglichen Rechte an, die die Hoffmann KG wählen könnte.
3. Machen Sie einen Vorschlag, welches Recht die Hoffmann KG tatsächlich in Anspruch nimmt.

INFORMATION

Wird ein Kaufvertrag abgeschlossen, ergibt sich für den Käufer die Pflicht, die ihm angebotene Ware auch abzunehmen.

DEFINITION

Ein **Annahmeverzug** liegt vor, wenn der Käufer die von ihm bestellte und vom Verkäufer zur rechten Zeit, am rechten Ort und in der richtigen Menge und Qualität gelieferte Ware nicht annimmt.

Beim Vorliegen bestimmter Voraussetzungen kann der Verkäufer dann rechtliche Maßnahmen ergreifen.

Voraussetzungen

Fälligkeit der Lieferung
Die Lieferung muss fällig sein: Es muss sich also um den vereinbarten Liefertermin oder um einen Zeitpunkt innerhalb der verabredeten Lieferfrist handeln.

Wurde zwischen Verkäufer und Käufer keine Lieferfrist beziehungsweise kein Liefertermin verabredet, kann der Verkäufer sofort liefern.

BEISPIEL

In einem Kaufvertrag wurde die „Lieferung ab 01.08." vereinbart. Der Verkäufer versucht, die Ware schon am 10.07. zuzustellen. Wegen Betriebsferien ist die Firma des Käufers allerdings geschlossen. Es liegt kein Annahmeverzug vor, da die Lieferung nicht fällig war.

Hätte die Lieferungsbedingung gelautet „Lieferung ab 01.08., ein früherer Termin ist möglich", dann würde der Käufer in Annahmeverzug geraten.

Tatsächliches Anbieten der Leistung
Die Warenlieferung muss dem Käufer so, wie sie vereinbart war, tatsächlich angeboten werden.

BEISPIEL

Carolin Saager erklärt Volkan Karaca eine der Voraussetzungen des Annahmeverzugs: „Die Leistung des Verkäufers muss beim Käufer so ankommen, dass dieser praktisch nur noch zuzugreifen braucht."

Der Verkäufer muss also versuchen, die Ware physisch zu übergeben. In zwei Ausnahmefällen reicht es aus, die Warenlieferung wörtlich anzukündigen:

- Der Käufer erklärt, dass er die Ware nicht annehmen werde.
- Der Käufer unterlässt eine erforderliche Mitwirkungshandlung.

BEISPIEL

Obwohl dies vereinbart wurde, holt ein Käufer die Ware nicht bei der Hoffmann KG ab.

Nichtannahme
Der Annahmeverzug setzt kein Verschulden des Käufers voraus. Allein durch die tatsächliche Nichtabnahme der Ware am Liefertermin kommt es zum Annahmeverzug.

BEISPIEL

Die Exclusiva GmbH hat im Juli Betriebsferien und hat daher in dieser Zeit geschlossen. Da für eine Lieferung als Liefertermin der 21. Juli vereinbart wurde, wird Herr Kurtulus beauftragt, extra für diese Lieferung ins Unternehmen zu kommen und diese entgegenzunehmen. Herr Kurtulus ist auch am 21. Juli ab 7 Uhr im Lager der Exclusiva GmbH. Wegen der Hitze erleidet er um 8 Uhr einen Kreislaufkollaps und muss ins Krankenhaus eingeliefert werden.
Um 9 Uhr möchte ein Lkw-Fahrer wie vereinbart die Ware abliefern. Er trifft niemanden an. Die Exclusiva GmbH befindet sich im Annahmeverzug.

Rechte des Verkäufers

Im Fall eines Annahmeverzugs kann der Verkäufer verschiedene Rechte in Anspruch nehmen:

Lagerung hinterlegungsfähiger Ware bei Klage auf Abnahme	
Käufer ist Kaufmann	Käufer ist kein Kaufmann
Die ordnungsgemäße Einlagerung ist an jedem möglichen Ort möglich: Der Verkäufer kann die Ware bei sich oder bei jeder Art einer Lagergesellschaft abstellen.	Ist der Käufer kein Kaufmann, sieht die Hinterlegungsordnung nur noch wenige Sachen als hinterlegungsfähig an, z. B. Wertpapiere, Urkunden, Schmuck und Geld. Diese müssen vom Verkäufer auf Gefahr und Kosten des Käufers bei einer örtlichen Hinterlegungsstelle – in der Regel ist dies ein Amtsgericht – hinterlegt werden. Der Käufer muss dann von der Hinterlegung benachrichtigt werden.

Rücktritt vom Vertrag

Ein mögliches Recht des Verkäufers ist der Rücktritt vom Vertrag: Er nimmt die Ware zurück und versucht, sie an andere Unternehmen beziehungsweise Personen zu verkaufen. Dazu benötigt er jedoch die Zustimmung des Käufers. Beide Seiten verzichten dann auf die ordnungsgemäße Erfüllung des Kaufvertrags.

Die Inanspruchnahme dieses Rechts lohnt sich für den Verkäufer aber nur, wenn

- die Ware auf dem Markt stark nachgefragt wird,
- der Preis der Ware sich zwischenzeitlich stark erhöht hat,
- sich die Kreditwürdigkeit des Käufers verschlechtert hat und eventuell eine Zahlungsausfall droht oder
- der Kunde aus Kulanzgründen zufriedengestellt werden soll.

Klage auf Abnahme der Ware

Ein anderes Recht, das der Verkäufer wählen kann, ist die Klage auf Abnahme der Ware. Dazu muss er die Ware bis zur möglichen Abnahme durch den Käufer ordnungsgemäß lagern.

Alle in diesem Zusammenhang anfallenden Kosten muss der Käufer tragen. Dieses Recht wird häufig angewendet, wenn in der Zwischenzeit

- der Preis der Ware gesunken ist,
- die Ware nicht mehr an andere Kunden verkauft werden kann.

Da der Verkäufer einerseits im Normalfall lange auf ein Urteil warten muss und andererseits zunächst einmal Kosten (Klagekosten, ausgelegte Lagerkosten) in Kauf nehmen muss, kann die Wahl dieses Rechts auch Nachteile mit sich bringen. Wo gelagert werden darf, hängt einerseits von der Rechtsstellung des Käufers ab, andererseits von der Art der Waren. Es wird unterschieden zwischen hinterlegungsfähigen und nicht hinterlegungsfähigen Sachen. Als hinterlegungsfähig gilt zunächst einmal jede Sache, die problemlos aufbewahrt werden kann. Zur Sicherung können bestimmte Waren einem Treuhänder übergeben werden.

Selbsthilfeverkauf

Als weiteres Recht steht dem Verkäufer die Möglichkeit des Selbsthilfeverkaufs zu. Er kann nicht hinterlegungsfähige Ware öffentlich versteigern lassen, wenn er dem Käufer dies angedroht hat. Der Verkäufer muss dem Käufer dann auch den Termin und den Ort der Versteigerung bekannt geben. Beide Parteien können bei der Versteigerung mitbieten.

Nach der öffentlichen Versteigerung muss der Verkäufer dem Käufer das Ergebnis des Selbsthilfeverkaufs mitteilen. Hat der Versteigerungserlös die Höhe des ursprünglichen Kaufpreises nicht erreicht, so muss der (ehemalige) Käufer noch die Differenz an den Verkäufer zahlen. Umgekehrt muss der Verkäufer einen höheren Erlös in Höhe der Differenz an den Käufer herausgeben.

Wenn dieses Recht in Anspruch genommen wird, ergeben sich folgende Vorteile:

- Es fallen keine Rechtsanwaltskosten und Gerichtskosten an.
- Den Selbsthilfeverkauf durchzuführen ist schneller als das Klageverfahren.

BEISPIELE

Baumwolle, Getreide, Wertpapiere, Tee, Kaffee

Gefahrenübergang beim Annahmeverzug

Befindet sich der Käufer im Annahmeverzug, geht das Risiko auf den Käufer über, falls die Ware durch Zufall vernichtet wird beziehungsweise sich verschlechtert. Lediglich bei Vorsatz oder grober Fahrlässigkeit muss der Verkäufer weiter haften.

AUFGABEN

1. Definieren Sie, was man unter einem Annahmeverzug versteht.
2. Führen Sie Voraussetzungen auf, die gegeben sein müssen, damit ein Käufer in Annahmeverzug gerät.
3. Die Exclusiva GmbH schließt einen Kaufvertrag mit der Boutique „Stephanie“ in Peine ab. Es wurde keine Vereinbarung über die Lieferzeit getroffen. Die Exclusiva GmbH liefert die bestellte Ware schon kurz nach der Bestellung. Stephanie Rindelhardt – Eigentümerin der Boutique – ist damit nicht einverstanden.
   Beurteilen Sie diesen Fall.
4. Entscheiden Sie, wer das Gefahrenrisiko für die Ware im Falle der Nichtabnahme trägt.
5. Machen Sie einen Vorschlag, wann ein Verkäufer versuchen wird, vom Vertrag zurückzutreten.
6. Geben Sie an, wo im Fall der Klage auf Abnahme gelagert werden darf.
7. Führen Sie Nachteile auf, die eine Klage auf Abnahme für den Verkäufer haben kann.
8. Entscheiden Sie, wann der Lieferant auf jeden Fall auf Abnahme der Ware bestehen wird, wenn der Kunde die Annahme der ordnungsgemäß gelieferten Ware verweigert.
   a) bei guten Kunden
   b) bei Sonderanfertigungen
   c) Verkaufspreis der Ware ist gestiegen
   d) bei leicht verderblichen Waren
   e) bei geringen Rechnungsbeträgen
   f) bei einem Neukunden
9. Entscheiden Sie, wann der Lieferant vom Kaufvertrag zurücktreten wird, wenn der Kunde die Annahme verweigert.
   a) Verkaufspreis der Ware ist gestiegen
   b) bei einem Kunden, der schon öfters wegen unbegründeten Annahmeverweigerungen unangenehm aufgefallen ist
   c) bei sehr hohen Rechnungsbeträgen
   d) Verkaufspreis der Ware ist gesunken
   e) bei Sonderanfertigungen
10. Erstellen Sie eine Mindmap, die die wichtigsten Informationen über den Annahmeverzug wiedergibt.

ZUSAMMENFASSUNG

Annahmeverzug

= Käufer nimmt die angebotene Warenlieferung nicht an

Voraussetzungen

Die Lieferung ist fällig.

Die Lieferung erfolgt innerhalb der vereinbarten Lieferfrist oder zum vereinbarten Liefertermin, aber nicht früher oder später.

Die Lieferung wird tatsächlich angeboten.

Ware wird physisch angeboten:

- zum richtigen Zeitpunkt
- am richtigen Ort
- in der richtigen Menge und Qualität

Die Lieferung wird nicht angenommen.

Es ist kein Verschulden des Käufers notwendig.

Rechte des Verkäufers

mit Zustimmung des Käufers

Rücktritt vom Kaufvertrag

Ware wird an andere Kunden verkauft.

Klage auf Abnahme

Einlagerung bis zur Abnahme durch den Käufer

Selbsthilfeverkauf

- nach Androhung öffentliche Versteigerung der Waren
- Sonderfälle:
  - Notverkauf
  - eigenhändiger Verkauf

Wirtschaftliche Grundtatbestände 2

2.1 Bedürfnisse

EINSTIEG

Dominik Schlote und Carolin Saager sind zu Beginn ihres Praktikums in der Abteilung Verkauf eingesetzt. Am ersten Tag haben sie ein Gespräch mit dem Abteilungsleiter, Herrn Staub.

Herr Staub: „Guten Morgen Frau Saager, guten Morgen Herr Schlote."

Dominik Schlote, Carolin Saager: „Guten Morgen, Herr Staub."

Herr Staub: „Ich hoffe, dass Sie sich gut in der Abteilung integrieren werden. Zunächst einmal ist es wichtig, dass wir im Verkauf die Bedürfnisse unserer Kunden kennen. Nur so kann der Bedarf entsprechend gedeckt werden."

Carolin Saager: „Bedürfnisse – Bedarf ... ist das nicht das Gleiche?"

Herr Staub: „Nein, das ist nicht das Gleiche."

1. Diskutieren Sie mit einer Mitschülerin oder einem Mitschüler, was Herr Staub damit gemeint haben könnte.
2. Welche Auswirkungen ergeben sich aus diesen Überlegungen für unsere Marktwirtschaft?
3. Nennen Sie fünf Ihrer persönlichen Bedürfnisse und sortieren Sie diese nach Wichtigkeit.

INFORMATION

Bedürfnisse als Grundlage wirtschaftlichen Handelns

Bedürfnisse sind persönliche Mangelempfindungen mit dem Wunsch, den Mangel zu beseitigen. Jeder kennt sie, jeder hat bestimmte Bedürfnisse. Wünsche werden in der Volkswirtschaftstheorie den Bedürfnissen gleichgesetzt. Es gibt verschiedene Einteilungsmöglichkeiten der Bedürfnisse, eine ist die nach **Dringlichkeit:**

- **Existenzbedürfnisse**
  Sie sind zur Lebenserhaltung notwendig (z. B. Hunger, Durst, Schlafen).

- **Kulturbedürfnisse**
  Sie sind nicht lebensnotwendig.
  Sie entsprechen dem heutigen Lebensstil/der Lebensweise einer Kulturgesellschaft (z. B. Bildung, Theater, Bildungsreisen, Telefon, Fernsehen).

- **Luxusbedürfnisse**
  Sie übersteigen die Existenz- und Kulturbedürfnisse und sind gekennzeichnet von einem exklusiven Lebensstil (z. B. teure Autos, besonderer Schmuck).

Die Grenzen bei dieser Einteilung sind fließend. Die Dringlichkeit ist abhängig vom subjektiven Empfinden des Einzelnen. So sind die Bedürfnisse in verschiedenen Kulturen unterschiedlich. In China sind andere Schwerpunkte festzustellen als in Europa. Auch die Existenzbedürfnisse unterscheiden sich je nach Lebensstandard. Während in Deutschland schon ein Fernseher zur Existenzgrundlage zählt, ist das in einigen Entwicklungsländern ein Luxusbedürfnis.

Eine weitere Einteilung der Bedürfnisse kann nach **Art bzw. Träger** erfolgen. Es wird danach gefragt: „Wer hat das Bedürfnis?“

- **der Einzelne (Individualbedürfnis)**
  Jede Person für sich hat eigene Bedürfnisse (z. B. Konsumgüter).
- **die Gemeinschaft (Kollektiv-/Gemeinschaftsbedürfnis)**
  Bedürfnisse, die von der Gemeinschaft für mehrere Menschen befriedigt werden (z. B. Schulen, Sicherheit [Polizei], Straßen).

Des Weiteren kann auch nach der **Fassbarkeit** eines Bedürfnisses unterschieden werden.

- **materielle Bedürfnisse**
  Diese Bedürfnisse sind gegenständlich, d. h. greifbar (z. B. Auto, Nahrung).
- **immaterielle Bedürfnisse**
  Diese Bedürfnisse sind nicht gegenständlich, sondern geistig (z. B. Religion, Gesundheit, Sicherheit).

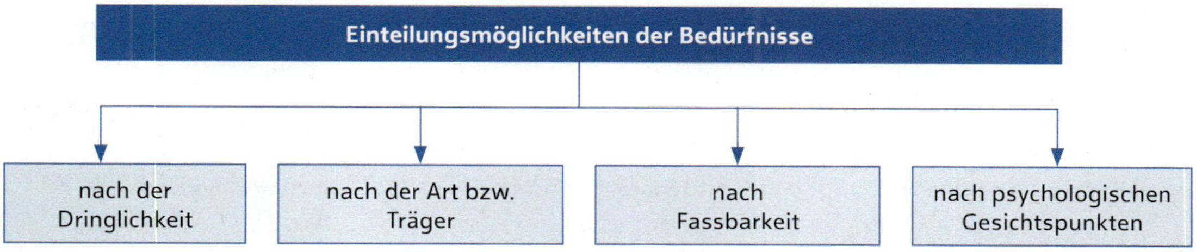

Nach **psychologischen Gesichtspunkten** wurde von Abraham Maslow ein Modell[1] entwickelt, das die Bedürfnisse als Rangfolge verschiedener Stufen sieht. Diese fünf Schichten sind als Pyramide dargestellt. Der Mensch will zu Beginn seine Grundbedürfnisse, also die niedrigste Bedürfnisstufe, befriedigen, dann geht er in die nächsthöhere Bedürfniskategorie, um diese zu befriedigen, usw.

1 Das Modell wird von einigen Experten kritisiert, weil es von einer westlich-industrialisierten Gesellschaft ausgeht, die nicht auf alle Kulturen dieser Welt übertragen werden kann. Dennoch verdeutlicht es grundsätzlich unterschiedliche Bedürfnisebenen eines Menschen.

Bedürfnisse – Bedarf – Nachfrage

Sobald ein Bedürfnis befriedigt ist, entsteht ein neues. Theoretisch betrachtet sind die Bedürfnisse eines Menschen also unbegrenzt. Nur: Ist der Bedarf eines Menschen auch unbegrenzt?

Der Mensch kann seinen Bedarf nicht unbegrenzt decken, weil ihm die finanziellen Mittel dafür fehlen. Nur die Bedürfnisse, für die der Mensch auch die Kaufkraft hat, werden als Bedarf bezeichnet.

Der Bedarf ist wiederum noch nicht die Nachfrage, denn es ist noch nicht sicher, dass der Mensch sein ganzes Einkommen auch wirklich dazu nutzt, um Güter nachzufragen. Beispielsweise wird vielfach ein Teil des Einkommens gespart.

BEISPIEL

Die 18-jährige Carolin Saager hat das Bedürfnis, sich ein Fahrzeug zu kaufen, weil sie dadurch die Fahrzeit zu ihrer Ausbildungsstelle deutlich verkürzen kann. Am liebsten würde sie sich einen Fiat 500 kaufen. Dieser kostet aber mit einigen Sonderausstattungen über 11.000,00 €. Dies kann sie sich nicht leisten und erkundigt sich daher bei mehreren Händlern nach einem gebrauchten Ford Ka. Sie kauft dann letztlich einen acht Jahre alten Ford Ka für 3.200,00 €.

Die Bedürfnisse von Carolin Saager

Bedürfnis	Bedarf	Nachfrage
(unendliche Wünsche)	**(erfüllbare Wünsche)**	**(erfüllte Wünsche)**
„Ich würde gern einen Fiat 500 fahren, den kann ich mir aber nicht leisten."	„Ein gebrauchter Ford Ka ist günstiger, den kann ich mir leisten."	„Den Ford Ka habe ich beim Autohaus Müller in Darmstadt gekauft."

AUFGABEN

1. Nennen Sie jeweils drei persönliche Existenz-, Kultur- und Luxusbedürfnisse, die Sie in den letzten drei Monaten hatten.
2. Finden Sie (gemeinsam mit Ihrem Banknachbarn) zwei Beispiele, bei denen die Abgrenzung nach Dringlichkeit nicht eindeutig zu bestimmen ist.
3. Erklären Sie mit eigenen Worten, worin der Unterschied zwischen Individual- und Kollektivbedürfnissen liegt.
4. Suchen Sie in Ihrem Praktikumsbetrieb für jeden Rang der Bedürfnispyramide nach Maslow ein Beispiel. Dies kann sowohl Ihre eigenen Bedürfnisse im Betrieb beinhalten als auch die Ihrer Kollegen.
5. Erläutern Sie, warum nicht jedes Bedürfnis befriedigt werden kann.
6. Worin liegt der Unterschied zwischen einem erfüllbaren Wunsch und einem erfüllten Wunsch? Stellen Sie dies an einem Beispiel dar.
7. Ermitteln Sie in Ihrem Praktikumsbetrieb, welche Güter bzw. Dienstleistungen von den Kunden nachgefragt werden.

ZUSAMMENFASSUNG

Bedürfnisse

= persönliches Mangelempfinden (kann unendlich sein)
Einteilung nach der Dringlichkeit, Art bzw. Träger, Fassbarkeit oder psychologischen Gesichtspunkten

↓

Bedarf

= mit Kaufkraft ausgestattete Bedürfnisse (erfüllbare Bedürfnisse)

↓

Nachfrage

= Bedarf, der am Markt durch Kaufentscheidung wirksam wird (erfülltes Bedürfnis)

2.2 Güter und Dienstleistungen

EINSTIEG

Die Praktikanten Volkan Karaca und Katarzyna Popov bewundern das neue Auto von Carolin Saager, einen gebrauchten Ford Ka.

Volkan Karaca: „Hallo Carolin. Nicht schlecht, das neue Auto. Ist zwar nicht unbedingt mein Lieblingsmodell, aber immerhin hast du ein Fahrzeug."

Carolin Saager: „Du hast doch auch einen Führerschein. Warum kaufst du dir nicht auch einen Wagen?"

Volkan Karaca: „Ich hätte gern einen, weil mein Arbeitsweg so weit ist. Leider fehlt mir das Geld dazu. Ich bin vor zwei Jahren bei meinen Eltern ausgezogen und habe eine eigene Wohnung. Die ist so teuer, dass ich mir kein Auto leisten kann."

Katarzyna Popov: „Ich könnte mir vielleicht auch ein Auto leisten, aber ich brauche keines. Zur Arbeit komme ich gut mit öffentlichen Verkehrsmitteln und im Sommer mit dem Rad."

1. Unterscheiden Sie die Bedürfnisse der Praktikanten Volkan Karaca und Katarzyna Popov.
2. Stellen Sie fest, für welche Güter bzw. Dienstleistungen Sie Geld ausgeben.

INFORMATION

Freie und knappe Güter

Zur Bedürfnisbefriedigung nutzt der Mensch in der Regel Güter, weil diese Güter ihm einen Nutzen stiften. In einer Volkswirtschaft wird zwischen freien und knappen Gütern unterschieden. Wahrgenommen werden häufig nur die knappen Güter, da sie etwas kosten und dementsprechend eine höhere Wertschätzung erfahren. Dabei konsumieren wir mindestens genauso häufig freie Güter. Zu diesen kostenlosen Gütern, die unbegrenzt zur Verfügung stehen, zählen beispielsweise die Luft, die wir atmen, oder das Meerwasser, das wir zum Schwimmen bzw. zum Schiffstransport nutzen.

Jedes **knappe (auch wirtschaftliche) Gut** ist dadurch gekennzeichnet, dass es einen Preis hat. In der Tendenz lässt sich sagen, je knapper ein Gut ist, desto höher liegt der Preis. Außerdem müssen knappe Güter in der Regel noch weiterverarbeitet werden, das heißt, sie sind meistens noch nicht konsumreif.

BEISPIEL

Während Meerwasser bis heute zu den freien Gütern zählt, hat sich beim Trinkwasser ein Wandel vollzogen. Früher war es in den Flüssen unendlich vorhanden und jeder konnte es unentgeltlich nutzen. Heute muss das Trinkwasser in der Regel aufbereitet werden, ist knapp und wird direkt ins Haus geliefert. Somit hat Trinkwasser bei uns heute einen Preis.

Arten knapper (wirtschaftlicher) Güter

In der Literatur werden die verschiedenen Güterarten unterschiedlich klassifiziert. So wird zwischen materiellen und immateriellen Gütern unterschieden.

Materielle Güter oder auch Sachgüter sind körperlicher Natur, das heißt, man kann sie anfassen. Hierzu zählen die Produktionsgüter, die der Herstellung wirtschaftlicher Güter dienen, und die Konsumgüter, die zur direkten Bedürfnisbefriedigung verwendet werden. Sowohl die Produktions- als auch die Konsumgüter werden in Verbrauchs- und Gebrauchsgüter unterschieden. Ein Verbrauchsgut ist dadurch gekennzeichnet, dass es beim Konsum direkt vernichtet, das heißt „verbraucht" wird (z. B. Schmieröle in der Produktion). Ein Gebrauchsgut wird über einen längeren Zeitraum häufiger genutzt (z. B. Werkzeuge in der Produktion).

Die **immateriellen Güter** sind nicht greifbar, das heißt, sie lassen sich nicht anfassen. Hierzu zählen Dienstleistungen (meist menschliche Leistungen zur Bedürfnisbefriedigung) und Rechte (z. B. Patente). Gerade der Dienstleistungssektor (Tertiärsektor[1]) gewinnt in unserer Gesellschaft immer mehr an Bedeutung. So arbeiten mittlerweile über 70 % der Arbeitnehmer in Deutschland in diesem Bereich, 1991 waren dies lediglich 60 %.

Nachfrage nach Gütern in Deutschland

In Deutschland hat sich die Nachfrage der privaten Haushalte nach (knappen) Gütern in den letzten 20 Jahren stark verändert. Die Konsumausgaben (hier mit der Güternachfrage gleichzusetzen) sind seit 2000 kontinuierlich gestiegen. Den stärksten Anteil an den Konsumsteigerungen hatten in den letzten Jahren die Ausgaben für Wohnung, Wasser, Heizung und Strom sowie Treibstoff. Durch den Ukraine-Krieg 2022 stiegen auch die Lebensmittelpreise stark an.

AUFGABEN

1. Finden Sie jeweils mindestens fünf Verbrauchs- und Gebrauchsgüter, die von der Hoffmann KG für die Textil- bzw. Fahrradproduktion benötigt werden.
2. Es gibt Güter, die früher frei waren und heute knapp sind. Erläutern Sie mithilfe eines Beispiels die Ursachen für diese Entwicklung.
3. Unterscheiden Sie Produktionsgüter von Dienstleistungsgütern in einem Unternehmen.
4. Es gibt Umweltzertifikate, die Unternehmen zugeteilt bekommen, um ein Nutzungsrecht für Emissionsausstoß (Schadstoffausstoß) zu erwerben. Mit diesem Nutzungsrecht kann auch gehandelt werden, das heißt, das Verschmutzungsrecht kann gegen Geld von einem anderen Unternehmen abgekauft werden.
   Erklären Sie, wie dieser Emissionshandel die Verschmutzung des freien Gutes Luft verbessern kann.
5. Versuchen Sie, Ihre persönlichen Konsumausgaben prozentual einzuschätzen. Vergleichen Sie Ihre Einschätzung mit der Ihres Banknachbarn oder Ihrer Banknachbarin
6. Finden Sie gemeinsam mit einer Partnerin oder einem Partner jeweils fünf Güter zu den Güterarten
   a) Produktionsgüter: Verbrauchs- und Gebrauchsgüter,
   b) Konsumgüter: Verbrauchs- und Gebrauchsgüter,
   c) Dienstleistungen.
7. Geben Sie in den folgenden Fällen an, um welche Art von Gütern es sich handelt.

a)

b)

c)

d)

ZUSAMMENFASSUNG

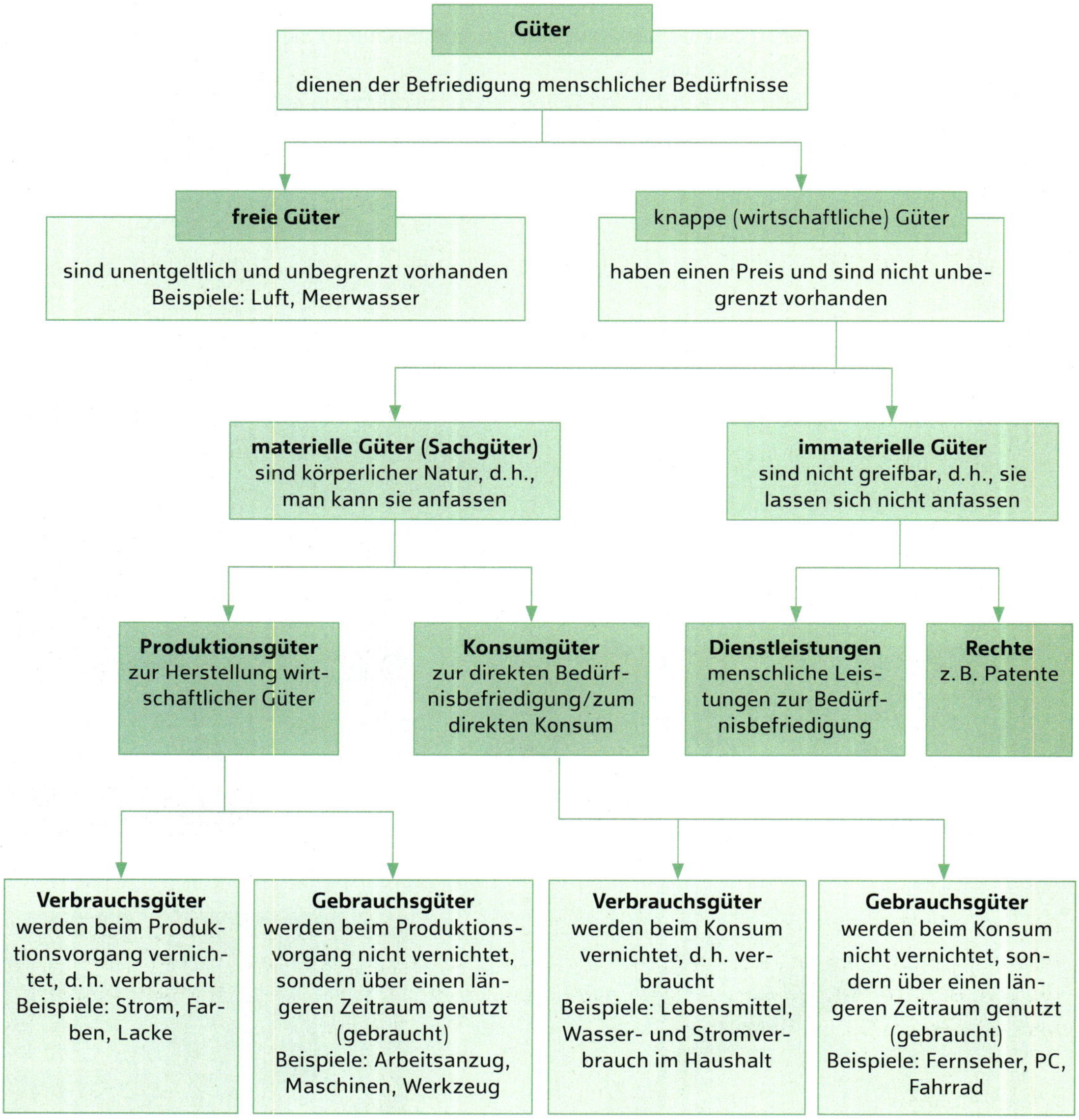

2.3 Das ökonomische Prinzip

EINSTIEG

Katarzyna Popov ist in der Einkaufsabteilung der Hoffmann KG als Praktikantin beschäftigt. Der Abteilungsleiter, Herr Hetzel, beauftragt Katarzyna, für die Textilproduktion das Lager aufzufüllen und entsprechend einzukaufen.

Herr Hetzel gibt zwei Aufträge:

a) Katarzyna soll die auf einer Liste stehenden Gebrauchsgüter für die Textilproduktion einkaufen.
b) Für insgesamt 2.000,00 € sollen möglichst viele rote Stoffe gekauft werden.

1. Entscheiden Sie, ob Katarzyna für die in a) angesprochenen Gebrauchsgüter beliebig viel Geld ausgeben kann.
2. Führen Sie Gründe auf, die dafür sprechen, bei einem bestimmten Lieferanten zu kaufen.

INFORMATION

Wirtschaften

Die menschlichen Bedürfnisse sind, wie bereits beschrieben, grundsätzlich unbegrenzt, seien sie bewusst (offen) oder unbewusst (latent) vorhanden. Insbesondere in Werbeaktionen versuchen die Verkäufer, die potenziellen Käufer von der Notwendigkeit des Produkts, das heißt vom Bedürfnis nach diesem Gut zu überzeugen.

MERKSATZ

→ Die Bedürfnisse des Menschen sind unbegrenzt.

Selbst wenn das gelungen ist, kann der Kauf immer noch scheitern, etwa aufgrund nur begrenzt vorhandener Mittel (z. B. Geld). Die Entscheidung darüber, ein Bedürfnis zu befriedigen, bedeutet häufig, ein anderes unbefriedigt zu lassen. Folglich müssen Wahlentscheidungen getroffen werden (planvoll), wie die knappen Mittel eingesetzt werden, welches Bedürfnis dringender zu befriedigen ist.

MERKSATZ

→ Der Mensch muss mit knappen Mitteln wirtschaften.

BEISPIEL

Herr Hetzel will auch im Sinne der Hoffmann KG vernünftig wirtschaften. In der oben stehenden Einstiegssituation will er das Lager unter wirtschaftlich sinnvollen Motiven wieder füllen. Auch die Hoffmann KG hat begrenzte (finanzielle) Mittel zur Verfügung, die zu einer möglichst hohen Bedürfnisbefriedigung führen sollen.

Die unterschiedlichen Herangehensweisen in a) und b) zeichnen sich dadurch aus, dass in

a) Katarzyna möglichst viele Gebrauchsgüter einkaufen soll (dadurch, dass sie möglichst wenig dafür zahlt) und in

b) einen festen Betrag zur Verfügung hat (2.000,00 €), um möglichst viele Stoffe zu kaufen.

Diese beiden Möglichkeiten zeigen die beiden Vorgehensweisen des ökonomischen Prinzips, das nachfolgend näher beschrieben wird.

Ökonomisches (wirtschaftliches) Prinzip

Um den Konflikt zwischen knappen Gütern und begrenztem Einkommen einerseits und unbegrenzten Bedürfnissen andererseits zu lösen, werden wirtschaftliche Entscheidungen nach dem ökonomischen Prinzip getroffen. Das Ziel besteht darin, möglichst viele Bedürfnisse zu befriedigen. Dies kann auf zwei verschiedene Weisen erreicht werden.

Ist das **Ziel vorgegeben,** versucht man gemäß Minimalprinzip, dieses mit einem möglichst geringen Mitteleinsatz zu erreichen. Das heißt, ein Gut soll mit möglichst geringen Kosten hergestellt werden.

BEISPIELE

- Lisas Mitbewohner Alex gibt ihr einen Einkaufszettel mit der Bitte, den Kühlschrank wieder aufzufüllen. Er gibt ihr noch den Hinweis, sie möge auf die Kosten achten, damit das Monatsbudget nicht überschritten wird.
- In der Einstiegssituation a) soll das Lager von Katarzyna mit möglichst geringen Kosten, das heißt möglichst günstig, wieder aufgefüllt werden.

DEFINITION

Gemäß dem **Minimalprinzip** soll ein vorgegebenes Ziel mit möglichst geringen Mitteln erreicht werden.

Sind die **Mittel vorgegeben,** versucht man gemäß dem Maximalprinzip, mit eben diesen Mitteln möglichst viel zu erreichen.

BEISPIELE

- Lisa bekommt von ihrem Mitbewohner Alex den Auftrag, den Kühlschrank mit 20,00 € möglichst wieder zu füllen. Ziel ist es, möglichst lange mit den eingekauften Lebensmitteln auszukommen.
- In der Einstiegssituation b) soll Katarzyna für 2.000,00 € möglichst viele rote Stoffe einkaufen. Mit anderen Worten: Sie soll mit einer vorgegebenen Geldmenge möglichst viel einkaufen.

DEFINITION

Gemäß dem **Maximalprinzip** soll mit den gegebenen Mitteln ein größtmöglicher Erfolg erzielt werden.

Ökonomisches Prinzip und Nachhaltigkeit

Neben der Anwendung des ökonomischen Prinzips, das zur Gewinnmaximierung führen soll, wird in allen Geschäftsprozessen eines Unternehmens immer mehr auf Aspekte der Nachhaltigkeit geachtet. Unter Nachhaltigkeit versteht man die Entwicklung, die die Bedürfnisse der heutigen Generation befriedigt, ohne zu riskieren, dass künftige Generationen ihre Bedürfnisse nicht befriedigen können.

Gut wirtschaften bedeutet in diesem Zusammenhang, dass Gewinne nicht allein und exklusiv im Mittelpunkt stehen. Zwar sind sie auch zur Kostendeckung notwendig, jedoch sollte in einer nachhaltigen Ökonomie auch die Förderung von fairem Handel, Umweltschutz und sozialer Gerechtigkeit berücksichtigt werden.

Aspekte der Nachhaltigkeit sind

- die **ökologische Nachhaltigkeit**: Hier geht es um den Erhalt der Natur und die Schonung bzw. die Erhöhung natürlicher Ressourcen.
- die **soziale Nachhaltigkeit**: Diese strebt eine Verbesserung der Lebensqualität und eine Einhaltung der Menschenrechte an.
- die **ökonomische Nachhaltigkeit**: Angestrebt wird eine weitgehende Maximierung von Gewinnen, ohne jedoch die dafür benötigten Ressourcen langfristig zu schädigen.

Nicht nur in der Wirtschaft, sondern in allen Bereichen der Gesellschaft kommt der Nachhaltigkeit eine immer größere Bedeutung zu. Viele Staaten, Organisationen und Kommunen orientieren sich an den Nachhaltigkeitskriterien der Vereinten Nationen (UN). Diese sind auch Bestandteil der Nachhaltigkeitsstrategie, die von der deutschen Bundesregierung angestrebt wird.

AUFGABEN

1. Unterscheiden Sie zwischen bewussten (offenen) und unbewussten (latenten) Bedürfnissen.
2. Stellen Sie zwei Situationen dar, in denen Sie aufgrund von knappen Mitteln eine Wahlentscheidung zwischen unterschiedlichen Bedürfnissen treffen mussten.
3. Ein Holzveredelungsbetrieb, der über ein Lager mit Holzbrettern verfügt, erhält einen Auftrag: Er soll 100 Bilderrahmen fertigen. Geben Sie an, nach welchem ökonomischen Prinzip er die Bilderrahmen fertigen wird.

4. Ein Einzelhandelsgeschäft vergleicht mehrere Angebote über Taschenrechner. Es wählt schließlich das Angebot mit dem günstigsten Preis. Nach welchem ökonomischen Prinzip wurde gehandelt? Begründen Sie Ihre Entscheidung.
5. Carolin Saager und ihr Freund möchten mit ihrem Ford Ka nach Frankreich in den Urlaub fahren. Sie wollen die Kosten für die Fahrt möglichst gering halten. Geben Sie an, nach welchem Prinzip die zwei handeln und wie sie dieses Prinzip verwirklichen können.
6. Begründen Sie, warum es notwendig ist, dass sich die Länder weltweit über einen geregelten Schadstoffausstoß einigen.
7. Unternehmen verstoßen seltener gegen die ökonomischen Prinzipien als die Privathaushalte. Sammeln Sie mit Ihrer Nachbarin oder Ihrem Nachbarn Gründe für diesen Umstand.

ZUSAMMENFASSUNG

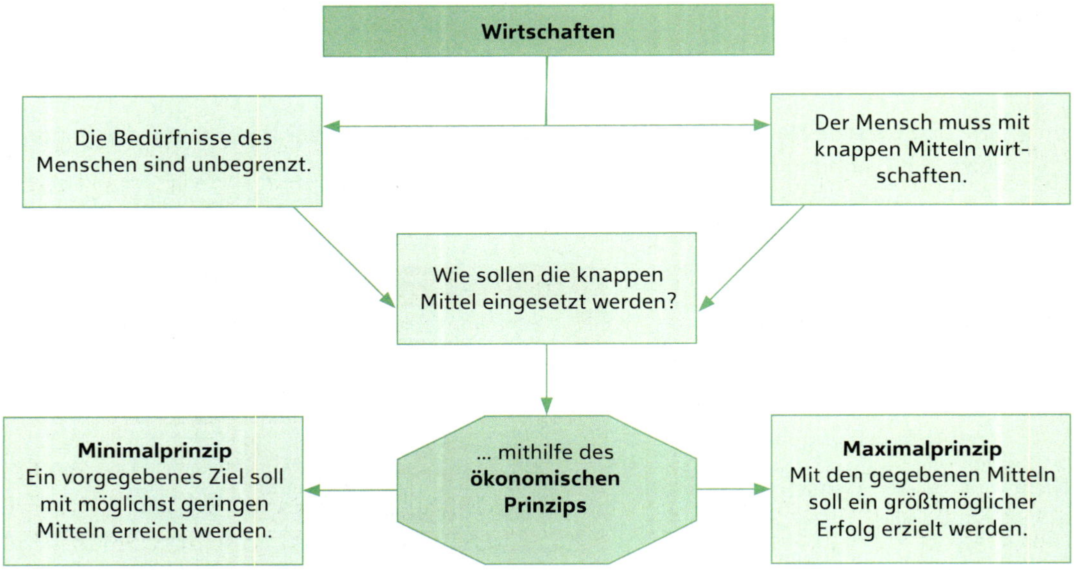

2.4 Volkswirtschaftliche und betriebswirtschaftliche Produktionsfaktoren

EINSTIEG

Die Hoffmann KG hat in den letzten Jahren ihren Umsatz kontinuierlich gesteigert. Neue Geschäftsbereiche und Vertriebswege waren Gründe für diese Erfolgsstory.
Das 1989 erbaute zentrale Büro- und Lagergebäude ist mittlerweile zu klein geworden. Glücklicherweise ist das Nachbargrundstück noch unbebaut und könnte für eine Lagerer-

weiterung genutzt werden. Die Komplementäre Frau Hahne und Herr Hoffmann überlegen, ob sie diese Lagererweiterung durchführen sollten.

1. Führen Sie Gründe auf, die gegen die Erweiterung des Lagergebäudes sprechen.
2. Erstellen Sie gemeinsam mit Ihrer Banknachbarin oder Ihrem Banknachbarn eine Liste, was notwendig ist, um das Lagergebäude zu erweitern.

INFORMATION

Produktion

In der heutigen Zeit besteht die Produktion aus sehr speziellen Vorgängen voller feinster Spezialisierungen und unzähliger aufeinander abgestimmter Prozesse. Das hat in den letzten Jahrhunderten zu einem enormen Produktivitätszuwachs in den Industrieländern geführt. Dabei ist die Produktion im Grunde die Bereitstellung von Gütern und Dienstleistungen zur Befriedigung menschlicher Bedürfnisse.

Die Produktion in einer Volkswirtschaft lässt sich auch heute noch auf einfache Grundmuster reduzieren, die sich überall wiederfinden. Zur Verdeutlichung dieser Grundmuster kann man beispielsweise die Landwirtschaft betrachten.

Volkswirtschaftliche Produktionsfaktoren: Arbeit, Boden und Kapital

In der Landwirtschaft werden im Grunde drei Produktionsfaktoren eingesetzt, die in unterschiedlichem Maße kombiniert werden. Dazu zählen:

- Boden
- Arbeit
- Kapital

Boden ist kein einheitlicher Produktionsfaktor. Er kann zur Erzeugung von Produkten in der Landwirtschaft genutzt werden. Er kann aber auch stofflich genutzt werden beim Rohstoffabbau (Kohle, Kies, Erze) oder einfach als Träger (Standort) von Gebäuden. Auch Wasser zählt zum Produktionsfaktor Boden (z. B. die Fische). Die Erzeugung der erneuerbaren Energien wie Windkraft oder die Sonnenenergie zählt ebenfalls zum Produktionsfaktor Boden.

BEISPIEL

Landwirtin Lindner hat 30 Hektar Ackerfläche, die sie nutzt, indem sie Getreide und Kartoffeln anbaut. Dieser Ackerboden entspricht genauso dem Produktionsfaktor Boden wie die Fläche, auf der ihre Stallgebäude stehen.

Arbeit ist wohl der wichtigste Produktionsfaktor. Damit ist sowohl tierische Muskelkraft als auch die Schaffenskraft des Menschen gemeint. Während die tierische Muskelkraft in den Industriegesellschaften fast zu vernachlässigen ist, wird bei der menschlichen Arbeitsleistung die schöpferische, das heißt die geistige Arbeit (Kopfarbeit) im Vergleich zur körperlichen Arbeit immer wichtiger (z. B. Dienstleistungen).

BEISPIEL

Landwirtin Lindner pflügt ihr Feld, um den Boden für die Saat vorzubereiten. Abends muss sie Kalkulationen aufstellen und die Buchführung erledigen.

Boden und Arbeit bezeichnet man als ursprüngliche (originäre) Produktionsfaktoren. Sie gibt es seit jeher. Mit dem Einsatz von Werkzeugen und Maschinen, die der menschliche Erfindungsgeist zur Vereinfachung der Arbeit geschaffen hat, kam der Produktionsfaktor **Kapital** hinzu. Man sagt daher, das Kapital ist ein aus Boden und Arbeit abgeleiteter (derivativer) Produktionsfaktor. Dabei teilt man ein in Realkapital (= Sachkapital), z. B. Maschinen und Gebäude, und Finanzkapital, also Geldmittel, die z. B. für Investitionen zur Verfügung stehen. Erst der Einsatz des Kapitals hat die großen Produktivitätssteigerungen möglich gemacht, die in den Industrieländern in den letzten Jahrhunderten stattgefunden haben.

BEISPIEL

Landwirtin Lindner investiert in eine neue Lagerhalle, die sie nutzen will, um ihren Weizen zu lagern und selbst ihren Tieren zu geben. Damit kann sie günstiger Futter einkaufen und die gesamte Viehhaltung wird produktiver.

Lagerhalle im Bau

Alle drei Produktionsfaktoren können in unterschiedlichem Maße eingesetzt und kombiniert werden. Man spricht auch von der Produktionstechnologie einer Volkswirtschaft. Je nachdem, welcher der drei Produktionsfaktoren schwerpunktmäßig eingesetzt wird, spricht man von kapitalintensiver, rohstoffintensiver oder arbeitsintensiver Produktionstechnologie.

Die Zusammenstellung der Faktorkombinationen hat einen Einfluss auf die Effizienz bei der Produktion. Dabei sollten die Ziele der Ökonomie (z. B. Gewinnerzielung) mit den Zielen der Ökologie (z. B. Schonung der Umwelt) abgestimmt sein. Es ist eine Nachhaltigkeit beim Faktoreinsatz wichtig. Nachhaltig bedeutet dabei, dass beispielsweise Rohstoffe so abgebaut werden, dass sich deren Bestand auf natürliche Weise regenerieren kann. Zu den Rohstoffen zählen unter anderem Erze, Rohöl, aber auch Fische.

Bildung ist ein wichtiger Faktor in unserer Gesellschaft.

Bildung als vierter Produktionsfaktor

In den letzten Jahren hat bei vielen Wirtschaftsexperten und Politikern das Thema

Bildung weiter an Bedeutung gewonnen. So ist in der wirtschaftswissenschaftlichen Literatur des Öfteren von der Bildung als viertem (derivativen) Produktionsfaktor die Rede. Nachhaltiges Wirtschaften beruht mehr und mehr auf den Stand der wissenschaftlichen Forschung. Hochgebildete Volkswirtschaften sind aufgrund ihres hohen Bildungsstandes in der Lage, vernünftig mit den zur Verfügung stehenden Ressourcen umzugehen und sie überlegt und sinnvoll einzusetzen.

Produktionsfaktoren aus betriebswirtschaftlicher Sicht

Aus Unternehmenssicht findet eine etwas andere Einteilung der (betriebswirtschaftlichen) Produktionsfaktoren statt, weil das Unternehmen nicht die Gesamtheit einer Volkswirtschaft im Blick hat, sondern „lediglich" den eigenen betrieblichen Leistungsprozess. Dieser betriebliche Leistungsprozess wird mithilfe der folgenden Faktoren erreicht:

- Werkstoffe (Roh-, Hilfs- und Betriebsstoffe)
- (menschliche) Arbeit (ausführend und/oder leitend)
- Betriebsmittel (Anlagevermögen)
- Rechte (Patente, Verträge ...)

In den Unternehmen werden diese Faktoren miteinander kombiniert, damit das angestrebte Produktionsziel erreicht wird.

Die **Werkstoffe** sind dem betrieblichen Rechnungswesen entsprechend in Roh-, Hilfs- und Betriebsstoffe unterteilt:

- **Rohstoffe**
  Sie sind Hauptbestandteil eines Erzeugnisses im Produktionsprozess.
- **Hilfsstoffe**
  Sie sind Nebenbestandteil (mit relativ geringem Kostenanteil).
- **Betriebsstoffe**
  Sie gehen nicht in das Erzeugnis ein, sind aber für die Produktion notwendig und werden verbraucht.

BEISPIEL

Bei der Herstellung eines Holzstuhls ist das Holz der Rohstoff. Als Hilfsstoffe sind hier der Leim sowie die benötigten Schrauben notwendig. Weiterhin werden bei der Produktion Strom und Benzin benötigt, die als Betriebsstoffe nicht in das Produkt eingehen.

Mit den **Betriebsmitteln** (nicht zu verwechseln mit Betriebsstoffen) ist das Anlagevermögen eines Unternehmens gemeint. So sind etwa die Gebäude, Maschinen oder auch der Fuhrpark Grundlage für eine betriebswirtschaftlich sinnvolle Produktion.

Eine Bauleiterin leistet überwiegend dispositive Arbeit.

Bei der **menschlichen Arbeitsleistung** wird zwischen ausführender und leitender (dispositiver) Arbeit unterschieden. Die dispositive Arbeit wird von der Geschäftsleitung geleistet, dazu gehören etwa die Planung, Leitung, Organisation und Kontrolle aller Prozesse innerhalb des Unternehmens. Die Geschäftsleitung hat somit die Hauptaufgabe, die Faktoren nach dem ökonomischen Prinzip zu kombinieren.

Zu den **Rechten** eines Unternehmens gehören etwa Miet- und Pachtverträge, gegebenenfalls Patente oder Lizenzen (z. B. für ein PC-Programm).

Die betriebswirtschaftlichen Produktionsfaktoren lassen sich den volkswirtschaftlichen zuordnen. Die Werkstoffe sind dem Boden (An- und Abbauboden) zuordenbar. Die menschliche Arbeitsleistung ist volkswirtschaftlich eingeteilt in geistige und körperliche Arbeit. Die Betriebsmittel werden volkswirtschaftlich als Kapital bezeichnet. Die Rechte sind nicht direkt einem volkswirtschaftlichen Produktionsfaktor zuzuordnen.

AUFGABEN

1. Finden Sie bei der Hoffmann KG jeweils zwei Beispiele für körperliche und geistige Arbeit.
2. Bei der Herstellung von Produkten spielen in der Regel alle Produktionsfaktoren eine Rolle. Stellen Sie das Zusammenspiel der drei Produktionsfaktoren am Beispiel der Produktion von Damenmänteln bei der Hoffmann KG dar.
3. Die zunehmende Arbeitsproduktivität hat für die Unternehmen und Beschäftigten sowohl Vor- als auch Nachteile. Stellen Sie diese in einer Tabelle gegenüber.
4. Begründen Sie, warum die dispositive Arbeit in einem Unternehmen von besonders hoher Bedeutung ist.
5. Kann eine ausführende Tätigkeit aus betriebswirtschaftlicher Sicht nur körperlich oder auch geistig sein (im volkswirtschaftlichen Sinn)? Begründen Sie Ihre Antwort.
6. Würden Sie der Hoffmann KG zu einer Erweiterung des Lagergebäudes raten? Begründen Sie auch hier Ihre Antwort.

7. Bearbeiten Sie die Informationstexte „Volkswirtschaftliche Produktionsfaktoren: Arbeit, Boden und Kapital“ und „Produktionsfaktoren aus betriebswirtschaftlicher Sicht“ separat in zwei Gruppen mithilfe der Kugellager-Methode.

Kugellagermethode

- Die Teilnehmer der ersten Gruppe verteilen sich auf den Innenkreis und die Teilnehmer der zweiten Gruppe verteilen sich auf den Außenkreis, sodass sich jeweils zwei Personen in Blickkontakt einander gegenübersitzen.
- Die erste Gruppe erklärt der jeweils gegenüber sitzenden Person der zweiten Gruppe ihr Thema.
- Nun erklärt die zweite Gruppe der gegenüber sitzenden Person ihr Thema.
- Nach Ablauf der vereinbarten Zeit (z. B. nach zwei Minuten) rücken alle Teilnehmer des Innenkreises im Uhrzeigersinn um eine Position weiter.

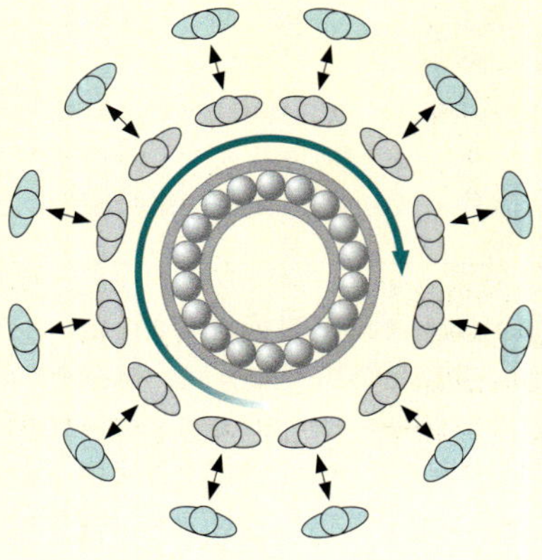

- Nun erklären die Teilnehmer der ersten Gruppe jeweils der neuen Person der zweiten Gruppe das, was sie verstanden haben. Die entsprechende Person der zweiten Gruppe korrigiert gegebenenfalls die Ausführung. Anschließend wird umgekehrt erklärt.

ZUSAMMENFASSUNG

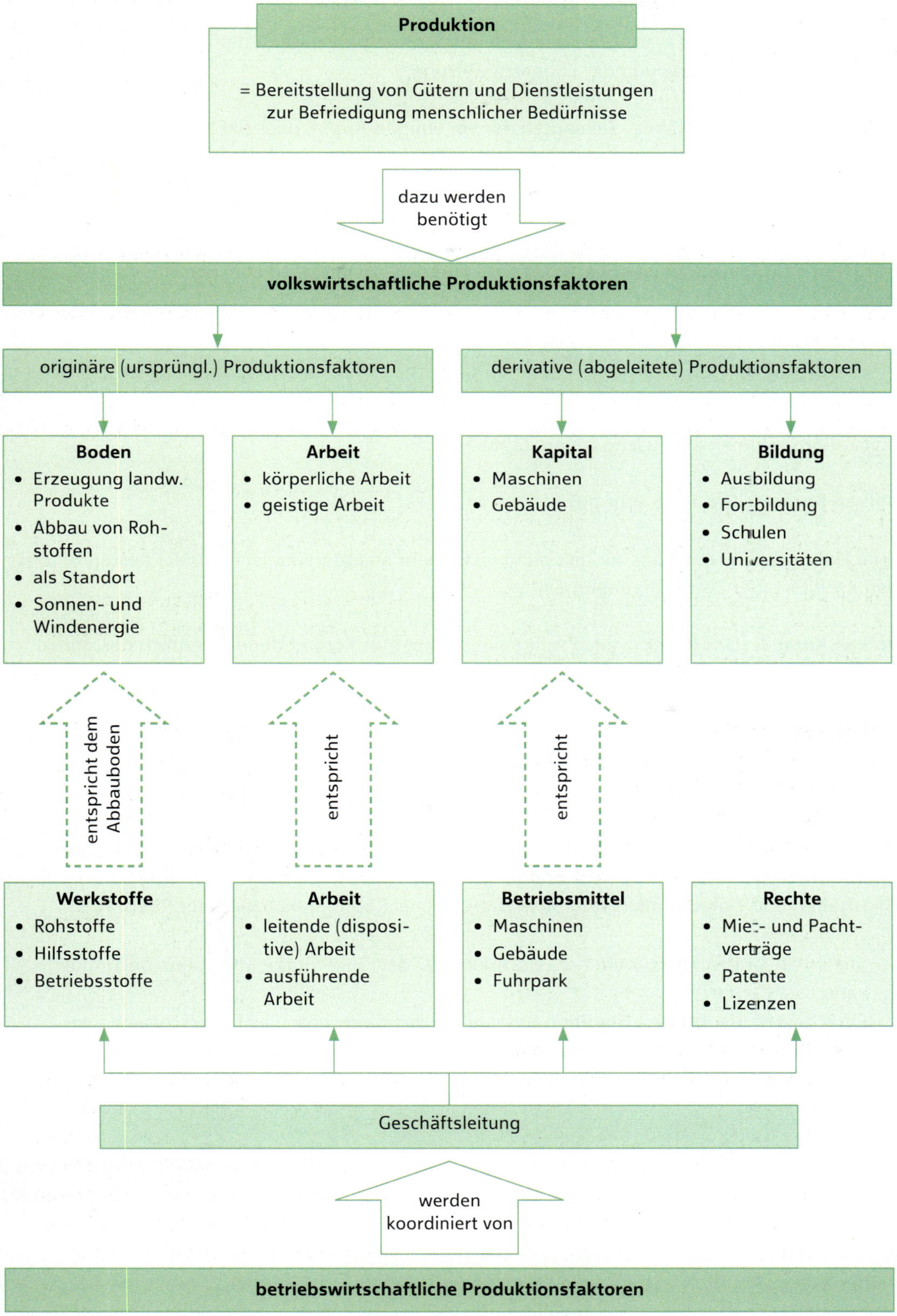

2.5 Der Wirtschaftskreislauf

EINSTIEG

Der Praktikant Volkan Karaca unterhält sich mit der Komplementärin der Hoffmann KG, Frau Hahne, über die Finanzierung der Lagererweiterung.

Volkan Karaca: „Frau Hahne, Sie sagten mir vor einigen Tagen, dass die Investition für die Lagererweiterung ein Volumen von etwa 500.000,00 € hat. Woher soll die Hoffmann KG dieses Geld nehmen?"

Frau Hahne: „Von der Rechnungswesen-Abteilung habe ich berechnen lassen, dass unser Unternehmen für Investitionen etwa 100.000,00 € in den letzten Jahren bei den Hausbanken angespart hat."

Volkan Karaca: „Reicht das denn aus? Woher soll das restliche Geld kommen?"

Frau Hahne: „Da wir durch den Bau einige Arbeitsplätze schaffen, gibt es auch ca. 10 % vom Investitionsvolumen als Zuschuss vom Staat."

Volkan Karaca: „Das ist ja sehr gut."

Frau Hahne: „Ja, somit ist es für uns dann nicht mehr so problematisch, für die Restsumme einen Kredit bei der Bank aufzunehmen."

Volkan Karaca: „Das klingt ja alles sehr sinnvoll. Aber wo kommt denn eigentlich das ganze Geld vom Unternehmen, vom Staat oder von der Bank her?"

Frau Hahne: „Das ist sehr kompliziert. Kurz gesagt, es handelt sich eigentlich um zwei Kreisläufe: den Güterkreislauf und den Geldkreislauf."

Volkan Karaca: „Das verstehe ich nicht!"

Frau Hahne: „Dann sollten Sie sich dringend darüber informieren. Die Beziehungen zwischen Haushalten und Unternehmen sind Basiswissen eines Kaufmanns bzw. einer Kauffrau ..."

1. Stellen Sie grafisch dar, woher die Hoffmann KG das Geld für die Investition bekommen kann.
2. Entscheiden Sie, ob die Investition Bestandteil des Geld- oder des Güterkreislaufs ist.
3. Nennen Sie fünf Beispiele dafür, wo zwischen Privatpersonen, den Unternehmen, dem Staat und den Banken Güter getauscht werden.

INFORMATION

Wirtschaftskreislauf mit zwei Sektoren

In einer Volkswirtschaft stehen sich verschiedene Akteure gegenüber, die alle im Tausch von Gütern oder Dienstleistungen und Geld sind. Volkswirte versuchen mit Modellen, die Realität einfacher darzustellen. Um die Beziehungen von diesen Akteuren zu vereinfachen, wird zunächst das Modell des Wirtschaftskreislaufs mit zwei Sektoren, der sogenannte **einfache Wirtschaftskreislauf** betrachtet.

Unter den zwei Sektoren sind hier (alle) Unternehmen einer Volkswirtschaft und die privaten Haushalte zu verstehen. Weitere Sektoren wie der Staat, Banken oder das Ausland sind bei dieser Modelldarstellung nicht berücksichtigt.

Wirtschaftskreislauf mit zwei Sektoren (einfacher Wirtschaftskreislauf)

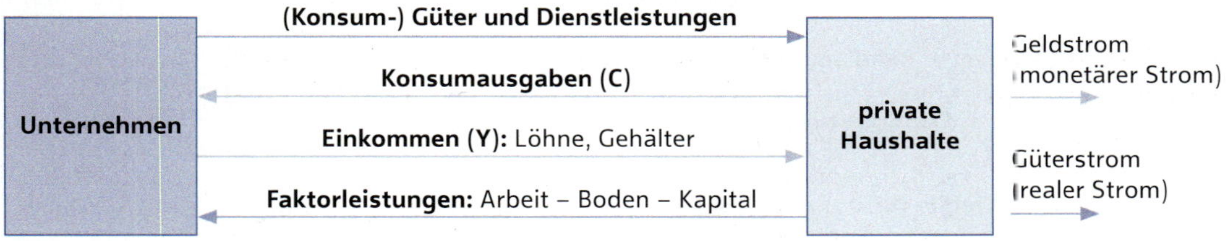

Geldstrom

Es wird zunächst der Geldstrom (monetärer Strom) betrachtet: Die privaten Haushalte erhalten von den Unternehmen Lohn, den sie für Konsumausgaben verwenden. Für die Unternehmen ist die Lohnzahlung ein Geldabfluss, während die Konsumausgaben der privaten Haushalte einen Geldzufluss für die Unternehmen darstellen.

BEISPIEL

Herr Witt ist Mitarbeiter der Fahrradproduktion der Hoffmann KG und erhält monatlich sein Gehalt. Für dieses Gehalt kauft er sich Lebensmittel und andere Güter. So hat er vor einiger Zeit ein Fahrrad bei der Hoffmann KG für seinen Sohn gekauft.

Die privaten Haushalte geben ihr gesamtes Einkommen (Y, für engl. yields) für den Konsum aus (C, für engl. consumption). Es kann dementsprechend folgende Gleichung aufgestellt werden:

$$Y = C$$

MERKSATZ

Jedem Geldstrom stehen im Wirtschaftskreislauf Güterströme in gleicher Höhe gegenüber.

Güterstrom

Beim Güterstrom (realer Strom) stellen die privaten Haushalte ihre Faktorleistungen (Arbeitskraft, Grundstücke, Kapital zur Finanzierung der Produktion) den Unternehmen zur Verfügung. Dadurch sind die Unternehmen in der Lage, Güter und Dienstleistungen zu produzieren. Die produzierten Güter und Dienstleistungen werden dann von den privaten Haushalten im Tausch mit Geld konsumiert.

BEISPIEL

Herr Witt stellt der Hoffmann KG täglich seine Arbeitsleistung zur Verfügung. Damit werden täglich mehrere Fahrräder produziert. Das vor einiger Zeit für seinen Sohn gekaufte Fahrrad ist dabei ebenfalls von ihm hergestellt worden.

Wirtschaftskreislauf mit drei Sektoren

Es ist in der Realität in der Regel nicht so, dass das gesamte Einkommen der privaten Haushalte für Konsum ausgegeben wird. Häufig wird ein Teil des Geldes gespart. Die Unternehmen produzieren nicht nur Konsumgüter, sie investieren auch in neue Produktionsgüter, um die Produktionsbedingungen zu verbessern. Der dritte Sektor, die „Vermittlungsstelle“, sind dabei die Kreditinstitute.

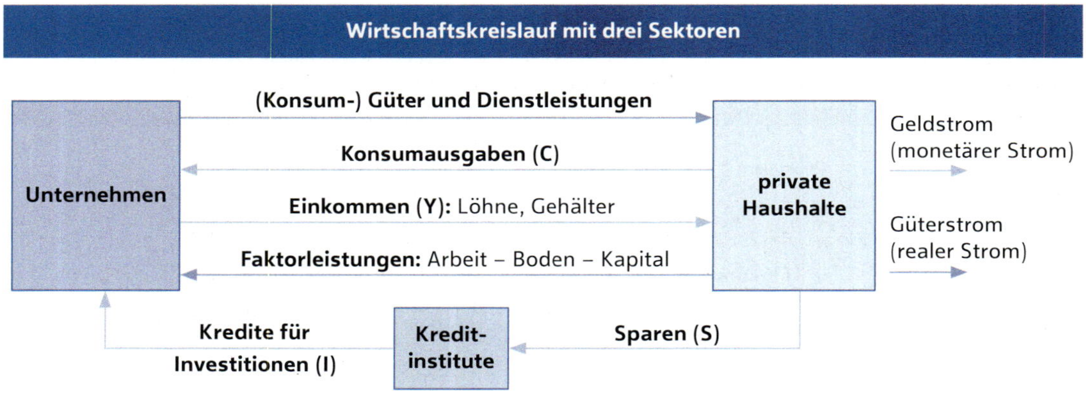

Das Modell des Wirtschaftskreislaufs mit drei Sektoren geht davon aus, dass nur so viel Geld von den Unternehmen investiert (Investition = I) werden kann, wie von den privaten Haushalten auf der anderen Seite gespart (Sparen = S) wurde. Die entsprechende Gleichung lautet also:

$$I = S$$

Bei dieser Modellbetrachtung werden die gesamten Ersparnisse von den Unternehmen zur Investition verwendet. Das führt zu einer verbesserten Produktion und schließlich zu einer Erhöhung der Gütermenge im Wirtschaftskreislauf.

MERKSATZ

Durch Sparen und Investieren wächst die Wirtschaft.

Man kann den Wirtschaftskreislauf aus Sicht der **Einkommensverwendung** betrachten. Die Gleichung ist die Antwort auf die Frage „Wie verwenden die privaten Haushalte ihr Einkommen?“ → Es wird von den Haushalten zum Konsum und zum Sparen verwendet.

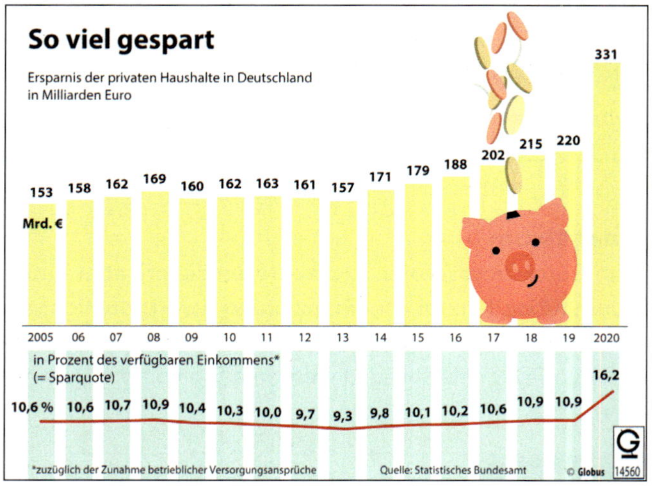

Sicht der Einkommensverwendung $Y = C + S$

BEISPIEL

Die Haushalte haben insgesamt ein Einkommen von 1000 Geldeinheiten (GE), von denen sie 10 % sparen. Somit lautet die Gleichung

$$Y = C + S \qquad 1000 = 900 + 100$$

Die Einkommen entstehen durch die Herstellung von Konsumgütern oder Investitionsgütern. Daraus ergibt sich die Sicht der **Einkommensentstehung:**

Sicht der Einkommensentstehung $\quad Y = C + I$

BEISPIEL

Die Unternehmen stellen Konsumgüter in Höhe von 900 GE her. Die „ausgefallene" Konsumgüternachfrage von 100 GE wird von den Unternehmen durch die Nachfrage von Investitionsgütern (z. B. Maschinen, Fahrzeuge) ersetzt. Die Gleichung lautet somit

$$Y = C + I \qquad 1000 = 900 + 100$$

Erweiterter Wirtschaftskreislauf

Eine große Rolle in einer Volkswirtschaft spielt der Staat. In der Bundesrepublik Deutschland wird der Sektor „Staat" repräsentiert durch den Bund, die Länder, die Gemeinden und die Sozialversicherungsträger.

Der Staat schafft mithilfe verschiedener Instrumente erst die Rahmenbedingungen für unternehmerisches Handeln. Dazu zählen beispielsweise Steuern, Abgaben, und Gebühren, Subventionen oder auch die Sozialleistungen. Beim Modell mit vier Sektoren wird auch vom geschlossenen Wirtschaftkreislauf gesprochen.

Im nachfolgenden Modell jedoch ist auch das Ausland Bestandteil des erweiterten Wirtschaftskreislaufs. In der heutigen globalisierten Welt sind Außenbeziehungen und der Außenhandel zu anderen Ländern von steigender Bedeutung (Außenbeitrag einer Volkswirtschaft). Ob bestimmte Rohstoffe oder elektronische Erzeugnisse aus anderen Industrieländern, der internationale Handel hat zur Folge, dass Güter und Dienstleistungen sowie Geld zwischen verschiedenen Volkswirtschaften getauscht werden.

MERKSATZ

Der erweiterte Wirtschaftskreislauf:

- **geschlossen**
  keine Einflüsse durch das Ausland
- **offen**
  Es findet ein außenwirtschaftlicher Austausch statt.

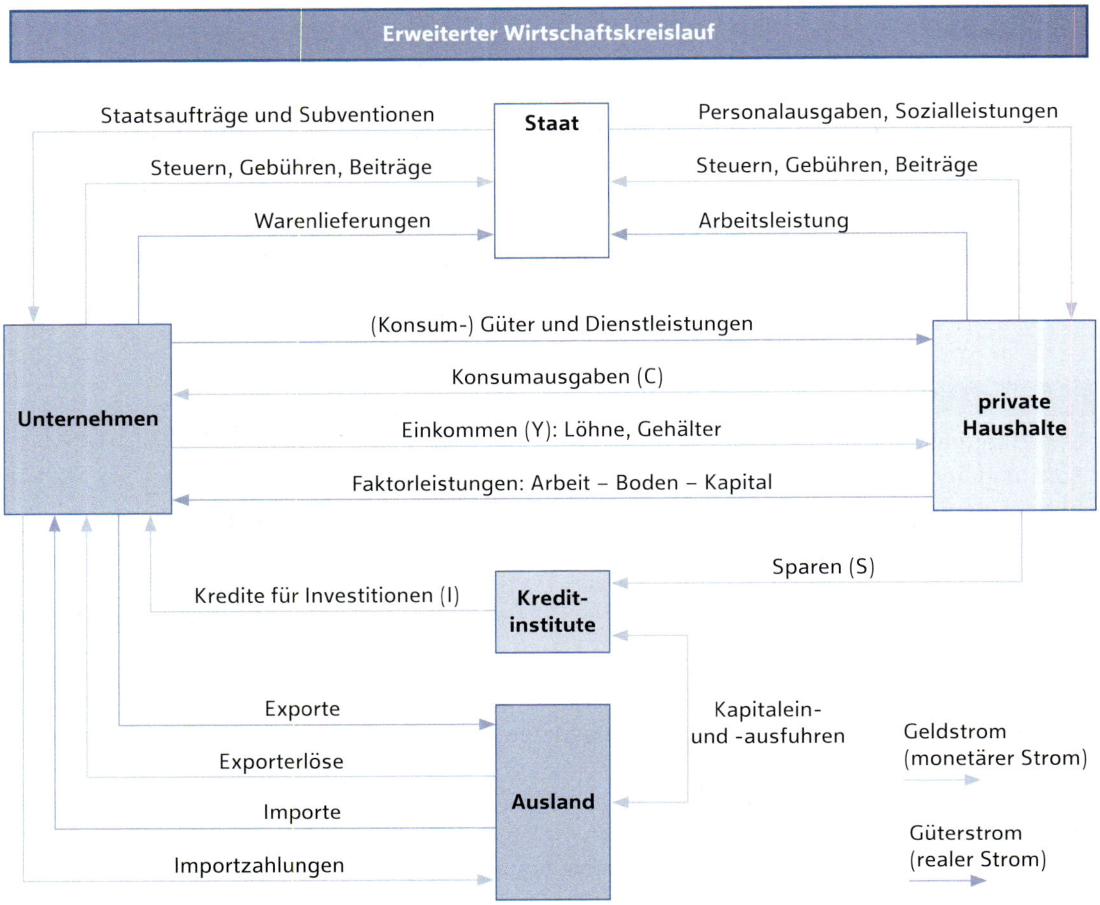

AUFGABEN

1. Das Modell des einfachen Wirtschaftskreislaufs betrachtet nicht alle Bereiche des wirtschaftlichen Lebens. Erläutern Sie, warum es auch wichtig ist, die Beziehung zum Staat und zum Ausland zu berücksichtigen. Erläutern Sie, welche Rolle die Kreditinstitute spielen.
2. Nennen Sie drei Beispiele für private Haushalte.
3. Erklären Sie die Beziehungen im einfachen Wirtschaftskreislauf, die zwischen den privaten Haushalten und den Unternehmen bestehen, mit eigenen Worten.
4. Welche Auswirkungen hätte es, wenn die Konsumausgaben der privaten Haushalte zurückgehen?
5. Führen Sie die Vorteile einer offenen Volkswirtschaft im Vergleich zur geschlossenen Volkswirtschaft auf.
6. Nennen Sie die Beziehungen im erweiterten Wirtschaftskreislauf zwischen:
   a) Unternehmen und Staat
   b) Unternehmen und Ausland
   c) Staat und privaten Haushalten
7. Zwischen dem Staat und den privaten Haushalten findet ein **Geldstrom** statt. Nennen Sie je zwei Beispiele für beide Richtungen.
8. Wenn mehr Güter exportiert als importiert werden, liegt ein Exportüberschuss vor. Zeigen Sie die Auswirkungen auf die inländischen Einkommen.

9. Beschreiben Sie die Möglichkeit, die dem Staat zur Verfügung steht, wenn er feststellt, dass seine Ausgaben (für Transferzahlungen, bezogene Sach- und Dienstleistungen, Gehälter für Angestellte und Beamte u. a.) seine Einnahmen (direkte und indirekte Steuern, Gebühren, Beiträge u. a.) dauerhaft übersteigen?
10. In einer geschlossenen Volkswirtschaft mit staatlicher Aktivität gelten folgende Angaben:
    - Die Einkommen der privaten Haushalte aus erbrachten Arbeitsleistungen in den Unternehmen betragen 500 000 GE (Geldeinheiten).
    - Seitens der privaten Haushalte werden 85 000 GE an Steuern gezahlt, die Unternehmen zahlen 55 000 GE Steuern.
    - An Subventionen und Ausgaben des Staates für Sachgüter und Dienstleistungen werden 90 000 GE gezahlt.
    - Die privaten Haushalte geben 385 000 GE für ihren Konsum aus.
    - Die Sozialleistungen des Staates betragen 33 000 GE, die Personalausgaben betragen 17 000 GE.
    - Das verbliebene Einkommen der privaten Haushalte wird gespart und den Unternehmen für Investitionen zur Verfügung gestellt.

Erstellen Sie ein Schaubild (Wirtschaftskreislauf), in das Sie die Beziehungen (Geldströme) mit den angegebenen Werten eintragen. Berechnen Sie dabei auch die fehlenden Werte, damit sich der Wirtschaftskreislauf auch im Gleichgewicht befindet.

ZUSAMMENFASSUNG

einfacher Wirtschaftkreislauf

Sektoren: Unternehmen und private Haushalte

Geldstrom
→ monetärer Strom (Lohn für Arbeit, Ausgaben für den Konsum)

Güterstrom
→ realer Strom (Arbeit, Boden, Kapital, Kosumgüter)

Jedem Güterstrom stehen im Wirtschaftskreislauf Geldströme in gleicher Höhe gegenüber.

erweiterter Wirtschaftkreislauf

Sektoren: Unternehmen, private Haushalte, Kreditinstitute, Staat, Ausland*

geschlossener Wirtschaftskreislauf
→ kein Einfluss des Auslands auf die Volkswirtschaft

offener Wirtschaftskreislauf
→ Es findet ein außenwirtschaftlicher Austausch statt.

* Der Sektor „Ausland“ besteht nur bei einem offenen Wirtschaftskreislauf.

2.6 Die Arbeitsteilung

EINSTIEG

Es ist Frühjahr und die Nachfrage nach Fahrrädern hat saisonbedingt stark zugenommen. Leider ist ausgerechnet jetzt bei der Hoffmann KG der Krankenstand in der Fahrradproduktion sehr hoch. Ekkehard Klante, Leiter des Funktionsbereichs Fahrradproduktion, beauftragt den Auszubildenden Dominik Schlote damit, Herrn Roland Matthes, Leiter des Funktionsbereichs Textilproduktion, zu fragen, ob er für die kommende Woche zehn seiner Beschäftigten entbehren kann, damit die Fahrradproduktion gewährleistet ist.

Dominik ist sich nicht sicher, ob das die beste Lösung für das Problem ist ...

1. Versuchen Sie nachzuvollziehen, warum Dominik Schlote Bedenken hat.
2. Schlagen Sie eine Lösung für den drohenden Produktionsausfall vor.

INFORMATION

Entwicklung der Arbeitsteilung

Arbeitsteilung hat es schon sehr früh gegeben. Die älteste Arbeitsteilung ist die zwischen Mann und Frau. So war es in der Steinzeit üblich, dass der Mann Jäger und Sammler war und die Frau sich auf Haus- und Feldarbeit konzentriert hat. Dies war eine Selbstversorgungswirtschaft innerhalb der Familie.

Klassische Arbeitsteilung in der Steinzeit

Die ersten höheren Kulturen gab es im Nahen Osten (Irak, Palästina, Ägypten). Hier entstand mit Jericho bereits zwischen 8000 und 6000 v. Chr. die erste Stadt. Die Arbeitsteilung und die Bildung von Berufen setzten ein (**berufliche Arbeitsteilung**). So haben sich bereits bis ins Mittelalter Berufe wie der Schreiner, der Schmied oder der Schneider gebildet, die überwiegend im Handwerk angesiedelt waren. Bei dieser ersten Berufsbildung hat jedes Mitglied eines Dorfes/einer Gemeinschaft den Beruf ausgeübt, bei dem es besonders talentiert war.

Mit dem weiter fortschreitenden technischen Fortschritt und den damit immer komplizierteren und umfangreicheren Tätigkeiten in einem Beruf gab es eine **Berufsspaltung**. So musste ein Schmied nicht nur ein Eisen bearbeiten, sondern auch feinere Arbeiten ausführen. Nun gab es nicht nur den Schmied, sondern auch Hufschmied, Waffenschmied, Goldschmied usw. Ähnliche Berufsspaltungen hat es auch in anderen Berufen gegeben, die bis in die heutige Zeit stattfinden.

Abteilung des Rechnungswesens, in der die Ein- und Ausgangsrechnungen bearbeitet und geprüft werden

Neben der beruflichen Arbeitsteilung, die sich mit den Spezialisierungen des Menschen beschäftigt, legt die **betriebliche Arbeitsteilung** den Fokus auf das Unternehmen. So findet innerhalb eines Betriebs eine Arbeitszerlegung statt, wenn etwa die Produktion in unterschiedliche Teilprozesse eingeteilt wird. Die entsprechenden Arbeitnehmer in den Teilprozessen sind nur auf diese speziellen Aufgaben ausgebildet. Die Fließbandarbeit ist beispielsweise eine Folge dieser Arbeitszerlegung. Eine weitere betriebliche Arbeitsteilung ist die Bildung von Abteilungen (innerbetriebliche Arbeitszerlegung). So nimmt jede Abteilung und damit jede Mitarbeiterin und jeder Mitarbeiter der Abteilung unterschiedliche Aufgaben innerhalb der Wertschöpfungskette wahr. Auch überbetrieblich ist eine Arbeitszerlegung möglich. Hier finden Teilprozesse der Produktion in wirtschaftlich selbstständigen Produktionsstätten statt, das heißt, ein Unternehmen bildet Unterfirmen, um dort zu produzieren.

Volkswirtschaftliche Arbeitsteilung

Um die Arbeitsteilung nach volkswirtschaftlichen Gesichtspunkten zu betrachten, sind die verschiedenen **Wirtschaftssektoren** von Bedeutung, in denen die Unternehmen agieren.

Der **Primärsektor** (Urproduktion) umfasst den Abbau von Bodenschätzen und die Gewinnung natürlicher Rohstoffe.

BEISPIELE

- Land- und Forstwirtschaft
- Fischerei
- Bergbau
- Betriebe der Öl- und Gasgewinnung

Der **Sekundärsektor** (Weiterverarbeitung) verarbeitet in der Regel die vom Primärsektor erzeugten bzw. abgebauten Produkte weiter. Zum Sekundärsektor gehören Betriebe aus Industrie und Handwerk.

BEISPIELE

- verarbeitendes Gewerbe
- Energie- und Wasserversorgung
- Baugewerbe
- Handwerk

Der **Tertiärsektor** (Dienstleistungen) ist dafür zuständig, die erzeugten Waren dem Endverbraucher zuzuführen oder weitere Dienstleistungen anzubieten.

BEISPIELE

- Handel
- Verkehr, Logistik
- Kreditinstitute
- Versicherungen
- öffentliche Haushalte (Staat, Gemeinden ...)

In der Literatur wird manchmal auch noch der Quartiärsektor genannt, der die Hochtechnologie und Informationsverarbeitung umfasst.

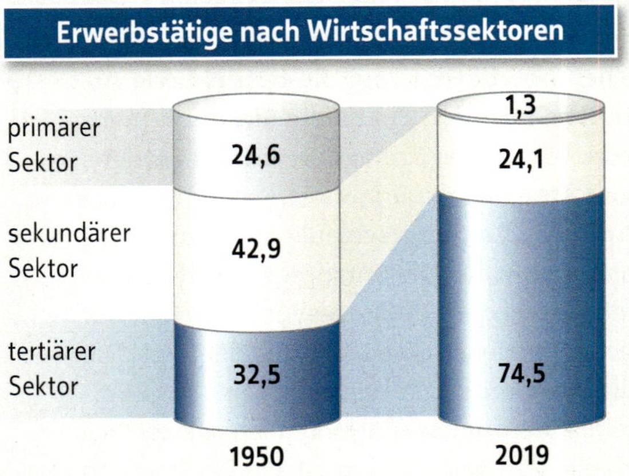

Eigene Darstellung nach Zahlen von: Destatis, Statistisches Bundesamt: Erwerbstätige im Inland nach Wirtschaftssektoren Deutschland 1950–2019. 27.02.2020.

In der Wirtschaft hat in den letzten Jahrzehnten ein starker Strukturwandel stattgefunden. Während in den Nachkriegsjahren des Zweiten Weltkriegs noch etwa 25 % der Erwerbstätigen im Primärsektor tätig waren, sind es heute noch etwa 1 %. Auch das produzierende Gewerbe (Sekundärsektor) hat von ca. 43 % um 1950 heute noch einen Anteil von ca. 30 % (produzierendes Gewerbe und Baugewerbe). Anteile gewonnen hat hingegen der Dienstleistungssektor, der 1950 noch bei ca. 33 % lag und heute bei rund 75 % (öffentliche und private Dienstleister, Finanzierung, Handel, Gastgewerbe und Verkehr).

Auch zwischen den Volkswirtschaften findet eine Arbeitsteilung statt. Die **internationale Arbeitsteilung** ist notwendig, da nicht alle Güter und/oder Dienstleistungen im Land ausreichend vorhanden sind. Andere Motive sind günstigere Produktionsmöglichkeiten im Ausland (z. B. niedrigere Lohnkosten in der Textilproduktion in Asien) oder niedrigere Preise von bestimmten Gütern im Ausland.

Der Welthandel und die Weltwirtschaftsleistung sind seit 1950 stark gestiegen. Die Steigerung des Welthandels ist auch dadurch begründet, dass große Volkswirtschaften wie China oder Indien in den letzten Jahren ihre Wirtschaftsleistung stark erhöhen konnten. Dies war unter anderem auch durch erhöhten Außenhandel möglich.

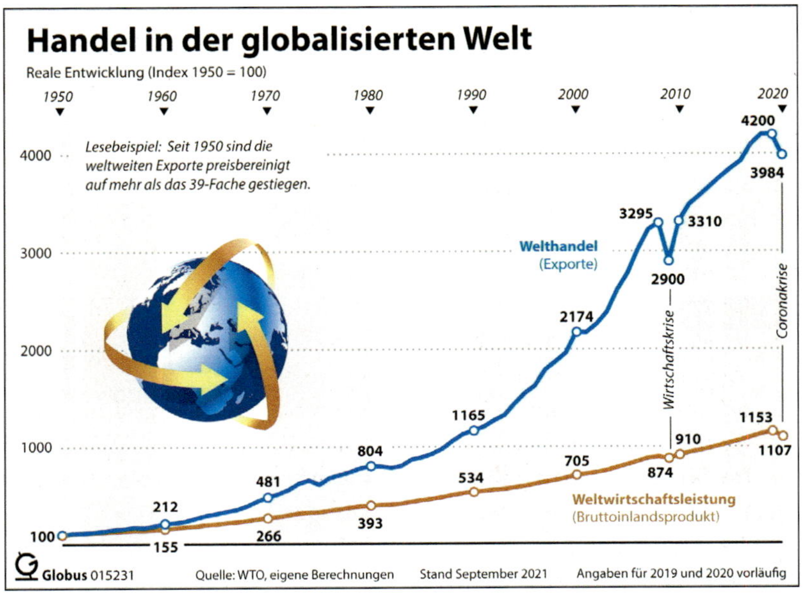

Der Welthandel hatte 2008 und 2009 einen Rückgang zu verzeichnen. Dies war die Folge einer Weltwirtschaftskrise. Seit 2010 ist der Trend im Welthandel wieder steigend, da viele Länder ihre Wirtschaftsleistung und ihren Außenhandel wieder erhöhen konnten. Abzuwarten bleibt, wie schwerwiegend sich die Corona-Krise auf den Welthandel auswirkt. Ab 2022 wird sich vermutlich der Krieg in der Ukraine negativ auf den Welthandel auswirken.

Auswirkungen der Arbeitsteilung

Es ist im Laufe dieses Kapitels bereits viel über die Vorteile der Arbeitsteilung berichtet worden. Verbesserungen in den Arbeitsprozessen oder eine steigende Produktivität sind dabei zu nennen. Es gibt aber auch negative Effekte für eine Volkswirtschaft, für den Betrieb oder für jeden Menschen individuell. Nachfolgend werden die Vor- und Nachteile für die einzelnen Bereiche aufgeführt:

Mögliche Auswirkungen auf die Volkswirtschaft		Mögliche Auswirkungen auf Betriebe		Mögliche Auswirkungen auf Beschäftigte	
Vorteile	**Nachteile**	**Vorteile**	**Nachteile**	**Vorteile**	**Nachteile**
• Versorgung des Landes • Güteraustausch erhöht die Arbeitsproduktivität • preiswertere Güter • internationale Kontakte (auch in anderen Bereichen) • höhere Produktvielfalt	• Abhängigkeit von anderen Ländern • Mögliche Verschuldung gegenüber dem Ausland • Über- oder Unterproduktionen sind möglich	• gute Auslastung der Maschinen • höhere Produktivität bei den Beschäftigten • erhöhte Gewinne durch Rationalisierung • bessere Produktqualität	• geringere Motivation der Beschäftigten • Fachkräfte zum Teil nicht verfügbar • erhöhter Krankenstand	• sicherer Umgang mit den Aufgaben • höheres Einkommen • gegebenenfalls kürzere Arbeitszeiten (mehr Freizeit) • Aufbau von Spezialwissen	• monotone Arbeit • höherer Krankenstand durch einseitige Beanspruchung • Konkurrenzkampf • Wegfall von Arbeitsplätzen durch Rationalisierung • fehlender Überblick des Einzelnen

AUFGABEN

1. Schildern Sie mit eigenen Worten die Entwicklung der Arbeitsteilung von der Steinzeit bis heute.
2. Geben Sie drei Beispiele von Berufsbildungen (z. B. Schmied) und geben Sie beispielhaft eine Spaltung der ausgewählten Berufe an (z. B. Hufschmied, Waffenschmied, Goldschmied usw.).
3. Nennen Sie drei Branchen, in denen Fließbandarbeit durchgeführt wird. Worin bestehen hier die Vor- und die Nachteile für den Betrieb und die Beschäftigten?
4. Machen Sie Vorschläge, welche Arbeitsteilungen beim Prozess der Fahrradherstellung bei der Hoffmann KG von eigenen Beschäftigten bzw. externen Unternehmen durchgeführt werden könnten.
5. Deutschland hat einen hohen Außenhandelsüberschuss. Führen Sie Vorteile auf, die der Außenhandel der deutschen Volkswirtschaft bringt.
6. Erläutern Sie zwei Beispiele, bei denen es aufgrund von Außenhandelsbeziehungen zu Abhängigkeiten zwischen zwei Ländern gekommen ist.
7. Erkunden Sie, welche Berufe Sie in Ihrem Praktikumsbetrieb vorfinden.
8. Erkunden Sie, welche Arbeitsteilungen beim Produktionsprozess bzw. im Dienstleistungsbereich Ihres Praktikumsbetriebs von eigenen Beschäftigten bzw. externen Unternehmen durchgeführt werden könnten.

ZUSAMMENFASSUNG

Arbeitsteilung

Entwicklung der Arbeitsteilung

einfache Arbeitsteilung
- innerhalb der Familie zwischen Mann und Frau

berufliche Arbeitsteilung
- Berufsbildung: Es haben sich Berufe gebildet.
- Berufsspaltung: Aus den gebildeten Berufen erfolgte eine weitere Spaltung.

betriebliche Arbeitsteilung
Arbeitszerlegung:
- innerhalb des Betriebs Zerlegung in Teilprozesse (z. B. Abteilungsbildung)
- überbetriebliche Zerlegung der Teilprozesse in wirtschaftlich selbstständigen Produktionsstätten

Volkswirtschaftliche Arbeitsteilung

Strukturwandel von der Produktionsgesellschaft zur Dienstleistungsgesellschaft

Wirtschaftssektoren
- Primärsektor (Urproduktion)
- Sekundärsektor (Weiterverarbeitung)
- Tertiärsektor (Dienstleistungen)

internationale Arbeitsteilung
- Güteraustausch
- Motive: Nicht ausreichend Güter/Dienstleistungen im Land, günstigere Produktion, niedrigere Güterpreise
- stetig steigender Welthandel

Auswirkungen der Arbeitsteilung

positive Effekte
- volkswirtschaftlich
- betrieblich
- individuell

negative Effekte
- volkswirtschaftlich
- betrieblich
- individuell

2.7 Einflussgrößen auf die Preisgestaltung

EINSTIEG

Herr Hetzel, Leiter der Abteilung Beschaffung der Hoffmann KG, bekommt am Morgen folgenden Artikel vorgelegt:

> Die internationalen Baumwollpreise liegen seit Beginn des Jahres 2019 in einem deutlichen Aufwärtstrend. Dass die Preise so steigen, liegt vor allem an immer geringeren Rohstoffvorräten und daran, dass weltweit ein großes Kaufinteresse an Baumwolle besteht. Wirtschaftsfachleute gehen davon aus, dass zu Beginn des Jahres 2020 seit Langem zum ersten Mal die Marke von 0,70 USD pro lb (sprich: Pfund; 1 lb = 0,454 kg) überschritten wird. Voraussagen (Prognosen) zufolge wird sich dieser Preis in den folgenden Monaten auf dieser Höhe einpendeln, denn die Baumwollproduzenten (= Hersteller) liefern geringere Mengen, aber die Konsumenten haben ein ansteigendes Interesse am Kauf der Baumwolle. Die Fachleute erwarten, dass die Lagerbestände weltweit stark zurückgehen.

1. Erläutern Sie, was Sie unter einem Markt verstehen.
2. Erläutern Sie, warum der Preis von Baumwolle steigt.
3. Beschreiben Sie Folgen der Preissteigerung des Weltmarktpreises für Baumwolle für die Hoffmann KG.

INFORMATION

Bei der Festlegung der Verkaufspreise muss der Unternehmer die Kostensituation seines Unternehmens berücksichtigen. Grundsätzlich müssen die Verkaufspreise langfristig die Gesamtkosten (Einstandspreise zuzüglich Handlungskosten) des Unternehmens decken.

Jeder Unternehmer muss bei der Preisgestaltung eine innerbetriebliche Kostensituation beachten. Aber auch außerbetriebliche Einflussgrößen sind wichtig. Zu den außerbetrieblichen Einflussgrößen gehören:

- die Preisempfehlungen der Hersteller
- das verfügbare Einkommen bzw. die Kostensituation der Kunden
- das Verhalten der Kunden
- die Konkurrenzsituation
- die gesamtwirtschaftliche Entwicklung (Marktformen und Konjunktur)
- gesetzliche Bestimmungen, z. B. Regelungen des Gesetzes gegen den unlauteren Wettbewerb

Preisempfehlungen des Herstellers

DEFINITION

Preisempfehlungen des Herstellers sind Empfehlungen an den Handel, seine Waren zu diesen Preisen zu verkaufen. Der Händler ist an diese Empfehlungen nicht gebunden. Sie sind unverbindlich.

Unverbindliche Preisempfehlungen des Herstellers sind gesetzlich zulässig. Eine verbindliche Preisbindung durch den Hersteller ist gesetzlich nur bei Verlagserzeugnissen sowie bei verschreibungspflichtigen Pharmaerzeugnissen erlaubt.

Verfügbares Einkommen der Kunden

Das verfügbare Einkommen sowie die Kosten der Kunden beeinflussen die Preise eines Betriebes. Wenn der Kundenkreis beispielsweise eines Einzelhandelsbetriebes nur über ein geringes Einkommen verfügt, wird der Einzelhandelsbetrieb in erster Linie Waren der unteren Preislage führen.

Verhalten der Kunden

Das Verhalten der Kunden auf Preisänderungen ist abhängig von der Art der Waren. Bei Waren des Grund- und Gewohnheitsbedarfs (z. B. Fleisch, Gemüse, Milch) und Produktionsgütern reagieren Kunden wesentlich stärker auf Preisänderungen als bei Prestigewaren (z. B. Schmuck, Pelzwaren) oder Waren des Hobbybedarfs. Damit eignen sich Waren des Grund- und Gewohnheitsbedarfs eher für Preisaktionen als Prestige- und Luxusprodukte.

Konkurrenzsituation

Die Preispolitik eines Unternehmens wird von der Konkurrenzsituation (= Wettbewerbssituation) auf dem Markt beeinflusst.

DEFINITION

In der Betriebswirtschaft ist ein **Markt** das Aufeinandertreffen von Angebot und Nachfrage nach einem Gut oder einer Dienstleistung.

Die Hauptaufgabe des Markts ist es, das Angebot und die Nachfrage auszugleichen. Ein Hauptinstrument dabei ist der Preis.

Unternehmen machen ihre preispolitischen Maßnahmen oft von den erwarteten Preisreaktionen der Konkurrenten (Mitwettbewerber) abhängig. Sie verzichten teilweise auf Maßnahmen der Preispolitik, wenn sie damit rechnen, dass ihre Konkurrenten eine Preissenkung auch durchführen, um ihren Marktanteil zu halten.

Marktformen

Auf einem Markt können Waren von vielen, wenigen oder nur einem Anbieter angeboten und von vielen, wenigen oder nur einem Nachfrager nachgefragt werden. Typische **Marktformen** für Industriebetriebe sind das Angebotsoligopol sowie das Nachfrageoligopol.

		Marktformen nach Zahl der Teilnehmer		
		Zahl der Anbieter		
		einer	wenige	viele
Zahl der Nachfrager	einer	zweiseitiges Monopol	beschränktes Nachfragemonopol	Nachfragemonopol
	wenige	beschränktes Angebotsmonopol	zweiseitiges Oligopol	Nachfrageoligopol
	viele	Angebotsmonopol	Angebotsoligopol	Polypol

Monopol

Ein Monopol ist immer dann gegeben, wenn es entweder nur einen Anbieter oder nur einen Nachfrager (oder einen Anbieter und einen Nachfrager) gibt. Mögliche Monopole können staatliche Monopole sein (z. B. Stadtwerke), gesetzliche Monopole (etwa durch den Schutz von Patenten) oder natürliche Monopole durch die besondere geografische Lage (z. B. Diamantenvorkommen in Afrika).

- Beim **Angebotsmonopol** besteht aufgrund der hohen Marktmacht der Anbieter eine Tendenz (= Entwicklung) zu hohen Preisen.
- Beim **Nachfragemonopol** besteht aufgrund der hohen Marktmacht der Nachfrager eine Tendenz zu niedrigen Preisen.

Oligopol

Befinden sich nur wenige Anbieter oder wenige Nachfrager auf dem Markt, so wird von einem Oligopol gesprochen. Ein Oligopolist hat einen vergleichsweise hohen Marktanteil und dadurch immer noch eine hohe Marktmacht. Beim Angebotsoligopol ist der Marktanteil eines Anbieters so groß, dass seine preispolitischen Maßnahmen den Absatz der Mitanbieter fühlbar beeinflussen. In diesem Fall muss der Anbieter damit rechnen, dass seine Mitanbieter seine preispolitischen Maßnahmen mit Gegenmaßnahmen (z. B. ebenfalls mit Preissenkungen) beantworten.

Polypol

Wenn einer großen Zahl von Anbietern eine große Zahl von Nachfragern gegenübersteht, spricht man von einem Polypol. Es herrscht eine sogenannte **vollständige Konkurrenz**. Bei der vollständigen Konkurrenz ist der Einfluss des einzelnen Anbieters auf das Zustandekommen des Marktpreises so gering, dass von ihm vorgenommene Preisänderungen keine Auswirkungen auf die Mitwettbewerber haben.

Konjunktur

Neben Wetterlagen oder neuen Technologien beeinflusst auch die Konjunktur den Preis. Dies lässt sich durch die vier Phasen des Konjunkturzyklusses verdeutlichen:

- In Phase 1, dem **Aufschwung**, findet eine Erholung und/oder eine Expansion (Ausweitung) statt, die Preise steigen und auch das Angebot.
- In der Phase 2, der **Hochkonjunktur** oder dem Boom, sind alle Produktionsfaktoren ausgelastet, die Nachfrage ist höher als die Produktionsmenge, die Preise steigen noch langsam, das Angebot stagniert. Es verändert sich also nicht.
- Im **Abschwung** (Phase 3) kommt es zu einem Rückgang der Nachfrage und des Angebotes, weil hohe Preise und hohe Zinsen die Wirtschaft „gebremst“ haben (= Rezession). Nun werden die Preise fallen.
- In der Phase 4 des **Tiefstands** bzw. der Depression ist der Tiefpunkt im Konjunkturzyklus erreicht. Es herrschen Massenarbeitslosigkeit, ein niedriger Investitionswille und wenig Konsum bzw. Nachfrage. Hier ist auch der Tiefpunkt der Preise erreicht. Nun folgt wieder Phase 1.

Die Preisbildung auf dem Vollkommener Markt

Bei der Preisbildung spielen sehr viele Einflussgrößen eine Rolle. Grundsätzlich ist der Preis ein Zusammenspiel von Angebot und Nachfrage.

> MERKSATZ
>
> Angebot und Nachfrage regeln den Preis.

Eine wichtige Einflussgröße bei der Preisbildung ist die Anzahl der Marktteilnehmer. Im Folgenden wird die Preisbildung auf dem **vollkommenen Markt** (vollständige Konkurrenz) betrachtet. Ein vollkommener Markt ist in einem Polypol gegeben. Das heißt, es existieren sehr viele Anbieter und sehr viele Nachfrager.

In der volkswirtschaftlichen Theorie werden weitere Annahmen für eine vollkommenen Markt getroffen, um die sehr viel komplexere Wirklichkeit der Preisbildung in einem Modell zu veranschaulichen.

Merkmale des vollkommenen Marktes

- Sämtliche Marktteilnehmer (Anbieter und Nachfrager) haben völlige Markttransparenz (Marktübersicht).
- Die Produkte sind homogen, das heißt, sie unterscheiden sich nicht in Art, Aufmachung oder Qualität.

- Sämtliche Reaktionen der Marktteilnehmer auf veränderte Marktsituationen treten sofort, ohne zeitliche Verzögerung ein.
- Es gibt keine räumlichen und zeitlichen Unterschiede, das heißt, Anbieter und Nachfrager treffen sich am selben Ort zur selben Zeit (Punktmarkt).
- Die Marktteilnehmer haben keine Präferenzen (Vorlieben) in Bezug auf die Person (z. B. freundlich/unfreundlich), auf die Sache (z. B. besserer Service), auf die Zeit (z. B. unterschiedliche Öffnungszeiten) oder auf den Raum (z. B. der „Laden nebenan").

BEISPIEL

Auf dem Wochenmarkt weiß Frau Schlaumann genau, wie hoch an den einzelnen Ständen die Gemüsepreise sind. Ihr ist auch bekannt, dass alle Gemüsehändler die gleiche Qualität anbieten. Sie hat auch keine Vorlieben oder Sympathien gegenüber einem Händler. Heute will sie 20 kg Kartoffeln kaufen und geht zufällig zu einem Händler. Diese erhöhte Nachfrage hätte auf einem vollkommenen Markt direkt eine Preiserhöhung der Kartoffeln zur Folge.

In der Wirklichkeit ist es natürlich nicht so, dass die Merkmale des vollkommenen Markts immer gegeben sind. Der Käufer hat in der Regel Präferenzen (= Vorlieben) und kann nicht immer den ganzen Markt überblicken. Außerdem unterscheiden sich die Produkte durchaus in der Qualität, sie sind also nicht homogen (= nicht gleich in der Qualität). Der Kauf auf dem Wochenmarkt hat auch keinen direkten Preisanstieg zur Folge.

Anbieter- und Nachfrageverhalten im vollkommenen Markt

Die Nachfrager der privaten Haushalte handeln nach dem Prinzip der **Nutzenmaximierung**. Dies bedeutet, dass die Nachfrager eine größtmögliche Bedürfnisbefriedigung mit ihrem begrenzten Einkommen erreichen wollen. Daher sind sie bestrebt, ihre Einkäufe so günstig wie möglich zu tätigen. Daraus folgt:

- Je höher der Preis, desto niedriger ist die Nachfrage.
- Je niedriger der Preis, desto höher ist die Nachfrage.

Die Anbieter, das heißt die Unternehmen, verfolgen das Ziel der **Gewinnmaximierung**. Sie möchten daher ihre Waren und Dienstleistungen so hoch wie möglich anbieten. Daraus folgt:

- Je höher der Preis, desto größer ist das Angebot.
- Je niedriger der Preis, desto geringer ist das Angebot.

BEISPIEL

Die Hoffmann KG hat das Anbieter- und Nachfrageverhalten auf dem Baumwollmarkt analysiert. Dabei wurden in Bezug auf das wöchentliche Angebot und die wöchentliche Nachfrage auf dem deutschen Markt folgende Werte ermittelt:

Preis in US-$	Nachfragemenge in 1 000 lb (Pfund)	Angebotsmenge in 1 000 lb (Pfund)
0,30	98	10
0,40	90	20
0,50	83	30
0,60	75	40
0,70	68	50
0,80	60	60
0,90	53	70
1,00	45	80
1,10	38	90
1,20	30	100

Dieser Zusammenhang lässt sich auch grafisch in einem Koordinatensystem darstellen:

Im Koordinatensystem ist zu erkennen, wo der Gleichgewichtspreis und die Gleichgewichtsmenge sind, nämlich genau dort, wo sich Angebotskurve und Nachfragekurve schneiden (Marktgleichgewicht). Alle Anbieter auf dem deutschen Markt, die bereit sind, zum Gleichgewichtspreis von 0,80 US-$ ihre Baumwolle zu verkaufen, können ihre gesamte Produktion absetzen. Ebenso können bei diesem Preis alle Nachfrager, die bereit sind, den Preis zu zahlen, ihre gewünschte Menge Baumwolle kaufen. Es wird auch davon gesprochen, dass für die Anbieter und Nachfrager im vollkommenen Markt der **Preis ein Datum** ist. Dies bedeutet, dass weder Anbieter noch Nachfrager direkten Einfluss auf den Preis ausüben können.

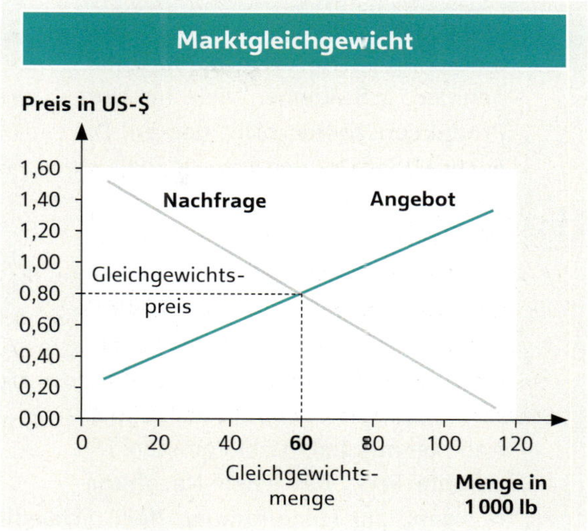

Anbieter- und Nachfrageverhalten abseits des Gleichgewichtspreises

- **Angebotsüberhang**
  Was passiert mit den Anbietern, die Baumwolle zum höheren Preis, z. B. für 1,20 US-$, anbieten? Was passiert mit den Nachfragern, die bereit wären, einen höheren Preis zu zahlen (z. B. 1,20 US-$)? Dieser Sachverhalt ist auf der untenstehenden Grafik dargestellt.

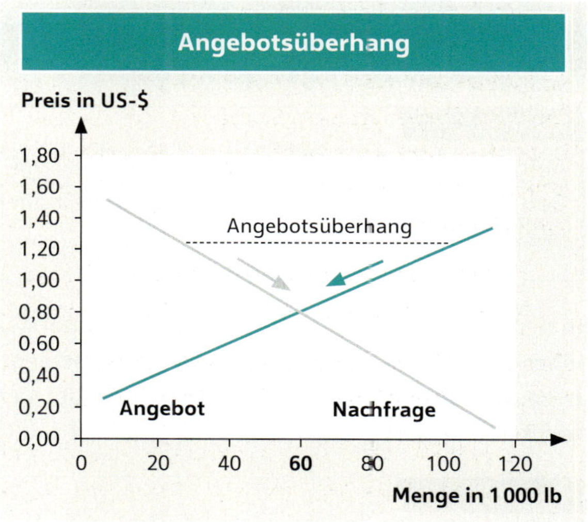

  Bei einem Preis von 1,20 US-$ sind 100.000 lb im Angebot, weil bei diesem hohen Preis deutlich mehr Unternehmen Baumwolle anbieten würden. Auf der anderen Seite steht nur eine nachgefragte Menge von 30.000 lb. Daraus ergibt sich ein Überangebot (Angebotsüberhang/Nachfragelücke) in Höhe von 70.000 lb. Diese Mengen werden die Unternehmen zu dem Preis nicht verkaufen können. Sie müssen die Preise senken (blauer Pfeil). Die Preissenkung hat zur Folge, dass mehr und mehr nachgefragt wird (grauer Pfeil). Schließlich treffen sich die Angebots- und Nachfragemenge wieder im Marktgleichgewicht.

- **Nachfrageüberhang**
  Was passiert mit den Anbietern, die Baumwolle zum niedrigeren Preis, z. B. für 0,40 US-$, anbieten? Was passiert mit den Nachfragern, die nur bereit wären, einen niedrigeren Preis zu zahlen (z. B. 0,40 US-$)? Dieser Sachverhalt ist auf der untenstehenden Grafik dargestellt.

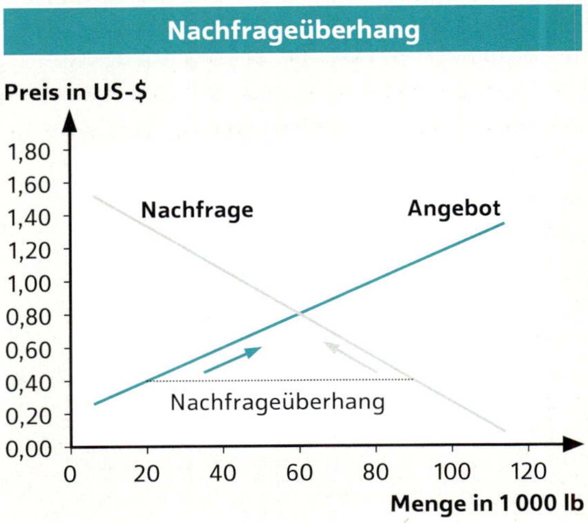

Bei einem Preis von 0,40 US-$ werden nur 20.000 lb von den Unternehmen angeboten, weil dieser Preis deutlich zu niedrig ist für die meisten Unternehmen, z. B. können viele hier ihre Produktionskosten nicht decken. Die nachgefragte Menge beträgt zugleich 90.000 lb. Daraus ergibt sich eine deutlich höhere Nachfrage, als angeboten wird (Nachfrageüberhang/Angebotslücke), in Höhe von 70.000 lb. Durch den Nachfrageüberhang werden die Unternehmen die Preise erhöhen (blauer Pfeil), wodurch mehr Anbieter auf den Markt kommen. Der erhöhte Preis hat einen Nachfragerückgang zur Folge (grauer Pfeil). Schließlich treffen sich die Angebots- und Nachfragemenge wieder im Marktgleichgewicht.

Änderungen der Angebotssituation

Auf den Märkten kommt es aufgrund verschiedenster Einflüsse häufig zu Veränderungen des Angebots oder der Nachfrage. Zunächst geht es um Angebotsverschiebungen.

BEISPIEL

Aufgrund einer weltweit günstigen Wetterlage ist die Baumwollernte sehr gut ausgefallen. Dadurch wird das Angebot an Baumwolle höher ausfallen, was in der Folge niedrigere Preis bedeutet.

In der Grafik auf Seite 159 oben ist das Ausgangsangebot mit A_0 dargestellt. Wenn nun aufgrund einer guten Ernte das Angebot steigt, verschiebt sich die Angebotskurve nach rechts (A_1). Der neue, gesunkene Gleichgewichtspreis befindet sich nun bei P_1 und die neue, gestiegene Gleichgewichtsmenge bei x_1.

BEISPIEL

Da im größten Anbauland für Baumwolle, China, im letzten Jahr eine Dürre herrschte, ist das Angebot in diesem Jahr deutlich geringer. Ein Preisanstieg ist die Folge.

Die Angebotskurve verschiebt sich bei einem geringeren Angebot nach links (A_2). Der neue, gestiegene Gleichgewichtspreis befindet sich nun bei P_2 und die neue, geringere Gleichgewichtsmenge bei x_2.

Änderungen der Nachfragesituation

Es können ebenso Veränderungen der Nachfrage entstehen, die dann eine Verschiebung der Nachfragekurve zur Folge haben.

BEISPIEL

Es ist ein neuer künstlicher Stoff entwickelt worden, der die Qualitätseigenschaften von Baumwolle enthält, aber deutlich günstiger ist. Dadurch kaufen viele Kunden, die vorher Baumwolle gekauft haben, nun diesen neuen Stoff.
→ Die Nachfrage an Baumwolle geht zurück.

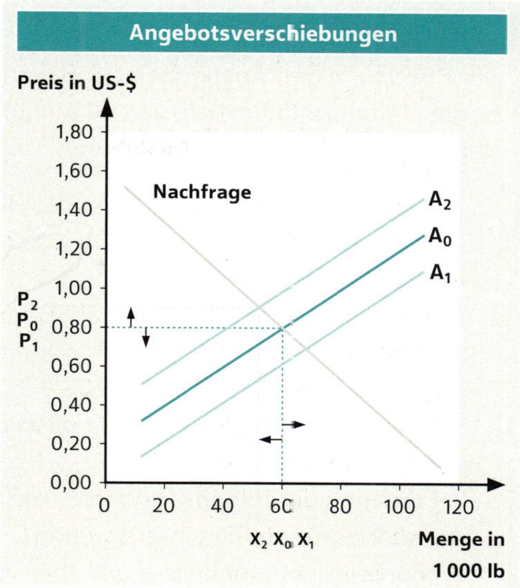

In der nebenstehenden Grafik ist die Ausgangsnachfrage mit N_0 dargestellt. Wenn nun aufgrund einer neuen Produktentwicklung die Nachfrage nach Baumwolle sinkt, verschiebt sich die Nachkurve nach links (N_1). Der neue, gesunkene Gleichgewichtspreis befindet sich nun bei P_1 und die neue, ebenfalls geringere Gleichgewichtsmenge bei x_1.

BEISPIEL

Die neue Baumwolljacke „Cooly" ist ein weltweiter Trendsetter geworden. Dadurch steigt die Nachfrage nach Baumwolle in nahezu allen Ländern.

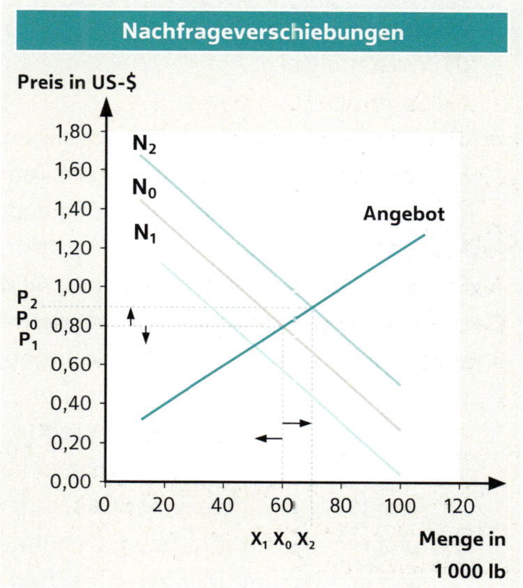

Die Nachfragekurve verschiebt sich nun nach rechts (N_2). Der neue, gestiegene Gleichgewichtspreis befindet sich nun bei P_2 und die neue, ebenfalls gestiegene Gleichgewichtsmenge bei x_2.

Unvollkommene Märkte

Das theoretische Modell der vollkommenen Märkte geht von Voraussetzungen aus, die die Bedingungen der Realität nicht angemessen abbilden. Fehlt nur eines der Merkmale eines vollkommenen Marktes (siehe oben) liegt ein **unvollkommener Markt** vor. Die meisten in der Wirklichkeit existierenden Märkte sind unvollkommene Märkte.

Preiselastizität

Oft ist im Zusammenhang mit der Preisbildung von der Preiselastizität die Rede. Dies ist die prozentuale Veränderung der Nachfragemenge nach einem Gut, wenn eine Preisänderung bei diesem Gut um ein Prozent nach oben oder unten eintritt. Sie ist damit ein Maß für die Reaktion der Nachfrage auf Preisveränderungen.

Die Preiselastizität der Nachfrage wird berechnet, indem die prozentuale Änderung der nachgefragten Menge eines Gutes durch die prozentuale Veränderung des Preises geteilt wird.

$$\textit{Preiselastizität} = \frac{\textit{Änderung der nachgefragten Menge in \%}}{\textit{Änderung des Preises in \%}}$$

BEISPIEL

Der Preis für einen Anzug steigt z. B. von 200,00 € auf 210,00 €, also um 5 %, und die nachgefragte Menge sinkt deshalb von 20 Anzügen auf 18, also um 10 %. Die Preiselastizität der Nachfrage ist dann 2 (10 % dividiert durch 5 %).

$$\textit{Preiselastizität} = \frac{10\,\%}{5\,\%} = 2$$

AUFGABEN

1. Beschreiben Sie, von welchen Größen die Festsetzung der Verkaufspreise eines Unternehmens beeinflusst wird.
2. Bei welchen der folgenden Waren verhalten sich Kunden beim Einkauf besonders preisbewusst? Begründen Sie Ihre Meinung.
   a) Büroeinrichtungen
   b) modische Kleidung
   c) Brot
   d) Waschmittel
   e) Schmuck
   f) Pkw
   g) Schuhe
   h) Unterwäsche
   i) Gemüsekonserven
   j) Fotoapparate
3. Machen Sie Vorschläge, was passieren würde, wenn auf einem Wochenmarkt mit drei Gemüsehändlern der Händler Runge die Tomaten permanent zum halben Preis anbieten würde.
4. Welcher Marktform würden Sie den deutschen Automarkt zuordnen? Begründen Sie Ihre Antwort.
5. Nennen Sie für jede der neun Marktformen ein Beispiel.
6. Grenzen Sie die Begriffe Monopol, Oligopol und Polypol voneinander ab.
7. Führen Sie Bedingungen auf, die dem Modell des vollkommenen Marktes zugrunde liegen.
8. Untersuchen Sie, welche Bedingungen des vollkommenen Marktes nicht erfüllt sind. Begründen Sie.
   a) Florian geht in die Fußgängerzone, um noch schnell für seine Oma zum Geburtstag einen Dampfkochtopf zu kaufen. Da er keine Zeit hat, wählt er das zweite Geschäft, das auf seinem Weg liegt. Das erste Geschäft hatte leider schon Ladenschluss.
   b) Julia möchte für ihre bevorstehende Fahrradtour eine Fahrradtasche kaufen. Sie informiert sich im Internet über zwei Taschen von unterschiedlichen Herstellern, die denselben Preis haben. Stiftung Warentest beurteilt aber die Tasche von Hersteller A deutlich besser als die von Hersteller B.
   c) Die Nachfrage nach Badebekleidung ist in diesem Sommer aufgrund des schlechten Wetters deutlich zurückgegangen. Tim, der im Herbst einen Spanienurlaub gebucht hat, möchte noch ein „Schnäppchen" machen und eine günstige Badehose kaufen. Erstaunt stellt er fest, dass die Preise für Badehosen trotz schlechter Nachfrage nicht zurückgegangen sind.
9. Stellen Sie das Marktgleichgewicht grafisch dar und erläutern Sie die Größen „Gleichgewichtspreis" und „Gleichgewichtsmenge".
10. Nennen Sie jeweils drei Beispiele, die zu einer Angebots- und zu einer Nachfrageverschiebung führen können.

ZUSAMMENFASSUNG

Einflussgrößen der Preispolitik

sind

- Beschaffungskosten
- Kostensituation des Unternehmens
- Verhalten der Konkurrenten und Nachfrager
- Preisempfehlungen der Hersteller
- gesetzliche Bestimmungen
- gesamtwirtschaftliche Entwicklung

Anbieter ... beeinflussen den **Marktpreis (vollkommener Markt)** ... **Nachfrager**

Anbieter

- Je höher der Preis, desto größer ist das Angebot.
- Je niedriger der Preis, desto geringer ist das Angebot.

Angebotsüberhang

- Zu dem Preis wird mehr angeboten als nachgefragt.

Angebotsverschiebungen

- nach rechts → GG-Preis sinkt, GG-Menge steigt.
- nach links → GG-Preis steigt, GG-Menge steigt.

Nachfrager

- Je höher der Preis, desto niedriger ist die Nachfrage.
- Je niedriger der Preis, desto höher ist die Nachfrage.

Nachfrageüberhang

- Zu dem Preis wird mehr nachgefragt als angeboten.

Nachfrageverschiebungen

- nach rechts → GG-Preis und GG-Menge steigen.
- nach links → GG-Preis und GG-Menge fallen.

2.8 Die Gliederung der Wirtschaft

EINSTIEG

Dominik Schlote wurde bisher im Verkauf eingesetzt. Zur Stärkung seiner Kenntnisse im Fertigungsbereich soll er eine Woche in der Abteilung für die Produktion der Hoffmann Fahrrad-Eigenmarken arbeiten. Ihm wird Herr Klante als Betreuer zugeordnet.

Herr Klante: „Dort, wo Sie sonst arbeiten, sind Sie im Großhandel und verkaufen an Einzelhändler. Bei uns aber wird industriell gefertigt. Da gibt es doch einige Unterschiede ..."

Stellen Sie fest, in welchen Wirtschaftssektoren die Hoffmann KG tätig ist.

INFORMATION

Gliederung der Wirtschaft in Wirtschaftsstufen

Wie bereits im vorherigen Kapitel dargestellt, wird bei der volkswirtschaftlichen Arbeitsteilung eine Einteilung in drei bzw. vier Sektoren vorgenommen. Diese Einteilung ist der nachfolgenden Tabelle zu entnehmen.

Die vier Sektoren der Volkswirtschaft

primärer Wirtschaftssektor	sekundärer Wirtschaftssektor	tertiärer Wirtschaftssektor		vierter Wirtschaftssektor (Informationssektor)
Urerzeugung	**Weiterverarbeitung**	**Handel**	**Dienstleistungsunternehmen**	**Unternehmen der Informationsbranche**
• Landwirtschaft • Forstwirtschaft • Jagd und Fischerei • Bergbau	• Industrie • Handwerk	• Binnenhandel • Einzel- und Großhandel • Außenhandel	• Banken • Versicherungen • Logistik- und Verkehrsunternehmen	• Informationstechnologien • Telekommunikation • Satellitenkommunikation • Lichtwellenleiter • Roboter • Netzwerke

Jedes Unternehmen gehört also einem dieser vier Wirtschaftssektoren an. In den verschiedenen Wirtschaftssektoren gibt es dementsprechend unterschiedliche Arten von Betrieben.

Betriebsarten

Bei der Vielfalt der vorzufindenden Betriebe ist es schwierig, ein überschaubares Ordnungssystem zu erstellen. Diese Übersicht zeigt eine Betriebstypologie.

Produktionsbetriebe	
• **Urproduktion:** Gewinnung von Rohstoffen • **Sekundärproduktion:** Weiterbe- und -verarbeitung	
Konsumgüterproduktion	Güter für den Endverbraucher
Investitionsgüter produktion	Güter zum Einsatz in anderen Produktionsbetrieben
Industriebetriebe	Produktion in großen Mengen, meist für den anonymen Markt
Handwerksbetriebe	Herstellung von Einzelstücken oder kleinen Mengen, meist nach Auftrag

Handelsbetriebe	
• **Aufgabe:** Warenverteilung, Zusammenstellung von Sortimenten, Angebot einer sinnvollen Auswahl für den Kunden	
Großhandelsbetriebe	Verkauf an Einzelhandel oder andere gewerbliche Kunden
Einzelhandelsbetriebe	Verkauf an Endverbraucher
Fachhandel	spezialisiertes Sortiment
Universalhandel	breites Sortiment mit mehreren bis sehr vielen Warengruppen

Dienstleistungsbetriebe

Transportbetriebe	**Banken und Sparkassen**	**Versicherungen**
Transport der Güter zwischen den einzelnen Wirtschaftseinheiten	Abwicklung des Zahlungsverkehrs zwischen den einzelnen Wirtschaftspartnern	Übernahme von unterschiedlichen Risiken im Waren- und Güterverkehr

Die meisten Unternehmen in der deutschen Volkswirtschaft sind privatwirtschaftlich organisiert: Im Gegensatz zu öffentlichen Unternehmen haben sie eine **Gewinnerzielungsabsicht**. Sie streben an, möglichst hohe Gewinne (Gewinnmaximierung) zu erzielen, indem Umsatzerlöse und Erträge die anfallenden Kosten und Aufwendungen übersteigen.

Unternehmen des sekundären Wirtschaftssektors: Industrie und Handwerk

Die Industrie ist der größte Wirtschaftszweig in der Bundesrepublik Deutschland. Hier erfolgt die gewerbliche Verarbeitung von Stoffen, deren ursprüngliche Form zur Bedarfsdeckung ungeeignet ist, zu Produktions- oder Konsumgütern.

Industriebetriebe dienen der Herstellung (bzw. Veredelung) von Gütern mithilfe von Maschinen. Die Stoffe werden dabei mechanisch oder chemisch be- oder verarbeitet. Eine Abgrenzung zwischen Industrie- und Handwerksbetrieben ist nicht immer scharf möglich. Das Handwerk als zweitgrößter Wirtschaftszweig der Bundesrepublik Deutschland umfasst alle gewerblichen Tätigkeiten, die im Wesentlichen mit der Hand unter Benutzung einfacher Werkzeuge und Geräte ausgeübt werden. Viele Handwerksbetriebe modernisieren sich jedoch immer mehr. Sie nehmen manchmal schon industriellen Charakter an.

Im Vergleich zu einem Handwerksbetrieb kennzeichnen einen Industriebetrieb folgende Merkmale:

- **erheblicher Kapitaleinsatz:** Um einen Industriebetrieb zu gründen, werden erheblich mehr finanzielle Mittel benötigt als zur Gründung eines Handwerksbetriebs.
- **Anlagenintensität:** Da im Handwerk noch mehr mit der Hand gearbeitet wird, werden hier weniger Maschinen für die Produktion benötigt.
- **hoher Betriebsmitteleinsatz:** Handwerksbetriebe kaufen Rohstoffe in kleineren Mengen ein und haben in der Regel auch weniger Beschäftigte pro Betrieb.
- **hoher Ausstoß an Produkten:** Unternehmen des Handwerks produzieren deutlich weniger.
- **weitgehende Arbeitsteilung bei hoher Belegschaftszahl:** Unternehmen des Handwerks sind deutlich kleiner.
- **Produktion für den anonymen Markt:** Da das Industrieunternehmen in der Regel die Nachfrager nicht kennt, ergibt sich ein hohes Marktrisiko. Unternehmen des Handwerks produzieren und verkaufen in der Nähe der Verbraucher: Sie kennen ihre Kunden.
- **weltweiter Absatz:** Industriebetriebe verkaufen prinzipiell weltweit. Sie haben keine Beschränkung auf den lokalen Markt wie die Handwerksunternehmen.

Funktionen von Industriebetrieben
In Industriebetrieben müssen folgende Aufgaben erfüllt werden:

- **Beschaffung:** Es muss entschieden werden, welche Produktionsfaktoren dem Betrieb zugeführt werden sollen.
- **Produktion:** Erzeugnisse werden durch Kombination der Produktionsfaktoren erstellt.
- **Lagerung:** Rohstoffe, Zwischenprodukte und verkaufsfähige Endprodukte müssen aufbewahrt werden.
- **Absatz:** Das Unternehmen muss die erstellten Güter am Markt verwerten.

Arten von Industriebetrieben
Industriebetriebe lassen sich nach der Industriegruppeneinteilung des Statistischen Bundesamtes verschiedenen Industriezweigen zuordnen, u. a.:

- **Energie- und Wasserversorgung**
- **Bauwirtschaft**
- **Grundstoff- und Produktionsgüterindustrie:** Industrie der Steine und Erden, Eisen schaffende Industrie, Nicht-Eisen-Metallindustrie, Mineralölverarbeitung, Kohlenwerkstoffindustrie, chemische Industrie, Sägewerke und Holz verarbeitende Industrie
- **Investitionsgüterindustrie:** Stahlbau, Maschinenbau, Fahrzeugbau, Schiffbau, elektrotechnische Industrie, Stahlverformung, optische und feinmechanische sowie Uhrenindustrie
- **Nahrungs- und Genussmittelindustrie:** Molkereien, Brauereien, Tabak verarbeitende Industrie
- **Verbrauchsgüterindustrie:** Glasindustrie, Musikinstrumente, Spiel- und Sportgeräte, Schmuckwaren, Druckereiindustrie, Schuh-, Textil- und Bekleidungsindustrie

Bedeutung der Industriebetriebe

Das wirtschaftliche Profil der Bundesrepublik Deutschland wird unter anderem durch Industriebetriebe bestimmt. Auch wenn der Dienstleistungssektor – wie in anderen hoch entwickelten Ländern – ständig an Boden gewinnt, bleibt das verarbeitende Gewerbe das Kernstück der deutschen Volkswirtschaft. Schließlich ist in diesem Bereich fast ein Fünftel der Erwerbstätigen beschäftigt und er leistet einen wesentlichen Beitrag zur Steigerung des Wohlstands.

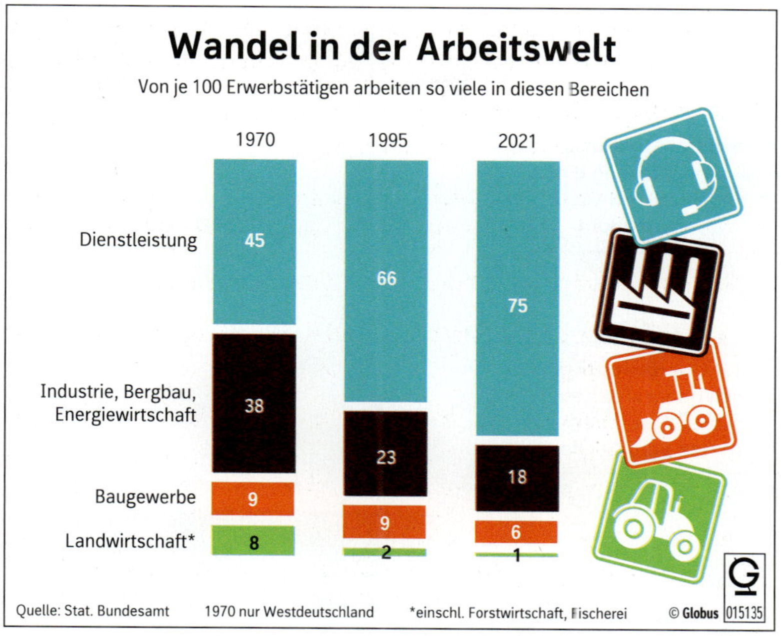

Herausragende Bedeutung haben Industriebetriebe für die außenwirtschaftlichen Beziehungen der Bundesrepublik Deutschland, da der Außenhandel überwiegend mit Industrieprodukten bestritten wird. Die Industrie trägt so entscheidend dazu bei, den hohen Lebensstandard in Deutschland zu sichern.

Unternehmen des tertiären Wirtschaftssektors

Handel

Produzierende Betriebe liegen oft nicht in unmittelbarer Nähe des Verbrauchers. Die Güter müssen vom Ort der Herstellung an den Ort des Bedarfs gebracht werden. Diese Aufgaben übernimmt der Handel. Er verteilt die Güter, oft über weite Entfernungen.

Der Großhandel kauft und verkauft Güter in großen Mengen. Über den Außenhandel kommen ausländische Waren (Importgüter) zu uns, verlassen Exportgüter unser Land, mit denen wir unsere Einfuhren bezahlen können.

Der Einzelhändler rückt dicht an den Endverbraucher heran und bedient ihn in seinem Ladengeschäft oder über den Postweg bzw. das Internet (Onlinehandel).

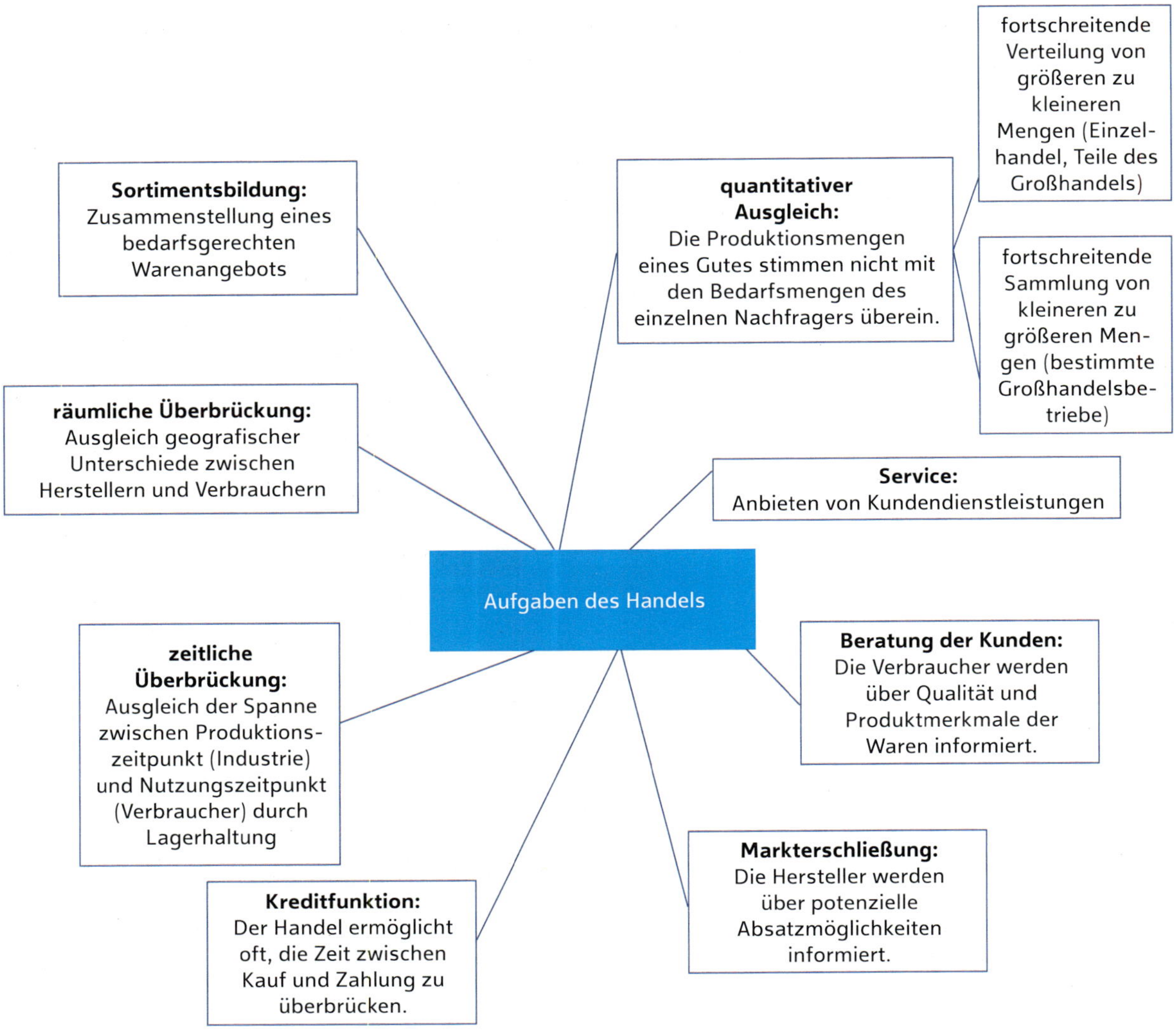

Banken

Schon im Altertum wurden in Tempeln Bankgeschäfte getätigt. Priester verwahrten, wechselten und verrechneten dort Geld. Das moderne Bankwesen in der heute bekannten Form entstand in der Mitte des 12. Jahrhunderts. Begriffe des Bankgeschäfts wie Konto, Giro, aber auch das Wort Bank (banco) selbst weisen darauf hin, dass oberitalienische Städte eine führende Rolle bei der Entwicklung des Bankwesens gespielt haben.

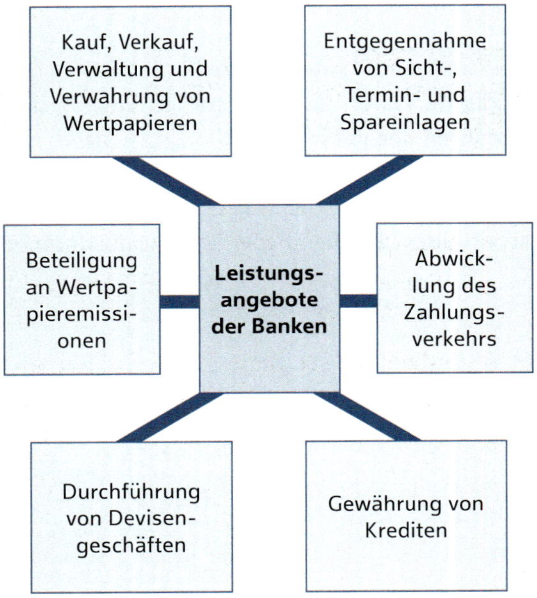

Aufgaben und Wirkungskreis der Banken haben sich mit der Zeit stark erweitert. In den letzten Jahrzehnten gehörte das Kreditgewerbe zu den dynamischsten Wirtschaftszweigen in der Bundesrepublik Deutschland. Gemessen am Bruttoinlandsprodukt wuchsen Kredit- und Geschäftsvolumen seit 1960 doppelt so schnell wie die gesamtwirtschaftliche Leistung. Mittlerweile werden immer mehr Angebote von Banken statt in stationären Filialen über das Internet angeboten.

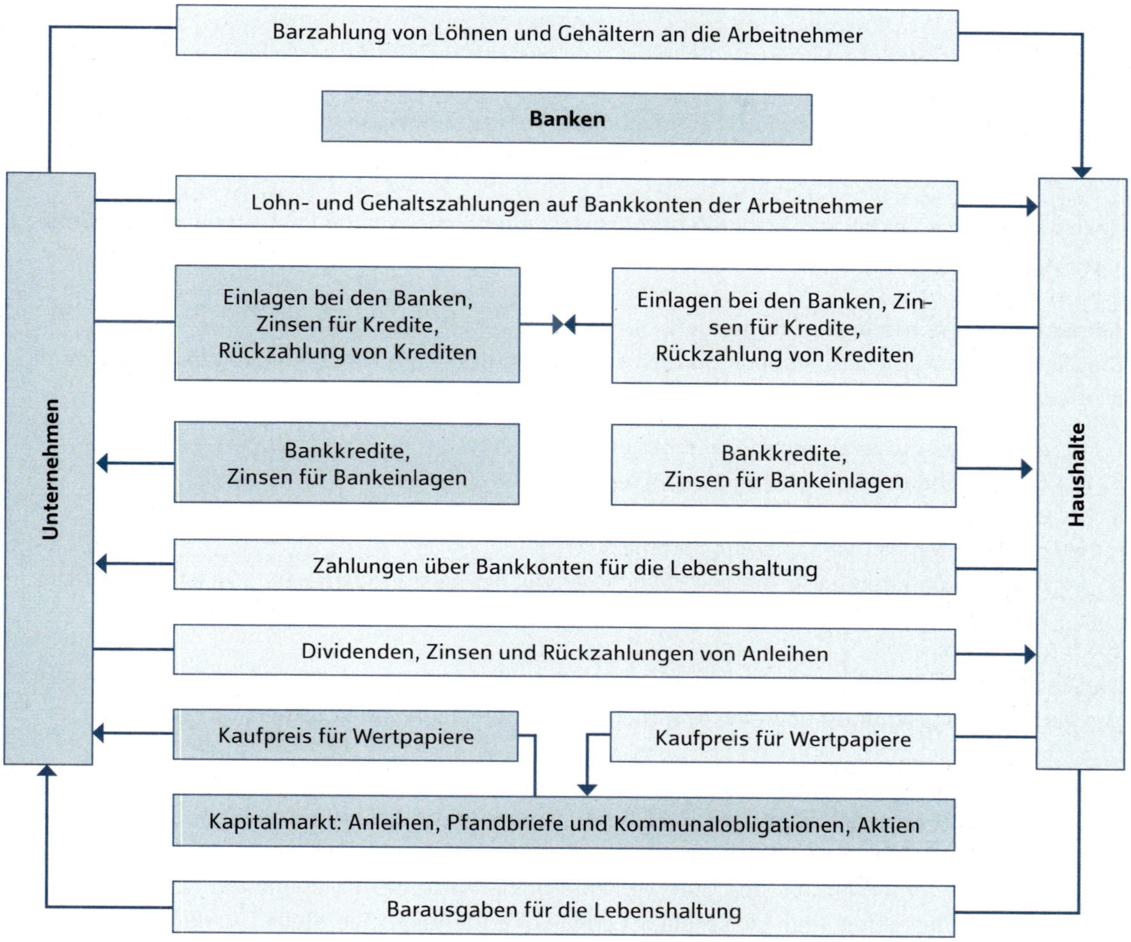

Versicherungen

Niemand kann aus eigenen Mitteln so viel Geld zurücklegen, um dadurch gegen alle Risiken finanziell abgesichert zu sein. Dies ist nur mithilfe von Versicherungen möglich.

Man unterscheidet:

- **Sozialversicherung:** Die Sozialversicherung ist eine gesetzliche Pflichtversicherung. Ihre Aufgabe besteht darin, die breite Bevölkerungsmehrheit im Alter, bei Arbeitslosigkeit und Krankheit zu unterstützen.
- **Individualversicherung:** Individualversicherungen sind private Versicherungen, die durch Abschluss eines Versicherungsvertrags zwischen einem Versicherer (= privates Versicherungsunternehmen) und einem Versicherungsnehmer (z. B. Industriebetrieb) zustande kommen.

Versicherungsvertrag
Wer eine Versicherung abschließen will, stellt zunächst einen schriftlichen Antrag. Der Vertrag kommt zustande, wenn der Versicherer die Antragsannahme bestätigt oder einen Versicherungsschein – die sogenannte Police – aushändigt.

Der Versicherungsvertrag wird in der Regel für eine bestimmte Zeitdauer geschlossen. Nach Ablauf dieser Zeit verlängert sich dieser Vertrag automatisch um ein Jahr, wenn er nicht vorher unter Einhaltung einer Frist von drei Monaten zum Ende des Versicherungsjahrs schriftlich gekündigt wird. Der Vertrag endet auch bei Wegfall des versicherten Risikos.

Nach einem Schadensfall steht jeder Vertragspartei unabhängig von der Laufzeit ein außerordentliches Kündigungsrecht zu.

Allgemeine Versicherungsbedingungen
Die allgemeinen Versicherungsbedingungen enthalten grundlegende Bestimmungen für den Inhalt aller Verträge eines bestimmten Versicherungszweigs. Dazu gehören vor allem:

- die insgesamt versicherten Gefahren und Schäden,
- der Umfang des Versicherungsschutzes,
- die Ausschlüsse vom Versicherungsschutz,
- die Pflichten des Versicherungsnehmers,
- die Verwirkungsgründe, die den Versicherer von der Leistung befreien (z. B. bei vorsätzlich herbeigeführten Schäden).

Darüber hinaus werden in den allgemeinen Versicherungsbedingungen noch der Geltungsbereich des Versicherungsschutzes und eine eventuelle Selbstbeteiligung im Schadensfall geregelt.

Logistik- und Verkehrsunternehmen
In der Wirtschaft müssen Güter nach ihrer Herstellung von den Produktionsstätten über die verschiedenen Wirtschaftsstufen hinweg bis hin zu den Orten des Verbrauchs bzw. Gebrauchs transportiert werden. Unternehmen des Güterverkehrs dienen also der Überwindung räumlicher Unterschiede. Häufig nennt man diese auch Logistikunternehmen. Sie stellen Verkehrsmittel zur Verfügung, die die besondere Beschaffenheit der jeweils zu transportierenden Waren berücksichtigen. Zu den Unternehmen des Güterverkehrs zählen:

- Güterkraftverkehr,
- Eisenbahnverkehr,
- Luftfahrt,
- Binnenschifffahrt,
- Seeschifffahrt,
- Rohrleitungsverkehr (z. B. Ölpipelines).

Unterstützt werden die Unternehmen des Güterverkehrs durch Spediteure, Lagerhalter und Umschlagsbetriebe (z. B. Hafenbetriebe).

Unternehmen im Wirtschaftsgefüge
Jedes Unternehmen ist von zwei Seiten mit dem Wirtschaftskreislauf verbunden. Dies sind einerseits die Beschaffungsmärkte, andererseits die Absatzmärkte.

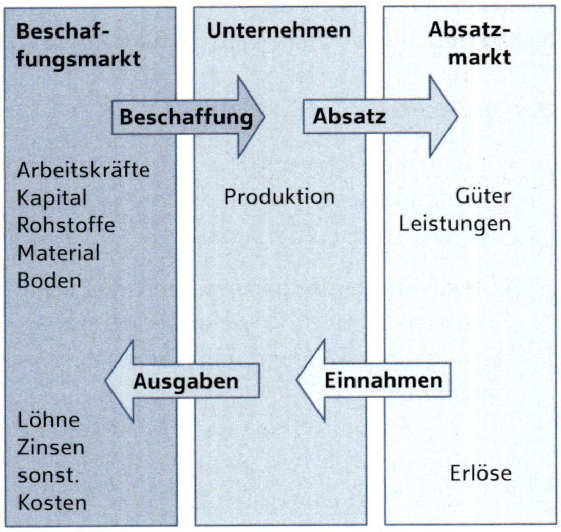

BEISPIEL

Die Hoffmann KG gehört als Großhandelsunternehmen ursprünglich zum tertiären Sektor. Im Laufe der Unternehmensgeschichte wurde jedoch auch damit begonnen, Textilien sowie Fahrräder industriell zu fertigen. Damit befindet sich das Unternehmen zum Teil auch im sekundären Sektor, der Weiterverarbeitung. Die Hoffmann KG produziert also sowohl Dienstleistungen als auch Sachleistungen. Als Großhandelsunternehmen bietet die Hoffmann KG die Dienstleistung, Güter an den Einzelhandel, an Industrieunternehmen sowie an Großabnehmer weiterzugeben. Dies ist ein immaterieller Output. Die Sachgüter Fahrräder und Textilien sind ein materieller Output. In beiden Fällen tritt das Unternehmen auf den jeweiligen Absatzmärkten als Anbieter auf.

Die Hoffmann KG tritt aber auch als Nachfrager auf den Beschaffungsmärkten auf, z. B. bei der Beschaffung der Werkstoffe für die Produktion. Sie nimmt Waren von Industrieunternehmen, anderen Großhandlungen und Unternehmen der Urproduktion in ihr Sortiment auf.

Kontakt hat die Hoffmann KG zu Versicherungen, die unterschiedliche Risiken im Waren- und Güterverkehr übernehmen. Transportbetriebe befördern Güter zwischen der Hoffmann KG und den Kunden bzw. den Lieferanten. Banken und Sparkassen helfen der Hoffmann KG bei der Abwicklung des Zahlungsverkehrs zwischen den einzelnen Wirtschaftspartnern.

AUFGABEN

1. Geben Sie an, in welche Stufen sich die Wirtschaft gliedert.
2. Entscheiden Sie, zu welchen Wirtschaftsbereichen die folgenden Betriebe gehören:
   - Versicherung
   - Steuerberater
   - Malerbetrieb
   - Automobilhersteller
   - Kohlebergbau
   - Änderungsschneider
   - Betreiber einer Suchmaschine
3. Definieren Sie einen Industriebetrieb.
4. Unterscheiden Sie Industriebetriebe von Handwerksbetrieben.
5. Führen Sie Märkte auf, die aus der Sicht eines Industriebetriebs
   a) Beschaffungsmärkte,
   b) Absatzmärkte sind.
6. Begründen Sie, warum die Industriebetriebe eine wesentliche Rolle im Rahmen der Gesamtwirtschaft spielen.
7. Führen Sie auf, zu welchen Industriezweigen die folgenden Betriebe gehören:
   - Hersteller von Autoradios
   - eine Rostocker Werft
   - ein Duisburger Hüttenwerk
   - ein Gaswerk
   - eine Konservenfabrik
8. Unterscheiden Sie Handelsbetriebe von Industrieunternehmen.
9. Erläutern Sie den Unterschied zwischen Einzelhandel und Großhandel.
10. Grenzen Sie Versicherungen und Kreditinstitute von Industrieunternehmen ab.
11. Führen Sie auf, welche Aufgaben Banken ursprünglich hatten.
12. Erkunden Sie, welche Dienstleistungen Sie bei einer Bank erhalten können.
13. Begründen Sie, warum Banken als Mittelpunkt des Wirtschaftsgeschehens angesehen werden können.
14. a) Bilden Sie in der Klasse mindestens drei Gruppen. Jede der Gruppen erstellt eine Wandzeitung, die mit einem typischen Bild und einem Satz über eine der folgenden Wirtschaftsstufen informiert:
   - Urproduktion
   - Weiterverarbeitung
   - Dienstleistungen

b) Beachten Sie die Regeln der Visualisierung („Ein Bild sagt oft mehr als 1 000 Worte.“). Bereiten Sie sich darauf vor, Ihre Wandzeitung vorzustellen.

15. a) Erkunden Sie im Internet, mit wie viel Prozent das produzierende Gewerbe an der Bruttowertschöpfung beteiligt ist.

b) Erstellen Sie mit Excel ein Tortendiagramm, das die Stellung des produzierenden Gewerbes innerhalb der einzelnen Wirtschaftsbereiche darstellt.

16. a) Bilden Sie in der Klasse Gruppen. Jede der Gruppen erstellt eine Folie, die über einen Unterschied zwischen Industrie und Handwerk informiert. Verwenden Sie dabei Abbildungen oder Symbole.

b) Präsentieren Sie Ihre Folie mithilfe eines Beamers.

17. Suchen Sie 15 Betriebe aus Ihrer Region. Ordnen Sie diese den einzelnen Wirtschaftsbereichen zu.

ZUSAMMENFASSUNG

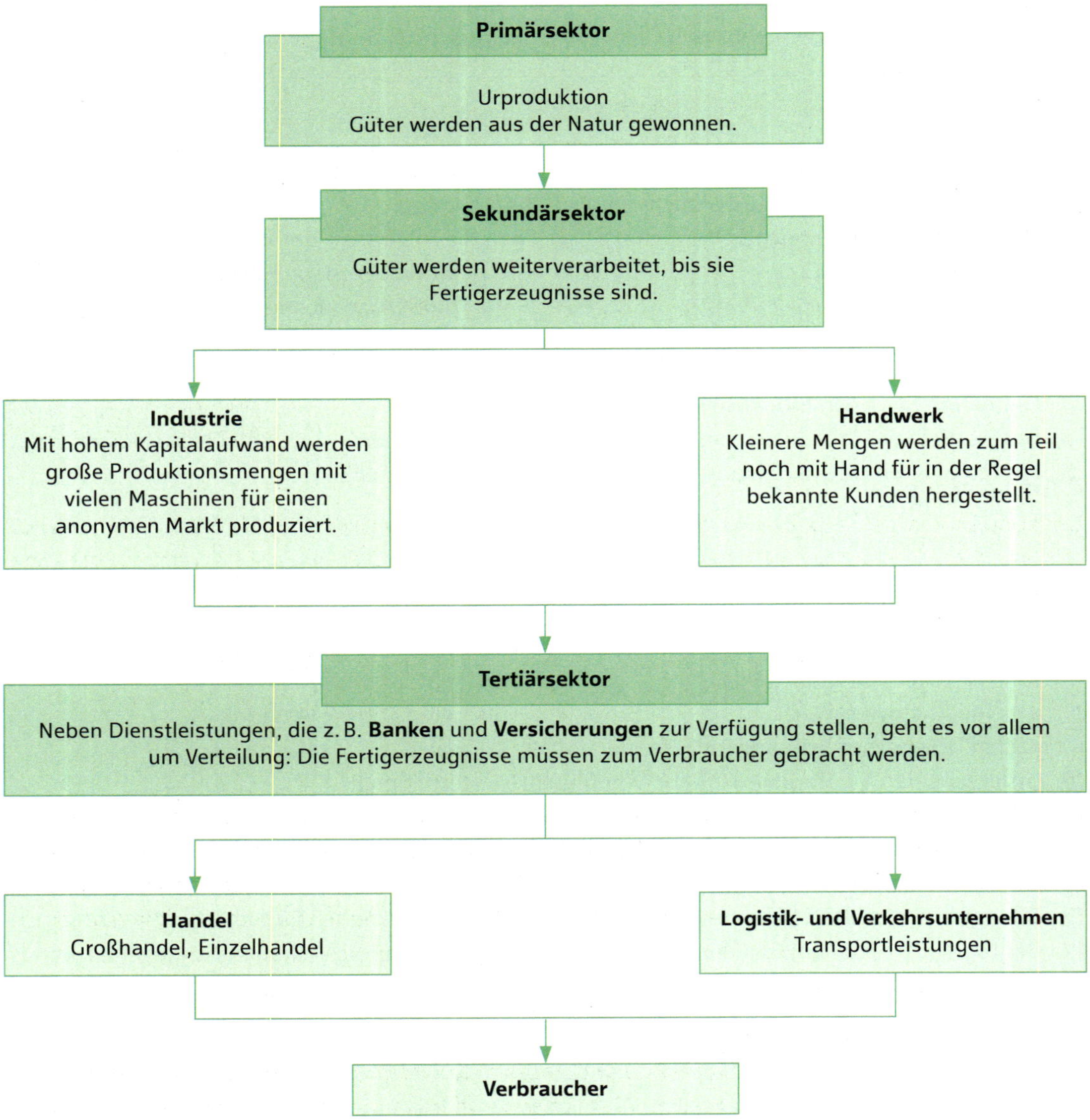

2.9 Die Aufbauorganisation

EINSTIEG

Volkan Karaca durchläuft während seines Praktikums verschiedene Abteilungen. Eine Woche ist er auch in der Verkaufsabteilung beschäftigt. Die Abteilung besteht momentan aus fünf Beschäftigten. Volkan Karaca beobachtet folgende Vorfälle:

- Frau Voges muss mehrmals Kunden wegschicken, weil die gewünschten Artikel nur in einer blauen Ausführung, nicht aber in rot vorrätig sind. Die Kunden wollten die Artikel sofort mitnehmen.
- Frau Voges bestellt in Abwesenheit von Frau Zahn insgesamt 50 Artikel in Rot.
- Frau Zahn ist ärgerlich und überrascht zugleich. Sie hat kürzlich ebenfalls 10 Artikel in Rot bestellt, die eigentlich schon eingetroffen sein müssten. In einem Nebenraum findet sie den Karton mit dieser Ware.
- Frau Voges hat Ärger mit ihrem Kollegen Herrn Weidner. Herr Weidner behauptet, nur er habe Zugang zur Kasse. Frau Voges weiß davon nichts.

1. Erklären Sie, wodurch das schlechte Betriebsklima zustande gekommen ist.
2. Machen Sie Verbesserungsvorschläge.
3. Schauen Sie sich den Gesamtstellenplan der Hoffmann KG an.
   a) Stellen Sie in grafischer Form das Weisungssystem der Hoffmann KG dar.
   b) Ermitteln und begründen Sie, welches Weisungssystem bei der Hoffmann KG vorliegt.

INFORMATION

Arten der Organisation

Um kundenorientiert arbeiten zu können, muss ein Unternehmen gut funktionieren. Dies setzt ein reibungsloses Zusammenspiel aller Beschäftigten und Vorgesetzten voraus. Dazu muss vorher geklärt sein,

- wie die Prozesse innerhalb des Betriebes abzulaufen haben,
- welche Aufgaben die einzelne Mitarbeiterin oder der einzelne Mitarbeiter zu erledigen hat und wem gegenüber sie oder er dabei unterstellt oder weisungsbefugt ist.

Das Unternehmen benötigt also einen organisatorischen Aufbau.

Jeder Betrieb sollte so organisiert sein, dass die betriebliche Tätigkeit reibungslos und mit dem geringstmöglichen Aufwand durchgeführt werden kann. Daher braucht jedes Unternehmen ein System von generellen und fallweisen Regelungen zur ordnungsgemäßen Erfüllung der Betriebsaufgabe. Durch die Organisation werden der Aufbau des Betriebs und der Ablauf der betrieblichen Tätigkeiten festgelegt.

Es werden für die Betriebsorganisation daher zwei Anwendungsbereiche deutlich:

- die **Aufbauorganisation**
  Sie befasst sich mit der Gliederung und organisatorischen Strukturierung des Betriebs in ein Ordnungssystem von Stellen, Abteilungen und Instanzen sowie deren Beziehung untereinander.

- die **Ablauforganisation**
  Sie versucht, den Arbeitsablauf optimal zu regeln.

- Zur Organisation gehört auch das im Organisationsmodell bzw. in den Abläufen praktizierte **Führungsverhalten**. Es geht dabei um die Art und Weise, wie Vorgesetzte die ihnen unterstellten Arbeitskräfte führen, um bei diesen ein zielgerichtetes Arbeitsverhalten zu erreichen.

Um organisatorische Regelungen vornehmen zu können, müssen bestimmte Voraussetzungen gegeben sein.

1. **Vorhandensein einer Aufgabe**
   Die Aufgabe ist beispielsweise der Betrieb eines Handelsunternehmens.
2. **Teilbarkeit der Aufgabe**
   Die Gesamtaufgabe muss in Teilaufgaben zerlegt werden können. Dies sind z. B. Einkauf, Lager, Vertrieb und Verwaltung.
3. **Wiederholbarkeit**
   Die Teilaufgaben sollen nicht nur einmal, sondern wiederholt durchgeführt werden.

Die Ziele der Organisation werden durch drei Tätigkeiten erreicht:

- Planung (Soll-Zustand)
- Durchführung (Realisierung)
- Kontrolle (Stimmt die Planung mit den Ergebnissen der Realisierung überein?)

Der Organisationsaufbau richtet sich nach der Größe des Betriebs.

BEISPIEL

Während in einem Kleinbetrieb der Inhaber sämtliche Aufgaben selbst erfüllt, wird die Organisation in größeren Betrieben wie der Hoffmann KG in mehrere Aufgabenbereiche aufgeteilt.

Aufgabenanalyse

Mithilfe der Aufgabenanalyse wird zunächst einmal der gesamte Aufgabenkomplex des Betriebs untersucht und bis in kleinste Teilaufgaben aufgegliedert. Die Aufgabengliederung kann dabei nach unterschiedlichen Gliederungsprinzipien erfolgen.

BEISPIEL

Die Gliederung kann nach den Arbeitsarten vorgenommen werden **(Verrichtungsprinzip)**. Die Aufgabenanalyse beispielsweise eines großen Großhandelsbetriebs sieht wie folgt aus:

Funktionsbereiche	Großaufgaben
Beschaffung	Marktforschung; Sortimentsgestaltung; Feststellung der Bezugsquellen und -wege; Führen der Bezugsquellenkartei; Feststellung der Einkaufsmenge und -zeit; Bestellungserteilung; Führen des Bestellbuches; Überwachung der Liefertermine; Prüfen der Rechnungen; Erledigung von Reklamationen
Lager	Annehmen und Auspacken der Ware (sofern keine eigene Abteilung Warenannahme eingerichtet ist); Verkehr mit den Beförderungsstellen; Wareneingangskontrolle; Einordnen der Waren nach Lagerplan; Führung der Wareneingangs- und Ausgangsbücher bzw. -karteien; Eingangs- und Versandmeldungen an die Abteilungen Einkauf oder Verkauf; Verpackung und Versand der Waren (falls keine eigene Versandabteilung eingerichtet ist); Überwachung und Einsatz des Fuhrparks; Bestandskontrollen und Meldung an die Einkaufsabteilung bei Erreichen des Meldebestands

Funktionsbereiche	Großaufgaben
Verkauf	Aufstellen des Werbeplans; Durchführung der Werbung (Schaufensterdekoration, Ladengestaltung, Inneneinrichtung); Werbeerfolgskontrolle; Verkauf über die verschiedenen Verkaufsabteilungen: Zahlung (Kasse), Warenausgangskontrolle (Packtisch), Warenübergabe (Kassenzettel); Verkaufsaufsicht; Kundendienst; Bearbeitung von Anfragen; Ausführung von Sonderbestellungen; Erledigung von Beanstandungen; Kreditverkäufe; Überwachung der Zahlungseingänge
Rechnungswesen	Buchen der ein- und ausgehenden Belege; Kontrolle der Zahlungsbereitschaft und der Außenstände; periodische Erfolgsermittlung; Verkehr mit den Finanzbehörden (Vorbereitung und Abgabe der Steuererklärungen, Überwachung der Steuertermine); monatliche, vierteljährliche und jährliche Abschlussarbeiten; Aufarbeiten der Unterlagen für die Betriebsabrechnung; Auswertung der Zahlen für die Betriebsstatistik
Verwaltung	eingehende Post in das Posteingangsbuch eintragen, mit lfd. Nummer und Eingangsstempel versehen; Prüfung durch Abteilungsleiter; Bearbeitung des Schriftwechsels und der Rechnungen hinsichtlich ihrer sachlichen und rechnerischen Richtigkeit; wichtige Durchschläge in Umlaufmappen allen zuständigen Sachbearbeitern zur Kenntnis bringen; Schriftgutablage in der Arbeitsplatz- oder Zentralablage; Bearbeitung von Rechts- und Personalfragen; Telefonzentrale

Eine Aufgabengliederung kann aber auch nach den Objekten eines Betriebs (z. B. den Artikeln) vorgenommen werden. Hat ein Baumarkt die Abteilungen **Teppiche, Tapeten** und **Farben**, so liegt eine Gliederung nach dem **Objektprinzip** zugrunde.

Stellenbildung

Alle ständig wiederkehrenden Teilaufgaben, die eine Person zu erledigen hat, werden anschließend zu einer **Stelle** zusammengefasst.

DEFINITION

Eine **Stelle** ist der Aufgabenbereich einer Person und entspricht ihrem Arbeitsplatz. Sie ist die kleinste organisatorische Einheit eines Unternehmens.

Die Zahl der Stellen in einem Unternehmen hängt von seiner Größe ab. Manche Stellen sind gleichzeitig **Instanzen.**

DEFINITION

Instanzen sind Stellen, die Anordnungs- und Entscheidungsbefugnisse gegenüber untergeordneten Stellen haben.

BEISPIEL

Die Stelle des Lagerleiters, dem sechs Lagerarbeiter untergeordnet sind, ist eine Instanz.

Erforderlich ist, dass alle Beteiligten, also Stelleninhaber und Vorgesetzte, genau über die Aufgaben in der betreffenden Stelle informiert sind, d. h., dass das Arbeitsgebiet und die Verantwortung eindeutig abgegrenzt sind.

Deshalb sollten folgende Inhalte schriftlich festgelegt werden:

- alle Aufgaben und Befugnisse des Stelleninhabers,
- wer der Vorgesetzte ist,
- wem man selbst „vorgesetzt ist",
- welches Leitziel man verfolgen soll (= Stellenziel),
- wie man selbst und wie der Arbeitsplatz „benannt" wird,
- wen man vertritt und von wem man selbst vertreten wird,
- welche Kenntnisse und Fähigkeiten die Stelle erfordert.

Eine solche Beschreibung des Arbeitsplatzes wird als **Stellenbeschreibung** bezeichnet.

Vorteile der Stellenbeschreibung:

- keine Kompetenzstreitigkeiten
- leichtere Überwachung der Arbeitsleistung
- Orientierung für neu eingestellte Beschäftigte
- transparente Betriebsorganisation

Abteilungsbildung

Aus der Unternehmensgröße ergibt sich schließlich die Notwendigkeit der Abteilungsbildung.

DEFINITION

Eine **Abteilung** ist die Zusammenfassung mehrerer Stellen unter einer Leitung.

Durch Abteilungsbildung wird festgelegt, wer weisungsbefugt ist. Die Weisungsberechtigung muss auch für die großen Abteilungen untereinander geregelt werden. Die Abteilungsbildung kann nach dem **Verrichtungsprinzip** (Beispiel 1) oder nach dem **Objektprinzip** (Beispiel 2) erfolgen.

BEISPIELE

Beispiel 1:

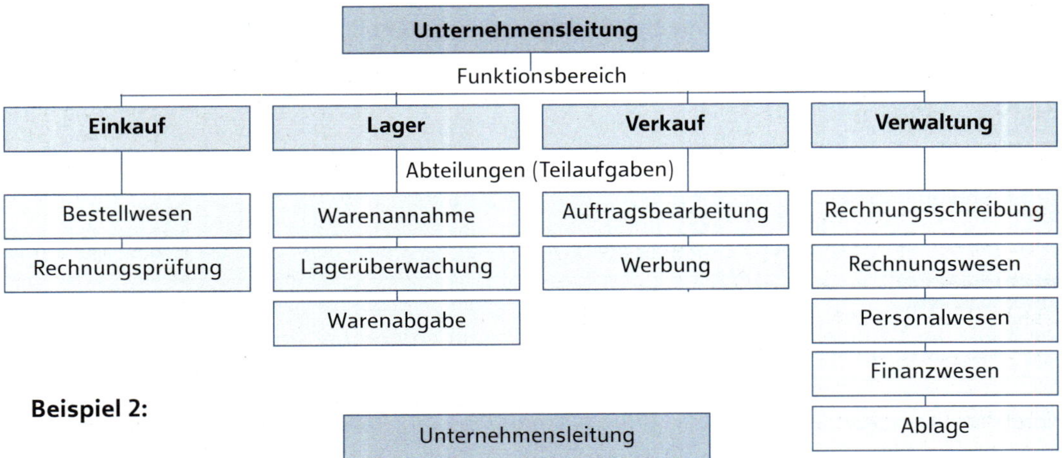

Beispiel 2:

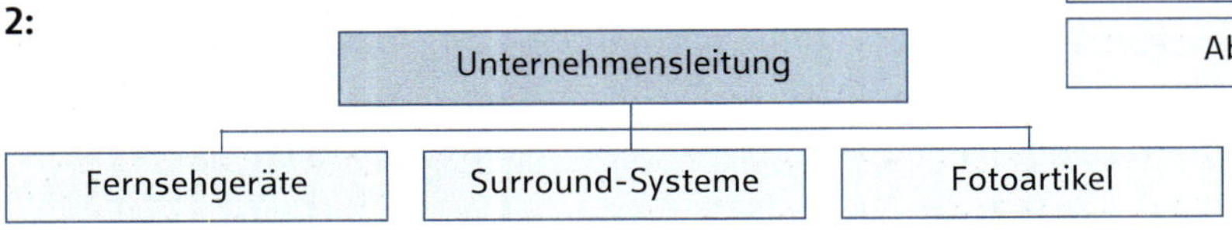

Weisungssysteme

Das jeweils gewählte Weisungssystem (oft auch Leitungssystem genannt) vervollständigt die Aufbauorganisation eines Betriebs:

Für jede Stelle wird genau festgelegt, welche anderen Stellen in ihren Aufgaben gle chgeordnet, über- bzw. untergeordnet sind. Die Weisungssysteme geben Auskunft über die offiziellen Befehls- und Informationswege im Unternehmen. Die wichtigsten Weisungssysteme werden im Folgenden genannt.

1 Einliniensystem

Alle Personen sind in einen einheitlichen Befehlsweg eingegliedert, der von der obersten Instanz bis zur letzten Arbeitskraft reicht. Jede Mitarbeiterin und jeder Mitarbeiter erhält nur von ihrem/seinem unmittelbaren Vorgesetzten Anweisungen. Ebenso kann er Meldungen und Vorschläge nur bei ihm vorbringen (= Instanzen- oder Dienstweg).

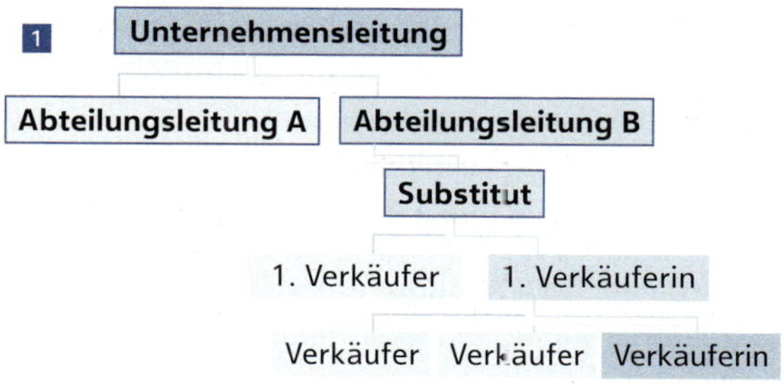

Einliniensystem	
Vorteile	**Nachteile**
• klare Verantwortungsbereiche • eindeutige Regelungen der Weisungszuständigkeiten • gute Kontrollmöglichkeiten • übersichtlicher organisatorischer Aufbau • einheitliche Leitung	• durch die langen Dienstwege für Anordnungen und Meldungen sehr schwerfällig • Starke Belastung der oberen Leitungsebenen, weil alle Entscheidungen vom Vorgesetzten getroffen werden müssen. Mit ste gender Ranghöhe nimmt die Arbeitsbelastung zu. • Gefahr von Fehlentscheidunger • Spezialisierung wird erschwert

2 Mehrliniensystem

Beim Mehrliniensystem kann ein Mitarbeiter von mehreren spezialisierten Vorgesetzten Anweisungen erhalten. Dies erfordert eine gute Abstimmung und Zusammenarbeit der jeweils weisungsberechtigten Stellen. Dadurch wird die Gefahr von Kompetenzüberschneidungen sehr groß, was sich leicht leistungshemmend auf die ausführenden Personen auswirken kann. Als vorteilhaft erweist sich jedoch häufig der kurze und schnelle Dienst- und Instanzenweg.

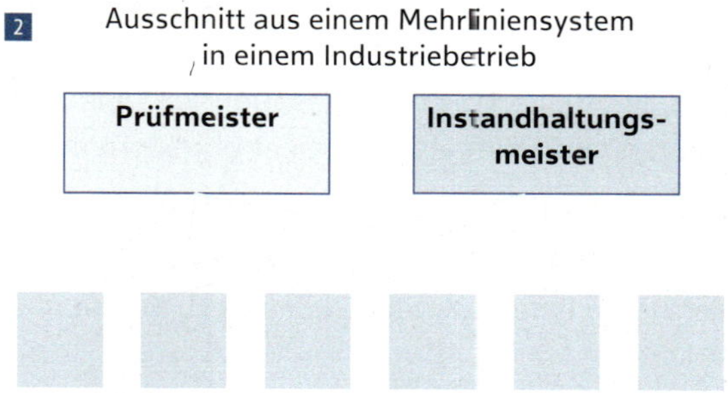

3 Stabliniensystem

Das Stabliniensystem ist ein Liniensystem, wobei den oberen Leitungsstellen Spezialisten zugeordnet werden. Es werden sogenannte **Stabsstellen** gegründet. Ein Stab kann eine eigene Stabsabteilung, aber auch nur eine einzelne Stelle sein, z. B. eine Sekretärin. Die Beschäf-

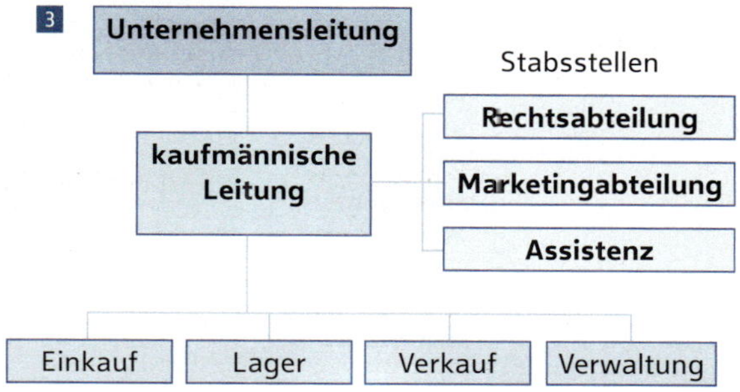

tigten in diesen Stäben können selbst keine Anordnungen erteilen. Notwendige Anweisungen werden durch die oberste Leitung erteilt.

Die Aufgabe der Stabsstellen besteht in der fachkundigen Beratung der Führungskräfte, z. B. in Fragen der Planung, des Rechts, der Organisation, des Marketing oder der Finanzen. Sie sollen die Leitungsstellen entlasten.

4 Spartenorganisation

Im Rahmen der Spartenorganisation – häufig auch **divisionale Organisation** genannt – werden große, daher in der Regel unübersichtliche und schwer zu steuernde Unternehmen in mehrere Geschäftsbereiche unterteilt. Diese Sparten oder Divisionen sind praktisch wirtschaftlich unabhängige Teilunternehmen, denen nur die Gesamtunternehmensleitung übergeordnet ist. Die Unternehmensbereiche werden nach dem Objektprinzip gebildet. Sie sind also beispielsweise für einzelne Produktgruppen zuständig, die sich oft sehr stark unterscheiden. Innerhalb der einzelnen Sparten ist das Einlinien- oder Stabliniensystem mit den üblichen Funktionsbereichen eines Unternehmens anzutreffen.

Verfügt eine Spartentung über die direkte Gewinnverantwortung gegenüber der Unternehmensleitung, spricht man im Zusammenhang mit der Sparte auch von einem **Profit-Center.**

Spartenorganisation	
4 **Vorteile**	**Nachteile**
• bessere Anpassung an die Marktverhältnisse bei Produktgruppen mit unterschiedlichen Eigenschaften • Die Erfolgsentwicklung wird transparenter und beim Profit-Center-Konzept werden sogar Gewinne klar zurechenbar. • Die Unternehmensleitung wird durch Delegation von Verantwortung an die Geschäftsbereiche vom Alltagsgeschäft entlastet.	• Die Unternehmensleitung kann den Gesamtüberblick verlieren. • Mit der Zahl der Führungspositionen wächst die Gefahr, dass Informationen für das Top-Management verschleiert werden.

5 Matrixorganisation

Wenn einzelne Beschäftigte auf das Management bestimmter Produkte bzw. Projekte spezialisiert sind, ohne dass die übrigen Funktionsbereiche der Unternehmensleitung aufgegeben werden, liegt eine Matrixorganisation vor. Alle Beschäftigten unterstehen also sowohl einer verrichtungsorientierten als auch einer objektorientierten Instanz.

In Matrixorganisationen kann es zu Konflikten zwischen Produktmanagement und Funktionsmanagement kommen. Diese zum Teil sogar gewollten Konflikte bieten oft Wege, gemeinsam Möglichkeiten einer optimalen Lösung zu finden.

5

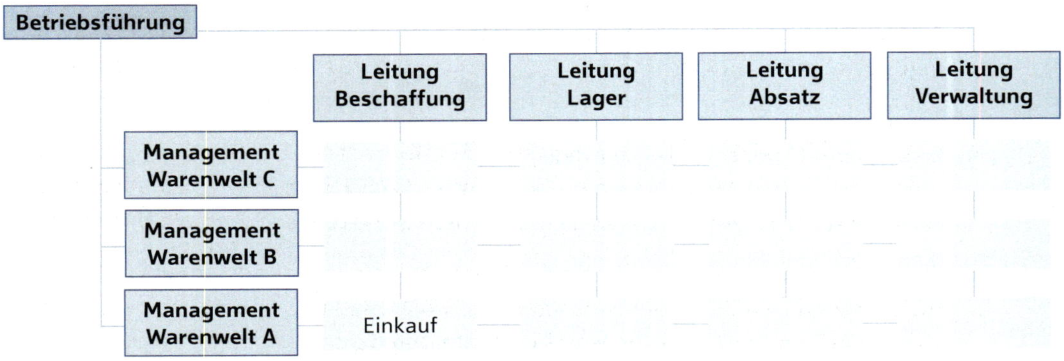

BEISPIEL

Einem Produktmanager sind in der Regel alle Entscheidungen vorbehalten, die sich aus der Sicht des Produkts ergeben. Er ist beispielsweise allein zuständig für Lebensmittel er kümmert sich um alle anfallenden Probleme vom Einkauf über die Lagerung bis zum Verkauf.

Dagegen entscheidet die Leiterin eines Funktionsbereichs – die für alle Produkte verantwortlich ist –, wie in ihrem Bereich die verschiedenen Aufgaben ausgeführt werden.

6 Teamorientierte Organisation

Diese Organisationsform gibt es vor allem bei Projekten. Dabei werden Teams oft aus Beschäftigten unterschiedlicher Abteilungen zusammengestellt. Es gibt keine straffe Hierarchie: Die Teammitglieder sind gleichberechtigt und sind lediglich der Teamleitung verantwortlich.

6

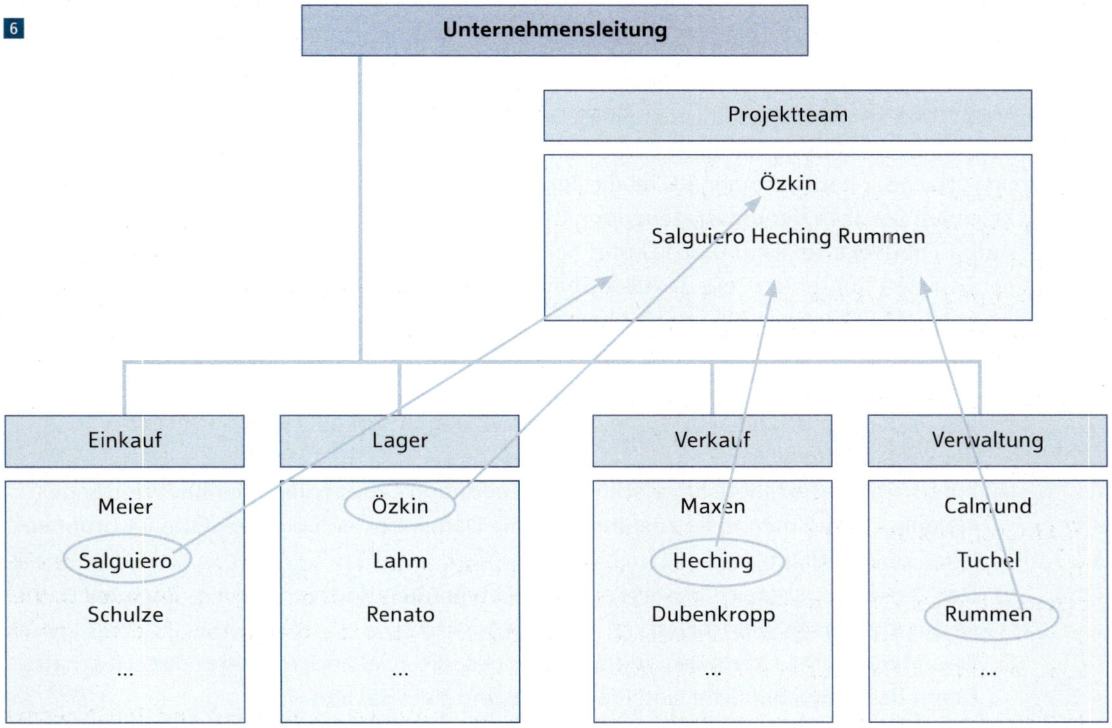

Auswahl der Organisationsform

Verschiedene Faktoren sind für die Auswahl der Organisationsform maßgebend:

- **Art der Tätigkeiten**: Je kreativer die Tätigkeiten (Forschung, Entwicklung, Design), desto weniger starr sollte das Weisungssystem sein: Kreativität kann nicht unbedingt von Vorgesetzten angeordnet werden. In solchen Fällen spricht vieles für eine teamorientierte Organisation.
- **Das Produkt- oder Leistungsprogramm des Unternehmens**: Wenn ein Unternehmen viele – und vor allem vollständig unterschiedliche – Produkte herstellt, könnten objektorientierte Organisationsformen (divisionale Organisation oder Matrixorganisation) sinnvoll sein.
- **Die Größe des Unternehmens**: Kleine Unternehmen können sehr effektiv über Liniensysteme gesteuert werden. Ab einer bestimmten Größe werden Unternehmen jedoch so komplex, dass es in Liniensystemen zu einer Überforderung der Unternehmensleitung kommen kann.

AUFGABEN

1. Beschreiben Sie, wovon der Organisationsaufbau eines Betriebs abhängig ist.
2. Erklären Sie das Funktions- und Objektprinzip.
3. Unterscheiden Sie Abteilung und Stelle.
4. Erläutern Sie, warum es sinnvoll ist, eine Stelle möglichst genau zu beschreiben.
5. Unterscheiden Sie zwischen Hierarchie und Instanz.
6. Begründen Sie, warum das Einliniensystem in größeren Unternehmen nicht angewendet wird.
7. Begründen Sie die Bedeutung von Stabsstellen.
8. Führen Sie Vorteile auf, die das Stabliniensystem gegenüber dem Einliniensystem hat.
9. Nennen Sie Beispiele für Abteilungen, Stellen und Stabsstellen Ihres Praktikumsbetriebs.
10. Beschreiben Sie den Unterschied zwischen Einlinien- und Mehrliniensystem.
11. Unterscheiden Sie die verschiedenen Liniensysteme von
    a) der divisionalen Organisation,
    b) der Matrixorganisation?
12. Informieren Sie sich über Ihren Praktikumsbetrieb. Erstellen Sie ein Organigramm, das Auskunft über das Weisungssystem Ihres Prakitkumsbetriebs gibt.
13. In Ihrem Praktikumsunternehmen ist eine Person für Ihre Betreuung zuständig. Fertigen Sie eine Stellenbeschreibung für diese Person an.
14. Direkter Nachbar der Hoffmann KG ist die Teka Textilkaufhaus GmbH.
    A) Zeichnen Sie nach der unten stehenden Beschreibung ein Organigramm, aus dem der Aufbau der Teka Textilkaufhaus GmbH hervorgeht:
        a) Geschäftsführer der Teka Textilkaufhaus GmbH ist Bernd Schneider; sein Sekretariat leitet als Chefsekretärin Frau Mohamad-Ali.
        b) Luisa Marlovic leitet das Lager und untersteht dem Leiter des Einkaufsbereichs (Herrn Bastian).
        c) Der Verkaufsbereich gliedert sich in die Abteilungen Verkauf Haus Darmstadt und in die Versandabteilung.
        d) Innerhalb der Textilabteilung ist Herr Scheuermann Gruppenleiter Einkauf Herrenbekleidung, Frau Boateng ist zuständig für die Damenbekleidung, Herr Otto ist Gruppenleiter Einkauf Raumtextilien.
        e) Der Verwaltungsbereich besteht aus den Abteilungen Hausverwaltung, Personal und Rechnungswesen/Controlling.
        f) Frau Mendez ist Leiterin des Verkaufsbereichs, die zwei anderen unter dem Geschäftsführer liegenden Bereiche sind Frau Zuege und Herr Bastian.
        g) Frau Dr. Kremtz berät die Geschäftsführung in Rechtsfragen.
        h) Innerhalb des Einkaufsbereichs gibt es neben der Textilabteilung noch eine Abteilung für Raumtextilien.
        i) Frau Sarkiss berät die Geschäftsführung in Organisations- und Datenverarbeitungsfragen.
    B) Geben Sie an, welches Weisungssystem vorliegt, und begründen Sie dies anhand des Organigramms.
15. Stellen Sie die Aufbauorganisation anderer Unternehmen vor. Führen Sie dazu eine Internetrecherche durch (z. B. Stichwort „Organigramm").

ZUSAMMENFASSUNG

Aufbauorganisation = Ordnung von Zuständigkeiten

- regelt die Gliederung der Betriebsaufgaben nach
  a) Verrichtungen (Tätigkeiten, Funktionen)
  b) Objekten (Waren)
- legt Verantwortungsbereiche und Handlungsbefugnisse fest
- ordnet Aufgaben und Teilaufgaben (Zuständigkeiten) Personen zu
  - soll durch die Stellen- und Abteilungsbildung eine reibungslose betriebliche Leistungserstellung ermöglichen
- wird im Organisationsplan festgehalten
- legt Weisungsbefugnisse und Über- bzw. Unterstellungen fest

- Eine **Abteilung** ist die Zusammenfassung mehrerer Stellen unter einer Leitung. In ihr werden gleichartige oder miteinander verwandte Tätigkeiten zusammengefasst.

- Eine **Stelle** ist die unterste Gliederungsstufe der Aufbauorganisation. Sie ist eine Zusammenfassung von Teilaufgaben zum Arbeitsgebiet einer Person.

- **Instanzen** sind Stellen mit Weisungsbefugnis.

- **Stabsstellen** haben keine Weisungsbefugnis, beraten aber die Vorgesetzten.

- Ein **Weisungssystem** ist die Organisation des Betriebs nach dem Instanzenaufbau. Dadurch werden sämtliche Beschäftigte entsprechend der Weisungsbefugnis erfasst.

Einliniensystem:
Jeder untergeordneten Stelle ist nur eine Stelle mit Weisungsbefugnis übergeordnet.

Mehrliniensystem:
Alle Beschäftigten haben mehrere spezialisierte Vorgesetzte.

Divisionale Organisation (Spartenorganisation):
Auf der Ebene unterhalb der Unternehmensleitung erfolgt die Abteilungsbildung nach Objekten.

Matrixorganisation:
Alle Beschäftigten haben einen produkt- bzw. projektorientierten und einen funktionsorientierten Vorgesetzten.

2.10 Die Ablauforganisation

EINSTIEG

Der Betriebsberater Hafez Mahud soll die Schwachstellen in der Einkaufsabteilung der Hoffmann KG aufdecken. Dazu benutzt er einen Arbeitsablaufbogen. Für jeden Arbeitsgang werden festgehalten: die Art der Tätigkeit (in bestimmten Symbolen), die dazu benötigte Zeit und der erforderliche Weg.

Arbeitsablaufbogen

Arbeitsablauf: Einkauf

Abteilung: Einkauf | **aufgenommen von:** R. Knorr | **Datum:** 3. Jan. 20..

Lfd. Nr.	Arbeitsgang	Bearbeitung	Transport	Überprüfung	Verzögerung	Lagerung	Zeit (Tage)	Zeit (Min.)	Weg (m)	Bemerkungen
01	Bedarf feststellen	●	⇨	□	D	▽	2			
02	Bezugsquellen feststellen	●	⇨	□	D	▽	3			
03	Angebote einholen	○	⇨	□	**D**	▽	14			
04	Angebotseingang	○	➡	□	D	▽		15		
05	Prüfung	○	⇨	■	D	▽	1			
06	Bestellung	●	⇨	□	D	▽		30		
07	Warenlieferung	○	⇨	□	**D**	▽	21			
08	Warenkontrolle	○	⇨	■	D	▽		120		
09	Rechnung bearbeiten	●	⇨	□	D	▽		60		
10	Übernahme ins Lager	○	⇨	□	D	▼		180		

Erläutern Sie den Arbeitsablauf **Einkauf**.

INFORMATION

Ziele der Ablauforganisation

Die Ablauforganisation behandelt die Ordnung von Arbeitsabläufen und Handlungsprozessen innerhalb der betrieblichen Struktur. Sie hat die Gestaltung des räumlich-zeitlichen Zusammenwirkens von Menschen, Betriebsmitteln und Arbeitsgegenständen zum Ziel.

Bei der Gestaltung von Arbeitsprozessen können unterschiedliche Schwerpunkte gesetzt werden:

- **Durchlaufverbesserungen**
  Hierzu zählen z. B. die Verkürzung der Bearbeitungs- und Wartezeiten und die Verbesserung des innerbetrieblichen Transportwesens.
- **Kapazitätsausnutzung**
  Die Ablauforganisation zielt darauf ab, Engpässe und Leerkapazitäten abzubauen.
- **Wirtschaftlichkeit**
- **Arbeitsbedingungen**
  Die Ablauforganisation versucht, Arbeitsplätze und -abläufe ergonomisch zu gestalten. Die Arbeitsbedingungen sollen human sein.
- **Produktqualität**
  Die Ablauforganisation soll durch Einschalten von Qualitätskontrollen gewährleisten, dass die Verfolgung der vorgenannten Ziele nicht zulasten der angestrebten Qualität geht.

Elemente der Ablauforganisation

Die Ablauforganisation kann nach verschiedenen Gesichtspunkten erfolgen:

Inhaltsorientierte Ablaufplanung

Im Rahmen der Aufgabenanalyse legt die Aufbauorganisation einzelne betriebliche Teilaufgaben fest. Die Ablauforganisation untersucht anschließend,
- welche Einzeltätigkeiten zur Erfüllung der Aufgabe notwendig sind,
- in welcher Reihenfolge die Einzeltätigkeiten ausgeführt werden sollen,
- wie die Einzeltätigkeiten miteinander zu verbinden sind.

BEISPIEL

Die Aufgabe **Einstellung von Personal** wird von der Aufbauorganisation festgestellt. Die Ablauforganisation ermittelt nun die Art und Reihenfolge der zur Erfüllung dieser Aufgabe notwendigen Einzeltätigkeiten:

1. Bewerbungsausschreibung
2. Prüfung der eingegangenen Bewerbungen
3. Vorauswahl
4. Vorstellungsgespräche
5. Ärztliche Untersuchung
6. Entscheidung darüber, wer eingestellt wird
7. Arbeitsvertrag an die ausgewählte Bewerberin/den ausgewählten Bewerber schicken

Raumorientierte Ablaufplanung

Die räumliche Anordnung und die Raumausstattung können erheblichen Einfluss auf die Arbeitsleistung ausüben. Die Ablauforganisation bringt Betriebsmittel (Maschinen, Hilfs-, Roh- und

Betriebsstoffe) und Räumlichkeiten in die jeweils günstigste Anordnung. Sie versucht, die einzelnen Arbeitsplätze möglichst optimal zu gestalten.

BEISPIEL

Im Zentrallager der Hoffmann KG wurde von Herrn Kreipe festgestellt, dass die durchschnittlichen Durchlaufzeiten bei der Zusammenstellung der Waren im Vergleich zu Mitbewerbern zu hoch sind. Daraufhin werden die Lagerartikel, die am häufigsten nachgefragt werden, in die Nähe der sich auch im Lager befindenden Versandabteilung gelegt. Die durchschnittliche Zeit für die Zusammenstellung der Sendungen sinkt dadurch erheblich.

Zeitorientierte Ablaufplanung

Der Zeitfaktor ist ein wesentlicher Aspekt beim Arbeitsablauf. Durch die zeitorientierte Ablauforganisation wird der termingerechte Einsatz von Arbeitsmitteln und -kräften geplant.

Darstellung von Arbeitsabläufen

Um die zeitliche Ablauforganisation zu verbessern, wendet man in Unternehmen eine Reihe unterschiedlicher Methoden an. Allen gemeinsam ist, dass zunächst der gesamte Arbeitsprozess in einzelne, in sich geschlossene Arbeitseinheiten zergliedert wird. Anschließend legt man für diese Arbeitseinheiten die Reihenfolge fest.

Flussdiagramm

Mit Flussdiagrammen werden Arbeitsabläufe in ihrer Reihenfolge dargestellt. Es werden bestimmte Symbole verwendet, um den Ablauf von Arbeitsprozessen darzustellen.

Symbol	Bedeutung
Start	Ereignisse werden als Oval dargestellt. Prozesse beginnen und enden immer mit einem Ereignis, so z. B. dem Ereignis **Auftragserteilung durch Kunden**.
Tätigkeit	In Prozessen werden Tätigkeiten erbracht. Diese Tätigkeiten sollten jeweils durch ein Substantiv und ein Verb beschrieben werden, z. B. **Kundenbestellung kommissionieren**.
Unter-programm	Hier findet eine anderswo ausführlicher beschriebene Tätigkeit statt.
Entscheidung nein ja	Entscheidungen werden als Rauten dargestellt. Um den Überblick zu behalten, ist es oft hilfreich, *ja* nach unten weiter fortzuführen und *nein* nach rechts. Dieses Ordnungsprinzip ist aber in der Praxis nicht immer durchzuhalten.
→	Verbindungspfeile zeigen an, welche Elemente in welcher Reihenfolge miteinander verknüpft sind.

Quelle: TRUECARE® GmbH PROJECT PERFORMANCE: PMH Projektmanagement Handbuch, Prozessmanagement-Visualisierung. In: www.projektmanagementhandbuch.de. Ohne Datum. https://www.projektmanagementhandbuch.de/add-on/prozessmanagement/ [14.03.2022].

BEISPIEL

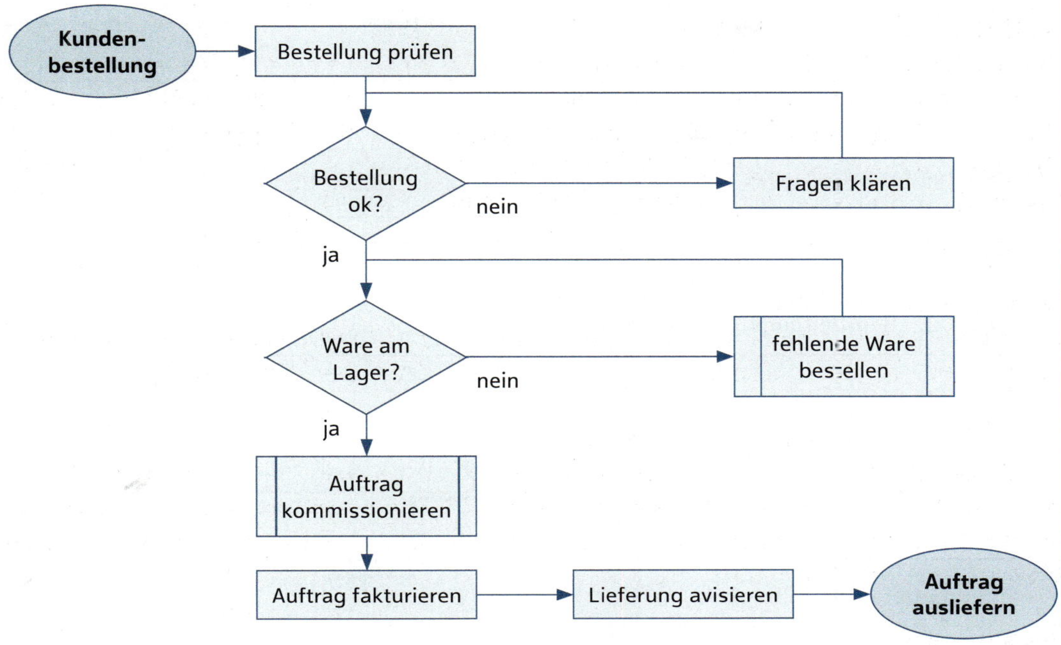

Quelle: TRUECARE® GmbH PROJECT PERFORMANCE: PMH Projektmanagement Handbuch, Prozessmanagement-Visualisierung. In: www.projektmanagementhandbuch.de. https://www.projektmanagementhandbuch.de/add-on/prozessmanagement/ [14.03.2022].

Arbeitsablaufdiagramm

Ein Arbeitsablaufdiagramm ist eine Liste von Arbeitsschritten. Diesen werden zum Auffinden organisatorischer Schwachstellen Symbole zugeordnet, die bestimmten Tätigkeitsgruppen entsprechen:

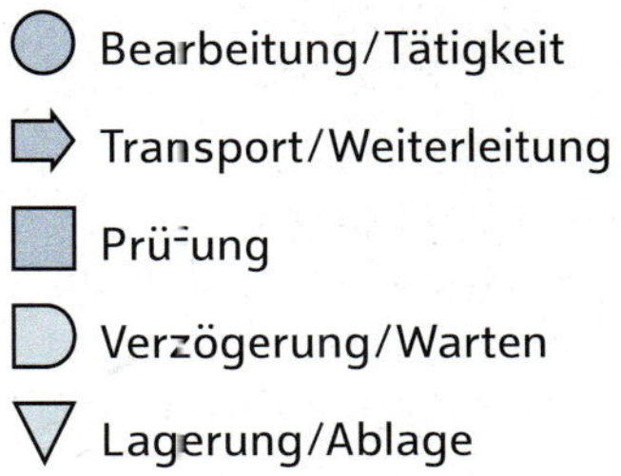

BEISPIEL

Arbeitsablaufkarte

Arbeitsablauf: Bearbeitung einer Anfrage

Abteilung: Verkauf

Lfd. Nr.	Stufen des Arbeitsablaufs	Symbole	Zeit (Min.)	Weg (m)
01	Sachbearbeiter erhält Anfrage	○ **⇨** □ D ▽		20
02	Sammeln der Bearbeitungsunterlagen	**○** ⇨ □ D ▽	10	
03	Sachbearbeiter diktiert	**○** ⇨ □ D ▽	5	
04	Schreiben des Briefes	**○** ⇨ □ D ▽	5	
05	Bote bringt Postmappe	○ **⇨** □ D ▽	2	10
06	Sachbearbeiter prüft Richtigkeit	○ ⇨ **□** D ▽	2	
07	Sachbearbeiter unterschreibt	**○** ⇨ □ D ▽	1	
08	Sachbearbeiter legt Kopie in Vorlagemappe ab	○ ⇨ □ D **▽**	1	
09	Sachbearbeiter legt Original in Unterschriftenmappe	○ ⇨ □ D **▽**	1	

Balkendiagramm

Ein Balkendiagramm dient der bildlichen Darstellung verschiedener Tätigkeiten einer Gesamtaufgabe im Zeitablauf. Es eignet sich ideal dafür, sowohl die Reihenfolge der Vorgänge als auch deren Abhängigkeit untereinander zu zeigen.

BEISPIEL

In der Finanzbuchhaltung eines Industrieunternehmens haben die verschiedenen Beschäftigten ihre Urlaubswünsche angemeldet:

Dies sind der Abteilungsleiter Lingley, seine Stellvertreterin Kazcinski und die Sachbearbeiter Schulze, Brunotte, Putzig und Gutfried. Der Urlaub soll in einer Zeit von acht Wochen genommen werden. In der Personalabteilung wird daraufhin zunächst der gewünschte Urlaubsplan als Balkendiagramm erstellt. Balkendiagramme eignen sich besonders für die Terminplanung. Die Balkenlänge gibt die Zeitdauer eines Vorgangs an.
Lingley und Schulze haben Kinder und können daher ihren Urlaub nur in den Schulferien (1. bis 6. Woche) nehmen. Die Unternehmensleitung gibt zudem die Anweisung, dass immer ein Vorgesetzter und möglichst die Hälfte der Sachbearbeiter im Betrieb anwesend sein sollen.

gewünschter Urlaubsplan:

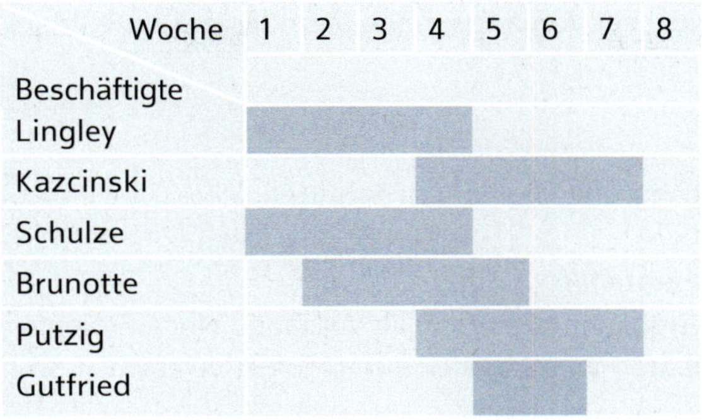

der von der Personalabteilung aus den Wünschen und betrieblichen Erfordernissen erstellte Urlaubsplan:

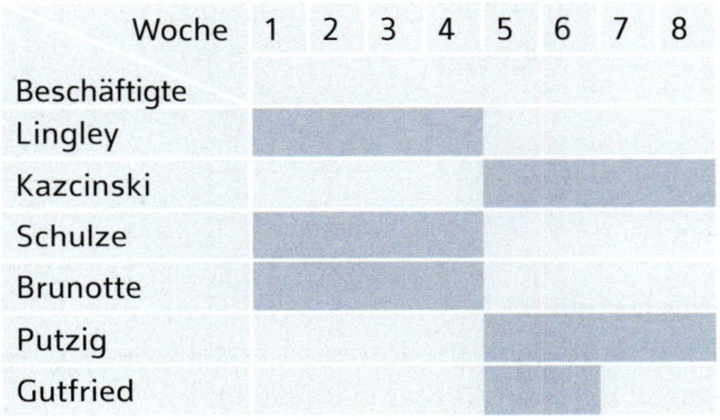

Netzplan

Vor allem bei größeren Projekten wird die **Netzplantechnik** – in der Regel unter EDV-Einsatz – zur Darstellung von Projektabläufen angewandt.

Ein Netzplan zeigt genau wie das Balkendiagramm die zeitliche und logische Aufeinanderfolge von Vorgängen. Er zeigt drastisch die Ablaufstruktur eines Arbeitsprozesses. Mit einem Netzplan kann man Engpässe und mögliche Störungen frühzeitig erkennen und entsprechende Gegenmaßnahmen einleiten.

Ein Netzplan ist hervorragend dazu geeignet, bei einer größeren Anzahl an Arbeitspaketen eines Projekts die inneren Abhängigkeiten zwischen den einzelnen Arbeitspaketen abzubilden. Aus einem Netzplan können die Projektbeteiligten Folgendes ablesen:

- Wie lange wird das ganze Projekt dauern? Welche Risiken treten dabei auf?
- Welche kritischen Aktivitäten des Projekts können das gesamte Projekt verzögern, wenn sie nicht rechtzeitig fertig werden?
- Ist das Projekt im Zeitplan, wird es früher oder später fertig?
- Wenn das Projekt früher fertig werden soll, was ist am besten zu tun?
- Wie kann man eine Beschleunigung des Projekts mit den geringsten Kosten erreichen?

Der Grundgedanke der Netzplantechnik liegt in der Erkenntnis, dass wenige Tätigkeiten, die den längsten Pfad durch das Netzwerk bilden, den Erfolg des gesamten Projekts beeinflussen können. Werden diese „kritischen" Aktivitäten frühzeitig erkannt, können die Projektbeteiligten frühzeitig Gegenmaßnahmen ergreifen.

Der Netzplan erlaubt eine

- Konzentration auf die kritischen Tätigkeiten,
- Umplanung unkritischer Vorgänge, ohne dass das gesamte Projekt negativ beeinflusst wird.

Netzplanerstellung
Die Erstellung eines Netzplans erfolgt in fünf Schritten:

Schritt 1: Vorgangsliste erstellen
Für die Erstellung eines Netzplans werden alle Vorgänge eines Projekts in einer Vorgangsliste mit dem jeweiligen unmittelbaren Vorgänger und Nachfolger erfasst.

Vorgangsnummer	Vorgang	Unmittelbarer Vorgänger	Unmittelbarer Nachfolger
1	Ausschachten	–	2
2	Rohbau	1	3, 4
•	•	•	
•	•	•	•
•	•	•	•

Schritt 2: Vorgangsknoten erstellen
Aus der Vorgangsliste kann der eigentliche Netzplan erstellt werden. Dabei wird zunächst jeder einzelne Vorgang durch einen Vorgangsknoten dargestellt:

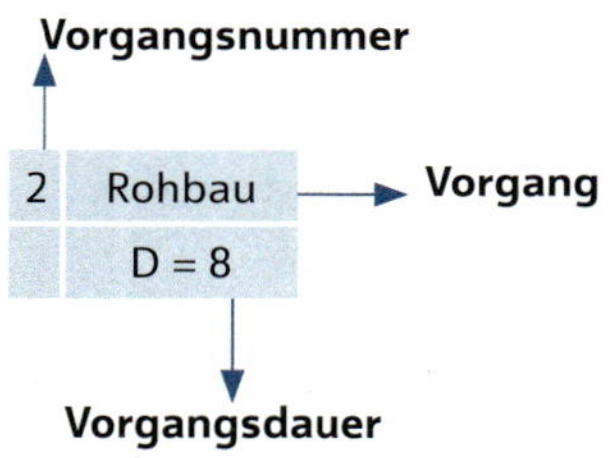

Schritt 3: Vorgangsknoten in Beziehung setzen
Ein Pfeil kennzeichnet im Netzplan die Beziehung zwischen Vorgänger und Nachfolger:

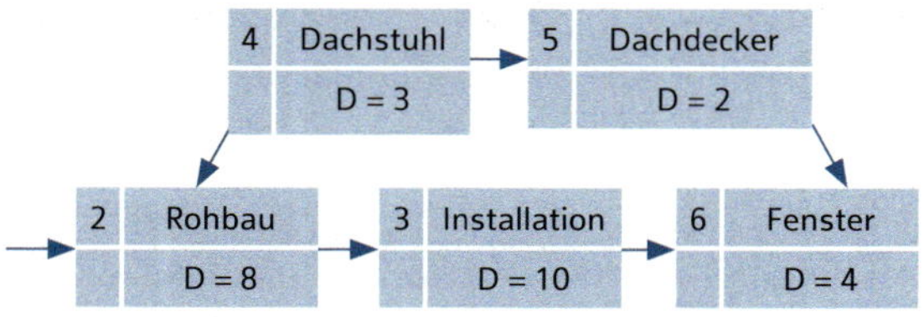

...
(Ausschnitt aus einem Netzplan)

Schritt 4: Anfangs- und Endzeitpunkte der einzelnen Vorgänge ermitteln
Man ermittelt zunächst für jeden Vorgangsknoten den jeweiligen **frühesten Anfangszeitpunkt** (FAZ) und **frühesten Endzeitpunkt** (FEZ). Der FAZ gibt an, wann jeder einzelne Vorgang jeweils beginnen kann. Der FEZ informiert über den Zeitpunkt, wann der Vorgang frühestens beendet sein kann. Der FAZ wird am Vorgangsknoten oben links, der FEZ oben rechts eingetragen.

Anschließend wird der **späteste Anfangszeitpunkt** (SAZ) und der **späteste Endzeitpunkt** (SEZ) des jeweiligen Vorgangsknotens unten links bzw. unten rechts eingetragen. Der SAZ gibt an, wann der Vorgang spätestens zu beginnen hat, damit die Gesamtprojektdauer nicht gefährdet wird. Der SEZ informiert darüber, bis wann ohne Beeinträchtigung des Projekts der Vorgang spätestens beendet sein muss.

Bei der Berechnung der Werte gelten die folgenden Regeln:

- Bei der Ermittlung von FAZ und FEZ beginnt man beim ersten Vorgang und geht dann vorwärts zu den nächsten.
- Der erste Vorgang erhält den FAZ 0.
- Der FEZ ergibt sich dann immer nach der folgenden Formel: FAZ + Vorgangsdauer = FEZ
- Der FEZ des letzten Vorgangs bestimmt die Dauer des gesamten Projekts.
- Man beginnt bei der Bestimmung von SEZ und SAZ beim letzten Vorgang und geht dann rückwärts zum jeweils letzten Vorgang.
- Der FEZ des Endvorgangs entspricht dem SEZ des Endvorgangs.
- Der SAZ wird dann jeweils ermittelt nach der Formel: SAZ = SEZ – Vorgangsdauer

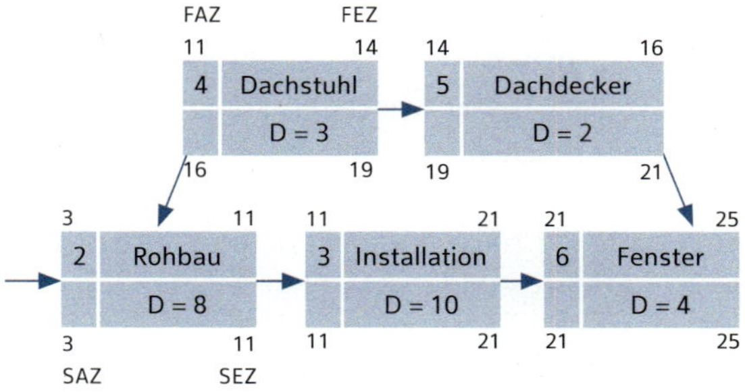

Schritt 5: kritischen Weg ermitteln
Für jeden Vorgang berechnet man die Gesamtpufferzeit.

Gesamtpufferzeit = SAZ – FAZ

Ist diese größer als null, hat man eine entsprechende Zeitreserve. Entspricht jedoch der SAZ dem FAZ (die Gesamtpufferzeit ist gleich null), ist der Vorgang **kritisch:** Da man keine Zeitreserven hat, führt jede Verzögerung dieses Vorgangs zu einer Verlängerung der Gesamtprojektdauer.

In einem Projekt wird also besonders auf den kritischen Weg geachtet. Diesen erhält man, wenn alle kritischen Vorgänge verbunden werden. Im obigen Ausschnitt aus einem Netzplan gehören die Vorgänge 2, 3 und 6 zum kritischen Weg.

Phasen der Ablauforganisation

Die Arbeitsorganisation wird idealtypisch in den folgenden sechs Schritten durchgeführt:

Schritt 1: Erfassung des Ist-Zustandes
Zunächst wird der momentane Arbeitsablauf ermittelt. Es werden dabei u. a. untersucht:

- die Häufigkeit von Vorgängen,
- die Dauer von Vorgängen,
- die für die Tätigkeit erforderlichen Arbeitsmittel,
- Kosten,
- Wege.

Schritt 2: Darstellung des Ist-Zustandes
Anschließend werden die gegenwärtigen Arbeitsprozesse in verbaler oder grafischer Form dargestellt. Vor allem die grafischen Darstellungsmöglichkeiten

- Arbeitsablaufbogen,
- Balkendiagramm,
- Flussdiagramme,
- Netzplantechnik

lassen durch ihre Übersichtlichkeit Zeitverzögerungen, Doppelarbeiten und andere Schwachstellen erkennen.

Schritt 3: Bewertung des Ist-Zustandes
Anschließend folgt die Phase der Kritik. In systematischer Analyse und Beurteilung werden Schwachstellen und verbesserungsfähige Arbeitsabläufe deutlich gemacht.

Schritt 4: Soll-Konzeption
Aufgabe der Soll-Konzeption ist es, für die in der Analyse entwickelten Schwachstellen verbesserte Arbeitsabläufe zu konzipieren. Dabei ist es oftmals erforderlich, nicht nur nach Verbesserungen im bestehenden Verfahren zu suchen, sondern gegebenenfalls auch das zurzeit angewendete Verfahren generell infrage zu stellen. Die entwickelten Lösungen sind sowohl im Hinblick auf die Verbesserungen bei den ermittelten Schwachstellen als auch in ihren sonstigen Auswirkungen zu bewerten. Damit soll vermieden werden, Schwachstellen durch gleichzeitige schwerwiegende Benachteiligungen in anderen Bereichen zu beseitigen. Vielfach ist eine Verbesserung nur durch Beeinträchtigung eines anderen Gesichtspunkts erreichbar.

BEISPIEL

Die verbesserte Lieferfähigkeit kann der Minimierung des Lagerbestands entgegenstehen.

Um jederzeit auf eine verstärkte Nachfrage reagieren zu können, erhöht die Gummibären AG die Reservebestände. Um diese lagern zu können, müssen auf dem Gelände der benachbarten Halstabletten AG leer stehende Lagergebäude angemietet werden. Als Folge ergeben sich eine starke Erhöhung der Lagerkosten und aufgrund der längeren Wege ein vermehrter Zeitaufwand für die Zusammenstellung von Sendungen für die Kunden.

Bei der Bewertung der einzelnen Verfahrensalternativen geht es also um eine Gesamtoptimierung. Dabei spielen sowohl Aspekte der Kostenminimierung als auch der Flexibilität eine Rolle.

Schritt 5: Einführung und Durchsetzung
Nach der Entscheidung für ein neues Konzept ist die Einführung zu planen. Neben einer eindeutigen Darstellung der neuen Soll-Konzeption sind im Allgemeinen folgende Maßnahmen erforderlich:

- Beschaffung und Austausch von Arbeitsmitteln,
- Einweisung, Ausbildung und gegebenenfalls Einstellung entsprechenden Personals,
- Einführung von Organisationshilfsmitteln.

Schritt 6: Kontrolle
Die Umstellung des Arbeitsablaufs sollte von einer Kontrolle begleitet werden. Damit soll sichergestellt werden, dass

- nach dem neuen Konzept wirklich gearbeitet wird,
- nach einer gewissen Übergangszeit überprüft wird, ob der geplante Erfolg eingetreten ist.

Wenn bei der Kontrolle festgestellt wird, dass ein Arbeitsprozess nicht optimal ist, erfolgt die Reorganisation des Arbeitsablaufs in den hier vorgestellten sechs Schritten.

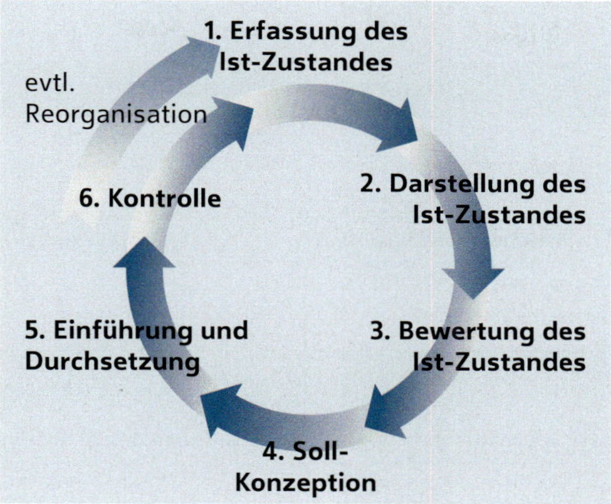

Phasen der Ablauforganisation

AUFGABEN

1. Erläutern Sie den Unterschied zwischen Ablauf- und Aufbauorganisation.
2. Führen Sie an, welche Arten der Ablauforganisation es gibt.
3. Führen Sie Schritte auf, mit denen ein nicht rationeller Arbeitsablauf optimiert wird.
4. Beschreiben Sie, welche Aufgabe grafische Darstellungsmittel in der Organisation haben.
5. Erläutern Sie, welche Ziele die Ablauforganisation verfolgt.
6. Die Hoffmann KG plant, in Österreich eine Filiale aufzumachen. Dazu wird ein Projektteam gebildet. Nachdem in einem Wiener Gewerbegebiet ein Grundstück gefunden wurde, soll nun das Betriebsgebäude errichtet werden. Das Projektteam plant die Zeit bis zur Fertigstellung: Für Ausschachtarbeiten werden 2 Wochen eingerechnet. Der Rohbau wird mit 11 Wochen eingeplant. Ist dieser hochgezogen, werden die Installationsarbeiten (8 Wochen) vorgenommen und gleichzeitig der Dachstuhl (2 Wochen) aufgesetzt und dann die Dachdeckerarbeiten (1 Woche) ausgeführt. Erst wenn diese drei Arbeiten vorgenommen wurden, können Fenster und Türen eingesetzt werden
   (1 Woche). Anschließend können der Innenputz (2 Wochen) und der Außenputz (3 Wochen) parallel angebracht werden. Ist dies geschehen, werden gleichzeitig die Zufahrt zur Rampe erstellt (1 Woche) sowie die Malerarbeiten (2 Wochen) vorgenommen. 2 Wochen werden letztlich noch für die Tätigkeiten der Betriebseröffnung (Beschicken des Lagers, Einzug) benötigt.
   Erstellen Sie für dieses Projekt ein Balkendiagramm.
7. Das Projektteam „Neue Filiale in Österreich“ (siehe Aufgabe 6) entscheidet sich, den Verlauf des Projekts mit einem Netzplan darzustellen.
   a) Erstellen Sie Vorgangsliste und Netzplan.
   b) Bestimmen Sie den kritischen Weg.

ZUSAMMENFASSUNG

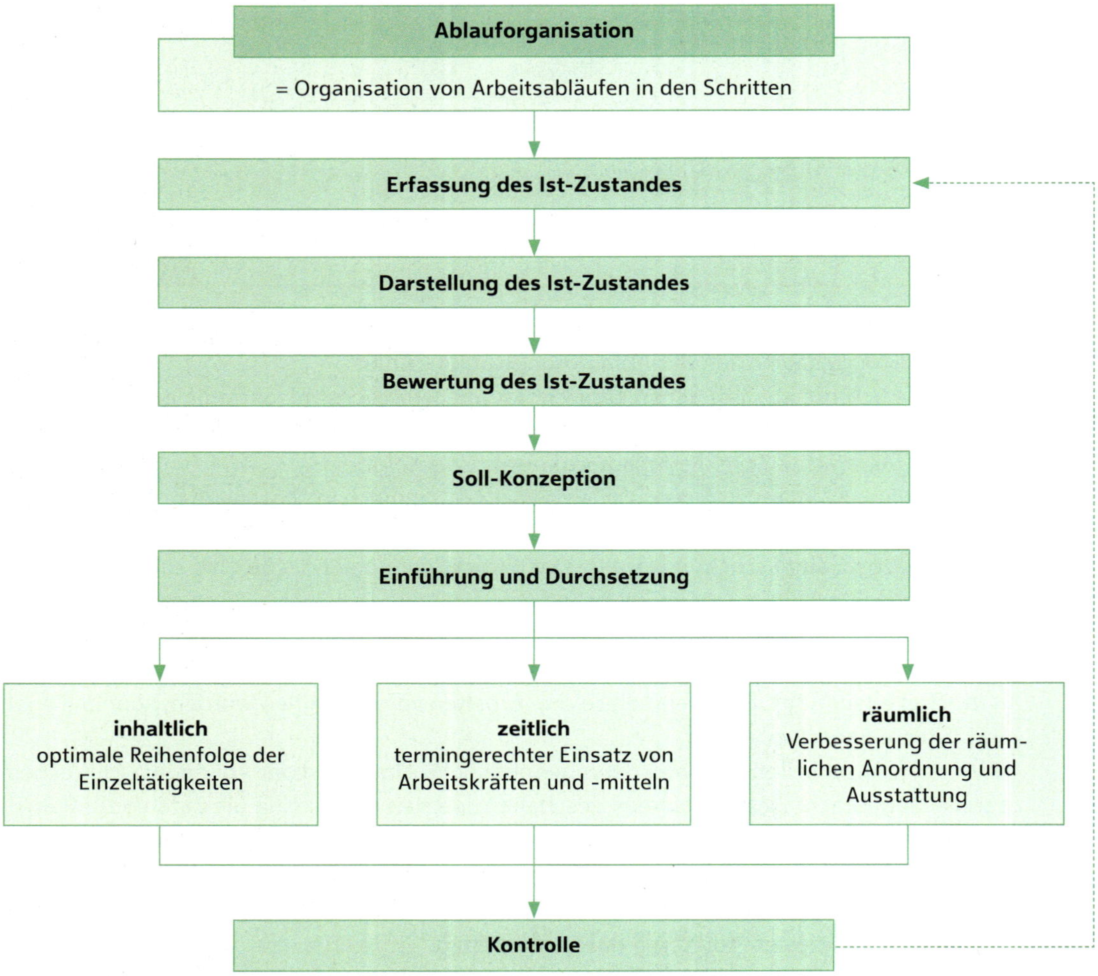

Erfassen von Geschäftsprozessen I 3

3.1 Belege und Werteströme

EINSTIEG

Um sich neue Vertriebswege zu erschließen, hat die Hoffmann KG die Fairtext GmbH übernommen. Diese ist zwar bisher noch eine Großhandlung, wird aber im nächsten Jahr auch als Industrieunternehmen auftreten. Man hat sich entschieden, in die Produktion von bestimmten Textilien einzusteigen. Zusätzlich möchte man sich einen neuen Markt erschließen durch die Herstellung und den Vertrieb von E-Bikes.

Carolin Saager soll auch einen Einblick in die Tätigkeiten des neuen Unternehmens bekommen. Sie begleitet daher einige Tage zwei Auszubildende der Fairtext GmbH.

Anne Schulte und Sebastian Holpert werden in der Abteilung Rechnungswesen der Fairtext GmbH eingesetzt.

Sebastian bekommt von der Sachbearbeiterin Frau Tegtmeyer vier Belege vorgelegt.

Sebastian soll sich zunächst einmal überlegen, was das überhaupt für Belege sind, warum diese Belege geschrieben wurden und welche Werteströme in Verbindung mit diesen Belegen entstanden sind.

Stockmann OHG

Telefon: 07231 454545-45
Telefax: 07231 454545-11
E-Mail: marx@Stockmann-wvd.de

Stockmann OHG · Bachstr. 38 · 75180 Pforzheim
Fairtext GmbH
Walsroder Str. 6a
60313 Frankfurt

Kunden-Nr.: 10366
Lieferdatum: 29.07.20..
Bestelldatum: 25.07.20..
Sachbearbeiter/-in: Herr Marx

Rechnungs-Nr.: 90512
Rechnungsdatum: 31.07.20..

Rechnung

Pos.	Artikel-Nr.	Artikelbezeichnung	Menge und Einheit	Einzelpreis	Gesamtpreis
1	27282	Damenpullover	30 Stück	56,00 €	1.680,00 €
2	19501	Damenbluse	40 Stück	25,50 €	1.020,00 €
3	34205	Herrenanzug	50 Stück	110,00 €	5.500,00 €

Gesamtpreis		8.200,00 €
Rabatt	5 %	410,00 €
Warenwert		7.790,00 €
Umsatzsteuer	19 %	1.480,10 €
Rechnungsbetrag		**9.270,10 €**

Rechnungsbetrag zahlbar innerhalb von 30 Tagen netto.

Fairtext GmbH
Textilgroßhandlung

Telefon: 069 4155-0
Telefax: 069 4155-10
Internet: www.fairtext-wvd.de
E-Mail: wollny@fairtext-wvd.de

Fairtext GmbH · Walsroder Str. 6a · 60313 Frankfurt
Franz Stallmann Fashion OHG
Vogesenstr. 3
45468 Mülheim

Kunden-Nr.: 10002
Lieferdatum: 28.07.20..
Bestelldatum: 24.07.20..
Sachbearbeiter/-in: Nadine Wollny

Rechnungs-Nr.: 14554
Rechnungsdatum: 31.07.20..

Rechnung

Pos.	Artikel-Nr.	Artikelbezeichnung	Menge und Einheit	Einzelpreis	Gesamtpreis
1	18201	Herrenanzug Modell „Elegance"	20 Stück	190,00 €	3.800,00 €
2	18202	Damenblazer Modell „Julia"	44 Stück	160,00 €	7.200,00 €

Gesamtpreis		11.000,00 €
Rabatt	6 %	660,00 €
Warenwert		10.340,00 €
Umsatzsteuer	19 %	1.964,60 €
Rechnungsbetrag		**12.304,60 €**

Rechnungsbetrag zahlbar innerhalb von 14 Tagen netto.

Autohaus Bach

Autohaus Bach · Birkenwald 44 · 30449 Hannover
Fairtext GmbH
Frau Zeitz
Walsroder Str. 6a
60313 Frankfurt

Telefon: 0511 1234-56
Telefax: 0511 1234-57
E-Mail: auto@bach-wvd.de

Kunden-Nr.:	19875
Lieferdatum:	28.07.20.
Bestelldatum:	28.07.20..
Sachbearbeiter/-in:	Herr Marx
Rechnungs-Nr.:	86970
Rechnungsdatum:	30.07.20..

Rechnung

Pos.	Artikel-Nr.	Artikelbezeichnung	Menge und Einheit	Einzelpreis	Gesamtpreis
1	125125	PKW Kolf Sport Neuwagen	1	28.000,00 €	28.000,00 €

Gesamtpreis		28.000,00 €
Umsatzsteuer	19 %	5.320,00 €
Rechnungsbetrag		**33.320,00 €**

Rechnungsbetrag zahlbar innerhalb von 14 Tagen netto.

Fairtext GmbH

Textilgroßhandlung

Fairtext GmbH · Walsroder Str. 6a · 60313 Frankfurt
Fred Meiners
Holzstr. 45
31135 Hildesheim

Telefon: 069 4155-0
Telefax: 069 4155-10
Internet: www.fairtext-wvd.de
E-Mail: wilhelm@fairtext-wvd.de

Kunden-Nr.:	10002
Lieferdatum:	28.07.20..
Bestelldatum:	24.07.20..
Sachbearbeiter/-in:	Kirsten Wilhelm
Rechnungs-Nr.:	17654
Rechnungsdatum:	31.07.20..

Rechnung

Pos.	Artikel-Nr.	Artikelbezeichnung	Menge und Einheit	Einzelpreis	Gesamtpreis
1	900009	PKW Modell Kolf, gebraucht, 196000 km	1	4.000,00 €	4.000,00 €

Warenwert		4.000,00 €
Umsatzsteuer	19 %	760,00 €
Rechnungsbetrag		**4.760,00 €**

Rechnungsbetrag zahlbar innerhalb von 14 Tagen netto.

1. Stellen Sie fest, worin sich diese Rechnungen unterscheiden.
2. Prüfen Sie, welche Vorgänge diesen Belegen zugrunde liegen.
3. Identifizieren Sie die Werteströme aus diesen vier Belegen.

INFORMATION

Notwendigkeit von Belegen

In einem Unternehmen gibt es eine Vielzahl von Belegen. Belege sind die Grundlage, um ein Unternehmen letztlich gut zu leiten und die Buchführung nach den gesetzlichen Bestimmungen ordnungsgemäß führen zu können. Das ist auch im § 238 HGB (Handelsgesetzbuch) festgehalten:

§§ **Auszug aus HGB § 238 Buchführungspflicht**

(1) Jeder Kaufmann ist verpflichtet, Bücher zu führen und in diesen seine Handelsgeschäfte und die Lage seines Vermögens nach den Grundsätzen ordnungsmäßiger Buchführung ersichtlich zu machen. Die Buchführung muss so beschaffen sein, dass sie einem sachverständigen Dritten innerhalb angemessener Zeit einen Überblick über die Geschäftsvorfälle und über die Lage des Unternehmens vermitteln kann. Die Geschäftsvorfälle müssen sich in ihrer Entstehung und Abwicklung verfolgen lassen.

Daraus lässt sich unter anderem folgender **Grundsatz ordnungsgemäßer Buchführung (GoB)** schlussfolgern:

MERKSATZ

Keine Buchung ohne Beleg.

Die gesetzlich vorgeschriebene Buchführungspflicht wird mithilfe von Belegen durchgeführt. Belege werden immer dort eingesetzt, wo sich die Vermögenssituation eines Unternehmens verändert.

DEFINITION

Ein **Geschäftsfall** (auch: Geschäftsvorfall) ist ein Vorgang, bei dem in irgendeiner Weise die Werte oder das Vermögen des Unternehmens verändert werden.

Belege erfüllen drei Funktionen:

- **Dokumentationsfunktion**
  Durch Belege werden alle vermögenswirksamen Geschäftsfälle schriftlich festgehalten und somit dokumentiert.
- **Ordnungsfunktion**
  Belege helfen, ein Unternehmen gut zu organisieren und zu strukturieren.
- **Beweisfunktion**
  Bei Unstimmigkeiten zwischen verschiedenen Geschäftsparteien dienen Belege häufig als Beweise bei den strittigen Geschäftsfällen.

Belegarten

Bei den Belegen werden verschiedene Belegarten unterschieden. So gibt es zum einen **Eigenbelege**, die vom eigenen Unternehmen selbst erstellt wurden.

BEISPIEL

Die Ausgangsrechnung an die Firma Franz Stallmann Fashion OHG ist ein Eigenbeleg. Er wurde von der Fairtext GmbH erstellt und der Franz Stallmann Fashion OHG zugestellt.

Eigenbelege werden aber nicht nur für den Schriftverkehr mit externen Geschäftspartnern erstellt, sondern auch für innerbetriebliche Vorgänge. Belege bei Privatentnahmen des Unternehmers selbst oder auch sogenannte Materialentnahmescheine sind hier Beispiele. Innerbetriebliche Eigenbelege werden immer erstellt, wenn es zu Wertveränderungen kommt, aber kein Beleg existiert.

Zum anderen gibt es auch **Fremdbelege** in einem Unternehmen. Diese werden von fremden Unternehmen oder externen Personen erstellt.

BEISPIEL

Die Eingangsrechnung ist von einem Lieferanten der Fairtext GmbH, der Firma Stockmann OHG, erstellt worden.

Wenn ein Fremdbeleg nicht zu erhalten ist, muss nach dem Steuerrecht ein **Ersatzbeleg** ausgestellt werden. Streng genommen handelt es sich dann wieder um einen Eigenbeleg.

BEISPIEL

Gründe für einen fehlenden Fremdbeleg sind beispielsweise der Verlust eines Beleges oder nicht festgehaltenes Trinkgeld oder der Nichterhalt einer Quittung nach einer Taxifahrt.

Identifizieren von Werteströmen auf Basis von Belegen

Ein sehr wichtiger Aspekt bei der Bearbeitung bzw. der Buchung von Belegen ist es, den Wertestrom zu erkennen, der hinter dem vorliegenden Beleg steht.

BEISPIELE

Eingangsrechnung von der Stockmann OHG
Es liegt die Eingangsrechnung der Firma Stockmann OHG über einen Rechnungsbetrag von 9.270,10 € vor. Die Fairtext GmbH hat hier am 25.07.20.. Damen- und Herrenbekleidung bestellt, diese Textilien wurden am 29.07.20.. geliefert, die Stockmann OHG hat die Rechnung am 31.07.20.. geschrieben und am 01.08.20.. ist die Rechnung bei der Fairtext GmbH eingegangen.

Ausgangsrechnung an die Franz Stallmann Fashion OHG
Die Fairtext GmbH hat dem Kunden Franz Stallmann Fashion OHG am 31.07.20.. eine Rechnung über den Rechnungsbetrag von 12.304,60 € geschrieben. Die Firma Franz Stallmann Fashion OHG hat am 24.07.20.. insgesamt 20 Herrenanzüge und 45 Damenblazer bei der Fairtext GmbH bestellt, diese sind am 28.07.20.. geliefert worden.

Wenn erkannt wird, welcher Vorgang hinter einem Beleg steht, erleichtert dies das spätere Kontieren und Buchen in der Abteilung Rechnungswesen.

Es werden aber vor allem auch die Werteströme deutlich, die mit diesen Vorgängen verbunden sind. Die Werteströme werden dann als Geschäftsfälle in der Abteilung Rechnungswesen buchhalterisch festgehalten.

DEFINITION

Werteströme sind Geschäftsprozesse in Unternehmen, die unterschiedliche Wertpositionen im Unternehmen beeinflussen. Dabei wird zwischen Güterströmen und Geldströmen unterschieden.

Geschäftsprozesse können zum einen Aktivitäten enthalten, die mit dem eigentlichen (direkten) Leistungsprozess (hier der Handel mit Textilien) zu tun haben. Zum anderen können Geschäftsprozesse aber auch nur indirekt am Leistungsprozess beteiligt sein. Dies wird beispielsweise beim Kauf und Verkauf eines Firmen-Pkw deutlich. Der Pkw wird benötigt, um den eigentlichen Leistungsprozess durchführen zu können, wirkt aber nur indirekt auf diesen.

In der unten stehenden Grafik sind die Werteströme des Leistungsprozesses dargestellt. Der Wertestrom, bei dem Güter und Dienstleistungen ausgetauscht werden, nennt sich **Güterstrom**. Klassisch sind das die Waren, die zunächst vom Lieferanten zum Großhandel gehen und anschließend vom Großhandel an den Kunden (z. B. Einzelhandel) weitergeliefert werden. Diese Güter oder Dienstleistungen müssen gezahlt werden. Dieser Fluss von Geldern, der in der Regel über die Kreditinstitute (Banken) abgewickelt wird, nennt sich **Geldstrom**.

Auch innerhalb des Großhandels kann es sowohl zu Güter- als auch Geldströmen kommen. Zwischen den Abteilungen können beispielsweise Waren ausgetauscht werden, die dann unternehmensintern wertmäßig berechnet werden.

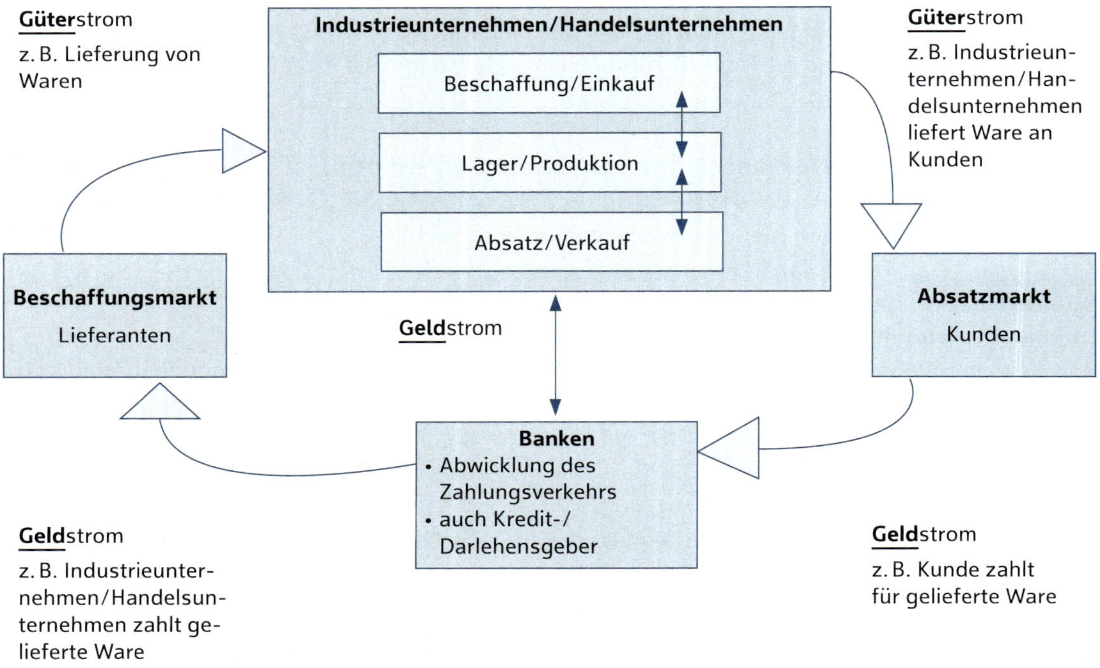

AUFGABEN

1. Der Grundsatz ordnungsgemäßer Buchführung lautet: „Keine Buchung ohne Beleg“. Erläutern Sie diesen Grundsatz kurz mit eigenen Worten.
2. Belege erfüllen drei Funktionen. Nennen und erläutern Sie diese Funktionen kurz mit eigenen Worten.
3. Nachfolgend sind vier Belege dargestellt.
   a) Geben Sie an, um welche Belegart es sich dabei jeweils handelt.
   b) Beschreiben Sie kurz den Wertestrom, der hinter diesem Beleg steht.

Beleg 1

Hessing GmbH
Sickingerstr. 9 • 01309 Leipzig
Steuernr.: 4714511322 • USt-IdNr.: DE337926621

Hessing GmbH · Sickingerstr. 9 · 01309 Leipzig
Fairtext GmbH
Walsroder Str. 6 a
60313 Frankfurt

Kunden-Nr.:	10109
Lieferdatum:	10.06.20..
Bestelldatum:	03.06.20..
Sachbearbeiter/-in:	Frau Mohns
Rechnungs-Nr.:	1020/06
Rechnungsdatum:	10.06.20..

Rechnung

Pos.	Einheit	Artikel	Menge	Preis je Einheit/€	Betrag/€
1	St.	Herrenfreizeithemd, Art.-Nr. 4537	100	8,10 €	810,00 €
			– 15 % Rabatt		121,50 €
					688,50 €
			+ Versandkosten		10,00 €
					698,50 €
			19 % USt		132,72 €
			Rechnungsbetrag		**831,22 €**

Zahlung: Innerhalb von vier Wochen ab Rechnungsdatum, bei Zahlung innerhalb von 7 Werktagen gewähren wir Ihnen 1,5 % Skonto.

Beleg 2

Aussteller Gartenbau Jürgen Schöring, Frankfurt	Ihre Bestellung vom
Empfänger	Unsere Lieferung vom 12. Juni 20..
Fairtext GmbH Walsroder Str. 6 a 60313 Frankfurt	Zahlungsbedingungen Überweisung binnen 7 Tagen
	☒ Steuer-Nr. ☐ USt-IdNr. 30 141 05750
Rechnung Nr.	Datum 12. Juni 20..

	Gartenarbeiten		450,00 €
	Entsorgung		100,00 €

Bankverbindung Deutsche Bank	Rechnungsbetrag (netto)	550,00 €
Konto-Nr. 5 223 128	+ 19 % MwSt.	104,50 €
BLZ 250 700 24	= Gesamtbetrag	654,50 €

Betrag dankend erhalten.

Ort, Datum ____________ Unterschrift ____________

Die gelieferte Ware bleibt bis zur vollständigen Bezahlung Eigentum des Lieferanten.

Beleg 3

Telefon: 069 4155-0
Telefax: 069 4155-10
Internet: www.fairtext-wvd.de
E-Mail: tegtmeyer@fairtext-wvd.de

Fairtext GmbH · Walsroder Str. 6 a · 60313 Frankfurt
Stolco eG
Birkenwald 12
47447 Moers

Kunden-Nr.:	10004
Lieferdatum:	10.06.20..
Bestelldatum:	03.06.20..
Sachbearbeiter/-in:	Frau Tegtmeyer
Rechnungs-Nr.:	1020/06
Rechnungsdatum:	10.06.20..

Rechnung

Pos.	Einheit	Artikel	Menge	Preis je Einheit/€	Betrag/€
1	St.	Nadelstreifen-Anzug mit Weste Artikelnummer 125030	50	298,00 €	14.900,00 €
				19 % USt	2.831,00 €
				Rechnungsbetrag	**17.731,00 €**

Zahlungsbedingungen:
Innerhalb von 10 Tagen abzüglich 3 % Skonto,
innerhalb von 30 Tagen netto Kasse

Beleg 4

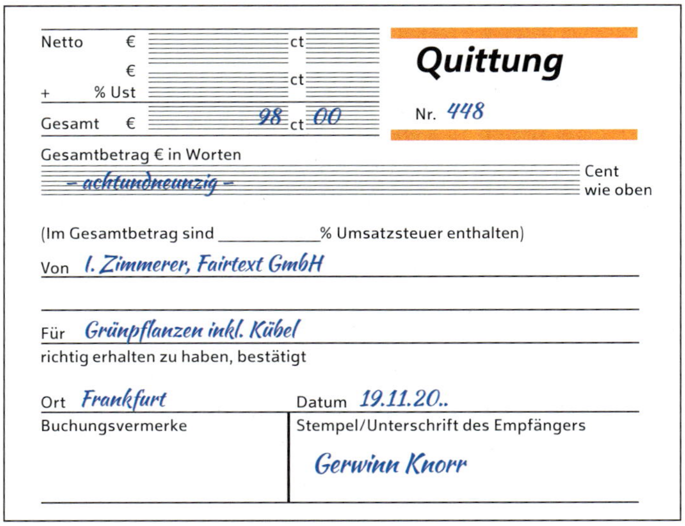
Netto € ct
€ ct
\+ % Ust
Gesamt € 98 ct 00

Quittung

Nr. 448

Gesamtbetrag € in Worten
– achtundneunzig – Cent wie oben

(Im Gesamtbetrag sind ____ % Umsatzsteuer enthalten)

Von I. Zimmerer, Fairtext GmbH

Für Grünpflanzen inkl. Kübel
richtig erhalten zu haben, bestätigt

Ort Frankfurt Datum 19.11.20..

Buchungsvermerke | Stempel/Unterschrift des Empfängers
Gerwinn Knorr

4. Informieren Sie sich über verschiedene Belege, die in einem Unternehmen buchhalterisch erfasst und bearbeitet werden. Vergleichen Sie Ihre Belege mit den Belegen Ihrer Banknachbarin oder Ihres Banknachbarn. Halten Sie die Gemeinsamkeiten und die Unterschiede schriftlich fest.
5. Erklären Sie Ihrer Banknachbarin oder Ihrem Banknachbarn mit eigenen Worten, welche Werteströme es in Ihrem Unternehmen gibt. Nehmen Sie dazu auch Unterscheidungen zwischen Geld- und Güterströmen vor.

ZUSAMMENFASSUNG

Belege

Notwendigkeit von Belegen

nach § 238 HGB Pflicht zur Buchführung

Belege erfüllen drei Funktionen:
- Dokumentationsfunktion
- Ordnungsfunktion
- Beweisfunktion

Belegarten

- **Eigenbelege**
  z. B. Ausgangsrechnungen, Gutschriften oder Materialentnahmescheine
- **Fremdbelege**
  z. B. Eingangsrechnungen, Quittungen, Kassenbon, Lieferschein
- **Ersatzbelege**
  Sonderform des Eigenbelegs bei fehlendem Beleg (z. B. Privatentnahmen, fehlende Quittung)

Werteströme

Wichtiger Aspekt bei der Bearbeitung bzw. der Buchung von Belegen ist es, den Vorgang zu erkennen, der hinter dem vorliegenden Beleg steht.

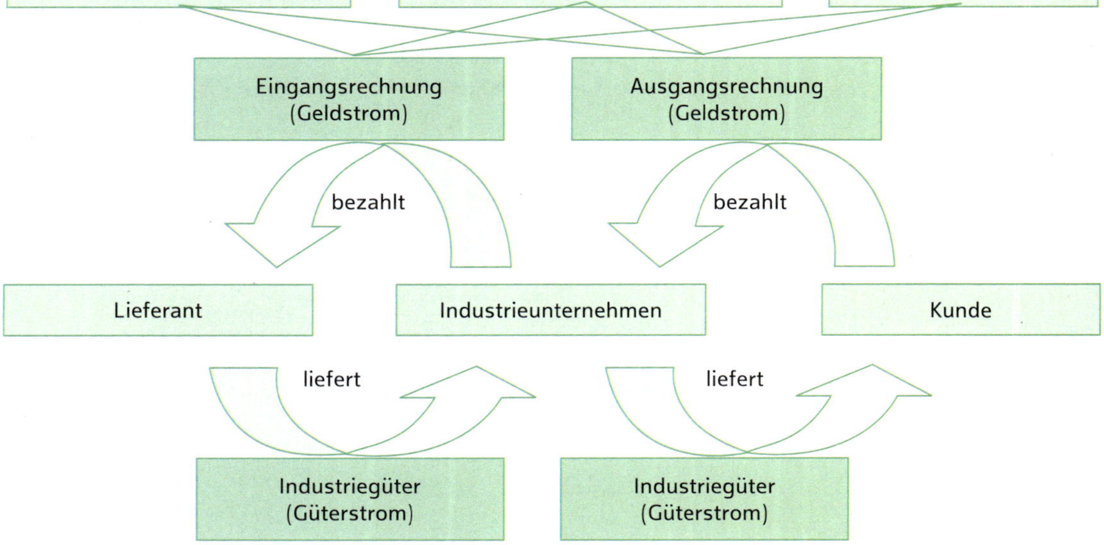

3.2 Anforderungen an eine ordnungsgemäße Buchführung

EINSTIEG

Anne Schulte und Sebastian Holpert haben die Eingangsrechnung der Stockmann OHG über einen Rechnungsbetrag von 9.270,10 € sowie die Ausgangsrechnung an die Firma Franz Stallmann Fashion OHG über einen Rechnungsbetrag von 12.304,60 € vor sich liegen.

Die beiden bekommen von Frau Tegtmeyer, Sachbearbeiterin der Abteilung Rechnungswesen, den Auftrag, die Belege zu prüfen und entsprechend zu bearbeiten.

Frau Tegtmeyer:
„Aber bevor Sie diese beiden Belege bearbeiten, sollten Sie sich erst einmal Gedanken über die Aufgabenbereiche im Rechnungswesen und die Grundsätze der ordnungsgemäßen Buchführung machen."

Stockmann OHG

Stockmann OHG · Bachstr. 38 · 75180 Pforzheim
Fairtext GmbH
Walsroder Str. 6 a
60313 Frankfurt

Telefon: 07231 454545-45
Telefax: 07231 454545-11
E-Mail: marx@Stockmann-wvd.de

Kunden-Nr.:	10366
Lieferdatum:	29.07.20..
Bestelldatum:	25.07.20..
Sachbearbeiter/-in:	Herr Marx
Rechnungs-Nr.:	90512
Rechnungsdatum:	31.07.20..

Rechnung

Pos.	Artikel-Nr.	Artikelbezeichnung	Menge und Einheit	Einzelpreis	Gesamtpreis
1	27282	Damenpullover	30 Stück	56,00 €	1.680,00 €
2	19501	Damenbluse	40 Stück	25,50 €	1.020,00 €
3	34205	Herrenanzug	50 Stück	110,00 €	5.500,00 €

Gesamtpreis		8.200,00 €
Rabatt	5 %	410,00 €
Warenwert		7.790,00 €
Umsatzsteuer	19 %	1.480,10 €
Rechnungsbetrag		**9.270,10 €**

Rechnungsbetrag zahlbar innerhalb von 30 Tagen netto.

Fairtext GmbH
Textilgroßhandlung

Telefon: 069 4155-0
Telefax: 069 4155-10
Internet: www.fairtext-wvd.de
E-Mail: wollny@fairtext-wvd.de

Fairtext GmbH · Walsroder Str. 6a · 60313 Frankfurt
Franz Stallmann Fashion OHG
Vogesenstr. 3
45468 Mülheim

Kunden-Nr.:	10002
Lieferdatum:	28.07.20..
Bestelldatum:	24.07.20..
Sachbearbeiter/-in:	Nadine Wollny
Rechnungs-Nr.:	14554
Rechnungsdatum:	31.07.20..

Rechnung

Pos.	Artikel-Nr.	Artikelbezeichnung	Menge und Einheit	Einzelpreis	Gesamtpreis
1	18201	Herrenanzug Modell „Elegance"	20 Stück	190,00 €	3.800,00 €
2	18202	Damenblazer Modell „Julia"	45 Stück	160,00 €	7.200,00 €
Gesamtpreis					11.000,00 €
Rabatt				6 %	660,00 €
Warenwert					10.340,00 €
Umsatzsteuer				19 %	1.964,60 €
Rechnungsbetrag					**12.304,60 €**

Rechnungsbetrag zahlbar innerhalb von 14 Tagen netto.

1. Stellen Sie fest, welche Aufgaben zur Bearbeitung der Eingangs- und der Ausgangsrechnung notwendig sind.
2. Nennen Sie die Grundsätze ordnungsgemäßer Buchführung, die bei der Bearbeitung der Ein- und der Ausgangsrechnung zu beachten sind.

INFORMATION

Aufgabenbereiche des Rechnungswesens

Das Rechnungswesen ist in einem Unternehmen von besonderer Bedeutung, weil hier die Werteströme des Unternehmens erfasst werden. Daher sind größere Unternehmen in der Regel so organisiert, dass sie eine separate Abteilung **Rechnungswesen** führen. Grundsätzlich kann man sagen, dass das betriebliche Rechnungswesen für die sachgemäße Aufbereitung der relevanten Unternehmenszahlen zuständig ist.

BEISPIEL

Relevante Unternehmenszahlen sind z. B. Umsatzstatistiken, Geldbestände in der Kasse, Höhe des Vermögens und der Schulden, Bilanzen, Gewinne/Verluste, Deckungsbeiträge, Kosten und Leistungen, Preise und Preiskalkulationen, Zahlungstermine, Kreditverträge usw.

Es gibt sowohl innerhalb als auch außerhalb eines Unternehmens Anspruchsgruppen (= Stakeholder), z. B. Personen, Institutionen und Gruppen, die an diesen Zahlen interessiert sind:

Interessierte innerhalb des Unternehmens:

- Eigentümer, Geschäftsführung, Management
- Abteilungen
- einzelne Beschäftigte
- Sonstige

Interessierte außerhalb des Unternehmens:

- Banken, Versicherungen
- Kunden, Lieferanten
- Staat, Finanzamt
- Aktionäre
- Gläubiger
- Sonstige

BEISPIEL

Zur Bezahlung der Eingangsrechnung muss ein neuer Kredit aufgenommen werden, den die Sparkasse Frankfurt der Fairtext GmbH geben soll. Somit hat die Sparkasse Frankfurt ein Interesse an dem Geschäftsfall des Einkaufs.

Aus den aufzubereitenden Unternehmenszahlen und den Anspruchsgruppen lassen sich drei verschiedene Aufgaben des Rechnungswesens ableiten:[1]

- **Dokumentationsaufgabe**
  Alle Verfahren, die im Unternehmen Geld- und Leistungsströme beeinflussen, werden in Form von Belegen nach den Grundsätzen ordnungsgemäßer Buchführung („GoB“) zeitlich geordnet und erfasst.
- **Kontroll- und Planungsaufgabe**
  In der Regel werden Kontrollsysteme aufgebaut, damit die Unternehmensleitung jederzeit das Erreichen von gesetzten Zielen kontrollieren kann. Die aufbereiteten Zahlen sind die Grundlage für unternehmerische Entscheidungen und Planungen (Dispositionsaufgabe).
- **Rechenschaftslegungs- und Informationsaufgabe**
  Diese Aufgabe bezieht sich auf Anspruchsgruppen außerhalb des Unternehmens. So können gesetzliche Vorschriften beispielsweise dem Staat (durch das Finanzamt) einen Einblick in die Gewinnsituation gewährleisten. Diese Daten sind vom Rechnungswesen entsprechend aufzubereiten.

Häufig wird das Rechnungswesen in Unternehmen in vier Teilbereiche eingeteilt:

Mithilfe dieser Teilbereiche werden die oben genannten Aufgaben des Rechnungswesens bewältigt. Die Teilbereiche sind nicht als völlig unabhängig voneinander zu betrachten, sondern es ergeben sich immer wieder Schnittmengen zwischen den Bereichen.

Das Erstellen von Statistiken ist ein Teilbereich des Rechnungswesens.

1 vgl. Wöhe, Günter/Döring, Ulrich: Einführung in die Allgemeine Betriebswirtschaftslehre. München: Vahlen 2013, S. 693 f.

Teilbereiche des Rechnungswesens			
Buchführung und Bilanz	**Kosten- und Leistungsrechnung**	**Statistik und Vergleichsrechnung**	**Planungsrechnung**
BEISPIEL • Kontieren • Buchen • Inventar • Bilanz • Erfolgsrechnungen	BEISPIEL • kurzfristige Erfolgsrechnung • Kostenstellenrechnung	BEISPIEL • Soll-Ist-Vergleich • Betriebs- und Zeitvergleich	BEISPIEL • Berechnung des zu erwartenden Betriebsergebnisses • Einschätzung der betrieblichen Entwicklung

BEISPIEL

Die Abteilung Rechnungswesen bereitet eine Umsatzstatistik des Kunden Franz Stallmann Fashion OHG auf. Dazu werden alle Rechnungen (auch die aus dem Einstieg) eines Jahres zusammengefasst. Die Verkaufsabteilung benötigt diese Statistik, um für das jährliche Verkaufsgespräch mit den Kunden strategische Entscheidungen treffen zu können. Der Teilbereich Rechnungswesen liefert also grundlegende Daten als Voraussetzung für Kontroll- und Planungsaufgaben.

In diesem Abschnitt wird nur der Teilbereich der Buchführung und Bilanz betrachtet.

Ordnungsgemäße Buchführung

Gesetzliche Bestimmungen

Wie bereits in Kapitel 3.1 beschrieben, ist jeder Kaufmann verpflichtet, Bücher zu führen (§ 238 HGB). Die Buchführungspflicht ist vor allem in folgenden Gesetzen erläutert bzw. bestimmt:

- **HGB (Handelsgesetzbuch)**
  Hier ist das Handelsrecht festgehalten, das für Kaufleute gilt.
- **AO (Abgabenordnung)**
  Hier finden sich alle wesentlichen Regelungen über die Besteuerung in Deutschland. Daher wird die AO auch Steuergrundgesetz genannt.
- **StGB (Strafgesetzbuch)**
  Nach § 283b StGB kann eine Verletzung der Buchführungspflicht mit Freiheitsstrafen bis zu zwei Jahren oder Geldstrafe geahndet werden.
- **ES tG (Einkommensteuergesetz)**
  Dort sind z. B. die Besonderheiten der Gewinnermittlung festgehalten.
- **UStG (Umsatzsteuergesetz)**
  Hier stehen die Regelungen und Besonderheiten zur Umsatzsteuer.

Grundsätze ordnungsgemäßer Buchführung (GoB)

Aus den oben stehenden gesetzlichen Bestimmungen lassen sich folgende GoB zusammenfassen:

- Jeder Kaufmann ist verpflichtet, Bücher zu führen (§ 238 HGB).
- Eine Eintragung oder eine Aufzeichnung darf nicht in einer Weise verändert werden, dass der ursprüngliche Inhalt nicht mehr feststellbar ist.
- Ein sachverständiger Dritter muss die Buchführung innerhalb einer angemessenen Zeit nachvollziehen können (§ 238 HGB, § 145 AO).

- Die Buchungen und die sonstigen Aufzeichnungen sind vollständig, richtig, zeitgerecht und geordnet vorzunehmen. Kasseneinnahmen und Kassenausgaben sollen täglich festgehalten werden (§ 146 AO).
- 10 Jahre aufzubewahren sind: Bücher und Aufzeichnungen, Inventare, Jahresabschlüsse, Lageberichte, die Eröffnungsbilanz sowie die zu ihrem Verständnis erforderlichen Arbeitsanweisungen und sonstigen Organisationsunterlagen, Buchungsbelege (§ 147 AO).
- 6 Jahre aufzubewahren sind: die empfangenen Handels- oder Geschäftsbriefe, Wiedergaben der abgesandten Handels- oder Geschäftsbriefe, sonstige Unterlagen, soweit sie für die Besteuerung von Bedeutung sind.
- Die Aufbewahrungsfristen gelten, sofern nicht in anderen Steuergesetzen kürzere Aufbewahrungsfristen zugelassen sind.

Wenn gegen die GoB verstoßen wird, kann das mehrere Folgen haben, z. B.:

- Soweit die Finanzbehörde die Besteuerungsgrundlagen nicht ermitteln oder berechnen kann, hat sie diese zu schätzen. Dabei sind alle Umstände zu berücksichtigen, die für die Schätzung von Bedeutung sind (§ 162 AO).
- Freiheitsstrafe oder Geldstrafe (§ 370 AO, § 331 HGB, § 283b StGB)

AUFGABEN

1. Erläutern Sie, was man unter dem betrieblichen Rechnungswesen versteht.
2. Es gibt verschiedene externe Anspruchsgruppen, die ein Interesse an den Unternehmenszahlen einer Firma haben. Nennen Sie drei externe Interessengruppen und erläutern Sie, warum diese Gruppen ein Interesse haben.
3. Unter den Anspruchsgruppen ist auch die Gruppe der Gläubiger. Geben Sie an, welche Person, Gruppe oder Institution Gläubiger sein kann.
4. Nennen Sie fünf Geschäftsfälle.
5. Nennen Sie zwei Hauptgründe, warum die Fairtext GmbH nicht auf eine ordnungsgemäße Buchführung verzichten kann.
6. Erläutern Sie, ob die Fairtext GmbH laut Handelsgesetzbuch (HGB) zur Buchführung verpflichtet ist.
7. Stellen Sie fest, ab wann die Buchführung der Fairtext GmbH als ordnungsgemäß im Sinne der § 238 HGB und § 145 AO gilt.
8. Ist es der Fairtext GmbH ohne Weiteres möglich, Eintragungen in den Büchern zu verändern oder zu löschen? Begründen Sie Ihre Entscheidung.
9. Erläutern Sie, was die Fairtext GmbH gemäß § 146 AO bei Kasseneinnahmen und Kassenausgaben beachten muss.
10. Ermitteln Sie, welche Unterlagen von der Fairtext GmbH gemäß § 147 AO wie lange aufzubewahren sind.
11. Begründen Sie, unter welchen Umständen die Fairtext GmbH Unterlagen auf Datenträgern aufbewahren kann.
12. Die Fairtext GmbH will sich ein neues EDV-System kaufen. Prüfen Sie, in welchen Fällen gegen die Grundsätze ordnungsgemäßer Buchführung verstoßen würde.
    a) Sie haben die Rechnung versehentlich falsch gebucht. Sie geben die Stornobuchung ins System ein und buchen dann den Vorgang neu.
    b) Sie zahlen das neue EDV-System aus der Kasse bar. Die Belege werden direkt in die Kasse gelegt.

c) Sie zahlen die Rechnung für die Installation ebenfalls bar aus der Kasse. Der Beleg soll erst in der kommenden Woche in die Kasse gelegt werden, weil dann ein neuer Monat beginnt.

d) Sie rechnen damit, dass Sie dieses System fünf Jahre nutzen können. Entsprechend legen Sie nur ein Fünftel des Betrages in die Kasse.

e) Sie scannen die Rechnung ein, speichern diese als Datei und vernichten dann die Original-Rechnung.

ZUSAMMENFASSUNG

Rechnungswesen
= zuständig für die sachgemäße Aufbereitung der relevanten Unternehmenszahlen

Aufgaben
- Dokumentation
- Kontrolle und Planung
- Rechenschaftslegung und Information

Teilbereiche
- Buchführung und Bilanz
- Kosten- und Leistungsrechnung
- Statistik und Vergleichsrechnung
- Planungsrechnung

Ordnungsgemäße Buchführung

Gesetzliche Bestimmungen in
- HGB (Handelsgesetzbuch)
- AO (Abgabenordnung)
- StGB (Strafgesetzbuch)
- EStG (Einkommensteuergesetz)
- UStG (Umsatzsteuergesetz)

Grundsätze ordnungsgemäßer Buchführung
- Buchführungspflicht
- Bei Veränderungen muss der ursprüngliche Inhalt erkennbar bleiben.
- Ein sachverständiger Dritter muss die Buchführung nachvollziehen können.
- Buchungen und sonstige Aufzeichnungen müssen vollständig, richtig, zeitgerecht und geordnet sein.
- Aufbewahrungsfristen belegabhängig 10 oder 6 Jahre

3.3 Inventur und Inventar

EINSTIEG

Das Geschäftsjahr bei der Fairtext GmbH neigt sich dem Ende zu. In der Abteilung Rechnungswesen müssen die Vorbereitungen für Abschluss des Geschäftsjahres getroffen werden. Anne Schulte und Sebastian Holpert sollen daher die Kolleginnen und Kollegen aus der Abteilung aktiv unterstützen.

Bevor die endgültigen Aufstellungen vorgenommen werden können, müssen die Soll- und die Ist-Werte miteinander abgeglichen werden. Dazu ist unter anderem eine körperliche Bestandsaufnahme notwendig.

Die Sachbearbeiterin Frau Tegtmeyer gibt den beiden Auszubildenden folgenden Auftrag: „Anne und Sebastian, gehen Sie bitte ins Lager, um zunächst alle Artikel, die dort vorliegen, zu zählen. Bringen Sie dann die Inventurlisten mit, damit wir die entsprechenden Artikel bewerten und ein Inventar daraus erstellen können."

Beantworten Sie folgende Fragen:

1. Was sind die Unterschiede zwischen Soll- und Ist-Werten bei einer Inventur?
2. Warum müssen die Artikel im Lager gezählt werden?
3. Was bedeutet, die entsprechenden Artikel aus der Inventurliste zu bewerten?
4. Was verstehen Sie unter einem Inventar?

INFORMATION

Inventur

DEFINITION

Eine **Inventur** ist die Bestandsaufnahme aller Vermögensteile und Schulden in einem Unternehmen. Dabei wird zwischen einer körperlichen und einer buchmäßigen Bestandsaufnahme unterschieden.
Inventurdifferenzen sind Unterschiede zwischen Soll- und Istwerten. Gründe dafür können u. a. Diebstahl, Schwund, nicht erfasste Warenein- oder -ausgänge oder eine Einlagerung in falsche Lagerplätze sein.

Aus den Werten der Inventur wird ein Inventar abgeleitet und aufgestellt. Die Notwendigkeit zur Erstellung eines Inventars ergibt sich aus § 240 HGB. Nach § 141 AO muss eine Bestandsaufnahme (Inventur) mindestens einmal jährlich erfolgen.

Die körperliche Bestandsaufnahme erfolgt in der Regel durch Zählen, Wiegen, Messen oder Schätzen der materiellen Vermögensteile. Jeder Gegenstand, der sich im Betriebsvermögen befindet, muss in der Inventur aufgenommen werden. Dies ist in der Praxis manchmal nur schwer zu erreichen. Daher hat der Gesetzgeber verschiedene Möglichkeiten der Vereinfachung der Inventur zugelassen. Zur Durchführung werden meist Inventurlisten ausgestellt, in denen die gezählten Werte festgehalten werden.

BEISPIEL

Anne Schulte und Sebastian Holpert haben von Frau Tegtmeyer eine Inventurliste bekommen, in die sie die Mengen der Artikel aus dem Verkaufslager eintragen sollen.

Artikelnummer	Bezeichnung	Bewertung	Soll-Bestand	Ist-Bestand	Wert
4023007373126	Baumwoll-Sakko gefüttert	22,00 €	1 042		
4024010404159	Boxershorts, Gr. L 100 % Baumwolle	4,55 €	470		
4022006262097	Damen-Leder-Gürtel	24,00 €	5 635		
4024010100037	Damenpullover „Elle“	18,00 €	540		

Immaterielle Vermögensteile (z. B. Kontostand laut Kontoauszug) werden buchmäßig erfasst (= **Buchinventur**), d. h., durch Belege, andere Aufzeichnungen oder auch durch Einholen von Informationen (z. B. bei Banken, Lieferanten oder Kunden) ermittelt.

Die Bewertung der Vermögensgegenstände ist sehr komplex. Es gibt einige gesetzliche Regelungen.

Grundsätzlich gilt, dass die Waren zu den Anschaffungs- oder Herstellungskosten bewertet werden sollten und bei veralteten oder beschädigten Waren ein niedrigerer Wert angesetzt werden muss. Es gilt das **Vorsichtsprinzip** (§ 252 Abs. 1 Nr. 4 HGB).

BEISPIEL

Im Verkaufslager bei der Fairtext GmbH werden alle Artikel zu durchschnittlichen Einkaufspreisen bewertet.

Artikelnummer	Bezeichnung	Bewertung	Soll-Bestand	Ist-Bestand	Wert
4023007373126	Baumwoll-Sakko gefüttert	22,00 €	1 042	*1045*	*22.990,00 €*
4024010404159	Boxershorts, Gr. L 100 % Baumwolle	4,55 €	470	*470*	*2.138,50 €*
4022006262097	Damen-Leder-Gürtel	24,00 €	5 635	*5640*	*135.360,00 €*
4024010100037	Damenpullover „Elle“	18,00 €	540	*540*	*9.720,00 €*

Inventar

Aus den gewonnenen Inventurwerten wird ein Inventar aufgestellt.

DEFINITION

Das **Inventar** ist die ausführliche Aufstellung des Vermögens, der Schulden sowie des Eigenkapitals (Reinvermögen) in Tabellenform.

Das Inventar ist in drei Teile gegliedert:

A. Vermögen
B. Schulden
C. Eigenkapital (Reinvermögen)

A. Vermögen
Das Vermögen ist wiederum in Anlage- und Umlaufvermögen unterteilt.

I. Anlagevermögen
Anlagevermögen ist langfristig im Unternehmen eingesetztes Vermögen, welches notwendig für den gesamten Geschäftsbetrieb ist. Langfristig heißt, dass dieses Vermögen eine betriebsgewöhnliche Nutzungsdauer von über einem Jahr hat. Dazu gehören z. B.:

- Grundstücke und Bauten
- Anlagen und Maschinen
- Fuhrpark
- Betriebs- und Geschäftsausstattung

II. Umlaufvermögen
Das Umlaufvermögen befindet sich nur kurz- bis mittelfristig im Unternehmen und verändert häufig (z. T. täglich) seinen Bestand. Dazu gehören z. B.:

- Waren
- Forderungen
- Bankguthaben
- Kassenbestände

Die Positionen des Vermögens sind entsprechend der Sortierung bei der Bilanz nach steigender Liquidität geordnet, d. h., wie schnell sie „zu Geld“ gemacht werden können. Daher steht das Anlagevermögen vor dem Umlaufvermögen und stehen innerhalb des Umlaufvermögens die Waren vor den Kassenbeständen.

B. Schulden
Zu den Schulden gehören langfristige und kurzfristige Schulden.

I. Langfristige Schulden
Hierzu gehören z. B.:

- Hypotheken
- Darlehen

II. Kurzfristige Schulden
Hierzu gehören z. B.:

- Verbindlichkeiten aus Lieferungen und Leistungen
- Verbindlichkeiten aus Steuern
- Sonstige Verbindlichkeiten

Die Positionen der Schulden sind entsprechend der Sortierung bei der Bilanz nach Fälligkeit geordnet. Deshalb stehen die langfristigen Verbindlichkeiten vor den kurzfristigen Verbindlichkeiten.

C. Eigenkapital (Reinvermögen)
Es berechnet sich als Differenz aus:

MERKSATZ

C. Eigenkapital (Reinvermögen) = A. Vermögen – B. Schulden

Man kann das Reinvermögen als das Kapital bezeichnen, das das Unternehmen selbst am Ende eines Geschäftsjahres einsetzt.

Inventare müssen gem. § 257 HGB mindestens zehn Jahre geordnet aufbewahrt werden.

BEISPIEL

Inventar
der Fairtext GmbH, Frankfurt, zum 31. Dez. 20..

	€	€
A. Vermögen		
I. Anlagevermögen		
1. Grundstücke		
2. Gebäude (Anlage 1)		60.000,00
– Ladengeschäft Frankfurt	180.000,00	
– Verwaltungsgebäude	260.000,00	
– Lagerhalle	80.000,00	520.000,00
3. Fuhrpark		40.000,00
4. Betriebs- und Gesch.-Ausstattung		68.000,00
II. Umlaufvermögen		
1. Waren		
– Geschenkartikel (Anlage 2)	150.000,00	
– Sportartikel (Anlage 3)	120.000,00	
– Schmuck und Accessoires (Anlage 4)	45.000,00	
– Kleidung (Anlage 5)	285.000,00	600.000,00
2. Forderungen a. LL		
– Fa. Tina Bachmann e. Kffr.	27.000,00	
– Fa. ELKO AG	12.000,00	
– Fa. Ambiente Warenhaus AG	7.000,00	46.000,00
– Fa. Hirschhausen		7.600,00
3. Kassenbestand		
4. Bankguthaben		
– Commerzbank Frankfurt	62.000,00	
– Sparkasse Frankfurt	80.000,00	142.000,00
Summe des Vermögens		**1.483.600,00**
B. Schulden		
I. Langfristige Schulden		
1. Hypothek der Sparkasse Frankfurt	377.000,00	
2. Darlehen der Sparkasse Frankfurt	120.000,00	**50.7000,00**
II. Kurzfristige Schulden		
1. Verbindlichkeiten aus Lieferungen und Leistungen		
– BaBa GmbH	43.000,00	
– Kierer KG	33.000,00	76.000,00
2. Sonstige Verbindlichkeiten		25.000,00
Summe der Schulden		**598.000,00**
C. Ermittlung des Eigenkapitals		
Summe des Vermögens		1.483.600,00
– Summe der Schulden		–598.000,00
= Reinvermögen (Eigenkapital)		**885.600,00**

AUFGABEN

1. Erläutern Sie, was man unter einer Inventur versteht.
2. Verdeutlichen Sie jeweils an einem Beispiel, was bei der Aufstellung eines Inventars unter der Ordnung des Vermögens „nach steigender Liquidität“ und der Ordnung der Schulden „nach Fälligkeit“ zu verstehen ist.
3. Erläutern Sie den Unterschied zwischen dem Anlage- und dem Umlaufvermögen.
4. Gegeben sind die Inventurdaten zum Geschäftsjahresende der Fairtext GmbH für die rechtlich selbstständigen Filialen Hamburg und München.
   a) Ordnen Sie die Vermögenswerte nach steigender Liquidität und die Schulden nach Fälligkeit.
   b) Erstellen Sie jeweils ein Inventar für die Werte aus Hamburg und München.
   c) Erstellen Sie auf Basis des aufgestellten Inventars jeweils eine Bilanz.

	Filiale Hamburg	Filiale München
Hypothek der Sparkasse	2.650.000,00 €	1.855.000,00 €
Darlehen der Commerzbank	950.000,00 €	665.000,00 €
Bankguthaben		
– Commerzbank	46.700,00 €	32.690,00 €
– Sparkasse	76.300,00 €	53.410,00 €
Betriebs- und Geschäftsausst.	454.000,00 €	340.500,00 €
Betriebsstoffe (Anlage 3)	45.000,00 €	33.750,00 €
Forderungen a. LL		
– Fa. Schneider KG	244.000,00 €	183.000,00 €
– Fa. Stolco eG	377.000,00 €	282.750,00 €
– Fa. Adlatus GmbH	512.000,00 €	384.000,00 €
Fuhrpark	840.000,00 €	630.000,00 €
Gebäude (Anlage 1)		
– Verwaltungsgebäude	756.000,00 €	567.000,00 €
– Verkaufshalle	912.000,00 €	684.000,00 €
Grundstücke	4.595.000,00 €	3.446.250,00 €
Kassenbestand	6.500,00 €	4.550,00 €
Ladenausstattung (Anlage 2)	945.600,00 €	709.200,00 €
Verbindlichkeiten a. LL		
– Dynamo GmbH	532.000,00 €	372.400,00 €
– Pagro AG	398.800,00 €	358.920,00 €
– Tankert AG	144.000,00 €	100.800,00 €
Waren		
– Sportartikel (Anlage 4)	650.000,00 €	487.500,00 €
– Gartenartikel (Anlage 5)	445.600,00 €	334.200,00 €
– Sonstige Waren (Anlage 6)	350.000,00 €	262.500,00 €

5. Ordnen Sie die folgenden Begriffe dem Anlageoder Umlaufvermögen sowie dem Fremd- oder Eigenkapital (Reinvermögen) zu.
   - Waren
   - Darlehen bei der Sparkasse Frankfurt
   - Betriebs- und Geschäftsausstattung
   - Betriebsgrundstück

- Verbindlichkeit gegenüber der Kinke AG
- Maschinen
- Gewinn, den der Unternehmer erwirtschaftet

6. Informieren Sie sich über die Arbeitsschritte bei der Durchführung einer Inventur. Bereiten Sie eine Präsentation vor, in der Sie die wesentlichen Schritte darstellen.
7. Anne Schulte und Sebastian Holpert haben eine Inventur im Textillager durchgeführt und sollen nun die ausgefüllte Inventurliste auswerten. Erfassen Sie die Daten in Excel und ergänzen Sie die Inventurliste um die drei Spalten: Ist-Wert, Soll-Wert und Inventurdifferenz.
   a) Berechnen Sie die Ist-Werte, indem Sie die einzelnen Ist-Mengen mit den Bewertungspreisen (Bewertung in Euro) multiplizieren.
   b) Berechnen Sie die Soll-Werte, indem Sie die einzelnen Soll-Mengen mit den Bewertungspreisen (Bewertung in Euro) multiplizieren.
   c) Bestimmen Sie die Inventurdifferenzen der einzelnen Artikel.
   d) Welcher Artikel hat die höchste Inventurdifferenz?
   e) Bestimmen Sie den Gesamtwert der im Textillager vorliegenden Artikel.

GTIN	Bezeichnung	Bewertung	Soll-Bestand	Ist-Bestand
4023007373126	Baumwoll-Sakko gefüttert	48,00 €	1 042	1 045
4024010404159	Boxershorts, Gr. L 100 % Baumwolle	12,40 €	470	470
4022006262097	Damen-Ledergürtel	3,35 €	5 635	5 640
4024010100037	Damenpullover „Elle“	15,00 €	540	540
4024010404166	Holzfällerhemden, Farbe sortiert	23,00 €	288	290
4021003131085	Hosenanzug	21,00 €	685	687
4021004141052	Jacquard-Blazer	17,80 €	300	295
4022005252068	Jeansrock	12,00 €	700	700
4020102200081	Jeansweste mit Pailletten	18,20 €	479	479
4022005252075	Jerseykleid	24,40 €	100	100
4024010404180	Jogginganzug	17,50 €	1 885	1 884
4023007373119	Kette mit Anhänger	8,50 €	1 890	1 890
4022005500046	Klima-Aktiv-Jacke	65,00 €	1 240	1 240
4021003131078	Lederblazer, Porc-Velours	48,50 €	459	459
4021002200010	Multifunktionsjacke	38,00 €	938	940
4021002125030	Nadelstreifenanzug mit Weste	78,00 €	100	100
4023007373140	Strickjacke 100 % Baumwolle	16,20 €	1 465	1 465
4021003131030	Stufenrock mit Spitzensaum	17,00 €	3 985	3 984
4021003131023	Wellness Mikrofaseranzug	67,20 €	185	200
SUMME				

ZUSAMMENFASSUNG

Inventur

= Bestandsaufnahme aller Vermögensteile und Schulden in einem Unternehmen

↓

Inventar

= ausführliche Aufstellung des Vermögens, der Schulden sowie des Eigenkapitals (Reinvermögen) in

Vermögen	Schulden	Eigenkapital
→ Ordnung „nach steigender Liquidität“	→ Ordnung „nach Fälligkeit“	(Reinvermögen) = Vermögen – Schulden

Berechnung von Vermögen und Kapital

Reinvermögen (Eigenkapital)	Vermögen	Fremdkapital (Schulden)
Vermögen – Fremdkapital (Schulden) = Reinvermögen (Eigenkapital)	Reinvermögen (Eigenkapital) – Fremdkapital (Schulden) = Vermögen	Reinvermögen (Eigenkapital) – Vermögen = Fremdkapital (Schulden)

3.4 Inventurvereinfachungsverfahren

EINSTIEG

26. Februar:
Anne Schulte sitzt nach dem Feierabend mit ihrem Freund Lukas Schmeling in einem Café.

Anne Schulte: „... und morgen führe ich **das erste Mal in meiner Ausbildung eine** Inventur durch, hat mir mein Abteilungsleiter gesagt.“

Lukas Schmeling: „Hä? Da hast du bestimmt **was** falsch verstanden .... Die Inventur wird doch immer am Jahresende durchgeführt!“

Anne Schulte: „Nein, morgen ist Inventur! Das wurde ganz deutlich gesagt.“

Beurteilen Sie die Situation.

INFORMATION

Inventurverfahren

Grundsätzlich erfolgt die Inventur auf zwei verschiedene Arten:

- Eine **körperliche Inventur** wird durchgeführt bei körperlichen Gegenständen des Vermögens. Dies können zum Beispiel Waren, Gegenstände der Betriebs- und Geschäftsausstattung oder der Fuhrpark sein. Eine körperliche Inventur erfolgt zu einem bestimmten Zeitpunkt durch Messen, Wiegen, Zählen.
- Eine **Buchinventur** erstreckt sich auf nicht körperliche Gegenstände sowohl des Vermögens als auch der Schulden. Dies können unter anderem das Bankguthaben, Forderungen, aber auch Darlehen und Verbindlichkeiten sein. Die Buchinventur wird im Rahmen der Inventurausfälle angewendet, die nicht mit den Methoden der körperlichen Inventur (messen, wiegen, zählen) dargestellt werden können. Solche immateriellen Vermögens- und Schuldwerte werden aufgrund buchhalterischer Aufzeichnungen (Saldenlisten der Lieferanten- und Kundenkonten) oder anderer Belege (Kontoauszüge) erfasst.

Inventurvereinfachungsverfahren

In vielen Unternehmen ist die körperliche Bestandsaufnahme sehr aufwendig. So ist es für viele Unternehmen oft problematisch, direkt am letzten Tag des Geschäftsjahres (z. B. am 31.12.) die Inventur durchzuführen. Auch lassen sich bestimmte Stoffe und Waren nicht einfach zählen, wiegen oder messen (z. B. die Sandmenge in einer Sandgrube).

Daher hat der Gesetzgeber nach § 241 HGB verschiedene Möglichkeiten der Inventurvereinfachung zugelassen, die mehr Flexibilität (= Beweglichkeit) bei der Zeitplanung bringen, und zwar

- die Stichtagsinventur,
- die zeitlich verlegte Inventur,
- die permanente Inventur.

In der nachfolgenden Übersicht sind die wesentlichen Merkmale dieser Inventurvereinfachungsverfahren dargestellt.

Inventurvereinfachungsverfahren

Stichtagsinventur
- Inventur am Bilanzstichtag (z. B. am 31.12.)

Vorteil
- keine Wertfortschreibung oder Wertrückrechnung notwendig

Nachteile
- großer Arbeitsaufwand in kurzer Zeit
- ggf. Schließung des Unternehmens notwendig

Zeitlich verlegte Inventur
- Inventur 10 Tage vor oder nach dem Bilanzstichtag (= **zeitnahe Inventur**) oder
- 3 Monate vor bis 2 Monate nach dem Bilanzstichtag

Vorteil
- bessere Zeiteinteilung möglich (hohe Flexibilität)

Nachteil
- Wertfortschreibung oder Wertrückrechnung notwendig

Permanente Inventur
- Inventur ganzjährig, meist durch Fortschreibung mithilfe der EDV
- Belege müssen nachprüfbar sein.
- Jeder Artikel muss einmal pro Jahr „gezählt“ werden.

Vorteil
- sehr hohe Flexibilität

Nachteile
- permanentes Buchführen
- ggf. Anschaffung eines Warenwirtschaftssystems notwendig

Eine weitere Möglichkeit, die Inventur zu vereinfachen, bietet in einigen Fällen die **Stichprobeninventur**:

> Auszug aus § 241 HGB (1): „Bei der Aufstellung des Inventars darf der Bestand der Vermögensgegenstände nach Art, Menge und Wert auch mit Hilfe anerkannter mathematisch-statistischer Methoden auf Grund von Stichproben ermittelt werden. Das Verfahren muss den Grundsätzen ordnungsmäßiger Buchführung entsprechen. Der Aussagewert des auf diese Weise aufgestellten Inventars muss dem Aussagewert eines auf Grund einer körperlichen Bestandsaufnahme aufgestellten Inventars gleichkommen."

§§

Unter einer **Wertfortschreibung** oder **Wertrückrechnung** ist die Ermittlung des tatsächlichen Bestands am Bilanzstichtag zu verstehen. Wenn bei einer zeitlich verlegten Inventur nicht am Bilanzstichtag selbst gezählt wird, müssen alle Zu- und Abgänge zwischen Inventur- und Bilanzstichtag einbezogen werden. Dabei ist zwischen einer Inventur vor und einer Inventur nach dem Bilanzstichtag zu unterscheiden.

Wenn **vor** dem Bilanzstichtag eine Inventur durchgeführt wird, müssen Einkäufe (Zugänge) dazugerechnet und Verkäufe (Abgänge) abgezogen werden von der Inventurmenge.

BEISPIEL

Inventur vor dem Bilanzstichtag

Sebastian hat bei der Inventur am 25. November (Bilanzstichtag 31. Dezember) 5640 Ledergürtel gezählt. Bis zum 31. Dezember sind aber noch 2320 Ledergürtel verkauft worden und 1500 Ledergürtel neu geliefert worden.

Rechnung:

Inventur 5640 Ledergürtel
+ Einkäufe 1500 Ledergürtel
– Verkäufe 2320 Ledergürtel
= Bestand 4820 Ledergürtel

Wenn **nach** dem Bilanzstichtag eine Inventur durchgeführt wird, müssen Einkäufe (Zugänge) abgezogen und Verkäufe (Abgänge) dazugerechnet werden von der Inventurmenge.

BEISPIEL

Inventur nach dem Bilanzstichtag

Ein Mitarbeiter hat bei der Inventur am 20.01. des neuen Jahres (Bilanzstichtag 31.12. des Vorjahres) 5640 Ledergürtel gezählt. Zwischen Inventurtag und dem **31.12.** sind aber noch 2320 Ledergürtel verkauft worden und 1500 Ledergürtel neu geliefert worden

Rechnung:

Inventur 5640 Ledergürtel
+ Einkäufe 1500 Ledergürtel
– Verkäufe 2320 Ledergürtel
= Bestand 4820 Ledergürtel

AUFGABEN

1. Geben Sie die Unterschiede zwischen der zeitnahen und der zeitlich verlegten Inventur an.
2. Unterscheiden Sie die körperliche Inventur von der Buchinventur.
3. Erläutern Sie die permanente Inventur.
4. Entscheiden Sie, welche Inventurart jeweils vorliegt.
   a) Inventur 3 Monate vor oder 2 Monate nach dem Bilanzstichtag
   b) verteilte Inventur auf das komplette Geschäftsjahr
   c) Inventur 10 Tage vor oder nach dem Bilanzstichtag
   d) Erfassen der Werte durch Aufzeichnungen, Dokumente und Belege
   e) Inventur am Bilanzstichtag
   f) Messen, Zählen und Wiegen der Waren und Gegenstände
5. Erläutern Sie die Stichprobeninventur.
6. Sehen Sie sich das Video zu den Inventurarten an unter https://www.youtube.com/watch?v=sQ9TQ-dpMfs. Halten Sie die wichtigsten Aufgaben in einer Mindmap fest.

ZUSAMMENFASSUNG

Die Inventur kann durchgeführt werden mit den Inventurverfahren

- Körperliche Inventur
- Buchinventur

Dabei können Inventurvereinfachungsverfahren angewendet werden:

- Stichtagsinventur
- zeitnahe Inventur
- zeitlich verlegte Inventur
- permanente Inventur
- Stichprobeninventur

3.5 Die Bilanz als Grundlage der Buchführung

EINSTIEG

AKTIVA	Bilanz der Fairtext GmbH zum 31.12.20..		PASSIVA
A. Anlagevermögen		A. Eigenkapital	885.600,00
1. Grundstücke	400.000,00	B. Fremdkapital	
2. Gebäude	180.000,00	I. Langfristige Verbindlichkeiten	
3. Fuhrpark	40.000,00	1. Hypotheken	377.000,00
4. Betriebs- und Geschäftsausstattung	68.000,00	2. Darlehen	120.000,00
B. Umlaufvermögen		II. Kurzfristige Verbindlichkeiten	
1. Waren	600.000,00	1. Verbindlichkeiten a. LL	76.000,00
2. Forderungen a. LL	46.000,00	2. Sonstige Verbindlichkeiten	25.000,00
3. Bank	142.000,00		
4. Kasse	7.600,00		
	1.483.600,00		1.483.600,00

P. Hahnenkamp Frankfurt, 17. Mai 20..

1. Nennen Sie die Personen, Personengruppen oder Einrichtungen, die Interesse an einer solchen Aufstellung haben.
2. Notieren Sie die Dinge, die Ihnen an der Gliederung, dem Aufbau und den Inhalten der Bilanz auffallen.

INFORMATION

Bilanz

Ein Unternehmen erstellt zum Abschluss eines jeden Geschäftsjahres einen sogenannten Jahresabschluss. Der Jahresabschluss besteht aus folgenden Bestandteilen:

- Bilanz
- Gewinn- und Verlustrechnung

Er wird gegebenenfalls ergänzt durch

- Anhang und
- Lagebericht.

Im Jahresabschluss wird die gesamte Buchführung gemäß den gesetzlichen Regeln (insbesondere des HGB) zusammengefasst dargestellt.

Der zentrale Bestandteil ist die Bilanz. Somit kann man die Bilanz als ein Ergebnis der Buchführung bezeichnen. Die Bilanz ist ein zusammengefasster und geordneter Überblick über alle Vermögensgegenstände und Schulden eines Unternehmens.

DEFINITION

Die **Bilanz** ist die Gegenüberstellung von Vermögen und Kapital eines Unternehmens zu einem bestimmten Zeitpunkt.

Eine Bilanz wird am Ende eines jeden Wirtschaftsjahres aufgestellt. Ein Wirtschaftsjahr ist der Zeitraum, für den ein Unternehmen regelmäßig Abschlüsse erstellt. Die meisten Unternehmen erstellen Abschlüsse für die Zeit vom 01.01. eines Jahres bis zum 31.12. desselben Jahres. In diesen Fällen entspricht das Wirtschaftsjahr dem Kalenderjahr. Abweichungen sind möglich.

BEISPIEL

Die Mendez GmbH erstellt den Abschluss auf den 31.10.20... Das Wirtschaftsjahr geht also vom 01.11. eines jeden Jahres bis zum 31.10. des Folgejahres. Es handelt sich um ein abweichendes Wirtschaftsjahr.

Der Begriff Bilanz ist von dem italienischen Begriff **bilancia**, Waage, hergeleitet. Der Name sagt schon aus, dass in der Buchführung ein ständiges Gleichgewicht herrschen muss wie auf einer Waage. Eine Bilanz hat, wie eine Waage, zwei Seiten und beide Seiten sind wertmäßig gleich groß.

Die Bilanz ist in **T-Konten-Form** dargestellt. Ein T-Konto ist die übliche Darstellungsform von Konten im Rahmen des Hauptbuchs der Buchführung. Die Bilanz sieht in vereinfachter Darstellung wie folgt aus:

AKTIVA	Bilanz	PASSIVA

Aktivseite der Bilanz
Auf der linken Seite der Bilanz sind alle Vermögensgegenstände eines Unternehmens dargestellt. Diese Seite heißt Aktivseite und die Vermögensgegenstände bzw. Bilanzpositionen heißen Aktiva.

Die Aktivseite gibt Auskunft darüber, wie ein Unternehmen die zur Verfügung stehenden finanziellen Mittel verwendet (Mittelverwendung).

BEISPIEL

Wird ein Lkw angeschafft, so steht dieser als Vermögensgegenstand in der Bilanzposition „Fuhrpark" auf der Aktivseite.

Die Aktiva sind in zwei Gruppen unterteilt, das **Anlagevermögen** und das **Umlaufvermögen**. Zum Anlagevermögen gehören Vermögensgegenstände, die dazu bestimmt sind, dem Betrieb dauerhaft zu dienen. Die Vermögensgegenstände haben eine betriebliche Nutzungsdauer von über einem Jahr. Dies trifft zum Beispiel auf das Betriebsgrundstück, die Produktionsmaschinen, aber auch auf die Büroeinrichtungen zu. Dem Umlaufvermögen werden Vermögensgegenstände zugeordnet, die nicht dauerhaft dem Betrieb dienen sollen. Das bedeutet, dass zum Beispiel Waren, aber auch vorhandenes Bargeld und Forderungen zum Umlaufvermögen zählen. Diese Gruppen sind wiederum ebenfalls unterteilt.

Die gesamte Aktivseite ist von oben nach unten nach zunehmender Flüssigkeit der Vermögensgegenstände gegliedert. Kann man einen Gegenstand leicht verkaufen, so liegt eine hohe Flüssigkeit vor. Der Gegenstand steht also in einer der unteren Bilanzpositionen.

BEISPIEL

Waren sollen in Unternehmen bei Nachfrage durch den Kunden sofort verkauft werden. Der Verkauf ist leicht durchzuführen. Somit verfügen Waren über eine hohe Flüssigkeit und werden in einer unteren Bilanzposition geführt.

Umgekehrt steht ein Gegenstand, den man nur mit viel Aufwand verkaufen kann, in einer der oberen Bilanzpositionen der Aktivseite.

BEISPIEL

Ein Grundstück lässt sich nur schwer verkaufen. Es kann lange dauern, bis man einen Käufer gefunden hat. Zudem sind beim Verkauf formelle Vorschriften einzuhalten. Ein Grundstück hat also eine geringe Flüssigkeit. Es ist nicht leicht zu Geld zu machen, somit steht es in einer oberen Bilanzposition.

In der letzten Zeile der Bilanz wird auf der Aktivseite die Summe des Vermögens dargestellt. Diese Zahl nennt man auch Bilanzsumme.

Die Gliederung sieht z. B. wie folgt aus:

zunehmende Flüssigkeit der Vermögensgegenstände

AKTIVA	Bilanz der Fairtext GmbH zum 31.12.20..	PASSIVA
A. Anlagevermögen		
1. Grundstücke	400.000,00	
2. Gebäude	180.000,00	
3. Fuhrpark	40.000,00	
4. Betriebs- und Geschäftsausstattung	68.000,00	
B. Umlaufvermögen	600.000,00	
1. Waren	46.000,00	
2. Forderungen a. LL	142.000,00	
3. Bank	7.600,00	
4. Kasse		
	1.483.600,00	

Passivseite der Bilanz

Auf der rechten Seite der Bilanz sind alle **Schulden (Fremdkapital)** und das **Eigenkapital** eines Unternehmens dargestellt. Diese Seite heißt Passivseite und die einzelnen Positionen heißen Passiva. Die Passivseite zeigt, woher das Kapital im Unternehmen stammt, nennt also die Mittelherkunft.

Die Passivseite gibt Auskunft über die Herkunft der finanziellen Mittel, die im Unternehmen vorhanden sind. Die Summe der Passiva bezeichnet man als Kapital. Sie ist genauso groß wie die Summe der Aktiva. Also ist in einem Unternehmen so viel Vermögen vorhanden wie Eigenkapital und Schulden gegenüberstehen.

BEISPIEL

Ein Computer wird angeschafft und mit einem Kredit finanziert. Der Computer wurde mit fremdem Kapital bezahlt. Der Computer wird auf der Aktivseite erfasst (= Mittelverwendung) und der Kredit wird auf der Passivseite in der Position „Verbindlichkeiten gegenüber Kreditinstituten" erfasst (= Mittelherkunft).

Es gibt grundsätzlich zwei Quellen, aus denen die finanziellen Mittel eines Unternehmens stammen können:

- Das Kapital wird aus den erwirtschafteten Gewinnen oder dem Vermögen des Unternehmers beschafft. Es handelt sich dann um Eigenkapital.
- Das Kapital wird von Fremden zur Verfügung gestellt (z. B. Banken oder Lieferanten). Es handelt sich dann um Fremdkapital.

Die Passivseite ist daher in diese zwei Gruppen unterteilt. Die Verbindlichkeiten, also das Fremdkapital, sind nach zunehmender Fälligkeit geordnet. Das heißt, es werden im Fremdkapital zunächst die Verbindlichkeiten mit langer Laufzeit ausgewiesen. Hierbei handelt es sich zum Beispiel um Hypotheken oder Darlehen zur Finanzierung von Grundstücken oder großen Maschinen, die eine lange Laufzeit haben. Es folgen die Verbindlichkeiten mit kurzer Laufzeit. Hier handelt es sich zum Beispiel um die Verbindlichkeiten gegenüber den Lieferanten, die in der Regel innerhalb weniger Wochen bezahlt werden müssen.

Freiräume, die auf einer Seite der Bilanz dadurch entstehen, dass eine Seite mehr Positionen hat als die andere Seite, werden durch eine sogenannte **Buchhalternase** gefüllt.

In der letzten Zeile der Bilanz wird auf der Passivseite der Bilanz die Summe des vorhandenen Kapitals ausgewiesen. Der Wert heißt auch hier Bilanzsumme. Die Bilanzsumme auf der Passivseite ist ebenso groß wie die Bilanzsumme auf der Aktivseite.

Eigenkapital

Das Eigenkapital lässt sich aufgrund des Aufbaus der Bilanz errechnen. Es ist die Differenz (= Unterschied) zwischen dem vorhandenen Vermögen und den Schulden, also dem Fremdkapital, eines Unternehmens.

Vermögen – Schulden = Eigenkapital

Der Wert des Vermögens ist die Bilanzsumme, also der Wert, der als Summe unter der Aktivseite angeführt wird. Den Wert der Schulden errechnet man durch Addition der Fremdkapitalpositionen der Passivseite der Bilanz, also z. B. Hypotheken, Darlehen, Verbindlichkeiten aus Lieferungen und Leistungen usw.

AKTIVA — Bilanz der Fairtext GmbH zum 31.12.20.. — PASSIVA

AKTIVA		PASSIVA		
A. Anlagevermögen		**A. Eigenkapital**	885.600,00	Eigenkapital
1. Grundstücke	400.000,00			
2. Gebäude	180.000,00	**B. Fremdkapital**		
3. Fuhrpark	40.000,00	I. Langfristige Verbindlichkeiten		
4. Betriebs- und Geschäftsausstattung	68.000,00	1. Hypotheken	377.000,00	
		2. Darlehen	120.000,00	Gliederung nach Fälligkeit der Schulden
B. Umlaufvermögen		II. Kurzfristige Verbindlichkeiten		
		1. Verbindlichkeiten a. LL	76.000,00	
1. Waren	600.000,00	2. Sonstige Verbindlichkeiten	25.000,00	
2. Forderungen a. LL	46.000,00			
3. Bank	142.000,00			
4. Kasse	7.600,00			
	1.483.600,00		**1.483.600,00**	

Adressatenkreis

Der Jahresabschluss und insbesondere die Bilanz sind für verschiedene Adressatengruppen von Bedeutung. Ein Adressat ist jemand, an den etwas gerichtet ist.

ADRESSAT	BEDEUTUNG
Finanzamt	setzt die Steuern auf der Grundlage der Angaben im Jahresabschluss fest
Banken	nutzen unter anderem den Jahresabschluss zur Prüfung der Bonität (= Kreditwürdigkeit) der Kunden und gewähren entsprechend Kredite
Lieferanten	gewähren bestimmte Konditionen nur zahlungsfähigen Kunden
Gesellschafter	erhalten ihre Gewinnanteile unter anderem bemessen an den Gewinnen, die im Jahresabschluss ausgewiesen werden
Beschäftigte	können aus Jahresabschlüssen zum Beispiel Rückschlüsse für Gehaltsverhandlungen und über die Sicherheit des Arbeitsplatzes ziehen
Staat	ist u. a. daran interessiert, dass es insbesondere großen Unternehmen wirtschaftlich gutgeht

Rechtliche Vorschriften

§ 242 HGB verpflichtet jeden buchführungspflichtigen Kaufmann zur Aufstellung einer Bilanz. Die Bilanz muss gemäß § 247 HGB Anlage- und Umlaufvermögen, Eigenkapital, Schulden sowie Rechnungsabgrenzungsposten gesondert ausweisen. Sie muss außerdem hinreichend aufgegliedert sein. Aus § 266 HGB ergibt sich die genaue Gliederung der Bilanz. Um die Beweiskraft der Buchführung zu gewährleisten, müssen Bilanzen gemäß § 257 HGB zehn Jahre aufbewahrt werden. Eine Bilanz muss mit Ort, Datum und Unterschrift des Unternehmers versehen werden.

Bilanzarten

Es gibt verschiedene Arten von Bilanzen. Die herkömmliche Bilanz ist die Handelsbilanz. Sie wird im Rahmen der Ausbildung näher betrachtet.

- **Handelsbilanz**
  Eine Bilanz, die ein Unternehmen aufgrund der handelsrechtlichen Vorschriften (insb. HGB) erstellen muss.
- **Steuerbilanz**
  Eine Bilanz, die ein Unternehmen aufgrund von steuerrechtlichen Vorschriften erstellen muss. Bei vielen Unternehmen gleicht sie der Handelsbilanz.
- **Einheitsbilanz**
  Wenn die Steuerbilanz und die Handelsbilanz nicht voneinander abweichen, dann bezeichnet man die erstellte Bilanz als Einheitsbilanz. Sie erfüllt die Zwecke sowohl der handelsrechtlichen als auch der steuerrechtlichen Vorschriften.
- **Eröffnungsbilanz**
  Wenn ein Unternehmen gegründet wird, müssen alle Vermögenswerte und Schulden sowie das Eigenkapital in Form einer Eröffnungsbilanz zusammengestellt werden.
- **Schlussbilanz**
  Als Schlussbilanz wird die Bilanz bezeichnet, die ein Unternehmer bei Beendigung seiner geschäftlichen Tätigkeiten aufstellen muss. In der Umgangssprache werden häufig alle Bilanzen auf das Ende eines Wirtschaftsjahres als Schlussbilanz bezeichnet.
- **Sonderbilanz**
  In Personengesellschaften kommt es vor, dass für die einzelnen Gesellschafter (Mitunternehmer) Sonderbilanzen erstellt werden müssen.
- **Ergänzungsbilanz**
  Im Falle von Gesellschafterwechseln bei Personengesellschaften müssen häufig Ergänzungsbilanzen aufgestellt werden, um die Vermögenswerte korrekt zu erfassen.
- **Konzernbilanz**
  Wenn mehrere Unternehmen oder Gesellschaften wirtschaftlich eine Einheit bilden, dann muss grundsätzlich jede einzelne Gesellschaft einen Jahresabschluss mit eigener Bilanz erstellen. Diese Jahresabschlüsse werden vereinheitlicht und im Konzernabschluss zu einer Konzernbilanz zusammengetragen.

AUFGABEN

1. Erklären Sie, warum die Bilanz die Grundlage der Buchführung darstellt.
2. a) Nennen Sie die verschiedenen Bilanzarten.
   b) Geben Sie an, welche der Bilanzen Sie nach Ihrer Einschätzung im Unterricht betrachten werden.
   c) Begründen Sie kurz Ihre Antwort zu b).
3. a) Nennen Sie Personen/Einrichtungen, die Interesse an der Bilanz eines Unternehmens haben.
   b) Begründen Sie mit eigenen Worten, warum
      - Arbeitnehmer
      - Kunden
      - Banken
      - der Staat

      Interesse an der Bilanz eines Unternehmens haben.
4. a) Ordnen Sie folgende Vermögensgegenstände nach ihrer Flüssigkeit und erstellen Sie die Aktivseite der Bilanz.
      - Maschinen 7.500,00 €
      - BGA 32.000,00 €
      - Kasse 850,00 €
      - Grundstücke 320.000,00 €
      - Bank 9.600,00 €
      - Waren 71.500,00 €
      - Fuhrpark 86.000,00 €
      - Ford. a. LL 18.700,00 €
      - Gebäude 215.000,00 €

   b) Ordnen Sie folgende Positionen nach ihrer Fälligkeit und erstellen Sie die Passivseite der Bilanz.
      - kurzfr. Darlehen 7.400,00 €
      - Hypotheken 375.000,00 €
      - Verb. a. LL 19.700,00 €
      - Eigenkapital

   c) Berechnen Sie die Höhe des Eigenkapitals und vervollständigen Sie die Bilanz.
5. Ordnen Sie die folgenden Begriffe dem Anlage- oder Umlaufvermögen sowie dem Fremd- oder Eigenkapital zu.
   - Waren
   - Grundschuld bei der Sparkasse Frankfurt
   - Betriebs- und Geschäftsausstattung
   - Betriebsgrundstück
   - Verbindlichkeit gegenüber der Kinke AG
   - Gabelstapler
   - Gewinn, den der Unternehmer erwirtschaftet
6. Erstellen Sie mit den folgenden Werten die Bilanz des Unternehmens. Berechnen Sie das Eigenkapital selbst. Beachten Sie die Formvorschriften.

Gebäude	177.500,00 €
Waren	63.300,00 €
Grundstücke	67.000,00 €
Kasse	240,00 €

Verb. ggü. Kreditinstituten (kurzfr.)	124.500,00 €
Maschinen	57.000,00 €
Bank	12.700,00 €
Verb. a. LL	17.860,00 €
Ford. a. LL	3.600,00 €
BGA	16.250,00 €
Fuhrpark	31.200,00 €

7. Erstellen Sie das Schema einer Bilanz und tragen Sie die folgenden Begriffe sinnvoll ein:
   - Fremdkapital
   - Anlagevermögen
   - Eigenkapital
   - Umlaufvermögen
   - Bilanzsumme

   Beachten Sie dabei die Formvorschriften.
8. Machen Sie sich im Internet auf die Suche nach der Bilanz eines DAX-Konzerns Ihrer Wahl. Finden Sie auf der Homepage den letzten veröffentlichten Jahresabschluss und notieren Sie folgende Dinge:
   a) Bilanzsumme
   b) Anlagevermögen
   c) Umlaufvermögen
   d) Eigenkapital
   e) Fremdkapital
   f) Jahresüberschuss

ZUSAMMENFASSUNG

Bilanz

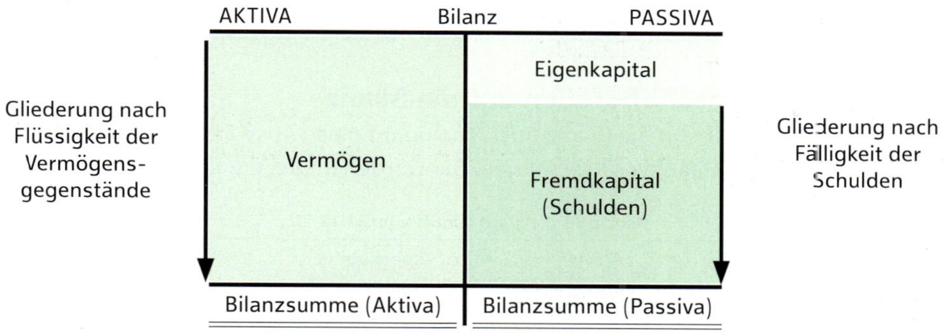

Berechnung von Vermögen und Kapital

Eigenkapital

Vermögen
− Fremdkapital (Schulden)
= Eigenkapital

Vermögen

Eigenkapital
− Fremdkapital (Schulden)
= Vermögen

Fremdkapital (Schulden)

Eigenkapital
− Vermögen
= Fremdkapital (Schulden)

3.6 Bilanzveränderungen

EINSTIEG

Anne Schulte und Sebastian Holpert haben erneut die Eingangsrechnung vom Autohaus Bach über einen Pkw von 33.320,00 € vor sich liegen. Die Rechnung soll nun vom Bankkonto bezahlt werden.

Autohaus Bach

Autohaus Bach · Birkenwald 44 · 30449 Hannover
Fairtext GmbH
Frau Neumann
Walsroder Str. 6 a
60313 Frankfurt

Telefon: 0511 1234-56
Telefax: 0511 1234-57
E-Mail: auto@bach-wvd.de

Kunden-Nr.: 19875
Lieferdatum: 28.07.20..
Bestelldatum: 28.07.20..
Sachbearbeiter/-in: Herr Marx

Rechnungs-Nr.: 86970
Rechnungsdatum: 30.07.20..

Rechnung

Pos.	Artikel-Nr.	Artikelbezeichnung	Menge und Einheit	Einzelpreis	Gesamtpreis
1	125125	PKW Kolf Sport Neuwagen	1	33.320,00 €	33.320,00 €
Gesamtpreis					33.320,00 €

Rechnungsbetrag zahlbar innerhalb von 14 Tagen netto.

1. Beschreiben Sie kurz den Sachverhalt, der dem Beleg ursprünglich zugrunde liegt.
2. Geben Sie an, welche Bilanzpositionen sich aufgrund des Geschäftsfalls verändern.
3. Geben Sie an, wie sich die einzelnen Bilanzpositionen verändern.
4. Nennen Sie die vorliegende Form der Bilanzveränderung.
5. Geben Sie an, wie sich diese Bilanzveränderung auf die Bilanzsumme auswirkt.
6. Erläutern Sie, ob die Fairtext GmbH durch diesen Geschäftsfall ihr Vermögen erhöht hat.
7. Geben Sie an, wie sich der Sachverhalt auf das Fremdkapital der Fairtext GmbH ausgewirkt

INFORMATION

Auswirkungen von Geschäftsfällen auf die Bilanz

Jeder Geschäftsfall wirkt sich auf die Bilanz aus. Man nennt diese Auswirkungen Bilanzveränderungen. Es gibt vier Arten von Bilanzveränderungen. Sie werden in diesem Kapitel vorgestellt.

Bilanz der Fairtext GmbH zum 31.12.20..

AKTIVA		PASSIVA	
A. Anlagevermögen		A. Eigenkapital	885.600,00
1. Grundstücke	400.000,00	B. Fremdkapital	
2. Gebäude	180.000,00	I. Langfristige Verbindlichkeiten	
3. Fuhrpark	40.000,00	1. Hypotheken	377.000,00
4. Betriebs- und Geschäftsausstattung	68.000,00	2. Darlehen	120.000,00
B. Umlaufvermögen		II. Kurzfristige Verbindlichkeiten	
1. Waren	600.000,00	1. Verbindlichkeiten a. LL	76.000,00
2. Forderungen a. LL	46.000,00	2. Sonstige Verbindlichkeiten	25.000,00
3. Bank	142.000,00		
4. Kasse	7.600,00		
	1.483.600,00		1.483.600,00

Der im Einstieg dargestellte Geschäftsfall kann verkürzt ausgedrückt werden als: „Zahlung einer Verbindlichkeit in Höhe von 33.320,00 € vom Bankkonto“.

Die Auswirkungen dieses Geschäftsfalls auf die Bilanz können wie folgt dargestellt werden.

AKTIVA	Bilanz der Fairtext GmbH zum 31.12.20..				PASSIVA
A. Anlagevermögen			A. Eigenkapital		885.600,00
1. Grundstücke		400.000,00	B. Fremdkapital		
2. Gebäude		180.000,00	I. Langfristige Verbindlich-		
3. Fuhrpark		40.000,00	keiten		377.000,00
4. Betriebs- und Geschäftsausstattung		68.000,00	1. Hypotheken		120.000,00
B. Umlaufvermögen			2. Darlehen		
1. Waren		600.000,00	II. Kurzfristige Verbindlichkeiten	76.000,00	
2. Forderungen a. LL		46.000,00	1. Verbindlichkeiten a. LL	−33.320,00	
3. Bank			– Abgang		42.680,00
– Abgang	142.000,00		= neuer Bestand		25.000,00
= neuer Bestand	−33.320,00	108.680,00	2. Sonstige Verbindlich-		
4. Kasse		7.600,00	keiten		
		1.450.280,00			1.450.280,00

Aus der Bilanz erkennt man, dass bei der Fairtext GmbH die Bilanzposition Bank im Wert um 3.320,00 € (im Vergleich zur Bilanz zu Beginn des Jahres) gesunken ist.

Die Verbindlichkeiten a. LL sind auch weniger geworden, da die Fairtext GmbH nun Verbindlichkeiten (Schulden) in Höhe von 33.320,00 € gegenüber dem Autohaus Bach bezahlt hat. Durch den Geschäftsfall hat sich die Bilanzsumme von 1.483.600,00 € auf 1.450.280,00 € verringert.

Bilanzveränderungen

Durch die Bezahlung des Pkw haben sich sowohl die Aktivseite als auch die Passivseite der Bilanz verringert. Diese Bilanzveränderung heißt **Aktiv-Passiv-Minderung**. Insgesamt gibt es vier Formen von Bilanzveränderungen, die im Folgenden kurz dargestellt werden.

Die Umsatz- und Vorsteuer werden dabei aus Vereinfachungsgründen nicht betrachtet.

- **Aktiv-Passiv-Mehrung**
  Durch einen Geschäftsfall nehmen Aktivpositionen und Passivpositionen in gleicher Höhe zu. Die Bilanzsumme erhöht sich. Man nennt dies eine Bilanzverlängerung.

  BEISPIEL

  Kauf eines Autos von einer Privatperson für 12.000,00 € auf Ziel.
  Auswirkung auf folgende Bilanzpositionen:

Fuhrpark (Aktivseite)	+ 12.000,00 €
Verbindlichkeiten a. LL (Passivseite)	+ 12.000,00 €

- **Aktiv-Passiv-Minderung**
  Durch einen Geschäftsfall nehmen eine Aktivposition und eine Passivposition in gleicher Höhe ab. Die Bilanzsumme verringert sich. Man nennt dies eine Bilanzverkürzung.

  BEISPIEL

  Bezahlung einer Lieferantenrechnung in Höhe von 10.000,00 € durch Banküberweisung.
  Auswirkung auf folgende Bilanzpositionen:

Verbindlichkeiten a. LL (Passivseite)	– 10.000,00 €
Bank (Aktivseite)	– 10.000,00 €

- **Aktivtausch**
  Durch einen Geschäftsfall erhöht sich ein Aktivkonto, während sich ein anderes Aktivkonto vermindert. Die Bilanzsumme bleibt gleich.

BEISPIEL

Verkauf eines gebrauchten Bürostuhls für 500,00 € bar.
Auswirkung auf folgende Bilanzpositionen:

BGA (Aktivseite)	– 500,00 €
Kasse (Aktivseite)	+ 500,00 €

- **Passivtausch**
  Durch einen Geschäftsfall erhöht sich ein Passivkonto, während sich ein anderes Passivkonto vermindert. Die Bilanzsumme bleibt gleich.

BEISPIEL

Bezahlung einer Lieferantenrechnung in Höhe von 15.000,00 € durch Aufnahme eines Bankdarlehens.
Auswirkung auf folgende Bilanzpositionen:

Verbindlichkeiten a. LL (Passivseite)	– 15.000,00 €
Verbindlichkeiten ggü. KI (Passivseite)	+ 15.000,00 €

Die erläuterten Bilanzveränderungen sind nur Umschichtungen auf der Vermögensebene des Unternehmens. Es ergeben sich keine Änderungen des Eigenkapitals des Unternehmens.

AUFGABEN

1. Geben Sie an, um welche Art von Bilanzveränderung es sich bei den folgenden Geschäftsfällen handelt. Geben Sie auch die Höhe der Veränderung der jeweiligen Bilanzposition an.
   a) Kauf einer Registrierkasse für 2.000,00 € auf Ziel.
   b) Verkauf eines Herrenanzugs für 500,00 € gegen Barzahlung.
   c) Begleichung der Rechnung für die Registrierkasse aus a) durch Banküberweisung.
   d) Kauf eines unbebauten Grundstücks für 40.000,00 € durch Aufnahme eines langfristigen Darlehens bei der Sparkasse.
   e) Verkauf eines alten Lieferwagens für 10.000,00 € auf Rechnung.
   f) Die bereits in der Buchführung erfasste Rechnung für die Lieferung einer kompletten Ladeneinrichtung über 200.000,00 € kann nur durch Aufnahme eines Darlehens bei der Sparkasse getilgt werden.
2. Nennen Sie jeweils zwei Geschäftsfälle, die
   a) eine Aktiv-Passiv-Mehrung,
   b) eine Aktiv-Passiv-Minderung,
   c) einen Aktivtausch,
   d) einen Passivtausch in der Bilanz verursachen.

3. Erstellen Sie für Ihre Klassenkameradinnen und Klassenkameraden in einer Gruppe drei Übungsaufgaben zu diesem Kapitel in Form einer PowerPoint-Präsentation. Fügen Sie lizenzfreie Bilder aus dem Internet ein, um die Aufgaben zu veranschaulichen.

ZUSAMMENFASSUNG

Arten der Bilanzveränderung

1. **Aktiv-Passiv-Mehrung**
   Zugang auf Aktivkonto und Zugang auf Passivkonto → Bilanzverlängerung
2. **Aktiv-Passiv-Minderung**
   Abgang auf Aktivkonto und Abgang → Bilanzverkürzung
3. **Aktivtausch**
   Ein Aktivkonto nimmt zu, ein anderes Aktivkonto nimmt ab → Bilanzsumme unverändert
4. **Passivtausch**
   Ein Passivkonto nimmt zu, ein anderes Passivkonto nimmt ab → Bilanzsumme unverändert

3.7 Arbeitsabläufe in der Buchführung

EINSTIEG

Frau Tegtmeyer gibt Anne Schulte und Sebastian Holpert den Auftrag, sich über die grundlegenden Abläufe in der Buchführung zu informieren, damit sie für weitere Aufgaben eingesetzt werden können.

Geben Sie an, welche Tätigkeiten in der Buchführung über das Geschäftsjahr gesehen notwendig sind.

INFORMATION

Bücher der Buchführung

Die Bilanz am Schluss eines Wirtschaftsjahres bildet die Grundlage für die Buchführung des neuen Jahres. Die Werte in der Eröffnungsbilanz auf den 01.01. eines Wirtschaftsjahres entsprechen den Werten auf den 31.12. des vorangegangenen Wirtschaftsjahres. Diese Werte werden zur Eröffnung der Buchführung verwendet.

Die Buchführung besteht aus zwei Büchern:

- Grundbuch und
- Hauptbuch.

Grundbuch

Das **Grundbuch** ordnet die Werteströme in zeitlicher Reihenfolge in Form von Buchungssätzen. Der Unternehmer kann anhand einer Buchungsnummer stets den Beleg zu einer Buchung finden. Umgekehrt kann er mithilfe eines Beleges überprüfen, ob dieser im Grundbuch erfasst wurde.

Hauptbuch

Im **Hauptbuch** werden die Werteströme nach sachlichen Aspekten auf Konten erfasst. Die Konten werden als T-Konten oder Sachkonten bezeichnet. Alle Geschäftsfälle eines Unternehmens werden im Hauptbuch sachlich sortiert. Das bedeutet, dass der Unternehmer schnell einen Überblick über alle Geschäftsfälle eines bestimmten Kontos hat. Ein Konto im Hauptbuch ist immer überschrieben mit der Kontonummer und der Bezeichnung des Kontos. Es hat zwei Seiten, die als Soll und Haben bezeichnet werden.

BEISPIEL

Um einen Überblick über die Entwicklung des Fuhrparks eines Geschäftsjahres zu erhalten, muss der Unternehmer nur auf das Sachkonto „Fuhrpark" blicken. Dort findet er alle Bewegungen auf dem Konto Fuhrpark inklusive der Gesamtsumme. Außerdem kann in den meisten Buchführungsprogrammen auch der Vorjahreswert als Vergleich angezeigt werden.

DEFINITION

Das **Hauptbuch** ist die sachliche Organisation aller Sachkonten (Bestandskonten und Erfolgskonten) der Geschäftsbuchführung. Durch Abschluss der einzelnen Konten lassen sich der Gewinn oder Verlust sowie die (Schluss-)Bilanz ermitteln.

Soll	**Kontonummer und -bezeichnung**	**Haben**

Arbeitsabläufe in der Buchführung

Die Buchführung selbst erfolgt immer in einer festgelegten Reihenfolge. In diesem Kapitel werden die einzelnen Schritte kurz vorgestellt. In den folgenden Kapiteln werden sie genau betrachtet und durchgeführt.

1. Eröffnung der Konten

Zunächst muss die Buchführung zu Beginn eines jeden Wirtschaftsjahres eröffnet werden. Hierfür werden die Bestände der Schlussbilanz des vorangegangenen Wirtschaftsjahres in die Buchführung übernommen. Dies erfolgt, indem die Bestände über ein Eröffnungsbilanzkonto (EBK) in der Buchführung erfasst werden.

2. Laufende Buchungen

Anschließend werden die Geschäftsfälle des laufenden Wirtschaftsjahres zeitnah in Grund- und Hauptbuch erfasst (laufende Buchungen). Im Grundbuch erfolgt die Erfassung in Form von Buchungssätzen in zeitlicher Reihenfolge. Im Hauptbuch erfolgt die Erfassung auf sogenannten T-Konten nach einer sachlichen Logik.

3. Abschluss der Konten

Zum Schluss des Wirtschaftsjahres werden die Konten abgeschlossen. Es wird ein Schlussbilanzkonto (SBK) erstellt.

4. Aufstellen der Schlussbilanz

Die Werte aus dem SBK werden in die Schlussbilanz übertragen. Hierbei ist die Gliederung gemäß § 266 HGB einzuhalten.

AUFGABEN

1. Erläutern Sie kurz mit eigenen Worten die Unterscheidung von Grund- und Hauptbuch der Buchführung.
2. Nennen Sie die Arbeitsabläufe in der Buchführung.
3. Beschreiben Sie mit eigenen Worten die Arbeitsabläufe in der Buchführung.
4. Beschreiben Sie die Arbeitsabläufe in der Buchhaltung mithilfe einer Tonaufzeichnung mit Ihrem Handy oder einem entsprechenden Programm einer App zur Erstellung von Podcasts.

ZUSAMMENFASSUNG

Grundbuch	Hauptbuch
• zeitlich sortiert • Buchungssätze	• sachlich sortiert • Kontenform (T-Konten)

Arbeitsabläufe in der Buchführung

Eröffnung der Konten (EBK) → Laufende Buchungen → Abschluss der Konten (SBK) → Aufstellen der Schlussbilanz

3.8 Die Eröffnung der Konten (EBK)

EINSTIEG

Frau Tegtmeyer gibt Anne und Sebastian die folgende Bilanz mit dem Auftrag, sich diese anzusehen und daraus die Buchführung des neuen Wirtschaftsjahres zu eröffnen.

AKTIVA — **Bilanz der Fairtext GmbH zum 31.12.20..** — **PASSIVA**

AKTIVA		PASSIVA	
A. Anlagevermögen		A. Eigenkapital	885.600,00
1. Grundstücke	400.000,00	B. Fremdkapital	
2. Gebäude	180.000,00	I. Langfristige Verbindlichkeiten	
3. Fuhrpark	40.000,00	1. Hypotheken	377.000,00
4. Betriebs- und Geschäftsausstattung	68.000,00	2. Darlehen	120.000,00
		II. Kurzfristige Verbindlichkeiten	
B. Umlaufvermögen		1. Verbindlichkeiten a. LL	76.000,00
1. Waren	600.000,00	2. Sonstige Verbindlichkeiten	25.000,00
2. Forderungen a. LL	46.000,00		
3. Bank	142.000,00		
4. Kasse	7.600,00		
	1.483.600,00		1.483.600,00

P. Hahnenkamp — Frankfurt, 17. Mai 20..

1. Erklären Sie, wie die Bilanz auf den 31.12. des vorangegangenen Wirtschaftsjahres mit der Buchführung des neuen Wirtschaftsjahres zusammenhängt.
2. Geben Sie an, wie Sie vorgehen müssen, um die Buchführung des neuen Wirtschaftsjahres zu eröffnen.

INFORMATION

Eröffnung der Konten

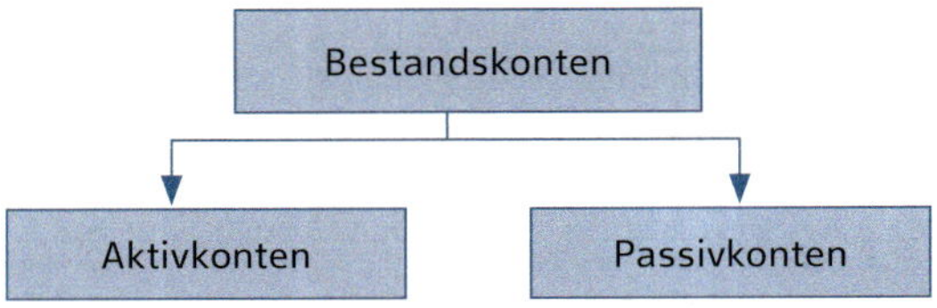

Zu Beginn des Wirtschaftsjahres wird die Buchführung eröffnet. Es wird zu jeder Bilanzposition aus der Schlussbilanz des vorangegangenen Wirtschaftsjahres ein Bestandskonto eröffnet. Konten, die sich aus den Aktivpositionen ergeben, heißen **aktive Bestandskonten** (Aktivkonten). Konten, die sich aus Passivpositionen ergeben, heißen **passive Bestandskonten** (Passivkonten). Die Schlussbilanz aus dem vorangegangenen Wirtschaftsjahr wird bei der Einrichtung der neuen Buchführung als **Eröffnungsbilanz** bezeichnet.

Die folgende Grafik zeigt, welche Arbeitsschritte im Rechnungswesen gerade behandelt werden. Die Arbeitsschritte, die aktuell behandelt werden, sind orange eingefärbt. Die bereits bekannten Arbeitsschritte sind grün eingefärbt und die Arbeitsschritte, die noch unbekannt sind, sind rot eingefärbt.

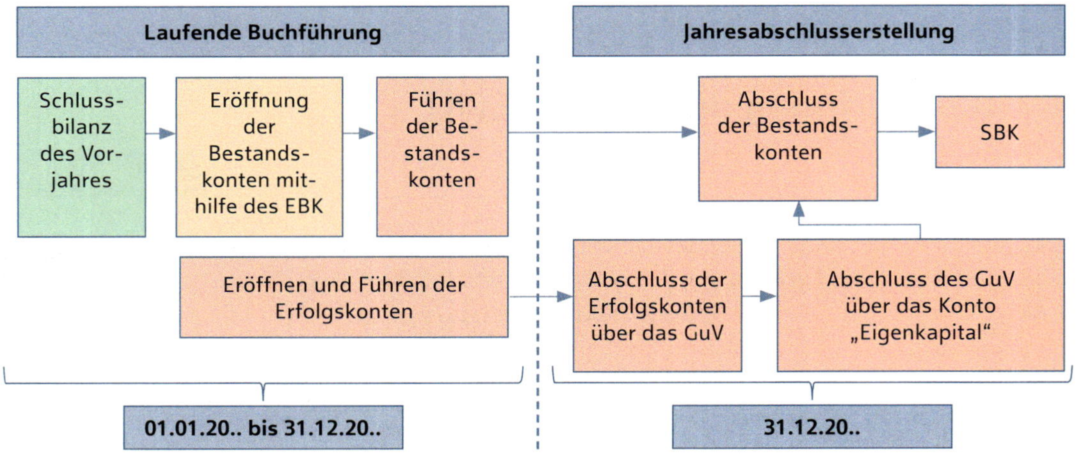

DEFINITION

Ein **Bestandskonto** ist ein aus einer Einzelposition der Bilanz hergeleitetes Konto. Es wird in T-Konto-Form geführt. Für jede einzelne Bilanzposition wird ein Bestandskonto eröffnet.

Die Eröffnung der einzelnen Bestandskonten erfolgt durch Eröffnungsbuchungen.

MERKSATZ

- Anfangsbestände eines aktiven Bestandskontos stehen im Soll.
- Anfangsbestände eines passiven Bestandskontos stehen im Haben.

Bei der Eröffnung der Konten ist es notwendig, dass auch hier die Grundprinzipien der doppelten Buchführung eingehalten werden. Dazu gehört es, dass jeder Buchung eine Gegenbuchung gegenübersteht.

Daher muss parallel zu den Eintragungen in den Aktiv- und Passivkonten eine Gegenbuchung erfasst werden. Die Gegenbuchung erfolgt auf dem Eröffnungsbilanzkonto. Das Konto wird vereinfacht als „EBK“ bezeichnet. Es hat nur den Zweck, die ordnungsgemäße Eröffnung der Buchführung, also der Bestandskonten, zu gewährleisten. Das Eröffnungsbilanzkonto entspricht dem gespiegelten Schlussbilanzkonto.

BEISPIEL

Das Konto „Grundstücke“ wird mit 400.000,00 € im Soll eröffnet. Die Gegenbuchung in Höhe von 400.000,00 € wird auf dem Eröffnungsbilanzkonto im Haben vorgenommen. Vor den Betrag wird die Kontenbezeichnung des eröffneten Kontos „Grundstücke“ geschrieben.

Unterschiede zwischen Eröffnungsbilanz und Eröffnungsbilanzkonto (EBK)

- Das Eröffnungsbilanzkonto, als EBK abgekürzt, ist das Spiegelbild der Eröffnungsbilanz.
- Das EBK ist „gespiegelt“, damit man die Konten richtig eröffnen kann. Das Konto Bank steht im EBK auf der Haben-Seite, um den Anfangsbestand auf dem Bankkonto auf die Soll-Seite verbuchen zu können.
- Die Eröffnungsbilanz unterliegt strengen Gliederungsvorschriften, das EBK nicht.
- Die Eröffnungsbilanz dient aufgrund gesetzlicher Vorschriften der Information Außenstehender. Das EBK ist eine interne Informationsquelle.

Aktiva — Eröffnungsbilanz zum — Passiva

Aktiva	Passiva
I. ANLAGEVERMÖGEN	II. EIGENKAPITAL
1. Grundstücke	III. FREMDKAPITAL
2. Gebäude	1. Hypotheken
3. Fuhrpark	2. Darlehen
4. BGA	3. Verbindl. a. LL
II. UMLAUFVERMÖGEN	4. Sonstige Verbindlichkeiten
1. Forderungen a. LL	
2. Sonstige Forderungen	
3. Bank	
4. Kasse	

Ort und Datum

Unterschrift

Aktiva — Eröffnungsbilanzkonto — Passiva

Aktiva	Passiva
Eigenkapital	Grundstücke
Verbindl. a. LL	Gebäude
Darlehen	Forderungen a. LL
Hypotheken	Kasse
Sonstige Verbindlichkeiten	BGA
	Fuhrpark
	Sonstige Forderungen
	Bank

Auflösung der Bilanz in Konten

Das Vorgehen bei der Erfassung von Geschäftsfällen im Hauptbuch erfolgt in folgender Reihenfolge:

1. Für jeden Wert aus dem Schlussbilanzkonto des Vorjahres wird ein Konto im Hauptbuch (T-Konto) erstellt.[1]
2. Aktivkonten werden auf dem T-Konten-Blatt auf der linken Seite untereinander aufgelistet. Die Passivkonten werden auf der rechten Seite untereinander aufgeführt.
3. Die Eröffnung der Konten erfolgt dadurch, dass der Anfangsbestand (AB) in die Konten übernommen wird. Bei Aktivkonten wird der Anfangsbestand im Soll aufgeführt. Bei Passivkonten wird der Anfangsbestand im Haben aufgeführt.
4. Die Gegenbuchung erfolgt auf dem Eröffnungsbilanzkonto (EBK).

Die Auflösung der Bilanz in die Konten erfolgt dadurch, dass aus jeder Bilanzposition der Wert auf das entsprechende Sachkonto eingetragen wird. In der Praxis erfolgt die Übertragung der Werte in das Hauptbuch automatisch durch die Buchführungssoftware des Unternehmens (des Steuerberaters).

Auf der Aktivseite wird beispielsweise die Bilanzposition „Grundstücke" als entsprechendes **aktives Bestandskonto** (Aktivkonto) aufgeführt. Die Bilanzposition „Eigenkapital" wird als entsprechendes **passives Bestandskonto** (Passivkonto) aufgeführt. Genauso wird dies auch mit allen anderen Bilanzpositionen durchgeführt. Das Eigenkapital ist der Differenzbetrag zwischen den Beständen der Aktivkonten und den Beständen der (übrigen) Passivkonten. Die übrigen Passivkonten werden auch als Fremdkapitalkonten bezeichnet.

S	Aktivkonto	H
Anfangsbestand		

S	Passivkonto	H
		Anfangsbestand

Auflösung der Bilanz in Konten

Bilanz der Fairtext GmbH zum 31.12.20..

AKTIVA		**PASSIVA**	
A. Anlagevermögen		A. Eigenkapital	885.600,00
1. Grundstücke	400.000,00	B. Fremdkapital	
2. Gebäude	180.000,00	I. Langfristige Verbindlichkeiten	
3. Fuhrpark	40.000,00	1. Hypotheken	377.000,00
4. Betriebs- und Geschäftsausstattung	68.000,00	2. Darlehen	120.000,00
B. Umlaufvermögen		II. Kurzfristige Verbindlichkeiten	
1. Waren	600.000,00	1. Verbindlichkeiten a. LL	76.000,00
2. Forderungen a. LL	46.000,00	2. Sonstige Verbindlichkeiten	25.000,00
3. Bank	142.000,00		
4. Kasse	7.600,00		
	1.483.600,00		1.483.600,00

P. Hahnenkamp — Frankfurt, 17. Mai 20..

Soll		**EBK**	**Haben**
Eigenkapital	885.600,00	Grundstücke	400.000,00
Hypotheken	377.000,00	Gebäude	180.000,00
Darlehen	120.000,00	Fuhrpark	40.000,00
Verbindlichkeiten a. LL	76.000,00	Betriebs- und Geschäftsausstattung	68.000,00
Sonstige Verbindlichkeiten	25.000,00	Waren	600.000,00
		Forderungen a. LL	46.000,00
		Bank	142.000,00
		Kasse	7.600,00
	1.483.600,00		1.483.600,00

1 Aus Vereinfachungsgründen werden die Unterschiede zwischen Schlussbilanzkonto und Schlussbilanz an dieser Stelle noch nicht behandelt.

Aktivkonten

S	Grundstücke		H
EBK/AB	400.000,00		

S	Gebäude		H
EBK/AB	180.000,00		

S	Fuhrpark		H
EBK/AB	40.000,00		

S	BGA		H
EBK/AB	68.000,00		

S	Waren		H
EBK/AB	600.000,00		

S	Forderungen a. LL		H
EBK	46.000,00		

S	Bank		H
EBK/AB	142.000,00		

S	Kasse		H
EBK/AB	7.600,00		

Passivkonten

S	Eigenkapital		H
		EBK/AB	885.600,00

S	Hypotheken		H
		EBK/AB	377.000,00

S	Darlehen		H
		EBK/AB	120.000,00

S	Verb. a. LL		H
		EBK/AB	76.000,00

S	Sonstige Verbindlichkeiten		H
		EBK/AB	25.000,00

AUFGABEN

1. Erläutern Sie mit eigenen Worten die Vorgehensweise bei der Eröffnung der Buchführung.
2. Eröffnen Sie aus der folgenden Schlussbilanz die Buchführung und erstellen Sie das Eröffnungsbilanzkonto (EBK).

Anfangsbestände	
Grundstücke	100.000,00
Gebäude	210.000,00
Fuhrpark	60.000,00
BGA	12.000,00
Waren	95.000,00
Forderungen a. LL	9.000,00
Bank	3.500,00
Kasse	1.200,00
Eigenkapital	?
Darlehen	80.000,00
Verbindlichkeiten a. LL	34.000,00
Sonstige Verbindlichkeiten	7.000,00

3. Eröffnen Sie aus der folgenden Schlussbilanz die Buchführung und erstellen Sie das Eröffnungsbilanzkonto (EBK).

Anfangsbestände	
Eigenkapital	?
Waren	134.000,00
Forderungen a. LL	19.000,00
Fuhrpark	53.000,00
BGA	17.000,00
Kasse	3.200,00
Sonstige Verbindlichkeiten	2.800,00
Bank	7.000,00
Darlehen	128.000,00
Verbindlichkeiten a. LL	43.000,00

4. Eröffnen Sie aus der folgenden Schlussbilanz die Buchführung und erstellen Sie das Eröffnungsbilanzkonto (EBK).

Anfangsbestände	
BGA	3.000,00
Darlehen	158.000,00
Bank	5.300,00
Kasse	800,00
Eigenkapital	?
Gebäude	75.000,00
Fuhrpark	12.000,00
Verbindlichkeiten a. LL	45.000,00
Waren	78.000,00
Forderungen a. LL	12.000,00
Sonstige Verbindlichkeiten	17.000,00
Grundstücke	20.000,00

ZUSAMMENFASSUNG

Schlussbilanzkonto (SBK) des Vorjahres

S			H
Grundstücke	100.000,00	Eigenkapital	140.000,00
Gebäude	200.000,00	Darlehen	200.000,00
Fuhrpark	20.000,00	Verbindlichkeiten a. LL	50.000,00
BGA	10.000,00	Sonstige Verbindlichkeiten	10.000,00
Waren	50.000,00		
Forderungen a. LL	10.000,00		
Bank	9.000,00		
Kasse	1.000,00		
	400.000,00		400.000,00

Eröffnung der Bestandskonten

Aktivkonten

Grundstücke

S		H
EBK	100.000,00	
...		

Passivkonten

Eigenkapital

S		H
	EBK	140.000,00
...		

Parallele Erstellung des Eröffnungsbilanzkontos

Eröffnungsbilanzkonto (EBK)

S			H
Eigenkapital	140.000,00	Grundstücke	100.000,00
Darlehen	200.000,00	Gebäude	200.000,00
Verbindlichkeiten a. LL	50.000,00	Fuhrpark	20.000,00
Sonstige Verbindlichkeiten	10.000,00	BGA	10.000,00
		Waren	50.000,00
		Forderungen a. LL	10.000,00
		Bank	9.000,00
		Kasse	1.000,00
	400.000,00		400.000,00

3.9 Laufende Buchungen im Hauptbuch

EINSTIEG

Frau Tegtmeyer gibt Anne Schulte einen Auszug aus der Buchführung mit den aktuellen Beständen der Konten zum 02.09.20.. und einen Beleg. Anne soll nun die Geschäftsfälle im Hauptbuch erfassen.

S	Bestände auf den Konten zum 02.09.20..		H
Fuhrpark	17.000,00	Eigenkapital	8.300,00
BGA	8.500,00	Darlehen	40.000,00
Waren	23.000,00	Verbindlichkeiten a. LL	23.000,00
Forderungen a. LL	17.500,00	Sonst. Verbindlichkeiten	7.000,00
Bank	10.350,00		
Kasse	1.950,00		
	78.300,00		78.300,00

Kontoauszug vom 02.09.20.. – 05.09.20.. **Deutsche Bank** – BLZ 250 700 70

Konto-Nr.	Auszug	Blatt	Geschäftsstelle	Währung	Soll **Alter Kontostand** Haben
063620900	15	1	DB Berling 0845/3981	EUR	10.350,00

Buchungstag	Wir haben für Sie gebucht	Belastung	Gutschrift
02.09.	Darlehen 34092, Tilgung 09/20..	2.000,00	
02.09.	Textila AG, Rg. 34092	3.570,00	
03.09.	Exclusiva GmbH, Rg. 23913		238,00
05.09.	Silke Bachmann e. K., Rg. 23783 vom 08.08.20..		400,00
Fairtext GmbH *Walsroder Str. 6a* *60313 Frankfurt*	**Neuer Kontostand:**		5.418,00

Autohaus Bach

Autohaus Bach · Birkenwald 44 · 30449 Hannover
Fairtext GmbH
Frau Neumann
Walsroder Str. 6a
60313 Frankfurt

Telefon: 0511 1234-56
Telefax: 0511 1234-57
E-Mail: auto@bach-wvd.de

Kunden-Nr.: 19875
Lieferdatum: 28.07.20..
Bestelldatum: 28.07.20..
Sachbearbeiter/-in: Herr Marx

Rechnungs-Nr.: 86970
Rechnungsdatum: 30.07.20..

Rechnung

Pos.	Artikel-Nr.	Artikelbezeichnung	Menge und Einheit	Einzelpreis	Gesamtpreis
1	125125	PKW Kolf Sport Neuwagen	1	28.000,00 €	28.000,00 €
Gesamtpreis					28.000,00 €

1. Erläutern Sie, was man unter „Hauptbuch" versteht.
2. Geben Sie die Geschäftsfälle an, die in den Belegen abgebildet werden.
3. Erfassen Sie die Geschäftsfälle im Hauptbuch.

Die Umsatzsteuer wird aus Vereinfachungsgründen zunächst nicht erfasst und gebucht.

INFORMATION

Laufende Buchungen

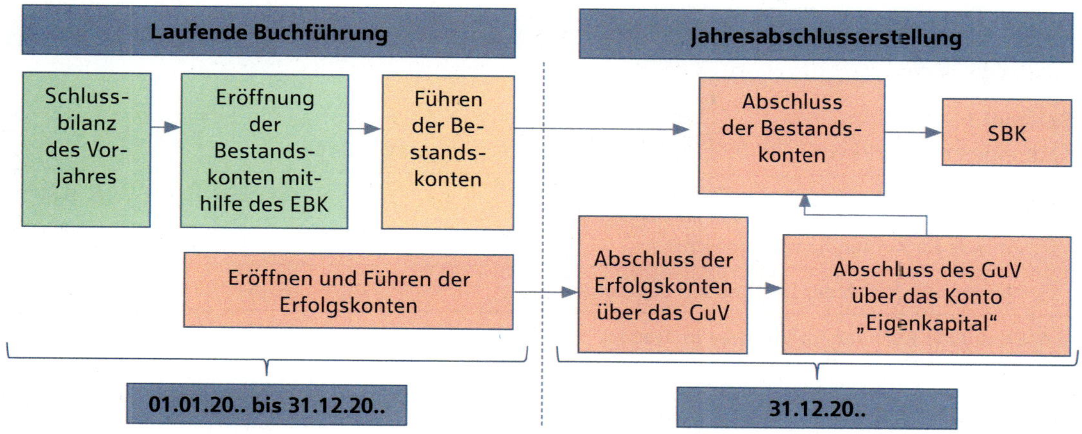

Nachdem die Konten eröffnet wurden, können die laufenden Werteströme, die sich in einem Unternehmen ergeben (Geschäftsfälle), erfasst werden. Die Buchführung ist nun „einsatzbereit“. Die Erfassung der laufenden Buchungen erfolgt hier zunächst im Hauptbuch.

Erfassen von Geschäftsfällen im Hauptbuch (T-Konto)

Das Erfassen von Geschäftsfällen im Hauptbuch erfolgt rein schematisch. Die Konten sind sachlich sortiert. Jede Position aus der Bilanz wird auf einem gesonderten Konto im Hauptbuch geführt. Um Aufwendungen und Erträge nachvollziehbar zu gliedern, werden auch sie auf gesonderten Konten im Hauptbuch erfasst (Details werden später behandelt). Das Schema wird im Folgenden vorgestellt.

Auf aktiven Bestandskonten wird das Vermögen des Unternehmens dargestellt. Das bestehende Vermögen und die Vermögenszugänge werden im Soll gebucht, während die Vermögensabgänge im Haben gebucht werden.

Soll	Aktives Bestandskonto	Haben
EBK/Anfangsbestand Zugänge		Abgänge

Auf passiven Bestandskonten wird das Kapital des Unternehmens dargestellt, also das Eigen- und Fremdkapital (Schulden). Das bestehende Kapital und die Kapitalzugänge (z. B. Kreditaufnahme) werden im Haben gebucht, während die Minderung der passiven Bestandskonten im Soll gebucht wird.

Soll	Passives Bestandskonto	Haben
Abgänge		EBK/Anfangsbestand Zugänge

Jeder Buchungssatz wird im Hauptbuch mit einer Buchungsnummer versehen. Diese Buchungsnummer ergibt sich in der Praxis aus dem System und der Erfassung der Geschäftsfälle im Grundbuch. Die Erfassung im Grundbuch wird im folgenden Kapitel dargestellt.[1]

1 Sofern keine anderen Informationen vorliegen, werden die Geschäftsfälle mit Nr. 1 beginnend durchnummeriert.

Mithilfe von vier Fragen kann beantwortet werden, welche Konten bei der Erfassung eines Geschäftsfalles angesprochen werden.

Die Zugänge auf den Bestandskonten werden im weiteren Verlauf des Kapitels zur Verdeutlichung in grüner Farbe dargestellt. Die Abgänge werden in roter Farbe dargestellt.

BEISPIELE

Beispiel 1

Kauf eines neuen Pkw für 28.000,00 € auf Ziel. (= Eingangsrechnung)

1. Welche Konten werden berührt?	Fuhrpark	Verb. a. LL
2. Um was für Konten handelt es sich?	Aktiv	Passiv
3. Wie verändert sich der Bestand auf den Konten?	+	+
4. Erfolgt die Buchung im Soll oder im Haben?	Soll	Haben

Die Übertragung in das Hauptbuch sieht wie folgt aus:

S	Fuhrpark		H
EBK	40.000,00		
1. Verb. a. LL	28.000,00		

S	Verbindlichkeiten a. LL		H
		EBK	76.000,00
		1. Fuhrpark	28.000,00

Beispiel 2

Kauf eines Wasserspenders für das Personal für 500,00 € gegen Barzahlung (= Eingangsrechnung).

1. Welche Konten werden berührt?	BGA	Kasse
2. Um was für Konten handelt es sich?	Aktiv	Aktiv
3. Wie verändert sich der Bestand auf den Konten?	+	–
4. Erfolgt die Buchung im Soll oder im Haben?	Soll	Haben

Die Übertragung in das Hauptbuch sieht wie folgt aus:

S	BGA		H
EBK	68.000,00		
2. Verb. a. LL	500,00		

S	Kasse		H
EBK	7.600,00	2. BGA	500,00

Beispiel 3

Bezahlung einer Verbindlichkeit gegenüber einem Lieferanten in Höhe von 2.380,00 € vom Bankkonto.

1. Welche Konten werden berührt?	Bank	Verb. a. LL
2. Um was für Konten handelt es sich?	Aktiv	Passiv
3. Wie verändert sich der Bestand auf den Konten?	–	–
4. Erfolgt die Buchung im Soll oder im Haben?	Haben	Soll

Die Übertragung in das Hauptbuch sieht wie folgt aus:

S	Bank		H
EBK	142.000,00	3. Verb. a. LL	2.380,00

S	Verbindlichkeiten a. LL		H
3. Bank	2.380,00	EBK	76.000,00
		1. Fuhrpark	28.000,00

Beispiel 4
Eine Verbindlichkeit gegenüber einem Lieferanten in Höhe von 5.000,00 € muss aufgrund von Zahlungsschwierigkeiten in ein kurzfristiges Darlehen umgewandelt werden.

1. Welche Konten werden berührt?	Verb. a. LL	Kurzfr. Bankverb.
2. Um was für Konten handelt es sich?	Passiv	Passiv
3. Wie verändert sich der Bestand auf den Konten?	–	+
4. Erfolgt die Buchung im Soll oder im Haben?	Soll	Haben

Die Übertragung in das Hauptbuch sieht wie folgt aus:

S	Verbindlichkeiten a. LL		H
3. Bank	2.380,00	EBK	76.000,00
4. Darlehen	5.000,00	1. Fuhrpark	28.000,00

S	Darlehen		H
		EBK	120.000,00
		4. Verb. a. LL	5.000,00

AUFGABEN

1. Erklären Sie die Unterschiede zwischen aktiven und passiven Bestandskonten.
2. Nennen Sie fünf Beispiele für aktive und drei für passive Bestandskonten.
3. a) Eröffnen Sie die Buchführung im Hauptbuch mithilfe des EBK.
   b) Erfassen Sie die Geschäftsfälle im Hauptbuch.

Anfangsbestände	
BGA	13.000,00
Darlehen	87.500,00
Bank	7.600,00
Kasse	1.950,00
Eigenkapital	?
Gebäude	57.000,00
Fuhrpark	12.000,00
Verbindlichkeiten a. LL	32.800,00
Waren	56.000,00
Forderungen a. LL	35.000,00
Sonstige Verbindlichkeiten	4.000,00
Grundstücke	30.000,00

Geschäftsfälle

1. Eine Forderung in Höhe von 400,00 € wird per Banküberweisung gezahlt.
2. Die Fairtext GmbH kauft einen neuen Pkw für 20.000,00 € auf Ziel.
3. Die Tilgung für ein Darlehen in Höhe von 900,00 € wird vom Bankkonto abgebucht.
4. Ein neuer Schreibtisch wird angeschafft. Der Kaufpreis in Höhe von 1.000,00 € wird direkt bar bezahlt.

5. Ein alter PC wird verkauft. Der Kaufpreis in Höhe von 300,00 € wird sofort bar bezahlt.
6. Ein Kunde zahlt eine Rechnung in Höhe von 1.400,00 € per Banküberweisung.
7. Die Fairtext GmbH bezahlt eine Verbindlichkeiten gegenüber der Green Mary GmbH in Höhe von 4.300,00 € per Banküberweisung.
8. Aus der Kasse werden 1.000,00 € auf das Bankkonto eingezahlt.
9. Ein Kunde zahlt den Kaufpreis für einen Hosenanzug in Höhe von 700,00 € bar an der Kasse.
10. Die Fairtext GmbH kauft bei der Wervollst AG Herrenhemden für 3.000,00 € auf Ziel ein.
11. Ein alter Lieferwagen wird für 5.000,00 € auf Ziel verkauft.
12. Die Herrenhemden aus Sachverhalt 10. werden vom Bankkonto bezahlt.

4. Erstellen Sie (in einer kleinen Gruppe mit maximal drei Personen) ein Quiz mit Aufgaben zu diesem Kapitel für Ihre Klassenkameradinnen und Klassenkameraden. Nutzen Sie dafür zum Beispiel eine PowerPoint-Präsentation. Auf einer Folie erstellen Sie jeweils anschaulich die Aufgabe und auf der folgenden Folie stellen Sie die Lösung dar. Ihr Quiz soll mindestens fünf Aufgaben für Ihre Mitschülerinnen und Mitschüler enthalten.

ZUSAMMENFASSUNG

Vorgehen beim Geschäftsfall:

Hauptbuch

↓

AKTIVA	Eröffnungsbilanz zum 01.01.20..		PASSIVA
Grundstücke	820.000,00	Eigenkapital	854.000,00
Betriebs- und Geschäftssaustattung	183.750,00	Darlehen	220.000,00
		Verbindlichkeiten a. LL	91.600,00
Waren	99.000,00		
Forderungen a. LL	43.000,00		
Bank	16.000,00		
Kasse	3.850,00		
	1.165.600,00		1.165.600,00

Bilanz

Bilanzpositionen auflösen in ...

Soll	Aktives Bestandskonto Haben
EBK/Anfangsbestand	Abgänge
Zugänge	

Soll Passives Bestandskonto	Haben
Abgänge	EBK/Anfangsbestand
	Zugänge

3.10 Buchen von Geschäftsfällen im Grundbuch (Buchungssatz)

EINSTIEG

Nachdem Anne Schulte die Belege in das Hauptbuch der Buchführung überführt hat, hat Frau Tegtmeyer nun einen neuen Auftrag für sie. Anne soll die Daten aus dem Hauptbuch in das Grundbuch der Buchführung überführen und die dazugehörigen Buchungssätze bilden.

Aktivkonten

S	Fuhrpark		H
EBK	17.000,00		
1.) Verb. a. LL	20.000,00		

S	BGA		H
EBK	8.500,00		

S	Waren		H
EBK	23.000,00		

S	Forderungen a. LL		H
EBK	17.500,00	4.) Bank	238,00
		5.) Bank	400,00

S	Bank		H
EBK	10.350,00	2.) Darlehen	2.000,00
4.) Fordg. a. LL	238,00	3.) Verb. a. LL	3.570,00
5.) Fordg. a. LL	400,00		

S	Kasse		H
EBK	1.950,00		

Passivkonten

S	Eigenkapital		H
		EBK	8.300,00

S	Darlehen		H
2.) Bank	2.000,00	EBK	40.000,00

S	Verbindlichkeiten a. LL		H
3.) Bank	3.570,00	EBK	23.000,00
		1.) Fuhrpark	20.000,00

S	Sonstige Verbindlichkeiten		H
		EBK	7.000,00

1. Erläutern Sie, was man unter dem Grundbuch der Buchführung versteht.
2. Bilden Sie die Eröffnungsbuchungen im Grundbuch für die dargestellten Konten.
3. Bilden Sie die laufenden Buchungssätze im Grundbuch für die auf den Konten abgebildeten Geschäftsfälle.

INFORMATION

Grundbuch

Die Vermögenslage des Unternehmens ändert sich durch jeden Wertestrom. Selbst bei kleinen Unternehmen kommen pro Jahr Tausende Werteströme zusammen. Die dazugehörigen Belege müssen in der Belegbearbeitung erfasst und schließlich gebucht werden.

Die Buchung auf T-Konten im Hauptbuch wurde im letzten Kapitel behandelt. Zusätzlich erfolgt die Buchung jedes Geschäftsfalls in Form eines Buchungssatzes im Grundbuch.

Die Buchungen im Grundbuch sind zeitlich (chronologisch) geordnet. Das Grundbuch wird auch als Primanota, Buchungsjournal oder Journal bezeichnet.

Grundbuch:

Nr.	Datum	Beleg Nr.	Buchungssatz (Kontonummer/ Kontenbezeichnung)	SOLL	HABEN

Buchungen

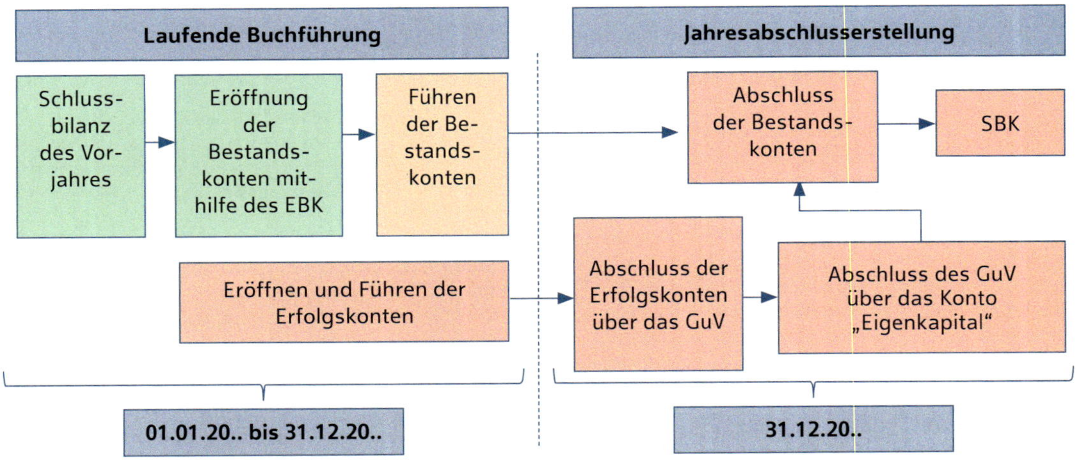

Die Eröffnung der Konten zu Beginn des Wirtschaftsjahres erfolgt nicht nur im Hauptbuch, sondern auch im Grundbuch. Sobald die Eröffnungsbuchungen gemacht sind, können die laufenden Werteströme, die sich in einem Unternehmen ergeben (Geschäftsfälle), erfasst werden. Die Buchführung ist nun „einsatzbereit“. Die Eröffnung eines aktiven Bestandskontos erfolgt durch den Buchungssatz:

BEISPIEL

Buchungssatz	**Soll**	**Haben**
Aktivkonto		
an EBK		

Die Eröffnung eines passiven Bestandskontos erfolgt durch den Buchungssatz:

BEISPIEL

Buchungssatz	**Soll**	**Haben**
EBK		
an Passivkonto		

Es handelt sich hierbei um sogenannte einfache Buchungssätze, da im Soll und im Haben jeweils nur ein Konto angesprochen wird.

Einfacher Buchungssatz

Neben den Eröffnungsbuchungen werden alle Geschäftsfälle im Grundbuch der Buchführung festgehalten. Der Buchungssatz ist eine Kurzform der Darstellung der Geschäftsfälle. Für jeden Geschäftsfall wird ein Buchungssatz gebildet. Die Buchungssätze werden in zeitlicher Reihenfolge im Journal (Primanota) abgebildet.

DEFINITION

Ein **einfacher Buchungssatz** besteht nur aus einer Soll- und einer Haben-Position.

Ein einfacher Buchungssatz ist wie folgt aufgebaut:

BEISPIEL

Buchungssatz	Soll	Haben
Soll	Betrag (€)	
an Haben		Betrag (€)
Buchungstext		

Folgende Grundsätze müssen beim Buchungssatz beachtet werden:
- Zuerst wird die Soll-Buchung aufgeschrieben.
- In die nächste Zeile wird das Wort **an** geschrieben.
- In dieselbe Zeile wird dann die Haben-Buchung eingetragen.
- Die Beträge werden entsprechend rechts in die Spalte Soll oder die Spalte Haben eingetragen.
- Beträge werden immer rechtsbündig geschrieben.
- €-Zeichen werden nicht verwendet.
- Zwei Nachkommastellen werden angeführt.

Die Beträge in Soll und Haben sind immer gleich groß.

Die Übertragung im Hauptbuch erfolgt in der Buchführung ebenfalls. In der Praxis wird diese Übertragung direkt durch die Buchführungssoftware gemacht.

Bei einer Eröffnungsbuchung wird für die Eröffnung eines jeden Bestandskontos ein Buchungssatz gebildet.

BEISPIEL **Eröffnung Aktivkonto**

Der Anfangsbestand auf dem Konto Fuhrpark beträgt 17.000,00 €.

Buchungssatz	Soll	Haben
Fuhrpark	17.000,00	
an EBK		17.000,00

BEISPIEL **Eröffnung Passivkonto**

Der Anfangsbestand auf dem Konto Verbindlichkeiten aus Lieferungen und Leistungen beträgt 43.600,00 €.

Buchungssatz	Soll	Haben
EBK	43.600,00	
an Verbindl. a. LL		43.600,00

Da bei der Eröffnung der Konten neben dem EBK jeweils nur ein Konto angesprochen wird, sind die Buchungen im Grundbuch relativ einfach zu bilden. Wenn man jedoch laufende Geschäftsfälle eines Unternehmens buchen will, müssen

- alle benötigten Konten,
- die Art und Weise der Bestandsänderung und
- die Höhe der Bestandsänderung

erkannt werden. Daher ist es hilfreich, wenn man sich zum Einstieg mit folgenden vier Fragen den Sachverhalt bewusst macht:

1. Welche Konten sind betroffen?
2. Um welche Kontenarten handelt es sich?
3. Wie verändern sich die Kontenbestände?
4. Auf welcher Kontenseite ist zu buchen?

Die folgende Abbildung ist aus dem letzten Kapitel bekannt und kann auch hier hilfreich bei der Beantwortung der Fragen sein:

Soll Aktives Bestandskonto	**Haben**
EBK/Anfangsbestand	Abgänge
Zugänge	

Soll Passives Bestandskonto	**Haben**
Abgänge	EBK/Anfangsbestand
	Zugänge

BEISPIELE

Beispiel 1

Anne Schulte bringt 2.000,00 € Bargeld aus der Kasse zur Bank.
Um einen Buchungssatz zu diesem Geschäftsfall zu bilden, gehen Sie wie bereits bekannt vor:

1. Welche Konten sind betroffen?	Bank	Kasse
2. Um welche Kontenarten handelt es sich?	Aktivkonto	Aktivkonto
3. Wie verändern sich die Kontenbestände?	Zugang	Abgang
4. Auf welcher Kontenseite ist zu buchen?	Soll	Haben

Buchungssatz	**Soll**	**Haben**
Bank	2.000,00	
an Kasse		2.000,00
Einzahlung bar auf das Bankkonto		

Erläuterungen:

- Sowohl beim Konto „Bank“ als auch beim Konto „Kasse“ handelt es sich um aktive Bestandskonten. Zugänge werden somit im Soll eingetragen. Daher steht das Konto „Bank“ im Soll, da 2.000,00 eingezahlt werden.
- Abgänge eines aktiven Bestandskontos werden im Haben gebucht, daher steht das Konto „Kasse“ im Haben.

- Aus der Festlegung, dass „Soll an Haben" gebucht wird, kann man dann den Buchungssatz
  Bank an Kasse
  ableiten.

S	Bank		H
AB	142.000,00		
1. Kasse	2.000,00		

S	Kasse		H
AB	7.600,00	1. Bank	2.000,00

Beispiel 2

Die Fairtext GmbH überweist vom Bankkonto den Rechnungsbetrag in Höhe von 1.190,00 € an die Diamond GmbH.

1. **Welche Konten sind betroffen?**	Bank	Verbindlichkeiten aus LuL
2. **Um welche Kontenarten handelt es sich?**	Aktivkonto	Passivkonto
3. **Wie verändern sich die Kontenbestände?**	Abgang	Abgang
4. **Auf welcher Kontenseite ist zu buchen?**	Haben	Soll

Darstellung im Grundbuch:

Buchungssatz	Soll	Haben
Verb. a. LL	1.190,00	
an Bank		1.190,00
Zahlung einer Lieferantenrechnung		

Darstellung im Hauptbuch:

S	Bank		H
AB	142.000,00	2. Verb. a. LL	1.190,00
1. Kasse	2.000,00		

S	Verbindlichkeiten a. LL		H
2. Bank	1.190,00	AB	76.000,00

Zusammengesetzter Buchungssatz

Im Geschäftsleben gibt es häufig Geschäftsfälle, die mehr als nur eine Soll- und eine Haben-Buchung erforderlich machen.

DEFINITION

Ein Buchungssatz, der aus mehr als zwei Buchungspositionen besteht, wird **zusammengesetzter Buchungssatz** genannt.

Zu einem Buchungssatz für die Buchung einer Eingangsrechnung oder einer Ausgangsrechnung sind in der Regel mindestens drei Buchungspositionen erforderlich. Dies liegt daran, dass die Umsatz- und Vorsteuer zusätzlich erfasst werden muss. Allerdings wird diese Thematik erst zu einem späteren Zeitpunkt behandelt. Daher werden zunächst andere Geschäftsfälle betrachtet, die auch einen zusammengesetzten Buchungssatz erfordern.

BEISPIEL **Zusammengesetzter Buchungssatz**

Der Kaufpreis für einen neuen Pkw in Höhe von 33.320,00 € wird in Höhe von 8.320,00 € bar bezahlt. Der Restkaufpreis wird auf Rechnung gezahlt.

Um diesen Buchungssatz aufzustellen, sind wieder die vier Fragen wichtig. Diese werden für das oben stehende Beispiel wie folgt beantwortet:

Nr.	Konto	Konto	Konto
1	Fuhrpark	Kasse	Verb. a. LL
2	A	A	P
3	+	–	+
4	S	H	H

A = aktives Bestandskonto
P = passives Bestandskonto
+ = Zugang

H = Haben
– = Abgang
S = Soll

Somit lautet der Buchungssatz:

Buchungssatz	Soll	Haben
Fuhrpark	33.320,00	
an Verb. a. LL		25.000,00
an Kasse		8.320,00

Bei der Aufstellung des zusammengesetzten Buchungssatzes ist darauf zu achten, dass die Summe der gebuchten Beträge in Soll und Haben übereinstimmt.

Aus Vereinfachungsgründen wird beim Erstellen des Buchungssatzes auf den Buchungstext verzichtet. In der Praxis wird der Buchungssatz im Kontierungsstempel auf dem Beleg vermerkt.

Im nachfolgenden Beispiel der Bezahlung der oben genannten Rechnung soll die Herangehensweise beim Aufstellen des Buchungssatzes noch einmal dargestellt werden.

	Gebucht	
Konto	**SOLL**	**HABEN**
Fuhrpark	33.320,00	
an Verb. a. LL		25.000,00
an Kasse		8.320,00
Datum: 03.08.20..	Kürzel: Zu	

BEISPIEL

Die Fairtext GmbH bezahlt nach 30 Tagen den offenen Rechnungsbetrag über 25.000,00 € durch Banküberweisung. Es werden die oben stehenden Fragen wie folgt beantwortet:

1.	Verb. a. LL	Bank
2.	P	A
3.	-	-
4.	S	H

Somit lautet der Buchungssatz:

Buchungssatz	Soll	Haben
Verb. a. LL	25.000,00	
an Bank		25.000,00

Alle Buchungen einer Abrechnungsperiode müssen in chronologischer Reihenfolge ins Grundbuch eingetragen werden.

BEISPIEL

Datum	Nr.	Buchungssatz	SOLL	HABEN
01.08.	1	Fuhrpark	33.320,00	
		an Verb. a. LL		25.000,00
		an Kasse		8.320,00
...	...	...	...	...
		...		
31.08.	...	Verb. a. LL	25.000,00	
		an Bank		25.000,00

AUFGABEN

1. Geben Sie die Buchungssätze zu den folgenden Geschäftsfällen an.
   1. Auf dem Bankkonto gehen 238,00 € für einen auf Rechnung verkauften Anzug ein.
   2. Ein Darlehen wird in Höhe von 500,00 € vom Bankkonto getilgt.
   3. Eine Lieferantenrechnung wird vom Bankkonto gezahlt, Rechnungsbetrag: 3.570,00 €.
   4. Für die Kasse werden 1.000,00 € vom Bankkonto abgehoben.
   5. Zur Verstärkung des betrieblichen Kapitals wird ein Kredit in Höhe von 20.000,00 € aufgenommen. Der Betrag wird auf dem Bankkonto gutgeschrieben.
   6. Kauf eines Transporters von einer Privatperson für 7.000,00 € auf Ziel.
   7. Verkauf eines unbebauten Grundstücks für 60.000,00 € auf Ziel.
2. Geben Sie an, welche Geschäftsfälle den folgenden Buchungssätzen zugrunde liegen.

a)	Bank	an	Kasse	200,00
b)	Hypotheken	an	Bank	500,00
c)	Kasse	an	Forderungen a. LL	595,00
d)	Verbindlichkeiten a. LL	an	Bank	4.760,00
e)	Bank	an	Grundstücke	120.000,00
f)	Bank	an	Darlehen	30.000,00

3. Geben Sie die Buchungssätze für die folgenden Geschäftsfälle an.
   1. Kauf eines neuen Büroschranks für 2.000,00 € auf Ziel.
   2. Verkauf eines alten Regals für 100,00 € gegen Banküberweisung.
   3. Vom Bankkonto werden 200,00 € zum Auffüllen des Kassenbestandes abgehoben.
   4. Eine bereits erfasste Lieferantenrechnung in Höhe von 2.023,00 € wird per Banküberweisung beglichen.
   5. Eine neue Registrierkasse wird für 860,00 € auf Ziel gekauft.
   6. Einkauf von Hosenanzügen für 7.000,00 €.
   7. Tilgung einer Darlehensschuld in Höhe von 3.000,00 € durch Banküberweisung.

8. Einkauf von Büromöbeln im Wert von 2.000,00 €. Es werden 200,00 € sofort als Anzahlung bar geleistet. Der Rest wird per Banküberweisung gezahlt.
9. Ein alter Transporter wird für 6.000,00 € auf Ziel verkauft.
10. Barkauf von neuen Schaufensterpuppen für 952,00 €.

4. Erstellen Sie die Buchungssätze zu den folgenden Geschäftsfällen im Grundbuch.
   1. Kauf eines Bürostuhls bar, für 535,50 €.
   2. Barkauf von Lagerregalen, für 900,00 €.
   3. Kunde zahlt Rechnung durch Banküberweisung, 4.800,00 €.
   4. Aufnahme eines Darlehens bei der Bank, 12.500,00 €.
   5. Postbanküberweisung auf das Bankkonto, 8.200,00 €.
   6. Barabhebung vom Bankkonto, 1.200,00 €.
   7. Bezahlung einer Lieferantenrechnung durch Postbanküberweisung, 4.500,00 €.
   8. Umwandlung einer Lieferantenschuld in eine Darlehensschuld, 14.000,00 €.
   9. Kauf eines gebrauchten Pkw gegen Rechnung, 5.200,00 €.
   10. Tilgung einer Darlehensschuld durch Banküberweisung, 1.500,00 €, und Postbanküberweisung, 3.500,00 €.
   11. Aufnahme einer Hypothek bei der Bank, 40.000,00 €.
   12. Kauf eines Grundstücks durch Banküberweisung, 90.000,00 €.
   13. Kauf von einer Verpackungsmaschine (2.800,00 €) und einem Kassensystem (4.200,00 €) auf Ziel.
   14. Zahlung einer Lieferantenrechnung durch Postbanküberweisung (4.000,00 €), bar (2.000,00 €) und Banküberweisung 10.800,00 €.
   15. Kunde zahlt Rechnung durch Postbanküberweisung, 19.800,00 €.
   16. Kauf einer neuen Ladentheke auf Ziel, 34.034,00 €.
   17. Bareinkauf eines gebrauchten Schreibtisches, 300,00 €.
   18. Bezahlung der Rechnung aus Fall 13 durch Banküberweisung.
   19. Einkauf von Waren auf Ziel, 6.500,00 €.
   20. Bareinzahlung auf das Bankkonto, 2.000,00 €.

5. Bilden Sie die Buchungssätze im Grundbuch für die Geschäftsfälle aus der Aufgabe 3 aus Kapitel 3.9.

6. Zu Beginn eines Geschäftsjahres gibt es in einem Unternehmen folgende Anfangsbestände:

Anfangsbestände	
Gebäude	200.000,00 €
BGA	25.000,00 €
Kasse	4.000,00 €
Bank	5.100,00 €
Forderungen a. LL	1.000,00 €
Waren	19.600,00 €
Verbindlichkeit a. LL	8.720,00 €
Darlehen	3.000,00 €
Hypotheken	25.000,00 €
Eigenkapital	?

   a) Bilden Sie für die folgenden Geschäftsfälle die Buchungssätze im Grundbuch.
   b) Eröffnen Sie die Konten im Hauptbuch.
   c) Nehmen Sie die Buchungen für die Geschäftsfälle im Hauptbuch vor.
   d) Schließen Sie die Konten im Hauptbuch ordnungsgemäß ab.
   e) Erstellen Sie die Schlussbilanz.

Geschäftsfälle

1. Es werden 400,00 € Bargeld auf das Bankkonto eingezahlt.
2. Es wird ein Computer für 1.000,00 € angeschafft.
3. Wareneinkauf auf Ziel 3.300,00 €.
4. Ein Kunde bezahlt bar mit 400,00 €.
5. Ein Teil der Hypothekenschuld in Höhe von 660,00 € wird durch Banküberweisung getilgt.
6. Ware wird bar eingekauft für 1.940,00 €.
7. Verbindlichkeiten in Höhe von 3.720,00 € werden in ein Darlehen umgewandelt.

7. Sie sollen als Klasse gemeinsam dieses Kapitel digital aufbereiten. Im Ergebnis soll eine Homepage entstehen, mit welcher Sie die Inhalte (zum Beispiel für eine Klassenarbeit) wiederholen/lernen können.

   a) Überlegen Sie sich die Inhalte, die aufbereitet werden müssen, in einem Brainstorming.
   b) Ein Klassenmitglied (oder die Lehrkraft) erstellt mithilfe der Homepage www.padlet.com ein Padlet (Anmeldung erforderlich, kostenfreie Basic-Version genügt).
   c) Laden Sie mithilfe des QR-Codes die übrigen Klassenmitglieder ein.
   d) Informieren Sie sich zunächst in Einzelarbeit über die Konfigurationsmöglichkeiten des Padlets.

   e) Erläutern Sie sich gegenseitig in Partnerteams Ihre Erkenntnisse zu den Konfigurationsmöglichkeiten und entscheiden Sie sich für eine Konfiguration.
   f) Diskutieren Sie im Klassenverband über die optimale Konfiguration des Padlets.
   g) Konfigurieren Sie das entsprechende Padlet.
   h) Bereiten Sie in Teams die einzelnen Themenblöcke dieses Kapitels im Padlet auf.
   i) Stellen Sie im Klassenverband Ihren Arbeitsabschnitt vor. Nehmen Sie Ergänzungen vor.

ZUSAMMENFASSUNG

Grundbuch

↓

Erfassung von Geschäftsfällen

- in zeitlicher Reihenfolge (chronologisch)
- als Buchungssätze
  - einfache Buchungssätze
  - zusammengesetzte Buchungssätze

Buchungssatz „Soll an Haben"

Aufbau

Buchungssatz	Soll	Haben
Soll	Betrag (€)	
an Haben		Betrag (€)
Buchungstext		

- Beträge/Summen der Soll- und Haben-Seite müssen gleich groß sein
- Auch mehr als zwei Buchungspositionen möglich (= zusammengesetzter Buchungssatz)

Die vier Fragen zur Erstellung eines Buchungssatzes:

1. Welche Konten sind betroffen?
2. Um welche Kontenart handelt es sich (aktives oder passives Bestandskonto)?
3. Wie verändern sich die Kontenbestände (Zugang oder Abgang)?
4. Auf welcher Kontenseite ist zu buchen?

3.11 Abschluss der Konten

EINSTIEG

Die folgenden Bestandskonten der Buchführung der Fairtext GmbH sollen nun abgeschlossen werden, um eine Schlussbilanz auf das Ende Wirtschaftsjahres zu erstellen:

Aktive Bestandskonten

S Grundstücke H

S		H	
EBK (AB)	80.000,00		
12.)	150.000,00		

S Gebäude H

S		H	
EBK (AB)	57.000,00		
12.)	250.000,00		

Passive Bestandskonten

S Eigenkapital H

S		H	
		EBK (AB)	191.250,00

S Darlehen H

S		H	
3.) Bank	900,00	EBK (AB)	87.500,00
		12.) Grdstk./Geb.	350.000,00

S	Fuhrpark		H
EBK (AB)	12.000,00	11.) Fordg. a. LL	5.000,00
2.) Verb. a. LL	20.000,00		

S	Verbindlichkeiten a. LL		H
7.) Bank	4.300,00	EBK (AB)	32.800,00
		2.) Fuhrpark	20.000,00
		10.) Waren	3.000,00

S	BGA		H
EBK (AB)	13.000,00	5.) Kasse	300,00
4.) Kasse	1.000,00		

S	Sonstige Verbindlichkeiten		H
		EBK (AB)	4.000,00

S	Waren		H
EBK (AB)	56.000,00	9.) Kasse	3.200,00
10.) Verb. a. LL	3.000,00		

S	Forderungen a. LL		H
EBK (AB)	35.000,00	1.) Bank	14.000,00
11.) Fuhrpark	5.000,00	6.) Bank	18.000,00

S	Bank		H
EBK (AB)	57.600,00	3.) Bank	900,00
1.) Fordg. a. LL.	14.000,00	7.) Verb. a. LL	4.300,00
6.) Fordg. a. LL.	18.000,00	12.) Gebäude	50.000,00
8.) Kasse	3.100,00		

S	Kasse		H
EBK (AB)	4.950,00	4.) BGA	1.000,00
5.) BGA	300,00	8.) Bank	3.100,00
9.) Waren	3.200,00		

1. Erläutern Sie, warum die Konten am Ende des Wirtschaftsjahres abgeschlossen werden müssen.
2. Schließen Sie die Konten im Grund- und Hauptbuch ab und erstellen Sie die Schlussbilanz der Fairtext GmbH.

INFORMATION

Vorgehen beim Jahresabschluss

So, wie die Buchführung zu Beginn eines Wirtschaftsjahres aus der Schlussbilanz des Vorjahres eröffnet wird, muss sie zum Ende eines Wirtschaftsjahres auch wieder abgeschlossen und zu einer Schlussbilanz zusammengefasst werden.

Hierzu werden die Bestandskonten über das Schlussbilanzkonto abgeschlossen. Das Schlussbilanzkonto (SBK) ist die Basis für den Jahresabschluss und die folgende Zusammenfassung der Bestände. Das Ergebnis ist die Schlussbilanz für das abgelaufene Wirtschaftsjahr.

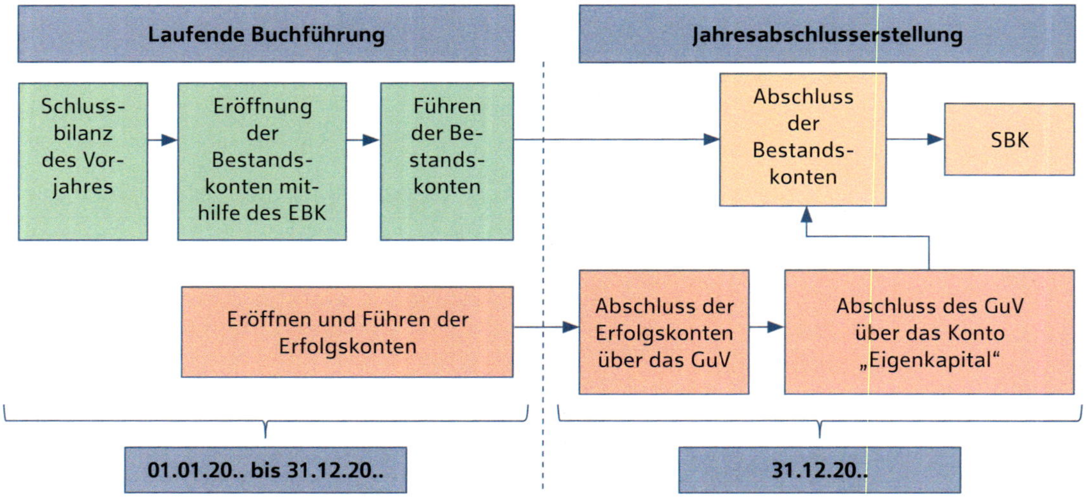

Abschluss der Bestandskonten

Am Ende des Wirtschaftsjahres werden die Bestandskonten über das Konto „Schlussbilanzkonto" (SBK) abgeschlossen. Der Abschluss erfolgt einerseits im Hauptbuch (auf dem T-Konto) und zusätzlich als Buchungssatz im Grundbuch.

Schlussbilanzkonto

Das Schlussbilanzkonto ist nicht mit der Schlussbilanz gleichzusetzen, da das SBK das Ergebnis der internen Buchführung ist, während die Schlussbilanz vorrangig für externe Anspruchsgruppen des Unternehmens bestimmt ist. Im Folgenden werden die Inhalte des Schlussbilanzkontos (SBK) und die Unterschiede und Gemeinsamkeiten mit der Schlussbilanz dargestellt.

	SBK	Schlussbilanz
Umfang	ausführlich (eine Position je Bestandskonto)	zusammengefasst zu Bilanzpositionen
Gliederung	keine Vorschriften (einfaches T-Konto)	gem. §§ 247, 266 HGB (Kontenform mit klar geregelter Gliederung)
Bezeichnung der Kontenseiten	Soll und Haben	Aktiva und Passiva
Konten-/Bilanzsumme	übereinstimmend	
Eigenkapital	übereinstimmend	
Einzelpositionen	meistens mehrere Einzelpositionen	zumeist weniger Einzelpositionen

Abschluss der aktiven Bestandskonten

Die Soll-Seite der aktiven Bestandskonten ist (in der Regel) größer als die Haben-Seite.

Um ein aktives Bestandskonto abzuschließen, ermittelt man die Summe des Kontos auf der Soll-Seite und trägt sie in das Konto ein.

BEISPIEL

S	Bank		H
EBK	9.500,00	2. Verb. a. LL	2.500,00
1. BGA	3.570,00	4. Darlehen	7.000,00
3. Ford. a. LL	12.495,00		
(1)	**23.570,00**		

Da beide Seiten eines Kontos systembedingt immer gleich groß sein müssen, wird die Summe auch auf die Haben-Seite übertragen.

BEISPIEL

S	Bank		H
EBK	9.500,00	2. Verb. a. LL	2.500,00
1. BGA	3.570,00	4. Darlehen	7.000,00
3. Ford. a. LL	12.495,00		
	23.570,00	(2) →	**23.570,00**

Der auf der Haben-Seite fehlende Betrag, der sich ergibt, wenn man alle Positionen auf der Haben-Seite (Vermögensabgänge) von der Summe des Kontos abzieht, wird als Saldo bezeichnet.

Der ermittelte Saldo wird auf der Haben-Seite des aktiven Bestandskontos eingetragen. Die Beträge auf der Haben-Seite ergeben nun die zuvor ermittelte Summe. Soll und Haben sind gleich groß. Der ermittelte Saldo des Kontos wird auf die Soll-Seite des Schlussbilanzkontos übertragen. Das aktive Bestandskonto ist im Hauptbuch abgeschlossen.

BEISPIEL

S	Bank		H
EBK	9.500,00	2. Verb. a. LL	2.500,00
1. BGA	3.570,00	4. Darlehen	7.000,00
3. Ford. a. LL	12.495,00	**5. SBK**	(3) **14.070,00**
	23.570,00		**23.570,00**

Der dazugehörige Buchungssatz lautet:

Buchungssatz	Soll	Haben
SBK		
an Aktivkonto		

Bezogen auf das vorliegende Beispiel lautet der Buchungssatz also:

Buchungssatz	Soll	Haben
SBK	23.570,00	
an Bank		23.570,00

Abschluss der passiven Bestandskonten

Die Haben-Seite der passiven Bestandskonten ist (in der Regel) größer als die Soll-Seite. Um ein passives Bestandskonto abzuschließen, ermittelt man die Summe des Kontos auf der Haben-Seite und trägt sie in das Konto ein.

BEISPIEL

S		Darlehen	H
1. Bank	2.500,00	EBK	12.000,00
3. Bank	3.500,00	2. Fuhrpark	53.550,00
		4. BGA	17.850,00
		5. BGA	8.330,00
		①	**91.730,00**

Da beide Seiten eines Kontos systembedingt immer gleich groß sein müssen, wird die Summe auch auf die Soll-Seite übertragen.

BEISPIEL

S		Darlehen	H
1. Bank	2.500,00	EBK	12.000,00
3. Bank	3.500,00	2. Fuhrpark	53.550,00
		4. BGA	17.850,00
		5. BGA	8.330,00
	91.730,00	← ②	**91.730,00**

Der auf der Soll-Seite fehlende Betrag, der sich ergibt, wenn man alle Positionen auf der Soll-Seite von der Summe des Kontos abzieht, wird als Saldo bezeichnet.

Der ermittelte Saldo wird auf der Soll-Seite des passiven Bestandskontos eingetragen. Die Beträge auf der Soll-Seite ergeben nun die zuvor ermittelte Summe. Soll und Haben sind gleich groß. Der ermittelte Saldo des Kontos wird auf die Haben-Seite des Schlussbilanzkontos übertragen. Das passive Bestandskonto ist im Hauptbuch abgeschlossen.

BEISPIEL

S		Darlehen	H
1. Bank	2.500,00	EBK	12.000,00
3. Bank	3.500,00	2. Fuhrpark	53.550,00
6. SBK ③	**85.730,00**	4. BGA	17.850,00
		5. BGA	8.330,00
	91.730,00		**91.730,00**

Der dazugehörige Buchungssatz lautet:

Buchungssatz	Soll	Haben
Passivkonto		
an SBK		

Bezogen auf das vorliegende Beispiel lautet der Buchungssatz also:

Buchungssatz	Soll	Haben
Darlehen	91.730,00	
an SBK		91.730,00

Schlussbilanzkonto (SBK)
Auf dem Schlussbilanzkonto (SBK) erfolgt am Jahresende eine zusammenfassende Gegenüberstellung des Vermögens auf der Soll-Seite und des Kapitals auf der Haben-Seite. Da jedes vorhandene Vermögen entweder durch Eigen- oder Fremdkapital finanziert sein muss, müssen beide Seiten systemlogisch gleich groß sein.

Nach dem Abschluss der aktiven Bestandskonten ist die Soll-Seite zusammenzurechnen und die Summe des SBK einzutragen. Gleiches ist nach dem Abschluss aller passiven Bestandskonten auf der Haben-Seite vorzunehmen. Die Summe des Schlussbilanzkontos muss auf beiden Seiten gleich groß sein.

S Schlussbilanzkonto H

S	H
Vermögen	Fremdkapital(Schulden)
	Eigenkapital
Summe	Summe

Schlussbilanz
Die Werte der einzelnen Konten werden vollständig und nicht zwingend gegliedert im SBK dargestellt. Es erfolgt dann eine Überführung der einzelnen Werte aus dem Schlussbilanzkonto in die gesetzlich geforderte Form der Schlussbilanz.

In der Schlussbilanz werden nicht nur Positionen aus dem Schlussbilanzkonto zusammengefasst, sondern auch die Gliederungsvorschriften des § 266 HGB beachtet.

Unterschiede zwischen Schlussbilanzkonto (SBK) und Schlussbilanz

- Das Schlussbilanzkonto (SBK) ergibt sich zunächst aus den Endbeständen (Salden) der Bestandskonten.
- Das SBK ist das Ergebnis der **internen Buchführung** des Betriebes. Es gibt **keine** Form- und Gliederungsvorschriften, wie sie für die Schlussbilanz gelten.
- In die Schlussbilanz fließen noch die **Ergebnisse der Inventur** ein.
- Die Schlussbilanz dient der Information **externer** Anspruchsgruppen.

Aktiva Schlussbilanz zum Passiva

Aktiva	Passiva
I. ANLAGEVERMÖGEN	I. EIGENKAPITAL
1. Grundstücke	II. FREMDKAPITAL
2. Gebäude	1. Hypotheken
3. Fuhrpark	2. Darlehen
4. BGA	3. Verbindl. a. LL
II. UMLAUFVERMÖGEN	4. Sonstige Verbindlichkeiten
1. Forderungen a. LL	
2. Sonstige Forderungen	
3. Kasse	
4. Bank	

Ort und Datum
Unterschrift

Aktiva Schlussbilanzkonto Passiva

Aktiva	Passiva
Grundstücke	Eigenkapital
Gebäude	Verbindl. a. LL
Forderungen a. LL	Darlehen
Kasse	Hypotheken
BGA	Sonstige Verbindlichkeiten
Fuhrpark	
Sonstige Forderungen	
Bank	

AUFGABEN

1. Nehmen Sie zu der folgenden Aussage eines Schülers begründet Stellung: „Ob ich das nun SBK oder Schlussbilanz nenne, ist doch egal. Das ist doch sowieso dasselbe."
2. a) Schließen Sie die folgenden Konten ab und erstellen Sie die Schlussbilanz zum 31.12.20..
   b) Erläutern Sie, welche Geschäftsfälle hinter den Buchungen 2., 5., 6. und 9. stehen.
   c) Erläutern Sie die Entwicklung des Eigenkapitalkontos in Aufgabenteil a) mit eigenen Worten.

Soll	Grundstücke		Haben
EBK(AB)	75.000,00	5. Ford. a. LL	10.000,00
4. Bank	7.500,00	9. Ford. a. LL	8.000,00

Soll	Gebäude		Haben
EBK(AB)	138.000,00	5. Ford. a. LL	58.600,00

Soll	Fuhrpark		Haben
EBK(AB)	87.000,00		
2. Verb. a. LL	18.800,00		

Soll	BGA		Haben
EBK(AB)	23.500,00		
1. Darlehen	41.200,00		
7. Kasse	1.200,00		

Soll	Forderungen a. LL		Haben
EBK(AB)	17.800,00	6. Bank	81.634,00
5. Grdstk.	10.000,00		
5. Gebäude	58.600,00		
9. Grdstk.	8.000,00		

Soll	Bank		Haben
EBK(AB)	13.600,00	3. Darlehen	2.000,00
6. Ford. a. LL	81.634,00	4. Grdstk.	7.500,00
		8. Verb. a. LL	12.800,00

Soll	Kasse		Haben
EBK(AB)	2.700,00	7. BGA	1.200,00

Soll	Eigenkapital		Haben
		EBK(AB)	90.800,00

Soll	Darlehen		Haben
3. Bank	2.000,00	EBK(AB)	222.700,00
		1. BGA	41.200,00

Soll	Verbindlichkeiten a. LL		Haben
8. Bank	12.800,00	EBK(AB)	44.100,00
		2. Fuhrpark	18.800,00

3. Die Fairtext GmbH weist zu Beginn eines Geschäftsjahres folgende Anfangsbestände aus:

Anfangsbestände			
Grundstücke	795.000,00	Bank	16.800,00
Gebäude	615.000,00	Kasse	3.700,00
BGA	167.000,00	Eigenkapital	?
Waren	185.000,00	Darlehen	180.000,00
Maschinen	47.000,00	Hypotheken	340.000,00
Forderungen a. LL	64.500,00	Verbindlichkeiten a. LL	92.000,00
Sonstige Forderungen	12.000,00		

a) Erstellen Sie eine ordnungsgemäße Eröffnungsbilanz zum 01.01.20..
b) Nehmen Sie die Eröffnungsbuchungen im Grund- und Hauptbuch vor.
c) Buchen Sie die folgenden Geschäftsfälle im Hauptbuch.
   1. Kauf einer EDV-Anlage durch Banküberweisung, 15.946,00 €.
   2. Kauf von Waren auf Ziel, 12.000,00 €.
   3. Aufnahme eines kurzfristigen Kredits bei der Bank, 40.000,00 €.
   4. Kunde zahlt seine Rechnung:
      bar 4.000,00 €
      Banküberweisung 17.500,00 €
   5. Kauf eines Grundstücks durch Banküberweisung, 25.000,00 €.
   6. Kauf von Waren auf Ziel, 15.000,00 €.
   7. Bezahlung der Rechnung zu Fall 2 durch Banküberweisung.
   8. Bareinzahlung auf das Bankkonto, 3.000,00 €.
   9. Bareinkauf eines Bürostuhls, 595,00 €.
   10. Zahlung einer Lieferantenrechnung durch Banküberweisung, 8.400,00 €.
d) Schließen Sie die Konten im Grund- und Hauptbuch ab.

4. Die Fairtext GmbH weist zu Beginn eines Geschäftsjahres folgende Anfangsbestände aus:

Anfangsbestände			
Grundstücke	125.000,00	Bank	16.000,00
Gebäude	395.000,00	Kasse	3.850,00
Betriebs- und Geschäftsausstattung	83.750,00	Eigenkapital	?
Waren	144.000,00	Hypotheken	340.000,00
Maschinen	6.000,00	Darlehen	220.000,00
Forderungen a. LL	43.000,00	Verbindlichkeiten a. LL	91.600,00
Fuhrpark	85.000,00	Sonstige Verbindlichkeiten	7.000,00

a) Erstellen Sie eine ordnungsgemäße Eröffnungsbilanz zum 01.01.20..
b) Eröffnen Sie die Konten im Hauptbuch. Erstellen Sie dabei auch das Eröffnungsbilanzkonto und geben Sie die dazugehörigen Buchungssätze an.
c) Nehmen Sie die Buchungen für die nachfolgenden Belege im Grundbuch vor.
d) Nehmen Sie die Buchungen für die Belege im Hauptbuch vor.
e) Schließen Sie die Konten im Hauptbuch ab und erstellen Sie die Schlussbilanz.

Beleg 1

Commerzbank Frankfurt		250 400 66			**Konto-Auszug**
		Konto-Nr.	Auszug-Nr.	Datum	Alter Kontostand
Buch.-Tag	Tag der Wertstellung	**141 919 100**	1	05.01.20..	16.000,00 €
03.01.20..	03.01.20..	Darlehen Nr. 2345			50.000,00 € +
					Neuer Kontostand 66.000,00 € +

Herrn, Frau, Fa.

Fairtext GmbH
Walsroder Str. 6 a
60313 Frankfurt

BIC COBADEFF
IBAN DE09 2504 0066 0141 9191 00

Beleg 2

BaBa

Telefon: 04361 21077-33
Telefax: 04361 21077-30
E-Mail: lafrenz@baba-wvd.de

BaBa GmbH I Neuer Weg 27 I 26135 Oldenburg
Fairtext GmbH
Walsroder Str. 6 a
60313 Frankfurt

Kunden-Nr.:	14059
Lieferdatum:	05.01.20..
Bestelldatum:	03.01.20..
Sachbearbeiter/-in:	Frau Lafrenz
Rechnungs-Nr.:	4567
Rechnungsdatum:	06.02.10..

Rechnung

Pos.	Artikel-Nr.	Artikelbezeichnung	Menge und Einheit	Einzelpreis	Gesamtpreis
1	094356	Stoffwaren, blau	10	952,00 €	9.520,00 €
2	094357	Stoffwaren, grau	17	595,00 €	10.115,00 €
Gesamtpreis					19.635,00 €

Beleg 3

Commerzbank Frankfurt		250 400 66			**Konto-Auszug**
		Konto-Nr.	Auszug-Nr.	Datum	Alter Kontostand
Buch.-Tag	Tag der Wertstellung	**141 919 100**	2	07.01.20..	66.000,00 €
06.01.20..	06.01.20..	Silke Bachmann e. Kffr. (Kd-Nr. 10003, Rg.-Nr. 3456)			11.000,00 € +
					Neuer Kontostand 77.000,00 € +
Herrn, Frau, Fa. Fairtext GmbH Walsroder Str. 6 a 60313 Frankfurt				BIC IBAN	COBADEFF DE09 2504 0066 0141 9191 00

Beleg 4

Commerzbank Frankfurt		250 400 66			**Konto-Auszug**
		Konto-Nr.	Auszug-Nr.	Datum	Alter Kontostand
Buch.-Tag	Tag der Wertstellung	**141 919 100**	3	07.01.20..	77.000,00 €
09.01.20..	09.01.20..	Kauf Grundstück, Vertrag 568, G. Marner			40.000,00 € –
					Neuer Kontostand 37.000,00 € +
Herrn, Frau, Fa. Fairtext GmbH Walsroder Str. 6 a 60313 Frankfurt				BIC IBAN	COBADEFF DE09 2504 0066 0141 9191 00

Beleg 5

Commerzbank Frankfurt		250 400 66			**Konto-Auszug**
		Konto-Nr.	Auszug-Nr.	Datum	Alter Kontostand
Buch.-Tag	Tag der Wertstellung	**141 919 100**	4	12.01.20..	37.000,00 €
10.01.20..	10.01.20..	BaBa GmbH, RG-NR. 4567, Kd-Nr. 14059			19.635,00 € –
					Neuer Kontostand 17.365,00 € +
Herrn, Frau, Fa. Fairtext GmbH Walsroder Str. 6 a 60313 Frankfurt			BIC IBAN	COBADEFF DE09 2504 0066 0141 9191 00	

Beleg 6

Quittung Nr. 1

Netto € ___ ct ___

€ ___ ct ___ + % Ust

Gesamt € 2.500 ct 00

Gesamtbetrag € in Worten – zweitausendfünfhundert – Cent wie oben

(Im Gesamtbetrag sind ___ % Umsatzsteuer enthalten)

Von Fairtext GmbH

Für Bareinzahlung

richtig erhalten zu haben, bestätigt

Ort Frankfurt Datum 16.01.20..

Buchungsvermerke

Stempel/Unterschrift des Empfängers Anne Schulte

Beleg 7

Autohaus Bach

Autohaus Bach · Birkenwald 44 · 30449 Hannover
Fairtext GmbH
Walsroder Str. 6 a
60313 Frankfurt

Telefon: 03338 8833-13
Telefax: 03338 8833-10
E-Mail: e.ginger@bach-wvd.de

Kunden-Nr.:	18545
Lieferdatum:	05.01.20..
Bestelldatum:	20.11.20..
Sachbearbeiter/-in:	Herr Ginger
Rechnungs-Nr.:	490443
Rechnungsdatum:	16.01.20..

Rechnung

Pos.	Artikel-Nr.	Artikelbezeichnung	Menge und Einheit	Einzelpreis	Gesamtpreis
1	943000	Mini Car	1	15.232,00 €	15.232,00 €
Gesamtpreis					15.232,00 €

Beleg 8

MC Computer GmbH

MC Computer GmbH · Große Str. 34 · 27239 Twistringen
Fairtext GmbH
Walsroder Str. 6 a
60313 Frankfurt

Telefon: 04243 76512-55
Telefax: 04243 76512-50
E-Mail: daniel.seim@mc-computer-wvd.de

Kunden-Nr.:	90345
Lieferdatum:	18.01.20..
Bestelldatum:	04.01.20..
Sachbearbeiter/-in:	Herr Seim
Rechnungs-Nr.:	00905
Rechnungsdatum:	20.01.20..

Rechnung

Pos.	Artikel-Nr.	Artikelbezeichnung	Menge und Einheit	Einzelpreis	Gesamtpreis
1	353094	EDV-Anlage Speedport 9000	1 Stück	10.234,00 €	10.234,00 €
Gesamtpreis					10.234,00 €

ZUSAMMENFASSUNG

Abschluss Aktivkonto

↓

Hauptbuch

S	Aktivkonto H
EBK	Abgänge
Zugänge	SBK
Summe	Summe

Abschluss Passivkonto

↓

Hauptbuch

S	Passivkonto H
Abgänge	EBK
SBK	Zugänge
Summe	Summe

Schlussbilanzkonto

Hauptbuch

S	Schlussbilanzkonto H
Vermögen	Fremdkapital (Schulden)
	Eigenkapital
Summe	Summe

3.12 Erfolgskonten im Grund- und Hauptbuch

EINSTIEG

Anne Schulte und Sebastian Holpert haben die Ausgangsrechnung an die Firma Franz Stallmann Fashion OHG über einen Rechnungsbetrag von 13.090,00 € vor sich liegen. Sie haben den Beleg mit einem Kontierungsstempel versehen und bekommen nun den Auftrag, die Rechnung zu buchen.
Frau Tegtmeyer, Sachbearbeiterin in der Abteilung Rechnungswesen bei der Fairtext GmbH, macht die beiden Auszubildenden darauf aufmerksam, dass verkaufte Textilien nicht auf Bestandskonten gebucht werden, sondern dass es sich dabei um Erfolgskonten handelt.

Fairtext GmbH
Textilgroßhandlung

Telefon: 069 4155-0
Telefax: 069 4155-10
Internet: www.fairtext-wvd.de
E-Mail: wollny@fairtext-wvd.de

Fairtext GmbH · Walsroder Str. 6a · 60313 Frankfurt
Franz Stallmann Fashion OHG
Vogesenstr. 3
45468 Mülheim

Kunden-Nr.:	10607
Lieferdatum:	28.07.20..
Bestelldatum:	24.07.20..
Sachbearbeiter/-in:	Nadine Wollny
Rechnungs-Nr.:	14554
Rechnungsdatum:	31.07.20..

Rechnung

Pos.	Bezeichnung der Leistung	Gesamtpreis
1	Vermittlungsprovision	13.090,00 €
Gesamtpreis		13.090,00 €

1. Begründen Sie, warum sich auf der Ausgangsrechnung an die Franz Stallmann Fashion OHG kein Eingangsstempel befindet.
2. Nennen Sie die Konten, auf denen die Rechnung bei der Fairtext GmbH gebucht werden muss.
3. Erläutern Sie, was in den Kontierungsstempel eingetragen werden muss.
4. Geben Sie die Buchung an, die bei der Franz Stallmann OHG erforderlich wird.

INFORMATION

Erfolgskonten

Bei der Erfassung einer Ausgangsrechnung ist neben der Beachtung der Bestandskonten eine weitere Kontenart von Bedeutung: die **Erfolgskonten**.

Eine Buchung auf einem Erfolgskonto wirkt sich im Gegensatz zu Bestandskonten auf das Eigenkapital eines Unternehmens aus. Die Buchung hat somit Einfluss auf den Gewinn im Unternehmen. Es gibt zwei Arten von Erfolgskonten:

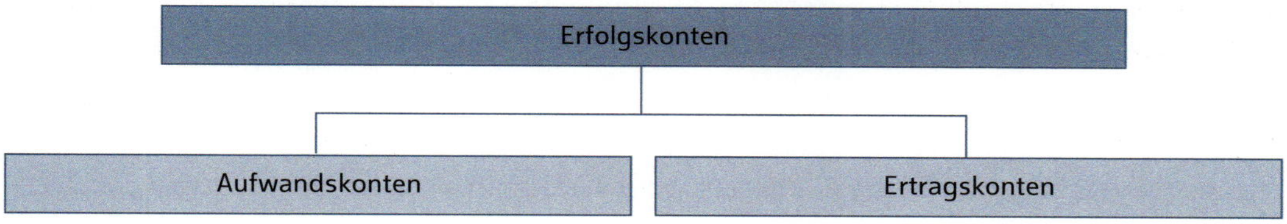

MERKSATZ

Buchungen auf den Ertragskonten (Erträge) wirken positiv auf das Eigenkapital und erhöhen den Gewinn. Buchungen auf Aufwandskonten (Aufwendungen) wirken negativ auf das Eigenkapital und reduzieren den Gewinn.

BEISPIELE für Erträge

- Mieterträge
- Zinserträge
- Provisionserträge

BEISPIELE für Aufwendungen

- Ausgangsfrachten
- Löhne und Gehälter
- Abschreibungen
- Mieten und Pachten
- Bürobedarf
- betriebliche Steuern

Erfolgskonten werden auch als **Unterkonten des Eigenkapitals** bezeichnet. Daher werden die Eintragungen auf den Erfolgskonten im Hauptbuch in gleicher Weise vorgenommen wie beim Eigenkapitalkonto. Da das Eigenkapitalkonto ein passives Bestandskonto ist, gilt:

- Mehrungen im Haben
- Minderungen im Soll

BEISPIEL

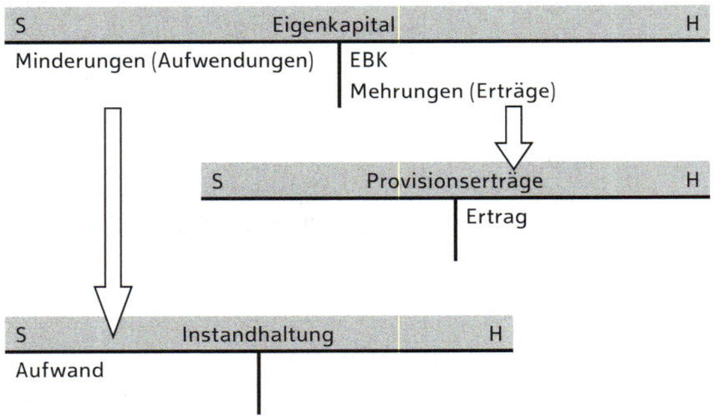

Daraus lassen sich folgende **Buchungsregeln** ableiten:
→ Erträge werden im Haben und
→ Aufwendungen im Soll
gebucht!

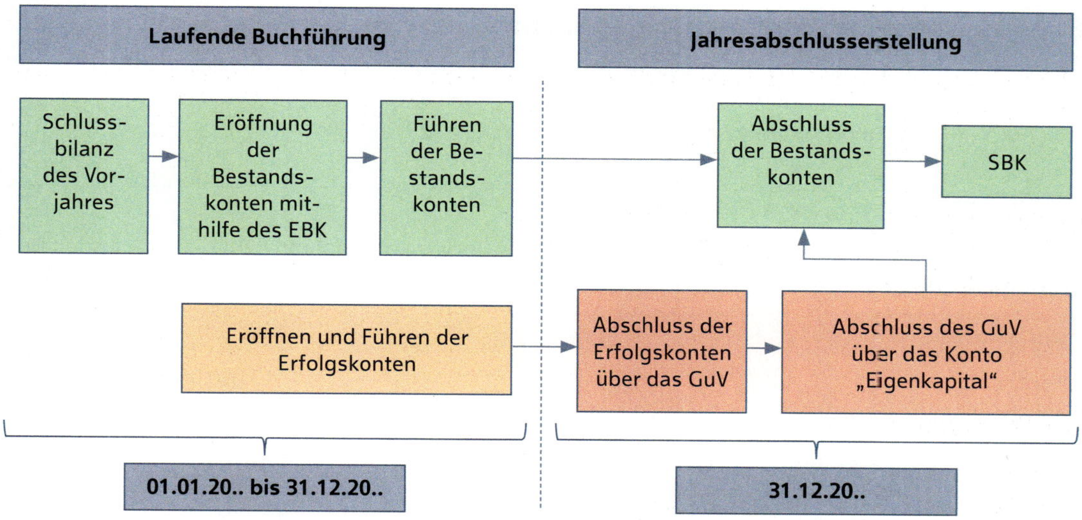

Buchen auf Erfolgskonten im Grundbuch

Beim Buchen im Grundbuch sind grundsätzlich die vier Fragen zur Erstellung eines Buchungssatzes zu beachten.

Des Weiteren ist der oben genannte Grundsatz, dass Erträge im Haben und Aufwendungen im Soll gebucht werden, anzuwenden.

BEISPIEL Ertragskonto/Grundbuch

Die Fairtext GmbH sendet der Firma Franz Stallmann Fashion OHG eine Rechnung für die Vermittlung von Geschäften über 13.090,00 €. Der Buchungssatz lautet somit:

Buchungssatz	Soll	Haben
Ford. a. LL	13.090,00	
an Provisionserträge		13.090,00

Aus dem Beispiel ist ersichtlich, dass das Ertragskonto „Provisionserträge" im Haben gebucht wird.

Die Forderungen gegenüber dem Kunden Franz Stallmann Fashion OHG sind gestiegen. Diese Mehrung auf dem aktiven Bestandskonto „Forderungen a. LL" wird im Soll gebucht.

BEISPIEL Aufwandskonto/Grundbuch

Eine Maschine wird repariert. Der Dienstleister stellt der Fairtext GmbH daraufhin 357,00 € in Rechnung.

Buchungssatz	Soll	Haben
Instandhaltung	357,00	
an Verb. a. LL		357,00

Aus dem Beispiel ist ersichtlich, dass das Aufwandskonto „Instandhaltung" im Soll gebucht wird. Die Verbindlichkeiten gegenüber dem Dienstleister sind somit gestiegen. Diese Mehrung auf dem passiven Bestandskonto „Verbindlichkeiten a. LL" wird im Haben gebucht.

Buchen auf Erfolgskonten im Hauptbuch

Das Führen von Erfolgskonten im Hauptbuch ist ähnlich vorzunehmen wie das Führen der Bestandskonten. Das Eintragen der Geschäftsfälle aus dem Grundbuch in das Hauptbuch wird in gleicher Weise vorgenommen.

BEISPIEL **Ertragskonto/Hauptbuch**

Aus der Vermittlung von Geschäften für die Franz Stallmann Fashion OHG ist folgender Buchungssatz gegeben.

Buchungssatz	Soll	Haben
Ford. a. LL	13.090,00	
an Provisionserträge		13.090,00

S	Provisionserträge		H
		Ford. a. LL	13.090,00

Aus dem Beispiel ist zu erkennen, dass das Ertragskonto „Provisionserträge" keinen Anfangsbestand hat und dass Buchungen aus dem Grundbuch direkt auf das Konto übertragen werden.

MERKSATZ

Es gilt der weiterhin der Grundsatz:
→ Erträge im Haben.

Die Gegenbuchung erfolgt – wie bereits bekannt – auf dem Konto „Forderungen aus Lieferungen und Leistungen".

BEISPIEL **Aufwandskonto/Hauptbuch**

Die in Rechnung gestellten Reparaturen in Höhe von 357,00 € werden im Hauptbuch auf dem Konto wie folgt gebucht:

Buchungssatz	Soll	Haben
Instandhaltung	357,00	
an Verb. a. LL		357,00

S	Instandhaltung		H
Verb. a. LL	357,00		

Aus dem Beispiel ist zu erkennen, dass das Aufwandskonto „Instandhaltung" keinen Anfangsbestand hat und dass Buchungen aus dem Grundbuch direkt auf das Konto übertragen werden

MERKSATZ

Es gilt der weiterhin der Grundsatz:
→ Aufwendungen im Soll.

Im Laufe eines Geschäftsjahres werden für alle erfolgswirksamen Geschäftsfälle die notwendigen Erfolgskonten angelegt. So kann es in der Praxis zu vielen unterschiedlichen Aufwendungen und Erträgen kommen. Für jede Aufwands- und Ertragsart wird ein eigenes Konto angelegt.

Vorgehen beim Jahresabschluss

Zu Beginn des Jahres werden mit den Werten aus der Schlussbilanz des Vorjahres die Konten (Bestandskonten) eröffnet. Im Verlauf des Geschäftsjahres werden die Bestands- und Erfolgskonten geführt. Um am Jahresende den Jahresabschluss mit der Schlussbilanz und der Gewinn- und Verlustrechnung zu erstellen, müssen alle Konten wieder abgeschlossen werden.

Beim Abschluss der Konten sollte in einer bestimmten Reihenfolge vorgegangen werden:

1. Abschluss der Erfolgskonten (Aufwands- und Ertragskonten) über das Gewinn- und Verlustkonto
2. Abschluss des Gewinn- und Verlustkontos über das Eigenkapitalkonto)
3. Abschluss der Bestandskonten inklusive des Eigenkapitalkontos über das SBK

Die nachfolgende Grafik verdeutlicht den Prozess der laufenden Buchführung und die Vorgehensweise am Ende des Wirtschaftsjahres noch einmal bildlich:

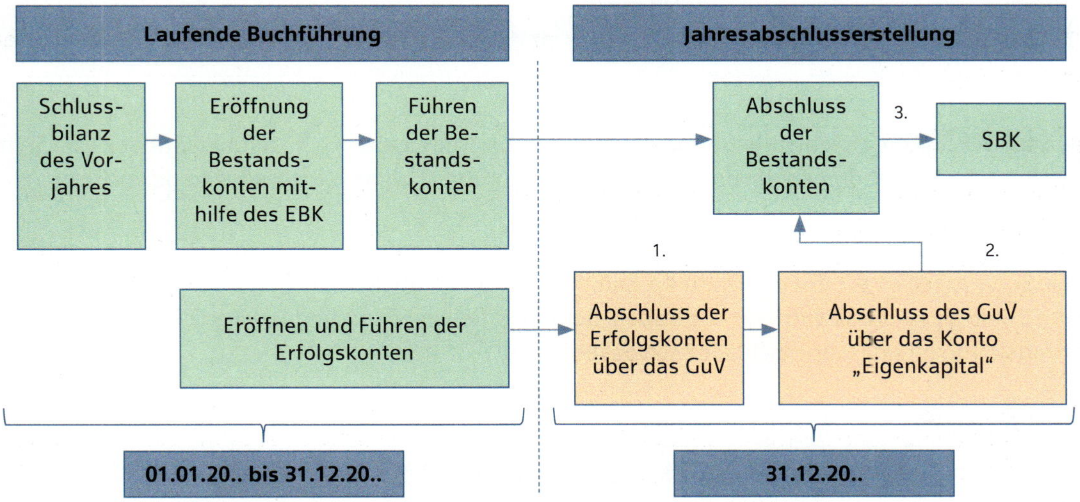

Die Erfolgskonten sind Unterkonten des Eigenkapitalkontos. Sie werden über das Gewinn- und Verlustkonto (GuV) abgeschlossen. Dieses Konto stellt eine Zusammenfassung aller Aufwendungen und Erträge eines Unternehmens dar.

Ertragskonten

Erträge werden im Haben gebucht. Somit ist auf den Ertragskonten die Haben-Seite größer als die Soll-Seite. Um ein Ertragskonto abzuschließen, ermittelt man die Summe der Haben-Seite und trägt diese auf dem Konto ein.

BEISPIEL

S		Provisionserträge	H
		1.) Ford. a. LL	10.340,00
		2.) Bank	19.000,00
		3.) Ford. a. LL	21.500,00
		4.) Bank	9.500,00
		①	**60.340,00**

Da beide Seiten eines Kontos systembedingt immer gleich groß sein müssen, wird die Summe auch auf die Soll-Seite übertragen.

BEISPIEL

S		Provisionserträge	H
		1.) Ford. a. LL	10.340,00
		2.) Bank	19.000,00
		3.) Ford. a. LL	21.500,00
		4.) Bank	9.500,00
	60.340,00	← ②	**60.340,00**

Der auf der Soll-Seite fehlende Betrag, der sich ergibt, wenn man alle Positionen auf der Soll-Seite (falls welche vorhanden sind) von der Summe des Kontos abzieht, wird als Saldo bezeichnet.

Der ermittelte Saldo wird auf der Soll-Seite des Ertragskontos eingetragen. Die Beträge auf der Soll-Seite ergeben die zuvor ermittelte Summe. Soll und Haben sind nun gleich groß. Der ermittelte Saldo des Kontos wird auf die Haben-Seite des Gewinn- und Verlustkontos übertragen. Das Ertragskonto ist im Hauptbuch abgeschlossen.

BEISPIEL **Abschluss im Hauptbuch**

S		Provisionserträge	H
5.) GuV	**60.340,00**	1.) Ford. a. LL	10.340,00
	③	2.) Bank	19.000,00
		3.) Ford. a. LL	21.500,00
		4.) Bank	9.500,00
	60.340,00		**60.340,00**

Im Grundbuch wird der Abschluss der Ertragskonten durch folgende Buchung nachvollzogen:

Nr.	Buchungssatz	SOLL	HABEN
	Ertragskonto		
	an GuV		

Da es sich lediglich um eine Abschlussbuchung handelt und die Gewinnauswirkung bei der laufenden Erfassung der Erträge erfolgt ist, ergibt sich nicht erneut eine Gewinnauswirkung. Aus diesem Grund werden im weiteren Verlauf bei den Abschlussbuchungen keine Gewinnauswirkungen angegeben. Auf das obige Beispiel angewendet, lautet die Abschlussbuchung:

BEISPIEL **Abschluss im Grundbuch**

Nr.	Buchungssatz	SOLL	HABEN
5	Provisionserträge	60.340,00	
	an GuV		60.340,00

Aufwandskonten

Aufwandskonten werden im Hauptbuch spiegelbildlich zu den Ertragskonten abgebildet. Der Abschluss der Aufwandskonten erfolgt somit umgekehrt zum Abschluss der Ertragskonten.

Aufwendungen werden im Soll gebucht. Somit ist auf den Aufwandskonten die Soll-Seite größer als die Haben-Seite. Um ein Aufwandskonto abzuschließen, ermittelt man die Summe der Soll-Seite und trägt diese auf dem Konto ein.

BEISPIEL

S	Instandhaltung		H
1.) Verb. a. LL	7.790,00		
2.) Bank	12.500,00		
3.) Verb. a. LL	3.500,00		
(1)	**23.790,00**		

Da beide Seiten eines Kontos systembedingt immer gleich groß sein müssen, wird die Summe auch auf die Haben-Seite übertragen.

BEISPIEL

S	Instandhaltung		H
1.) Verb. a. LL	7.790,00		
2.) Bank	12.500,00		
3.) Verb. a. LL	3.500,00		
	23.790,00	(2) →	**23.790,00**

Der auf der Haben-Seite fehlende Betrag, der sich ergibt, wenn man alle Positionen auf der Haben-Seite (falls welche vorhanden sind) von der Summe des Kontos abzieht, wird als Saldo bezeichnet. Der ermittelte Saldo wird auf der Haben-Seite des Aufwandskontos eingetragen. Die Beträge auf der Haben-Seite ergeben die zuvor ermittelte Summe. Soll und Haben sind nun gleich groß. Der ermittelte Saldo des Kontos wird auf die Soll-Seite des Gewinn- und Verlustkontos übertragen. Das Aufwandskonto ist im Hauptbuch abgeschlossen.

BEISPIEL **Abschluss im Hauptbuch**

S	Instandhaltung		H
1.) Verb. a. LL	7.790,00	4.) GuV	**23.790,00** ③
2.) Bank	12.500,00		
3.) Verb. a. LL	3.500,00		
	23.790,00		**23.790,00**

Im Grundbuch wird der Abschluss der Aufwandskonten durch folgende Buchung nachvollzogen:

Nr.	Buchungssatz	SOLL	HABEN
	GuV an Aufwandskonto		

Da es sich lediglich um eine Abschlussbuchung handelt und die Gewinnauswirkung bei der laufenden Erfassung der Aufwendungen erfolgt ist, ergibt sich nicht erneut eine Gewinnauswirkung. Auf das obige Beispiel angewendet, lautet die Abschlussbuchung:

BEISPIEL **Abschluss im Grundbuch**

Nr.	Buchungssatz	SOLL	HABEN
4	GuV an Instandhaltung	23.790,00	 23.790,00

Gewinn- und Verlustkonto

Auf dem Gewinn- und Verlustkonto werden am Jahresende die Abschlusssalden sämtlicher Erträge und Aufwendungen des Unternehmens zusammengetragen. Der Saldo des Kontos bildet dann den Gewinn oder den Verlust des Unternehmens ab. Das Gewinn- und Verlustkonto selbst ist ein Unterkonto des Eigenkapitalkontos. Es wird daher über das Konto „Eigenkapital" abgeschlossen. Dies ist damit zu erklären, dass ein erwirtschafteter Gewinn das Eigenkapital des Unternehmens erhöht und ein eventueller Verlust das Eigenkapital mindert. Das Fremdkapital wird durch das Betriebsergebnis nicht berührt.

Auf der Soll-Seite des Gewinn- und Verlustkontos werden alle Aufwendungen angeführt. Auf der Haben-Seite werden alle Erträge angeführt.

(Positiver) Gewinn

Bei einem erwirtschafteten Gewinn (Normalfall) sind die Erträge (Haben-Seite) größer als die Aufwendungen (Soll-Seite). Aus der Differenz von Haben (Erträge) – Soll (Aufwendungen) ergibt sich somit eine positive Zahl, der Gewinn des Unternehmens. Der Gewinn ist also der Saldo des GuV-Kontos auf der Soll-Seite. Dort wird er eingetragen und über das Eigenkapital abgeschlossen.

Hauptbuch:

S	Gewinn- und Verlustkonto (GuV)	H
Aufwendungen		Erträge
Gewinn		
Summe		Summe

Grundbuch:

Nr.	Buchungssatz	SOLL	HABEN
	GuV an Eigenkapital		

Durch die Buchung verändert sich das Eigenkapital. Es nimmt um den gebuchten Betrag zu.

BEISPIEL

S		GuV	H
Zinsaufw.	380,00	Provisionserträge	
Löhne	14.800,00	Mieterträge	60.340,00
Instandhaltung	23.790,00		450,00
Reisekosten	150,00		
Bürobedarf	300,00		
Eigenkapital	21.370,00		
	60.790,00		**60.790,00**

Verlust (negativer Gewinn)

Bei einem Verlust sind die Aufwendungen (Soll-Seite) größer als die Erträge (Haben-Seite). Aus der Differenz von Soll minus Haben ergibt sich somit eine negative Zahl, der Verlust (oder negative Gewinn) des Unternehmens. Der Verlust ist also der Saldo des GuV-Kontos auf der Haben-Seite. Dort wird er eingetragen und über das Eigenkapital abgeschlossen.

Hauptbuch:

S	Gewinn- und Verlustkonto (GuV)	H
Aufwendungen		Erträge
		Verlust
Summe		Summe

Grundbuch:

Nr.	Buchungssatz	SOLL	HABEN
	Eigenkapital an GuV		

Durch die Buchung verändert sich das Eigenkapital. Es nimmt um den gebuchten Betrag ab.

MERKSATZ

Vorgehensweise beim Abschluss des GuV-Kontos

1. Ermittlung der Summen von Aufwendungen sowie Erträgen
2. Ermittlung des Saldos
   - Erträge > Aufwendungen = positiver Gewinn
   - Erträge < Aufwendungen = negativer Gewinn (Verlust)
   - Buchung des Gewinns/des Verlustes auf das Konto „Eigenkapital“

AUFGABEN

1. Erläutern Sie die Unterschiede zwischen einem Bestandskonto und einem Erfolgskonto.
2. Erläutern Sie, warum Aufwendungen im Soll und Erträge im Haben gebucht werden.
3. Schließen Sie die folgenden Konten ab und ermitteln Sie den Erfolg des Unternehmens auf dem Gewinn-und Verlustkonto. Geben Sie auch die dazugehörigen Abschlussbuchungen an.

a)

S	Zinsaufwendungen		H
8.) Bank	4.630,00		

S	Löhne		H
4.) Bank	12.400,00		

S	Provisionsaufwand		H
6.) Verb. a. LL	8.790,00		
10.) Bank	7.430,00		
11.) Bank	2.222,00		

S	Instandhaltung		H
2.) Verb. a. LL	3.120,00		
9.) Bank	2.680,00		
12.) Verb. a. LL	11.333,00		

S	Mieterträge		H
		1.) Bank	17.500,00
		5.) Kasse	7.430,00

S	sonstige betriebliche Erträge		H
		3.) Kasse	6.800,00
		7.) Bank	38.560,00

b)

S	Zinsaufwendungen		H
2.) Bank	780,00		
9.) Bank	751,00		

S	Löhne		H
5.) Bank	7.800,00		
9.) Bank	3.600,00		
15.) Kasse	300,00		

S	Instandhaltung		H
3.) Verb. a. LL	98.790,00		
10.) Bank	14.963,00		
13.) Bank	5.333,00		

S	diverse Aufwendungen		H
8.) Verb. a. LL	3.120,00		
14.) Verb. a. LL	11.333,00		

S	Mieterträge		H
		1.) Bank	38.600,00
		6.) Bank	4.230,00
		11.) Bank	28.996,00
		18.) Bank	57.000,00

S	sonstige betriebliche Erträge		H
		1.) Kasse	4.100,00
		5.) Bank	9.760,00
		12.) Bank	18.678,00
		16.) Bank	3.800,00

4.

Anfangsbestände				
Gebäude	100.000,00		Kasse	600,00
Geschäftsausstattung	8.000,00		Bank	10.000,00
Waren	23.000,00		Eigenkapital	?
Forderungen a. LL	15.000,00		Verbindlichkeiten a. LL	8.000,00

Kontenplan: Außer den oben aufgeführten Bestandskonten sowie dem Eröffnungs- und Schlussbilanzkonto sind zu führen die Erfolgskonten: Aufwendungen für Reinigungsmaterial, Löhne, Grundsteuer, Mieterträge, Zinserträge, Provisionserträge, Gewinn und Verlust.

a) Bilden Sie für die folgenden Geschäftsfälle die Buchungssätze im Grundbuch.
b) Erstellen Sie die Eröffnungsbilanz.
c) Eröffnen Sie die Konten im Hauptbuch.
d) Nehmen Sie die Buchungen für die Geschäftsfälle im Hauptbuch vor.
e) Schließen Sie die Konten im Hauptbuch ordnungsgemäß ab.
f) Erstellen Sie die Schlussbilanz.

Zu verwendende Erfolgskonten:

Provisionen, Porto- und Telekommunikationskosten, Grundsteuer, Lohnkosten, Zinserträge, Provisionserträge, Mieterträge

Geschäftsfälle:

1	Die Bank schreibt uns Zinsen gut	50,00 €
2	Einkauf von Waren auf Ziel	1.200,00 €
3	Wir bezahlen Provision durch Banküberweisung	1.000,00 €
4	Ein Kunde zahlt bar	800,00 €
5	Überweisung für Briefporto durch die Bank	200,00 €
6	Rechnungstellung einer Provisionsleistung an Kunden	1.500,00 €
7	Barzahlung Grundsteuer	180,00 €
8	Eingang Überweisung für Miete	750,00 €
9	Zahlung Lohn an Kraftwagenfahrer durch die Bank	2.680,00 €
10	Bareinzahlung Bank	1.000,00 €

5. Erstellen Sie eine PowerPoint-Präsentation, in der Sie die Unterschiede zwischen Grund- und Hauptbuch sowie zwischen Erfolgskonten und Bestandskonten darstellen.
   Berücksichtigen Sie dabei unter anderem folgende Begriffe:
   - Kunden
   - Aktiva, Passiva
   - Soll, Haben
   - Zugänge und Abgänge
   - EBK und SBK (Schlussbilanzkonto)
   - Aufwendungen und Erträge

   Ergänzen Sie die PowerPoint-Präsentation um Ihre Anmerkungen zum Thema, die Ihnen wichtig erscheinen.

ZUSAMMENFASSUNG

Grundbuch

Aufwendungen im Soll

Buchungssatz	Soll	Haben
Aufwandskonto	xxx	
an Bestandskonto		xxx

Erträge im Haben

Buchungssatz	Soll	Haben
Bestandskonoto	xxx	
an Ertragskonto		xxx

Hauptbuch

Soll	EBK		Haben
Eigenkapital	854.000,00	Grundstücke	820.000,00
Darlehen	220.000,00	BGA	183.750,00
Verb. a. LL	91.600,00	Warenbestände	99.000,00
		Ford. a. LL	43.000,00
		Bank	16.000,00
		Kasse	3.850,00
	1.165.600,00		1.165.600,00

S	Eigenkapital		H
Aufwendungen (Minderungen)		EBK	854.000,00
		Erträge (Mehrungen)	

Unterkonten des Eigenkapitals

Erfolgskonten

Aufwandskonten

Ertragskonten

Beispiele

S	Instandhaltung		H
Aufwand	2.000,00	GuV	2.000,00

S	Gehälter		H
Aufwand	3.000,00	GuV	3.000,00

S	Mieten, Pachten, Leasing		H
Aufwand	4.000,00	GuV	4.000,00

S	Werbe- und Reisekosten		H
Aufwand	5.000,00	GuV	5.000,00

Beispiele

S	Provisionserträge		H
GuV	10.000,00	Ertrag	10.000,00

S	Mieterträge		H
GuV	1.500,00	Ertrag	1.500,00

S	Sonst. betriebliche Erträge		H
GuV	2.500,00	Ertrag	2.500,00

S	Zinserträge		H
GuV	3.500,00	Ertrag	3.500,00

Soll	GuV		Haben
Instandhaltung	2.000,00	Provisionserträge	10.000,00
Gehälter	3.000,00	Mieterträge	1.500,00
Mieten, Pachten, Leasing	4.000,00	Sonst. betriebliche Erträge	2.500,00
Werbe- und Reisekosten	5.000,00	Zinserträge	3.500,00
Eigenkapital (Gewinn)	3.500,00		
	17.500,00		17.500,00

S	Eigenkapital		H
SBK	857.500,00	EBK	854.000,00
		GuV	3.500,00
	857.500,00		857.500,00

Soll	SBK		Haben
Grundstücke	xxx	Eigenkapital	857.500,00
BGA	xxx	Darlehen	xxx
Warenbestände	xxx	Verb. a. LL	xxx
Ford. a. LL	xxx		
Bank	xxx		
Kasse	xxx		
	xxx		xxx

4 Lern- und Arbeitsmethoden

4.1 Handlungskompetenzen

EINSTIEG

Die Klasse von Carolin Saager bekommt vom Klassenlehrer den Arbeitsauftrag, ein Kapitel des Schulbuchs durchzulesen. Gleichzeitig verteilt er den folgenden Text und fordert zum aktiven Lesen auf.

Aktives Lesen
Über 80 % unseres Wissens eignen wir uns durch das Lesen an. Wenn das Lesen ein so zentraler Informationsweg ist, werden sich schlechte Lesegewohnheiten umso nachteiliger auswirken. Sie werden also um die Frage, wie gut Ihr Leseverhalten ist, nicht herumkommen. Unwirksam ist es vor allem dann, wenn Sie einen passiven Lesestil praktizieren. Passiv bedeutet, einen Text lediglich mit dem Auge zu bearbeiten und ihn so ein oder mehrere Male durchzulesen. Dadurch wird das Gedächtnis unterversorgt, die Konzentration belastet und weniger gelernt. Die Alternative zum passiven ist das aktive Lesen: Sie nehmen dabei den Lesestoff auf mehreren Lernwegen auf. Es wird mehr getan als nur gelesen. Wissenschaftliche Untersuchungen haben gezeigt, dass ein aktives Leseverhalten zu deutlich besseren Aufnahme-, Verarbeitungs- und Behaltensleistungen führt als das übliche passive Leseverhalten. Darüber hinaus wird auch Zeit gespart.

Zum aktiven Lesen gehören:

1. das Unterstreichen und Markieren wichtiger Textstellen
2. das Anbringen von Merk- und Arbeitszeichen
   Bringen Sie dort, wo Textstellen eine bestimmte Bedeutung haben, am Rand Zeichen oder Buchstaben an.
3. das systematische und schrittweise Herangehen an den Text mit der **5-Schritt-Methode**:

Schritt 1:
Überfliegen Sie den Text grob.
Sie verschaffen sich durch diagonales Lesen einen ersten Überblick über den Inhalt des Gesamttextes. Um eine gewisse Vorinformation zu bekommen, lesen Sie rasch – ohne Zeile für Zeile durchzugehen – Überschriften, Einleitungen und Zusammenfassungen. Dadurch wird eine spätere Einordnung der Informationen erleichtert.

Schritt 2:
Stellen Sie Fragen zum Text.
Grundlage sind die Informationen, die Sie im ersten Schritt gesammelt haben. Solche Fragen können sein:

- Welche Kapitel, Absätze, Begriffe sind unbekannt, unverständlich?
- Wo kann auf gründliches Lesen verzichtet werden?
- Wo kann auf Vorkenntnisse zurückgegriffen werden?
- Welche Informationsquellen müssen bereitgelegt werden?
- Können alte Aufzeichnungen verwendet werden?

Schritt 3:
Lesen Sie den Text gründlich und konzentriert.
Schritt 1 und 2 waren nur die Vorbereitung für das eigentliche Lesen, das dadurch jedoch aktiver, konzentrierter und mit dem Blick auf das Wesentliche erfolgt.

- Lesen Sie den Text Absatz für Absatz intensiv durch.

- Unterteilen Sie diese Lesephase in kleine Schritte.
  Überlegen Sie nach jedem Schritt, ob die an den Text gestellten Fragen hinreichend beantwortet sind.
- Schenken Sie Zeichnungen, Abbildungen, Tabellen besondere Aufmerksamkeit. Diese können zum besseren Verständnis des Textes beitragen.
- Werten Sie andere Informationsquellen aus, um unbekannte Fachausdrücke und Definitionen kennenzulernen.

Schritt 4:
Verkürzen Sie den Textinhalt auf das Wesentliche.
Durch Unterstreichen wichtiger Textstellen und das Anbringen von Merk- und Arbeitszeichen sollen Sie die wichtigsten Aussagen sichtbar machen. Dieser Schritt ist auch eine Art Selbstkontrolle. Sie überprüfen, ob Sie den eigentlichen Inhalt verstanden haben.

Schritt 5:
Wiederholen Sie den Gesamttext.
Ohne alles gründlich zu lesen, wiederholen Sie vor allem die unterstrichenen bzw. markierten Stellen. Optimal wäre es, wenn Sie die wichtigsten Aussagen in einer Struktur darzustellen versuchen.

Auch wenn Ihnen das aktive Lesen zunächst etwas zeitraubend und umständlich erscheint, werden Sie nach einiger Übung damit sicherlich merken, wie viel schneller und besser Sie sich den Lernstoff einprägen und behalten können.

1. Begründen Sie, warum der Klassenlehrer von Carolin Saager nicht nur Fachwissen vermittelt.
2. Geben Sie an, welche Methoden man im Praktikum, in einer Ausbildung und im Berufsleben beherrschen (lernen) sollte.
3. Führen Sie auf, welche Methoden Sie schon in der Schule angewendet haben.

INFORMATION

Anforderungen an Berufstätige

Nach Ihrer späteren Ausbildung werden Sie in ein Unternehmen eintreten. Dort werden in Zukunft folgende Anforderungen an Sie gestellt werden:

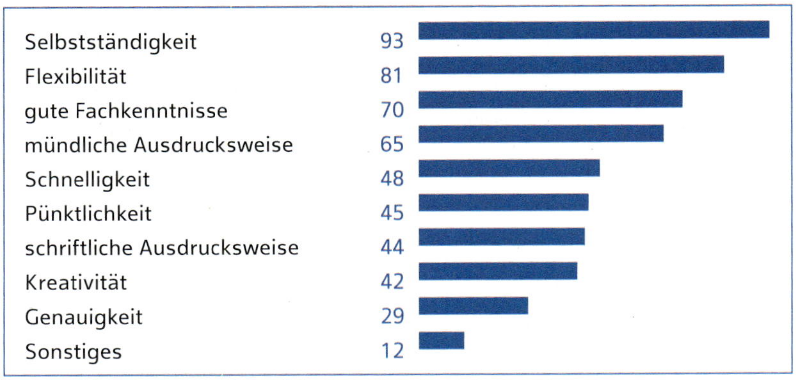

Qualifikationsprofil kaufmännischer Angestellter

Kaufmännischen Angestellten wurde die Frage gestellt: „Worauf kommt es bei Ihrer Arbeit an?“ Das Ergebnis dieser Umfrage (siehe Übersicht unten, Mehrfachnennungen waren möglich) macht deutlich, dass nicht mehr allein nur Fachkenntnisse (die im Laufe der Zeit durch neue Entwicklungen relativ rasch veralten) von Ihnen erwartet werden. Als immer wichtiger wird die Beherrschung von Schlüsselqualifikationen durch Beschäftigte angesehen.

- neue Technologien
- globale Wissensexpansion
- sinkende Halbwertszeit des Wissens
- rasanter Strukturwandel
- moderne Arbeitskonzepte
- veränderte Unternehmensstrategien
- globaler Wettbewerb
- internationale Wirtschaftsverflechtung
- stärkere Vernetzung aller Teilbereiche in den Betrieben
- veränderte gesellschaftliche und familiäre Lebenssituation

→ veränderte Arbeitssituationen

→ Zunahme der Bedeutung von Schlüsselqualifikationen

Schlüsselqualifikationen

Schlüsselqualifikationen				
Dimension I **Organisation und Ausführung der Übungsaufgabe**	**Dimension II** **Kommunikation und Kooperation**	**Dimension III** **Anwenden von Lerntechniken**	**Dimension IV** **Selbstständigkeit und Verantwortung**	**Dimension V** **Belastbarkeit**
Zielbereich				
Arbeitsplanung, Arbeitsausführung, Ergebniskontrolle	Verhalten in der Gruppe, Kontakt zu anderen, Teamarbeit, Gendersensibilität[1]	Lernverhalten, Auswerten und Weitergeben von Informationen	Eigen- und Mitverantwortung bei der Arbeit	Psychische und physische Beanspruchung

1 Unter Gendersensibilität versteht man die Fähigkeit, unterschiedliche Lebensbedingungen und Lebenssituationen der Geschlechter bewusst und systematisch wahrzunehmen, zu berücksichtigen und zu reflektieren.

Wesentliche Einzelqualifikationen				
• Zielstrebigkeit • Sorgfalt • Genauigkeit • Selbststeuerung • Selbstbewertung • systematisches Vorgehen • rationelles Arbeiten • Organisationsfähigkeit • flexibles Disponieren • Koordinationsfähigkeit	• schriftliche und mündliche Ausdrucksfähigkeit • Sachlichkeit in der Argumentation • Aufgeschlossenheit • Kooperationsfähigkeit • Einfühlungsvermögen • Integrationsfähigkeit • partnergerechtes Verhalten • soziale Verantwortung • Fairness	• Weiterbildungsbereitschaft • Einsatz von Lerntechniken • Verstehen und Umsetzen von Zeichnungen und Schaltplänen • Analogieschlüsse ziehen können • formallogisches Denken • Abstrahieren • vorausschauendes Denken • Transferfähigkeit • Denken in Systemen, z. B. in Funktionsblöcken • Umsetzen von theoretischen Grundlagen in praktisches Handeln • problemlösendes Denken • Kreativität	• Mitdenken • Zuverlässigkeit • Disziplin • Qualitätsbewusstsein • eigene Meinung vertreten • umsichtiges Handeln • Initiative • Entscheidungsfähigkeit • Selbstkritikfähigkeit • Erkennen eigener Defizite und Grenzen • Urteilsfähigkeit	• Konzentrationsfähigkeit • Ausdauer, z. B. bei Langzeitaufgaben, wiederkehrenden Aufgaben, Unterforderung und Schwierigkeiten • Vigilanz, d. h. Aufmerksamkeit bei abwechslungsarmen Beobachtungstätigkeiten • Frustrationstoleranz • Umstellungsfähigkeit

Schlüsselqualifikationen ermöglichen Ihnen eine umfassende Handlungsfähigkeit in Ihrem zukünftigen Beruf. Um die Arbeit in Ihrem späteren Berufsleben selbstständig planen, ausführen und kontrollieren zu können, sollten Sie also bereits frühzeitig – von konkreten Handlungssituationen ausgehend – die Möglichkeit haben, neben Fachkompetenz auch Methoden- und Sozialkompetenz zu erwerben. Sie sollten sich also mit den wichtigsten Lern-, Arbeits-, Gesprächs- und Kooperationstechniken vertraut machen. Dies soll Sie in die Lage versetzen, an die mehr oder weniger komplexen Arbeitsaufgaben, die in Ihrer beruflichen Zukunft auf Sie warten, routiniert und kompetent heranzugehen. Dies wird erfolgreich sein, wenn Sie die Bereitschaft mitbringen,

- neue Inhalte, aber auch neue Methoden kennenzulernen und offen und vorurteilsfrei an diese heranzugehen
- die Arbeitsaufträge (gemeinsam mit Ihren Mitschülern und Mitschülerinnen) selbstständig zu bearbeiten,
- selbst aktiv im Unterricht zu handeln (statt passiv eine Informationsvermittlung nur durch die Lehrkraft zu „erdulden“).

Zu den Schlüsselqualifikationen von Berufstätigen gehören u. a. sowohl die Methodenkompetenz als auch die Sozialkompetenz:

- **Methodenkompetenz** ist die Fähigkeit, Arbeitstechniken, Verfahrensweisen und Lernstrategien zur Lösung beruflicher oder privater Problemstellungen sachgerecht, situationsbezogen und zielgerichtet einzusetzen.

- Unter **Sozialkompetenz** versteht man die Summe der Fertigkeiten, die für die soziale Interaktion nützlich oder notwendig sind. Ein sozialkompetenter Arbeitnehmer kann das Verhalten und die Einstellungen anderer positiv beeinflussen.

Lerntypen

Wie man sich neue Inhalte und Fähigkeiten am besten aneignet, ist von Person zu Person unterschiedlich. Um für sich das erfolgreichste Lernverhalten zu finden, sollte man überprüfen, welchem Lerntyp man am ehesten entspricht, und dann sein Lernverhalten darauf anpassen. Das Modell der Lerntypen ist nicht absolut, sondern setzt Schwerpunkte. Es ist daher möglich, dass man sich selbst nicht nur einem, sondern mehreren Lerntypen zuordnen kann.

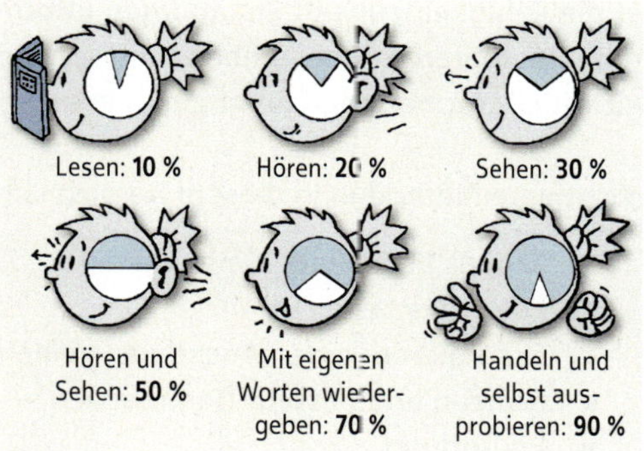

Je aktiver man beim Lernen vorgeht, desto größer ist der Lernerfolg.

Die Lerntypen unterscheiden sich darin, auf welche Art Lerninhalte am besten aufgenommen oder erarbeitet werden. Folgende Einteilung findet sich häufig:

- Der **auditive** Lerntyp bevorzugt es, Informationen durch Hören aufzunehmen.
- Der **visuelle** Lerntyp lernt am besten durch bildliche Veranschaulichungen und Visualisierungen.
- Der **haptische** Lerntyp „begreift" den Lernstoff im wahrsten Sinne des Wortes: Optimal gelernt wird im Rahmen einer aktiven Auseinandersetzung mit den Inhalten und nach dem Prinzip „Learning by doing".
- Der **intellektuelle** Lerntyp behält Wissen dann, wenn er dieses kritisch hinterfragt und durchdenkt.

Methodenkompetenz: Arbeitstechniken und Methoden

Um in der zukünftigen Arbeitswelt bestehen zu können, müssen Sie eine Vielzahl von Methoden beherrschen, mit denen Sie unterschiedliche Aufgaben z. B. im Betrieb optimal erfüllen können.

Strategien zum planvollen Lösen von Aufgaben

Komplexe Probleme können im Rahmen der Arbeit durch die systematische Anwendung von **Arbeitsstrategien** gelöst werden. Dieselben Techniken sind oft auch beim Lernen hilfreich. Solche **Lernstrategien** helfen bei der Aufnahme, Verarbeitung und Speicherung neuen Wissens.

Wenn ein Lernender ganz bewusst neues Wissen in bestehendes Vorwissen des Gedächtnisses einbindet, werden die neuen Lerninhalte besser verstanden und können später auch besser behalten und abgerufen werden. Eine solche Vorgehensweise wird auch **Elaborationsstrategie** genannt.

BEISPIEL

Gelerntes mit eigenen Worten wiedergeben

Hilfreich sowohl für das bessere Verstehen als auch das bessere Behalten von Lerninhalten sind zudem **Organisationsstrategien.** Dabei werden unübersichtliche und schwer zu lernende Informationen in leicht zu verstehende Strukturen umgewandelt.

BEISPIEL

Erarbeiten eines Themas mit einer Mindmap, die hilft, Beziehungen zwischen den neuen Lerninhalten herauszuarbeiten

Wir halten neben anderen die im Folgenden aufgeführten Arbeitstechniken und Methoden für so wichtig, dass sie Ihnen bereits in der Schule vermittelt werden sollten.

Methoden zur selbstständigen Informationsgewinnung
Eine der wichtigsten Schlüsselqualifikationen, die von Beschäftigten in Zukunft verlangt werden, ist die Fähigkeit zur selbstständigen Informationsgewinnung. In Ihrer Ausbildung, erst recht aber in Ihrem späteren Arbeitsleben, müssen Sie alle Methoden beherrschen, um rasch und sinnvoll an wichtige Informationen heranzukommen.

Wichtigste Methoden in diesem Bereich sind:

- aktives Lesen (vgl. Einstiegsfall)
- kritisches Lesen
- Exzerpieren (einen Auszug aus einem Text anfertigen)
- Notizen und Mitschriften machen
- Erkundung
- Interview/Sachverständigenbefragung

Methoden zur selbstständigen Informationsverarbeitung
Sowohl in der Schulpraxis als auch im Berufsleben müssen gewonnene Informationen verarbeitet werden. Sie müssen also alle Methoden beherrschen, um Informationen aufbereiten zu können. Diese Methoden befähigen Sie, Inhalte

- zu reduzieren,
- zu strukturieren,
- wiederzugeben,
- darzustellen.

Zu den wichtigsten Methoden in diesem Bereich zählen:

- Inhalte reduzieren und Wesentliches erkennen
- Informationen ordnen und strukturieren
- Bericht schreiben
- Protokoll schreiben
- Tabellen und Schaubilder erstellen und auswerten

Visualisieren, Präsentieren, Moderieren
In Ihrem späteren Berufsleben – aber auch schon jetzt in der Schule – werden Sie häufig gefordert sein, in bestimmten Situationen frei zu sprechen bzw. auch zu argumentieren. Manch einer hat jedoch Hemmungen, vor anderen Personen aufzutreten.

Partnerorientiertes Verhalten und die Fähigkeit, sich selbst mitzuteilen, werden im Berufsleben immer wichtiger. Dazu gehören auch die Bereitschaft und die Fähigkeit zur Teamarbeit. Diese Qualifikationen verlangen von Ihnen die Beherrschung von Methoden, die für eine gedeihliche Zusammenarbeit und Diskussion unabdingbar sind.

Hierfür geeignete Methoden sind:

- Präsentation
- Visualisierung
- Diskussion
- Rollenspiel

Innere und äußere Vorbereitung
Nicht optimale Lernbedingungen können den Lernprozess beträchtlich stören. Deshalb sollten Sie einmal genauer untersuchen, wie Ihre Lernumwelt aussieht und wie sie sich auf Ihr Lernverhalten auswirkt. Vielleicht müssen Sie als Konsequenz daraus einiges lernfördernder gestalten und ändern.

Wenn Sie sich innerlich auf eine bestimmte Arbeits- bzw. Lernsituation vorbereiten, werden Sie diese erfolgreich bestehen. Sie sollten also

- Ziele, die Sie anstreben, festlegen;
- versuchen, sich zu motivieren, die festgelegten Ziele zu erreichen;
- konzentriert an der Zielerreichung arbeiten;
- für die Zielerreichung störenden Stress abbauen.

Ideenfindung und Kreativität
Ein wichtiger Baustein zur Wettbewerbsfähigkeit und zum wirtschaftlichen Erfolg von Unternehmen sind Innovationen. Besondere Wertschätzung werden Beschäftigte erfahren, die eigene Ideen entwickeln und umsetzen können, aber auch an der Gestaltung ihrer Arbeitsplätze mitwirken können. Deshalb fordern die Unternehmen in vielen Berufen Kreativität als Bestandteil des Qualifikationsprofils ein. Es ist für Sie daher sinnvoll, sich Methoden anzueignen, die Ihr kreatives Potenzial steigern: Einfallsreichtum, Improvisationsfähigkeit und schöpferische Fähigkeiten werden im Beruf eine immer wichtigere Rolle spielen. Dazu können solche Methoden führen wie z. B.:

- Brainstorming
- Mindmapping
- Kartenabfrage

Lernen für Prüfungen
Die Unternehmen sind in der Wirtschaft einem ständigen Veränderungsprozess ausgesetzt. Neue Entwicklungen, Positionen, Herausforderungen und Ansprüche, die man an Sie stellt, werden Sie dazu zwingen, sich neue Inhalte anzueignen. Mit der Schule hört das Lernen also nicht auf, sondern es fängt erst richtig an: Jeder Berufstätige muss heute während seiner Berufslaufbahn häufig Weiterbildungsmaßnahmen besuchen. Nur so kann er den Entwicklungen an seinem Arbeitsplatz oder an neuen Arbeitsplätzen folgen oder ihnen voranschreiten.

Deshalb ist es für Sie entscheidend, über geeignete Strategien zu verfügen, um

- Inhalte effektiv zu üben und zu wiederholen,
- sich auf Prüfungen angemessen vorzubereiten,
- selbstständig und ohne Druck zu lernen.

Exemplarische Erläuterung einiger Methoden

Gruppenarbeit

MERKSATZ

Die wichtigsten Regeln der Gruppenarbeit

- Jeder fasst sich kurz.
- Es redet immer nur eine Person.
- Alle sind für das Gruppenergebnis mitverantwortlich.
- Jeder arbeitet mit.
- An der Ergebnispräsentation sollten möglichst alle Gruppenmitglieder teilnehmen oder diese zumindest gemeinsam vorbereiten und dann einen Sprecher wählen.
- Über den „richtigen" Weg wird diskutiert.
- Diskussionsbeiträge dürfen nicht persönlich verletzend sein.
- Jedes Gruppenmitglied darf sich frei äußern und ausreden. Alle Meinungen werden gegenseitig akzeptiert.
- Fühlt sich jemand unwohl, sagt er es sofort.
- Vereinbarte Termine werden eingehalten.
- Jeder ist gegenüber der Gruppe für übernommene Aufgaben verantwortlich.

Die ideale Gruppengröße liegt bei vier bis sechs Teilnehmenden. Bilden Sie die Gruppen selbst nach Sympathie. Nur bei Problemen bitten Sie die Lehrkraft um ihr Eingreifen.

Die Gruppen sollen selbstständig arbeiten: Die Gruppenmitglieder planen selbst die Herangehensweise an die jeweiligen Handlungsanweisungen oder Arbeitsaufträge, deren Lösung bzw. Durchführung und die sich eventuell anschließende Präsentation. Dabei kann die Gruppe entscheiden, Teilaufgaben in Einzel- oder Partnerarbeit durchzuführen, die Ergebnisse sollten zu einem gemeinsamen Endergebnis zusammengeführt werden.

Um eine effektive Gruppenarbeit zu fördern, ist die Verteilung von Rollen in den Gruppen sinnvoll. Für die Gruppenarbeit werden grundsätzlich die folgenden fünf Rollen vergeben:

Die Zeitnehmerin/ der Zeitnehmer

achtet darauf, dass die vereinbarte Zeit eingehalten wird. Sie/er erinnert, wenn die Gefahr besteht, dass die Zeit „davonläuft“.

Die Gesprächsleiterin/ der Gesprächsleiter

ist Vorsitzende/-r der Gruppe, verteilt die Rollen in der Gruppe, eröffnet das Thema und leitet das Gespräch.

Die Wadenbeißerin/ der Wadenbeißer

achtet darauf, dass abgesprochene Regeln eingehalten werden, z. B.:

- Es redet immer nur eine Person.
- Wir bleiben beim Thema.
- Sprecht per „ich“, nicht per „man“.

Die Protokollführerin/der Protokollführer

schreibt die Ergebnisse der Gruppenarbeit auf.

Die Präsentierende/ der Präsentierende

trägt die Ergebnisse der Gruppenarbeit vor der Klasse vor.

Die folgenden Rollen können bei umfangreichen Gruppenarbeiten und größeren Gruppen zusätzlich vergeben werden:

Die Gastgeberin/ der Gastgeber

sorgt für eine gute Atmosphäre:

- lüftet den Raum
- regelt die Temperatur
- gestaltet die Sitzordnung
- ...

Die Logbuchführerin/ der Logbuchführer

schreibt Fragen und/oder Anmerkungen auf, die im Anschluss an die Gruppenarbeit im Plenum geklärt werden müssen.

Referat

Die Vorbereitung und Durchführung eines Referats erfolgt in verschiedenen Phasen:

- **Information**
  Zunächst einmal müssen Sie sich zum Thema des Referats kundig machen. Mögliche Informationsquellen können Bücher, Lexika, Zeitschriften, das Internet oder Experten sein.
- **Erarbeitung**
  Wählen Sie die wesentlichen Informationen aus, ordnen Sie diese und erstellen Sie anschließend eine Gliederung. Dann formulieren Sie das Referat aus. Legen Sie parallel einen Stichwortzettel für den Vortrag an. Überlegen Sie, ob Sie ein Handout an die Anwesenden verteilen wollen.
- **Vortrag**
  Beachten Sie die Regeln der Präsentation und nutzen Sie nach Möglichkeit Medien zur Visualisierung (s. u.). Tragen Sie frei vor in Form kurzer Sätze.
- **Auswertung**
  Regen Sie nach dem Vortrag eine Diskussion an oder fordern Sie das Publikum auf, Fragen zu stellen.

Präsentation

Beginnen Sie eine Präsentation pünktlich und halten Sie die eventuell vereinbarte Zeit ein. Sprechen Sie laut, aber mit einem normalen Sprechtempo. Machen Sie Pausen und unterstreichen Sie Inhalte durch Gestik. Halten Sie immer Blickkontakt zum Publikum. Visualisieren Sie wichtige Inhalte durch Medien.

Checkliste zur Vorbereitung einer Präsentation
Zu Hause
• Endversion der Präsentation auf den USB-Stick kopieren (Sicherheitskopie per E-Mail an mich selbst) • Handout ausdrucken • Moderationskarten einpacken
In der Schule
• Stifte für die Folien und die Poster im Sekretariat besorgen • Poster zuschneiden und Handouts kopieren • Beamer vom Hausmeister holen
Im Raum
• Sitzordnung vorbereiten und ggf. Stühle aus dem Nachbarraum holen • Tafel reinigen • Fenster verdunkeln • Technik-Check bei ausgeklappter Tafel und Beamer- bzw. OHP-Projektion machen und Medienkonkurrenz ausschließen • Kopien, Handouts, Moderationskarten, Poster, Stifte usw. verteilen bzw. bereitlegen

Beachten sollten Sie, dass eine Präsentation in der Regel einen typischen Aufbau hat. Sie setzt sich fast immer aus drei Teilen zusammen:

- **Einleitung**
  Nach einer eventuellen Begrüßung und Vorstellung des Präsentierenden sollte über Thema, Ziel, Inhalte und Ablauf der Präsentation informiert werden.
- **Hauptteil**
  Die Inhalte des Vortrags werden dargestellt: Beispielsweise können die Ergebnisse einer Projektarbeit in zeitlicher oder sachlogischer Reihenfolge präsentiert werden.

- **Schluss**
  Die wichtigsten Aussagen werden zusammengefasst und häufig wird aus ihnen ein Fazit gezogen. Auch zu einer folgenden Diskussion kann aufgefordert werden.

Ablauf einer Präsentation		
Schritte der Präsentation	**Inhalte**	**Zeitanteil**
Einleitung	• Begrüßung: Der erste Eindruck zählt! Es gibt nur eine Chance, einen guten ersten Eindruck zu hinterlassen, und zwar an dieser Stelle! • Thema vorstellen • Inhalt und mögliche Eingrenzungen der Thematik erläutern • Ablauf kurz skizzieren und für das Publikum dauerhaft sichtbar im Raum anbringen („roter Faden")	ca. 15 %
Hauptteil	• Gliederung der Inhalte • logischer, an die Gliederung angelehnter Aufbau der Präsentation und der Argumentation • Rückbezug auf die Gliederung, um dem Publikum zu verdeutlichen, an welchem Punkt der Präsentation man sich befindet („roter Faden") • Visualisierung der Inhalte/Medieneinsatz • Interaktion mit dem Publikum (Verständnis sicherstellen, bei Bedarf Rückfragen zulassen)	ca. 75 %
Schluss	• Zusammenfassung/Fazit (nach Möglichkeit nicht nur mündlich, sondern auch visuell) • ggf. Publikumsfragen und Diskussion	ca. 10 %

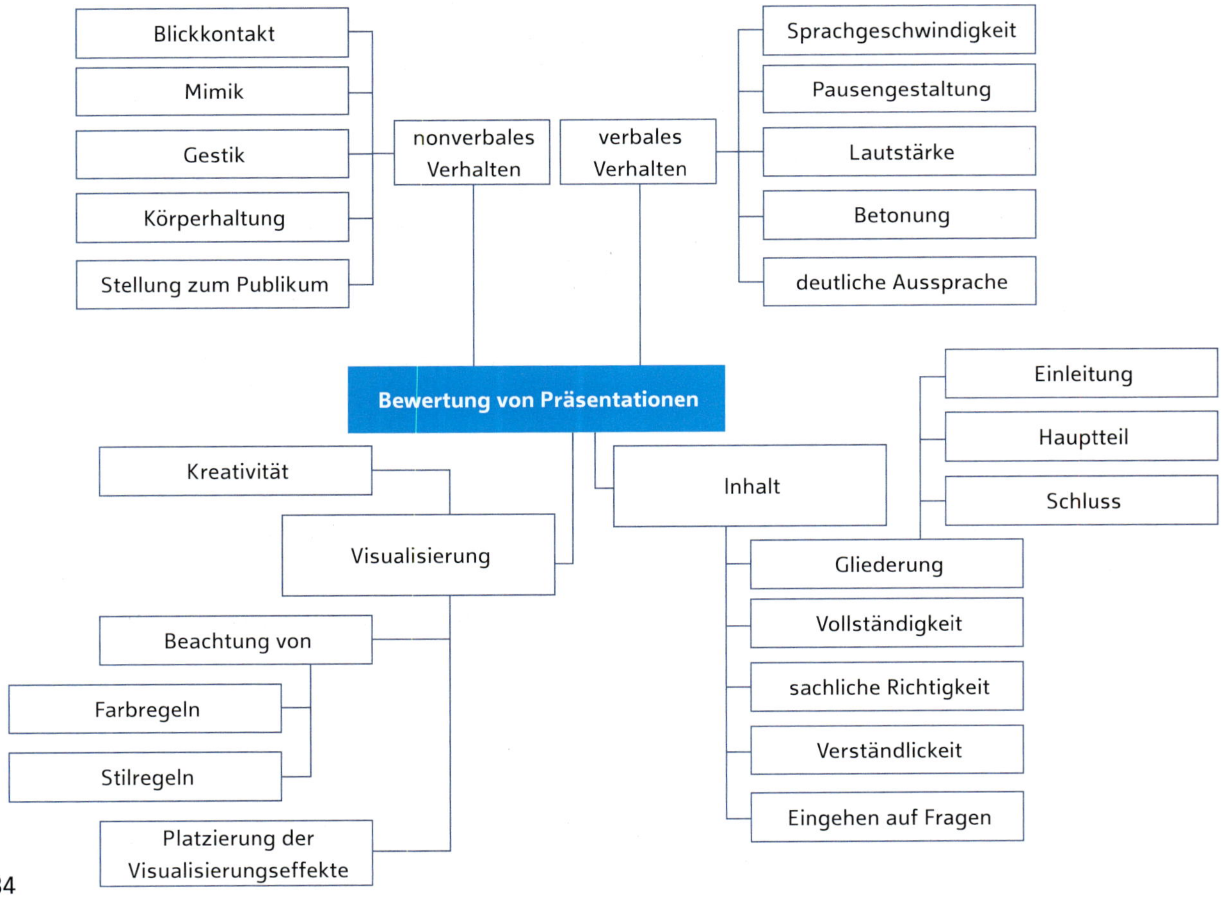

Visualisierung

Für die Visualisierung gilt:

- Stellen Sie nur Wesentliches prägnant dar.
- Die Inhalte müssen für die Zuhörer leicht erkennbar und lesbar sein.
- Gliedern Sie deutlich.
- Zeigen Sie nicht mit dem Finger auf Sachverhalte, sondern mit Stift, Zeigestock oder Laserpointer.

Beispiel einer Visualisierung

Überschrift
- markant
- zum Lesen animieren
- hervorheben durch:
  - Farbe
  - Größe
  - Schriftart
  - Rahmen

Text
- nur Wesentliches gliedern
- saubere Schrift
- einfache Sätze
- evtl. Hervorhebungen

Grafik

Veranschaulichung und Hervorhebung durch:
- Bilder
- Symbole
- Diagramme

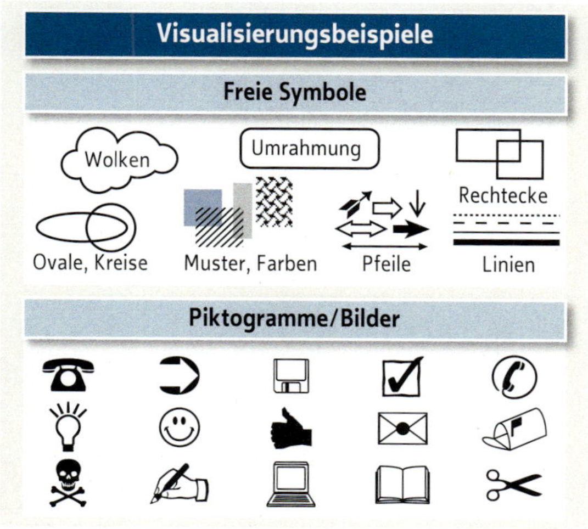

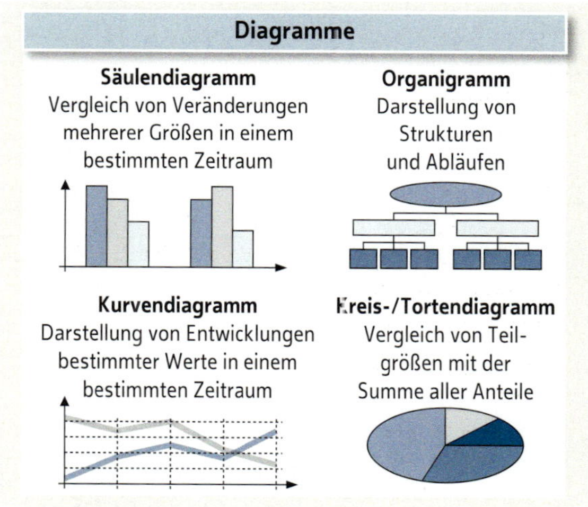

Mindmap

Das Mindmapping ist eine Arbeitstechnik, Notizen und Gedanken, Gespräche und Ideen auf einfache Weise aufzuschreiben.

Die Einsatzfelder, Vorteile und Vorgehensweise dieser Arbeitstechnik sind hier direkt einmal in einer übersichtlichen Mindmap (wörtlich übersetzt: Gedankenlandkarte) zusammengefasst:

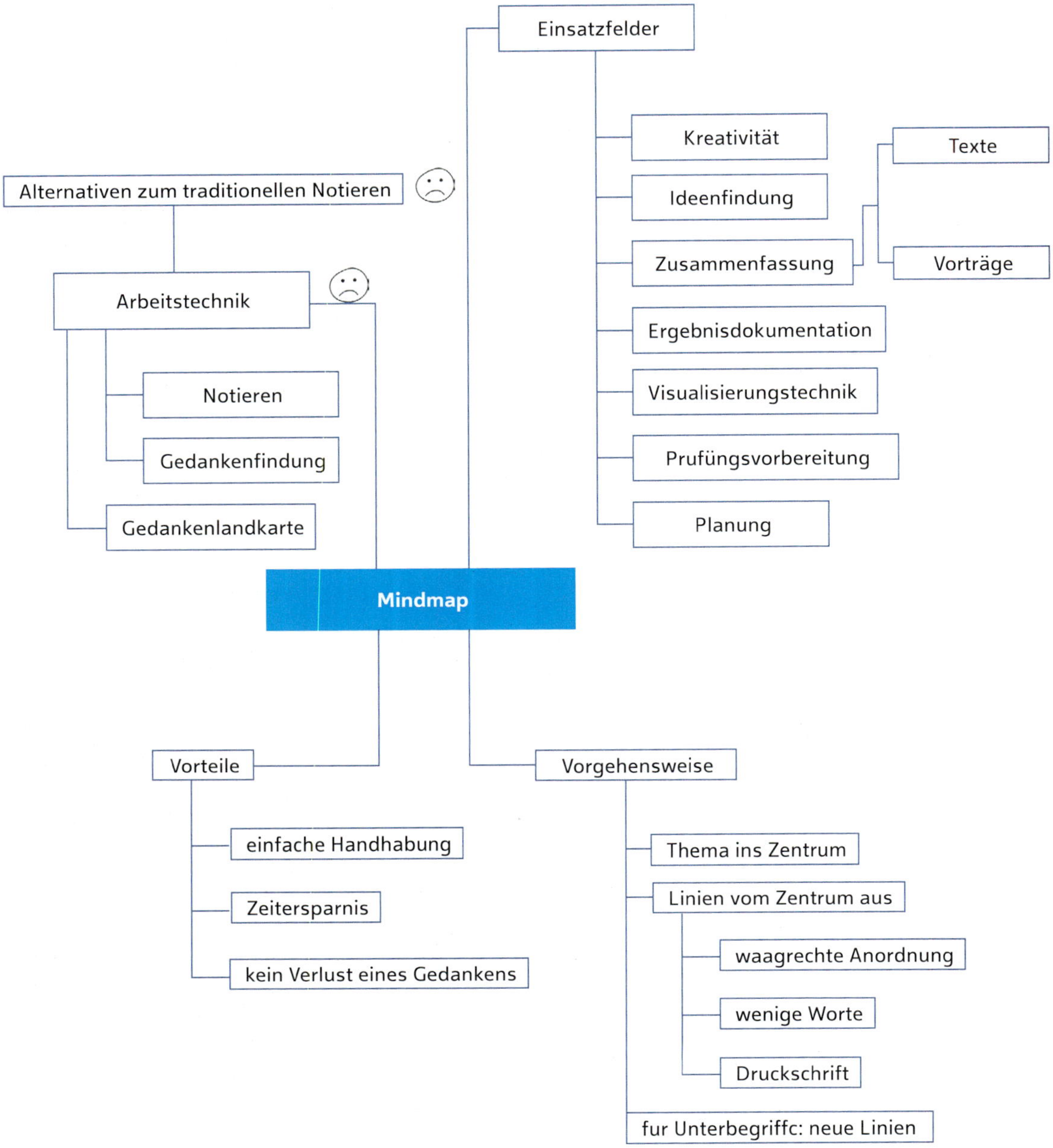

Kartenabfrage

Mit einer Kartenabfrage sollen alle Mitglieder einer Gruppe (z. B. Klasse, Arbeitsgruppe, Projektteam) an der Lösung eines Problems beteiligt werden, indem möglichst viele Lösungsvorschläge erfasst werden. Die folgenden Regeln sind zu beachten:

- Notieren Sie die Ausgangs- oder Leitfrage an einer Pinnwand oder Tafel.
- Schreiben Sie Ihre Antworten in Druckbuchstaben mit möglichst wenig Worten auf die zur Verfügung gestellten Karten. Formulieren Sie nur eine Aussage auf einer Karte.
- Die Karten werden eingesammelt, vorgelesen und an der Pinnwand bzw. Tafel mit der Ausgangsfrage befestigt.
- Die Karten werden in gemeinsamer Diskussion nach akzeptierten Merkmalen – zu denen Oberbegriffe gefunden werden – in Gruppen zusammengefasst. Diesen Vorgang nennt man Clustern.

- Anschließend erfolgt eine Diskussion der einzelnen Lösungsansätze.
- Falls sehr viele Äußerungen vorhanden sind, bietet sich eine Punktabfrage an, um die Wertigkeit der Meinungen festzulegen. Jeder Teilnehmer erhält dann drei bis fünf Klebepunkte und darf diese auf die für ihn wichtigsten Cluster oder Karten kleben.

Brainstorming

Das Brainstorming (frei übersetzt: Gehirnsturm) ist ein Verfahren zur Problemlösung und zur Ideenfindung: In einer Gruppe wird versucht, zu einer vorher festgelegten Fragestellung möglichst kreative Antworten zu erhalten. Dabei gelten folgende Regeln:

- Jede Idee ist erwünscht und sei sie noch so ausgefallen.
- Die geäußerten Ideen können aufgegriffen und abgeändert werden.
- Eine Bewertung und Kritik der Beiträge ist nicht zugelassen, um den Ideenfluss nicht einzuschränken.
- Die Ideen müssen festgehalten werden.
- Im Nachhinein erfolgt eine Auswertung im Rahmen einer Diskussion durch Beurteilung.

Kopfstandmethode

Diese Methode führt nicht immer zu völlig neuen Lösungen, hilft aber in der Regel, Denkblockaden aufzubrechen. Dabei wird eine interessierende Problemstellung in ihr Gegenteil verkehrt und anschließend ein Brainstorming durchgeführt. Zu jeder genannten Idee wird eine Gegenlösung gesucht, die zur Lösungsfindung führen soll.

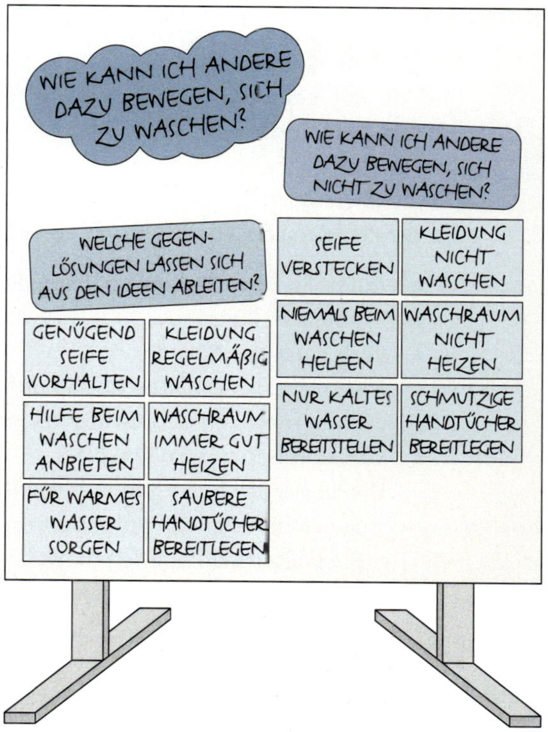

Pro-Kontra-Diskussion

In einer Pro-Kontra-Diskussion treffen unterschiedliche Meinungen zu einem bestimmten Thema aufeinander. Die Diskussionsteilnehmer versuchen, die anderen Beteiligten oder ein zuhörendes Publikum zu überzeugen.

Es ist empfehlenswert, einen Diskussionsleiter bzw. Moderator zu wählen, der auf die Einhaltung der Regeln achtet, die Diskussion an- und abmoderiert sowie für einen ordnungsgemäßen Ablauf sorgt.

Als Diskussionsteilnehmer sollten Sie auf folgende Punkte achten:

- Tragen Sie Ihre Meinung eindeutig und begründet vor.
- Setzen Sie sich mit den Meinungen der Gegenseite argumentativ auseinander.
- Vermeiden Sie nach Möglichkeit Killerphrasen oder andere rhetorische Tricks.

Rollenspiel

Mit einem Rollenspiel können Sie ein als vorteilhaft oder konstruktiv empfundenes Verhalten einüben (was erheblich effizienter ist, als über das gewünschte Verhalten nur zu sprechen). Durch die spielerische Ausgestaltung eines Problems kann das Problem häufig simulierend gelöst werden. Sie versetzen sich, ausgehend von einem vorgegebenen Fall, in die Rolle einer Person. Gelernt wird sowohl durch das direkte Erleben als auch durch die Rückmeldungen der vielen Beobachter.

> **BEISPIEL**
>
> Eine Schülerin spielt eine verärgerte Kundin, die wütend eine Reklamation vorbringt, ein anderer Schüler übt, sich trotz arger Angriffe der Kundin freundlich und kundenorientiert zu verhalten. In einer der Realität angenäherten Situation wird ein Vorgang bzw. Verhalten beliebig oft wiederholbar und analysierbar gemacht. Die Handelnden werden von den Beobachtern mit zusätzlichen Tipps zur Verhaltensverbesserung versehen. Eine Wiederholung macht eine systematische Veränderung in Details möglich.

Gerade auch die Beobachtenden lernen richtiges Verhalten. Beobachtet man gezielt gelungenes oder nicht erfolgreiches Handeln – und wertet diese Beobachtungen bewusst aus –, wird sich dies mit Sicherheit positiv in eigenen Handlungssituationen in der Praxis auswirken.

Die Vorteile davon, Handlungen in Rollenspielen zu üben, werden noch verstärkt, wenn man sie mithilfe der Videotechnik aufzeichnet: Das Anschauen der Videoaufzeichnung ermöglicht noch größere Selbsterfahrung.

Durchführung

Für die erfolgreiche Durchführung eines Rollenspiels sollten folgende Phasen eingehalten werden:

- Aufstellen und Bekanntmachen der Spielregeln
- Problemstellung
- Verteilung der Rollen
  Die Spielenden erhalten häufig auf Rollenkarten eine Vorgabe der Rolle, die Nichtmitspielenden übernehmen Beobachtungsaufgaben.
- Vorbereitung des Rollenspiels
  Die Spielenden besorgen sich wichtige Sachinformationen und denken sich in ihre Rolle ein:
  - Sie sollten sich die Vorgaben zum Rollenspiel genau anschauen.
  - Sie sollten sich überlegen, was sie an Informationen benötigen.
  - Sie sollten sich ihr Vorgehen überlegen.

  > **BEISPIEL**
  >
  > - Wie könnten sich die Mitspieler im gemeinsamen Rollenspiel verhalten?
  > - Wie könnte auf mögliches Verhalten der Mitspieler reagiert werden?

  Auch die Beobachtenden bereiten sich auf ihre Aufgabe vor:
  - Welche Person soll beobachtet werden?
  - Auf welches Verhalten soll geachtet werden?
- Spielphase
- Reflexionsphase

Reflexion
Nach dem Spiel wird die Konfliktsituation bewusst gemacht und analysiert. Spielende und Beobachtende werden nach ihren Eindrücken gefragt.

- Zunächst drücken die Rollenspielteilnehmer ihre Empfindungen und Gedanken aus.
- Die Beobachter geben dann Rückmeldungen anhand ihrer Aufzeichnungen ab. Dabei haben die Rollenspieler Gelegenheit zu Rückfragen an die Beobachter.
- In jedem Fall muss beachtet werden, dass die gespielten Rollen beurteilt werden, nicht die spielenden Personen! Das Klima in der Klasse muss vertrauensvoll sein.
- Kritik sollte aufbauend und konstruktiv sein, genauso sollte auf Lobhudeleien verzichtet werden. Wichtig sind also aufbauende, wohlwollende, positive Empfehlungen.

Nach der Reflexionsphase ist das Rollenspiel beendet. Die spielenden Personen werden aus den Rollen entlassen.

Erkundung (Exkursion)
Eine Erkundung bietet Ihnen die Chance, anschauliche Informationen direkt vor Ort (und nicht in der abgeschlossenen Lernumwelt Schule) aus erster Hand zu erhalten. Sie wird für Sie und die besuchte Institution erfolgreich sein, wenn Sie sich auf die Gastinstitution vorbereiten.

- Formulieren Sie das Ziel Ihrer Erkundung.
- Überlegen Sie sich die wichtigsten Fragen.
- Führen Sie eventuell ein Vorbereitungsgespräch.
- Klären Sie die organisatorischen Rahmenbedingungen wie Treffpunkt, Uhrzeit, Wegbeschreibung rechtzeitig und genau ab.
- Informieren Sie alle Beteiligten rechtzeitig über die getroffenen organisatorischen Verabredungen.

Interview/Sachverständigenbefragung
Interviews bzw. Sachverständigenbefragung sind besondere Formen der Informationsbeschaffung, die häufig auch in Zusammenhang mit Exkursionen durchgeführt werden.

- Bereiten Sie sich gründlich auf das zu behandelnde Thema, aber auch auf den Interviewpartner vor. Besorgen Sie sich dazu alle verfügbaren Informationen.
- Halten Sie alle Fragen, die Sie stellen wollen, schriftlich fest. Klären Sie den Einstieg in das Gespräch.
- Versuchen Sie, Ihr Interview abwechslungsreich zu gestalten. Dazu können Sie beispielsweise unterschiedliche Fragearten wie offene oder geschlossene Fragen verwenden.

Wandzeitung
Eine Wandzeitung ist ein großes Plakat, auf dem in übersichtlicher Form Informationen und Meinungen zu einem Thema dargestellt werden. Wandzeitungen werden in Gruppen oder durch die Zusammenarbeit aller Schülerinnen und Schüler erstellt. Die Informationen können dann leicht in dieser Form anderen Schülern/der Öffentlichkeit zugänglich gemacht werden.

Hauptvorteil eines Plakats ist es, die Ergebnisse des Lernprozesses zusammengefasst und übersichtlich wiederzugeben. Des Weiteren stehen im Mittelpunkt die erarbeiteten zentralen Aspekte, die durch das Plakat zum Nachdenken und zu einer eigenen Meinungsbildung angeregt werden. Außerdem wird durch die Gestaltung die kreativ-gestalterische Kompetenz gefördert. Speziell wird die Fähigkeit geschult, komplexe Themenzusammenhänge auf das Wesentliche zu reduzieren.

Wer die Aussagen der Wandzeitung betrachtet, muss diese schnell erfassen können, sonst verliert er evtl. das Interesse und wendet sich anderen Dingen zu. Wichtig ist:

- die Wandzeitung nicht überladen
- die Überschrift des Plakats groß und deutlich schreiben, damit man sofort erkennt, um welches Thema es sich handelt
- das Oberthema in Abschnitte unterteilen; gleiche Inhalte dazu unter einer Zwischenüberschrift zusammenfassen
- Überschriften und Bildern Raum lassen, damit sie wirken können: Weniger sagt oft mehr.
- Überschriften und Schlagzeilen griffig und einprägsam formulieren
- sich kurz fassen und nur wenig Text schreiben: Kurze Sätze lassen sich leicht lesen und prägen sich besser ein.
- wichtige Informationen hervorheben, damit sie vom Betrachter schnell erfasst werden können, z. B. durch Farbe, Schriftgröße, Schriftart
- Schriftgröße so wählen, dass sie auch aus größerer Entfernung klar lesbar ist, und je nach Wichtigkeit der Aussage abstufen
- Farben und Symbole so einsetzen, dass sie inhaltlich immer die gleiche Bedeutung haben
- Bilder zur Visualisierung einsetzen; allerdings sparsam und daher besonderen Wert auf die Eindeutigkeit der Bilder legen
- eventuell eigene Zeichnungen erstellen, um eine Thematik besser zu verdeutlichen

Strukturieren von Arbeitsprozessen und Kontrollieren von Arbeitsergebnissen mithilfe von Listen

Eine in vielen Fällen sehr hilfreiche Methode zur Erleichterung von Arbeitsprozessen ist das Anfertigen von Listen. Mit ihnen bekommt man einen Überblick über die Teilelemente eines Arbeitsprozesses (bzw. einer Sache). Eine sehr bekannte Art von Listen ist die **Checkliste:** In dieser werden Tätigkeiten (bzw. Merkmale), die einen Arbeitsprozess (bzw. eine Sache) ausmachen, schriftlich aufgeführt. Mit Checklisten können Arbeitsprozesse sowohl im Vorhinein beschrieben als auch während der Durchführung dokumentiert werden. Ziel der Arbeit mit einer Checkliste ist es, keinen Einzelaspekt zu übergehen oder zu vergessen.

Ein Beispiel für eine Checkliste ist die **To-do-Liste:** In dieser Liste hält man zu erledigende Tätigkeiten oder Aufgaben schriftlich fest. Das Erstellen einer To-do-Liste ist durch das Finden einer Struktur einerseits der erste Schritt zur erfolgreichen Organisation eines Arbeitsablaufs. Andererseits kann damit später gut kontrolliert werden, was im Rahmen des geplanten Arbeitsprozesses schon erledigt wurde.

Exzerpieren

Wenn Sie Literatur für Referate und Prüfungen auswerten müssen, ist es ratsam, wesentliche Inhalte herauszuschreiben. Diesen Vorgang nennt man Exzerpieren (wortwörtlich: herausziehen).

Ihr Gedächtnis kann nicht alles speichern. Sie brauchen Exzerpte als „externe Speicher", auf die bei Bedarf – z. B. bei Prüfungsvorbereitung oder Referaten – zurückgegriffen werden kann. Exzerpte sind Mittel zum Zweck wirksamer Arbeit. Sie stellen nicht nur eine aktuelle Arbeitserleichterung dar, sondern dienen einem besseren Lernen und bilden oft die Grundlage für eigene Aussagen.

Die Gedankenarbeit (das geistige Speichern) beginnt schon in der Anlage des Exzerpts. Vollen Nutzen bringt aber erst der spätere Rückgriff auf die Auszüge.

Folgende Punkte sollten Sie bei der Anfertigung von Exzerpten beachten:

- Für das Exzerpieren sollten Sie entweder Blätter im A4-Format oder Karteikarten im A5-Format verwenden.
- Um später möglichst rasch wieder auf Informationen zurückgreifen zu können, tragen Sie am Kopf des Blattes bzw. der Karte einen Oberbegriff bzw. einen Unterbegriff als Suchstichwort ein.

  In die Mitte kommen die exzerpierten Informationen.

  Unten sollten Sie die vollständigen Angaben der Informationsquelle (also Verfasser, Titel, Erscheinungsort und -jahr sowie die Seitenzahl) notieren.
- Das Exzerpt kann sowohl wörtliche Zitate als auch eigene Worte enthalten. Wichtig ist, dass Sie dabei sparsam vorgehen, sonst läuft das Exzerpieren nicht auf ein sinnvolles Verkürzen der Textinformationen, sondern auf ein gedankenloses Abschreiben hinaus.
- Bemühen Sie sich ständig um Inhaltskomprimierung (= Zusammenfassung und Verdichtung). Dadurch werden schon große Teile des Stoffes erlernt.
- Sortieren Sie die Excerpte in Ordner beziehungsweise Karteikästchen entsprechend den Oberbegriffen ein.
- Je systematischer Sie diese Regeln handhaben, desto leichter haben Sie es bei der weiteren Verwendung der Informationen.

Reischmann, J: Leichter lernen - leicht gemacht,
Bad Heilbrunn 1991

Exzerpt = kurzer schriftlicher Auszug aus Buch oder Zeitschrift.

Wann exzerpieren?
- Wichtiger Inhalt in nicht eigenem Buch
- Merk- und Strukturierungshilfe
- Knappe, übersichtliche Wiedergabe in Veranstaltungen o. Ä.

Aber: Lohnst sich der Aufwand? => evtl. bearbeitete Fotokopie besser

Wie exzerpieren?
- Umfang abhängig vom Zweck
- Nur Stichworte
- Strukturiert: z.B
  - Einrücken
  - Unterstreichen
  - GROSSBUCHSTABEN
- „Kennzeichnen Sie..... Zitate",
- Eigene Kommentare trennen.

Buch erklärt sehr gut

Notizen und Mitschriften machen

Das Erfassen der wesentlichen Punkte einer mündlichen Information stellt für viele ein Problem dar. Richtiges, gut überlegtes Mitschreiben ist für das Lernen in der Schule, aber auch in der Arbeitswelt eine bedeutsame Hilfe.

Das Mitschreiben bzw. Notieren hat grundsätzlich folgende Vorteile:

- Das Mitschreiben erhöht Aufmerksamkeit und Konzentration.
- Das Notieren entlastet das Gedächtnis, da man sich nicht alles merken muss.
- Durch den Versuch, beim Mitschreiben das Gehörte gleichzeitig zu strukturieren, wird das Lernen erleichtert.
- Beim Mitschreiben lernt man Unwesentliches von Wesentlichem zu unterscheiden.

Beim Notieren und Mitschreiben sollten Sie folgende Regeln beachten:

- Achten Sie auf die Zielangabe des Vortragenden bzw. der Lehrkraft zu Beginn der Unterrichtsstunde.
- Halten Sie (ausgehend evtl. von einer Zusammenfassung des Vortragenden am Anfang oder Schluss) den Haupt- und Untertitel und die wichtigsten Aussagen und Schlussfolgerungen fest.
- Verzichten Sie auf wörtliches Mitschreiben. Beschränken Sie sich auf die wichtigsten Inhalte.
- Wählen Sie Einzelwörter, Kurzsätze, schlagwortartige Ausdrücke.
- Wörter, die später beim Lesen ohne Schwierigkeiten rekonstruiert werden können, bleiben selbstverständlich weg.
- Heben Sie wichtige Aussagen durch Unterstreichungen hervor.
- Benutzen Sie lose Blätter und Ordner, die eine flexible Zusammenstellung ermöglichen.

  Versehen Sie sofort die losen Blätter mit Datum, Thema und einer fortlaufenden Nummerierung, um sie später besser in Zusammenhang bringen zu können.

- Gehen Sie beim Notieren von einer Dreiteilung der Blätter aus. Wissenschaftliche Untersuchungen haben gezeigt, dass diese Vorgehensweise die besten Ergebnisse erzielt hat:
  - Raum I nimmt die Notizen während des Vortrags auf.
  - Raum II enthält Platz für Schlagwörter oder Untertitel, die im Nachhinein Aussagen zur Gliederung zulassen.
  - Raum III wird für die Aufnahme offener Fragen, eigener Gedanken oder Querverweise verwendet.
- So schnell wie möglich sollten Sie Ihre Notizen durchsehen und überarbeiten. Ihre Erinnerung ist dann noch frisch.

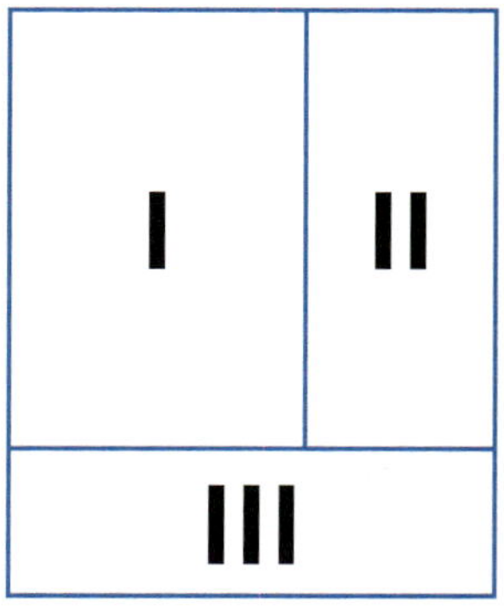

Warum mitschreiben?
- aktive Auseinandersetzung
- leichtere Konzentration
- Durcharbeiten und Wiederholen
- mehrere Sinne
- erleichtert Überblick
- entlastet das Gedächtnis

Mitschreiben = verarbeiten
(nicht: abschreiben)

Was schreibt man mit?
1. Grundaussagen
2. Stützargumente dazu
3. Zahlen, Daten, Fakten
4. evtl. Kommentare
   Erleichterung:
   Vorher informieren (Lehrbuch),
   keine Geschichten mitschreiben,
   Regieanweisungen beachten.

Wie schreibt man mit?
Einzelblätter kariert A4

Schreibwerkzeug!

Blatteinteilung:
1. Schlagwörter, Anmerkungen, Nummerierung,
2. Inhalt
3. Kommentar

Gliedern:
Überschriften,
Leerzeilen,
Einrücken,
Unterstreichen,
Abkürzungen

„Luftig" schreiben
(zum später Einflicken)

Überarbeitung: Zu Hause lesen, durchstrukturieren, evtl. ergänzen

Ablegen: ein oder mehrere Ordner

Mitschrift eines Vortrags über Notizen und Mitschriften

Was bleibt von einem interessanten Vortrag? Damit es nicht nur bei vagen Erinnerungen bleibt, sollte man durch effizientes Mitschreiben einen großen Nutzen aus den Vorträgen ziehen.

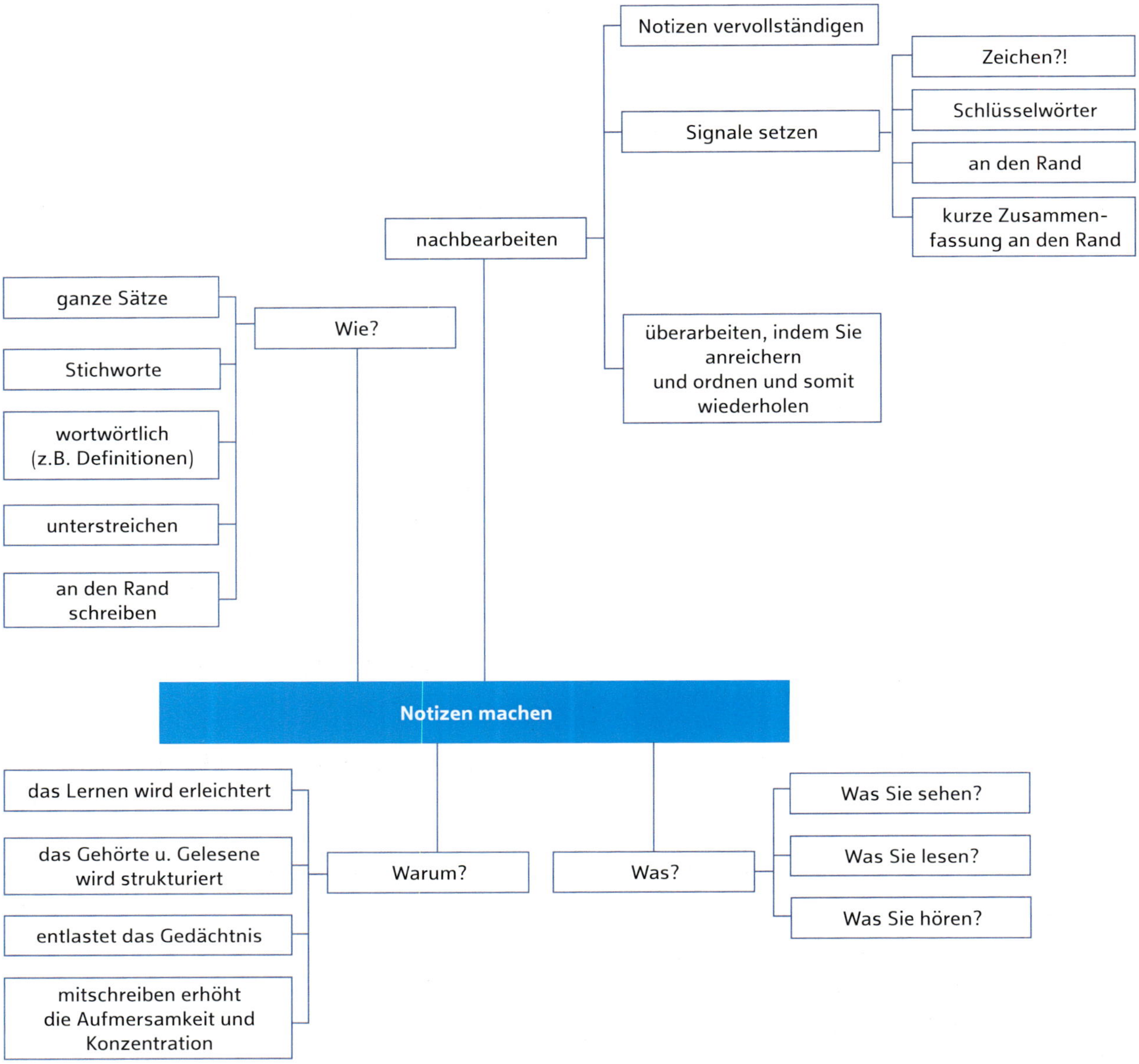

Mindmap zum Notizenmachen

Bericht schreiben
Berichte dienen dazu, Empfänger sachlich über Ereignisse, abgeschlossene Handlungen und Vorgänge zu informieren. Da diese Vorgänge bzw. Ereignisse bereits geschehen sind, wird darüber in der Vergangenheitsform berichtet. Meist werden die Aussagen in indirekter Rede wiedergegeben. Die Schreibhaltung beim Erstellen der Berichte sollte ohne eigene Meinung bzw. persönliche Stellungnahme bleiben.

Ereignisberichte können mithilfe folgender W-Fragen gegliedert werden:

- Wann geschah etwas?
- Wo geschah es?
- Was geschah?
- Wer war an dem Geschehen beteiligt? – Wie kam es zu dem Ereignis?
- Warum ist es zu dem Ereignis gekommen?

Die Reihenfolge, in der der über das Ereignis berichtet wird, resultiert aus dem zeitlichen Ablauf des Geschehens. Berichtet wird über alle wesentlichen Details, die für das Verständnis des Geschehens von Bedeutung sind.

Tätigkeitsberichte werden mithilfe folgender W-Fragen erstellt:

- Wann wurde die Tätigkeit ausgeführt? – Um welche Tätigkeit handelt es sich?
- Wie verlief die Tätigkeit im Einzelnen?

Für die Erstellung des Tätigkeitsberichts werden die wesentlichen Einzelheiten (z. B. die Schritte eines Arbeitsablaufs innerhalb einer bestimmten Tätigkeit während der Ausbildung) der Reihenfolge entsprechend dargestellt.

Protokollieren

Ein Protokoll ist ein Tagungs- oder Sitzungsbericht. Auch in anderen Veranstaltungen wie Konferenzen, Besprechungen und im Schulunterricht werde Protokolle angefertigt.

Es gibt vier verschiedene Protokollarten:

- Ein **Verlaufsprotokoll** hält den Ablauf einer Sitzung und das Zustandekommen von Ergebnissen und Beschlüssen mit allen wesentlichen Details fest. Aufgeführt werden z. B. alle Meinungen und Gegenmeinungen im Verlauf einer Diskussion.
- Ein **Ergebnisprotokoll** führt nur die Ergebnisse z. B. einer Sitzung auf. Meinungen und Gegenmeinungen im Vorfeld der Entscheidung kommen nicht ins Protokoll. Die gefassten Beschlüsse werden dafür genau, vollständig und unmissverständlich niedergeschrieben.
- Ein **Kurzprotokoll** ist die Wiedergabe des wesentlichen Inhalts einer Besprechung in knapper, gedrängter Form.
- Ein **wörtliches Protokoll** enthält wortwörtlich die Ausführung jedes Redners.

Für den Aufbau eines Protokolls sollte folgende Gestaltungsform gewählt werden:

- Protokollüberschrift
- Kopfteil, der Angaben enthält zum
  - Termin (Wann?)
  - Ort (Wo?)
  - Teilnehmerkreis (Wer?)
  - Anlass (Was?)
  - Thema (Tagesordnung?)
- Textteil, der Auskunft gibt über Verlauf und/oder Ergebnisse einer Veranstaltung
- Schlussteil, der die Daten und die Unterschriften enthält, durch die der Protokollinhalt rechtswirksam wird. Zusätzlich können ein Anlagen- und Verteilervermerk aufgeführt werden.

Bei der Anfertigung eines Protokolls sollten Sie Folgendes beachten:

- Bilden Sie einfache, überschaubare Sätze.
- Verwenden Sie keine Phrasen oder umständliche Formulierungen.
- Gebrauchen Sie Fremdwörter nur, wenn diese als Fachausdrücke nicht ersetzt werden können.

Beispiel für ein Verlaufsprotokoll (Auszug):

BEISPIEL

Protokoll
Besprechung der Unternehmensleitung mit dem Betriebsrat

Datum: Montag 19. Aug.

Ort: Tagungsraum

Zeit: 12:00 – 14:00 Uhr

Teilnehmer: Herr Otte (Sitzungsleiter), Frau Maibaum, Herr Spindler (EDV-Abteilung), Frau Bauer (Protokollführer)

Tagesordnung:
1. Anschaffung neuer Computer
2. Rationalisierungsmaßnahmen
3. Personaleinstellungen
4. Verschiedenes

Herr Otte eröffnet die Sitzung.

TOP 1: Anschaffung neuer Computer

Herr Spindler stellt den Anschaffungsbedarf vor.

Er erläutert das Angebot der Fa. edv-factory.

Frau Maibaum weist auf die veralteten, schwer zu bedienenden Computer im Lager hin und stellt die Frage, wann dort die EDV-Ausstattung erneuert wird.

...

Frankfurt, 19. Aug.

Uwe Otte
Sitzungsleiter

A. Bauer
Protokollführer

Anlagen:
1 Angebot der Fa. edv factory

Verteiler:
Unternehmensleitung
Betriebsrat

Beispiel für ein Ergebnisprotokoll (Auszug):

BEISPIEL

Ergebnisprotokoll

wie Verlaufsprotokoll

TOP 1: Anschaffung neuer Computer

Alle Teilnehmer stimmen der Anschaffung neuer Computer zu. Es werden daher von der EDV-Abteilung 14 PCs bei der Firma edv-factory zu Preisen und Konditionen laut beiliegender Anlage bestellt.

...

wie Verlaufsprotokoll

Methodenkompetenzen in Ausbildung und Prüfung

Weil methodische Kompetenzen immer stärker in der beruflichen Praxis verlangt werden, sind sie natürlich auch immer bedeutsamer für das Bestehen der praktischen Prüfung am Ende von Ausbildungsgängen (oder auch in Studiengängen). Schülerinnen und Schüler berufsbildender Schulen sollen dort die Beherrschung komplexer Fachaufgaben und ganzheitlicher Geschäftsprozesse sowie Problemlösungsfähigkeiten nachweisen. Dazu sollten sie einerseits viel Fachkompetenz gewonnen haben, dass sie mit dem entsprechenden Fachwissen berufstypische Problemsituationen selbstständig bewältigen können. Dazu müssen sie aber andererseits auch über ausreichend Methodenkompetenzen verfügen. Darunter versteht man die Fähigkeiten, die zum Erwerb bzw. zur Entwicklung und zur Erstellung sowie Vermittlung von Fachkompetenzen nötig sind.

BEISPIEL

Die Ausbildungsleiterin der Hoffmann KG erläutert den Praktikanten die praktische Prüfung in einem Ausbildungsberuf von Auszubildenden der Hoffmann KG:
„Die praktische Prüfung besteht oft aus einem Fachreport und einem Fachgespräch. Hier sollen Sie zeigen, dass Sie die gestellte Fachaufgabe in Gesamtzusammenhänge einordnen und dabei Hintergründe bzw. Ergebnisse bewerten können. Methodische Kompetenzen benötigen Sie hierzu mehrfach:

Zunächst einmal ist für die Prüfung nach Genehmigung der Fachaufgabe eine mehrseitige schriftliche Ausarbeitung zu erstellen. Diese wird häufig **Report** genannt und dient der Information und Einstimmung des Prüfungsausschusses. Zur Erstellung des Reports gelten die Regeln zur Erstellung eines Referats. Um eine aussagekräftige und formal einwandfreie schriftliche Ausarbeitung vorzulegen, sind also methodische Fähigkeiten erforderlich.

Im Rahmen einer **Präsentation** sollen Sie auf der Grundlage des Reports dann in der Prüfung zeigen, dass Sie die Sachverhalte und die Ergebnisse der bearbeiteten Fachaufgabe erläutern und mit in der Praxis üblichen Mitteln darstellen können. Wichtig ist also nicht nur, was vorgetragen wird, sondern auch, wie dies gemacht wird.

Auch in dem der Präsentation folgenden **Fachgespräch** wird geprüft, ob die Sachbearbeitung in einem speziellen Geschäftsfeld inhaltlich und methodisch beherrscht wird. Für ein erfolgreiches Fachgespräch sind neben Fachkompetenz auch kommunikative und andere soziale Kompetenzen erforderlich."

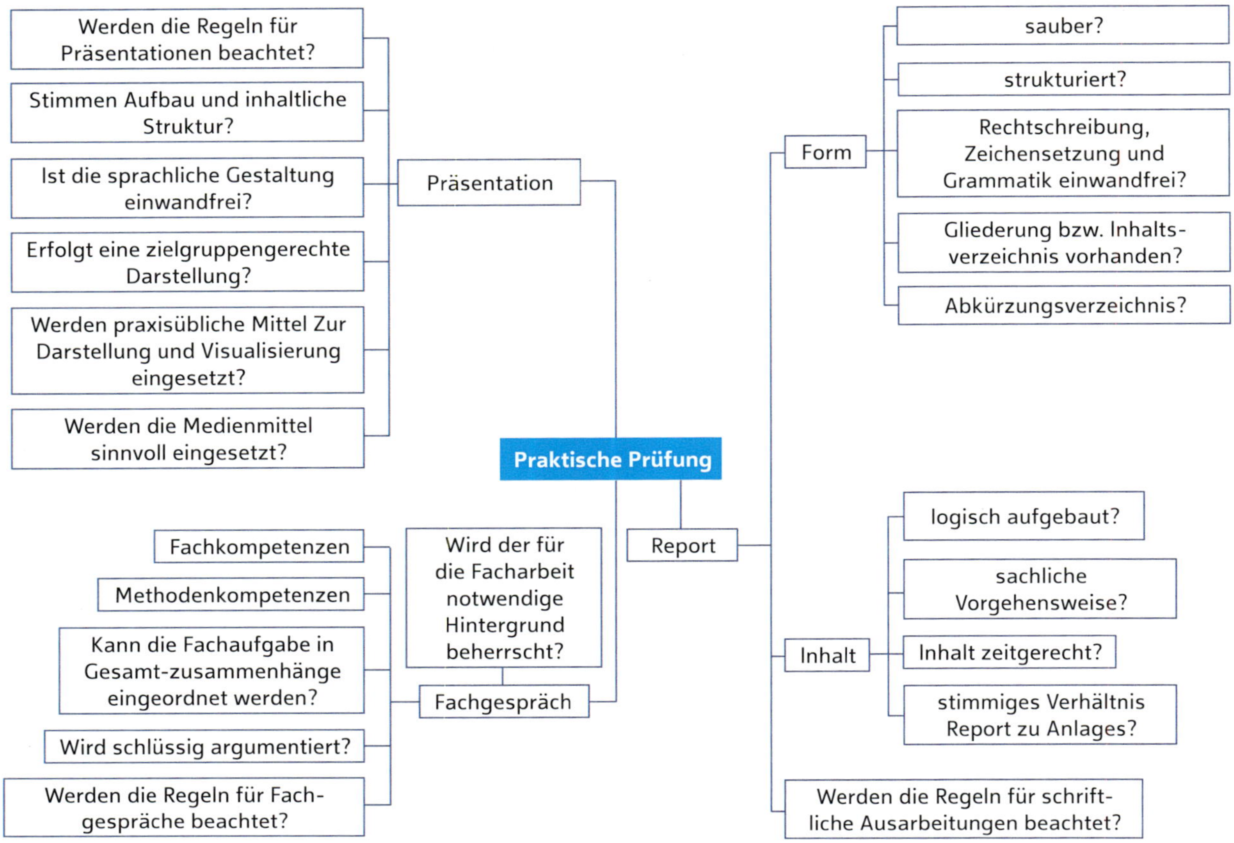

AUFGABEN

1. Definieren Sie Schlüsselqualifikationen.
2. Beschreiben Sie, welche Regeln bei der Gruppenarbeit gelten.
3. Führen Sie auf, wozu Mindmaps dienen.
4. Nennen Sie die verschiedenen Teile einer Präsentation.
5. Führen Sie Vorteile einer Kartenabfrage auf.
6. Erläutern Sie das aktive Lesen.
7. Erläutern Sie den Ablauf eines Rollenspiels.

8. Die Lösung dieser Aufgabe soll in Gruppenarbeit erfolgen. Bilden Sie deshalb in Ihrer Klasse eine angemessene Anzahl von Arbeitsgruppen.
   a) Bereiten Sie sich in Ihrer Gruppe darauf vor, ein kurzes Referat zu einer in diesem Kapitel aufgeführten Methode zu halten. Versuchen Sie dabei, auch andere Informationsquellen zu nutzen (z. B. aus der Schulbücherei).
   b) Versuchen Sie Ihr Referat unter Zuhilfenahme verschiedener Medien zu visualisieren.
   c) Halten Sie Ihr Referat unter Beachtung der Regeln für eine Präsentation.
9. Führen Sie ein Brainstorming durch und wenden Sie dabei die Kopfstandmethode an. Die Problemstellung lautet: „Was muss ich tun, um bei einer Bewerbung erfolgreich zu sein?"
10. Führen Sie eine Pro-Kontra-Diskussion als Rollenspiel durch. Diskutiert werden soll über die „Ausweitung der Geschäftszeiten".
11. Versuchen Sie das Lehrbuchkapitel zum nächsten Thema, das Ihre Lehrerin/Ihr Lehrer mit Ihnen durchnimmt, nach der Methode des aktiven Lesens durchzuarbeiten. Schildern Sie Ihre Erfahrungen.
12. Begründen Sie die Bedeutung des Exzerpierens.
13. Führen Sie auf, welche Punkte bei der Anfertigung von Exzerpten beachtet werden müssen.

14. Üben Sie die Anfertigung eines Exzerpts:
    a) Suchen Sie sich ein Kapitel dieses Buches aus.
    b) Lesen Sie das Kapitel.
    c) Fertigen Sie ein Exzerpt des Kapitels an.
15. Erläutern Sie die Vorteile des Mitschreibens bzw. Notierens.
16. Führen Sie auf, welche Regeln beim Notieren bzw. Mitschreiben beachtet werden sollen.
17. Versuchen Sie die aufgeführten Regeln des Notierens und Mitschreibens in einer Schulstunde anzuwenden.
18. Unterscheiden Sie Ereignisberichte von Tätigkeitsberichten.
19. Nennen und erläutern Sie vier verschiedene Protokollarten.
20. Geben Sie die Bestandteile eines Protokolls an.
21. Führen Sie das Protokoll einer Schulstunde.

ZUSAMMENFASSUNG

Anforderungen an die Beschäftigten in der Zukunft

↓

Neben den Fachkenntnissen wird die Beherrschung von Schlüsselqualifikationen immer wichtiger.

↓

Schlüsselqualifikationen ermöglichen eine umfassende Handlungsfähigkeit im Beruf.

↓

Konsequenz: eine Vielzahl von Methoden beherrschen

4.2 Soziale Kompetenzen

EINSTIEG

Carolin Saager und Dominik Schlote fahren gemeinsam am Feierabend nach Hause.

Dominik Schlote: „Also mit der Katarzyna und dem Volkan kann man ja wirklich gut zusammenarbeiten. Die Erstellung der Referate hat richtig gut geklappt ... Aber die Tamara – na ja, mit der ist es echt nicht einfach ...“

Carolin Saager: „Ja, das sehe ich auch so. Ich habe auch zufällig mitbekommen – obwohl ich das gar nicht wollte –, dass sich unsere Ausbildungsleiterin Frau Schneider mit Frau Schwab von der Verwaltung, die auch für das Personal zuständig ist, über sie unterhalten hat. Da war irgendwie die Rede vom Fehlen sozialer Kompetenzen ...“

Führen Sie auf, was man bei der Zusammenarbeit mit anderen Beschäftigten oder mit Vorgesetzten alles falsch machen kann.

INFORMATION

Sozialkompetenz in Ausbildung und Beruf

Im Berufsleben werden von Vorgesetzten und Kollegen nicht nur die fachlichen Leistungen der Beschäftigten ge- und bewertet. Auftreten und Umgangsformen des Einzelnen werden tagtäglich am Arbeitsplatz (aber natürlich auch an der Berufsschule) wahrgenommen. Als sozialkompetente Arbeitskraft, die sich in jeder beruflichen Situation angemessen und vorteilhaft benehmen kann, ist man für verantwortungsvolle Aufgaben wie Verhandlungen oder Präsentationen besonders prädestiniert. Ein angenehmes soziales Verhalten am Arbeitsplatz wird sich in jedem Fall auszahlen. So achten einstellende Unternehmen bei neuen Arbeitskräften immer mehr auf das Vorhandensein sozialer Kompetenzen. Darunter versteht man alle Fertigkeiten, die für die soziale Interaktion notwendig oder nützlich sind. Zur Sozialkompetenz gehören:

- **Kommunikationsfähigkeit**
  Dies ist die Fähigkeit, sich mit anderen effektiv und konstruktiv zu verständigen.
- **Kooperationsfähigkeit**
  Ist diese vorhanden, kann wirkungsvoll mit Kolleginnen und Vorgesetzten, mit Kunden und Lieferanten zusammengearbeitet werden.
- **Konfliktfähigkeit**
  Liegt diese Kompetenz vor, können Konflikte am Arbeitsplatz mit Problemlösungstechniken und -strategien gelöst werden.

Kommunikationsfähigkeit

Zu den wichtigsten Schlüsselqualifikationen gehört es, mit anderen gut kommunizieren und zusammenarbeiten zu können. Unternehmen sind angewiesen auf einen optimal funktionierenden Informationsaustausch. Dieser kann sowohl durch innerbetriebliche als auch durch außerbetriebliche Kommunikation erfolgen. Gibt es in der Kommunikation Störungen, so kann dies gewaltige Auswirkungen auf die Geschäftsprozesse des Unternehmens haben.

Einfaches Kommunikationsmodell

Von Kommunikation spricht man, wenn eine Person – der Sender – einer anderen Person – dem Empfänger – eine Nachricht übermittelt. Jeder der beiden verwendet als wichtigstes Kommunikationsmittel die Sprache (Fachausdruck: Code).

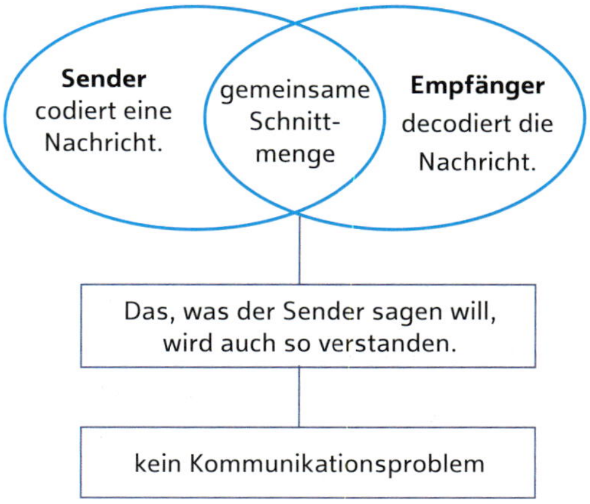

Der Sprechende (der Sender) verschlüsselt seine Informationen, Gedanken und Meinungen, die er mitteilen will, mithilfe von Sprache.

Der Hörende (Empfänger) versucht aufgrund der sprachlichen Äußerung des Sprechenden auf das Gemeinte zu schließen. Dies nennt man Dekodieren.

Damit die Kommunikation funktioniert, ist es notwendig, dass der Code des Senders und der Code des Empfängers sich zumindest teilweise decken. In Gesprächen muss der Sender also sicherstellen, dass der jeweilige Empfänger tatsächlich auch das versteht, was der Sender sagen wollte.

BEISPIEL

Ein Verkäufer führt gerade ein Verkaufsgespräch durch. Dazu hat er in der Phase der Bedarfsermittlung (in diesem Fall als Empfänger) die Äußerungen des Kunden (hier der Sender) interpretiert. Nun muss er als Sender in der Phase der Verkaufsargumentation sicherstellen, dass der Kunde als Empfänger die Verkaufsargumente auch so wahrnimmt, wie sie vom Verkäufer gemeint sind.

Vier-Ohren-Modell der Kommunikation

Nach dem Vier-Ohren-Modell von Friedemann Schulz von Thun nimmt der Empfänger jede Nachricht auf vier verschiedenen Ebenen wahr:

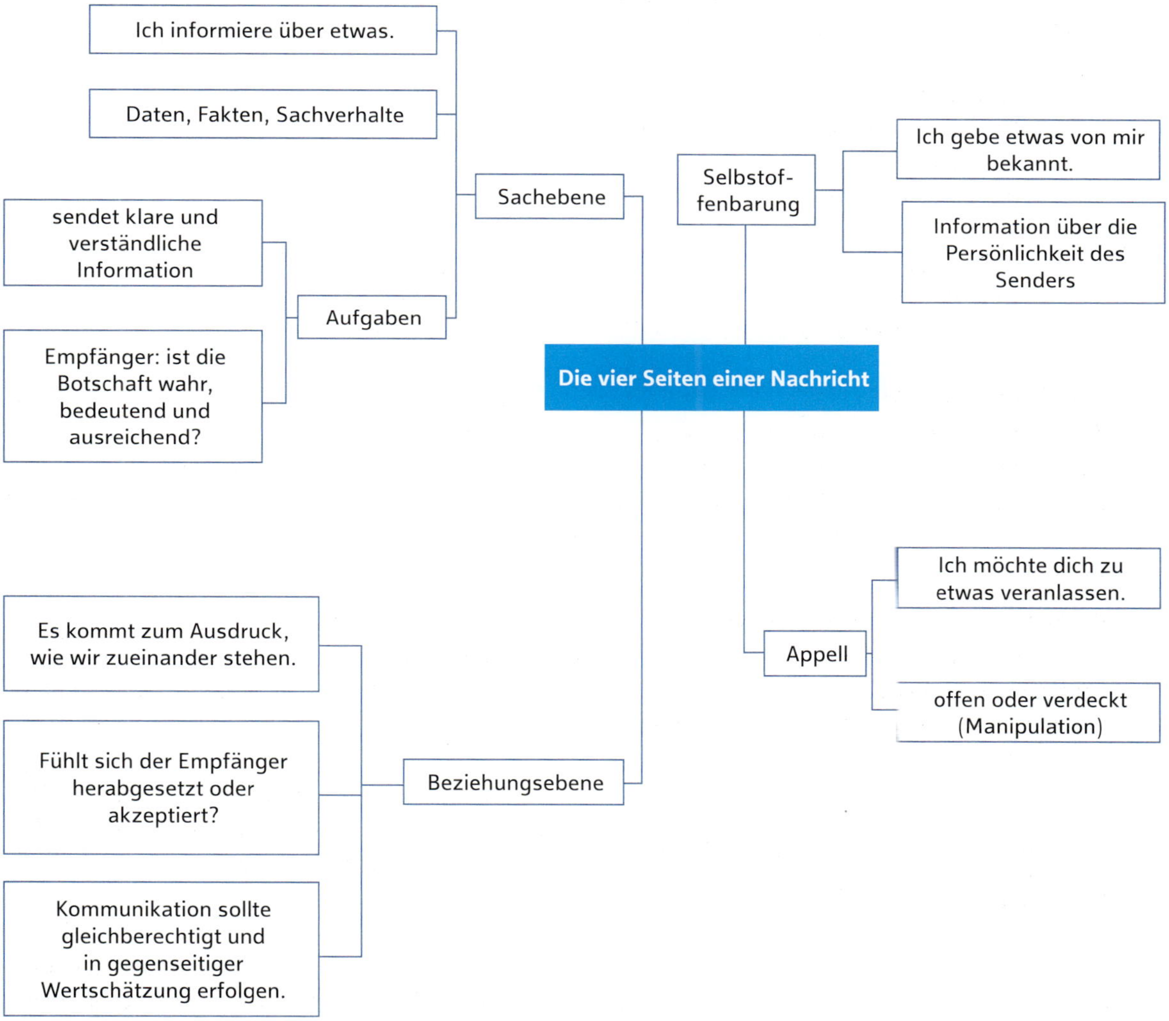

Der Sender schickt vier Botschaften, der Empfänger hört vier Botschaften. Die Qualität der Kommunikation hängt davon ab, wie diese Ebenen zusammenspielen. Jede der vier Botschaften kann vom Sender und/oder dem Empfänger falsch verstanden werden. Kommunikationsprobleme treten also besonders dann auf, wenn der Sender eine Botschaft falsch verpackt oder der Empfänger sie falsch entschlüsselt.

BEISPIEL

Eine Frau fährt Auto, ihr Mann begleitet sie. Es kommt zu folgendem Dialog:
Der Mann (Sender): „Du, die Ampel da vorn ist grün."
Die Frau (Empfänger): „Fährst du oder ich?"

Die vier Botschaften der Nachricht und wie sie aufgefasst werden:

Sachebene:

Mann: „Die Ampel da vorn ist grün."
Frau: „Die Ampel da vorn ist grün."

Selbstoffenbarung:

Mann: „Ich fahre gerne zügig und bin für den Fall der Fälle ja auch reaktionsschnell."
Frau: „Er ist immer so ungeduldig und will unbedingt noch über die Ampel, bevor sie umspringt."

Beziehungsebene:

Mann: „Sie braucht manchmal einen Stupser, um aus den Füßen zu kommen."
Frau: „Er gibt mir immer das Gefühl, dass ich nicht fahren kann."

Appellebene:

Mann: „Drück auf die Tube, damit wir nicht anhalten müssen."
Frau: „Ich soll schneller fahren."

Teamfähigkeit

Vor allem in Teams kommt es auf eine gute Kommunikation an.

Teams werden in der Regel dann gebildet, wenn eine bestimmte Aufgabe erledigt werden muss, die eine Zusammenarbeit von Spezialisten aus verschiedenen Wissensgebieten verlangt. Ein Team stellt somit eine institutionalisierte Arbeitsgruppe auf Zeit dar, die durch einen bestimmten Arbeitsstil gekennzeichnet ist.

Jeder kann mit jedem in persönlichen Kontakt treten, es herrschen nach einiger Zeit gemeinsame Normen – es entsteht ein Wirgefühl – und die einzelnen Mitglieder nehmen unterschiedliche Rollen und damit verschiedenartige Funktionen im Team wahr.

Mit steigender Komplexität des anstehenden Problems steigt die Wichtigkeit der Koordination und Kooperation verschiedener Spezialisten im Team. Damit die Teamarbeit funktioniert, sollten folgende Mindestvoraussetzungen beachtet werden:

- eine gut funktionierende Gruppenkommunikation
- die Bereitschaft und der Wille jedes Einzelnen, sich in der Gruppe zu engagieren
- die Bereitschaft und der Wille jedes Einzelnen, die eigenen Fähigkeiten zu erproben

Vier-Phasen-Modell der Teamentwicklung nach Bruce W. Tuckman	
Phase	**Inhalte**
1. Forming (Orientierungsphase)	In dieser Phase trifft das Team neu zusammen. Die Mitglieder sind zunächst noch unsicher. Sie lernen sich kennen und gehen entsprechend höflich und distanziert miteinander um. Die Motivation ist in diesem frühen Stadium der Teamentwicklung hoch. Es besteht aber noch keine Beziehung zwischen den Teammitgliedern. Stärken und Schwächen der einzelnen Personen sind noch nicht bekannt. Auf der Arbeitsebene werden erste Vorstellungen und Ziele gesammelt.

Vier-Phasen-Modell der Teamentwicklung nach Bruce W. Tuckman	
Phase	**Inhalte**
2. Storming (Konfliktphase)	In der zweiten Phase der Teamentwicklung tauschen die Mitglieder des Teams ihre Vorstellungen darüber aus, wie sie an die gemeinsame Aufgabe herangehen, in welcher Reihenfolge die Arbeitsschritte erledigt werden sollen und wie das Arbeitsergebnis aussehen soll. Es entstehen Machtkämpfe, da jedes Mitglied seine Vorstellungen durchsetzen und seine Position im Team sichern möchte. In dieser Phase können Teams scheitern, wenn die auftretenden Konflikte zu stark sind. Nimmt ein Mitglied die Rolle des Moderators ein, können die Machtkämpfe eingegrenzt und Konflikte vermieden werden.
3. Norming (Normierungsphase)	Das Team entscheidet sich für eine gemeinsame Vorgehensweise und erlegt sich Regeln auf, wie miteinander gearbeitet wird. Die Rollen, Arbeitspakete und Arbeitsschritte sind verteilt. Mögliche Konflikte werden thematisiert und beseitigt. Die Teammitglieder diskutieren auch über gegensätzliche Standpunkte offen miteinander. Die Machtkämpfe sind beseitigt und das Team widmet sich nun verstärkt der gemeinsamen Aufgabe.
4. Performing (Integrationsphase)	Dies ist die Teamentwicklungsphase mit der höchsten Produktivität und Effektivität. Die Stärken der einzelnen Teammitglieder werden aufgrund der vorherigen Rollenverteilung genutzt. Das Team kooperiert und harmoniert. Die Mitglieder helfen sich gegenseitig und arbeiten rollenkonform und zielstrebig auf ein möglichst gutes Arbeitsergebnis hin.

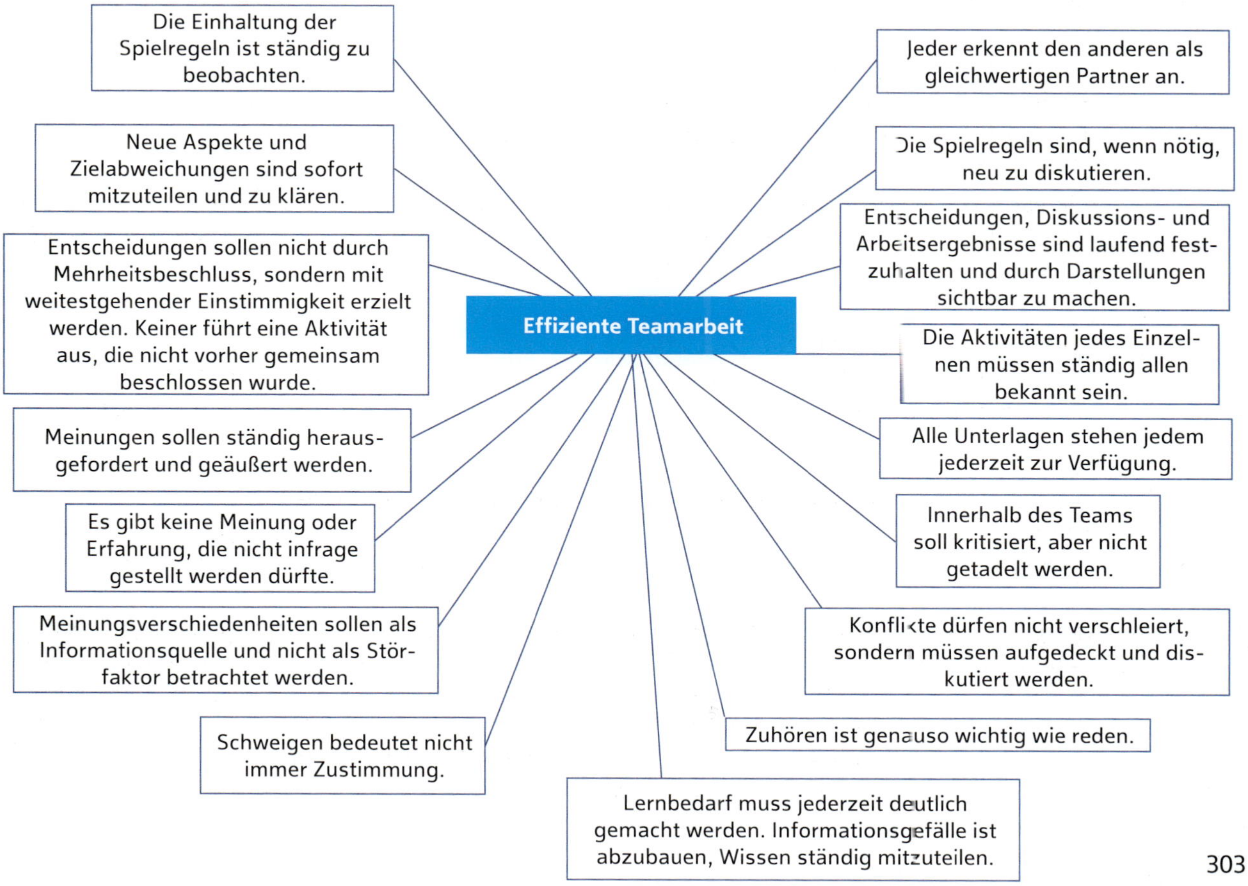

Konfliktfähigkeit

„Wenn zwei Menschen immer wieder die gleichen Ansichten haben, ist einer von ihnen überflüssig!"

Quelle: Zitat von Winston Churchill. In: Poggensee, Ingo: Verkaufen! Mit System, Handwerk und Leidenschaft zu mehr Vertriebserfolg. 1. Auflage. Wiesbaden: Gabler 2009, Seite 186.

In Unternehmen treten immer wieder Konflikte auf. Solche Spannungen und Auseinandersetzungen zwischen einzelnen Beschäftigten, Arbeitsgruppen und Abteilungen können durch wirkungsvolles Konfliktmanagement früher erkennbar, überschaubarer und leichter handhabbar werden.

Konfliktart	Beschreibung
Ziel-/Interessenkonflikt	Die Beteiligten verfolgen unterschiedliche Ziele/Interessen, die nicht problemlos miteinander vereinbar sind.
Rollenkonflikt	In vielen Alltagssituationen haben Personen eine bestimmte Rolle. An diese Rolle können unterschiedliche Erwartungen geknüpft sein. An eine Schülerin werden z. B. von den Lehrkräften und von den Mitschülern völlig unterschiedliche Erwartungen gestellt. Da dieselbe Rolle (Schülerin) unterschiedlich gedeutet wird, handelt sich um einen Intra-Rollenkonflikt. Personen nehmen oft mehrere Rollen gleichzeitig ein, z. B. Auszubildender und Freund. Durch die Ansprüche der Ausbildung hat man weniger Freizeit und muss darauf achten, dass sich dies nicht negativ auf die Rolle als Freund auswirkt. Hier handelt es sich um einen Inter-Rollenkonflikt.
Wertekonflikt	Die Beteiligten haben Werte (z. B. Überzeugung, Religion, Ethik), die miteinander nicht vereinbar sind.
Beziehungskonflikt	Ursachen für Konflikte auf der Beziehungsebene können z. B. sein: • Missverständnisse • Vorurteile gegenüber dem anderen • unterschiedliche Gefühle füreinander

Konflikte werden oftmals als Störfaktoren gesehen. Aus diesem Grund wird häufig versucht, Konflikte eher zu leugnen und unter den „Teppich zu kehren", als sie zu lösen.

Konflikte und Widerstände können jedoch auch als Motor von Dynamik und Weiterentwicklung gesehen werden: Wo keine Auseinandersetzung stattfindet, gibt es auch keine Veränderung. Das Problematische ist daher nicht der Konflikt selbst, sondern die mangelnde Fähigkeit, ihn vernünftig auszutragen. Im Team sollten die Chancen von Konflikten und Widerständen genutzt werden.

Negative Auswirkungen von Konflikten	Positive Auswirkungen von Konflikten
• Konflikt ist ein Zeitfaktor.	• Missstände und Missverständnisse werden deutlich.
• Konflikte vergiften das Arbeitsklima.	• Ideen und Problemlösungen werden angestoßen.
• Konflikte nehmen die Arbeitsfreude.	• Verbesserungen werden entwickelt und ausprobiert.
• Konflikte blockieren die Kreativität.	• Neue Kommunikationsformen werden gefunden.
• Konflikte verursachen Kosten.	• „Reinigende Gewitter" klären die Luft.

Ist ein Konflikt festgestellt worden, stehen unterschiedliche Strategien zur Konfliktbewältigung zur Verfügung:

- Um einen Konflikt richtig bewältigen zu können, ist er zunächst einmal gründlich zu analysieren. Es ist festzustellen:
  - Wer ist alles am Konflikt beteiligt?
  - Um welchen Konflikt handelt es sich?
  - Wie wichtig ist die Streitfrage?

  Je früher ein Konflikt erkannt wird, desto besser können Gestaltungs- und Steuerungsmaßnahmen ergriffen werden.
- Nachdem die Konfliktursache festgestellt worden ist, muss entschieden werden, wie man den Konflikt löst. Es gibt dabei drei grundlegende Möglichkeiten:
  - Der Konflikt kann unterdrückt werden.
  - Der Konflikt kann vermieden werden.
  - Der Konflikt kann aktiv angegangen werden.

  Es geht also darum, entweder abzuwarten, was passiert, oder den Konflikt bewusst zu bewältigen.

Der Konflikt sollte nicht nur vom eigenen Standpunkt aus betrachtet werden. Durch einen perspektivischen Wechsel ist ein Verständnis sowohl für die eigene Situation als auch für die Situation des Konfliktpartners zu erreichen.

Vorgehensweise im allgemeinen Konfliktfall	
Wahrnehmen ↓	• Der Konflikt muss erst einmal erkannt werden. • Welche direkten oder indirekten Parteien befinden sich in welcher Eskalationsstufe? • Wer ist direkt, wer indirekt betroffen und wer fühlt sich betroffen?
Austragen ↓	• Der Konflikt darf nicht verschwiegen, sondern muss offen angegangen werden. • Der Konflikt sollte geregelt ausgetragen werden, sonst besteht die Gefahr der späteren Konfliktsteigerung.
Lösen ↓	• Keine der Parteien sollte mit dem Gefühl der Unterlegenheit aus dem Konflikt hervorgehen. • Eine kooperative Problemlösung sollte angestrebt werden.
Nacharbeiten	• Eine nachträgliche Konfliktanalyse zeigt eventuell ständig bestehendes Konfliktpotenzial oder zumindest Parallelen auf. • Die Parteien müssen sich an die Vereinbarungen halten. • Ein Lerneffekt sollte folgen.

Regel	Bedeutung
Bereitschaft	Die Parteien müssen bereit sein, den Konflikt zu beseitigen, und dies dem Gegenüber auch signalisieren.
Verständnis	Die Position der anderen Partei sollte gehört werden. So wird eine angenehmere Atmosphäre geschaffen. Oft ist es hilfreich, wenn eine Partei sich vorstellt, sie sei in der Situation der anderen Partei.
Akzeptanz	Die Parteien müssen die Gegenpartei und deren Meinung so akzeptieren, wie sie ist. Konfliktbeteiligte sollten nicht versuchen, die anderen Beteiligten zu ändern oder zu erziehen.

Regel	Bedeutung
aktives Zuhören	Während der eine Beteiligte seinen Standpunkt darlegt, sollte die zuhörende Partei deutlich machen, dass sie aktiv und interessiert den Ausführungen folgt. Dies kann durch nonverbale Kommunikation (z. B. Gestik, Mimik, Nicken) oder durch verbale Ausführungen (z. B. zusammenfassen, nachfragen) erfolgen.
keine Schuldzuweisung	Es geht nicht darum, jemandem die Schuld für einen Konflikt zu geben. Ziel ist, dass beide Parteien den Konflikt zu ihrer Zufriedenheit lösen, ohne dass eine Partei dabei ihr Gesicht verliert.
Emotionen ausschließen	Konfliktbeteiligte sollten eine sachliche Lösung des Problems bevorzugen. Oftmals ist dies schwierig. In solchen Situationen sollte zumindest eine Partei ruhig und besonnen bleiben und nach dem emotionalen „Gewitter" wieder auf Ruhe und Sachlichkeit hinweisen.
Ehrlichkeit und Vollständigkeit	Alle Ursachen des Konflikts müssen ehrlich, direkt und offen angesprochen werden, damit der Konflikt vollständig beseitigt wird.
sofortige Bewältigung	Konflikte sollten sofort angesprochen werden, damit sie sich nicht im Inneren weiterentwickeln und zu späterer Zeit verstärkt hervortreten.
abschließende Bewältigung	Nach Beendigung des Konflikts sollte die Thematik für alle Beteiligten erledigt sein und nicht zu späterer Zeit wieder hervorgeholt werden.

AUFGABEN

1. Beschreiben Sie das einfache Kommunikationsmodell.
2. Erläutern Sie, was man aus Sicht des einfachen Kommunikationsmodells in einem Gespräch beachten muss.
3. Erläutern Sie die vier Seiten einer Nachricht nach dem Vier-Ohren-Modell.
4. Die Abteilungsleiterin fragt eine Auszubildende: „Wann sind Sie fertig mit der Arbeit?" Die Auszubildende nimmt vier Botschaften mit dieser Nachricht wahr:
   a) Beeilen Sie sich!
   b) Diese Auszubildende schafft das nicht. Ich traue ihr das nicht zu.
   c) Wenn die Arbeit nicht fertig wird, bekomme ich als Abteilungsleiterin Ärger.
   d) Sie will wissen, wann ich fertig bin.

   Geben Sie an, welche Ebene jeweils angesprochen wird.
5. Unterscheiden Sie Methoden- und Sozialkompetenzen.
6. Führen Sie Regeln für eine effiziente Teamarbeit auf.
7. Machen Sie Vorschläge, welche positiven Auswirkungen Konflikte haben können.
8. Argumentieren Sie, wie man bei einem Konflikt vorgehen sollte.
9. Im Showroom der Hoffmann KG sagt der Abteilungsleiter zu einer Mitarbeiterin: „Frau Zahn, da kommt gerade ein Kunde!"

   Halten Sie fest, welche vier Botschaften die Aussage des Abteilungsleiters enthalten kann.

ZUSAMMENFASSUNG

Sozialkompetenzen

= für die soziale Interaktion notwendige oder nützliche Fertigkeiten

- **Kommunikationsfähigkeit**
- **Kooperationsfähigkeit**
- **Konfliktfähigkeit**

4.3 Strukturierung von Arbeitsprozessen

EINSTIEG

Volkan Karaca und Katarzyna Popov sind heute das erste Mal in der Einkaufsabteilung eingesetzt. Dort müssen verschiedene Beschaffungsvorgänge dringend durchgeführt werden. Wegen einer Grippewelle ist allerdings nur der Abteilungsleiter anwesend. Er vergibt an jeden der beiden Praktikanten den Auftrag, einen Beschaffungsvorgang selbstständig durchzuführen.

Volkan Karaca: „Mensch, ich weiß gar nicht, wie ich da rangehen soll."

Katarzyna Popov: „Also, ich fange erst einmal damit an, was mir gerade so einfällt ... und dann: Versuch und Irrtum!"

Volkan Karaca: „Da muss es doch noch etwas anderes geben ..."

1. Stellen Sie fest, warum ein Vorgehen nach dem Prinzip „Versuch und Irrtum" nicht erfolgreich sein wird.
2. Machen Sie Vorschläge, wie die beiden vorgehen sollten.

INFORMATION

Im Unternehmensalltag wird von jeder Mitarbeiterin und jedem Mitarbeiter verlangt, durch strukturiertes Vorgehen unterschiedliche betriebliche Situationen zu meistern. Geht man dabei nicht geplant vor, scheitert man schnell. Alle Beschäftigten müssen also über die Kompetenz verfügen, Probleme systematisch lösen zu können. Problemlösung ist im Prinzip ein einfacher Ablauf von Schritten. In der betrieblichen Praxis zeigt sich aber sehr oft, dass durch Unterlaufen einzelner Schritte entscheidende Fehler gemacht werden.

Phasen der systematischen Problemlösung

Problem erkennen

Es geht hier um die Identifizierung der Aufgabenstellung. Zunächst einmal wird das zu lösende Problem genau beschrieben und in seine einzelnen Bestandteile zerlegt.

MERKSATZ

Fragen bei der Problemerfassung

- Was ist passiert bzw. wird bald passieren?
- Wann ist es passiert bzw. wird es passieren?
- Wen bzw. was betrifft das Problem?
- Wie genau äußert sich das Problem?
- Welche Faktoren haben das Problem verursacht?

Ziele formulieren

Nun wird geklärt, was erreicht werden soll. Die weiteren Phasen der Problemlösung führen nur dann zum Erfolg, wenn die Ziele sauber formuliert sind.

Lösungsmöglichkeiten suchen

In dieser Phase sollten möglichst viele Lösungswege gesucht werden. Diese werden aber noch nicht bewertet.

Entscheidung treffen

Die in der vorigen Phase gefundenen Lösungswege werden daraufhin untersucht, ob sie mit ihren kurz- oder langfristigen Konsequenzen die formulierten Ziele zu erreichen helfen. Die beste Lösung wird ausgewählt. Man muss sich also für einen Lösungsansatz entscheiden.

MERKSATZ

Fragen beim Treffen von Entscheidungen

- Wie sind die Erfolgschancen des Lösungswegs?
- Kann der Lösungsweg zum angestrebten Ziel führen?
- Gibt es evtl. Zielkonflikte?
- Ist der Lösungsweg wirtschaftlich?
- Wie viel Zeit kostet der Lösungsweg?
- Ist der Lösungsweg schon einmal in ähnlicher Form durchlaufen worden?
- War er damals erfolgreich?
- Ist der Lösungsweg anderen vermittelbar?

Problemlösung durchführen

Die Lösung wird realisiert. Aktuelle Veränderungen werden selbstverständlich auch in dieser Phase berücksichtigt und nach Möglichkeit in das Lösungskonzept eingearbeitet. Für die Umsetzung der Problemlösung empfiehlt es sich, einen Arbeitsplan zu erstellen, dessen Punkte dann Schritt für Schritt abgearbeitet werden.

Problemlösung kontrollieren

Die neue Situation wird analysiert. Es wird überprüft, ob die eingeleiteten Maßnahmen tatsächlich das Ausgangsproblem gelöst und zur Zielerreichung geführt haben. Eigentlich ist das Kontrollieren sogar eine prozessbegleitende Maßnahme über die gesamte Dauer der Problemlösung hinweg: Ständig sollte überprüft werden, ob man sich wirklich in die richtige Richtung bewegt. Eine fortlaufende Kontrolle hilft, mögliche Fehler schneller zu erkennen und ggf. Verbesserungen rechtzeitig vorzunehmen.

MERKSATZ

Fragen zur Kontrolle

- Welche Arbeitsschritte sind erledigt?
- Wie hoch ist der Zielerreichungsgrad?

Phasenmodell der vollständigen Handlung

Die Schritte der Problemlösung am Arbeitsplatz können ohne Weiteres auf das Lösen von Problemen im Schulunterricht übertragen werden. Hier sollte das Phasenmodell der vollständigen Handlung angewandt werden. Um ein Problem optimal lösen zu können, müssen alle Phasen der Handlung komplett durchlaufen werden.

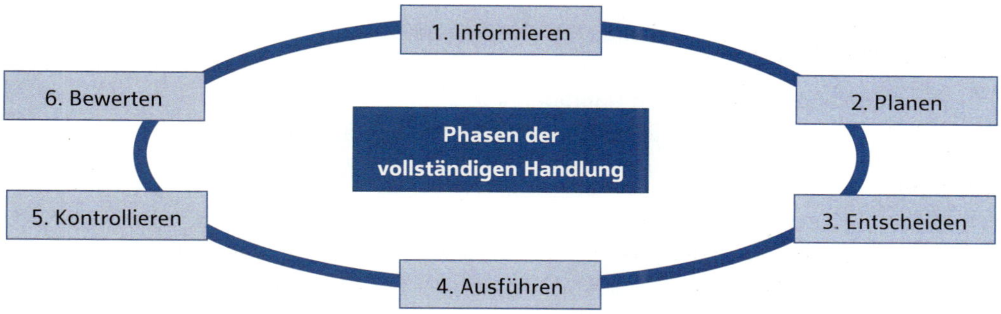

Checkliste zur Strukturierung des Arbeitsalltags

Checklisten geben vor, was in welcher Reihenfolge zu tun ist. Mit ihnen kann sichergestellt werden, dass alle durchzuführenden Aufgaben oder Tätigkeiten auch tatsächlich erledigt werden. Sie spielen eine sehr große Rolle im Arbeitsalltag. Diese vielseitigen Arbeitsinstrumente

- strukturieren den Arbeitsprozess,
- helfen, die Arbeit rationell und effizient durchzuführen,
- sorgen dafür, dass nichts vergessen wird, und
- vereinfachen Arbeitsabläufe.

Checkliste zur Strukturierung der Arbeit im Rahmen der vollständigen Handlung		Erledigt?
Informieren	• Ist das Problem erkannt?	
	• Ist das Ziel festgelegt?	
Planen	• Steht das benötigte Material zur Verfügung?	
	• Gibt es unterschiedliche Lösungsmöglichkeiten?	
	• Ist geklärt, wie und wo Informationen und Hintergrundwissen zu erhalten sind?	
Entscheiden	• Sind Vorteile und Nachteile der gefundenen Lösungsmöglichkeiten geklärt?	
	• Ist geklärt, welcher Lösungsweg ausgewählt wird?	
Ausführen		
Kontrollieren	• Wurde das Ziel erreicht?	
Bewerten	• Ist geklärt, was zukünftig besser gemacht werden kann?	
	• War die Ausführung sachgerecht und fachgerecht?	

AUFGABEN

1. Begründen Sie, warum bei der Arbeit die Schritte der systematischen Problemlösung vorgenommen werden müssen.
2. Führen Sie die Schritte einer systematischen Problemlösung auf.
3. Führen Sie Fragen auf, die im Schritt „Problem erkennen“ gestellt werden sollten.
4. Geben Sie an, welche Phasen eine vollständige Handlung umfasst.
5. Erläutern Sie, was in der Phase „Planen“ geschieht.
6. Führen Sie auf, welche Fragen in der Phase „Kontrollieren“ gestellt werden sollten.
7. Sie sollen mit Ihrer Arbeitsgruppe Ihrer Klasse die Themen
   - vollständige Handlung
   - Präsentationsmedien
   - Mindmapping

   präsentieren. Die Art der Präsentation und das Präsentationsmedium bleiben Ihnen überlassen.
   a) Gehen Sie bei der Vorbereitung und Durchführung der Präsentation systematisch nach dem Modell der vollständigen Handlung vor.
   b) Dokumentieren Sie Ihr Vorgehen in den sechs Phasen der vollständigen Handlung.
8. Suchen Sie Beispiele aus Ihrer schulischen Praxis für das Vorgehen nach dem Phasenmodell der vollständigen Handlung.

ZUSAMMENFASSUNG

Problem → Informieren → Planen → Entscheiden → Durchführen → Kontrollieren → Bewerten → **Problemlösung**

4.4 Effiziente Zeitplanung

EINSTIEG

Dominik Schlote spricht gerade mit Herrn Hoffmann, als Susanne Hahne aufgeregt auf ihn zukommt.

Susanne Hahne: „Verlegte Papiere, vergessene Termine, beinahe vergessene Termine, wild blinkende E-Mail-Benachrichtigungen, Dauergeklingel von Telefon und Handy, nette Kollegen, die den Kopf zur Tür hereinstecken ‚Kann ich mal kurz stören?‘ – und dann noch Frau Sander, die mich freundlich, aber bestimmt daran erinnert, dass ich gerade im Begriff bin, meinen Flieger zu verpassen. Ich habe kaum mehr Zeit, das alles zu schaffen. Das wächst mir alles irgendwie über den Kopf! ... Sag mal, wie schaffst du das eigentlich?“

Michael Hoffmann: „Ich habe mich vor einigen Jahren mal im Bereich Zeitmanagement schlaugemacht. Seitdem habe ich eigentlich immer alles halbwegs gut im Griff.“

1. Stellen Sie fest, wo die Schwierigkeiten von Frau Hahne liegen.
2. Machen Sie Verbesserungsvorschläge.

INFORMATION

Unter Zeitmanagement versteht man das systematische und disziplinierte Planen der persönlichen Zeit. Es werden verschiedene Werkzeuge angewandt, um die eigene Zeit optimal zu nutzen. Effektives Zeitmanagement ist dabei weniger eine Frage des Zeitumfangs. Es geht vielmehr darum, wie und wofür man die vorhandene Zeit nutzt. Im Vordergrund steht also, durch geschickte Planung mehr Zeit für die wichtigen Dinge im Beruf (und in der Freizeit) zu erhalten.

Um effektiv mit seiner Zeit umzugehen, sollte man

- Methoden des Zeitmanagements systematisch anwenden,
- versuchen, seine Zeitdiebe (auch Zeitfallen oder Zeitfresser genannt) zu finden.

Zeitdiebe

In vielen Unternehmen wird durch falsches Vorgehen während der täglichen Arbeit unnötige Zeit – und damit auch Arbeitskraft und persönliche Energie – verbraucht. Daher ist es wichtig, diese sogenannten „Zeitdiebe“ rechtzeitig zu erkennen und konsequent gegenzusteuern.

Zeitdiebe sind:

- Aufgaben, die routinemäßig erledigt werden, aber immer wieder Wichtigeres unterbrechen,
- uneffektiver Arbeitsstil,
- Störungen/Ablenkungen von außen,
- persönliche Eigenschaften, die einem konzentriert-effektiven Arbeiten entgegenstehen.

BEISPIELE

Zeitdiebe	mögliche Lösung
keine Ziele haben	• Ziele genau definieren – sie lassen sich dann leichter und mit weniger ablenkendem Aufwand erreichen. • Handeln an den eigenen Zielen ausrichten
Papierberge am Arbeitsplatz	• Neuordnung der Arbeitsplatzorganisation
fehlende Selbstdisziplin	• diszipliniert seine eigenen Pläne umsetzen
ständiges Abfragen der E-Mails (führt zu Stress und lenkt von wesentlicher Arbeit ab)	• Abfrage nur zu bestimmten Zeiten (z. B. 3-mal am Tag)
Störungen durch Telefonate	• Einrichten einer stillen Stunde • wichtige Arbeiten zu Zeiten ohne Publikumsverkehr erledigen

Zeitdiebe	mögliche Lösung
lange Besprechungen, Treffen und Meetings	• Prüfung, ob die Besprechung bzw. das Treffen überhaupt notwendig ist • genaue Zeitplanung (Zeitlimits setzen) für jeden einzelnen Tagesordnungspunkt • sich an die Tagesordnung halten (kein Abweichen oder fachfremde Gespräche) • laufende Kontrolle der Zeitplanung während des Meetings
Verzicht auf Planung	• Anwendung von Zeitmanagementmethoden
Stress durch zu lange aufgeschobene Erledigung von Aufgaben	• Anwendung von Zeitmanagementmethoden
zu viel Zeit für unwesentliche Dinge verwenden (z. B. aus Perfektionismus)	• priorisieren: auf das Wesentliche konzentrieren
nicht „Nein!" sagen können	• maßgebliche Ziele erreichen durch Vermeidung der Auferlegung zusätzlicher, zeitfressender (oft weniger wichtiger) Aufgaben
Heranziehen jeder Arbeit	• Aufgaben delegieren
Behinderung von Arbeitsabläufen durch mangelhafte Kommunikation	• eigenes Kommunikationsverhalten überprüfen • Kommunikationsregeln beachten
unangemeldete Besucher	• Einrichtung von Sprechzeiten
schlechte Arbeitsbedingungen (z. B. Lärm)	• Ursachen beseitigen
Stress durch komplex erscheinende Aufgaben	• Aufgabe in Teilschritte zerlegen

Durchführung des Zeitmanagements

Gutes Zeitmanagement besteht aus vier Phasen.

Vorbereitung

Zu Beginn aller Überlegungen zu einem effizienten Zeitmanagement stehen die Fragen:

- Wofür soll die zur Verfügung stehende Zeit überhaupt verwendet werden?
- Was sind die wichtigen Dinge?

Bestandsaufnahme

Grundlage der Bestandsaufnahme ist ein Zeitprotokoll. Für einen bestimmten Zeitraum wird hier erfasst, wie viel Zeit für welche Aktivitäten verbraucht wurde. Dieser Ist-Analyse sollte eine Soll-Analyse folgen: Wofür und in welchem Umfang sollte zukünftig Zeit verwendet werden?

Konkrete Planung

Ist die Bestandsaufnahme als Grundlage erarbeitet worden, benötigt man nur noch wenig Zeit für die konkrete Planung. Hier muss man sich einen Überblick über den kommenden Zeitraum verschaffen und anschließend die Prioritäten zeitlich ordnen. Dabei muss die Zeitplanung möglichst locker und unkompliziert gestaltet werden. Sie darf keinen Stress und Druck erzeugen. Hilfreich in der Zeitplanung hat sich die Beachtung verschiedener Regeln erwiesen (siehe Mindmap).

Bewertung

Effektives Zeitmanagement versucht nicht nur, konkret zu planen, sondern wertet auch die Ergebnisse aus. Die Bewertung der letzten Zeitplanung – und der Lerneffekt daraus – ist deshalb der letzte und zugleich erste Schritt im Zeitmanagement.

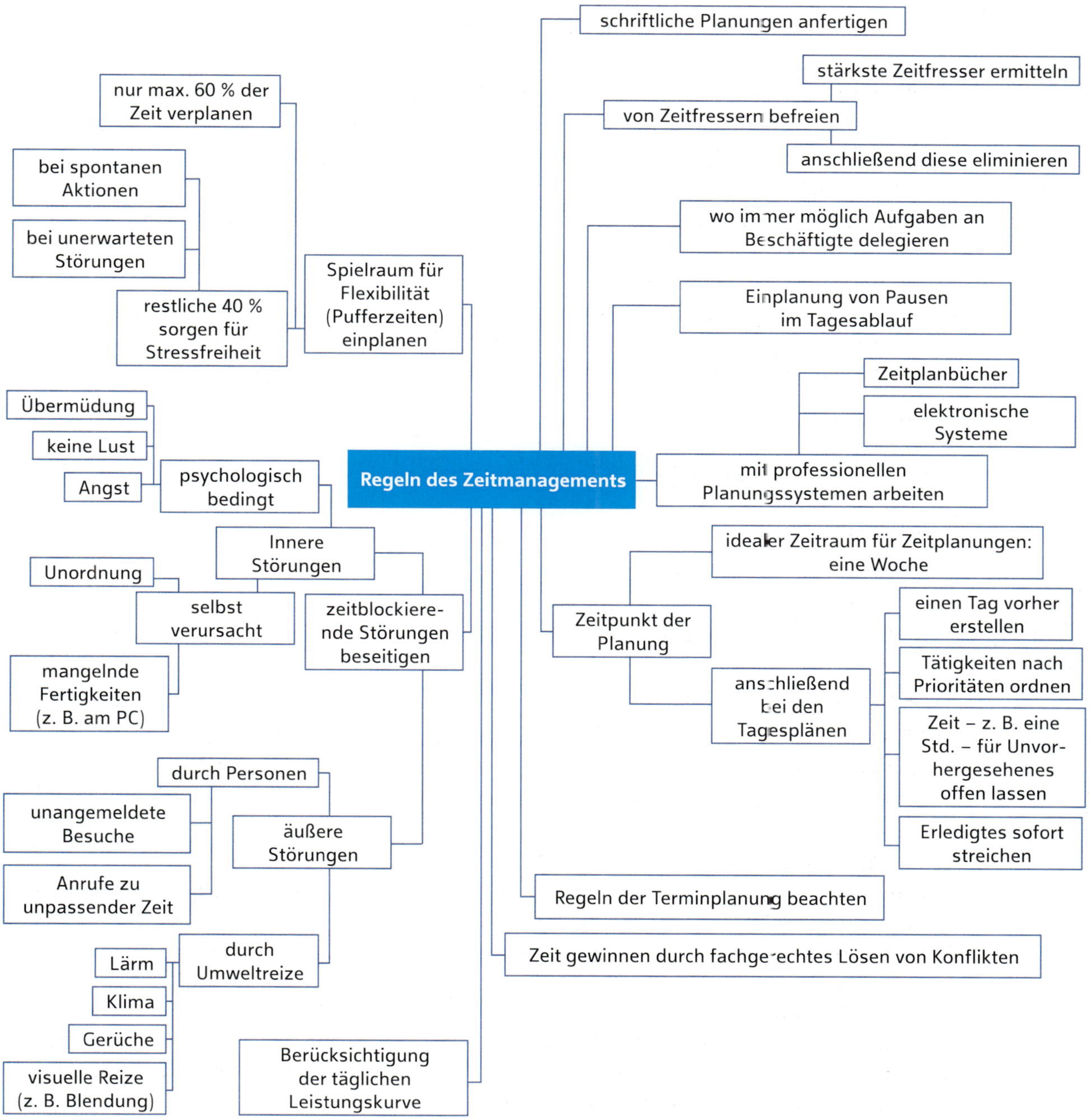
Regeln des Zeitmanagements
schriftliche Planungen anfertigen
von Zeitfressern befreien
stärkste Zeitfresser ermitteln
anschließend diese eliminieren
wo immer möglich Aufgaben an Beschäftigte delegieren
Einplanung von Pausen im Tagesablauf
mit professionellen Planungssystemen arbeiten
Zeitplanbücher
elektronische Systeme
Zeitpunkt der Planung
idealer Zeitraum für Zeitplanungen: eine Woche
anschließend bei den Tagesplänen
einen Tag vorher erstellen
Tätigkeiten nach Prioritäten ordnen
Zeit – z. B. eine Std. – für Unvorhergesehenes offen lassen
Erledigtes sofort streichen
Regeln der Terminplanung beachten
Zeit gewinnen durch fachgerechtes Lösen von Konflikten
Berücksichtigung der täglichen Leistungskurve
Spielraum für Flexibilität (Pufferzeiten) einplanen
nur max. 60 % der Zeit verplanen
restliche 40 % sorgen für Stressfreiheit
bei spontanen Aktionen
bei unerwarteten Störungen
zeitblockierende Störungen beseitigen
Innere Störungen
psychologisch bedingt
Übermüdung
keine Lust
Angst
selbst verursacht
Unordnung
mangelnde Fertigkeiten (z. B. am PC)
äußere Störungen
durch Personen
unangemeldete Besuche
Anrufe zu unpassender Zeit
durch Umweltreize
Lärm
Klima
Gerüche
visuelle Reize (z. B. Blendung)

Hilfsmittel der Zeitplanung

Es gibt eine große Anzahl von Methoden, die beim Zeitmanagement helfen.

Salamitaktik

Vor allem sehr umfangreiche Aufgaben bereiten im Rahmen des Zeitmanagements große Schwierigkeiten:

- Sie sind schwer exakt zu planen. Daher entstehen gerade hier häufig Zeitfresser.
- Steht man vor einer riesig erscheinenden Aufgabe, kann dies demotivierend wirken. Oft schiebt man diese Aufgabe dann auf.

Mit der Salamitaktik werden umfangreiche, unübersichtliche und auch schwierige Aufgaben in kleinere, überschaubare Schritte zerlegt. Der Begriff nimmt sinnbildlich Bezug auf das Zuschneiden eines großen Stücks Wurst in sehr viele dünne Scheiben. Ähnlich lassen sich die komplexesten Problemaufgaben Schritt für Schritt bewältigen. Ein ganz einfaches, aber sehr effektives Mittel sowohl der Terminplanung als auch des Zeitmanagements ist die To-do-Liste. Hier wird in Papierform, oft aber auch digital festgehalten, welche Aufgaben erledigt werden müssen und oft auch, bis wann dies zu geschehen hat (in einigen Fällen werden auch die Verantwortlichkeiten festgehalten). Das Aufstellen von To-do-Listen zwingt dazu, alle notwendigen Aufgaben und Tätigkeiten zu berücksichtigen und diese nicht zu vergessen. Es werden auch keine Fälligkeitsdaten übersehen.

Eisenhower-Prinzip

Verfährt man im Zeitmanagement nach dem Eisenhower-Prinzip, sortiert man die zu erledigenden Aufgaben nach zwei Kriterien:

- Sind die Aufgaben **dringend?**
  Dringende Aufgaben hängen an einem bestimmten Termin (an dem sie z.B. abgeschlossen sein müssen). Dessen Einhaltung bringt einen hohen Nutzen, dessen Nichteinhaltung aber würde einen großen Schaden verursachen. Bei der Dringlichkeit geht es um Zeit.
- Sind die Aufgaben **wichtig?**
  Wichtige Aufgaben bringen das Unternehmen oder die handelnden Personen einem Ziel näher. Die Wichtigkeit wird im Hinblick auf das angestrebte Ziel gemessen. Sie bezieht sich auf den Inhalt. Wichtige Aufgaben sind eher strategischer, langfristiger und präventiver Natur.

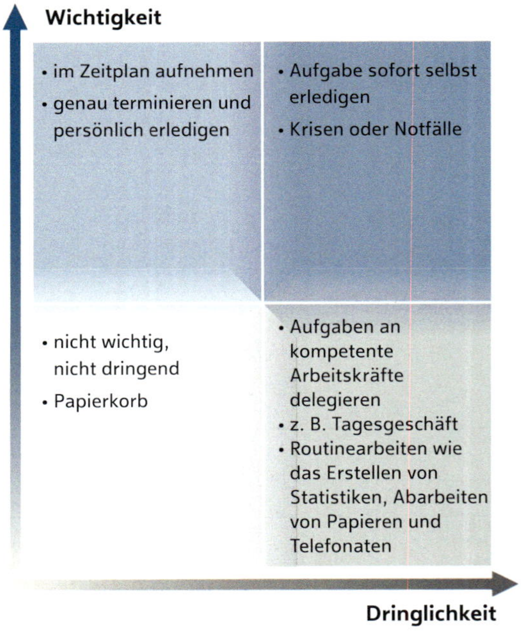

Daraus ergibt sich die nebenstehende Matrix: Beachtet werden sollte:

- Wichtigkeit kommt vor Dringlichkeit.
- Wichtigkeit bedeutet Arbeitserfolg.
- Dringlichkeit ist reine Terminsache.

BEISPIEL

Donnerstagmorgen: Herr Hoffmann ordnet die verschiedenen Aufgaben seiner To-do-Liste nach Dringlichkeit und Wichtigkeit.

Als **wichtig und dringlich** ergeben sich die folgenden Aufgaben:

- Die Projektauftaktsitzung „Die Hoffmann KG expandiert ins Ausland“ um 14:00 Uhr muss vorbereitet werden.
- Ein Gesprächstermin muss mit dem Filialleiter der Hamburger Filiale wegen eines Brands mit einem großen Schaden in der Nacht im dortigen Lager vereinbart werden.

→ Diese Aufgaben erledigt Herr Hoffmann persönlich und sofort.

Wichtig, aber weniger dringlich:

- Briefe an die Geschäftsleitung müssen beantwortet werden.
- Der Terminkalender muss geführt werden.

→ Bei diesen Aufgaben überlegt sich Herr Hoffmann, wann er dafür Zeit hat, und erledigt sie dann persönlich.

Dringlich, aber weniger wichtige Aufgaben:

- Das Zeugnis für einen ausscheidenden Arbeitnehmer muss geschrieben werden.
- Die neue Version eines Textverarbeitungsprogramms soll installiert werden.

→ Diese Aufgaben werden an die Beschäftigten der entsprechenden Fachabteilungen delegiert.

Wenig dringlich und wenig wichtige Aufgabe:

- Das Zimmer soll aufgeräumt werden.

→ Diese Aufgabe wird der Reinigungskraft übergeben.

Pareto-Prinzip

Die vom Wirtschaftswissenschaftler Vilfredo Pareto entdeckte 80/20-Regel ist eine der effektivsten Zeitmanagementmethoden. Sie beruht auf der Erkenntnis, dass 20 % eines Zeitaufwands in der Regel bereits 80 % des Erfolgs bewirken.

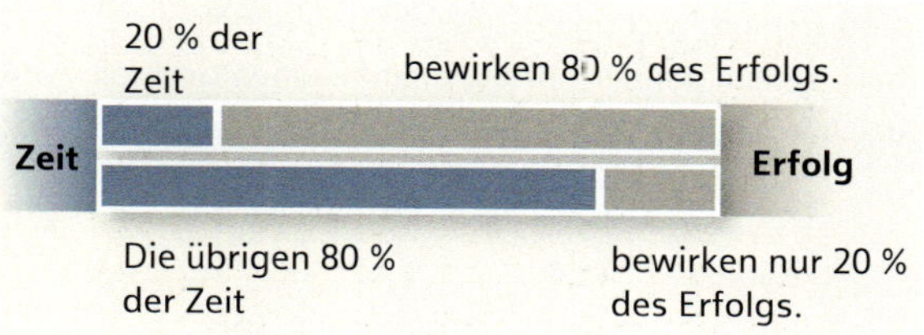

BEISPIELE

- 20 % der Besprechungszeiten bewirken oft 80 % der Beschlüsse.
- 20 % der Schreibtischarbeit ermöglichen häufig 80 % des Arbeitserfolgs.

Für das Zeitmanagement bedeutet das Pareto-Prinzip: Es bringt nicht viel, wenn man versucht, alles zu 100 % richtig und mit der gleichen Aufmerksamkeit und Kraftanstrengung zu machen. Besser ist es, die Priorität auf die wichtigen 20 % des Zeitaufwands zu legen: Diese Tätigkeiten sollten zuerst und mit aller Konzentration erledigt werden.

ALPEN-Methode

Diese Methode geht auf Lothar J. Seiwert zurück. Jeden Tag sollte man einige Minuten zur Erstellung eines schriftlichen Tagesplans nutzen. Dabei sollte man in fünf Schritten vorgehen.

ABC-Methode

Die ABC-Methode hilft, Prioritäten zu setzen: Alle Aufgabe werden in die drei Klassen einsortiert:

- hohe Priorität = A-Aufgabe
- mittlere Priorität = B-Aufgabe
- niedrige Priorität = C-Aufgabe

Aufgaben-Typ	zu beachten
A-Aufgaben stellen die wichtigsten Aufgaben dar. Sie machen nur einen relativ kleinen Anteil der Aufgabenmenge aus, sind aber für den Arbeitserfolg überaus bedeutsam und nicht delegierbar.	• morgens, wenn man noch ausgeruht ist, mit einer A-Aufgabe beginnen • A-Aufgaben sollten den Hauptteil der Arbeitszeit (ca. 65 %) einnehmen.
B-Aufgaben sind Aufgaben von mittlerer Wichtigkeit, machen nur etwa 20 % des Arbeitserfolgs aus und sind häufig delegierbar.	• B-Aufgaben in Angriff nehmen, wenn die A-Aufgaben erledigt sind – meist nachmittags • ca. 20 % der Arbeitszeit investieren
C-Aufgaben sind weniger wichtig bis unwichtig (und delegierbar), stellen aber erfahrungsgemäß einen Großteil der Aufgaben.	• C-Aufgaben bei Leistungstiefs oder bei Hochbetrieb im Büro abarbeiten • ca. 15 % der Arbeitszeit investieren

AUFGABEN

1. Definieren Sie den Begriff des Zeitmanagements.
2. Führen Sie Ziele des Zeitmanagements auf.
3. Erklären Sie, was Zeitdiebe sind.
4. Führen Sie Zeitdiebe auf.
5. Führen Sie die vier Phasen einer effektiven Zeitplanung auf.
6. Nennen Sie mindestens fünf Regeln des Zeitmanagements.
7. Unterscheiden Sie wichtige und dringende Aufgaben?
8. Ordnen Sie nach der Eisenhower-Methode:
   a) Briefe beantworten und Kopien erstellen
   b) Ein wichtiger Kunde hat sich kurzfristig angesagt, für den eine Präsentation erstellt werden muss.
   c) Für eine Besprechung in einer Woche müssen Unterlagen erstellt werden.
   d) Die Sekretärin bringt einen Stapel unverlangt zugesandter Prospekte zum Thema „Kantinenverpflegung".

9. Was versteht man unter dem Pareto-Prinzip?
10. Führen Sie Situationen auf, in denen die Salamitaktik angewandt wird.
11. Erläutern Sie die fünf Schritte der ALPEN-Methode.
12. Geben Sie an, wie die ABC-Analyse beim Zeitmanagement hilft.
13. Viele Zeitdiebe basieren auf Störungen. Daher sollten Sie Störungen identifizieren und ausschalten:
    a) bei der Arbeit im Praktikumsbetrieb
    b) bei der Vorbereitung auf eine Klassenarbeit

    Verwenden Sie dazu eine Tabelle in der vorliegenden Art:

Art der Störung	Störungsquelle(n)	Maßnahme(n) zur Beseitigung
Innere Störungen		
Äußere Störungen		

14. Alle Menschen sind im Tagesverlauf in ihrer Leistungsfähigkeit bestimmten Schwankungen unterworfen. Wichtige Tätigkeiten sollten in diesem Zusammenhang in Phasen hohen Leistungsvermögens gelegt werden.
    Statistiker haben den folgenden durchschnittlichen Verlauf der Leistungsfähigkeit ermittelt.
    Beobachten Sie sich über mehrere Tage. Wo finden Sie Abweichungen?

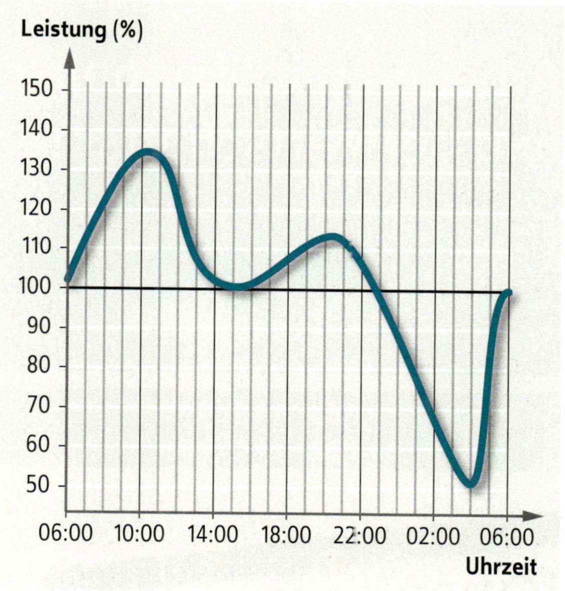

15. Bearbeiten Sie das folgende Quiz zu Zeitdieben im Büro:
    http://quiz.sueddeutsche.de/quiz/2081641991-quiz--zeitfresser-im-buero/1

ZUSAMMENFASSUNG

Zeitmanagement
= effektive Zeitplanung

Ablauf
- Vorbereitung
- Bestandsaufnahme
- konkrete Planung
- Bewertung

Hilfsmittel
- Salamitaktik
- To-Do-Liste
- Pareto-Prinzip
- Eisenhower-Prinzip
- ALPEN-Methode
- ABC-Analyse

5 Arbeiten mit ökonomischen Quellen und der Wirtschaftspresse

5.1 Journalistische Wirtschaftsnachrichten als wichtige Informationsquellen

EINSTIEG

In der großen Pause wird in der Klasse diskutiert.

Carolin Saager: „Ich gucke jetzt immer morgens in den Wirtschaftsteil unserer Zeitung. Mir wird jetzt vieles klarer, wie es in der Wirtschaft läuft ...."

Tamara Nestmann: „Ach, das ist doch völlig unwichtig. Langweilig auch ... Und absolut unverständlich!"

Beurteilen Sie die Aussagen.

INFORMATION

Jeden Tag stellen die Wirtschaftsteile von Zeitungen, anderen Print- und Onlinemedien[1] sowie Radio- und Fernsehsendungen die Grundlage für die Meinungsbildung und die Information vieler Wirtschaftsteilnehmer dar. Dies können sein:

- Mitglieder der Unternehmensleitungen,
- Beschäftigte der Unternehmen,
- Kunden,
- Lieferanten,
- Personen, die Gelder anlegen wollen,
- aber auch Privatleute.

Wirtschaftsnachrichten können sowohl in den unterschiedlichsten Arten von Print- und Onlinemedien, aber auch in Hörfunk- und Fernsehsendungen vermittelt werden. Bei den Wirtschaftsnachrichten kann es sich

- sowohl um journalistisch bearbeitete Beiträge[2] handeln
- als auch um die reine Darstellung unterschiedlichster Finanzkennzahlen oder öffentliche Bekanntmachungen, die wirtschaftsrelevant sind.

Zeitungen informieren unterschiedlich über die Wirtschaft.

Printmedien

Es gibt zum Teil große Unterschiede zwischen den verschiedenen Printmedien. Einzelne Themen werden oft unterschiedlich behandelt, häufig auch nach der jeweiligen Ausrichtung des Mediums bewertet.

1 Alle Printmedien haben auch Onlineausgaben. Weitere Onlineinformationen werden ausführlich in Kap. 5.3 beschrieben.
2 In diesem Kapitel geht es um von Journalisten erarbeitete Beiträge in Presse, Funk und Fernsehen. Die Wirtschaftsnachrichten, die aus Finanzkennzahlen bzw. öffentlichen Verlautbarungen bestehen, werden im Kap. 5.2 thematisiert.

Die verschiedenen Wirtschaftsteile der einzelnen Zeitungen unterscheiden sich sowohl in der Darstellung als auch im Aufbau zum Teil erheblich. Unterschiede gibt es auch hinsichtlich der Qualität der Informationen.

BEISPIELE

Es gibt überregionale Tageszeitungen mit Wirtschaftsteil, Lokalzeitungen mit Wirtschaftsteil, Wochenzeitungen oder auch Nachrichtenmagazine. Alle haben einen Wirtschaftsteil, richten sich aber an unterschiedliche Zielgruppen und bieten im unterschiedlichem Ausmaß und in unterschiedlicher Tiefe Wirtschaftsinformationen an. Eine überregionale Tageszeitung (wie z. B. die Frankfurter Allgemeine Zeitung oder die Süddeutsche Zeitung) informiert detailliert über das deutsche und internationale Wirtschaftsgeschehen – alle Aspekte berücksichtigend und tiefgehend. Sie richtet sich an Entscheidungsträger in der überregionalen Wirtschaft. Eine Lokalzeitung ist dagegen mit ihrem Wirtschaftsteil für die ortsansässigen mittelständischen Unternehmen relevant. Beide Arten von Zeitungen bieten sehr aktuelle Informationen in einem vergleichsweise großen Angebot.

Wochenzeitungen (wie „Die Zeit") oder Nachrichtenmagazine (wie „Der Spiegel") wenden sich im Prinzip an eine interessierte Öffentlichkeit und möchten diese auch über geschäftliche und ökonomische Zusammenhänge informieren. Sie gehen zwar manchmal auch sehr tief in die Materie ein, umfassen aber nicht das Spektrum an Nachrichten und Information wie die Tageszeitungen.

Die meisten Wirtschaftsteile haben eine bestimmte Grundstruktur.

Viele Wirtschaftsteile in Printmedien sind etwa wie folgt aufgebaut:

- Informationen zu aktuellen Themen
- Deren Bewertung in Form von Kommentaren
- Überblick über aktuelle wirtschaftliche Daten und Tendenzen.
- Nachrichten zu Unternehmen bzw. zu Unternehmern
- Berichte über verschiedene Märkte

Themenbereiche von Wirtschaftsnachrichten

Ein Wirtschaftsteil lässt sich auch im Hinblick auf die behandelten Themenbereiche strukturieren:

Volkswirtschaftlicher Themenbereich

Aufgrund der Globalisierung werden gesamtökonomische Fragen immer wichtiger. Interessierte Wirtschaftsteilnehmer müssen das Verhalten von Unternehmen, privaten Haushalten, Banken und Staaten verstehen. Berücksichtigen müssen sie auch internationale Reaktionen und ökonomische Auswirkungen.

BEISPIEL

Herr Hoffmann liest gerade einen Artikel über eine Zinssenkung der Deutschen Bundesbank. Er interessiert sich für Informationen dazu. Aus Kommentaren möchte er sich ebenfalls eine Meinung darüber bilden, wie sich diese Zinssenkung auf die Investitionen (allgemein für die Wirtschaft und speziell für die Hoffmann KG) und auf die Exporte auswirkt.

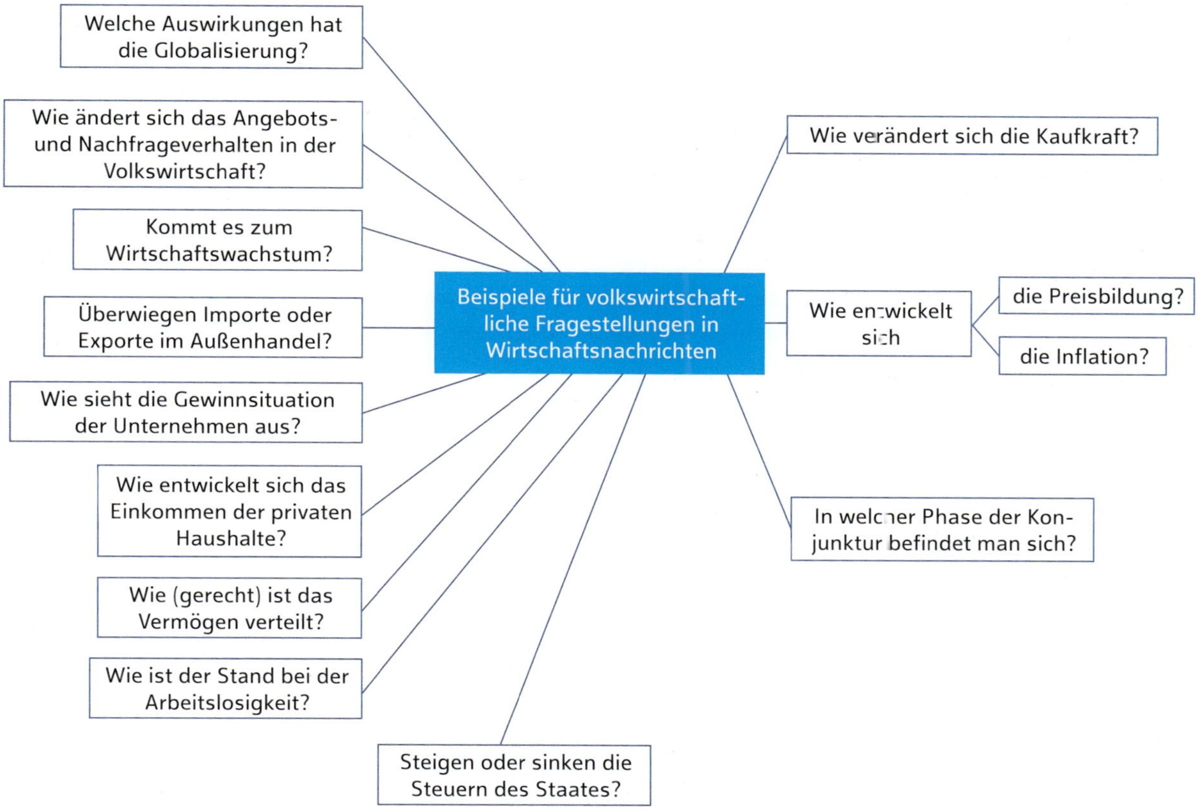

Betriebswirtschaftlicher Themenbereich
Wirtschaftsteile von Printmedien behandeln auch individuelle unternehmensspezifische Angelegenheiten. Darunter können unter anderem Berichte über Jahreszahlen und Hauptversammlungen fallen, aber auch Meldungen zu bestimmten Unternehmerpersönlichkeiten.

BEISPIEL

Die Hoffmann KG steht in einer langjährigen Geschäftsbeziehung mit einem Kunden. Dieser hat momentan finanzielle Probleme. Einem Zeitungsartikel kann Herr Hoffmann entnehmen, wie die Sanierungsphase dieses Unternehmens verläuft. Da Forderungen diesem Unternehmen gegenüber bestehen, muss die finanzielle Situation des Kunden genau beobachtet werden.

Finanzwirtschaftlicher Themenbereich
Ein dritter wichtiger Themenbereich in den Wirtschaftsteilen von Medien ist der finanzwirtschaftliche Bereich. Hier werden Informationen über Anlageformen wie Aktien, festverzinsliche Wertpapiere, Devisen usw. gegeben.

BEISPIEL

Herr Hoffmann möchte einen Teil seines Privatvermögens in Aktien anlegen, da mit der Anlage auf Bankkonten momentan zu geringe Zinserträge zu erzielen sind. Da der Aktienhandel riskanter ist als eine Anlage zum Beispiel in Tagegeldern, ist er als Anleger auf fundierte Informationen und Einschätzungen von Fachleuten angewiesen. Diese findet er im Wirtschaftsteil seiner Tageszeitung.

Für Entscheidungsträger sind außerdem steuerliche Fragen und Informationen über die aktuelle Rechtsprechung wichtig.

BEISPIEL

Herr Hoffmann interessiert sich für eine aktuelle Entscheidung des Bundesgerichtshofs zum Arbeitsrecht. Darüber liest er in seiner Tageszeitung.

Aufgaben eines Wirtschaftsteils

Die Wirtschaftsberichterstattung eines Printmediums stellt eine bewusste Auswahl der nach Ansicht des Verlags, der Redakteure oder des Journalisten für die Leser wichtigsten Nachrichten dar. Vor diesem Hintergrund haben Wirtschaftsnachrichten verschiedene Aufgaben:

- **Nachrichtenübermittlung:**
  Es geht um die Sammlung, Ordnung, Auswahl, Ergänzung und Wiedergabe von aktuellen Informationen, die für die betreffenden Wirtschaftsteilnehmer bedeutsam sein könnten.
- **Erläuterung** gesamt- und betriebswirtschaftlicher Tatbestände:
- Neben einer verständlichen Information über ökonomische Zusammenhänge gehört dazu auch das Aufzeigen wirtschaftspolitischer Probleme.
- **Meinungsbildung** und Beeinflussung**:**
  Dies kann je nach Standpunkt, Ziel und Meinung des jeweiligen Journalisten durch Leitartikel, Kommentare und Glossen erfolgen.
- **Public Relations**:
  Über den Weg des Wirtschaftsteils kann oft auch eine Kontaktpflege zu Unternehmen und Verbänden erfolgen. Presseabteilungen nutzen Wirtschaftsnachrichten für Public-Relations-Maßnahmen durch Herausgabe von Pressemitteilungen, die im Wirtschaftsteil wiedergegeben (und oft positiv oder negativ kommentiert) werden.

- **Forum** für Aussprachen durch Stellungnahmen der durch ökonomische und politische Maßnahmen Betroffenen:

  Dies können z. B. Leserzuschriften und Berichtigungen sein.

- Mittel zur **Konjunktur und Wachstumsbeobachtung**:
  Die Wirtschaftsnachrichten versuchen, Hinweise über zukünftige Entwicklungen zu geben. Dies kann etwa durch Berichte über den Geschäftsverlauf wichtiger Branchen, aber auch relevanter Unternehmen geschehen.
- Volkswirtschaftlich gesehen dienen Wirtschaftsnachrichten auch zur Förderung der **Markttransparenz**:
  Informationen im Wirtschaftsteil lassen ökonomische Vorgänge durchschaubarer werden. Man sieht Zusammenhänge, die Wirtschaftsteilnehmer von ihrem isolierten Standpunkt aus nicht erkennen können. Wenn man Geld in irgendeiner Form am Kapital- oder Geldmarkt anlegen möchte, sollten Nachrichten zu Wertpapierbörsen, über den Geldmarkt sowie Maßnahmen der Notenbank aufmerksam verfolgt werden.

Wirtschaftsnachrichten im Fernsehen

Das Fernsehen erreicht mit seinen technischen Möglichkeiten in kurzer Zeit so viele Wirtschaftsteilnehmer wie kein anderes Medium. Wirtschaftsrelevante Informationen sind dort aber überwiegend eingebettet in nicht wirtschaftliche, insbesondere politische Zusammenhänge. Sucht man im Fernsehen nach Wirtschaftsinformationen, so wird man vornehmlich in Nachrichtensendungen und speziellen Magazinsendungen fündig:

- In Nachrichtensendungen wie „Tagesschau“ oder „heute“ nehmen wirtschaftliche Themen nur etwa 10 % ein.
- Wirtschaftsthemen im Fernsehen sind eher in Magazinsendungen zu finden: Formate wie „plus minus“ oder „WISO“. Diese unterliegen anderen Produktionsbedingungen als die tagesaktuelle Berichterstattung zu Wirtschaftsthemen in den Nachrichten. Zu bestimmten Themen wird tiefergehend recherchiert und berichtet. Einen einheitlichen Schwerpunkt bei der Berichterstattung gibt es nicht (obwohl vergleichsweise oft Verbraucherschutzthemen angesprochen werden).
- Ein relativ neues Sendeformat ist die „Börse im Ersten“, die die ARD werktäglich zum Börsengeschehen innerhalb ihrer Informationssendungen ausstrahlt.
- Es gibt auch Nachrichtensender, bei denen Wirtschaftsnachrichten einen starken Anteil am Programm ausmachen.

BEISPIELE

- Die drei Hauptprogrammsäulen von n-tv sind Nachrichten, Wirtschaft und Talk. Aktuelle Wirtschafts- und Börseninformationen werden am unteren Bildrand im Laufband eingeblendet.
- Auch N 24 bringt vergleichsweise viele Nachrichten und Informationssendungen zum Thema Wirtschaft und Finanzen. Börsenindizes werden in Echtzeit und alle anderen Kurse mit einer Verzögerung von 15 Minuten in Form eines Lauftextes (Ticker) dargestellt.

Unterschiede zwischen Fernsehen und Printmedien bei der Wirtschaftsberichterstattung

Fernsehen benötigt in der tagesaktuellen Berichterstattung stets einen konkreten Anlass zur Thematisierung von Wirtschaftsnachrichten. Tageszeitungen verfügen dagegen immer über einen festen Wirtschaftsteil. Deshalb müssen sie täglich und kontinuierlich über ökonomische Aspekte und Zusammenhänge berichten. Vor diesem Hintergrund kann man in einer Tageszeitung mehr über Wirtschaft erfahren als in einer Nachrichtensendung im Fernsehen. Der Betrachter der Fernsehnachrichten hat vergleichsweise weniger Auswahlmöglichkeiten: Ihm wird ein in Abfolge und Inhalt festgelegtes Themenpaket angeboten, das er als Einheit konsumiert. Der Leser oder die Leserin der Tageszeitung entscheidet dagegen selbst, ob und welche Informationen er oder sie – in welcher Tiefe – aufnehmen will.

AUFGABEN

1. Geben Sie Zielgruppen von Wirtschaftsnachrichten an.
2. Führen Sie zwei Arten von Wirtschaftsnachrichten auf.
3. Zeigen Sie Unterschiede zwischen verschiedenen Printmedien auf.
4. Erläutern Sie, welche Grundstruktur ein Wirtschaftsteil in Printmedien oft hat.
5. Führen Sie Themenbereiche von Wirtschaftsnachrichten auf.
6. Erläutern Sie die Aufgaben eines Wirtschaftsteils in Printmedien.
7. Geben Sie an, wo man im Fernsehen Wirtschaftsinformationen bekommen kann.
8. Unterscheiden Sie zwischen Fernsehen und Printmedien bei der Wirtschaftsberichterstattung.
9. Besorgen Sie sich an einem Schultag ein Exemplar einer überregionalen Tageszeitung, ein Exemplar einer Lokalzeitung, ein Nachrichtenmagazin und eine Wochenzeitung.
   a) Vergleichen Sie den seitenmäßigen Umfang an Wirtschaftsnachrichten.
   b) Ermitteln Sie die Struktur und die Art der Wirtschaftsinformationen.
   c) Zeigen Sie anhand ausgewählter Artikel die jeweils unterschiedlichen Zielgruppen auf.
   d) Untersuchen Sie, wo der Schwerpunkt des jeweiligen Printmediums liegt.
10. Besuchen Sie die Internetseiten der Wirtschaftsmagazine im Fernsehen:
    https://www.daserste.de/information/wirtschaft-boerse/plusminus/index.html
    https://www.zdf.de/verbraucher/wiso
    https://www.3sat.de/gesellschaft/makro
    Schauen Sie sich jeweils eine Sendung (direkt oder über die Mediathek) an.
    Untersuchen Sie, welche ökonomischen Themen in der jeweiligen Sendung im Vordergrund stehen.
    Geben Sie an, wo es Ihrer Meinung nach Unterschiede zwischen den drei Sendungen gibt.
11. Besuchen Sie die Internetseiten der Sendung „Börse vor acht".
    https://www.ardmediathek.de/sendung/boerse-vor-acht/Y3JpZDovL2hyLW9ubGluZS8zNzY3MjgxMA/
    Stellen Sie Unterschiede zu denen in Aufgabe 10 vorgestellten Wirtschaftsmagazinen fest und erläutern Sie diese.

ZUSAMMENFASSUNG

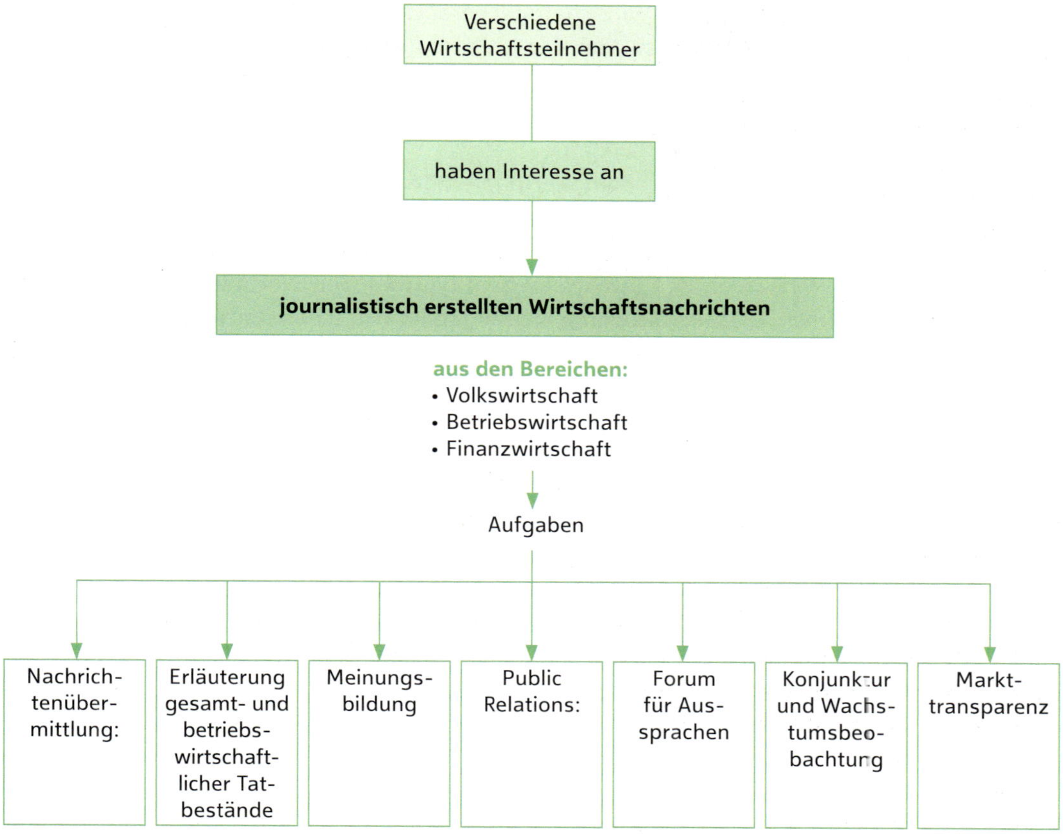

5.2 Wirtschaftsdaten in reiner Form

EINSTIEG

Wieder trifft sich die Klasse in der großen Pause. Tamara Nestmann regt sich auf:

„Ach Carolin, du mit deinem Wirtschaftsteil ... Dass da Journalisten Arbeit haben müssen und Artikel schreiben, kann ich ja verstehen ... Aber dann: Lauter Tabellen, Statistiken, irgendwelche Listen mit seltsamen Angaben ... Das versteht doch keiner!“

Erläutern Sie exemplarisch, welche Informationen man aus Darstellungen wie Kurstabellen ziehen kann.

INFORMATION

Neben den journalistisch bearbeiteten und erstellten Beiträgen zum Wirtschaftsgeschehen stellen die meisten Tageszeitungen in ihren Wirtschaftsteilen auch die Preis- und Mengenbewegungen von Wertpapieren, Devisen, Waren, usw. dar. Diese werden als reine Daten aus unterschiedlichen Quellen den Zeitungen zur Verfügung gestellt.

BEISPIEL

Die Frankfurter Börse ist eine der größten Wertpapierbörsen der Welt. Dort werden die unterschiedlichsten Arten von Wertpapieren gehandelt. So können Anleger unter anderem Aktien kaufen und verkaufen. Fortlaufend werden die Preise von der Deutschen Börse ermittelt. Diese Kurse spiegeln den Wert wider, den Investoren dem betreffenden Wertpapier und damit dem Unternehmen beimessen. Diese Kurse werden jeden Tag im Wirtschaftsteil abgedruckt bzw. online veröffentlicht, in den Nachrichtensendern zum Teil sogar live gemeldet.

Informationen über den Aktienhandel

Auf einem Aktienmarkt werden durch Verkaufs- und Kaufaufträge die Preise für Aktien gebildet. Der Handel mit Aktien findet meistens an Börsen statt. Am Ende eines Börsentages wird ein Bericht veröffentlicht, aus dem die Kurse des jeweiligen Tages zu ersehen sind. Diese werden in den Wirtschaftsteilen der Tageszeitungen, aber auch in Nachrichtensendern veröffentlicht. Während spezielle Wirtschaftszeitungen (z. B. das Handelsblatt) oder Zeitungen mit umfangreichem Wirtschaftsteil (Frankfurter Allgemeine Zeitung/Süddeutsche Zeitung) Kurstabellen von mehreren Seiten abdrucken, drucken lokale Zeitungen oft nur die Standardwerte. Dies sind die 20 bis 50 wichtigsten Kursnotierungen.

Wichtige Informationen, die man aus einer solchen Kurstabelle gewinnen kann, sind:

- der neueste Kurs (Stand: Ende des Tages),
- der Vortageskurs,
- die Höhe der zuletzt ausgezahlten Dividende,
- Veränderungen in Prozent seit dem letzten Jahr,
- der Höchststand, den die Aktie im letzten Jahr erzielt hat,
- den Tiefstand im letzten Jahr,
- die Dividende,
- die Rendite der Dividende,
- das Kurs-Gewinn-Verhältnis.

Beachtet werden muss, dass sich Aktienkurse auf unterschiedliche Stückelung beziehen.

Weit über 90 % des gesamten Aktienhandels an den Wertpapierbörsen in Deutschland laufen über Xetra. Dies ist ein vollelektronisches Handelssystem, das alle Kauf- und Verkaufsaufträge lizenzierter Händler in einem zentralen Computersystem gegenüberstellt. Stimmen Stückzahl und -preis überein, werden die Aufträge automatisch zusammengeführt.

52 Wochen Tief Vergleich Hoch	Börsenwert in Mrd. Landeswähr. Gesamt	Streubes.	KGV 2021	2022		6.10.21 Schluss	7.10.21 Schluss	Xetra Tages Hoch	Tief	Veränd. in % seit 6.10.	30.12.20	Xetra 52 Wochen Hoch	Tief	Div.	Div.-Rend.	Ums.Ges. Tsd.St. 6.10.
			14,8	13,9	**Dax**	14973,33	**15250,86**	15253,29	15116,47	+1,9	+11,2	16030,33	11450,08	326,10	2,14	97939
	53,51	46,32	34,8	26,4	Adidas NA ▲▼	261,85	**267,00**	267,50	262,70	+2,0	−10,4	336,25	252,05	3,00^{1x}	1,12	678
	89,76	66,43	29,1	22,5	Airbus (NL) ▲▼	113,50	**114,20**	115,30	113,74	+0,6	+25,1	120,92	59,29	0,00^{1x}	0,00	463
	81,92	81,80	9,9	9,2	Allianz vNA ▲▼	195,78	**198,70**	199,60	197,08	+1,5	−1,0	223,50	148,60	9,60^{1x}	4,83	1038
	58,18	58,18	9,8	10,9	BASF NA ▲▼	61,91	**63,34**	63,67	62,25	+2,3	−2,1	72,88	45,92	3,30^{1x}	5,21	4120
	46,53	46,53	7,8	7,1	Bayer NA ▲▼	46,34	**47,36**	47,49	46,50	+2,2	−1,7	57,73	39,91	2,00^{1x}	4,22	4036
	50,24	26,64	5,7	6,3	BMW St ▲	81,61	**83,45**	84,24	82,56	+2,3	+15,5	96,39	57,25	1,90^{1x}	2,28	1718
	12,62	12,62	20,2	18,0	Brenntag NA	81,08	**81,68**	81,82	80,82	+0,7	+29,0	87,40	53,92	1,35^{1x}	1,65	360
	18,82	10,17	13,8	9,1	Continental	90,50	**94,12**	94,70	90,50	+4,0	−13,2	118,65	79,14	0,00^{1x}	0,00	526
	10,99	10,65	7,3	8,9	Covestro	55,40	**56,88**	56,94	55,76	+2,7	+12,7	63,24	39,50	1,30^{1x}	2,29	1060
	84,13	66,10	7,0	6,8	Daimler NA ▲▼	75,57	**78,64**	78,88	76,39	+4,1	+36,1	80,41	43,12	1,35^{1x}	1,72	3483
	26,75	16,32	0,0	0,0	Delivery Hero	103,50	**107,15**	107,15	102,55	+3,5	−15,6	145,40	90,60	0,00^{1x}	0,00	770
	23,55	21,62	10,8	8,7	Deutsche Bank NA	10,93	**11,40**	11,49	11,05	+4,3	+27,3	12,56	7,48	0,00^{1x}	0,00	10905
	27,60	26,63	22,2	20,4	Deutsche Börse NA ▲	142,35	**145,25**	145,25	142,70	+2,0	+4,3	152,65	124,85	3,00^{1x}	2,07	538
	66,72	53,00	13,8	13,7	Deutsche Post NA ▲▼	53,18	**53,85**	55,15	53,19	+1,3	+33,0	61,38	37,67	1,35^{1x}	2,51	2845
	84,09	54,68	13,8	13,3	Deutsche Telekom NA ■▲▼	16,66	**16,86**	16,95	16,74	+1,2	+12,8	18,92	12,59	0,60^{1x}	3,56	27879
	19,58	12,58	34,4	34,7	Dt. Wohnen Inh.	52,96	**52,98**	52,98	52,92	±0,0	+21,3	53,04	38,03	1,03^{1x}	1,94	519
	29,12	23,50	12,4	12,3	E.ON NA	11,06	**11,03**	11,24	11,03	−0,3	+21,6	11,43	8,27	0,47^{1x}	4,26	8439
	22,25	15,60	12,1	10,6	Fresenius	39,35	**39,85**	40,00	39,40	+1,3	+5,3	47,60	31,03	0,88^{1x}	2,21	1349
	17,64	11,96	16,7	14,2	Fresenius M. C. St.	59,72	**60,22**	60,54	59,90	+0,8	−11,7	75,08	55,18	1,34^{1x}	2,23	368
	62,65	15,39	27,7	26,7	Healthineers ■	55,12	**55,54**	55,96	54,78	+0,8	+32,3	61,50	36,16	0,80^{1x}	1,44	618
	12,68	9,44	7,7	7,3	HeidelbergCement	62,94	**63,90**	64,68	63,44	+1,5	+4,4	81,04	47,35	2,20^{1x}	3,44	1301
	14,33	13,45	50,1	45,0	HelloFresh	81,22	**82,44**	82,76	79,98	+1,5	+30,4	97,38	38,02	0,00^{1x}	0,00	693
	14,09	13,79	17,1	15,6	Henkel Vz.	78,50	**79,06**	79,70	78,70	+0,7	−14,3	99,50	76,96	1,85^{1x}	2,34	572
	46,96	43,20	31,8	25,2	Infineon NA ■▲	35,44	**35,96**	36,33	35,46	+1,5	+14,6	38,50	23,38	0,22^{1x}	0,61	6466
	133,82	133,63	25,1	22,9	Linde PLC (IRL) ▲▼	251,90	**260,50**	261,55	255,70	+3,4	+22,3	271,55	183,15	1,06\$^{4x}	1,29	999
	24,14	24,14	22,5	21,2	Merck	186,75	**186,80**	188,05	184,35	±0,0	+33,1	207,90	121,25	1,40^{1x}	0,75	372
	10,60	10,60	33,9	24,8	MTU Aero Engines	196,05	**198,50**	200,50	196,65	+1,2	−7,0	224,90	142,40	1,25^{1x}	0,63	272
	33,93	33,92	12,5	10,0	Münch. Rück vNA ▲	240,30	**242,20**	244,15	240,85	+0,8	−0,2	269,30	194,10	9,80^{1x}	4,05	304
	12,97	12,97	6,3	5,4	Porsche Vz.	81,76	**84,70**	84,80	82,40	+3,6	+50,2	102,00	44,45	2,21^{1x}	2,61	738
	15,14	10,09	50,6	35,1	Puma	97,30	**100,35**	100,40	97,76	+3,1	+8,7	109,70	74,08	0,16^{1x}	0,16	274
	10,17	10,13	18,2	21,8	Qiagen (NL) ■	44,09	**44,46**	44,46	43,34	+0,8	+4,7	48,05	36,00	0,00^{1x}	0,00	706
	21,46	19,83	17,5	17,8	RWE St.	31,80	**31,73**	32,43	31,66	−0,2	−8,2	38,65	28,39	0,85^{1x}	2,68	2407
	145,28	119,06	20,0	22,4	SAP ■▲▼	116,30	**118,26**	118,58	117,00	+1,7	+10,3	135,62	89,93	1,85^{1x}	1,56	2878
	19,15	17,42	67,2	64,2	Sartorius Vz. ■	513,40	**511,40**	523,60	499,30	−0,4	+48,8	599,60	332,00	0,71^{1x}	0,14	66
	16,10	9,65	820,7	25,0	Siemens Energy	21,64	**22,16**	22,28	21,85	+2,4	−26,1	34,48	18,36	0,00^{1x}	0,00	3454
	117,10	111,22	18,9	17,8	Siemens NA ▲▼	135,18	**137,76**	137,76	135,80	+1,9	+17,2	151,86	98,50	3,50^{1x}	2,54	1447
	15,87	14,60	39,7	36,8	Symrise Inh.	112,70	**113,55**	114,45	112,95	+0,3	+4,8	127,15	95,88	0,97^{1x}	0,85	315
	39,29	34,88	6,8	5,9	Volkswagen Vz. ▲	186,60	**190,52**	193,30	188,34	+2,1	+25,0	252,20	122,96	4,86^{1x}	2,55	1028
	29,99	29,99	21,0	19,6	Vonovia NA ▲	51,54	**52,14**	52,14	51,46	+1,2	−12,8	61,66	48,57	1,69^{1x}	3,24	1189

Daten: Infront, abgedruckt in: Frankfurter Allgemeine Zeitung vom 08.10.2021, S. 28

Für eine Analyse der Aktien werden häufig zwei Kennzahlen aufgeführt:

- Das Kurs-Gewinn-Verhältnis (KGV) zeigt das Verhältnis vom Aktienkurs zum erwarteten Gewinn eines Unternehmens an. Das Kurs-Gewinn-Verhältnis kann einfach berechnet werden:

$$\text{KGV} = \frac{\text{Aktueller Aktienkurs}}{\text{Gewinn je Aktie}}$$

- Die Dividendenrendite ist das Verhältnis von ausgeschütteter Dividende zum aktuellen Börsenkurs. Der Wert ist ein Prozentsatz und spiegelt etwa die Verzinsung wider, die man durch das Aktieninvestment erhält:

$$\text{Dividendenrendite} = \left(\frac{\text{Dividende}}{\text{Aktienkurs}}\right) \cdot 100$$

Informationen über festverzinsliche Wertpapiere

Neben Aktien werden an Wertpapierbörsen oft festverzinsliche Wertpapiere gehandelt. Während Aktien einen Anteil am Grundkapital der Aktiengesellschaft darstellen, sind festverzinsliche Wertpapiere Dokumente und Wertrechte, die gegen Kredite herausgegeben werden. Weil diese Anleihen von Unternehmen regelmäßig wiederkehrende Zinszahlungen nach sich ziehen, werden sie auch „Rentenwerte" genannt. Für einen Kreditgeber sind festverzinsliche Wertpapiere eine relativ sichere Geldanlage. Es wird eine regelmäßige Verzinsung gezahlt. Die Besitzer wissen genau, wann und zu welchem Kurs diese Papiere von den ausgehenden Institutionen wieder zurückgenommen werden.

Anleihen

Unternehmensanleihen

Zins	Laufzeit	Zins-termin	07.10. 18.35 h	07.10. Rend.
2,25	Adidas 14/26	8.10.	110,85	0,0718
2,121	Allianz SE 2 20/50	8.7.	106,13	1,8441
2	BASF SE 12/22	5.12.	102,82	-0,4404
1,125	Bayer 20/30	6.1.	102,57	0,8013
4,5	Bilfinger 19/24	14.6.	107,84	1,4849
1	BMW 16/22	15.2.	100,54	-0,5304
4	Coba 17/27	30.3.	113,78	1,3652
2,5	Continental 20/26	27.8.	110,76	0,2766
1,375	Covestro 20/30	12.6.	106,36	0,6191
1,875	Daimler 14/24	8.7.	105,67	-0,1854
1,5	Delivery Hero 20/28	15.1.	100,39	1,4397
2	Dt. Bahn 12/23	20.2.	103,14	-0,2946
2,375	Dt. Bank 13/23	11.1.	103,28	-0,2350
1,625	Dt. Börse 10/25	8.10.	107,02	-0,1280
2,875	Dt. Post 12/24	11.12.	109,65	-0,1601
0,625	Dt. Telekom 17/24	13.12.	102,48	-0,1542
1,5	Dt. Wohnen 20/30	30.4.	107,66	0,5791
5,528	E.ON 08/23	21.2.	107,99	-0,3021
1	Evonik Ind. 15/23	23.1.	101,29	-0,0031
0,25	EWE 21/28	8.6.	99,62	0,3077
5,875	Fraport 09/29	10.9.	138,00	0,8829
1	Fresenius 20/26	29.5.	103,70	0,1975
1,5	Heid.Cem. 16/25	7.2.	104,69	0,0887
3	JP Morgan 14/26	19.2.	113,06	0,0035
3	K+S 12/22	20.6.	101,04	1,4667
2,625	Lanxess 12/22	21.11.	103,27	-0,3015
0,25	Lufthansa 19/24	6.9.	98,10	0,9159
0,75	Nestlé 15/23	16.5.	101,59	-0,2408
1	SAP SE 15/25	1.4.	103,99	-0,1443
1,875	Schaeffler 19/24	26.3.	102,44	0,8653
2,375	Stellantis 16/23	14.4.	103,87	-0,1837
3,125	Talanx 13/23	13.2.	104,59	-0,2792
1,528	Telefonica 17/25	17.1.	105,49	-0,1464
2,875	Vier Gas 13/25	12.6.	110,94	-0,1001
1	Würth 15/22	19.5.	100,52	0,1295

Öffentliche Anleihen

6,25	Bund v. 94/24	4.1.	115,80	-0,7394
5,625	Bund v. 98/28	4.1.	139,11	-0,5293
5,5	Bund v. 00/31	4.1.	154,78	-0,3323
1,5	Bund v. 13/23	15.5.	103,61	-0,7446
2	Bund v. 13/23	15.8.	105,16	-0,7680
1,75	Bund v. 14/24	15.2.	105,95	-0,7501
1,5	Bund v. 14/24	15.5.	105,86	-0,7323
2,5	Bund v. 14/46	15.8.	155,87	0,1942
0,5	Bund v. 15/25	15.2.	104,08	-0,7012
0,5	BLSA Nr.47 15/25	5.2.	103,00	-0,3957
0,375	Hessen 16/26	6.7.	102,86	-0,2252
0	Hessen 20/25	10.3.	101,32	-0,3837
1,25	NRW 14/25	14.3.	105,67	-0,3924
2,125	KfW 13/23	15.8.	105,03	-0,5796
1,25	KfW 16/36	4.7.	112,69	0,3636
1,5	KfW 14/24	11.6.	105,48	-0,5334

Daten: Infront, abgedruckt in: Frankfurter Allgemeine Zeitung vom 08.10.2021, S. 28

Im Gegensatz zu Aktien ändern festverzinsliche Wertpapiere durch Geschäftserfolge oder Misserfolge ihren Wert nicht sehr stark. Der Rückkaufkurs und die Verzinsung sind vertraglich abgesichert. Dennoch kommt es auch beim Handel mit festverzinslichen Wertpapieren zu Kursschwankungen, da bestimmte Wertpapiere sehr attraktiv für die Anleger sind und deshalb stark nachgefragt werden bzw. in manchen Fällen die gegenteilige Situation eintritt. Wirtschaftliche oder politische Ereignisse wirken sich in der Regel nicht so dramatisch aus wie auf dem Markt für Aktien. Zudem folgen Reaktionen mit einer Zeitverzögerung.

Ersichtlich sind

- neben den Zinsen,
- der Zinstermin (Zinsen für festverzinsliche Wertpapiere werden zu bestimmten Daten, den Zinsterminen, gezahlt; in der Regel werden die Zinsen auf Anleihen jährlich, seltener viertel- oder halbjährlich gezahlt),
- die Rendite des festverzinslichen Wertpapiers (diese gibt z. B. Auskunft über die Effektivverzinsung einer Anleihe und ist ein Maß für den Gesamterfolg einer Anleiheinvestition).

Unterschieden wird oft zwischen Unternehmensanleihen, die von privatwirtschaftlichen Organisationen ausgegeben werden, und öffentlichen Anleihen staatlicher Institutionen.

Informationen über den Geldmarkt
Der Geldmarkt ist der Markt für kurzfristige Geldanlagen und -aufnahmen. Neben dem Direktverkehr zwischen den Banken geht es hier um den Kauf und Verkauf von Geldmarktpapieren.

LEITZINSEN

Basiszins gem. BGB	-0,88	seit 1.7.2021
Leitzins EZB	0,00	seit 16.3.2016
Leitzins FED	0,00 - 0,25	seit 16.3.2020
Leitzins Japan	-0,10	seit 20.4.2020
Leitzins Großbritannien	0,10	seit 19.3.2020
Leitzins Schweiz	-0,75	seit 11.10.2021
Leitzins China	3,85	seit 20.4.2020

Daten: Infront, abgedruckt in: Süddeutsche Zeitung vom 12.10.2021, S.21

Die entscheidende Größe auf dem Geldmarkt sind die Leitzinsen. Leitzinsen sind die von der zuständigen Zentralbank festgelegten Zinssätze, zu denen sich Geschäftsbanken bei einer Zentral- oder Notenbank Geld beschaffen oder anlegen können:

- In der Eurozone ist die Europäische Zentralbank (EZB) zuständig für die Festlegung der Leitzinsen.
- Für die USA macht dies die US-Notenbank Fed (Federal Reserve System).

Der Leitzins bestimmt also, zu welchem Preis (Zins) sich die Geschäftsbanken etwa bei der Europäischen Zentralbank (EZB) Geld leihen oder überschüssige Reserven dort anlegen können. Gleichzeitig beeinflusst der Leitzins die Geschäftsbanken bei der Festlegung ihrer eigenen Zinsen.

Informationen über Devisenmärkte

An Devisenbörsen kommen Käufer und Verkäufer von ausländischen Währungseinheiten zusammen. Ein amtlicher Kursmakler errechnet den Wechselkurs, zu dem die meisten Geschäfte zustande kommen. Ein Kurs ist der Preis, der das Austauschverhältnis von verschiedenen Währungen zum Ausdruck bringt. Devisenbörsen legen die amtlichen Kurse für unterschiedliche Währungen fest. Diese offiziellen Kurse werden sowohl in Brief- als auch in Geldkursen angegeben:

- Zu **Briefkursen** verkaufen die Banken Devisen an die Kunden,
- zu **Geldkursen** kaufen sie Devisen an.

Die **Devisenkurse** gelten für Bankguthaben, Schecks und Wechsel in ausländischen Währungen. Die ausländischen Zahlungsmittel, die z. B. Touristen in Form von Bargeld an einem Bankschalter kaufen können, werden Sorten genannt. Viele Zeitungen veröffentlichen auch diesen **Sortenkurs**. Einige Zeitungen verwenden für den Begriff Sortenkurs auch den Fachausdruck **Notenkurs**.

Eine Kurstabelle zeigt den Kurs einer Fremdwährung ausgedrückt in der Landeswährung. Angegeben werden hier sowohl der Devisenkurs als auch der Sortenkurs (Notenpreis) jeweils als Ankaufkurs und Verkaufskurs.

Manche Zeitungen veröffentlichen aber auch nur einen Kurs. Dies ist der **Durchschnittskurs**: Darunter wird das Mittel zwischen An- und Verkaufskurs verstanden. Da Sorten (also Bargeld) umständlicher an- und zu verkaufen sind, liegt der Sortenkurs in der Regel ungünstiger als der Devisenkurs.

Devisenkurse für 1 Euro Interbk.kurse (18 Uhr) Geld	Brief	EZB kurs	07.10.21 Währung	Notenpreise für 1 Euro aus Sicht der Bank Ankauf	Verkauf
1,1556	1,1558	1,1562	Am. Dollar*	1,0906	1,223
1,5791	1,5801	1,5839	Austr. Dollar*	1,4857	1,6968
6,3628	6,3708	6,338	Bras. Real*	5,9679	7,6713
0,8481	0,8483	0,8502	Brit. Pfund*	0,8096	0,8841
1,9482	1,9632	1,9558	Bulg. Lew*	1,7312	2,1712
7,4404	7,4604	7,4536	Chin. Yuan*	6,3981	8,774
7,4406	7,4409	7,4399	Dän. Krone*	7,0965	7,855
8,9942	8,9992	9,0008	Hongk. Dollar*	7,6711	10,4755
86,432	86,592	86,408	Indische Rupie		
148,328	149,042		Isländ. Krone	133,770	171,130
128,930	128,960	128,780	Jap. Yen*	123,090	137,200
1,4496	1,4502	1,4545	Kan. Dollar*	1,3835	1,5435
7,5132	7,5175	7,515	Kroat. Kuna	6,1041	9,2407
23,823	23,838	23,7032	Mex. Peso*	19,0483	27,5342
1,6653	1,6668	1,6676	Neus. Dollar*	1,3991	1,9696
9,895	9,898	9,9388	Norw. Krone*	9,3294	10,583
4,5749	4,5769	4,5458	Poln. Zloty*	4,0752	5,1984
4,9455	4,9505	4,9475	Rumä. Leu*		
82,8985	82,9075	83,178	Russ. Rubel*	75,172	93,699
10,1428	10,1458	10,1453	Schw. Kron.*	9,7087	10,8577
1,0728	1,0731	1,0712	Schw. Franken*	1,0338	1,1143
1,5689	1,5704	1,5697	Sing. Dollar*	1,3863	1,8271
17,236	17,246	17,2074	Südaf. Rand*	15,4426	19,4329
31,1344	33,6344		Taiwan Dollar	24,0889	40,0818
38,984	39,054	39,051	Thail. Baht*	31,731	44,897
25,431	25,451	25,415	Tsch. Krone*	21,682	28,121
10,2567	10,2597	10,2594	Türk. Lira*	9,8205	10,8059
358,270	358,470	358,160	Ungar. Forint*	305,850	435,850

* Interbankenkurse von der Commerzbank, Notenpreise der Deutschen Bank

Daten: Infront, abgedruckt in: Frankfurter Allgemeine Zeitung vom 08.10.2021, S. 28

Informationen über Rohstoffe

Viele Tageszeitungen veröffentlichen in ihren Wirtschaftsteilen auch die Notierungen der wichtigsten Rohstoffbörsen. Man erfährt im Wirtschaftsteil unter der entsprechenden Rubrik, welche Waren zu welchen Preisen auf den internationalen Märkten verkauft werden.

Ein wichtiger Unterschied zwischen Rohstoffen und anderen Anlagearten besteht darin, dass die Preise der meisten Rohstoffe in US-Dollar angegeben werden.

Gehandelt werden an Warenbörsen Waren (überwiegend Rohstoffe), die ohne größere Schwierigkeiten in Standardqualitäten produziert und damit auch verkauft werden können. Bei Waren wie Metallen und Edelmetallen ist das relativ einfach möglich. Bei einigen landwirtschaftlichen Produkten ist die Standardisierung deutlich schwieriger (Beispiel Kaffee).

ROHSTOFFE

	11.10.	Ver. %.	8.10
Rohöl Brent (ICE) $/Barrel	83,87	1,80	82,39
Rohöl WTI (Nymex) $/Barrel	81,08	2,18	79,35
Benzin RBOB (Nymex) $/gal.	2,3876	0,90	2,3662
Heizöl (Nymex) $/gal.	2,5122	1,56	2,4737
Gold ($/uz)	1758,42	0,07	1757,28
Platin (Nymex) $/toz	1022,40	-0,56	1028,20
Silber (Comex) $/toz	22,725	0,09	22,705
Palladium (Nymex) $/toz	2115,50	2,05	2073,00
Kupfer (DEL) €/100 kg	834,61	3,29	808,06
Kupfer (LME) $/t	9387,75*	1,53	9246,00
Nickel (LME) $/t	19.425,00	2,94	18.870,00
Zink (LME) $/t	3227,75	4,19	3098,00
Blei (LME) $/t	2279,33	1,08	2255,00
Zinn (LME) $/t	37.472,00	1,48	36.925,00
Aluminium hg (LME) $/t	3019,00	4,03	2902,00
Weizen (Matif) €/t	268,75	-0,09	269,00
Sojaboh. (CME) $-Cts/bu	1233,75	-0,74	1243,00
Mais (CME) $-Cts/bu	533,25	0,52	530,50
Kaffee (ICE) $-Cts/lb	204,10	1,37	201,35
Kakao (ICE) $/t	2684,00	-2,40	2750,00
Zucker (ICE) $-Cts/lb	20,33	0,20	20,29

Daten: Infront, abgedruckt in: Süddeutsche Zeitung vom 12.10.2021, S. 21

Für Industrieunternehmen, die Rohstoffe verarbeiten, stellen die Preisnotierungen wichtige Informationen dar. Dadurch kann der Vergleich mit den Angeboten besser durchgeführt werden. Diese Notierungen sind aber auch interessante Daten zur Beurteilung des konjunkturellen Klimas.

BEISPIELE

- In der Konjunkturphase Boom steigt der Verbrauch an Rohstoffen überdurchschnittlich an. Ist der Verbrauch an Rohstoffen überdurchschnittlich hoch, dann ziehen in der Regel die Preise an.
- In der Konjunkturphase Rezession wird weniger verbraucht als produziert. Deswegen gibt es häufig kräftige Preiseinbrüche.

Informationen über den Terminhandel

An Warenbörsen oder Devisenbörsen kommt es oft zu größeren Preisschwankungen. Für die Anbieter und Nachfrager kann dies außerordentlich störend, manchmal sogar gefährlich sein. Durch Termingeschäfte kann man diesen Kurs- bzw. Preisrisiken ausweichen.

Rohstoffe verarbeitende Unternehmen können sich zukünftige Lieferungen zu festen Preisen sichern. Im Kurstableau des Wirtschaftsteils finden sich bei den Produktnotierungen die Angaben über Liefertermine. Der Terminhandel ist grundsätzlich eine nützliche Einrichtung, weil sich das Risiko für die Marktteilnehmer dadurch vermindern lässt. Dies trägt zur Beruhigung an den Märkten bei: Der Handel wird dadurch gefördert.

Allerdings gibt es viele Marktteilnehmer im Terminhandel, die nicht das Kursrisiko zu vermeiden suchen, sondern im Gegenteil das Kursrisiko bewusst in Kauf nehmen, um daran zu verdienen. Hier geht es um gewerbsmäßige Spekulation. Um zu spekulieren, kaufen und verkaufen Händler Rohstoffe auf Termin. Bevor aber die Verpflichtung, die Ware zu übernehmen, fällig wird, haben sie den Terminkontrakt bereits wieder weiterverkauft. Die Ware selbst wird dabei selten bewegt.

BEISPIEL

Lothar Müller kauft im Juni das Recht, im September eine bestimmte Menge an Weizen zu erhalten. Er hat sich gleichzeitig dazu verpflichtet, die vereinbarte Menge zum vereinbarten Kaufpreis abzunehmen. Da er als Spekulant selbst aber den Weizen gar nicht haben will, verkauft er den Weizen weiter. Dies macht er dann, wenn ihm die Preissituation günstig erscheint. Die Rechte, aber auch die Verpflichtungen an dem Weizengeschäft gehen damit auf einen anderen Käufer über. Dies kann einerseits wieder ein Spekulant sein, aber eben auch ein Handels- oder Industrieunternehmen, das den Weizen wirklich geliefert haben will.

Ähnlich funktioniert der Devisenterminhandel.

BEISPIEL

Die Hoffmann KG verkauft Waren an ein amerikanisches Unternehmen, das nach einer vertraglichen Regelung in Dollar zahlen soll. Zur Absicherung des Kursrisikos schließt die Hoffmann KG dazu mit ihrer Hausbank ein Devisentermingeschäft ab. Die Bank verpflichtet sich zum Ankauf der Dollar in sechs Monaten und nennt bereits heute den Preis, zu dem sie die Dollar dann eintauschen wird. Dadurch ist die Hoffmann KG vor unliebsamen Kursschwankungen geschützt. Die Bank verwendet bei der Umrechnung des Dollarkurses einen anderen Kurs als bei normalen Geschäften. Die Differenz zwischen diesem sogenannten Terminkurs und dem normalen Kurs ist der SWAP-Satz.

Auch bei den Devisentermingeschäften gibt es viele Marktteilnehmer, die diese nicht zur Kursabsicherung nutzen, sondern zur Spekulation.

Informationen über den Immobilienmarkt

Viele Medien berichten auch über den Immobilienmarkt.

Wirtschaftsrelevante Informationen von Behörden

Eine ganz wichtige Informationsquelle Im Geschäftsleben ist die öffentliche Bekanntmachung von Nachrichten über rechtlich bedeutende Veränderungen im Leben eines Unternehmens. Darüber kann sich jeder im Handelsregister informieren: Ein **Handelsregister** ist ein von einem Amtsgericht geführtes Verzeichnis aller Kaufleute in einem Amtsgerichtsbezirk.

Auf die Informationen, die im Handelsregister veröffentlicht sind, kann sich jeder verlassen. Deshalb kommt Einblicken in das Handelsregister bei allen geschäftlichen Vorgängen, bei denen es um die Legitimierung, die Einschätzung und den Abschluss von Geschäften unter Kaufleuten geht, eine große Bedeutung zu.

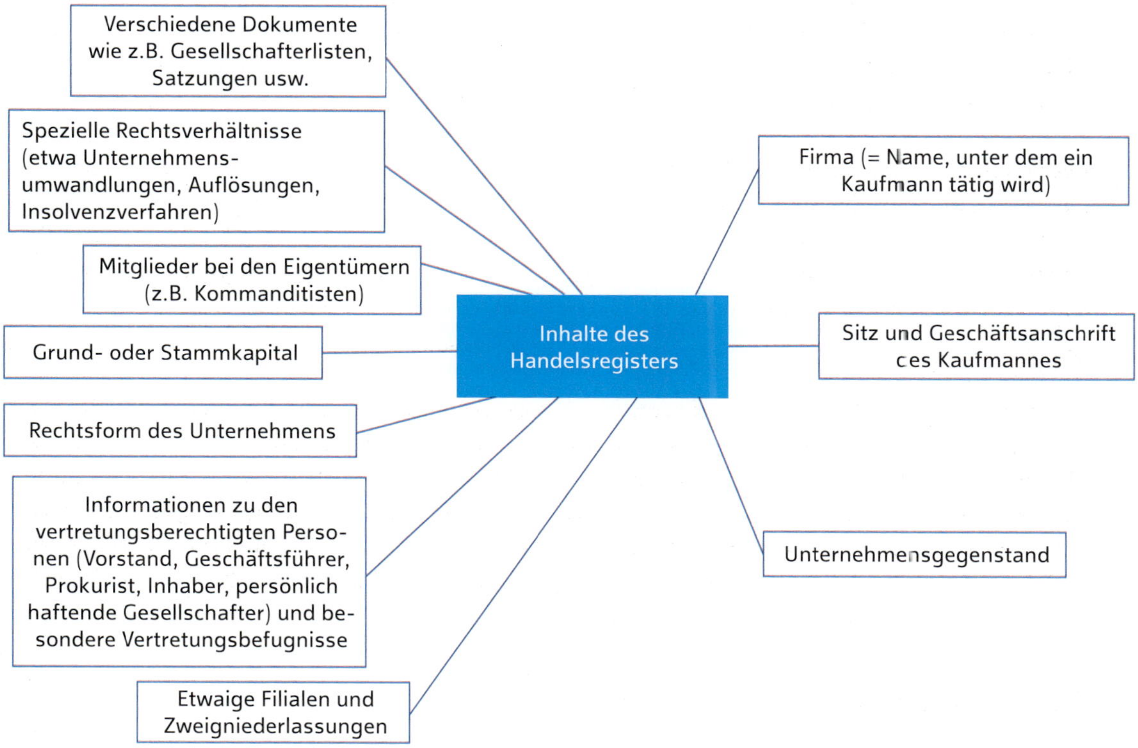

Grundsätzlich ist jeder Kaufmann in einer der beiden Abteilungen des Handelsregisters eingetragen:

- In Abteilung A finden sich die Personengesellschaften und Einzelunternehmen. Bei diesen steht die persönliche Haftung mindestens einer Person im Vordergrund.
- Kapitalgesellschaften dagegen werden in Abteilung B geführt. Bei Aktiengesellschaften und GmbHs besteht keine persönliche Haftung einer Person. Hier haftet lediglich das Vermögen des Unternehmens etwa Insolvenzfall.

Handelsregistereintragungen

(Abdruck ohne Gewähr)

In () gesetzte Angaben der Anschrift und des Geschäftszweiges erfolgen ohne Gewähr:

Neueintragungen

24.05.2022
HRB 208154: **SMT Vertrieb GmbH**, Kampstraße 24, 31162 Bad Salzdetfurth. Gesellschaft mit beschränkter Haftung. Gesellschaftsvertrag vom 11.03.2022. Geschäftsanschrift: Kampstraße 24, 31162 Bad Salzdetfurth. Gegenstand: Im- und Export sowie Anund Verkauf von Non-Food-Artikeln, insbesondere Elektrogüter und alle damit im Zusammenhang stehenden Nebengeschäfte. Stammkapital: 25.000,00 EUR. Allgemeine Vertretungsregelung: Ist nur ein Geschäftsführer bestellt, so vertritt er die Gesellschaft allein. Sind mehrere Geschäftsführer bestellt, so wird die Gesellschaft durch zwei Geschäftsführer oder durch einen Geschäftsführer gemeinsam mit einem Prokuristen vertreten. Bestellt als Geschäftsführer: Yaren, Ozan, Bad Salzdetfurth, *14.03.2000, einzelvertretungsberechtigt; mit der Befugnis, im Namen der Gesellschaft mit sich im eigenen Namen oder als Vertreter eines Dritten Rechtsgeschäfte abzuschließen.

24.05.2022
HRA 202689: **Enrico Herbst e.K.**, Pfingstanger 2, 31079 Sibbesse. (Lebensmitteleinzelhandel). Einzelkaufmann. Geschäftsanschrift: Pfingstanger 2, 31079 Sibbesse. Der Inhaber handelt allein. Inhaber: Herbst, Enrico, Sibbesse, *08.03.1978.

25.05.2022
HRB 208157: **smart2success GmbH**, Fasanenweg 6, 31249 Hohenhameln. Gesellschaft mit beschränkter Haftung. Gesellschaftsvertrag vom 08.04.2022 mit Änderung vom 17.05.2022. Geschäftsanschrift: Fasanenweg 6, 34249 Hohenhameln. Gegenstand: die Entwicklung und der Vertrieb von ITLösungen nebst allen damit verbundenen Geschäften und Distribution von sowohl eigenen als auch fremden Lösungen. Stammkapital: 25.000,00 EUR. Allgemeine Vertretungsregelung: Ist nur ein Geschäftsführer vorhanden, so vertritt er die Gesellschaft allein. Sind mehrere Geschäftsführer bestellt, so wird die Gesellschaft durch zwei Geschäftsführer oder durch einen Geschäftsführer gemeinsam mit einem Prokuristen vertreten. Bestellt als Geschäftsführer: Döring, Daniel, Malsch, *23.07.1983; Kretzschmar, Jörg, Hohenhameln, *16.10.1964, jeweils mit der Befugnis, im Namen der Gesellschaft mit sich im eigenen Namen oder als Vertreter eines Dritten Rechtsgeschäfte abzuschließen. Einzelprokura mit der Befugnis, im Namen der Gesellschaft mit sich im eigenen Namen oder als Vertreter eines Dritten Rechtsgeschäfte abzuschließen: Zettel, Janis, Hildesheim, *21.03.1993.

27.05.2022
HRB 208160: **HRW Investment GmbH**, Bahnhofsallee 2, 31134 Hildesheim. Gesellschaft mit beschränkter Haftung. Gesellschaftsvertrag vom 25.03.2022 mit Änderung vom 03.05.2022. Geschäftsanschrift: Bahnhofsallee 2, 31134 Hildesheim. Gegenstand: 1) der Kauf, der Verkauf, die Herstellung, die Verwaltung, die An- und Vermietung von Immobilien sowie 2) der Kauf, der Verkauf und die Vermietung von medizinischen Geräten, medizinischen Bedarf, Medizinprodukten und Hilfsmittel die Verwaltung und Nutzung eigenen Kapitalvermögens und die Durchführung aller damit mittelbar oder unmittelbar zusammenhängenden Geschäfte sowie das Eingehen von Beteiligungen an solchen Unternehmen. Stammkapital: 25.000,00 EUR. Allgemeine Vertretungsregelung: Ist nur ein Geschäftsführer vorhanden, so vertritt er die Gesellschaft allein. Sind mehrere Geschäftsführer bestellt, so wird die Gesellschaft durch zwei Geschäftsführer oder durch einen Geschäftsführer gemeinsam mit einem Prokuristen vertreten. Bestellt als Geschäftsführer: Herrmann, Ralph, Hildesheim, *07.01.1960, einzelvertretungsberechtigt; mit der Befugnis, im Namen der Gesellschaft mit sich im eigenen Namen oder als Vertreter eines Dritten Rechtsgeschäfte abzuschließen.

30.05.2022
HRB 208162: **Heinemann Immobilien Investment GmbH**, Flohagen 8, 31191 Algermissen. Gesellschaft mit beschränkter Haftung. Gesellschaftsvertrag vom 24.03.2022. Geschäftsanschrift: Flohagen 8, 31191 Algermissen. Gegenstand: Ankauf, Vermietung und Verkauf von Immobilien. Stammkapital: 25.000,00 EUR. Allgemeine Vertretungsregelung: Ist nur ein Geschäftsführer bestellt, so vertritt er die Gesellschaft allein. Sind mehrere Geschäftsführer bestellt, so wird die Gesellschaft durch die Geschäftsführer gemeinsam vertreten. Bestellt als Geschäftsführer: Heinemann, Jan Tomke, Wiesbaden, *22.11.1997, mit der Befugnis, im Namen der Gesellschaft mit sich im eigenen Namen oder als Vertreter eines Dritten Rechtsgeschäfte abzuschließen.

Veränderungen

24.05.2022
HRB 206993: **DENTCYC GmbH**, Barntener Platz 4, 31171 Nordstemmen. Die Gesellschafterversammlung vom 17.05.2022 hat die Änderung des Gesellschaftsvertrages in §§ 1, 3 und 4 (Geschäftsanteile) und mit ihr die Änderung der Firma und die Erhöhung des Stammkapitals um 23.502,00 EUR auf 25.002,00 EUR beschlossen. Neue Firma: DENTCYC GmbH. 25.002,00 EUR. Personenbezogene Daten geändert, nun: Geschäftsführer: El-Khatib, Atfat, Springe, *16.07.1999; Lauschke, André, Köln, *08.09.1999; Wandmacher, Malte, Nordstemmen, *01.01.2000, jeweils einzelvertretungsberechtigt; mit der Befugnis, im Namen der Gesellschaft mit sich im eigenen Namen oder als Vertreter eines Dritten Rechtsgeschäfte abzuschließen.

24.05.2022
HRB 204853: **pro-emit GmbH**, Schwerdtfegerstraße 9, 31185 Söhlde. Nicht mehr Geschäftsführer: Nave, Manuel, Hasede, *30.06.1979.

25.05.2022
HRB 207484: **MVZ für Radiologie und Nuklearmedizin Hildesheim GmbH**, Treibestraße 11, 31134 Hildesheim. Mit der Berglandklinik Lüdenscheid GmbH & Co. KG (Amtsgericht Iserlohn HRA 4574) als herrschendem Unternehmen ist am 09/10.02.2022 ein Ergebnisabführungsvertrag geschlossen. Ihm hat die Gesellschafterversammlung vom 20.05.2022 zugestimmt. Wegen des weitergehenden Inhalts wird auf den genannten Vertrag und die zustimmenden Beschlüsse Bezug genommen.

27.05.2022
HRB 1601: **GEA TDS GmbH**, Voss-Str. 11/13, 31157 Sarstedt. Prokura erloschen: Beecken, Michael, Schwarzenbek, *08.11.1961.

25.05.2022
HRB 206124: The House of Gents GmbH, Am Alten Wasserwerk 1, 31135 Hildesheim. Die Gesellschafterversammlung vom 07.02.2022 hat die Neufassung des Gesellschaftsvertrages und mit ihr insbesondere die Erhöhung des Stammkapitals um 12.498,00 EUR auf 37.498,00 EUR sowie die Änderung der allgemeinen Vertretungsregelung beschlossen. Allgemeine Vertretungsregelung geändert, nun: Ist nur ein Geschäftsführer bestellt, so vertritt er die Gesellschaft allein. Sind mehrere Geschäftsführer bestellt, so wird die Gesellschaft durch zwei Geschäftsführer oder durch einen Geschäftsführer gemeinsam mit einem Prokuristen vertreten. Jeder Geschäftsführer ist befugt, im Namen der Gesellschaft mit sich im eigenen Namen oder als Vertreter eines Dritten Rechtsgeschäfte vorzunehmen. Geändert, nun: Geschäftsführer: Groenen, Dominik, Hildesheim, *23.12.1981, einzelvertretungsberechtigt.

27.05.2022
HRB 1618: **ABS Akustik- und Bautechnik GmbH**, Porschestraße 11, 31135 Hildesheim. Neue Geschäftsanschrift: Porschestraße 11, 31135 Hildesheim.

30.05.2022
HRB 207267: **SWMarkt GmbH**, Von-Emmich-Str. 25, 31135 Hildesheim. Die Gesellschafterversammlung vom 19.05.2022 hat die Änderung des Gesellschaftsvertrages in Nr. 1 und mit ihr die Änderung der Firma sowie in Nr. 3 und mit ihr die Erhöhung des Stammkapitals um 24.000,00 EUR auf 25,000,00 EUR beschlossen. Neue Firma: SWMarkt GmbH.

30.05.2022
HRB 205044: **Handwerkerteam Verwaltungs GmbH**, Philipp-Reis-Straße 13, 31137 Hildesheim. Die Gesellschafterversammlung vom 19.05.2022 hat eine Änderung des Gesellschaftsvertrages in § 1 und § 3 und mit ihr die Änderung der Firma und des Unternehmensgegenstandes beschlossen. Geändert, nun: Neue Firma: Handwerkerteam Verwaltungs GmbH. Neuer Unternehmensgegenstand: Beteiligung als persönlich haftende Gesellschafterin und Übernahme der Geschäftsführung an der Handwerkerteam GmbH & Co. KG, deren Gegenstand Erbringung von Dienstleistungen im Bereich der Gas- und Wasserinstallation, Einbau und Wartung von Heizungsanlagen, Erbringung von Maler- und Renovierungsarbeiten aller Art sowie Innenausbau ist, Erbringung von Leistungen auf dem Gebiet der Hausverwaltung für eigene und fremde Objekte sowie Erbringung von

Handwerkerleistungen im Zusammenhang mit der Hausverwaltung.

30.05.2022
HRB 206680: **Marko Peckmann Grundstücksentwicklungs UG (haftungsbeschränkt)**, Silberkamp 31, 31188 Holle. Die Gesellschafterversammlung vom 23.03.2022 hat eine Änderung des Gesellschaftsvertrages in Ziffer 2. und mit ihr die Änderung des Unternehmensgegenstandes beschlossen. Neuer Unternehmensgegenstand: Planung, Projektierung, Ausführung und Errichtung jeglicher Bauarten und Bauformen (bundesweit und auch grenzübergreifend), daraus resultierend Aufbau einer strategischen Allianz zwischen Kommunen und Handwerkern, Kauf, Verkauf, Vermietung sowie Verwaltung von privaten und gewerblichen Immobilien und Aufbau bzw. Vermittlung von Finanzierungsexperten für jegliche bauspezifische Belange.

25.05.2022
HRB 207949: **Lab Grown Diamonds GmbH**, Senator-Braun-Allee 1, 31135 Hildesheim. Neue Geschäftsanschrift: Senator-Braun-Allee 1, 31135 Hildesheim.

25.05.2022
HRB 3355: **GEA Diessel GmbH**, Steven 1, 31135 Hildesheim. Prokura erloschen: Beecken, Michael, Schwarzenbek, *08.11.1961.

30.05.2022
HRB 202259: **AIRBYTES GmbH**, In der Schratwanne 51, 31141 Hildesheim. Die Gesellschaft ist aufgelöst. Allgemeine Vertretungsregelung geändert, nun: Ist nur ein Liquidator bestellt, so vertritt er die Gesellschaft allein. Sind mehrere Liquidatoren bestellt, so wird die Gesellschaft durch die Liquidatoren gemeinsam vertreten. Geändert, nun: Liquidator: Ostolski, Patrick, Harsum, *10.10.1987.

Löschungsankündigungen

31.05.2022
HRB 207098: **RTT-Bau GmbH**, Bahnhofsallee 17, 31134 Hildesheim. Das Registergericht beabsichtigt, vorstehende Gesellschaft von Amts wegen nach § 394 FamFG zu löschen. Die Frist zur Erhebung eines Widerspruchs ist auf 1 Monat ab Veröffentlichung festgesetzt.

Löschungen von Amts wegen

30.05.2022
HRB 202224: **Products4You GmbH**, Breusenweg 22, 31249 Hohenhameln. Die Gesellschaft ist gemäß § 394 Abs. 1 FamFG wegen Vermögenslosigkeit von Amts wegen gelöscht.

Löschungen

25.05.2022
HRA 100902: **Wind-Power GmbH & Co. Windpark Bullenberg KG**, Meierkamp 3, 31249 Hohenhameln. Die Firma und die Gesellschaft sind erloschen.

Berichtigungen

25.05.2022
HRA 200567: **Eggers V + V GmbH & Co. KG**, Marggrafstr. 31, 31137 Hildesheim. Umwandlungsvermerk von Amts wegen berichtigt, nun: Der Formwechsel ist mit Eintragung des Rechtsträgers neuer Rechtsform (Amtsgericht Stendal, HRB 31386) am 18.05.2022 wirksam geworden. Die Firma ist erloschen. Als nicht eingetragen wird bekanntgemacht: Den Gläubigern der an der formwechselnden Umwandlung beteiligten Rechtsträger ist, wenn sie binnen sechs Monaten nach dem Tag, an dem die Eintragung der Umwandlung in das Register des Sitzes desjenigen Rechtsträgers, dessen Gläubiger sie sind, nach § 19 Abs. 3 UmwG als bekannt gemacht gilt, ihren Anspruch nach Grund und Höhe schriftlich anmelden, Sicherheit zu leisten, soweit sie nicht Befriedigung verlangen können. Dieses Recht steht den Gläubigern jedoch nur zu, wenn sie glaubhaft machen, dass durch die formwechselnde Umwandlung die Erfüllung der Forderung gefährdet wird.

Beispiel für einen Handelsregisterauszug in einer Tageszeitung: Hildesheimer Allgemeine Zeitung vom 03.06.2022, S. 27

Früher wurden Handelsregisterveröffentlichungen im Wirtschaftsteil von Zeitungen publiziert. Weil die Handelsregister seit einiger Zeit elektronisch geführt werden, werden die Eintragungen mittlerweile elektronisch bekannt gemacht. Sie sind jetzt für jedermann kostenfrei im Internet einsehbar (www.handelsregisterbekanntmachungen.de). Die Pflichtpublizität in der gedruckten Ausgabe des Bundesanzeigers und in Tageszeitungen wurde deshalb vollständig aufgegeben. Über die zentrale Internet-Plattform kann sich jede Person deutschlandweit ein Bild von den für sie relevanten Registerbekanntmachungen machen. Viele Tageszeitungen veröffentlichen jedoch nach wie vor freiwillig in traditioneller Weise Handelsregisterinformationen in ihren Wirtschaftsteilen.

AUFGABEN

1. Führen Sie Informationen auf, die man typischerweise aus einer Kurstabelle über den Aktienhandel gewinnen kann.
2. Unterscheiden Sie Aktien von festverzinslichen Wertpapieren.
3. Geben Sie das entscheidende Merkmal an, dass einen Geldmarkt charakterisiert.
4. Führen Sie die Aufgaben von Devisenbörsen auf.
5. Definieren Sie den Begriff „Kurs“.
6. Unterscheiden Sie Briefkurse von Geldkursen.
7. Erläutern Sie den Unterschied zwischen Devisenkurs und Sortenkurs.
8. Definieren Sie den Begriff „Durchschnittskurs“.
9. Erläutern Sie die Bedeutung von Informationen über Rohstoffe zur Beurteilung des konjunkturellen Klimas.
10. Erläutern Sie die Spekulationsfunktion des Terminhandels.
11. Definieren Sie, was ein Handelsregister ist.

12. Führen Sie typische Inhalte eines Handelsregisters auf. Erläutern Sie die Rechtslage für Tageszeitungen bei der Veröffentlichung von Handelsregisterauszügen.
13. Beteiligen Sie sich an einem Börsenplanspiel.
Ein Börsenplanspiel bietet die Möglichkeit realitätsnahen handlungsorientierten Lernens. Sie oder Ihr Team verfügen über ein fiktives Startkapital und können unter börsennotierten Wertpapieren Ihre Anlageentscheidungen treffen. Ziel des Spiels ist es vordergründig, möglichst wenig Verluste und möglichst hohe Gewinne zu machen, kurzum: das Kapital zu mehren.
Je besser Sie über das Wirtschaftsgeschehen informiert sind, desto besser werden Ihre Anlageentscheidungen sein. Dazu ist es notwendig, so viele Informationen wie möglich über ökonomische Zusammenhänge aus den unterschiedlichen Medien zu gewinnen.
    a) Rufen Sie die Internetadresse http://boersenspiel.faz.net auf und melden Sie sich beim Börsenspiel an.
    b) Ihnen werden 100.000,00 € als Spielgeld zur Verfügung gestellt. Versuchen Sie in den nächsten Wochen diesen Betrag durch geschickte Aktienverkäufe und -käufe so weit wie möglich zu mehren.
    c) Sie spielen gegen Ihre Mitschülerinnen und Mitschüler. Den Abrechnungsstichtag gibt Ihnen die Lehrkraft heute noch bekannt.
    d) Sammeln Sie alle ökonomischen Informationen, die Ihre Anlagen als ökonomisch sinnvoll erscheinen lassen. Nutzen Sie dazu die unterschiedlichsten Printmedien sowie gegebenenfalls Wirtschaftssendungen im Fernsehen.

    e) Bereiten Sie sich darauf vor, Ihre Anlageentscheidungen im Plenum zu erläutern und zu begründen. Sie können für die Zusammenstellung und Vorstellung Ihrer Ergebnisse ein Office- oder Präsentationsprogramm nutzen.

ZUSAMMENFASSUNG

Wirtschaftsnachrichten

stellen Daten aus unterschiedlichen Quellen ohne journalistische Bearbeitung zur Verfügung

- Informationen über den **Aktienhandel**
- Informationen über **festverzinsliche Wertpapiere**
- Information über den **Geldmarkt**
- Informationen über den **Devisenhandel**
- Informationen über den Handel mit **Rohstoffen**
- Informationen über **Termingeschäfte**
- Information über den **Immobilienmarkt**
- wirtschaftsrelevante Informationen von **Behörden**

5.3 Wirtschaftsinformationen aus Bibliotheken und dem Internet

EINSTIEG

Herr Hoffmann interessiert sich für einen neuen Geschäftspartner. Da er beabsichtigt, mit diesem in eine längerfristige Kooperation zu gehen, sucht er Informationen über dessen Unternehmen. Dazu ruft er eine Wirtschaftsdatenbank auf:

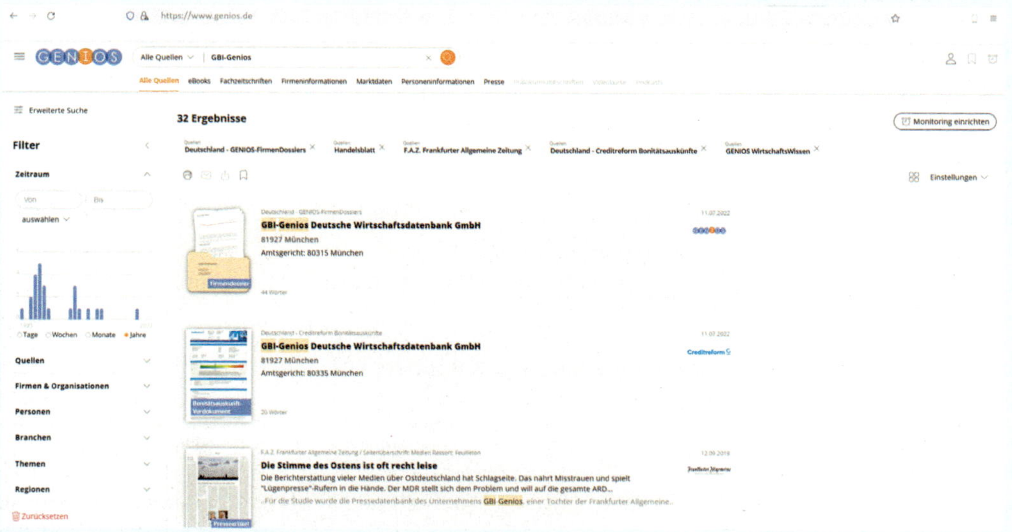

Erläutern Sie den Unterschied zwischen einer Wirtschaftsdatenbank im Internet und normalen Internetquellen.

INFORMATION

Wirtschaftsinformationen können nicht nur aus herkömmlichen Medien gewonnen werden, sondern auch im Internet. Dort gibt es unterschiedliche Möglichkeiten. In jedem Fall benötigt man für effizientes Suchen die Kenntnis von Suchstrategien.

Suchmaschinen

Das Hauptproblem in der weltweiten Riesendatenbank WWW ist, dass man oft **keine genauen Adressen** hat, um die Dokumente anzusteuern, die die benötigten Informationen enthalten. Die Lösung dieses Problems sind Suchmaschinen.

DEFINITION

Suchmaschinen sind Werkzeuge, um Daten und Informationen im Internet schnell finden zu können. Eine Suchmaschine kann man sich vorstellen als eine Art Datenbank, die Stichworte (Zusammenfassungen/Inhaltsangaben) zu verfügbaren Informationen im Internet enthält: Sie sammelt Hyperlinks, die nach Eingabe von Suchbegriffen direkt zu den betreffenden Seiten führen.

Um im Internet Informationen zu finden, kann man verschiedene Arten von Suchmaschinen verwenden:

- reine Suchmaschinen

Dies sind Roboter (z. T. auch Spider oder Crawler genannt), die das Internet durchsuchen, interessant erscheinende Texte lesen und speichern. Die Wörter werden vollautomatisch strukturiert und durchsuchbar gemacht.

- Kataloge/Verzeichnisse

Eine Redaktion erstellt einen Schlagwortkatalog. Das Netz wird von der Redaktion durchsucht und die Webseiten werden indiziert. Zum Teil melden auch die Webmaster ihre Seiten an.

- Metasuchmaschinen

Metasuchmaschinen fragen mit nur einer Abfrage über ein Formular eine Vielzahl anderer Suchmaschinen nach Informationsquellen ab. Eine der beliebtesten deutschen Metasuchmaschinen ist MetaGer: https://metager.de.

- Spezialsuchmaschinen

Allgemeine Suchdienste (Kataloge, Such-, Metasuchmaschinen) bieten zu fast allen Themengebieten einige (z. T. nicht in die Tiefe gehende) Informationen.
Spezialsuchmaschinen zeigen dagegen viele in die Tiefe gehende Informationen über ein eng begrenztes Themengebiet.

Spezialsuchmaschinen gibt es in unübersehbarer Zahl. Übersicht („Suchmaschine für Spezialsuchmaschinen"): www.klugsuchen.de

ChatGPT

Programme wie ChatGPT sind im Zusammenhang mit Suchmaschinen derzeit stark in der Diskussion. Derartige Programme basieren auf einem mit künstlicher Intelligenz arbeitenden Sprachmodell. Dieses ist darauf trainiert, menschenähnliche Konversationen mithilfe von künstlicher Intelligenz zu führen. Es kann dabei auf eine breite Palette von Themen reagieren. ChatGPT kann Texteingaben von Benutzern analysieren, verstehen und auf sie antworten, wodurch es als virtueller Assistent, persönlicher Sprachassistent oder Chatbot in verschiedenen Anwendungsbereichen eingesetzt werden kann.

Übliche Suchmaschinen wie z. B. Google werden dazu verwendet, bestimmte Informationen im Internet zu suchen und zu indexieren. Eine solche Suchmaschine basiert auf einem Keyword- oder Stichwortsuchsystem, bei dem der Benutzer Schlüsselwörter eingibt, um nach relevanten Inhalten zu suchen. Es wird dann im Anschluss eine Liste von Links zu Webseiten angeboten, die mit diesen Schlüsselwörtern übereinstimmen.

Bei ChatGPT dagegen wird eine Sprachverarbeitungstechnologie verwendet, die dazu führt, dass menschenähnliche Antworten geliefert werden können. Es gibt eine Vielzahl von Anwendungsmöglichkeiten, u. a. das Erstellen von Inhalten jeglicher Art (z. B. von reinen Fachtexten, Gedichten, Geschichten in unterschiedlichen Stilen) oder von Programmcodes.

	Suchmaschinen	Metasuchmaschinen	Kataloge
Arbeitsweise	• automatische Durchsuchung des Internets • keine inhaltliche Bewertung	• leiten Suchanfragen an mehrere Suchmaschinen weiter	• nach Themen sortierte Linklisten • redaktionell gepflegte Einträge in katalogisierter Form
geeignet für	• spezielle, schwer einzuordnende Begriffe • Forschungsthemen	• exotische Fragestellungen	• Einsteiger, die nach klar definierten Wissengebieten suchen
Stärken	• aktuell • sehr umfangreiche Ergebnisse	• vereinen Stärken mehrerer Suchmaschinen	• gute Qualität der gefundenen Seiten • übersichtlich
Schwächen	• oft viel überflüssige Informationen	• präzise Suchanfrage oft nicht möglich	• begrenztes Angebot • keine Verknüpfung von Suchbegriffen möglich
BEISPIELE	■ bing.de ■ google.de ■ google.com ■ lycos.de	■ MetaGer.de ■ Metacrawler.de ■ Metaspinner.de	■ Allesklar.de ■ wissen.de

Suchstrategien im Internet

Sucht man im Internet nach Informationen, wird man häufig mit bestimmten Problemen konfrontiert:

- Ich weiß oft nicht, wonach ich suchen soll.
- Ich finde nicht automatisch das, was ich suche.
- Ich verliere schnell den Überblick in der Informationsflut. („Lost in Cyberspace")
- Antwortzeiten bei entfernten Maschinen bereiten bisweilen Probleme. (Provider routen z. B. von Köln nach Düsseldorf über Amerika.)
- Die falsche Sprache. Vielleicht gibt es das, was ich suche, aber nur auf Italienisch.
- Ich weiß nicht, welches Hilfsmittel ich verwenden soll.

Nur mit optimalen Suchstrategien kann man eine erfolgreiche Suche im Internet starten. Deshalb muss man die verschiedenen Suchstrategien, die im Folgenden vorgestellt werden, beherrschen.

1. Suchstrategie: NACHDENKEN UND VORÜBERLEGEN

- Überlegen Sie, ob es überhaupt sinnvoll ist, im Internet zu suchen.
- Vielleicht kann das Gesuchte auf traditionellem Weg leichter gefunden werden?
  - Vergessen Sie nicht, dass es noch eine Welt außerhalb des Internets gibt!!
- Wie so oft ist es sehr hilfreich, erst einmal seine Gedanken zu ordnen!
  - Was will ich wie, wo, warum finden ...?

Checkliste für die Suchvorbereitung:
Folgende Fragen sollten vor dem Start der Internetrecherche geklärt sein:

- **Was ist das Ziel meiner Suche?**
  Bei einer Internetrecherche muss man nicht nur wissen, was man suchen will; es kommt darauf an, dass man für das Suchziel auch effektive Begriffe findet. Ein optimales Suchergebnis ergibt sich nur über die Worte, die man verwendet. Untersucht werden muss also:
  - Was ist das Objekt der Suche?
  - Lässt sich der Suchgegenstand einem Oberbegriff zuordnen?
  - Gibt es Synonyme für das Objekt?
  - Woraus besteht die gesuchte Tätigkeit bzw. der gesuchte Ablauf? (Welche Eigenschaften besitzen diese?)
- **Wie soll das Suchergebnis aussehen?**
  Für ein zufriedenstellendes Suchergebnis muss vorher klar sein:
  - Möchte man konkrete Detailinformationen zu einem Thema?
  - Will man einen Überblick über die verschiedenen Informationsangebote gewinnen?
- **Wann soll die Suche beendet sein?**
  Vor Start der Recherche sollte festgelegt werden, wann und unter welchen Bedingungen gestoppt wird.Auf diese Weise vermeidet man, dass man sich im Internet „verliert“ und viel Zeit sinnlos damit verbringt, ein Resultat zu erzielen, das sich bei einem neuen Versuch (mit einer neuen Vorbereitung) vielleicht wie von selbst ergibt. Man sollte sich daher Limits setzen:
  - Abbruch einer erfolglosen Recherche ohne Fundstellen z. B. nach einer Stunde
  - Bringt die Recherche viele Fundstellen zutage, wird die Suche beendet, wenn beispielsweise 15 brauchbare Ergebnisse aufgespürt worden sind.

2. Suchstrategie: GENAUE VORBEREITUNG DER SUCHANFRAGEN

- **Was wird gesucht?**
  Versuchen Sie Ihre Suchanfrage durch Synonyme (Wörter mit gleicher Bedeutung) und Homonyme (gleich lautende Wörter mit anderer Bedeutung) zu umschreiben.

BEISPIEL

comics
verwandte Ausdrücke: superheroes, interactive comics, alternative comics, miscellanious, comic strips, japanese animation

- **Versuchen Sie Ihre Suchanfrage einzugrenzen:**
  Landwirtschaft als Suchbegriff ist zu allgemein, wenn Sie Informationen über Viehzucht in Deutschland brauchen.
  a) *Wo ist es aller Wahrscheinlichkeit nach zu finden?*
  Wenn Sie statistische Daten brauchen, finden Sie heraus, wer diese wo veröffentlicht.
  - Die Daten der EG finden Sie leichter in der EGDatenbank.
  - Wenn Sie bibliografische Daten brauchen, sind diese über den Rechner der Deutschen Bibliothek zu erreichen.
  - Geografische Probleme sind leichter über den Weltatlas im Internet zu finden.

  b) *Ist der Suchbegriff in der richtigen Sprache?*
  Bedenken Sie, dass die von Ihnen gewünschte Information eventuell in einer anderen Sprache im Internet abgespeichert liegt. Ist das Dokument in Englisch, kommen Sie mit einem deutschen Suchbegriff nicht weit.

c) *Überlegen Sie sich verschiedene Suchbegriffe, die vom Speziellen zum Allgemeinen gehen.*
Zu spezielle Begriffe können oft nicht gefunden werden. Machen Sie sich deshalb auch die Oberbegriffe der Suchbegriffe klar.

3. Suchstrategie: KENNTNIS VERSCHIEDENER SUCHWEGE

- **Suchversuch über die Eingabezeile (Raten)**
  Manchmal lohnt sich der Weg über eine spezielle Suchmaschine nicht. Gerade wenn man nach einem Oberbegriff oder einer Firma sucht, sind die Adressen (Domains) oft so gewählt, dass der Zugriff direkt erfolgen kann. Name oder Begriff werden einfach eingegeben als
  www.NAME.de.
  Alternative Endungen könnten **com** oder **org** sein.
- **Chronologische Suche**
  Aktuelle Informationen bekommt man bei Anbietern, die neu ins Internet gestellte Dokumente vorstellen.
  Viele Internetseiten haben einen Menüpunkt News.
- **Suche nach Büchern**
  Besser als über Suchmaschinen findet man Literatur bei den Informationsangeboten von Bibliotheken im Internet (z. B. den OPACS).
- **Suche nach Organisationen/Personen/Firmen/E-Mail-Adressen**
  Auch hierfür gibt es verschiedene Verzeichnisse und Datenbanken, die eher zur gewünschten Information führen als eine Abfrage bei normalen Suchmaschinen.

4. Suchstrategie: PASSENDE SUCHMASCHINE VERWENDEN

In vielen Fällen kommt man bei Internetrecherchen an der Verwendung von Suchmaschinen nicht vorbei. Wird eine gesuchte Information nicht sofort gefunden, bieten sich folgende Strategien an:

- **Wechseln Sie die Suchmaschine**, denn nicht jede Suchmaschine arbeitet nach dem gleichen Prinzip.
- Neben den bekannten allumfassenden und mächtigen Suchmaschinen gibt es auch **Kataloge, Metasuchmaschinen und kleinere Spezialsuchmaschinen, die sich auf bestimmte Themen spezialisiert haben**. Eine Suche dort kann häufig erfolgreicher sein.
- Einen sehr guten Überblick über mehr als **30 Suchmaschinen** bietet:
  https://www.farbentour.de/suchmaschinen

5. Suchstrategie: SUCHE ÜBER EMPFOHLENE LINKS

Häufig braucht man Suchmaschinen nur, um brauchbare Angebote zu einem bestimmten Thema zu finden. Viele gute Homepages bieten den Service weiterer Links zum gleichen Thema, sog. Hyperlinks. Man bewegt sich also über die empfohlenen Links dieser Seiten weiter und „surft" durch das Netz.
Eine Suche über diese Vernetzung ist oft ergiebiger als der Weg über Suchdienste.

6. Suchstrategie: KENNTNIS DER REGELN DER RICHTIGEN FRAGESTELLUNG

- **Phrasensuche**
  Durch die Verwendung der Zeichen „“ beschränkt sich die Suche sehr effektiv auf solche Dokumente, die genau diese Formulierung enthalten.

BEISPIEL

Geben Sie in eine Suchmaschine nur **Germany's Next Topmodel** ein, erhalten Sie als Suchergebnis alle Dokumente, in denen mindestens einer dieser drei Begriffe vorkommt. Lautet die Eingabe **„Germany's Next Topmodel“**, werden nur solche Dokumente gefunden, die genau diese Begriffe in der genau vorgeschriebenen Reihenfolge enthalten.

- **Verwendung von Jokerzeichen**
  Will man zusammengesetzte Begriffe und alle möglichen Endungen finden, benutzt man das Jokerzeichen[1].

BEISPIEL

Film[1] bringt u. a. die Begriffe **Filme, Filmstars, Filmemacher**

- **Einzahl statt Mehrzahl suchen**
  Viele Suchmaschinen sind nicht in der Lage, von der Mehrzahlform auf die Einzahlform zu schließen.

7. Suchstrategie: NUTZUNG DER ERWEITERTEN SUCHE

Bei der **einfachen Suche** gibt man den Begriff ein, den man sucht. Nach der Eingabe muss man auf den Button **Submit, Search** oder **Suchen** klicken, damit die Suche beginnt. Diese Art der Sucheingabe findet dann so viele Dokumente mit dem gesuchten Begriff wie möglich.
Einige Suchmaschinen bieten die **erweiterte Suche** an. Um wirkungsvolle Abfragen zu erstellen, benutzt man Operatoren und eine bestimmte Syntax (Regeln für die Anordnung der Operatoren). Damit kann man erheblich leichter ein genaues Suchergebnis erzielen.

- **Verwenden Sie boolesche Operatoren[1].**
  Mit den Operatoren AND, OR, NOT definieren Sie ganz genau, welche Begriffe im Suchergebnis vorkommen müssen (!) und welche nicht.

- **Verwenden Sie Abstandsoperatoren.**
  Mit den Abstandsoperatoren NEAR und ADJ (entspricht der Phrasensuche) können Sie vorgeben, dass Ihre Suchbegriffe in den Trefferdokumenten nahe beieinander stehen sollten.

- **Verwenden Sie Klammern.**
  Die ganze Leistungsfähigkeit von booleschen Operatoren und/oder der Phrasensuche lässt sich nur ausreizen, wenn Sie einzelne Teilaspekte zusammenfassen und mit anderen neu kombinieren können.
  Dafür werden Klammern verwendet, die wie bei mathematischen Gleichungen angewandt werden. Die Klammern geben die Reihenfolge vor, in der Suchanfragen verarbeitet und verknüpft werden.

1 Die verschiedenen Suchmaschinen unterscheiden sich manchmal durch die Formulierung der Suchanfragen. Alle verwenden jedoch grundsätzlich die hier vorgestellten Strategien (z. B. auch die Anwendung der booleschen Operatoren).

Suchstrategien in Suchmaschinen

Der Operator AND

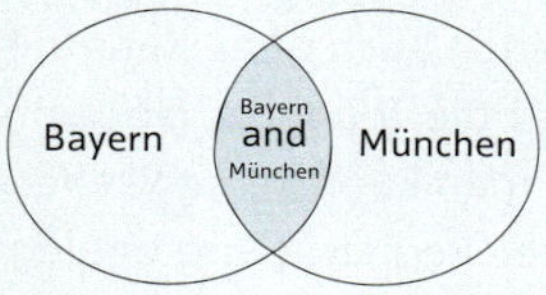

- Auch UND-Verknüpfung genannt.
- Beide Suchbegriffe müssen vorhanden sein.

BEISPIEL: Bayern and München

Resultat: Es werden nur Seiten angezeigt, auf denen beide Begriffe vorkommen. Fehlt einer der Begriffe, wird die Seite nicht angezeigt.

Der Operator OR

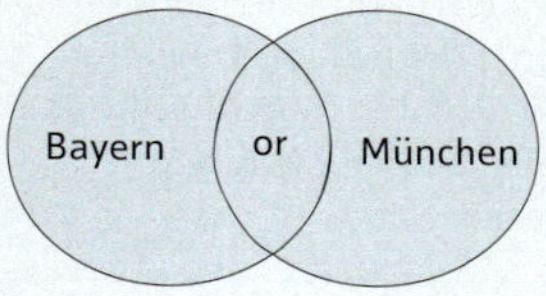

- Auch ODER-Verknüpfung genannt.
- Lediglich einer der beiden Suchbegriffe muss vorhanden sein.

BEISPIEL: Bayern or München

Resultat: Es werden nur Seiten angezeigt, auf denen mindestens einer dieser Begriffe vorkommt – also entweder nur Bayern oder nur München oder aber auch beide Begriffe zusammen.

Der Operator NOT

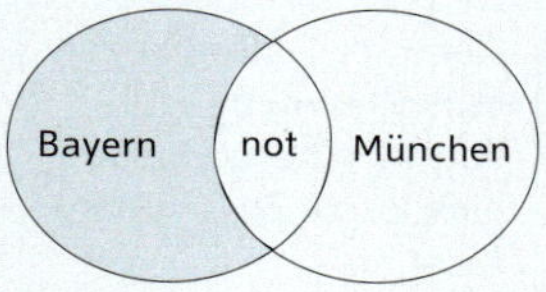

- Auch NICHT-Verknüpfung genannt.
- Der erste Suchbegriff muss vorhanden sein, der zweite darf nicht vorkommen!

BEISPIEL: Bayern not München

Es werden alle Seiten angezeigt, auf denen Bayern vorkommt. Solche Seiten, die zusätzlich (!) München enthalten, werden NICHT aufgeführt.

8. Strategie: EFFEKTIVE AUSWERTUNG DER SUCHERGEBNISSE

Als Ergebnis einer Recherche im Internet ergeben sich sehr häufig extrem lange Trefferlisten mit kurzen Hinweisen und Links zu den aussichtsreich erscheinenden Dokumenten. Man sollte nicht sofort zu den auf den ersten Blick viel versprechenden Adressen springen und sich dann verzetteln. Viel effektiver ist es, die ersten 20 bis 50 angebotenen Dokumententitel auszudrucken:

- Die Dokumententitel sind oft nach der Wahrscheinlichkeit, das Suchziel zu erfüllen, gewichtet. Ein neuer Versuch mit anderen Suchmaschinen oder veränderter Fragestellung bringt in der Regel bessere und schnellere Ergebnisse, als in einer Ergebnisliste mit über tausend Titeln mühselig einen weiteren viel versprechenden Treffer zu finden.
- Ein Ausdruck ist eigentlich unverzichtbar, weil auf diese Art die Ergebnislisten verschiedener Suchmaschinen bzw. veränderter Fragestellungen miteinander verglichen werden können.

Wirtschaftsdatenbanken als Spezialsuchmaschinen für Wirtschaftsinformationen

Eine besondere Form von Spezialsuchmaschinen, die man bei der Suche nach wirtschaftsrelevanten Informationen nutzen kann, sind Wirtschaftsdatenbanken. Dies sind Suchmaschinen, die überwiegend auf wirtschaftlich relevante Themen ausgerichtet sind. Sie sind in der Regel gebührenpflichtig.

Der Vorteil der Nutzung von Wirtschaftsdatenbanken im Vergleich zu einer normalen Suche im Internet liegt darin, dass diese bewusst ausgewählte Quellen renommierter Verlage und Informationsanbieter verwenden. Man kann also davon ausgehen, dass die Suchergebnisse qualitätsgeprüfte Inhalte enthalten. Damit ist die Relevanz der bei einer Suche erzielten Treffer deutlich höher als bei einer Suche im normalen Internet.

Vor dem Internetzeitalter waren professionelle Wirtschaftsdatenbanken eine Möglichkeit der Recherche, die wegen der hohen Preise, der speziellen Kommunikationssoftware und der Verwendung von speziellen Suchsprachen überwiegend von „Rechercheprofis“ genutzt wurde. Alle wichtigen Anbieter haben inzwischen Internetanwendungen entwickelt, mit denen auch ohne Kenntnis der Suchsprachen recherchiert werden kann. In letzter Zeit lässt sich sogar die Tendenz beobachten, dass nicht einmal mehr Verträge mit den Anbietern notwendig sind – man kann seine Recherche bzw. die Dokumente per Kreditkarte ohne vorherige Anmeldung oder Registrierung zahlen. Damit wird ein weiterer Schritt getan, die Recherche in den professionellen Datenbanken und somit deren Vorteile einem breiteren Publikum zugänglich zu machen.

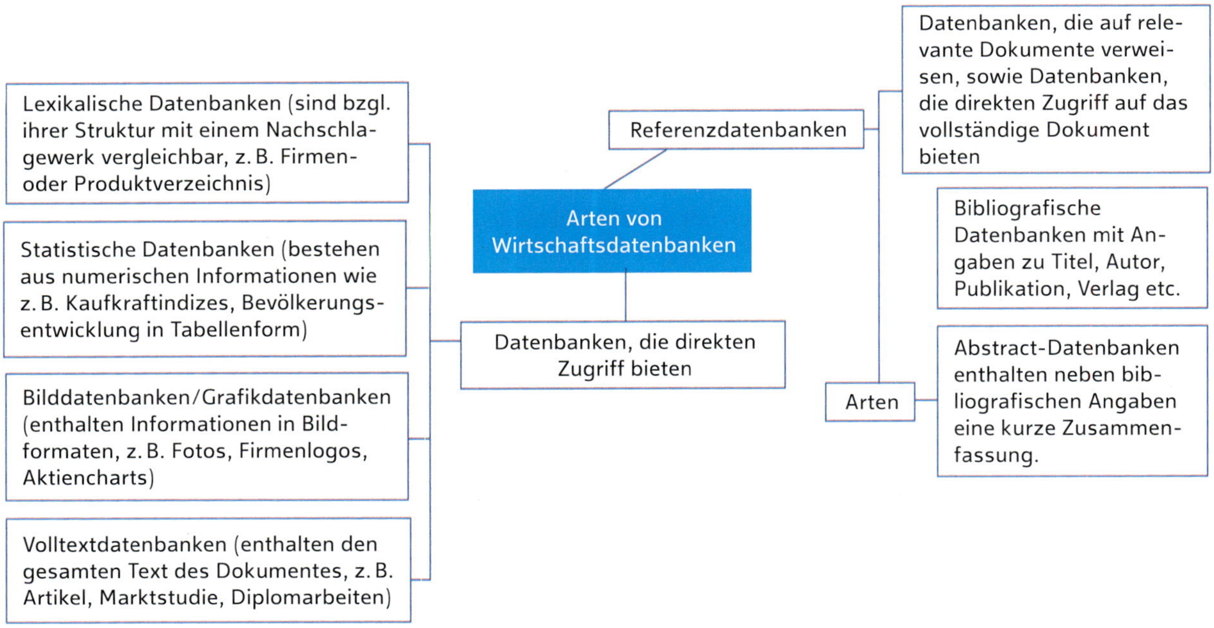

Die Wirtschaftsdatenbanken umfassen eine riesengroße Auswahl an entscheidungsrelevanten Wirtschaftsinformationen, die von Unternehmensleitungen und Beschäftigten genutzt werden können. Die Funktionen einer Wirtschaftsdatenbank sind so konzipiert, dass man trotz der Fülle an Informationen schnell und komfortabel zu den relevanten Daten geführt wird.

eBooks: In ca. 28 000 eBooks aus derzeit 35 Themenbereichen kann im vollständigen Buchtext oder teilweise auch in Kapiteln recherchiert werden. Dazu zählen eBooks u. a. der folgenden Verlage: Bank-Verlag, BusinessVillage, Deutscher Fachverlag, Diplomica, Duncker & Humblot, Frankfurter Allgemeine Buch oder auch der Rainer Hampp Verlag.
Fachzeitschriften: Ca. 18 Mio. Artikel aus nationalen und internationalen Fachzeitschriften zahlreicher Disziplinen können für Recherchen herangezogen werden.
Firmeninformationen: Diese Medienart beinhaltet ca. 250 Mio. Firmenprofile, Handelsregister-Bekanntmachungen, Jahresabschlüsse und vieles mehr. Unter „Beteiligungsinformationen“ finden Sie Informationen zu Mergers & Acquisitions.
Literaturnachweise: Im Angebot sind ca. 35 Mio. wissenschaftliche Referenzen aus den Themengebieten Wirtschafts- und Sozialwissenschaften, Technik, Recht, Informationswissenschaften und Psychologie.
Marktdaten: Ca. 7,5 Mio. Faktendaten in Form von Marktstudien, Statistiken und Ausschreibungen können in dieser Medienart recherchiert werden.

Personeninformationen: Ca. 3,5 Mio. Personeninformationen wie Politiker-Biografien und Personen- bzw. Managerprofile
Presse: Inhalt sind ca. 220 Mio. Artikel aus der Tages- und Wochenpresse auf nationaler und internationaler Ebene.
Publikumszeitschriften: Diese Medienart beinhaltet rund 75 Zeitschriften aus elf Kategorien mit Themen wie Fernsehen, Lifestyle, People und Ähnlichem.
Urteile: Hier finden Sie Urteile von Amtsgerichten bis hin zum Bundesverfassungsgericht und verschiedenen europäischen Gerichten.

Beispiel für das Angebot der Wirtschaftsdatenbank GENIOS; in: https://www.genios.de/popup/faq#2 (27.05.2022)

Bibliotheken

Jeder, der sich systematisch informieren, über die neuesten Entwicklungen in seinem Fachgebiet auf dem Laufenden halten oder in andere Bereiche einarbeiten will, profitiert vom Angebot der Bibliotheken. Wenn Sie also z. B. für die Anfertigung von Referaten Informationen benötigen, müssen Sie sich auf Literatursuche begeben. In diesem Zusammenhang sind Bibliotheken unsere wichtigsten „Informationsspeicher".

Bei fast allen Bibliotheken war eine gezielte Suche lange Zeit nur über Kataloge möglich. Ein Katalog ist ein Verzeichnis des vorhandenen Buch- und Zeitschriftenbestandes nach einer bestimmten Ordnung. Mit dem Katalog kann ermittelt werden,

- welche Autoren mit welchen Titeln vertreten sind,
- welche Titel innerhalb der verschiedenen Sachgebiete vorhanden sind – in welchem Regal die gesuchten Bücher stehen.

In Bibliotheken gibt es meistens verschiedene Kataloge:

- Der **alphabetische Verfasserkatalog** führt alle Bücher nach dem Alphabet der Autorennamen auf.
- Beim **alphabetischen Titelkatalog** sind die Buchtitel in alphabetischer Reihenfolge angeordnet.

Diese beiden Katalogarten helfen, wenn Sie bereits wissen, welche Bücher Sie suchen. Sie schlagen unter dem Namen des Autors bzw. des Titels nach und notieren die Signatur: Das ist die Registriernummer des Buches, die Auskunft über den Standort des Buches in den Regalen gibt.

Möchte man allerdings herausbekommen, welche Bücher zu einem bestimmten Thema überhaupt vorhanden sind, sieht man in einem Sachkatalog nach:

- Eine Art des Sachkatalogs ist der **Schlagwortkatalog**, der die Bücher nach wenigen markanten Schlagworten, die den Inhalt möglichst genau und umfassend wiedergeben, einordnet

BEISPIEL

Ein Buch über Warenwirtschaftssysteme ist über die Schlagwörter „Einzelhandel" und „Datenverarbeitung" zu finden.

- Ebenfalls ein Sachkatalog ist der **systematische Katalog**, in dem Bücher nach Wissensgebieten (z. B. Wirtschaft) eingeordnet sind.

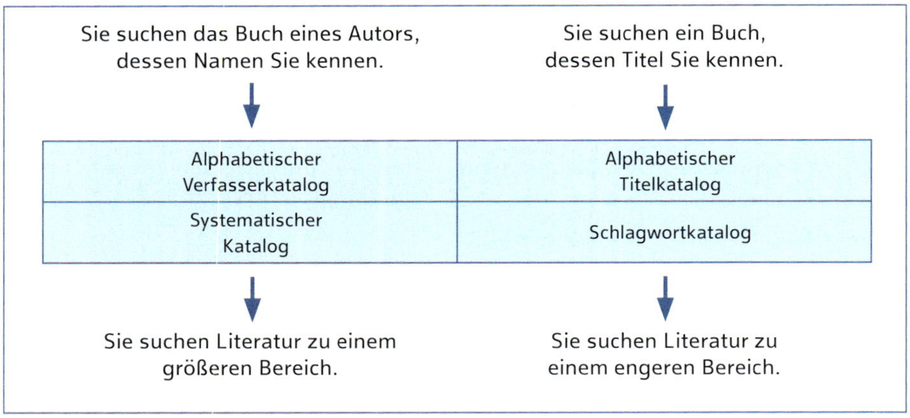

Kataloge können in den Bibliotheken in verschiedener Form vorhanden sein:

- in Schubladen als Karteikarten;
- als Mikrofiches: Die Informationen der Karteikarten sind – um Platz zu sparen – auf Mikrofilmen verkleinert und können nur mit Lesegeräten gelesen werden;
- als in der EDV-Anlage gespeicherte Informationen.

Ist der gewünschte Titel gefunden, kann man das Buch in den meisten Fällen mithilfe der **Signatur** dem entsprechenden Regal entnehmen. In einigen Bibliotheken gibt es für die Benutzer keinen direkten Zugang zu den Büchern: Dort müssen diese einen Bestellschein ausfüllen und abgeben; kurze Zeit später wird das das Buch vom Bibliothekspersonal übergeben.

Ist ein gewünschtes Buch in den Katalogen einer Bibliothek nicht erwähnt, besteht die Möglichkeit, es über **Fernleihe** zu beschaffen. Die Laufzeit einer Fernleihebestellung kann allerdings oft länger als sechs Wochen bis zum positiven oder negativen Bescheid betragen.

Die verschiedenen Arten von Katalogen stellen Bibliotheken in Form von OPACs zur Verfügung. **OPAC** steht für „Online Public Access Catalogue“. Dies ist ein EDV-gestützter Katalog in Form einer Datenbank. Diese enthält alle Medien, die die Bibliothek besitzt. Dies können Bücher, Zeitschriften elektronische Medien oder DVDs sein.

Über den OPAC sind die unterschiedlichen Medien recherchierbar. Hat man beispielsweise ein Buch gefunden, das einen interessiert, kann man dieses – je nach Bibliothekstyp – vorbestellen oder bekommt den Standort in den Betriebsräumen angezeigt.

Immer mehr OPACs stehen heute als **Web-OPACS** zur Verfügung. Dies bedeutet, dass die Datenbank online über das Internet verfügbar ist. Man kann also von jedem beliebigen Ort die Bestände der Bibliothek einsehen.

BEISPIEL

Carolin Saager sucht ein Buch über Allgemeine Betriebswirtschaftslehre. Sie geht zum Suchportal der Frankfurter Universitätsbibliothek:

https://ubffm.hds.hebis.de/

Sie könnte sich zunächst alle Bücher zur allgemeinen Betriebswirtschaftslehre anzeigen lassen.

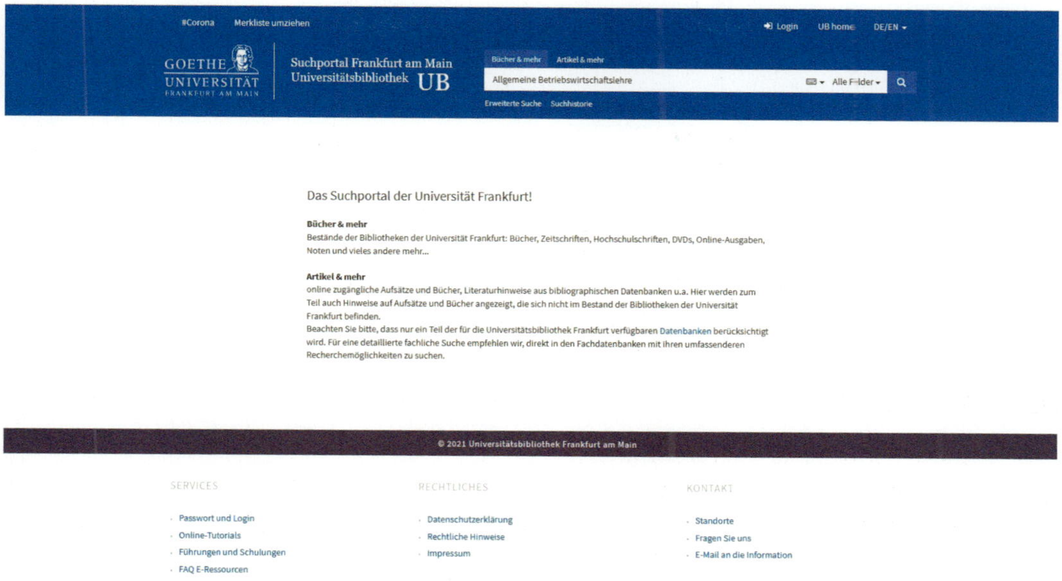

Carolin Saager sollte gezielter suchen, indem sie ein bestimmtes Suchkriterium eingibt. Durch Verwendung des Kriteriums Autor (in diesem Fall Wöhe) schränkt sie die Trefferzahl erheblich ein und bekommt relevantere Ergebnisse.

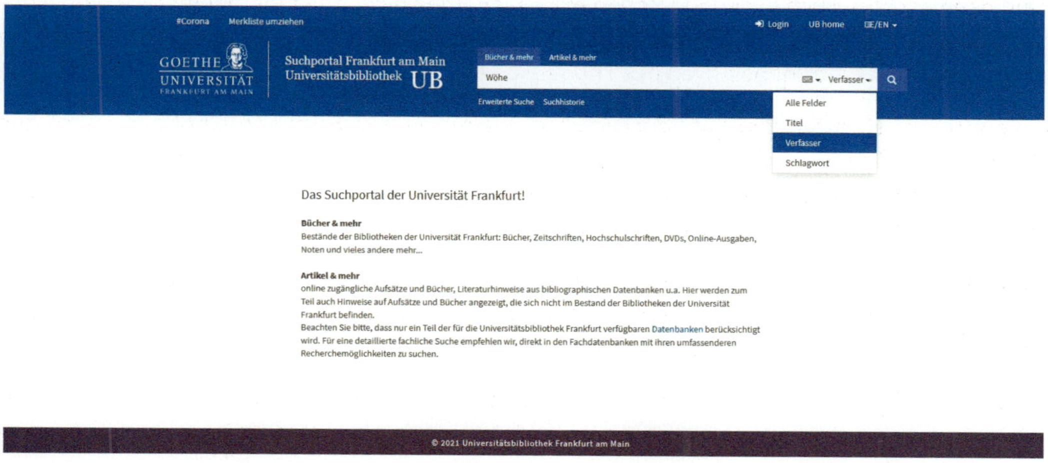

Falls die Suche nach Begriffen in einem OPAC - wie in diesem Suchportal - zu viele Treffer generiert und das Durcharbeiten unübersichtlich wird, kann die erweiterte Suche zur Eingrenzung der Trefferzahl genutzt werden. Mit dieser bekommt man beste Suchergebnisse. In der erweiterten Suche dieses Suchportals werden wie bei Suchmaschinen mithilfe logischer Operatoren die Suchbegriffe verknüpft. Damit wird das Auffinden wichtiger Literatur zum gewünschten Wirtschaftsthema mit dem Suchportal systematischer gestaltet.

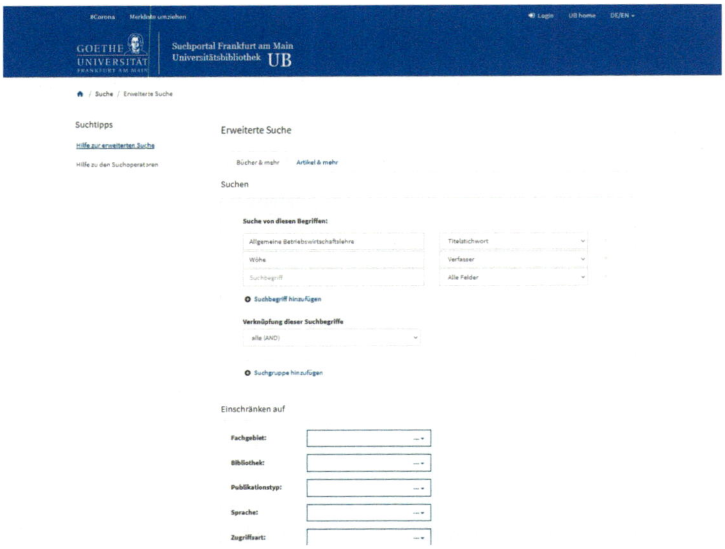

Nach Anklicken des Such-Buttons werden die Ergebnisse angezeigt:

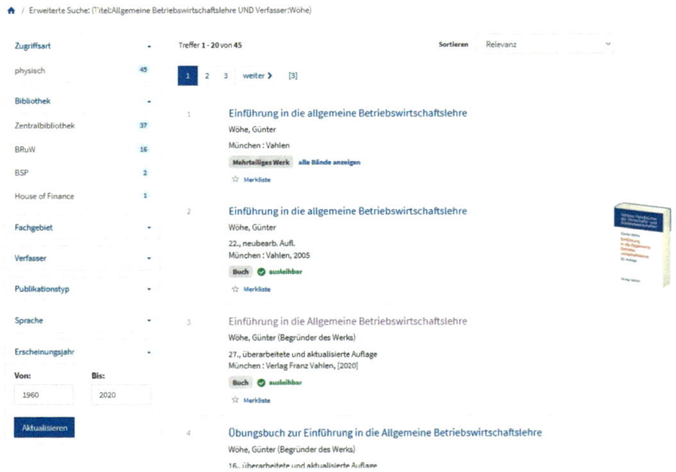

Wählt Carolin Saager ein Suchergebnis aus, erhält sie genauere Angaben. So erfährt sie etwa die Signatur und den Standort des Buches und wie viele Bücher vorhanden sind bzw. ausgeliehen sind.

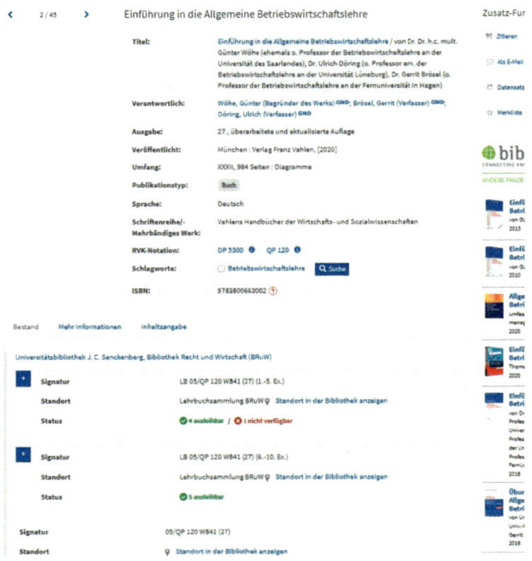

In den meisten Web-OPACS kann sogar im Rahmen der **Fernleihe** nach Titeln oder Zeitschriften gesucht werden, die in dieser Bibliothek nicht vorhanden sind. Diese können dann gegen eine geringe Gebühr bestellt werden. Ebenfalls möglich ist bei einer Suche nach einem bestimmten Medium mit Wirtschaftsinformationen der Gang über einen **Metakatalog**.

Der Karlsruher Virtuelle Katalog (KVK) ist z. B. eine solche Spezialsuchmaschine für Bibliotheks- und Buchhandelskataloge. Mit ihm können mehrere Kataloge gleichzeitig durchsucht werden. Die eingegebenen Suchanfragen werden an die ausgewählten Bibliothekskataloge weitergeleitet und die jeweiligen Trefferlisten angezeigt. Von den Kurztitellisten führen die Links zu den Original-Volltitelanzeigen der einzelnen Systeme.

AUFGABEN

1. Stellen Sie fest, warum es Suchmaschinen gibt.
2. Führen Sie auf, welche Arten von Suchmaschinen es gibt.
3. Aufgrund der steigenden Nachfrage der Kunden nach umwelt- und gesundheitsverträglichen Textilien haben viele Hersteller ihre Waren mit sogenannten „Öko-Label“ versehen. Doch was diese Label versprechen und tatsächlich halten, ist meist nicht offensichtlich.
   a) Suchen Sie im Internet nach Informationen über „Öko-Label“. Nutzen Sie dazu geeignete Suchstrategien und bereiten Sie Ihre Suche gut vor, indem Sie sich passende Suchbegriffe überlegen.
   b) Protokollieren Sie Ihre Internetrecherche.
   c) Wählen Sie interessante Websites zum Thema „Öko-Label“ anhand des beiliegenden Kriterienkataloges aus und archivieren Sie diese mithilfe der Lesezeichenfunktion des Browsers.
   d) Bereiten Sie sich auf eine Präsentation Ihrer Suchergebnisse vor. Begründen Sie dazu, warum Sie die entsprechenden Websites ausgewählt haben (siehe Kriterienkatalog).

   Wenn Sie der Meinung sind, dass die betrachtete Website nach o. g. Kriterien relevante und qualitativ hochwertige Informationen zum Thema „Öko-Label“ liefert, dann notieren Sie sich diese in Form eines „Lesezeichens“.

Kriterienkatalog: **1. Schritt: Beurteilen Sie die Relevanz der Suchergebnisse für das Thema Öko-Label:**	
Dokumententitel	Enthält der Dokumententitel Begriffe, die für das zu bearbeitende Thema „Öko-Label“ relevant sind?
Internetadresse (URL)	Wer ist der Anbieter der Seite? Handelt es sich um ein Dokument innerhalb der Homepage einer Privatperson oder um die offizielle Publikation einer Organisation oder eines Unternehmens?
Beschreibung des Dokuments	Scheint das Dokument aufgrund der Kurzbeschreibung nützlich für die Bearbeitung des Themas?
Autorenangabe	Sind die Urheber/-innen des Dokumentes angegeben? Kann aufgrund der Angaben auf die Fachkompetenz der Autorin oder des Autors geschlossen werden?
Aktualität	Ist ein Erstellungsdatum angegeben? Ist das Dokument für die zu bearbeitende Thematik ausreichend aktuell?

2. Schritt: Beurteilen Sie die Qualität der Suchergebnisse:

Motiv der Veröffentlichung	Mit welchem Motiv wurde die Website verfasst und veröffentlicht? Handelt es sich um Werbung einer Unternehmung oder um Informationen einer unabhängigen Institution, z. B. Stiftung Warentest?
Wahrheitsgehalt und Überprüfungsmöglichkeiten	Sind die Informationen glaubwürdig? Enthält das Dokument keine falschen Aussagen? Gibt es andere Webdokumente, die diesen Aussagen widersprechen?
Objektivität der Aussagen	Sind die Informationen wertneutral oder handelt es sich um persönliche Meinungen der Autoren? Wird versucht, die Leserschaft mit sprachlichen Mitteln zu beeinflussen? Werden gewisse Fakten bewusst weggelassen?
Layout	Ist die Seite übersichtlich dargestellt und konzentriert sich auf die Präsentation des Inhalts oder wird man mit farbigen, blinkenden Schriften, viel Animation und nichts sagenden Bildern überschwemmt?
Pflege der Seite	Ist die Seite sorgfältig gepflegt oder gibt es zahlreiche ungültige Links, Bilder, die nicht erscheinen, oder andere Probleme?

4. Carolin Saager möchte sich über die Wirtschaft von Kanada informieren.
   Geben Sie an, welche booleschen Operatoren sie verwenden muss, um zu den folgenden Suchergebnissen zu kommen. Formulieren Sie die Suchanfrage.
   a) Der erste Suchbegriff muss vorhanden sein, der zweite darf nicht vorkommen.
   b) Es werden alle Seiten angezeigt, auf denen Kanada vorkommt. Solche Seiten, die zusätzlich Wirtschaft enthalten, werden nicht aufgeführt.
   c) Es werden nur Seiten angezeigt, auf denen beide Begriffe vorkommen. Fehlt einer der Begriffe, wird die Seite nicht angezeigt.
5. Wenn Sie für die Anfertigung eines Referats über ein bestimmtes Thema wirtschaftsrelevante Informationen benötigen, müssen Sie sich auf Literatursuche begeben. In diesem Zusammenhang sind Bibliotheken unsere wichtigsten Informationsspeicher.

   Führen Sie eine Erkundung in einer Bibliothek (z. B. Stadtbibliothek, Schulbücherei) durch. Das Personal dort wird Ihnen bei Fragen sicher sehr gern helfen.

   Suchen Sie in der Bibliothek fünf Bücher, aus denen Sie Informationen über das von Ihnen gewählte Thema beziehen können.
   Geben Sie jeweils an:
   - Verfasser
   - Titel
   - Kurze Beschreibung, welche Informationen dem Buch entnommen werden können
   - Signatur (Angabe, wo – also in welchem Regal – das Buch steht).
6. Schauen Sie sich die Erklärvideos zur Arbeit mit OPACS auf den folgenden Internetseiten an. Halten Sie die Ihrer Ansicht nach fünf wichtigsten Informationen schriftlich fest.
   https://www.youtube.com/watch?v=IID7L4SDumA
   https://www.youtube.com/watch?v=acgAuHclK7Y
7. Viele Hochschulbibliotheken, aber auch Stadtbibliotheken bieten ihren Benutzern Zugänge zu einer Wirtschaftsdatenbank wie GENIOS an.
   Informieren Sie Sich mithilfe der Erklärvideos unter
   https://www.youtube.com/watch?v=ID0hU7178ko
   https://www.youtube.com/watch?v=B5eXKeOkweU
   über den Funktionsumfang und die Arbeitsweise einer Wirtschaftsdatenbank.

ZUSAMMENFASSUNG

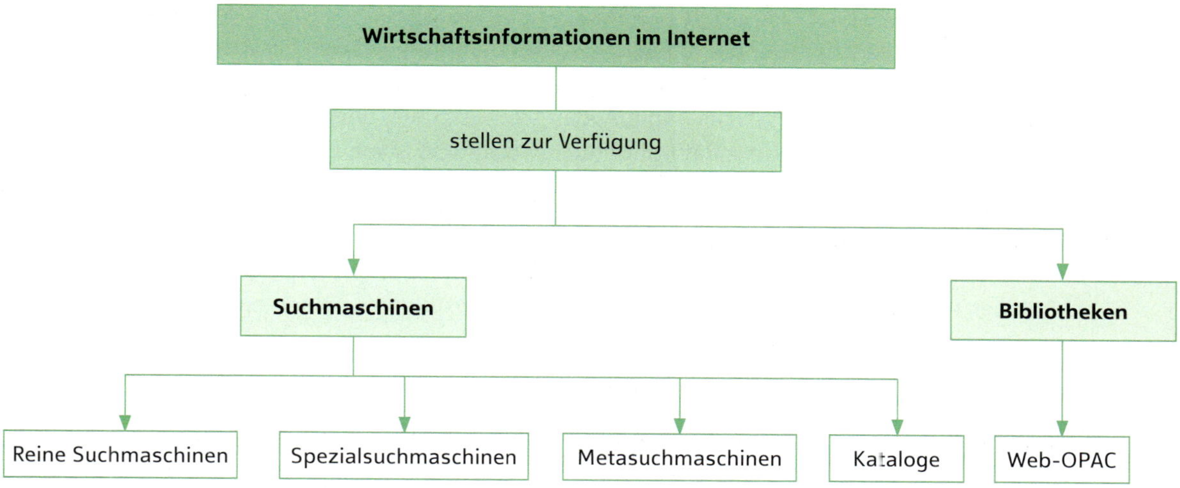

5.4 Kritische Auswertung von Wirtschaftsinformationen

EINSTIEG

Carolin Saager liest im Wirtschaftsteil der Zeitung einen Beitrag zu Ladenschlusszeiten:

Ladenschluss

Realsatire

Zu viel Regulierung, zu wenig Flexibilität – beides kennzeichnet den Standort Deutschland, der international mittlerweile ebenso berühmt wie berüchtigt ist. Das US-Magazin „Newsweek" diagnostizierte unlängst in einer Titelstory „die deutsche Krankheit". „Überall", hieß es da, „wird von Kundenzufriedenheit geredet – aber man kann nach wie vor nicht einmal Milch in der Sonntagnacht kaufen".

Die Hoffnung, die Regierung werde hier durchgreifend etwas ändern, kann man getrost fahren lassen. Was sich die Politiker der Koalition in der Vergangenheit bei der Beratung der Öffnungszeiten geleistet haben, hätte sich ein Satiriker nicht haarstäubender ausdenken können: Erst heißt es bedeutungsvoll, es müsse etwas geschehen; die Rede ist von Öffnungszeiten rund um die Uhr. Etwas leiser werden dann bei Kompromissrunden eingeschränkte Uhrzeiten genannt, bevor man am Ende bei den Regelungen des aktuellen Ladenschlussgesetzes landet – und damit beim bisherigen Zustand.

Deutschland bleibt eben Deutschland. Ein Land, in dem Tankstellen sonntags bestimmte Waren nicht verkaufen dürfen, weil höchste Gerichte dies verbieten. Ein Land, in dem gerade sonntags, wenn die Familien ausnahmsweise mal Zeit zum ausgiebigen Frühstück und später dann zum Kaffeetrinken haben, ein „Backverbot" fast den ganzen Sonntag gilt.

Muss man sich wundern, wenn Ausländer dies alles nicht verstehen? Bei vielen hat sich bereits der Eindruck festgesetzt, dass die Deutschen, die all dies seit Jahrzehnten als gute Untertanen klaglos hinnehmen, gar keine bessere Ladenschluss-Politik verdienen als jene, die jetzt in Berlin gemacht wird.

UWE OTTE

Werten Sie diesen Zeitungstext kritisch aus.

INFORMATIONEN

In der Berufspraxis spielt das Lesen von Texten über die Wirtschaft eine wichtige Rolle: Fachbücher, Zeitungen, Zeitschriften oder sonstige Druckerzeugnisse werden als wichtige Informationsquellen neben den elektronischen Medien genutzt. Jeder, der solche Informationsquellen erstellt, wählt aus, formuliert um, fasst zusammen oder schmückt aus, wobei sein Weltbild, seine Wahrnehmungsfähigkeit, seine Wünsche und Befürchtungen und seine bewussten oder unbewussten Absichten seine Auswahl beeinflussen.

Die Fähigkeit, Informationen kritisch zu beurteilen, ist deshalb für eine Orientierung von großer Bedeutung. Nur durch eine intensive Textanalyse lassen sich hintergründige Inhalte und Motive verschiedener Texte erschließen. Bei einer kritischen Auswertung von Texten empfiehlt sich folgende Vorgehensweise:

1. Erschließen Sie den Sinn des auszuwertenden Textes

	In der Ausgangssituation
Was lässt die Überschrift bzw. der Titel vom Text erwarten? (Ist es z. B. ein wertender Kommentar, ein neutraler Bericht, eine umfassende Sachdarstellung?)	Wertender Kommentar
Wer ist der Verfasser? (Ist es ein Politiker, Journalist, Wissenschaftler, Manager?)	Journalist
An wen richtet sich der Text? (Ist es der Zeitungsleser, eine Interessengruppe, ein fachwissenschaftlicher Interessentenkreis?)	Zeitungsleser
Welche Art Inhalt hat der Text und in welchem Zusammenhang stehen die Inhalte zueinander? (Ist es eine Aneinanderreihung, Erklärung, Begründung, Kritik, Zweifel, Bewertung?)	Kritik und Bewertung
Welche Textsorte liegt vor? (Einteilung der Texte nach ihrer Sprachfunktion)	Expressiver Text
Welche Gliederung nach Sinnabschnitten ist möglich?	Ereignis und Bewertung, Begründung der Kritik, Schlussfolgerung
Welche zentralen Aussagen macht der Text?	Die jetzige Regelung zum Ladenschluss geht nicht weit genug.

2. Werten Sie den Text kritisch aus

Zur kritischen Analyse können Sie die **W-Formel** anwenden:
Wer sagt was, wie, zu wem und mit welcher Wirkung?

	In der Ausgangssituation
WER? Hier sollte überlegt werden, wer der Verfasser ist und welche Richtung er vertritt	Journalist, der Anhänger neuer – erheblich längerer – Ladenschlusszeiten ist
WAS? Sie sollen untersuchen, was gesagt und gezeigt wird, aber auch, was verschwiegen wird.	• Es wird auf keine Argumente der Gegner eingegangen. • Es wird u. a. verschwiegen, dass die sehr starke Gruppe der Gegner einer Veränderung der Ladenschlusszeiten eine weiter gehende Verlängerung nicht zulassen würden.

	In der Ausgangssituation
WIE? Sie müssen auch Form, Stil und Methode des Textes analysieren: • Ist der Text einseitig oder objektiv? • In welcher sprachlichen Form ist der Text gestaltet?	einseitig, sarkastisch
ZU WEM?	Der Zeitungsleser in seiner Rolle als Kunde
MIT WELCHER WIRKUNG? Sie müssen die Absicht des Autors untersuchen: • Möchte er objektiv informieren oder vielleicht manipulieren? • Strebt er Beruhigung, Aufregung, Empörung, Neugier, Zustimmung. oder Widerstand an?	Empörung über den nicht weit genug gehenden Kompromiss

3. Nehmen Sie Stellung zu den einzelnen Argumenten

Überlegen Sie sich, welche Argumente des Verfassers Sie plausibel finden oder nicht, und begründen Sie Ihre Meinung.

Sprachfunktionen

Gebrauchstexte/Sachtexte
(Unterteilung nach Sprachfunktion)

INFORMATIVE TEXTE

Die sachliche Information über einen Sachverhalt, einen Gegenstand oder eine Person überwiegt. Die Sprache ist sach- und fachbezogen.

1. Beschreibung
Absicht:
Genaues und verständliches Beschreiben eines Zustandes oder Gegenstands
Arten:
Personenbeschreibung
Gegenstandsbeschreibung
Vorgangsbeschreibung
Zustandsbeschreibung
Aufbau:
Vom Groben ins Detail
Darstellungsweise:
Sachliche Distanz, ohne wertende Einmischung
Zeitform:
Meist Präsens als Ausdruck der zeitunabhängigen Allgemeingültigkeit eines Sachverhaltes

2. Bericht
Absicht:
Objektives Informieren über Ereignisse oder Vorgänge des täglichen Lebens (Veranstaltungen, Unfälle, Reisen, Entwicklungen ...)
Arten:
Zeitungsüberschrift
Radiobericht
Fernsehbereicht
Themen:
Wirtschaftlich, Politik, Gesellschaft, Kultur, Reisen
Inhalt:
Das Wesentliche eines tatsächlichen Ereignisses
- Was ist geschehen?
- Wer ist beteiligt?
- Wann ist es geschehen?
- Warum ist es geschehen?
- Wie ist es geschehen?
- Wo ist es geschehen?

Aufbau:
Darstellung der Ereignisse in zeitlicher Reihenfolge (Chronologisch)
Zeitraum:
Meist Präteritum (Rückblick auf Geschehenes)
Darstellungweise:
Sachliche Distanz

EXPRESSIVE TEXTE

Meinungen und Gefühle des Schreibers/Sprechers stehen im Vordergrund

1. Interview
Absicht:
Vermittlung von Informationen durch das dialogische Zusammenspiel

2. Leserbrief

3. Kommentar

APPELLATIVE TEXTE

Die Absicht bei diesen Texten liegt darin, beim Empfänger etwas zu erreichen, ihn von etwas zu überzeugen, ihn zu bewegen oder ihm zu befehlen.

1. Werbeanzeige
Absicht:
den Leser/Hörer von einer Sache zu überzeugen, ihn zu überreden, ihn etwas zu bewegen oder aufzufordern...
Aufbau:
- Textelemente:
  Schlagzeile
  Slogan
  Zusammenhängender Text/Einzelsätze/Einzelwörter
- Bild/Bildelemente

Darstellungsweise:
Die Einprägsamkeit beruht neben dem Inhalt stark auf der sprachlichen Gestaltung des Inhaltes

2. Politische Texte (Anzeigen Reden)

Hans Jecht / Sabine Sgonina: Lernen und arbeiten in Ausbildung und Beruf. Darmstadt: Winklers 1998, S. 12

AUFGABEN

1. Begründen Sie, warum Informationen zur Wirtschaft in verschiedenen Medien kritisch ausgewertet werden sollten.
2. Geben Sie an, mit welchen Fragen man sich den Sinn des auszuwertenden Textes erschließen kann.
3. Erläutern Sie die fünf Fragen der W-Formel zur kritischen Auswertung von Texten.
4. Unterscheiden Sie
   a) informative Texte
   b) expressive Texte
   c) appellative Texte
   und nennen Sie Beispiele.
5. Geben Sie an, welche Art von Text vorliegt.
   a) Radiobericht
   b) Interview
   c) Zeitungsbericht
   d) Werbeanzeige
   e) Kommentar
   f) Tagesschau
   g) die abgedruckte Rede eines Politikers
6. Erläutern Sie kurz den dritten Schritt der kritischen Auswertung von Texten.

ZUSAMMENFASSUNG

Kritische Auswertung von Texten in Wirtschaftsmedien

- wichtig für die eigene Orientierung
- Erschließung hintergründiger Inhalte und Motive

→ Den Sinn des auszuwertenden Textes erschließen

→ Den Text kritisch auswerten

→ Stellung nehmen zu den einzelnen Argumenten

5.5 Der professionelle Umgang mit Wirtschaftstexten

EINSTIEG

Carolin Saager liest einen Text aus einem Fachbuch, um sich auf die demnächst in ihrer Klasse durchzuführenden Referate gut vorzubereiten:

Inhalte reduzieren und Wesentliches erkennen

Stellen Sie sich vor, Sie müssen die Inhalte eines Themengebietes, eines Textes oder eines Lehrstoffes für eine Prüfung oder für ein Referat beherrschen. Ihre Aufgabe ist es jetzt, dieses Themengebiet so zu bearbeiten, dass Sie nach der Bearbeitung die Inhalte auf das Wesentliche reduziert haben. Das Wesentliche eines Textes etwa erkennen Sie, wenn Sie sich den Aufbau des Inhalts genau anschauen. Verschaffen Sie sich einen Überblick über den Aufbau mithilfe folgender Fragen:

1. Was ist das **Hauptthema**?
2. Welches sind die **Hauptgedanken**? Was will der Autor damit sagen (Verallgemeinerungen, Regeln, Hauptargumente, Merkmale ...)?
3. Welches sind die **unterstützenden Einzelheiten**, die den jeweiligen Hauptgedanken verdeutlichen? Womit werden die Hauptgedanken veranschaulicht (Erklärungen, nähere Beschreibungen)?

Achten Sie besonders auf die Form der Informationen. Wesentliche Informationen eines Inhalts erkennt man häufig daran, dass sie im Text z. B. durch

Fettdruck

oder Unterstreichungen, durch besondere Farben oder Rahmungen

hervorgehoben werden, z. T. werden sie auch als Randbemerkung besonders hervorgehoben.

Wichtige Textstellen sind häufig

- die Einleitungen,
- die Zusammenfassungen
- sowie die Überleitungen zwischen zwei Gedanken.

An diesen Stellen werden meistens Strukturen erkennbar.

Wenn Sie schließlich das Wesentliche eines Themengebietes, eines Textes oder eines bestimmten Lehrstoffes erkannt haben, müssen diese herausgefilterten Inhalte geordnet werden.

Tamara Nestmann meint zu ihr, als sie dies sieht:

„Ach, den Text von so einem Referat, den schreibt man einfach ganz schnell runter, dann hat man das hinter sich ... Da braucht man nichts zu beachten, entweder es gefällt oder nicht ..."

Nehmen Sie Stellung zu der Meinung von Tamara Nestmann.

INFORMATION

Beim Umgang mit Wirtschaftstexten oder Wirtschaftsnachrichten gibt es häufig einige Probleme, die man professionell lösen sollte:

- Wie finde ich Quellen für einen Text?
- Sind die gefundenen Quellen korrekt und vertrauenswürdig?
- Wie weist man in seinen eigenen Texten auf verwendete Informationsquellen hin?
- Wie fasst man seine Texte zusammen und zieht gegebenenfalls ein Fazit seiner Aussagen?
- Wie erstellt man ein Glossar mit den verwendeten Fremdwörtern?

Recherche

Unter einer Recherche versteht man die Suche nach Informationsquellen beispielsweise für einen anzufertigenden Wirtschaftstext. Die Recherche ist leider häufig sehr arbeitsintensiv. Ohne eine Recherche können Wirtschaftstexte jedoch nicht sinnvoll fertiggestellt werden.
Der Vorgang der Literatursuche kann in mehreren Schritten erfolgen:

Das Vorgehen beim Recherchieren

Orientierung:
Zunächst sollte man sich einen groben Überblick über das Thema verschaffen. Dazu geeignet sind Suchmaschinen im Internet an oder verschiedene Standardwerke aus Bibliotheken.

Differenzierung:
Nach Eingrenzung des Themas sollte dann überlegt werden welche Stellen sich besonders zur Recherche eignen und wo man spezifische Quellen finden kann.

Suchphase:
Bei der Hauptphase des Recherchierens werden die Quellen zusammengetragen. Beliebte Strategien dazu sind beispielsweise die Begriffssuche in Bibliothekskatalogen und die Literatursuche in den Verzeichnissen bereits vorhandener Quellen.

Auswertung:
Schließlich muss noch entschieden werden, welche Quellen relevant sind. Dazu sollte man die Wissenschaftlichkeit der Quellen prüfen oder sich die Informationen bestätigen lassen.

Um an passende Informationsquellen heranzukommen, sind unterschiedliche Suchwege möglich, die sich häufig auch überschneiden.

Suchwege im Rahmen einer Recherche						
Über das Internet mit Suchmaschinen[1]	Über das Internet mit Wikipedia: Über das Literatur-/Quellenverzeichnis von Wikipedia-Artikeln zu wichtigen Begriffen des Themas Literaturhinweise bzw. Hinweise auf Informationsquellen suchen	Bibliotheksrecherche (über das Internet bzw. im Lesesaal)[2]	Relevante Bachelor- oder Masterarbeiten sowie Dissertationen suchen und dort Quellenverzeichnis nach passenden Quellen durchsuchen	Über Quellenverzeichnisse von Fachliteratur geeignete Hinweise finden	Betreuende Lehrkräfte oder Hochschullehrer nach Quellen fragen	In Texten zu verwendende Informationen kann man nicht nur aus Literatur und anderen Internetquellen ziehen, sondern auch aus Gesprächen. Durch Vor-Ort-Recherchen oder auch Telefongespräche mit Betroffenen kann für den eigenen Text Wichtiges erfragt werden.

1 Vgl. Kap. 5.3.
2 Vgl. Kap. 5.3.

Bewertung der Quellen

Hat man Literatur- oder Internetquellen zu seinem Thema gefunden, muss im nächsten Schritt geprüft werden, ob die gefundenen Quellen vertrauenswürdig und seriös sind. Vor allem müssen sie fachlich und wissenschaftlich korrekte Darstellungen von Sachverhalten enthalten.

Mithilfe digitaler Medien kann heute jedermann ohne Vorkenntnisse leicht und schnell Texte veröffentlichen und verbreiten. Vor diesem Hintergrund bestehen zwei Gefahren:

- Mit Fake News (also mithilfe bewusst falscher Informationen) wird oft versucht, Meinungen und das Verhalten von Internetnutzern gezielt zu manipulieren. Gefährlich für unsere Demokratie wird es, wenn Lügen und Propaganda verbreitet werden.
- Im umgekehrten Fall – das ist häufig in Diktaturen und Autokratien, oft auch bei Populisten so – wird versucht, seriöse, aber unangenehme Informationen und Veröffentlichungen als Fake News zu diskreditieren.

Vor diesem Hintergrund wird deutlich, warum der Bewertung von Quellen in der wissenschaftlichen Arbeit eine so große Bedeutung zukommt.

Die Grundregel der Quellenbewertung besagt, dass man jede Information oder Aussage immer mindestens durch eine zweite Quelle absichern sollte.
Zur Beurteilung der aufgefundenen Quellen können eine Vielzahl weiterer Kriterien herangezogen werden.

Fake News erkennen

- **Achten Sie auf die Quelle!**
Sehen Sie sich die Webseite genau an. Wer steckt dahinter?
- **Lesen Sie weiter!**
Schlagzeilen klingen oft aufregend. Wie lautet die ganze Geschichte?
- **Prüfen Sie den Autor!**
Ist die Person glaubwürdig? Gibt es sie wirklich?
- **Bewerten Sie die Quellen!**
Klicken Sie die Links an, auf die verwiesen wird. Belegen Sie die Nachricht?
- **Achten Sie auf das Datum!**
Ältere Nachrichten können überholt sein, auch wenn sie frisch gepostet sind.
- **Ist es ein Witz?**
Was zu unwahrscheinlich klingt, könnte Satire sein. Ist die Seite ernst gemeint?

- **Was denken Sie?**
Welche Rolle spielen Ihre Ansichten bei Ihrer Einschätzung der Nachricht?
- **Fragen Sie einen Experten!**
Fragen Sie einen Lehrer oder klicken Sie auf eine Fact-Checking-Webseite.

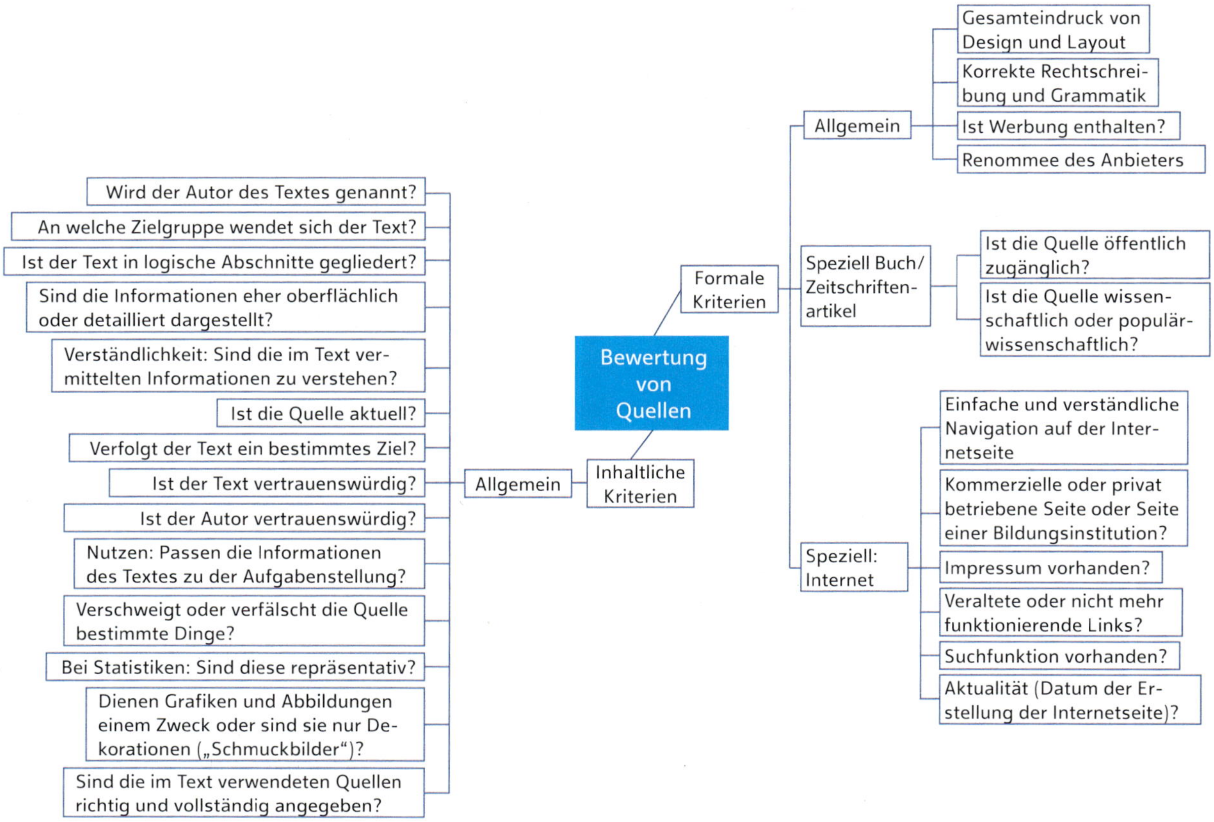

Fazit und Zusammenfassung

Eine große Bedeutung für Lesende von Fachtexten haben Zusammenfassungen und Fazits. Diese sollen die Lesenden in Form eines kurz gefassten Überblicks über die wesentlichen Aussagen des Textes und das Thema informieren.

BEISPIEL

Zusammenfassungen gibt es oft auf dem Rücken von Büchern: Durch die dort aufgeführte Inhaltsangabe weiß ein Leser oder eine Leserin, ob ihn/sie der Text interessieren könnte.

Grundregel ist dabei, alles Unwichtige auszulassen und die wichtigsten Informationen, die im Text aufgeführt werden, knapp und prägnant darzustellen. Eine Zusammenfassung wird immer in der Gegenwart (also im Präsens) geschrieben.

Zusammenfassungen gehen oft fließend in ein Fazit über.

Ein **Fazit** wird in einer Zusammenfassung verwendet, wenn man im Fachtext zu Anfang z. B. eine Hypothese aufgestellt hat, die man untersuchen möchte. Der Autor kommt auf seine in der Einleitung formulierte Untersuchungsfrage zurück. Nach der eigentlichen Zusammenfassung der Aussagen des Textes präsentiert er die Ergebnisse der im Text durchgeführten Untersuchung. Im Rahmen des Fazits wird dann die Untersuchungsfrage beantwortet. Der Autor reflektiert seine Überlegungen kritisch. Er ordnet sie in den Untersuchungsgegenstand ein.

Im Fazit werden oft die folgenden Fragen beantwortet:

- Was lässt sich aus den Erkenntnissen der Arbeit ableiten (und was nicht)?
- Welche offenen Fragen und Probleme gibt es?
- Haben sich neue Aspekte (die später von jemandem bearbeitet werden könnten) ergeben?

Regeln zum Verfassen eines Fazits sind unter anderem:

- Genau wie die eigentliche Zusammenfassung wird auch das Fazit im Präsens formuliert.
- Das Fazit sollte erst gezogen werden, wenn man als Autor den gesamten Text geschrieben hat.

Zitieren

Ein Autor muss jede Informationsquelle, die er in seinem Text verwendet hat, so angeben, dass sie eindeutig auffindbar ist. Dadurch kann sichergestellt werden, dass ein interessierter Leser die Aussagen nachlesen und nachprüfen kann. Vor diesem Hintergrund sind vollständige Angaben notwendig. Aus Zitaten sollte unmissverständlich hervorgehen, welche Ideen, Aussagen und Gedankengänge ein Autor wörtlich oder indirekt aus einer anderen Informationsquelle übernommen hat.

Grundregeln des Zitierens:

- Alle Gedanken und Aussagen von anderen Personen müssen durch Zitate in einem Fachtext gekennzeichnet werden.
- Wichtige Aussagen in einem Text können wörtlich zitiert werden. Ist dies der Fall, müssen diese mit Anführungszeichen gekennzeichnet werden.
- Enthält ein direktes Zitat einen Fehler, kann man auf diesen mit der Einrückung [sic!] hinweisen.
- Möchte man in dem direkten Zitat textlich etwas hervorheben, kann man den entsprechenden Teil des Textes fett, kursiv oder gesperrt schreiben beziehungsweise unterstreichen. Am Ende des Zitats sollte dann ein Hinweis auf die Hervorhebung durch den Autor erfolgen.
- Gibt man die Aussagen eines Autors nicht wortwörtlich, sondern mit eigenen Worten wieder, muss man dies ebenfalls in einem Text durch eine entsprechende Quelle angeben. Dies geschieht bei indirekten Zitaten dadurch, dass man auf die Quelle mit einem „vergleiche" oder „Vgl." hinweist. Man verwendet hier keine Anführungszeichen.
- Die Quellenangaben können so vollständig erfolgen wie im Literaturverzeichnis. Es besteht jedoch auch die Möglichkeit, Kurzzitate zu verwenden. Die Quellenangaben müssen dann allerdings mindestens den Autor, das Erscheinungsjahr und die Seitenangabe enthalten. Insgesamt muss die Literaturquelle zusammen mit dem Literaturverzeichnis eindeutig identifizierbar sein
- Bei Verweisen auf Textquellen, die über eine Seite gehen, verwendet man die Angabe „f.", wenn man nach der Seitenangabe auf die nächste Seite verweisen möchte.

BEISPIEL

Huhn, H. (2021), Seite 83 f.

- Mit der Angabe „ff." verweist man auf mehrere über die angegebene Seite reichende, aber direkt aufeinanderfolgende Seiten.

Von Hochschule zu Hochschule, von Fachwissenschaft zu Fachwissenschaft gibt sehr viele unterschiedliche Verfahren, wie Zitate in einem Text verwendet werden können.

Es können aber zwei grundlegende Varianten des Zitierens unterschieden werden:
- Möglich ist einerseits die Inline-Zitation. Dabei wird auf die verwendete Informationsquelle mit Klammern im Text hingewiesen.

BEISPIEL

In seiner Analyse stellt Hermann Huhn heraus, dass es verschiedene Suchstrategien gibt, wenn man Informationen über wirtschaftsrelevante Sachverhalte bekommen möchte [nach Huhn 2021, Seite 89].

- Eine andere Variante ist das Zitieren mit Fußnoten.

BEISPIEL

In seiner Analyse stellt Hermann Huhn heraus, dass es verschiedene Suchstrategien gibt, wenn man Informationen über wirtschaftsrelevante Sachverhalte bekommen möchte.[1]
(am Ende der Seite bzw. des Kapitels oder der Arbeit:)

1 nach Huhn 2021, Seite 89

Egal für welche Zitations-Variante man sich entscheidet, sie sollte einheitlich im gesamten Text angewandt werden. Wird der zu verfassende Text benotet, sollte abgeklärt werden, welche Situations-Variante erwartet wird. Erfragt werden muss also in jedem Fall, welche Zitierweise in der entsprechenden Schule oder Hochschule verwendet wird.

Absicherung der Vollständigkeit des Textes

Für ein besseres Nachvollziehen der Aussagen eines Textes kann dieser unterschiedliche Arten von Verzeichnissen enthalten:
- das Inhaltsverzeichnis,
- das Literaturverzeichnis,
- das Abkürzungsverzeichnis,
- ein Abbildungsverzeichnis oder und ein Tabellenverzeichnis,
- ein Glossar.

Inhaltsverzeichnis

Fast jeder Fachtext enthält ein Inhaltsverzeichnis. Dieses soll einen komprimierten Überblick über den Inhalt und die Struktur des gesamten Textes ermöglichen. Ersichtlich wird aus dem Inhaltsverzeichnis auf einen Blick die Gliederung der Arbeit.

Für die Erstellung von Inhaltsverzeichnissen gelten folgende Regeln, vergleichen Sie die unten stehende Abbildung dazu mit dem Inhaltsverzeichnis dieses Buches.
- Das Inhaltsverzeichnis steht vor dem eigentlichen Text.
- Nicht aufgeführt im Inhaltsverzeichnis werden das Titelblatt und das Inhaltsverzeichnis selbst.
- Die im Inhaltsverzeichnis aufgeführten Überschriften der Kapitel und Unterkapitel sollten sowohl im Wortlaut als auch in der Reihenfolge mit denen des Textes übereinstimmen.

- Vorteilhaft ist es, hinter die Kapitelangaben im Inhaltsverzeichnis auch die entsprechenden Seitenzahlen des Textes anzugeben. Dadurch können diese Textteile gezielt und schnell nachgeschlagen werden.
- Es gibt unterschiedliche Arten der Kapitelnummerierung.
- Normalerweise sollte eine Untergliederung in Unterkapitel nicht tiefer als in drei Ebenen gehen. Ansonsten wird die Gliederung zu unübersichtlich.
- Wird ein Kapitel untergliedert, muss dieses mindestens zwei Unterkapitel enthalten.

BEISPIEL

Inhaltsverzeichnis

Ein Auszug aus einem Inhaltsverzeichnis

Literaturverzeichnis

Egal welcher Zitationsstil in einem Fachtext genutzt wird, ein Literaturverzeichnis wird immer anzubringen sein. Dieses steht am Ende des Fachtextes. Es muss alle Quellen enthalten, die tatsächlich im Text verwendet bzw. zitiert worden sind. Das Literaturverzeichnis sorgt für die Nachprüfbarkeit der Aussagen. Damit dient es der Auffindbarkeit der Literatur- und Internetquellen. Die Grundregel im Literaturverzeichnis lautet: Jede aufgeführte Informationsquelle muss alle Informationen enthalten, damit sie ohne Schwierigkeiten nachverfolgt und gefunden werden kann. Eine Leserin bzw. ein Leser muss alle zitierten oder paraphrasierten Stellen bei Bedarf selbst nachschlagen und überprüfen können.

Vom Aussehen her können sich Literaturverzeichnisse je nach verwendetem Zitierverfahren unterscheiden. Dies kann vor allem die Schreibweise der Namen, die Zeichensetzung und die allgemeine Reihenfolge der Informationen betreffen. Grundsätzlich sind aber für jede Literaturquelle die folgenden Daten aufzuführen:

- Autor
- Titel
- Erscheinungsjahr
- Erscheinungsort
- Verlag
- Ggf. Herausgeber/Herausgeberin
- Auflage

Weitere Regeln beim Aufbau eines Literaturverzeichnisses sind:

- Die verwendeten Informationsquellen werden alphabetisch geordnet nach dem Familiennamen der Verfasser im Literaturverzeichnis aufgelistet.

- Ist ein Fachtext von mehreren Autoren erstellt worden, werden diese bis zu drei Autoren durch ein Semikolon getrennt aufgelistet.
- Bei mehr als drei Autoren nennt man nur den ersten Namen und verwendet dann Abkürzungen wie „u. a.“ oder „et al.“.
- Ist der als Informationsquelle verwendete Text von mehreren Autoren erstellt worden, gilt der Familienname des erstgenannten Autors. Zwar wird die Reihenfolge der Autoren i. d. R. auf Buchtiteln oft ebenfalls alphabetisch angegeben. Dies ist aber nicht immer der Fall. Manchmal ist der erstgenannte Autor der, der am meisten zum entsprechenden Buch beigetragen hat.
- Gibt es mehrere Literaturangaben eines Autors, die im gleichen Jahr erschienen sind, wird hinter die Jahreszahl eine Nummerierung mit a, b, c usw. gesetzt.
- Gibt es mehrere Literaturangaben zu einem Autor, die in unterschiedlichen Jahren veröffentlicht wurden, werden diese den Jahren nach geordnet, wobei das älteste Buch zuerst genannt wird.
- Hat ein Buch mehrere Auflagen, ist die Zahl der im Text verwendeten Auflage anzugeben.

BEISPIEL

Literaturverzeichnis

Deges, F. (2021). Retourencontrolling im Online-Handel. Controlling, 33(2), 61–68.

Jecht, H. & Sgonina, S. (1997). Lernen und arbeiten in Ausbildung und Beruf – Methodenheft für Auszubildende. Darmstadt: Winklers Verlag.

Jecht, H. (2004). Fit im Verkauf. Darmstadt: Winklers.

Jecht, H. u. a. (2021). Einzelhandel 4.0: 1. Ausbildungsjahr: Schülerband (2. Auflage). Braunschweig: Winklers Verlag im Westermann Schulbuch.

Limpke, P. (2020). Neuordnung der Berufsausbildung zu Kaufleuten für Groß- und Außenhandelsmanagement. https://www.westermann.de/landing/fluegelstift2020/GroAu. Abgerufen am 1. November 2021, von https://www.westermann.de/landing/fluegelstift2020/GroAu

Ein Ausschnitt aus einem Literaturverzeichnis. Man erkennt, dass der Beitrag von Deges ein Zeitschriftenartikel ist, der Text von Limpke eine Onlinequelle.

Abbildungsverzeichnis und Tabellenverzeichnis

Grundsatz in Fachtexten ist, dass jede Abbildung, aber auch jede Tabelle eine Beschriftung enthalten muss:

- Für die Abbildung in einem Text gilt, dass die Abbildungsbeschriftung immer unter der Abbildung aufgenommen wird.
- Bei Tabellen gilt der Grundsatz, dass die Beschriftungen über der Tabelle stehen.

Enthält ein Text also mehrere Abbildungen oder Tabellen, sollte dort ein Abbildungsverzeichnis

BEISPIEL

Abbildungsverzeichnis

Ein Ausschnitt aus einem Abbildungsverzeichnis

bzw. ein Tabellenverzeichnis enthalten sein.

BEISPIEL

Tabellenverzeichnis

Ein Ausschnitt aus einem Tabellenverzeichnis

Das Abbildungsverzeichnis und auch das Tabellenverzeichnis folgen oft auf das Literaturverzeichnis. Möglich ist aber auch, diese beiden Verzeichnisse hinter das Inhaltsverzeichnis zu stellen. Beide Verzeichnisse bestehen aus zwei Spalten:

- der Beschriftung der Abbildung bzw. Tabelle und
- der Seitenzahl, wo die Abbildung bzw. die Tabelle zu finden ist.

Abkürzungsverzeichnis

Wenn in einem Text mehr als drei Abkürzungen verwendet worden sind, sollte dieser ein Abkürzungsverzeichnis enthalten. Das Abkürzungsverzeichnis listet alphabetisch alle im Text verwendeten Abkürzungen mit ihrer Bedeutung auf. Es wird geführt, damit alle Leser und Leserinnen die Abkürzungen verstehen.

Jeder Begriff, der in einem Fachtext abgekürzt werden soll, sollte bei der erstmaligen Nennung zunächst ausgeschrieben werden. Anschließend folgt dann in Klammern die Abkürzung.

BEISPIEL

Abkürzungsverzeichnis

BBS	Berufsbildende Schule
BFS	Berufsfachschule
BSCW	Basic Support for Cooperative Work
bzw.	beziehungsweise
GH	Großhandel
.....	....
UN	United Nations

Ein Ausschnitt aus einem Abkürzungsverzeichnis

Glossar

Ein Glossar ist ein Verzeichnis von im Text verwendeten Fachbegriffen und Fremdwörtern. Diese Begriffe werden mit den zugehörigen Erklärungen in einer Tabelle aufgeführt. Das Glossar ist alphabetisch geordnet.

Ein Glossar ist bei einem Fachtext nicht zwingend notwendig. Es sollte jedoch geprüft werden, ob man dem Text nicht dennoch ein Glossar beilegt. Der Autor eines Textes versteht diesen bis ins Detail, da er sich über längere Zeit mit dem dargestellten Thema beschäftigt hat. Eine Leserin bzw. ein Leser liest vielleicht das erste Mal einen Text zum Thema. Für eine bessere Verständlichkeit kann dann das Glossar sorgen.

....	....
akzessorisch	Das Bestehen eines Rechts ist abhängig von einem anderen Recht.
.....	.....

Ein Glossar ist eine Liste mit Wörtern mit den dazugehörigen Erläuterungen.

Begriffe, die im Glossar erklärt werden, können oft bei der ersten Nennung im Text kursiv oder fett gesetzt werden.

BEISPIEL

„... Nach §§ 128 und 129 HGB haften alle OHG-Gesellschafter für die Schulden der Gesellschaft selbst, unmittelbar und ***akzessorisch***. Die persönliche Haftung der Gesellschafter ...“

AUFGABEN

1. Erklären Sie, was man unter einer Recherche versteht.
2. Führen Sie die Schritte einer Informationsrecherche auf.
3. Heute braucht man sich oft nicht mehr in die Katalogräume einer Bibliothek zu begeben. Die Bibliotheksrecherche wird über das Internet von zu Hause aus erledigt.
   a) Überlegen Sie sich ein Thema (gegebenenfalls schon das Thema für ein demnächst von Ihnen zu haltendes Referat).
   b) Rufen Sie die Internetadresse einer Ihnen bekannten Universität auf, z. B.
   https://www.uni-hildesheim.de/bibliothek/
   https://www.ub.uni-frankfurt.de/
   https://www.sub.uni-goettingen.de/sub-aktuell/
   Suchen Sie dort den Katalog auf und versuchen Sie, Literatur zu Ihrem Thema zu finden.
4. Führen Sie unterschiedliche Suchwege für Recherchen auf.
5. Begründen Sie, warum eine Quellenbewertung beim Anfertigen von Fachtexten unerlässlich ist.
6. Erläutern Sie, was man unter Fake News versteht.
7. Führen Sie Kriterien für eine Quellenbewertung auf.
8. Bringen Sie die folgenden Bestandteile eines Fazits in die richtige Reihenfolge:
   a) Für Wirtschaftsunternehmen bringt Facebook erhebliche Möglichkeiten für die Anwendung von Onlinemarketing-Maßnahmen. Gesellschaftlich gesehen ist zu befürchten, dass es wegen der Filterblasen zu Spaltungen kommt.
   b) Das vorliegende Referat untersucht ausschließlich die Folgen von Facebook auf Ökonomie und Gesellschaft in Deutschland. Es kann sinnvoll sein, diese Untersuchung auf außereuropäische Länder auszuweiten, in deren Gesellschaften Facebook eine erheblich größere Rolle spielt. Ebenfalls Untersuchungsgegenstand müssten andere soziale Medien sein.

c) Mit diesem Referat sollen die Auswirkungen von Facebook auf Wirtschaft und Gesellschaft dargestellt werden. Vorgestellt und erörtert werden die Konsequenzen, die sich durch die Nutzung von Facebook für unterschiedliche Gruppen ergeben.

d) Facebook und seine Auswirkungen auf Gesellschaft und Ökonomie: Dies ist eine momentan intensiv und facettenreich diskutierte Thematik. Besonders in den Gremien der Europäischen Union wird immer mehr darauf gedrängt, Facebook gesetzliche Schranken aufzuerlegen. Dass dies gerechtfertigt ist, haben auch die Ergebnisse dieses Referats gezeigt.

9. a) Suchen Sie in einer Informationsquelle eine Textstelle, die Sie zitieren möchten, und erfassen Sie diese mit einem Textbearbeitungsprogramm.
   b) Melden Sie sich bei der Internetseite
   https://www.sciflow.net/richtig-zitieren/zitierweisen
   an und loggen Sie sich dort anschließend ein.
   c) Auf dieser Seite kann man Dokumente erstellen, indem jeweils einer von insgesamt neun Zitierstilen automatisch angewendet wird. Wenden Sie nun alle Zitierstile für die von Ihnen zu zitierenden Textstellen an.

10. a) Erstellen Sie (für ein mögliches oder tatsächliches) Referatsthema ein Inhaltsverzeichnis.
    b) Lassen Sie einen Partner oder eine Partnerin dieses Inhaltsverzeichnis überprüfen, ob es regelgerecht ist.

11. Wie auch beim Verwenden von Zitaten im Text gibt es bei der Erstellung eines Literaturverzeichnisses unterschiedliche Stile.
    a) Besuchen Sie die Internetseite https://www.literatur-generator.de
    b) Erstellen Sie mithilfe dieser Internetseite die Angaben für ein Buch Ihrer Wahl
       - eines Autors,
       - zweier Autoren,
       - von vier Autoren

       in den angebotenen unterschiedlichen Zitierstilen.

12. Erklären Sie, was man unter einem Glossar versteht.

ZUSAMMENFASSUNG

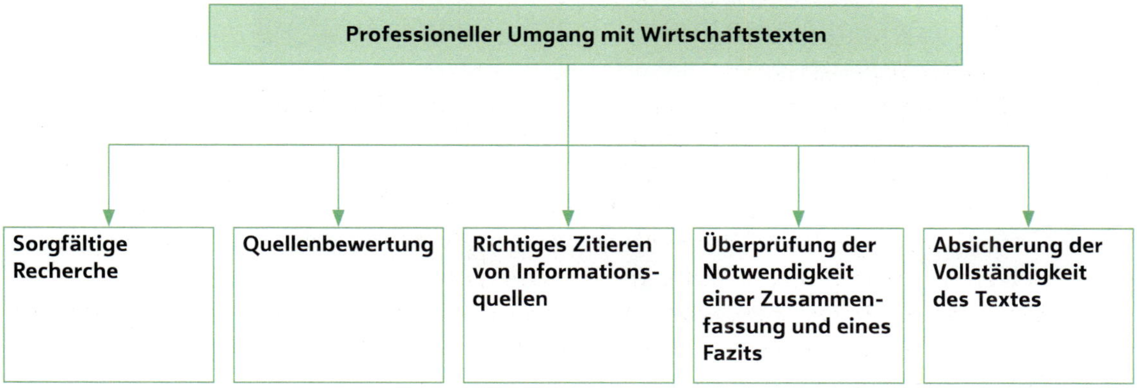

6 Kaufmännisches Rechnen und Statistik

6.1 Dreisatz

EINSTIEG

Bei der Hoffmann KG ist eine Anfrage des Bekleidungsgeschäfts Silke Bachmann e. Kffr. aus Essen über 120 Holzfällerhemden eingegangen, die bearbeitet werden soll. Katarzyna Popov bekommt daher vom Abteilungsleiter Verkauf der Hoffmann KG, Herrn Staub, den Auftrag, den Bruttoverkaufspreis zu berechnen.

Es sind jeweils 40 Holzfällerhemden der Größe M, L und XL. Herr Staub möchte, dass Katarzyna einen Mengenrabatt von 8 % gewährt, wenn der Kunde mindestens 150 Holzfällerhemden bestellt. Außerdem sollen die Frachtkosten in Höhe von 200,00 € pauschal für die Lieferung mit dem eigenen Lkw vom Kunden bezahlt werden.

1. Welche Einflussgrößen müssen bei der Berechnung des Bruttoverkaufspreises berücksichtigt werden?
2. Mithilfe welcher kaufmännischen Rechenarten lässt sich der Verkaufspreis kalkulieren?
3. Welche Besonderheit ist beim Dreisatz zu berücksichtigen?

INFORMATION

In der Mathematik ist der Dreisatz eine eindeutige Zuordnung von Werten. Diese Werte stehen beim Dreisatz im selben Verhältnis zueinander. Es wird hier zwischen dem proportionalen und dem antiproportionalen Dreisatz unterschieden.

Proportionaler Dreisatz

DEFINITION

Ein **proportionaler Dreisatz** ist dadurch gekennzeichnet, dass bei einer Vervielfachung der Ausgangsmenge sich die Zielmenge in gleicher Weise vervielfacht.

Es ist zunächst einmal wichtig zu erkennen, dass es sich um ein proportionales Verhältnis handelt.

MERKSATZ

Faustregel:

„je mehr, desto mehr“ oder „je weniger, desto weniger“

BEISPIEL 1

Das Bekleidungsgeschäft Beckermann Moden ordert statt 30 Damenblusen, für die es 750,00 € netto hätte bezahlen müssen, nun 50 Damenblusen. Für die 50 Damenblusen muss das Bekleidungsgeschäft der Hoffmann KG 1.250,00 € zahlen.

Wie löst man die Frage **„Wie viel muss das Bekleidungsgeschäft für 50 Damenblusen zahlen?"**

Dazu gibt es mehrere Rechenwege. Hier sollen zwei mögliche Wege dargestellt werden:

	Damenblusen	Preis (€)	
	30	750,00	
: 30	1	25,00	: 30
· 50	50	1.250,00	· 50

Bei der Aufstellung der Tabelle sind folgende Punkte zu beachten:

- Die gesuchte Größe sollte in der rechten Spalte stehen (hier der Preis von 1.250,00 €).
- Die andere Größe (Damenblusen) sollte entsprechend auf der linken Seite stehen.
- Es wird auf der linken Seite zunächst auf eine Einheit gerechnet (hier : 30, um den Preis für eine Damenbluse zu bestimmen).
- Anschließend wird auf die gesuchte Größe wieder „hochgerechnet" (hier · 50).

Bedingungssatz:	30 Damenblusen	≙	750,00 €
Fragesatz:	50 Damenblusen	≙	x €

$$x = \frac{50\ \text{Stück} \cdot 750{,}00\ €}{30\ \text{Stück}} = 1.250{,}00\ €$$

Bei der zweiten Variante mit Bedingungssatz (30 Damenblusen kosten 750,00 €.) und Fragesatz (Wie viel kosten 50 Damenblusen?) sind folgende Dinge zu beachten:

- Dieselben Größen müssen jeweils untereinander stehen (Damenblusen unter Damenblusen usw.).
- Die gesuchte Größe x sollte unten rechts stehen.
- Auf den Bruchstrich werden die Zahlen links neben dem x und über dem x geschrieben und multipliziert (hier 50 Stück · 750,00 €).
- Unter den Bruchstrich wird die Zahl „diagonal gegenüber" x geschrieben (hier 30 Stück)

Antiproportionaler Dreisatz

DEFINITION

Ein **antiproportionaler Dreisatz** ist dadurch gekennzeichnet, dass bei einer Vervielfachung der Ausgangsmenge sich die Zielmenge in gleicher Weise teilt.

Es ist auch hier zunächst einmal wichtig zu erkennen, dass es sich um ein antiproportionales Verhältnis handelt.

MERKSATZ

Faustregel:

„je mehr, desto weniger" oder „je weniger, desto mehr"

BEISPIEL 2

Zur Herstellung der 50 Damenblusen für das Bekleidungsgeschäft Beckermann Moden benötigt die Hoffmann KG bei 4 Arbeitskräften 12 Stunden Zeit. Bei einem Einsatz von 6 Beschäftigten benötigt die Hoffmann KG 8 Stunden.

Wie löst man die Frage **„Wie lange benötigen 6 Mitarbeiter für die Herstellung der 50 Damenblusen?"**

Auch dazu gibt es mehrere Rechenwege. Hier sollen wieder zwei mögliche Wege dargestellt werden:

	Arbeitskräfte	Zeit (Stunden)	
	4	12	
: 4	1	48	: 4
· 6	6	8	· 6

Bei der Aufstellung der Tabelle sind folgende Punkte zu beachten:

- Die gesuchte Größe sollte in der rechten Spalte stehen (hier die Zeit von 8 Stunden).
- Die andere Größe (Arbeitskräfte) sollte entsprechend auf der linken Seite stehen.
- Es wird auf der linken Seite zunächst auf eine Einheit gerechnet (hier : 4).
- Auf der rechten Seite wird der „umgekehrte" Rechenschritt durchgeführt (wenn links dividiert wird, dann wird rechts multipliziert und umgekehrt), da es sich hier um ein antiproportionales Verhältnis handelt (hier · 4, um zu bestimmen, wie viel Zeit eine Arbeitskraft benötigt).
- Anschließend erfolgt die Berechnung der gesuchten Größe (in der linken Spalte durch Multiplikation mit 6 die Hochrechnung auf 6 Beschäftigte; in der rechten Spalte durch Division mit 6 der Zeitaufwand bei Einsatz von 6 Beschäftigten).

Bedingungssatz:	4 Arbeitskräfte	≙	12 Std.
Fragesatz:	6 Arbeitskräfte	≙	x Std.

$$x = \frac{4\ \text{AK} \cdot 12\ \text{Std.}}{6\ \text{AK}} = 8\ \text{Std.}$$

Bei der zweiten Variante mit Bedingungs- und Fragesatz sind folgende Dinge zu beachten:

- Dieselben Größen müssen jeweils untereinander stehen (Arbeitskäfte unter Arbeitskräfte usw.).
- Die gesuchte Größe x sollte unten rechts stehen.
- Auf dem Bruchstrich werden die Zahlen des Bedingungssatzes miteinander multipliziert (hier 4 AK · 12 Std.).
- Unter den Bruchstrich wird die Zahl neben x geschrieben (hier 6 AK)

Nicht proportionale Verhältnisse

Es gibt auch Zuordnungen, die nicht eindeutig sind. Das heißt, hier ist kein proportionales oder antiproportionales Verhältnis zu erkennen.

BEISPIEL

Usain Bolt hat im 100-m-Lauf einen Weltrekord mit einer Zeit von 9,58 Sekunden aufgestellt. Das bedeutet, dass er im 400-m-Lauf eine Zeit von 38,32 Sekunden erreichen müsste.

Natürlich kann Usain Bolt diese Zeit nicht erreichen. Hier liegt der Weltrekord bei 43,18 Sekunden (erzielt 1999 von Michael Johnson). Aber warum eigentlich nicht? Die Antwort ist klar. Hier gibt es nicht die Regel, dass bei einer Vervielfachung der Ausgangsmenge sich die Zielmenge in gleicher Weise vervielfacht. Mit anderen Worten: Usain Bolt kann nicht auch noch die nächsten 300 m in derselben Geschwindigkeit laufen wie die ersten 100 m.

Der zusammengesetzte Dreisatz

Beim zusammengesetzten Dreisatz müssen mehr Angaben berücksichtigt werden als beim einfachen Dreisatz. Rechnerisch ist der zusammengesetzte Dreisatz aber im Prinzip nichts anderes als die Kombination mehrerer kleiner Dreisätze.

BEISPIEL

In der Hoffmann KG werden in 14 Tagen 21.000 Kleidungsstücke bei einer täglichen Nutzungszeit von 8 Stunden auf 7 Maschinen produziert. Aufgrund eines Großauftrages müssen nun 30.000 Kleidungsstücke hergestellt werden. Wegen der Erledigung anderer Arbeitsaufträge stehen die Maschinen nur noch 6 Stunden pro Tag zur Verfügung, es kann jedoch eine Maschine mehr eingesetzt werden.

Katharzyna Popov stellt nun den Bedingungssatz und den Fragesatz im Rahmen des Ansatzes auf:

$$\text{7 Maschinen} = \text{8 Stunden} = \text{21.000 Bekleidungsstücke} = \text{14 Tage}$$
$$\text{8 Maschinen} = \text{6 Stunden} = \text{30.000 Bekleidungsstücke} = \text{x Tage}$$

Zur Aufstellung des Bruchstrichs prüft sie jedes Verhältnis gegen x Tage. Dabei beachtet sie immer, ob jeweils ein direktes oder ein indirektes Verhältnis vorliegt.

Sie erhält den folgenden Bruch:

$$x = \frac{\text{14 Tage} \cdot \text{7 Maschinen} \cdot \text{30.000 Bekleidungsstücke}}{\text{8 Maschinen} \cdot \text{6 Stunden} \cdot \text{21.000 Bekleidungsstücke}}$$

$$x = \text{23,33 Tage}$$

Es werden 23,33 Tage benötigt.

AUFGABEN

1. Die Spedition Schnell & Sicher OHG berechnet für die Auslieferung von Hannover nach Kassel (170 km) für eine Lieferung 195,00 €. Ermitteln Sie, wie viel die gleiche Lieferung für die Auslieferung von Hannover nach Frankfurt (360 km) kostet.
2. Die Hoffmann KG muss einen Großauftrag über 280 Herrenanzüge schnellstmöglich zur Auslieferung bringen. Bislang stellen 12 Arbeitskräfte 7 Herrenanzüge pro Tag her. Die Geschäftsleitung möchte 4 Arbeitskräfte zusätzlich einsetzen.
   Berechnen Sie, wie lange die Hoffmann KG ohne zusätzliche Arbeitskräfte und mit den zusätzlichen Arbeitskräften für den Großauftrag benötigt.
3. Der Kunde ELKO AG bezahlt an die Hoffmann KG eine Rechnung unter Abzug von 2 % Skonto für vorzeitige Zahlung per Banküberweisung. Der Überweisungsbetrag lautet über 3.229,10 €. Ermitteln Sie, wie hoch war der Rechnungsbetrag war.
4. Der Kunde Adlatus GmbH hat bei Bezahlung seiner Rechnung einen Skontobetrag von 49,15 € abgezogen. Seine Zahlungsbedingung lautet 30 Tage netto oder 2,5 % Skonto bei Zahlung innerhalb von 10 Tagen. Stellen Sie fest, wie hoch der Rechnungsbetrag und wie hoch der Zahlungsbetrag war.
5. Katarzyna Popov bereitet diese Woche das Frühstück für sich und ihre vier Kollegen vor. Heute sind statt der 5 Personen noch weitere 5 Gäste (Kunden) angekündigt. Zum Kochen von einem Frühstücksei benötigt Katarzyna 6 Minuten. Berechnen Sie, wie lange sie für 10 Eier benötigt.
6. Mit der Produktion des Tourenrads Modell „Touringstar“ sind bei der Hoffmann KG 7 Personen beschäftigt. Diese können in einem 8-stündigen Arbeitstag 15 Tourenräder herstellen.
   a) Es liegt ein Großauftrag über 120 Fahrräder vor. Wie viele Tage benötigt die Hoffmann KG, um diese 120 Tourenräder zu produzieren?
   b) Aufgrund des hohen Krankenstands sind leider bis auf Weiteres nur 4 Beschäftigte im Betrieb. Wie lange benötigen diese Arbeitskräfte für den Großauftrag aus a)?
   c) In den Wintermonaten gehen die Absatzzahlen stark zurück. Daher ist in der Produktion Kurzarbeit geplant. Wie lange benötigen die 7 Arbeitskräfte für den Auftrag, wenn sie nur noch 5 Stunden pro Arbeitstag zur Verfügung haben?
7. In der Hoffmann KG wurden im letzten Jahr für Inventurarbeiten 9 Hilfskräfte bei einer täglichen Arbeitszeit von 8 Stunden für 4 Tage eingesetzt. Dieses Jahr werden nur 6 Angestellte herangezogen, die täglich 6 Stunden die Inventur durchführen sollen. Stellen Sie fest, in wie viel Tagen die Inventur abgeschlossen ist.
8. Die Inventur einer Warengruppe mit 36.000 Artikeln erforderte im letzten Jahr 4 Angestellte. Diese benötigten für die notwendigen Arbeiten 2 Tage bei einer Arbeitszeit von 10 Stunden täglich. In diesem Jahr beträgt der Bestand 37.800 Artikel. Die Abteilungsleitung plant, dass die Inventurtätigkeiten von 3 Angestellten in einer täglichen Arbeitszeit von 7 Stunden erledigt werden sollen. Ermitteln Sie die Dauer in Tagen.
9. Bei einer achtstündigen Arbeitszeit pro Tag stellte die Hoffmann KG im Rahmen einer 6-Tage-Woche mithilfe von 6 Maschinen bedruckte 60.000 T-Shirts her. Berechnen Sie, wie viel T-Shirts produziert werden können, wenn bei einer täglichen Arbeitszeit von 9 Stunden und einer 5-Tage-Woche 8 Maschinen zur Verfügung stehen.
10. Zur Durchführung einer Inventur wurden 14 Hilfskräfte bei einer täglichen Arbeitszeit von 8 Stunden 3 Tage lang eingesetzt. Berechnen Sie die Anzahl der Arbeitskräfte, wenn die tägliche Arbeitszeit noch 7 Stunden beträgt, die Inventur allerdings erst in 4 Tagen durchgeführt werden muss.
11. Eine Fertigungsstraße der Lahmann KG ist voll automatisiert. Eine bestimmte Anzahl an Produkten wurde bei einer achtstündigen Maschinenlaufzeit in 36 Tagen von 18 Fertigungsrobotern erstellt.

Berechnen Sie, wie viele Maschinen dieselbe Arbeit bereits in 5 Tagen in einer Doppelschicht von 16 Stunden schaffen.

12. In dem Industrieunternehmen Senft AG bekommen 50 Beschäftigte bei einer achtstündigen Arbeitszeit 40.000,00 € ausgezahlt. Berechnen Sie, wie viel 20 Beschäftigte erhalten, die ausnahmsweise 9 Stunden lang arbeiten.

ZUSAMMENFASSUNG

Dreisatz
→ Diese Werte stehen in demselben Verhältnis zueinander.

proportionaler Dreisatz
Faustregel:
→ „je mehr, desto mehr"
→ „je weniger, desto weniger"

antiproportionaler Dreisatz
Faustregel:
→ „je mehr, desto weniger"
→ „je weniger, desto mehr"

6.2 Kettensatz

EINSTIEG

Der Hoffmann KG werden von einer englischen Firma 300 cwt einer Ware für 1.920,00 £ angeboten. 1 cwt entspricht 50,8 kg. Für 1,00 £ bekommt man 1,16 €.

Unterstützen Sie Katharzyna Popov, indem Sie den Preis in € für 1 kg dieser Ware berechnen.

INFORMATION

In bestimmten geschäftlichen Situationen muss mit unterschiedlichen ausländischen Währungen, Maßen und Gewichten gerechnet werden. Solche Aufgaben könnten auch durch Auflösung in verschiedene Dreisätze gelöst werden.

BEISPIEL

Ein englisches Unternehmen bietet der Hoffmann KG 60 Yards Stoff zum Preis von insgesamt 160,00 £ an. Es soll ermittelt werden, wie viel 1 m dieses Stoffs kostet. Bekannt ist, dass 12 Yards 11 m entsprechen und der Kurs bei 1,00 € = 1,15 £ liegt.

Katarzyna Popov ermittelt den Meterpreis in drei Schritten, wobei jeweils ein Dreisatz angewandt wird:

Sie wandelt zunächst die Yards in Meter um:

12 Yards – 11 m
60 Yards – x m

$$x = \frac{11 \cdot 60}{12} = 55 \text{ m}$$

Anschließend erfolgt die Umwandlung von £ in €:

1,15 £ – 1,00 €
160,00 £ – x £

$$x = \frac{1{,}00\ € \cdot 160{,}00\ £}{} = 139{,}13\ €$$

Zu guter Letzt wird noch der Preis für 1 m berechnet:

55 m – 139,13 €
1 m – x m

$$x = \frac{139{,}13\ € \cdot 1\ \text{m}}{55\ \text{m}} = 2{,}53\ €$$

Eleganter ist jedoch die Anwendung des sogenannten Kettensatzes. Der Kettensatz ist eine vereinfachte Dreisatzrechnung für Dreisätze mit geradem Verhältnis.

Für den Kettensatz gelten folgende Regeln:

1. Jeder Kettensatz beginnt mit der Frage der Aufgabe.
2. Jedes Kettenlied beginnt mit der Benennung, mit der das vorhergehende endete.
3. Der Kettensatz schließt mit derselben Benennung, mit der er begann.
4. Die im Ansatz rechts stehenden Werte kommen als Zähler oben auf den Bruchstrich. Die links stehenden Werte kommen in den Nenner (also unter dem Bruchstrich).

BEISPIEL

x € – 1 m	1. Am Anfang steht die Frage.
11 m – 12 Yds 60 yds – 160,00 £	2. Jedes Kettenglied beginnt mit der Benennung, mit der das vorhergehende endete: Die links stehenden Kettenglieder haben die gleiche Benennung wie das vorhergehende Kettenglied auf der rechten Seite.
1,15 £ – 1,00 €	3. Die Kette ist beendet, wenn alle Größen der Aufgabe verwendet worden sind und die Benennung auf der rechten Seite des letzten Kettenglieds mit der Benennung des Beginns übereinstimmt.
$x = \frac{1 \cdot 12 \cdot 160 \cdot 1}{11 * 60 * 1{,}15} = 2{,}53\ €$	4. Das Produkt der rechten Kettenseite kommt in den Zähler und wird durch das Produkt der linken Kettenseite (Nenner!) geteilt.

AUFGABEN

1. Rufen Sie die folgende Internetseite auf:
   https://www.hug-technik.com/inhalt/ta/sondereinheiten.htm.
   Suchen Sie dort die Umrechnungen für
   a) 1 cwt (Hundredweight)
   b) 1 Gallone

2. Die Hoffmann KG möchte 500 m eines bestimmten Stoffes an eine amerikanische Firma verkaufen. Im Rahmen eines Streckengeschäfts hat sie diesen für einen Preis von 2,50 Pfund pro Yard bei einem englischen Unternehmen eingekauft. Folgende Informationen werden zur Bearbeitung dieses Problems herangezogen:
   - 12 yds betragen 11 m
   - 1,00 £ entspricht 1,17 €
   - 1,00 $ entspricht 0,86 €

   Stellen Sie den Rechnungsbetrag fest, wenn die einkalkulierten Gewinne und Handlungskosten genauso groß sind wie die Einkaufskosten.
3. Den amerikanischen Geschäftspartnern einer argentinischen Firma wird von dieser 1 cwt (50,8 kg) Rindfleisch zum Preis von 45.000,00 argentinischen Pesos angeboten. Die amerikanische Firma bietet das Fleisch einer norwegischen Firma an. Der Kurs beträgt
   - für einen US-Dollar 98,70 argentinische Pesos,
   - für einen US-Dollar 0,86 €,
   - für eine norwegische Krone nKr 0,11 €.

   Stellen Sie den Preis in Euro für 1 kg in norwegische Kronen fest.
4. Eine Wolle-Lieferung aus Yorkshire umfasst 22 kg und kostet 499,00 Pfund. Stellen Sie fest, was 150 g dieser Wolle in Deutschland kosten, wenn 100,00 £ = 117,60 € sind.
5. Eine Händlerin kehrt von einer Geschäftsreise aus Japan nach Deutschland zurück und möchte ihre verbliebenen 14.300,00 ¥ umtauschen. Berechnen Sie, wie viel Euro sie erhält bei einem Wechselkurs von 1 ¥ = 0,0078 €.
6. Ein Handelsgut wurde in Kopenhagen mit 68,59 Øre gehandelt (1 lbs = 453,6 g kostete 68,59 Øre). Ermitteln Sie, wie viel Euro demnach ½ kg kostete (1,00 DKK = 0,14 €).
7. Die Südwolle GmbH bietet Wollstoffe zu 4,09 CHF für 1 m an.
   a) Ermitteln Sie, was ein Stoffballen von 100 Yds. in £ kostet.
   1,00 CHF = 0,79 £
   1 m ≈ 1,09 Yds. (11 m ≈ 12 Yds.)
   b) Dieselbe Firma hatte vor einem Jahr für eine Lieferung von 175 Yds. 532,00 £ berechnet. Entscheiden Sie, um welchen Betrag in £ und CHF dieser Preis günstiger bzw. teurer war.

ZUSAMMENFASSUNG

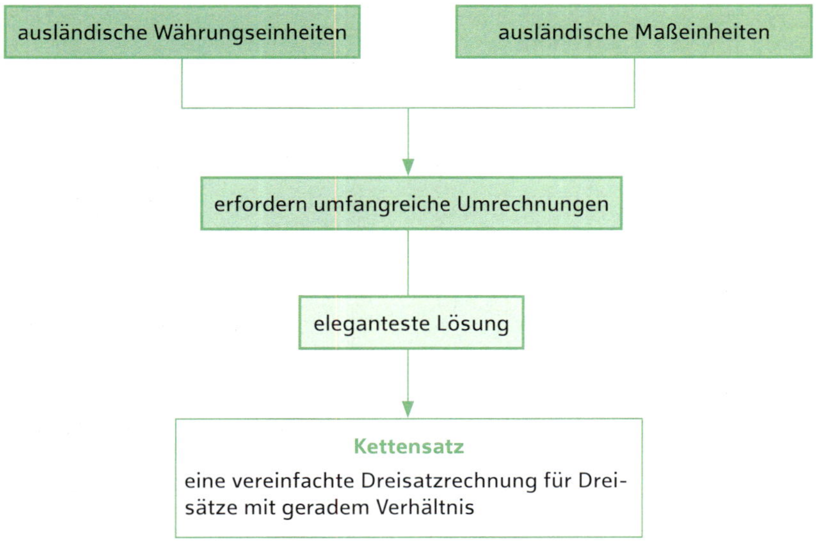

6.3 Währungsrechnung

EINSTIEG

Die Hoffmann KG bekommt von einer amerikanischen Firma eine Rechnung über 80.000,00 $. Die zuständige Sachbearbeiterin besorgt sich die aktuelle Kurstabelle, um den Geldbetrag überweisen zu können:

Auszug aus Kurstabelle $ (USD)			
Geld		Brief	
Sorte	Devise	Sorte	Devise
1,0854	1,0921	1,2214	1,1944

Stellen Sie fest, wie viel Euro die Überweisung an die amerikanische Firma kostet.

INFORMATION

Wechselkurs

In vielen Fällen haben Unternehmen ausländische Geschäftspartner außerhalb des EU-Raumes, in dem Zahlungsvorgänge in Euro abgerechnet werden. Stellt man selbst Rechnungen in einer anderen Währung als Euro aus bzw. erhält man eine solche Rechnung, muss man Verfahren der Währungsrechnung anwenden. Dafür benötigt man entsprechende Angaben.

Ein Wechselkurs drückt das Preisverhältnis zwischen inländischer und ausländischer Währung aus. Er bildet also das Tauschverhältnis von zwei Währungen ab.

Preisnotierung und Mengennotierung

Ein Wechselkurs kann in zwei Formen angegeben werden. Dies ist möglich in Mengennotierung oder in Preisnotierung:

- Bei der **Preisnotierung** gibt der Wechselkurs an, wie viel eine ausländische Währungseinheit in Euro wert ist.

  BEISPIEL

  1,00 $ = 0,80 €
  Ein Kurs für den Dollar von 0,80 bedeutet bei einer Preisnotierung, dass man einen US-Dollar für 0,80 € umtauschen kann.

  Der Wechselkurs ist also im Rahmen der Preisnotierung der Preis für eine ausländische Währungseinheit in Euro.

- Die **Mengennotierung** gibt den in Auslandswährung ausgedrückten Preis für eine Einheit Inlandswährung an. In Deutschland gibt ein Wechselkurs im Rahmen der Mengennotierung also an, wie viele ausländischen Währungseinheiten einem Euro entsprechen.

BEISPIEL

1,00 € = 1,25 US-$
Aus Sicht der Mengennotierung kann also 1,00 € in 1,25 $ umgetauscht werden.

Früher gab es in Deutschland die Preisnotierung. Immer noch gibt es einige Banken, die die Kurse im Rahmen der Preisnotierung angeben.

Mit Beginn der europäischen Währungsunion werden in der EU Wechselkurse im Rahmen der Mengenorientierung veröffentlicht und angewendet. Auch international setzt sich die Mengennotierung immer mehr durch.

Es gibt verschiedene Arten von Kursen. Bei jedem Geschäft mit ausländischen Währungen muss genau geprüft werden, welche dieser Kursarten jeweils eine Rolle spielen.

Wechselkursarten nach Art des umgetauschten Geldes
Bei der Anwendung von Wechselkursen im Geschäftsleben muss zunächst einmal geprüft werden, ob ein Sortenkurs oder ein Devisenkurs für die Berechnung herangezogen werden muss.

- Der **Sortenkurs** ist der Kurs für ausländische Münzen und Banknoten. Wird also mit Bargeld gezahlt, muss der Sortenkurs genommen werden.
- Der **Devisenkurs** muss gewählt werden bei Zahlungsanweisungen in fremder Währung (also bei Überweisungen, aber auch bei im Ausland zahlbaren Wechseln und Schecks). Der Devisenkurs wird also herangezogen, wenn es um Überweisungen von Buchgeld geht.

Wechselkurse in Hinblick auf Angebot und Nachfrage nach ausländischen Währungseinheiten

- Der **Briefkurs** ist der Nachfragekurs nach ausländischem Geld. Möchte man Sorten oder Devisen kaufen, stellt der Briefkurs den Preis dar, den man zu zahlen hat. Die Banken sind zum Briefkurs bereit, Sorten oder Devisen an das Unternehmen zu verkaufen.
- Der **Geldkurs** ist der Kurs, zu dem Devisen und Sorten zum Kauf nachgefragt werden. Wenn ein Unternehmen Devisen oder Sorten besitzt, gibt der Geldkurs an, wie viel die Banken hierfür in inländischer Währung an das Unternehmen auszahlen.

GELDKURS/ANKAUFKURS	BRIEFKURS/VERKAUFKURS
Kurs 7,0963 nKr	Kurs 7,1443 nKr
1,00 € = 7,0963 nKr	1,00 € =7,144 3 nKr
Ein Großhändler tauscht in Friedberg bei einer Bank Euro in norwegische Kronen: Der Großhändler kauft Kronen.	Ein Großhändler tauscht in Friedberg bei einer Bank norwegische Kronen in Euro: Der Großhändler verkauft Kronen.
→ **Bank kauft Euro!**	→ **Bank verkauft Euro!**
Für 1,00 € (Ankauf) zahlt die Bank 7,0963 nKr.	Für 7,1443 nKr verkauft die Bank 1,00 € an den Kunden.

Vorgehensweise beim Währungsrechnen

Umrechnungen im Bereich des Währungsrechnens können in den folgenden Lösungsschritten erfolgen:

1. Die Form der Kursangabe ermitteln. Achtung: Im Regelfall wird die Mengennotierung verwendet.
2. Untersuchung: Geht es bei diesem Währungsgeschäft um Sorten oder Devisen?
3. Festlegung, ob es sich um einen Geldkurs oder Briefkurs handelt.
4. Kurs der Kurs-Tabelle entnehmen.
5. Rechnerische Lösung durch Aufstellung eines Dreisatzes bzw. eines Kettensatzes.

BEISPIEL

Die Hoffmann KG bekommt von einer amerikanischen Firma eine Rechnung über 20.000,00 $. Die zuständige Sachbearbeiterin besorgt sich die aktuelle Kurstabelle, um den Geldbetrag überweisen zu können:

Auszug aus Kurstabelle $ (USD) *Mengennotierung*			
Geld		**Brief**	
Sorte	**Devise**	**Sorte**	**Devise**
1,0854	1,0921	1,2214	1,1944

1. Die Sachbearbeiterin sieht, dass es sich um eine Kurstabelle mit Mengennotierung handelt.
2. Da es sich um eine Überweisung handelt, muss ein Devisenkurs gewählt werden.
3. Die Hoffmann KG braucht von der Bank 20.000,00 $. Die Bank kauft im Gegenzug von der Hoffmann KG Euro. Damit steht fest, dass hier der Geldkurs zu verwenden ist.
4. Der Wechselkurs für diesen Fall beträgt also 1,0921. Dies bedeutet bei der Mengennotierung, dass 1,00 € 1,0921 $ entsprechen.
5. Rechnerisch wird das Währungsumrechnungsproblem durch die Aufstellung eines Dreisatzes gelöst:

$$1{,}0921\ \$ = 1{,}00\ €$$
$$20.000\ \$ = x\ €$$

$$x = \frac{1 \cdot 20.000}{1{,}0921} = 18.313{,}34\ €$$

Das Konto der Hoffmann KG wird also für die Überweisung der Rechnung über 20.000,00 $ mit 18.113,34 € belastet.

AUFGABEN

1. Geben Sie an, was man unter einem Kurs versteht.
2. Unterscheiden Sie Sortenkurs und Devisenkurs.
3. Geben Sie den Unterschied an zwischen Briefkurs und Geldkurs an.
4. Erläutern Sie, was man unter der Mengennotierung – der gängigen Notierung von Kursen – versteht.

Auszug aus Kurstabelle				
	Geld		Brief	
	Sorte	Devise	Sorte	Devise
$ (USD)	1,0854	1,0921	1,2214	1,1944
Schweizer Franken (CHF)	1,47	1,50	1,54	1,51
Japanischer Yen (JPY)	110,10	112,20	118,40	13,40

Ein amerikanischer Kunde überweist auf unser Bankkonto 54.500,00 $.
Berechnen Sie, viel Euro unsere Hausbank unserem Bankkonto gutschreibt.

5. Herr Hoffmann tauscht nach einer Geschäftsreise in Japan 74.000,00 japanische Yen in Banknoten bei seiner Hausbank um. Stellen Sie fest, wie viel Euro er von seiner Hausbank ausgezahlt bekommt (siehe Kurstabelle).
6. Für eine Geschäftsreise nach Zürich möchte Herr Hoffmann am Bankschalter 1.200,00 € umtauschen.
   Ermitteln Sie, wie Schweizer Franken er bar ausgezahlt bekommt (siehe Kurstabelle).
7. Susanne Hahne wechselt in Deutschland für eine Geschäftsreise 2.000,00 € in Banknoten in US-Dollar um. Nach ihrer Rückkehr aus New York tauscht sie 300,00 $ bar zurück.
   a) Stellen Sie fest, wie viel US-Dollar Susanne Hahne nach New York mitnimmt.
   b) Ermitteln Sie, wie viel Euro sie beim Rücktausch erhält (Kurstabelle).
8. Ein Schweizer Geschäftsmann tauscht in einer Frankfurter Bank 1.000,00 Franken in US-Dollar.
   Ermitteln Sie, wie viel US-Dollar ausgezahlt werden (Kurstabelle).
9. Ein Schweizer Unternehmen überweist auf das Konto der Hoffmann KG 148.400,00 Franken. Ermitteln Sie, viel Euro die Hausbank dem Konto der Hoffmann KG gutschreibt (Kurstabelle).
10. Herr Hoffmann tauscht am Schalter seiner Bank in Frankfurt für eine Geschäftsreise nach Los Angeles 4.000,00 € in bar in US-Dollar um. Nach seiner Rückkehr bringt er noch 520,00 $ wieder mit, diese tauscht er in Euro zurück.
    a) Stellen Sie fest, wie viel US-Dollar Herr Hoffmann von seiner Frankfurter Hausbank vor der Reise in die USA bekommt.
    b) Berechnen Sie, wie viel Euro er nach seiner Rückkehr erhält (Kurstabelle).
11. Die Hausbank der Hoffmann KG zahlt für 12.000,00 € 14.880,00 $ aus.
    Berechnen Sie den Kurs nach der Kurstabelle.

ZUSAMMENFASSUNG

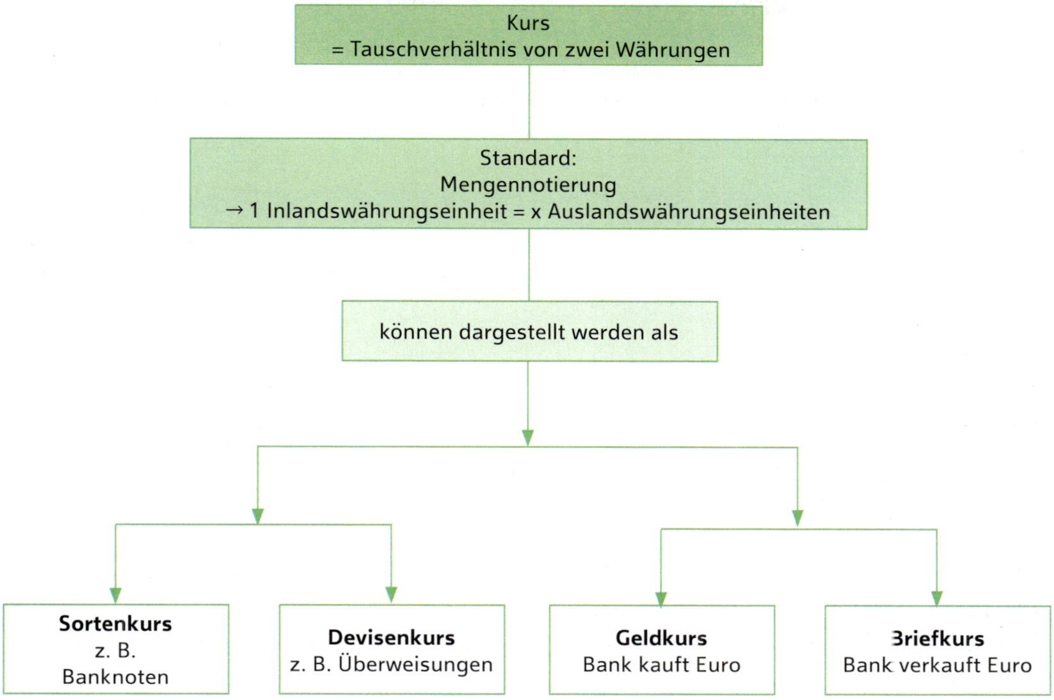

6.4 Verteilungsrechnung und Visualisierung von Daten

EINSTIEG

Michael Hoffmann und Susanne Hahne gründen zusammen mit Tom Hoss die Fairtext GmbH. Herr Hoffmann beteiligt sich mit 25.000,00 €, Frau Hahne mit 15.000,00 € und Herr Hoss mit 10.000,00 €. Nach dem ersten Geschäftsjahr ergibt sich ein Gewinn in Höhe von 180.000,00 €.

Berechnen Sie, wie viel Gewinn jeder Gesellschafter erhält.

INFORMATION

Es gibt im Geschäftsleben oft Situationen, bei denen ein Gesamtwert nach einem vorgegebenen Verhältnis verteilt werden muss. In der Praxis zählen dazu unter anderem Aufgaben wie

- eine Kostenverteilung auf einzelne Kostenstellen,
- die Gewinnverteilung auf mehrere Gesellschafter eines Unternehmens,
- Verteilung von Dividenden,
- Lohnverteilung auf bestimmte Arbeitsaufwände.

Solche Aufgaben können mit den verschiedenen Aufgabengruppen der Verteilungsrechnung gelöst werden.

Verteilungsrechnung bei gegebener Verteilungsgrundlage

BEISPIEL

In einer GmbH soll der Gewinn in Höhe von 18.420,00 € an drei Gesellschafter im Verhältnis 6 : 4 : 2 verteilt werden.

Beteiligte	Verteilungsgrundlage	Verteilungsverhältnis	Anteile
Schlemme	6	3	9.120,00 €
Berling	4	2	6.080,00 €
Kaczinski	2	1	3.040,00 €
		6 Teile = 18.240	18.240,00 €
		1 Teil = 3.040	

Berechnung eines Anteils:

$$x = \frac{18.240}{6} = 3.040$$

Für Aufgaben der Verteilungsrechnung empfiehlt sich der folgende Lösungsweg:

1. Aufstellen einer Tabelle
2. Eintragen der Beteiligten in die erste Spalte der Tabelle
3. In die zweite Spalte wird die Verteilungsgrundlage eingetragen.
4. Daraus wird in der dritten Spalte das Verteilungsverhältnis ermittelt. Dies sind durch Kürzen gewonnene möglichst kleine Zahlen.
5. Anschließend werden die Gesamtteile ermittelt und dem zu verteilenden Wert gegenübergestellt.

BEISPIEL

Im oben angeführten Beispiel ergeben sich sechs Teile, die dem Gewinn von 18.140,00 € entsprechen.

6. Der entscheidende Schritt ist nun, den Wert für einen Teil zu ermitteln.

BEISPIEL

Es ergibt sich für einen Anteil der Wert von 3.040,00 €.

7. Schließlich werden die Wertanteile errechnet.

BEISPIEL

Da Schlemme drei Teile vom Gewinn bekommen soll, bekommt er 3 · 3.040 = 9.120,00 € als seinen Anteil vom Gewinn.

8. Zum Abschluss sollten als Probe in der Spalte Anteile die Ergebniswerte addiert werden: Die Summe der Wertanteile muss mit dem zu verteilenden Wert übereinstimmen.

Verteilung nach Bruchteilen

Oft wird eine Verteilungsgrundlage auch durch Brüche angegeben. Dies zeigt, wie die Anteile des Verteilungsverhältnisses zu bestimmen sind. Gelöst werden solche Aufgaben, indem der gemeinsame Hauptnenner der Brüche gesucht wird. Die Zähler der gleichnamigen Brüche sind dann Teile des Verteilungsverhältnisses.

Häufig erhält ein Beteiligter bei Verteilung nach Bruchteilen ein Vielfaches eines anderen.

BEISPIEL

In einem von Herrn Querling und Herrn Carballo betriebenen Unternehmen soll ein Gewinn von 24.000,00 € so verteilt werden, dass Querling ein Viertel des Anteils von Carballo bekommt.

Beteiligte	Verteilungsgrundlage	Verteilungsverhältnis	Anteile
Querling	1/4	1	4.800,00 €
Carballo	4/4	4	19.200,00 €
		5 Teile = 24.000	18.240,00 €

1 Teil = 1.800

Berechnung eines Anteils:

$$x = \frac{24.000}{6} = 1.800$$

Erläuterung:
Wenn Querling ein Viertel des Anteils von Carballo bekommt, bedeutet dies, dass dieser vier Viertel erhält. Diese Werte müssen in der Spalte Verteilungsgrundlage eingetragen werden. Der gemeinsame Hauptnenner Viertel kann weggekürzt werden. Es ergibt sich ein Verteilungsverhältnis von 1 : 4.

Verteilung mit Berücksichtigung von Sonderleistungen

In bestimmten Situationen erhält ein Beteiligter mehr oder weniger als ein anderer.

BEISPIEL

Grunert, Ahn und Becker haben ein Start-up gegründet. Im ersten Jahr haben sie 48.250,00 € Gewinn gemacht. Aufgrund ihrer Kapitaleinlagen soll dieser im Verhältnis 2 : 1 : 1 verteilt werden. Wegen besonderer Arbeiten sollen an Grunert 3.275,00 € und an Ahn 4.125,00 € vorweg gezahlt werden.

Beteiligte	Verteilungsgrundlage	Verteilungsverhältnis	Anteile
Grunert	2 T + 3.275 €	(2 · 10.212,50) + 3.275	9.120,00 €
Ahn	1 T + 4.125 €	10.212,50 + 4.125	6.080,00 €
Becker	1 T	10.212,50	10.212,50 €
	4 Teile + 7.400 € = 48.150 €		48.150,00 €

Berechnung eines Anteils:

4 Teile + 7.400 € = 48.150 €
4 Teile = 48.150 – 7.400
4 T = 40.850

$$x = \frac{40.850}{4} = 10.212,50\ €$$

Gewinnverteilung in der OHG

In Paragraf 121 des Handelsgesetzbuches ist eine besondere Gewinnverteilung vorgeschrieben, wenn die Gesellschafter vertraglich nichts anderes vereinbart haben. Diese gesetzliche Regelung sieht vor, dass die Geschäftseinlage eines jeden Gesellschafters zunächst mit 4 % aus dem Gewinn verzinst werden muss. Anschließend wird der Restgewinn dann „nach Köpfen" verteilt. Dies bedeutet, dass jeder Gesellschafter vom Gewinnrest noch den gleichen Betrag erhält.

BEISPIEL

An der Ehbrecht OHG sind die Gesellschafter Brockhaus mit 15.000,00 €, Ehbrecht mit 25.000,00 € und Sorgatz mit 10.000,00 € beteiligt. Im Gesellschaftsvertrag ist die Gewinnverteilung nicht geregelt. Daher muss der Reingewinn von 93.800,00 € nach Paragraf 121 HGB verteilt werden.

Gesellschafter	Beteiligung	4 % Verzinsung	Restgewinn	Anteil am Gesamtgewinn
Brockhaus	15.000	600	30.600	31.200,00 €
Ehbrecht	25.000	1.000	30.600	31.600,00 €
Sorgatz	10.000	400	30.600	31.000,00 €
		2.000	91.800	93.800,00 €

Gewinn: 93.800,00 €
– 4 % Verzinsung: 2.000,00 €
= Restgewinn: 91.800,00 €

Anteil jedes Gesellschafters am Restgewinn:

$$\frac{91.800}{3} = 30.600$$

Erläuterung:

1. Zunächst wird für jeden Gesellschafter die vierprozentige Verzinsung seines Anteils berechnet. Für Brockhaus bedeutet dies, dass er zunächst 600,00 € aus dem Gewinn bekommt. Ehbrecht erhält 1.000,00 € und Sorgatz 400,00 €. Insgesamt werden für alle Gesellschafter 2.000,00 € für ihre Kapitaleinlagen vom Gewinn abgezogen.
2. Die vierprozentige Verzinsung in Höhe von 2.000,00 € wird vom Gewinn abgezogen. Es ergibt sich ein Restgewinn in Höhe von 91.800,00 €.
3. Der Restgewinn muss nach Köpfen – also in gleich großen Anteilen – verteilt werden. Jeder Gesellschafter bekommt also vom Restgewinn 30.600,00 €.
4. Der Anteil am Gesamtgewinn, den jeder Gesellschafter erhält, setzt sich aus der jeweiligen vierprozentigen Kapitalverzinsung und seinem Anteil am Restgewinn zusammen. Für Brockhaus bedeutet dies, dass die 600,00 € aufgrund der vierprozentigen Kapitalverzinsung und sein Anteil am Restgewinn in Höhe von 30.600,00 € addiert werden. Insgesamt werden an Brockhaus 31.200,00 € ausgezahlt.

Visualisierung von Daten

Die Werte einer Tabelle z. B. im Rahmen einer Verteilungsrechnung können auf vielfältige Weise übersichtlich als Grafik dargestellt werden. Tabellenkalkulationsprogramme wie z. B. Excel bieten für die grafische Gestaltung verschiedene Diagrammtypen zur Auswahl an, die sich jeweils noch weiter variieren lassen. Solche Diagramme sind wichtig für Präsentationen, da sie Tabellendaten grafisch wirkungsvoller und übersichtlicher darstellen als reine Zahlenkolonnen.

Ein Diagramm wird verwendet, um Werte wie Größenverhältnisse, Zahlenreihen oder Bestandsgrößen leichter erfassen und vor allem optisch ansprechender präsentieren zu können. Der Vorteil von Diagrammen liegt darin, dass sie das Verständnis für die enthaltenen Informationen erhöhen: Leicht kann man daraus Vergleiche, Trends oder Muster ablesen.

Alle der im Folgenden aufgeführten Diagrammarten veranschaulichen die Zusammenhänge zwischen zwei Messgrößen.

Liniendiagramm

Möchte man Veränderungen über einen bestimmten Zeitraum zeigen, eignen sich besonders gut **Liniendiagramme**. Sie stellen Trends oder Zeitreihen dar.

BEISPIEL

In einer Präsentation möchte Herr Hoffmann die Personalkostenentwicklung einer Filiale im Vergleich über einzelne Monate zeigen. Er verwendet dazu ein Liniendiagramm.

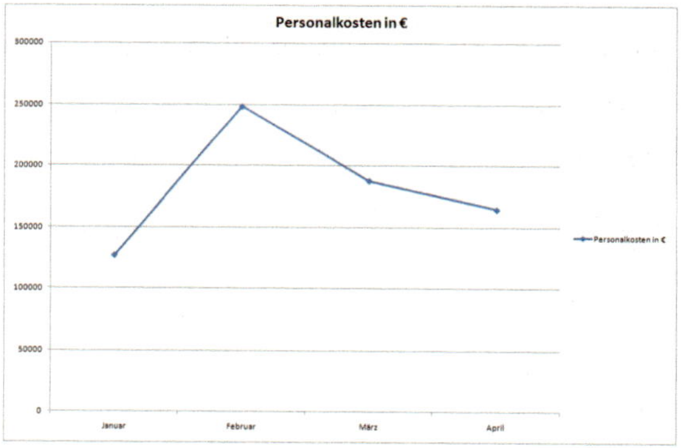

Liniendiagramm

Die zwei abhängigen Werte (z. B. Monat, Kosten) ergeben Punkte. Diese werden miteinander durch Linien verbunden. Dies können Geraden – dann liegt das eigentliche Liniendiagramm vor – oder Kurven – dann spricht man auch von Kurvendiagrammen – sein.

Kreisdiagramm

Das **Kreisdiagramm** wird oft auch **Tortendiagramm** genannt. Mit einem solchen Diagramm kann man sehr gut den Anteil eines Einzelwerts an einem Gesamtwert zeigen. Die Werte werden dabei in Tortenstücken ähnelnden Kreissegmenten dargestellt, um die Größenverhältnisse der Anteile deutlich aufzuzeigen. Der ganze Kreis entspricht 100 %; die Tortenstücke visualisieren, wie die einzelnen Positionen im Verhältnis zueinander und zum Gesamtwert stehen. Mit einem Tortendiagramm kann man also die Struktur eines Gesamtwerts deutlich machen.

BEISPIEL

Herr Hoffmann möchte die Umsatzanteile der fünf Artikel einer Warengruppe veranschaulichen.

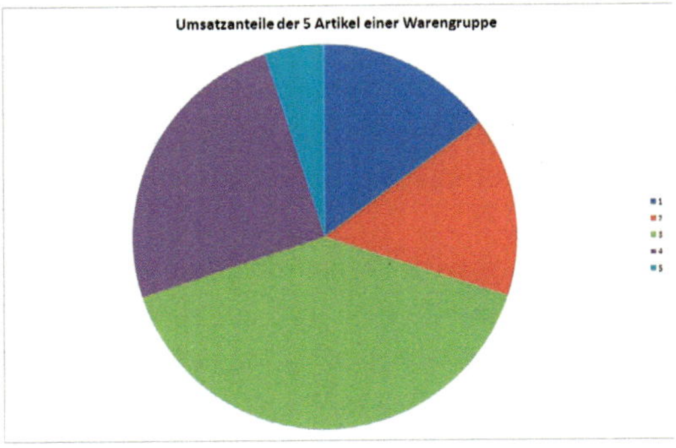

Tortendiagramm

Säulendiagramm

Bei einem **Säulendiagramm** werden einzelne Werte durch Säulen dargestellt. Deren Höhe zeigt die Ausprägung der einzelnen Werte. Ein Säulendiagramm wird in der Regel verwendet, um Werte verschiedener Kategorien zu vergleichen. Ein **Balkendiagramm** ist eine Sonderform des Säulendiagramms, bei der die x- und y-Achse vertauscht werden.

BEISPIEL

Mit einem Säulen- oder Balkendiagramm kann jemandem der Personalbestand einzelner Filialen erheblich besser vermittelt werden als durch Nennung der einzelnen Zahlen.

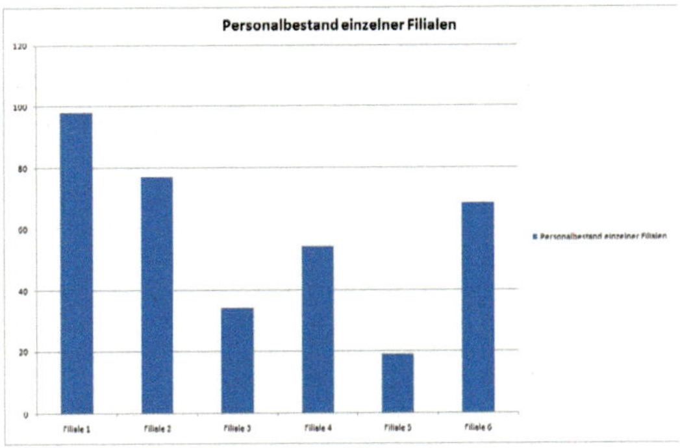

Säulendiagramm

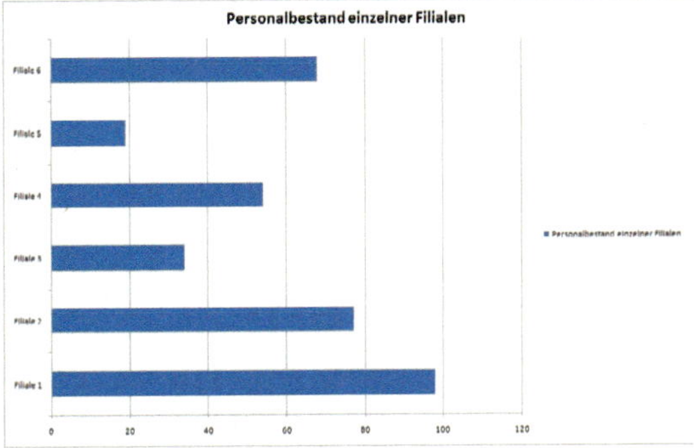

Balkendiagramm

Bei einem **gestapelten Säulendiagramm** werden Werte mehrerer Datenreihen jeweils aufeinandergestapelt dargestellt. Der Gesamtbalken ist jeweils der Gesamtwert.

BEISPIEL

In diesem gestapelten Säulendiagramm werden die monatlichen Abverkäufe eines Artikels in verschiedenen Filialen verdeutlicht.

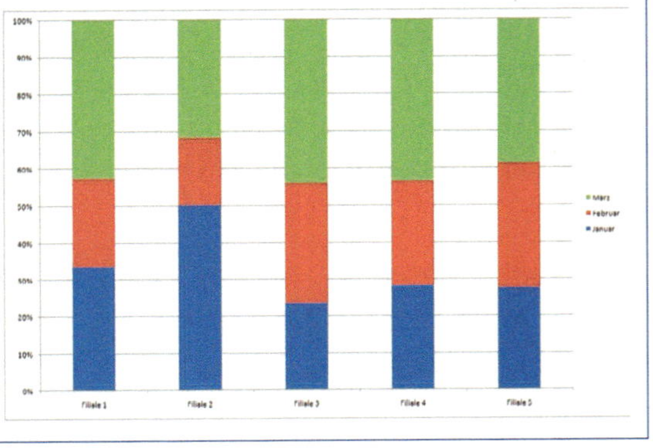

AUFGABEN

1. In der Uschner GmbH soll der Gewinn in Höhe von 140.000,00 € an die drei Gesellschafter Uschner, Karim und Lüth im Verhältnis 8 : 4 : 2 verteilt werden.
2. In einem von Herrn Martin und Herrn Lewandowski betriebenen Unternehmen soll ein Gewinn von 96.000,00 € so verteilt werden, dass Herr Martin ein Viertel des Anteils von Herrn Lewandowski bekommt.
3. Zimmerer, Götze und Georgi haben ein Start-up gegründet. Im ersten Jahr haben sie 72.000,00 € Gewinn erwirtschaftet. Aufgrund ihrer Kapitaleinlagen soll dieser im Verhältnis 2 : 1 : 1 verteilt werden. Wegen besonderer Arbeiten sollen an Zimmerer 4.000,00 € und an Georgi 5.000,00 € vorweg gezahlt werden.
4. An der Tapken OHG sind die Gesellschafter Frost mit 30.000,00 €, Tapken mit 50.000,00 € und Özil mit 20.000,00 € beteiligt. Im Gesellschaftsvertrag ist die Gewinnverteilung nicht geregelt. Daher muss der Reingewinn von 259.000,00 € nach Paragraf 121 HGB verteilt werden.
5. Die Max Mutzke GmbH hat einen Gewinn von 83.000,00 € erzielt. Der Gesellschaftsvertrag sieht vor, dass Max Mutzke vom Gewinn doppelt so viel erhalten soll wie Lena Valaitis. Zusätzlich soll er noch 20.000,00 € erhalten Herr Raab soll das Dreifache von Lena Valaitis ausgezahlt bekommen. Allerdings werden ihm davon 60.000,00 € abgezogen.
   Ermitteln Sie den Gewinnanteil jedes GmbH-Gesellschafters.
6. Die Kießling GmbH erzielte einen Gewinn von 90.000,00 €. Die Gewinnverteilung laut Vertrag sieht vor, dass Nele Kießling 4/9, Jannis Kafka 1/5 des Gewinns erhalten soll. Mareike Schlote soll den verbleibenden Rest bekommen. Stellen Sie fest, wie hoch die Gewinnanteile der einzelnen Gesellschafter sind.
7. An der Detlev Beyer GmbH haben sich Detlev Beyer mit 120.000,00 €, Rüdiger Chlor mit 300.000,00 € und Valeria Delponte mit 180.000 € beteiligt. Die drei Gesellschafter hatten vereinbart, dass der Gewinn von 200.000,00 € nach dem Verhältnis der Stammeinlagen verteilt werden sollen. Berechnen Sie den Gewinnanteil jedes Gesellschafters.

ZUSAMMENFASSUNG

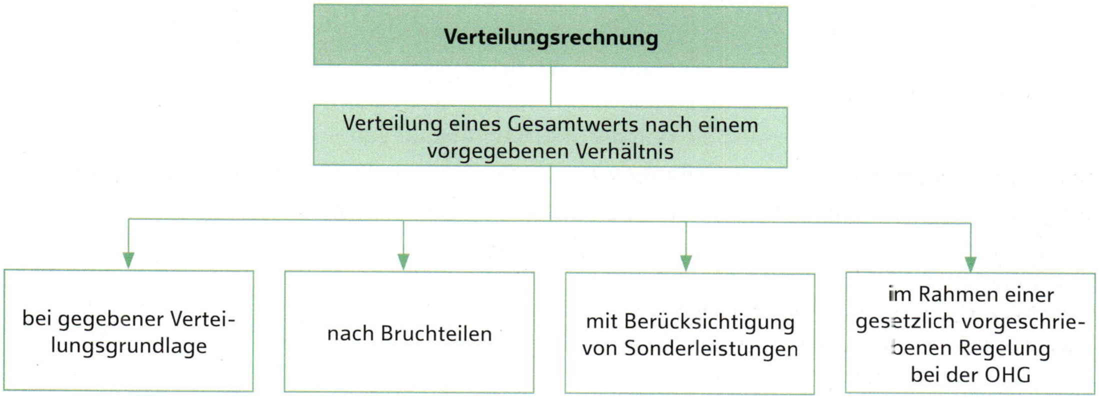

6.5 Durchschnittsrechnung (Mittelwerte und Verhältniszahlen)

EINSTIEG

Während des Tages der offenen Tür wurde in der Hoffmann KG Wein ausgeschenkt.

Es wurden

- 12 Flaschen Rotwein zu 4,80 € je Flasche,
- 6 Flaschen Weißwein zu 5,20 € je Flasche
- und 2 Flaschen Rosé zu 14,00 € je Flasche

ausgeschenkt.

Ermitteln Sie, wie viel Euro durchschnittlich für eine Flasche Wein bezahlt wurden.

INFORMATION

Bei der Durchschnittsrechnung wird zwischen dem einfachen und dem gewogenen Durchschnitt (oft auch einfaches oder gewogenes arithmetisches Mittel genannt) unterschieden.

Einfacher Durchschnitt (einfaches arithmetisches Mittel)

Der einfache Durchschnitt ist der Mittelwert, der sich ergibt, wenn man alle Werte einer vorliegenden Statistik zusammenzählt und durch die Anzahl der Werte teilt.

Die Formel zur Ermittlung des Durchschnitts lautet wie folgt:

$$x = \frac{\text{Summe der Daten}}{\text{Anzahl der Daten}} = \frac{x_1 + x_2 + \ldots + x_n}{n}$$

Anwendungsfälle für die Durchschnittsberechnung finden sich im Alltag überall. So kann man zum Beispiel das durchschnittliche Einkommen von Personen berechnen, den durchschnittlichen Verkaufspreis einer Ware, aber auch die durchschnittliche Anzahl von Spielminuten, die ein Fußballspieler benötigt, um ein Tor zu schießen, wenn man die hierfür nötigen Daten vorliegen hat.

BEISPIEL

Sie arbeiten in der Geschäftsstelle des Fußballvereins Eintracht Frankfurt. Der Manager beauftragt Sie damit, die durchschnittliche Zuschauerzahl aus vier Heimspielen der Eintracht in der abgelaufenen Saison zu berechnen, da er die Zahlen der Presse melden muss.

Zuschauerzahlen Eintracht Frankfurt in der abgelaufenen Saison:	
Gegner	**Zuschauer**
Dortmund	43.754
München	49.000
Leverkusen	34.341
Köln	43.218

Berechnung:

$$x = \frac{43.754 + 49.000 + 34.341 + 43.217}{4} = 42.578$$

Die letzten vier Heimspiele von Eintracht Frankfurt besuchten durchschnittlich 42.578 Zuschauer.

Gewogener Durchschnitt (gewogenes arithmetisches Mittel)

Mithilfe des gewogenen Durchschnitts kann man Einzelwerten bei einer Durchschnittsberechnung eine Gewichtung zukommen lassen.

Die Formel zur Berechnung des gewogenen Durchschnitts lautet wie folgt:

$$x = \frac{m_1x_1 + m_2x_2 + m_3x_3 + \ldots + m_nx_n}{m_1 + m_2 + m_3 + \ldots + m_n}$$

$$= \frac{\text{Summe der gewichteten Daten}}{\text{Summe der Gewichtungsfaktoren}}$$

Anwendungsfälle für die Berechnung des gewogenen Durchschnitts sind zum Beispiel die Berechnung des durchschnittlichen Verkaufspreises.

BEISPIEL

Der Manager von Eintracht Frankfurt gibt Ihnen für das letzte Heimspiel dieser Saison eine Übersicht, aus der hervorgeht, wie viele Eintrittskarten zu welchem Preis verkauft wurden. Er möchte von Ihnen wissen, wie viel Geld eine Eintrittskarte im Durchschnitt eingebracht hat.

Gegner	davon Stehplatz 13 €	davon Sitzplatz 22 €	davon Sitzplatz 27 €	davon Sitzplatz 44 €
Hoffenheim	8.000	24.796	9.703	628

Die Berechnung mit dem einfachen Durchschnitt funktioniert hier nicht mehr, da mehrere Karten zu einem bestimmten Preis verkauft wurden. Daher wendet man den gewogenen Durchschnitt an.

Berechnung:

$$x = \frac{(8.000 \cdot 13{,}00\ €) + (24.796 \cdot 22{,}00\ €) + (9.703 \cdot 27{,}00\ €) + (628 \cdot 44{,}00\ €)}{8.000 + 24.796 + 9.703 + 628}$$

$$= \frac{939.125}{43.127} = 21{,}7758 = 21{,}78\ €/\text{Karte}$$

Jeder Zuschauer hat im Durchschnitt 21,78 € Eintritt gezahlt.

Median

Der Median ist eine Kennzahl, die Messwerte in zwei gleich große Hälften aufte lt.

BEISPIEL für die Berechnung des Medians bei einer ungeraden Anzahl an Messwerten

Die Personalabteilung der Hoffmann KG hat die monatlichen Überstunden mehrerer Beschäftigter einer Abteilung ermittelt:

Mitarbeiter	Überstundenzahl
A	4
B	9
C	8
D	7
E	21
F	4
G	16
H	1
I	2

Frau Adam ermittelt zunächst den einfachen Durchschnitt (Mittelwert):

$$\frac{4 + 9 + 8 + 7 + 21 + 4 + 16 + 1 + 2}{9} = 10{,}22$$

Dann möchte sie den Median bestimmen.

Sie geht in folgenden Schritten vor:

1. Sie ordnet die Messwerte zunächst nach ihrer Größe in aufsteigender Reihenfolge:

1	2	4	4	7	8	9	16	21

2. Sie untersucht, ob eine gerade oder ungerade Anzahl an Messwerten vorliegt. Sie erkennt, dass sie es hier mit neun Messwerten zu tun hat, also einer ungeraden Anzahl.

3. Frau Adam wendet die Formel zur Berechnung des Medians bei einer ungeraden Anzahl von Messwerten an:

$$\frac{\text{Anzahl der Messwerte} + 1}{2} = \text{Median}$$

$$\frac{9 + 1}{2} = 5$$

Der Median ist also der fünfte Wert der Überstundenliste.

Nummer des Messwertes	Überstundenzahl
1	1
2	2

Nummer des Messwertes	Überstundenzahl
3	4
4	4
5	7
6	8
7	9
8	16
9	21

→ Der Median beträgt 7.

Frau Adam sieht in der Liste den fünften Messwert. Hier erkennt sie, dass der Median 7 beträgt.

BEISPIEL **eines Medians bei einer geraden Anzahl an Messwerten**

Auch für eine andere Abteilung muss Frau Adam den Median ermitteln. Folgende Überstunden wurden für die Beschäftigten gezählt:

Mitarbeiter	Überstundenzahl
I	32
II	5
III	8
IV	8
V	11
VI	17
VII	12
VIII	10

1. Wieder ordnet Frau Adam die Messwerte in aufsteigender Reihenfolge:

5	8	8	10	11	12	17	32

2. Frau Adam verwendet bei einer geraden Anzahl der Messwerte die folgende Formel:

$$\frac{(\text{Anzahl der Messwerte}/2) + (<\text{Anzahl der Messwerte} +1>/2)}{2} = \text{Median}$$

$$\frac{(8/2) + (8 + 1/2)}{2} = \frac{4 + 4{,}5}{2} = 4{,}25$$

Durch diese Rechnung ergibt sich, dass der Median zwischen dem vierten und fünften Messwert liegt. Deren Werte werden genommen und der einfache Durchschnitt beider Werte wird ermittelt. Als Median ergibt sich 10,5.

Nummer des Messwertes	Überstundenzahl
1	5
2	8
3	8
4	10
5	11
6	12
7	17
8	32

Hier ergibt sich ein Median von 10,5.

Der Vorteil des Medians ist, dass er die Messwerte in zwei Hälften teilt. Er gibt auch Auskunft darüber, wie hoch oder niedrig die Messwerte sind, die sich genau in der Mitte befinden.

Während der einfache Durchschnitt von sehr extremen Messwerten in Einzelfällen beeinflusst werden kann, zeigt sich der Median robust gegen den Einfluss von extremen Messwerten. Ohne Verzerrungen kann eine zentrale Tendenz bei den Messwerten abgelesen werden.

BEISPIEL

Wenn eine Mitarbeiterin statt einer Überstunde 28 Überstunden gemacht hätte, würde dies das Ergebnis des einfachen Durchschnitts (Mittelwert) ziemlich verzerren.

Da beim einfachen Durchschnitt die Zahlenwerte aller Messwerte eingehen, kann dieser durch einzelne sehr extreme Messwerte stark verzerrt werden. Beim Median kann dies nicht geschehen, da im Prinzip nur die Werte in der Mitte der Messwertreihe in die Berechnung einfließen.

Modalwert (Modus)

Der Modalwert gibt den Wert an, der in einer Verteilung am häufigsten vorkommt. Er wird auch Modus genannt.

Zur Berechnung des Modalwerts existiert keine Formel. Um diesen Wert zu erhalten, muss man jeden beobachteten Wert auszählen. Der dann am häufigsten vorkommende Wert ist der Modus.

BEISPIEL

In einer weiteren Abteilung werden folgende Überstundenzahlen ermittelt:

Mitarbeiter	Überstundenzahl
A	4
B	1
C	8
D	1
E	21

Mitarbeiter	Überstundenzahl
F	1
G	16
H	1
I	2

Der Modalwert beträgt 1, weil dieser Wert am häufigsten vorkommt.

Einfacher Durchschnitt (Mittelwert)	Median	Modus (Modalwert)
Durchschnitt von Zahlen einer Datenreihe	mittige Zahl einer Datenreihe	häufigste Zahl einer Datenreihe

Verhältniszahlen

Absolute Zahlen und Verhältniszahlen

Daten spielen in Unternehmen eine extrem wichtige Rolle: In jedem Unternehmensbereich werden Daten gesammelt und ausgewertet. Diese dienen anschließend der wirtschaftlichen Beurteilung und Zielplanung des Unternehmens. Solche Daten sind als absolute Zahlen allerdings wenig aussagekräftig.

BEISPIEL

In einem Industrieunternehmen wird festgestellt, dass momentan 25 Beschäftigte grippekrank sind. Diese reine Zahl reicht nicht aus, um zu beurteilen, ob der Krankenstand hoch, durchschnittlich oder gering ist.

Für eine größere Aussagefähigkeit solcher Daten müssen entsprechende Zahlen rechnerisch umgeformt und mit anderen Daten in eine sinnvolle Beziehung gesetzt werden. Für gründliche Unternehmensanalysen kann man in diesem Zusammenhang Verhältniszahlen verwenden.

Absolute Zahlen reichen also oft nicht aus, um einen Sachverhalt angemessen beurteilen zu können. Zahlen gewinnen häufig zusätzlich bzw. überhaupt erst an Aussagekraft, wenn sie ins Verhältnis zu einer anderen Zahl gesetzt werden. Vor diesem Hintergrund spielen Verhältniszahlen eine bedeutende Rolle.

Verhältniszahlen sind Brüche, die eine Beziehung wiedergeben zwischen der Zahl im Zähler und der im Nenner. Mathematisch spricht man von dem Quotienten zweier Zahlen, die in einem sachlogischen Zusammenhang stehen. In der Regel ist der Zähler ein Merkmal und der Nenner eine Bezugsgröße. Verhältniszahlen ermöglichen das bessere Erschließen, ein leichteres Beurteilen und ein einfacheres Einprägen von wirtschaftlich bedeutsamen Sachverhalten.

Verhältniszahlen können unterteilt werden in

- Gliederungszahlen
- Beziehungszahlen
- Messzahlen

Gliederungszahlen

Eine Gliederungszahl liegt vor, wenn eine Gesamtmasse/Gesamtmenge zunächst in ihre Teilmassen/Teilmengen unterteilt wird und dann eine von diesen Teilmassen ins Verhältnis zur Gesamtmasse gesetzt wird. So gesehen, ist eine Gliederungszahl der Quotient aus einer Teilmasse und der ihr übergeordneten Gesamtmasse. Gliederungszahlen bringen also den Anteil eines Teils am ganzen zum Ausdruck. Sie werden deshalb häufig als Prozentwerte angegeben und häufig als Quoten bezeichnet. Gliederungszahlen werden gebildet, wenn man die Struktur einer Gesamtgröße analysieren will.

BEISPIEL

In einem Industrieunternehmen sind momentan 25 Beschäftigte an Grippe erkrankt. Das Unternehmen hat 50 Mitarbeitende.

Die Krankenquote beträgt 50 %.

$$\frac{25 \text{ Grippekranke}}{50 \text{ Beschäftigte}} = 50\,\%$$

Beziehungszahlen

Wenn zwei verschiedenartige Mengen/Massen gegenübergestellt werden, bekommt man eine Beziehungszahl. Hier werden also zwei unterschiedliche, aber sachlich sinnvoll zusammenhängende Größen in ein Verhältnis gesetzt.

BEISPIEL

Ein Industrieunternehmen hat in einem Jahr einen Reingewinn von 100.000,00 € erzielt. Das eingesetzte Eigenkapital betrug 1.600.000,00 €.

Die Unternehmensleitung berechnet nun in Form einer Beziehungszahl eine Kennzahl zur Messung der Wirtschaftlichkeit des Unternehmens. Sie ermittelt eine Eigenkapitalrentabilität von 6,25 %.

$$\frac{\text{Reingewinn}}{\text{Eigenkapital}} \cdot 100 = \frac{100.000}{1.600.000} = 6{,}25\,\%$$

Die Unternehmensleitung erfährt nun durch die Berechnung dieser Beziehungszahl, dass für 100,00 € investiertes Eigenkapital 6,25 € Gewinn erzielt werden.

Messzahlen

Als Messzahlen werden Brüche bezeichnet, die aus Zeitreihenwerten gebildet werden. Eine Messzahl stellt den Quotienten aus zwei sachlich gleichen, jedoch zeitlich verschiedenen Größen dar. Messzahlen werden oft auch Indexzahlen oder Indizes genannt. Sie verwendet man zur Analyse von Zeitreihen. Eine Messzahl gewinnt man, wenn man eine Größe der Zeitreihe als Grundwert (gleich 100 %) nimmt. Alle anderen Größen dieser Zeitreihe werden dann prozentual auf diesen Grundwert bezogen.

BEISPIEL

Ein Industrieunternehmen hatte den letzten Jahren folgende Personalkosten:

Jahr	Personalkosten in Euro
I	3.528.000,00
II	4.080.000,00
III	4.740.000,00

Die Unternehmensleitung ermittelt die Indexzahlen auf der Basis des Jahres I :

Jahr	Indexzahlen
I	86,47 %
II	100 %
III	116,176 %

Rechnung für das Jahr III mit Dreisatz:

$$\text{Jahr II} \rightarrow 4.080.000 = 100\ \%$$

$$\text{Jahr III} \rightarrow 4.740.000 = x\ \%$$

$$x = \frac{100 \cdot 4.740.000}{4.080.000} = 116{,}176\,\%$$

Vom Ausgangsjahr II aus gesehen sind die Personalkosten um 16,176 % gestiegen.

AUFGABEN

1. Folgende Zahlen der Berliner Filiale der LEMI AG sind bekannt:

Monatsumsatz März 20..:	228.800,00 €
angestrebte Umsatzsteigerung im April:	8,5 %
Öffnungstage April 20..:	26 Tage
Arbeitskräfte im Verkaufsbereich:	6 Vollzeitkräfte

Berechnen Sie, wie viel Euro der angestrebte durchschnittliche Tagesumsatz im April 20.. beträgt.

2. Die Statistik der Hoffmann KG weist folgende Zahlen aus:

Jahr	Umsatz €	durchschnittlich im Verkauf Beschäftigte
2017	400.000	8
2018	495.000	11

Ermitteln Sie, um wie viel Prozent der durchschnittliche Umsatz je Verkäufer gesunken ist.

3. Die FairStyle KG ist ein wichtiger Lieferant der Hoffmann KG. Sie erwirtschaftete letztes Jahr die folgenden Quartalsergebnisse vor Steuern:

1. Quartal: 42.350,00 €
2. Quartal: 23.560,00 €
3. Quartal: 36.540,00 €
4. Quartal: 45.550,00 €

Berechnen Sie den durchschnittlichen Quartalsgewinn der FairStyle KG im letzten Jahr.

4. Die FairStyle KG kauft die folgenden vier verschiedenen Stoffe zur Herstellung von Taschen ein. Aus dem ersten Stoff werden Laptoptaschen gefertigt. Die FairStyle KG kauft Stoff für 250 Laptoptaschen ein. Pro Tasche kostet der Stoff 15,50 €.
Für die Fertigung von 400 hochwertigen Handtaschen kauft die FairStyle KG Stoff für 35,00 € je Tasche ein.
Zur Bedienung eines Großauftrages für Reisetaschen (nachgefragte Menge: 1.000 Stück) werden Stoffe für 47,00 € je Reisetasche eingekauft.
Für einen großen privaten Botendienst sollen 75 Kuriertaschen gefertigt werden. Dafür wird Stoff im Wert von 20,00 € je Tasche eingekauft.
Berechnen Sie den durchschnittlichen Stoffpreis, der zur Herstellung einer Tasche aufgewendet wird.
5. Die Finalsendungen der Serie „Deutschland sucht den Superstar" hatten die folgenden durchschnittlichen Einschaltquoten:
1. Staffel: 12,8 Mio.
2. Staffel: 5,33 Mio.
3. Staffel: 7,04 Mio.
4. Staffel: 5,99 Mio.
5. Staffel: 5,54 Mio.
6. Staffel: 6,08 Mio.
Wie viele Zuschauer sahen durchschnittlich ein Finale der Castingsendung?
6. Martin spielt gerne FIFA auf seiner Playstation. Er hat derzeit 3.128 Onlinepunkte erspielt und möchte wissen, ob er besser ist als seine Freunde im Durchschnitt.
Punktzahlen seiner Freunde:
Flo: 2.549 Onlinepunkte
Christopher: 3.552 Onlinepunkte
Ali: 2.818 Onlinepunkte
Marc: 2.119 Onlinepunkte
Amir: 3.119 Onlinepunkte
Berechnen Sie die durchschnittliche Onlinepunktzahl von Martins Freunden und sagen Sie, ob er besser ist als der Durchschnitt seiner Freunde.
7. Eine Lebensmittelgroßhandlung produziert eine „Knabbermischung Hausmarke". In diese werden
- 4,5 kg Erdnüsse zu 5,90 € je kg,
- 2,5 kg Rosinen zu 3,80 € je kg,
- 4,5 kg Paranüsse zu 7,10 € je kg

gemischt.
Stellen Sie fest, wie viel Euro ein 200-Gramm-Beutel dieser Mischung kostet.
8. In einem Einzelhandelsunternehmen sollen die Restbestände von vier Waren zu einem gemeinsamen Durchschnittspreis in einem Korb angeboten werden. Dieser enthält
- 18 Stück zum bisherigen Preis von 0,99 € je Stück,
- 31 Stück zum bisherigen Preis von 1,05 € je Stück,
- 14 Stück zum bisherigen Preis von 0,49 € je Stück,
- 23 Stück zum bisherigen Preis von 0,80 € je Stück.

Geben Sie an, über welchen Euro-Betrag das Preisschild ausgeschrieben sein muss.
9. Ein Anbieter von Tee mischt aus drei Sorten seine Hausmarke. Der Einkaufspreis beträgt pro Kilogramm 6,21 €, 6,78 € und 8,49 €. Berechnen Sie den Durchschnittspreis für 1 kg Tee.
10. Unterscheiden Sie
a) den Mittelwert (einfacher Durchschnitt),
b) den Median,
c) den Modus (Modalwert).

11. Die Geschäftsleitung eines Industrieunternehmens hat die Zahl der Abschlüsse ihrer Vertreter ermittelt und will diese auswerten.

Vertreter	Abschlüsse
Nativ	6
Anton	4
Bärlapp	6
Schaake	4
Cipolla	10
Nüsslein	4
Oberbeck	1

Ermitteln Sie

d) den Mittelwert (einfacher Durchschnitt),

e) den Median,

f) den Modus (Modalwert).

12. Ein Unternehmen möchte den Anteil der weiblichen Beschäftigten ermitteln. Von den 1.400 Arbeitnehmern sind 400 weiblich.

a) Stellen Sie den Anteil der weiblichen Beschäftigten fest.

b) Geben Sie an, um welche Art von Verhältniszahl es sich handelt.

13. Eine Filiale der Hoffmann KG erwirtschaftete im letzten Jahr einen Gewinn von 120.000,00 €. Der Umsatz betrug 3 Millionen €.

a) Ermitteln Sie die Umsatzrentabilität.

b) Geben Sie an, um welche Art von Verhältniszahl es sich dabei handelt.

ZUSAMMENFASSUNG

Durchschnittsrechnung

Einfacher Durchschnitt
- Berechnung des Mittelwertes aus gleich großen Einheiten
- $\frac{\text{Summe der einzelnen Werte}}{\text{Anzahl der Posten}}$

Gewogener Durchschnitt
- Berechnung des Mittelwertes aus unterschiedlich großen Einheiten
- $\frac{\text{Summe der Produkte aus Menge und Wert}}{\text{Gesamtmenge}}$

6.6 Prozentrechnung

EINSTIEG

Katharzyna Popov unterstützt gerade in zwei Fällen die Abteilungsleitung:

a) In einer bestimmten Warengruppe hatte die Hoffmann KG im letzten Jahr einen Bruttoumsatz von 982.000,00 €. Diesen Umsatz möchte man im neuen Jahr um 7 % steigern. Die Abteilungsleitung möchte nun wissen, für wie viel Euro mehr sie dafür Produkte verkaufen muss.

b) Nach einer 6-prozentigen Kostensteigerung erhöhten sich die Herstellkosten für ein Produkt auf 53.000,00 €. Die Abteilungsleitung interessiert sich dafür, wie hoch die Herstellkosten vorher waren.

Berechnen Sie die gesuchten Werte in beiden Fällen.

INFORMATION

Bei der Berechnung von Angebotspreisen wird sehr häufig die Prozentrechnung angewendet. Die Umsatzsteuer, Gewinnaufschläge, Handlungskostenzuschlagssätze oder auch Gemeinkostenzuschlagssätze sind hier einige Beispiele.

Der Begriff Prozent kommt aus dem Lateinischen **per centum** = „vom Hundert" (v. H.). Mithilfe der Prozentrechnung sollen bestimmte Verhältnisse vergleichbar gemacht werden.

DEFINITION

Bei der **Prozentrechnung** werden die Zahlenangaben in Prozent angegeben. Das bedeutet, dass bestimmte (Größen-)Verhältnisse mithilfe der Bezugszahl 100 vergleichbar gemacht werden.

Oft lassen sich bestimmte Größen nicht unmittelbar miteinander vergleichen, weil sie sich auf unterschiedliche Grundwerte beziehen. Im Rahmen der Prozentrechnung benutzt man daher als einheitliche Vergleichsgröße die Zahl 100.

Neben der Vergleichszahl 100 gibt es beim Prozentrechnen noch folgende Größen:

- **Prozentsatz:** Dies ist die Zahl, die das Verhältnis zur Vergleichszahl 100 angibt.
- **Prozentwert:** Dieser wird in Beziehung zum Grundwert gesetzt. Es ist der Wert, der aus dem Grundwert mithilfe des Prozentsatzes berechnet wird.
- **Grundwert:** Dies ist die Ausgangsgröße, mit der die Vergleichszahl 100 verglichen wird. Wichtig: Der Grundwert ist immer 100 %.

BEISPIEL

5 %	von 800,00 €	=	40,00 €
↓	↓		↓
Prozentsatz	Grundwert		Prozentwert

Kennt man von den drei Größen Grundwert, Prozentwert und Prozentsatz jewe ls zwei, kann man die jeweils dritte immer mithilfe des Dreisatzes berechnen. Die Prozentrechnung ist als eine Dreisatzrechnung mit geradem Verhältnis.

BEISPIEL

Die Hoffmann KG hat für eine Rechnung mit dem Rechnungsbetrag von 780,00 € wegen eines Kontoabzugs nur 760,50 € überwiesen. Im Zuge einer Rechnungskontrolle wird überprüft, wie viel Prozent der Skontoabzug betrug.

In Euro beträgt der Skontoabzug 19,50 €.

Gegeben sind in dieser Aufgabe der Prozentwert und der Grundwert. Gesucht wird der Prozentsatz.

Mit dem Dreisatz kann man den folgenden Ansatz aufstellen:

$$780{,}00\ € = 100\ \%$$

$$19{,}50\ € = X\ \%$$

$$x = \frac{100\ \% \cdot 19{,}50\ €}{780{,}00\ €} = 2{,}5\ \%$$

Im Prinzip ist die Prozentrechnung nichts anderes als ein proportionaler Dreisatz, daher kann hier nach denselben Rechenverfahren vorgegangen werden.

BEISPIEL

Die Hoffmann KG will Holzfällerhemden zu einem Bruttopreis von 34,98 € an die Silke Bachmann e. Kffr. verkaufen. Der Umsatzsteueranteil (19 %) beträgt hier 5,59 € pro Holzfällerhemd.

Prozentrechnung vom vermehrten und verminderten Grundwert

Zwei Spezialfälle der Prozentrechnung sind die Rechnungen mit dem vermehrten oder verminderten Grundwert.

Prozentrechnung mit dem vermehrten Grundwert

Prozentrechnung mit dem vermehrten Grundwert wird oft auch *Prozentrechnung auf Hundert* genannt.

BEISPIEL

Nach einer Preiserhöhung um 30 % beträgt der Verkaufspreis einer Ware 390,00 €. Ermittelt werden soll der bisherige Preis.

Lösung:
Als Vorüberlegung sollte man sich klarmachen, dass sich die Preiserhöhung auf den alten Preis bezieht. Dies ist der Grundwert, der in dieser Aufgabe gesucht wird. Folglich ist der um die Preiserhöhung von 30 % erhöhte Verkaufspreis der vermehrte Grundwert (= 130 %).

Nun kann mit einem Dreisatz, ausgehend vom vermehrten Grundwert, der Grundwert ermittelt werden:

$$130\ \% = 390{,}00\ €$$

$$100\ \% = XXX{,}XX\ €$$

$$x = \frac{390{,}00 \cdot 100}{130} = 300{,}00\ €$$

Prozentrechnung mit dem verminderten Grundwert
Prozentrechnung mit dem verminderten Grundwert wird oft auch *Prozentrechnung im Hundert* genannt.

BEISPIEL

Nach einer Preissenkung um 20 % beträgt der Verkaufspreis einer Ware 1.300,00 €. Ermittelt werden soll der bisherige Preis.

Lösung:
Als Vorüberlegung sollte man sich klarmachen, dass sich die Preissenkung auf den alten Preis bezieht. Dies ist der Grundwert (= 100 %), der in dieser Aufgabe gesucht wird. Folglich ist der um die Preissenkung von 20 % verminderte Verkaufspreis der verminderte Grundwert (= 80 %).

Nun kann mit einem Dreisatz, ausgehend vom verminderten Grundwert, der Grundwert ermittelt werden:

$$80\ \% = 1.300{,}00\ €$$

$$100\ \% = \text{X.XXX,XX}\ €$$

$$x = \frac{1.300{,}00 \cdot 100}{80} = 1.625{,}00\ €$$

Die Vorgehensweise nach der Prozentrechnung mit dem vermehrten bzw. verminderten Grundwert wird im Folgenden noch einmal anhand bestimmter in der Wirtschaft häufig vorkommender Fragestellungen verdeutlicht.

Wie löst man die Frage **„Wie hoch ist der Umsatzsteueranteil für ein Holzfällerhemd?“** (s. S. 395)

Es ist zu berücksichtigen, dass der Bruttopreis den Umsatzsteueranteil bereits enthält. Der Bruttopreis ist also der bereits vermehrte Grundwert von 119 %.

Der Rechenweg soll hier mit Bedingungs- und Fragesatz dargestellt werden:

RECHENWEG ZUM VERMEHRTEN GRUNDWERT

Bedingungssatz:	119 %	≙	34,98 €
Fragesatz:	19 %	≙	x €
$x = \frac{34{,}98\ € \cdot 19\ \%}{119\ \%}$		=	5,59 €

In unserem Beispiel ist der angegebene Wert, also die 34,98 €, der bereits vermehrte Grundwert von 119 %.

Soll der Umsatzsteueranteil ausgehend vom Nettopreis des Holzfällerhemds bestimmt werden, geht man vom Grundwert 100 % aus. Folgender Rechenweg ist möglich:

RECHENWEG ZUM GRUNDWERT

Bedingungssatz:	100 %	≙	29,39 €
Fragesatz:	19 %	≙	x €

$$x = \frac{29{,}39\ € \cdot 19\ \%}{100\ \%} = 5{,}59\ €$$

BEISPIEL

Die Hoffmann KG will der Kundin Silke Bachmann e. Kfr. einen Mengenrabatt von 8 % gewähren, wenn sie mindestens 150 Holzfällerhemden bestellt. Nach Abzug dieses Rabatts ergibt sich ein Preis (= Zielverkaufspreis) von 27,04 €. Daraus ergibt sich ein Rabattanteil von 2,35 €.

Wie löst man die Frage **„Wie hoch ist der Rabattanteil für ein Holzfällerhemd?“**

Zu beachten ist, dass der Rabattanteil vom Nettopreis (Grundwert) berechnet wird und der Zielverkaufspreis somit ein verminderter Grundwert ist.

Der Rechenweg mit Bedingungs- und Fragesatz sieht daher folgendermaßen aus:

RECHENWEG ZUM VERMINDERTEN GRUNDWERT

Bedingungssatz:	92 %	≙	27,04 €
Fragesatz:	8 %	≙	x €

$$x = \frac{27{,}04\ € \cdot 8\ \%}{92\ \%} = 2{,}35\ €$$

Bei der Prozentrechnung mithilfe des Rechenverfahrens „Bedingungs- und Fragesatz“ muss Folgendes beachtet werden:

- Zunächst muss erkannt werden, ob es sich bei den angegebenen Werten um den Grundwert, den vermehrten Grundwert oder den verminderten Grundwert handelt.
- Aus den angegebenen Größen wird der Bedingungssatz gebildet.
- Aus der gesuchten Größe und „x“ wird der Fragesatz gebildet.
- Dieselben Größen müssen jeweils untereinander stehen (% unter % usw.).
- Die gesuchte Größe x sollte unten rechts stehen.
- Auf den Bruchstrich werden die Zahlen links neben dem x und über dem x geschrieben und multipliziert (hier 27,04 € · 8 %).
- Unter den Bruchstrich wird die Zahl „diagonal gegenüber“ x geschrieben (hier 92 %).

AUFGABEN

1. a) Die Hoffmann KG verkauft Herrenfreizeithemden zum Bruttoverkaufspreis von 44,95 €. Bestimmen Sie den Nettoverkaufspreis sowie den Umsatzsteueranteil in Euro.
   b) Die Hoffmann KG hat für eine Damenbluse einen Gewinn von 4,85 € pro Stück erzielt. Das entspricht einem Gewinnzuschlag von 12 %. Berechnen Sie, wie hoch der Preis vor (= Selbstkostenpreis) und nach dem Gewinnzuschlag (= Barverkaufspreis) ist.
2. Bei der Warenausgangskontrolle ist Katarzyna Popov aufgefallen, dass 7 Herren-Pullover ein Loch haben. Sie soll dem Kunden Franz Stallmann Fashion diese 7 Pullover 40 % günstiger anbieten. Der eigentliche Bruttopreis liegt bei 59,95 €.
   Berechnen Sie den neuen Nettoverkaufspreis sowie den neuen Bruttoverkaufspreis für die gesamte Lieferung.
3. Der Kunde ELKO AG bezahlt an die Hoffmann KG eine Rechnung unter Abzug von 2 % Skonto für vorzeitige Zahlung per Banküberweisung. Der Überweisungsbetrag lautet über 3.229,10 €. Ermitteln Sie, wie hoch der Rechnungsbetrag war.
4. Der Kunde Adlatus GmbH hat bei Bezahlung seiner Rechnung einen Skontobetrag von 49,15 € abgezogen. Seine Zahlungsbedingung lautet 30 Tage netto oder 2,5 % Skonto bei Zahlung innerhalb von 10 Tagen. Berechnen Sie, wie hoch der Rechnungsbetrag und wie hoch der Zahlungsbetrag war.
5. Der Verkaufspreis einer Ware beträgt 360,00 €. Er wird zunächst um 12,5 % und danach um weitere 10 % herabgesetzt.
   Berechnen Sie, wie viel Euro der neue Verkaufspreis beträgt.
6. Das Gehalt einer Verkäuferin wird um 6 % erhöht, das sind 51 €.
   Stellen Sie fest, wie viel Euro das Gehalt nach der Erhöhung beträgt.
7. Die monatlichen Telefonkosten der Hoffmann KG stiegen von 575,00 € im September auf 680,80 € im Oktober.
   Berechnen Sie, um wie viel Prozent die Telefonkosten zugenommen haben.
8. Ein Kunde kauft bei der Hoffmann KG Waren auf Teilzahlung. Der Teilzahlungspreis setzt sich zusammen aus einer Anzahlung von 1.000,00 € und 8 Monatsraten von je 190,00 €.
   Der Teilzahlungspreis übersteigt den Barzahlungspreis um 12 %.
   Berechnen Sie den Barzahlungspreis.
9. Die Hoffmann KG kauft Büromöbel im Wert von 4.900,00. Nach Abzug eines Rabatts kosten sie 4.263,00 €.
   Wie viel Prozent betrug der Rabatt?
10. Eine Angestellte erhält nach einer Gehaltserhöhung von 3,5 % ein Bruttogehalt von 2.963,00 €.
    Stellen Sie fest, um wie viel Euro das Bruttogehalt gestiegen ist.
11. Eine Werbeaktion war in der Hoffmann KG mit 4.720,00 € veranschlagt. Die tatsächlichen Kosten beliefen sich auf 4.428,00 €.
    Beantworten Sie die Frage: Wie viel Prozent betrug die Ersparnis?

ZUSAMMENFASSUNG

Prozentrechnung

- (Größen-)Verhältnisse werden mithilfe der Bezugszahl 100 vergleichbar gemacht.
- mathematisch/rechnerisch wie ein proportionaler Dreisatz zu behandeln

6.7 Zinsrechnung

EINSTIEG

Eine Forderung der Hoffmann KG über 240,00 € gegenüber dem Kunden Martin Picke OHG ist seit 60 Tagen fällig. Die Hoffmann KG hat die Martin Picke OHG seitdem schon zweimal angemahnt. Jetzt wird eine dritte Mahnung über 241,00 € (ursprünglicher Rechnungsbetrag + Verzugszinsen) losgeschickt.

Berechnen Sie, wie viel Prozent Verzugszinsen der Martin Picke OHG in Rechnung gestellt worden sind.[1]

INFORMATION

Zinsen

Zinsen stellen die Vergütung dar, die ein Schuldner für einen Kredit an seinen Gläubiger zahlen muss. Zinsen sind also der Preis für die Überlassung und Nutzung von Kapital für eine bestimmte Zeit. Für verschiedene geschäftliche Vorfälle wird in diesem Zusammenhang die Zinsrechnung angewandt. Die Zinsrechnung ist im Prinzip eine Sonderform der Prozentrechnung mit der zusätzlichen Größe Zeit.

Zinsrechnung		Prozentrechnung
Kapital (gängige Abkürzung K): Das Kapital stellt immer 100 % dar.	→	Grundwert
Zinsen (gängige Abkürzung Z)	→	Prozentwert
Zinssatz (gängige Abkürzung p).	→	Prozentsatz
Zeit gängige Abkürzung für • Tage t • Monate m • Jahre J	→	**Dieser neu hinzugekommenen Größe entspricht keine Größe der Prozentrechnung.**

Berechnung verschiedener Zinsarten

Es gibt verschiedene Arten der Zinsen:

- Jahreszinsen
- Monatszinsen
- Tageszinsen

Berechnung der Jahreszinsen

Soll eine einmalige jährliche Verzinsung berechnet werden, gilt die Jahreszinsformel:

$$\text{Zinsen} = \frac{\text{Kapital} \cdot \text{Zinssatz} \cdot \text{Jahre}}{100} = \frac{\text{K} \cdot \text{p} \cdot \text{Jahre}}{100}$$

1 Zum Zahlungsverzug siehe auch Kap. 1.11.

BEISPIEL

Die Hausbank berechnet der Hoffmann KG für einen Kredit in Höhe von 36.000,00 € einen Zinssatz von 4 % p. a. (Dies bedeutet „per anno"; übersetzt: „pro Jahr"). Die zuständige Sachbearbeiterin muss die Zinsen in Euro für ein Jahr berechnen.

$$\text{Zinsen} = \frac{36.000 \cdot 4 \cdot 1}{100} = 1.440\ €$$

Berechnung der Monatszinsen

Kredite können auch für eine bestimmte Anzahl von Monaten gewährt werden. Dann muss die Monatszinsformel angewendet werden:

$$\text{Zinsen} = \frac{\text{Kapital} \cdot \text{Zinssatz} \cdot \text{Monate}}{100 \cdot 12} = \frac{K \cdot p \cdot m}{100 \cdot 12}$$

BEISPIEL

Der Hoffmann KG wird ein Kredit in Höhe von 72.000,00 € zu 3 % für sieben Monate gewährt. Festgestellt werden muss die Höhe der Zinsaufwendungen.

$$\text{Zinsen} = \frac{72.000 \cdot 3 \cdot 7}{100 \cdot 12} = 1.260\ €$$

Berechnung der Tageszinsen

Die am häufigsten vorkommende Anwendung der Zinsrechnung ist die Berechnung der Tageszinsen. Hier muss die Tageszinsformel verwendet werden:

$$\text{Zinsen} = \frac{\text{Kapital} \cdot \text{Zinssatz} \cdot \text{Tage}}{100 \cdot 360} = \frac{K \cdot p \cdot t}{100 \cdot 360}$$

BEISPIEL

Der Fairtext GmbH wird ein Kredit in Höhe von 25.000,00 € zu 2 % für 150 Tage gewährt. Auch hier müssen die Zinsaufwendungen berechnet werden:

$$\text{Zinsen} = \frac{25.000 \cdot 2 \cdot 150}{100 \cdot 360} = 208{,}33\ €$$

Ermittlung der Zinstage

Im Rahmen der kaufmännischen Zinsrechnung muss berücksichtigt werden, dass das Jahr mit 360 Tagen (zwölf Monate mal 30 Tage) angesetzt wird.

Vor diesem Hintergrund werden in Deutschland die Zinstage mit nachfolgendem Verfahren ermittelt:

- Jedes Geschäftsjahr besteht aus 360 Tagen.
- Der Monat wird jeweils mit 30 Tagen gerechnet.
- Der erste Tag einer Zinsperiode wird nicht mitgerechnet. Der letzte Tag eines Zinszeitraums wird dagegen gezählt.

- Gibt es im Monat einen 31 Tage, wird der letzte Tag nicht mitgezählt, sondern als 30. Tag gerechnet.
- Ist der letzte Tag im Februar der letzte Tag des Zinszeitraums, muss der Februar genau berechnet werden. Geht der Zinszeitraum über den Februar hinaus, wird der Februar jedoch ebenfalls mit 30 Tagen berechnet.

BEISPIEL

Die Hoffmann KG hat einem Kunden einen Kredit vom 19. Januar bis zum 31. März gewährt. Die zuständige Sachbearbeiterin berechnet die Zinstage:

Zinstage vom 19. Januar bis zum 19. März	= zwei Monate	= 60 Tage
+ Zinstage vom 19. März bis zum 31. März		= 11 Tage
= Zinstage gesamt		72 Tage

Berechnung von Kapital, Zinssatz und Zeit im Rahmen der Zinsrechnung

Müssen andere Größen außer den Zinsen (Z) berechnet werden, nämlich das Kapital (K), der Zinssatz (p) und/oder die Tage (t), braucht man die Zinsformel nur umzustellen.

Berechnung des Kapitals

1. $Z = \frac{K \cdot p \cdot t}{100 \cdot 360} \quad \Big| \cdot (100 \cdot 360)$
2. $Z \cdot 100 \cdot 360 = K \cdot p \cdot t \quad \Big| : (p \cdot t)$
3. $\frac{Z \cdot 100 \cdot 360}{P \cdot t} = K$

BEISPIEL

In der Hoffmann KG wird die Höhe des Bankkredits berechnet. Für eine Zeit von 160 Tagen müssen bei einem Zinssatz von 2 % 800,00 € Zinsen bezahlt werden.

$$K = \frac{Z \cdot 100 \cdot 360}{P \cdot t}$$

$$K = \frac{800 \cdot 100 \cdot 360}{2 \cdot 160} = 90.000\ €$$

Berechnung des Zinssatzes

1. $Z = \frac{K \cdot p \cdot t}{100 \cdot 360} \quad \Big| \cdot (100 \cdot 360)$
2. $Z \cdot 100 \cdot 360 = K \cdot p \cdot t \quad \Big| : (K \cdot t)$
3. $\frac{Z \cdot 100 \cdot 360}{K \cdot t} = p$

BEISPIEL

Die Hoffmann KG gewährte einem guten Kunden ein Darlehen in Höhe von 24.000,00 € für eine Zeit von 60 Tagen. Dieses Darlehen wurde mit 480,00 € verzinst. Festgestellt werden muss der Zinssatz.

$$p = \frac{Z \cdot 100 \cdot 360}{K \cdot t}$$

$$p = \frac{180 \cdot 100 \cdot 360}{24.000 \cdot 60} = 4{,}50\ \%$$

Berechnung der Zeit

1. $Z = \frac{K \cdot p \cdot t}{100 \cdot 360} \quad \Big| \cdot (100 \cdot 360)$

2. $Z \cdot 100 \cdot 360 = K \cdot p \cdot t \quad \Big| : (K \cdot p)$

3. $\frac{Z \cdot 100 \cdot 360}{K \cdot P} = t$

BEISPIEL

Die Hoffmann KG möchte einen Gewinn in Höhe von 80.000,00 € zu einem Zinssatz von 2 % anlegen. Ziel ist es, mindestens Zinsen in Höhe von 400,00 € zu bekommen. Es wird nun überlegt, wie viele Tage der Gewinn als Kapital angelegt werden muss.

$$t = \frac{Z \cdot 100 \cdot 360}{K \cdot P}$$

$$t = \frac{400 \cdot 100 \cdot 360}{80.000 \cdot 2} = 90\ \text{Tage}$$

AUFGABEN

1. Die Hoffmann KG liefert an einen Kunden Waren zu einem Rechnungsbetrag von 36.000,00 € aus. Da der Händler das Zahlungsziel nicht einhalten kann, bittet er die Hoffmann KG um Zahlungsaufschub. Diese ist bereit, gegen Berechnung von 4 % Verzugszinsen den Zahlungstermin um 14 Tage zu verschieben. Katarzyna Popov bekommt den Auftrag, die Verzugszinsen zu berechnen.
   Berechnen Sie die Höhe der Zinsen in Euro.
2. Die Hoffmann KG lieferte an die Tom Hoss KG Waren mit einem Rechnungsbetrag von 120.000,00 €. Da die Tom Hoss KG das Zahlungsziel nicht einhalten kann, verhandelt sie mit der Hoffmann KG um einen Zahlungsaufschub. Diese ist bereit, gegen Berechnung von 6 % Verzugszinsen den Zahlungstermin um 21 Tage zu verschieben.
   Berechnen Sie die Höhe der Zinsen in Euro.
3. Eine Bank hat einem Industrieunternehmen 800.000,00 € für 160 Tage zu einem Zinssatz von 3 % zur Verfügung gestellt. Ermitteln Sie den Rückzahlungsbetrag.

4. Die Ehbrecht KG zahlte für ein Darlehen für einen Zinszeitraum von 72 Tagen 360,00 € Zinsen. Der Zinssatz betrug 6 %. Stellen Sie die Höhe des gewählten Darlehens fest.
5. Die Diekmann OHG überlegt, zur Überbrückung kurzfristiger Zahlungsschwierigkeiten bei einer Bank ein Darlehen in Höhe von 200.000,00 € mit einer Laufzeit von 180 Tagen aufzunehmen. Sie möchte nicht mehr als 4.000,00 € Zinsen zahlen.
   Stellen Sie die Höhe des Zinssatzes fest.
6. Berechnen Sie für die folgenden Sachverhalte die Zinstage.
   a) Verzinsung vom 17. März bis zum 23. November
   b) Verzinsung vom 2. März bis zum 26. Juli
   c) Verzinsung vom 2. April bis zum 17. Mai
   d) Verzinsung vom 31. März bis zum 9. November
   e) Verzinsung vom 27. November bis zum 14. April
   f) Verzinsung vom 7. Januar bis zum 13. März
   g) Verzinsung vom 6. Juni bis zum 31. Dezember
   h) Verzinsung vom 9. August bis zum 13. Februar des übernächsten Jahres

ZUSAMMENFASSUNG

Zinsrechnung

= Sonderform der Prozentrechnung mit der zusätzlichen Größe Zeit

Zinsen (Z)	Kapital (K)	Zinssatz (p)	Zinstage (t)
$\text{Zinsen} = \frac{K \cdot p \cdot t}{100 \cdot 360}$	$K = \frac{Z \cdot 100 \cdot 360}{P \cdot t}$	$p = \frac{Z \cdot 100 \cdot 360}{K \cdot t}$	$t = \frac{Z \cdot 100 \cdot 360}{K \cdot p}$

6.8 Kalkulation von Preisen

EINSTIEG

Die Hoffmann KG hat von der Hessing GmbH Hemden der Marke „Active Clothes" angeboten bekommen. Es ist nun fraglich, ob sie das Angebot dieses namhaften Herstellers annimmt und die Hemden in die Produktpalette aufnimmt oder nicht.

Frau Zahn aus der Verkaufsabteilung beauftragt Dominik Schlote damit, den Bruttoverkaufspreis der Hemden zu kalkulieren, um dann eine Entscheidung über das weitere Vorgehen zu treffen.

Hessing GmbH | Sickingerstr. 9 | 01309 Leipzig

Hoffmann KG
Bergener Str. 6 a
60547 Frankfurt am Main

Kundennr.: 00102

Sachbearbeiter/-in: MME
Telefon: 069 – 47 512
Telefax: 069 – 47 501
E-Mail: mandymeier@hessing.de

Angebots Nr.: 221 - ..
Rechnungsdatum: 17.04.20..

Angebot

Pos.	Artikel-Nr.	Artikelbezeichnung	Menge und Einheit	Einzelpreis	Gesamtpreis
1	900612450	Herrenhemd „Active Clothes“ diverse Farben und Größen	400 St.	45,36 €	18.144,00 €
Gesamtpreis					18.144,00 €
Rabatt				10 %	1.814,40 €
Warenwert					16.329,60 €
Umsatzsteuer				19 %	3.102,62 €
Gesamtbetrag					19.432,22 €

Bei Zahlung innerhalb von 7 Tagen gewähren wir 2 % Skonto.

1. Erläutern Sie, warum es überhaupt sinnvoll ist, den Bruttoverkaufspreis auf der Basis des vorliegenden Angebots zu ermitteln.
2. Geben Sie an, welche Aspekte bei der Ermittlung des Bruttoverkaufspreises berücksichtigt werden müssen.

INFORMATION

Gewinn als Ziel der Preiskalkulation

Das Hauptziel der unternehmerischen Tätigkeit ist die Erwirtschaftung von Gewinn durch die ausgeübten Handlungen. Damit ein Unternehmen durch den Verkauf von Produkten Gewinn erwirtschaften kann, ist es notwendig, dass die Verkaufspreise so kalkuliert werden, dass (der gewünschte) Gewinn erwirtschaftet wird.

Hierfür muss der Unternehmer zunächst berechnen, wie hoch die Kosten sind, die das Produkt bei ihm bis zum Verkauf verursacht. Diesen Betrag nennt man Selbstkosten. Auf diese Selbstkosten wird dann der Gewinn aufgeschlagen.

BEISPIEL

Die Hoffmann KG möchte mit Herrenhemden der Marke „Active Clothes" einen Gewinn von 50 % erzielen. Die Selbstkosten betragen 51,00 € pro Hemd.
Gewinnzuschlag: 51,00 € · 50 : 100 = 25,50 €
Der Verkaufspreis muss also 51,00 € + 25,50 € = 76,50 € zzgl. 19 % Umsatzsteuer betragen.

Da sich der Absatz jedoch nicht nur durch das Angebot, sondern auch durch die Nachfrage bestimmt, ist der Preis so zu kalkulieren, dass er auf dem Absatzmarkt konkurrenzfähig ist.

BEISPIEL

Die Hoffmann KG möchte die Herrenhemden der Marke „Active Clothes" für 76,50 € netto verkaufen. Die Konkurrenz bietet derartige Hemden für Preise zwischen 73,00 € (im Angebot) und 80,00 € netto an.
Der Preis für die Hemden erscheint somit konkurrenzfähig.

Somit kann ein Unternehmen also nicht einfach bei jedem Artikel einen beliebig hohen Gewinnzuschlag einkalkulieren. Vielmehr muss für jede Produktgruppe und wenn möglich sogar für jedes einzelne Produkt ein individueller Verkaufspreis kalkuliert werden.

BEISPIEL

Die Konkurrenz bietet derartige Hemden von „Active Clothes" (siehe obige Beispiele) für Preise zwischen 70,00 € (im Angebot) und 75,00 € netto an.
Der Preis für die Hemden erscheint nicht konkurrenzfähig.

Die Verkaufspreiskalkulation ist insbesondere bei der Einführung neuer Produkte wichtig. Wenn sich der Verkauf nicht in der gewünschten Weise rentiert, dann sollte das Produkt eventuell gar nicht eingekauft und angeboten werden.

BEISPIEL

Die Hoffmann KG muss entscheiden, ob sie die Hemden trotzdem für 76,50 € netto verkaufen will oder ob sie für diese Produkte einen geringeren Gewinnzuschlag einplant, um zu konkurrenzfähigen Preisen anbieten zu können.

Nachdem der Gewinn aufgeschlagen wurde, muss der Unternehmer weitere Faktoren beachten, die den Verkaufspreis beeinflussen (z. B. Rabatt, Skonto, Umsatzsteuer). Ebenfalls sind die Selbstkosten nicht – wie in den bisherigen Beispielen – vorgegeben, sondern müssen vom Unternehmer errechnet werden. Die Kalkulation des Verkaufspreises einer Ware kann somit in der Praxis nicht so einfach erfolgen, wie dies in den vorangegangenen Beispielen erfolgt ist.

Bei der Preiskalkulation von Handelswaren[1] sind folgende Fälle zu unterscheiden, die im Folgenden näher betrachtet werden:

1. Vorwärtskalkulation (zur Ermittlung des Verkaufspreises)
2. Rückwärtskalkulation (zur Ermittlung des maximalen Einkaufspreises)
3. Differenzkalkulation (zur Ermittlung des verbleibenden Gewinns)

Vorwärtskalkulation bei Handelswaren

Ein Handelsbetrieb kalkuliert in der Regel seinen Verkaufspreis, indem er vom Bezugspreis ausgehend alle Kosten und einen Gewinnaufschlag sowie eventuelle Rabatte und Skonti und die Umsatzsteuer einbezieht. Doch auch der Bezugspreis muss zunächst ermittelt werden.

Vom Listeneinkaufspreis zum Bareinkaufspreis

Die Kalkulation geht vom Listeneinkaufspreis, einem Nettowert, aus. Von dem Listeneinkaufspreis zieht der Händler die ihm gewährten **Rabatte** sowie eventuell mögliche **Skontobeträge** ab. Das Ergebnis wird als Bareinkaufspreis bezeichnet (Zwischenergebnis nach Abzug des Liefererrabatts = Zieleinkaufspreis).

Vom Bareinkaufspreis zum Bezugspreis

Vom Bareinkaufspreis ausgehend, schlägt der Händler seine **Bezugskosten** (z. B. Transportkosten, Auslagen, Zölle oder Transportversicherung) auf. Es ergibt sich der Bezugspreis der Ware. Die Bezugskosten können als Prozentsatz oder auch als tatsächliche Kosten in Euro angegeben werden.

Vom Bezugspreis zu den Selbstkosten

Auf den Bezugspreis werden die anteiligen **Handlungskosten** (z. B. Löhne, Lagerkosten, Werbekosten usw.) für das Produkt aufgeschlagen. Es ergeben sich die Selbstkosten.

Von den Selbstkosten zum Barverkaufspreis

Auf die Selbstkosten wird der geplante **Gewinn** aufgeschlagen, um den Barverkaufspreis zu ermitteln.

Vom Barverkaufspreis zum Zielverkaufspreis

Da der Unternehmer damit rechnen muss, dass auch seine Kunden einen Skontoabzug einfordern und dass er diesen gewähren wird, muss er auch den Betrag des Kundenskontos aufschlagen. Eine möglicherweise anfallende Vertreterprovision muss ebenfalls in diesem Schritt einkalkuliert werden. Es ergibt sich der **Zielverkaufspreis**.

Vom Zielverkaufspreis zum Listenverkaufspreis

Verschiedenen Kundengruppen wird der Unternehmer-Rabatt oder Skonto gewährt. Damit dies nicht zulasten des geplanten Gewinns geht, muss der Unternehmer auch diesen **Kundenrabatt** hinzurechnen, um einen gut kalkulierten Listenverkaufspreis als Ergebnis zu erhalten.

Vom Listenverkaufspreis zum Bruttoverkaufspreis

Auf den Listenverkaufspreis wird dann selbstverständlich noch die **Umsatzsteuer** mit dem korrekten Steuersatz aufgeschlagen, um den tatsächlichen Bruttoverkaufspreis zu erhalten.

1 Die Kalkulation von Industrieprodukten mit ihren Herstellungskosten ist etwas komplexer und wird hier nicht dargestellt.

Soweit die Abnehmer Unternehmer sind, haben diese in der Regel die Möglichkeit des Vorsteuerabzugs und werden wirtschaftlich nicht mit der Umsatzsteuer belastet. Daher ist für diese Kundengruppen der Listenverkaufspreis wichtig. Die Kalkulation ist dann mit der Ermittlung des Listenverkaufspreises beendet. (Im weiteren Verlauf wird die Kalkulation bis zum Listenverkaufspreis vorgenommen, also ohne die Umsatzsteuer.)

Bei den einzelnen Rechenschritten handelt es sich in der Vorwärtskalkulation lediglich um Prozentrechnungen mit dem einfachen beziehungsweise dem verminderten Grundwert.

In einem Schema sieht die Vorwärtskalkulation mit Rechenschritten wie folgt aus:

Vorwärtskalkulation		
Listeneinkaufspreis	100 %	**einfacher Grundwert**
– Liefererrabatt	– x %	
= Zieleinkaufspreis	= 100 – x % → 100 %	**einfacher Grundwert**
– Liefererskonto	– x %	
= Bareinkaufspreis	= 100 – x % → 100 %	**einfacher Grundwert oder Addition**
+ Bezugskosten	+ x oder + x €	
= Bezugspreis	= 100 + x % → 100 %	**einfacher Grundwert**
+ Handlungskosten	+ x %	
= Selbstkosten	= 100 + x % → 100 %	**einfacher Grundwert**
+ Gewinn	+ x %	
= Barverkaufspreis	= 100 + x % → 100 – x %	**verminderter Grundwert**
+ Kundenskonto	+ x %	
= Zielverkaufspreis	= 100 % → 100 – x %	**verminderter Grundwert**
+ Kundenrabatt	+ x %	
= Angebotspreis (Listenverkaufspreis)	= 100 %	

Die Berechnungen erfolgen in den ersten fünf Schritten mit dem einfachen Grundwert. Es kann eine einfache Prozentrechnung durchgeführt werden, z. B.

$$\text{Liefererrabatt} = \frac{\text{Listeneinkaufspreis}}{100} \cdot x$$

oder

$$\text{Gewinn} = \frac{\text{Selbstkosten}}{100} \cdot x$$

Da Kunden ihren Rabatt und ihr Skonto vom Rechnungsbetrag abziehen, muss hier mit einem verminderten Grundwert gerechnet werden. Das heißt, es kann nicht einfach durch 100 geteilt werden, sondern die 100 müssen zuvor um den Rabatt- bzw. Skontosatz gemindert werden, z. B.

$$\text{Kundenrabatt} = \frac{\text{Zielverkaufspreis}}{(100 - x)} \cdot x$$

Alle Zwischenergebnisse im Rahmen der Kalkulationsverfahren werden kaufmännisch auf zwei Nachkommastellen gerundet.

BEISPIEL

Die Hemden der Marke „Active Clothes" hat die Hoffmann KG mit 2 % Skonto gezahlt. Für die Hemden rechnet sie mit 2,50 € Bezugskosten und einem Handlungskostenzuschlag in Höhe von 20 % auf den Bezugspreis für die Produktgruppe. Sie gewährt ihren Kunden ihrerseits 2 % Skonto und 5 % Rabatt, die in die Verkaufspreiskalkulation einfließen müssen.

Vorwärtskalkulation

Position	Betrag	Prozent	Übertrag	Prozent (neue Basis)
Listeneinkaufspreis	45,36	100 %		
– Liefererrabatt	① –4,54	–10 %		
= Zieleinkaufspreis	40,82	= 90 %	→ 40,82	100 %
– Liefererskonto	② –0,82	–2 %		
= Bareinkaufspreis	40,00	= 98 %	→ 40,00	
+ Bezugskosten	+2,50	2,50 €		
= Bezugspreis	42,50		→ 42,50	100 %
+ Handlungskosten	③ +8,50	+20 %		
= Selbstkosten	51,00	= 120 %	→ 51,00	100 %
+ Gewinn	④ +25,50	+50 %		
= Barverkaufspreis	76,50	= 150 %	→ 76,50	98 %
+ Kundenskonto	⑤ +1,56	+2 %		
= Zielverkaufspreis	78,06	= 100 %	→ 78,06	95 %
+ Kundenrabatt	⑥ +4,11	+5 %		
= Listenverkaufspreis	82,17	= 100 %		

Berechnungen:

1. $\text{Lieferrabatt} = \frac{45{,}36\ €}{100} \cdot 10 = 4{,}45\ €$

2. $\text{Lieferskonto} = \frac{40{,}82\ €}{100} \cdot 2 = 0{,}82\ €$

3. $\text{Handlungskosten} = \frac{42{,}50\ €}{100} \cdot 20 = 8{,}50\ €$

4. $\text{Gewinn} = \frac{51{,}00\ €}{100} \cdot 50 = 25{,}50\ €$

5. $\text{Kundenskonto} = \frac{76{,}50\ €}{100 - 2} \cdot 2 = 1{,}56\ €$

6. $\text{Kundenrabatt} = \frac{78{,}06\ €}{100 - 5} \cdot 5 = 4{,}11\ €$

Vereinfachte Vorwärtskalkulation mit Kalkulationszuschlag und -faktor

In der Praxis ist es sehr aufwendig, wenn die Vorwärtskalkulation für die Berechnung des Verkaufspreises jedes einzelnen Produkts durchgeführt werden muss. Aus Vereinfachungsgründen kann man mithilfe des Kalkulationszuschlages einen einheitlichen Zuschlag für Handlungskosten, Gewinn, Kundenskonto und -rabatt ermitteln und diesen auf alle Waren des gesamten Sortiments oder z. B. einer Warengruppe anwenden.

Ermittlung des Kalkulationszuschlags

$$\text{Kalkulationszuschlag in \%} = \frac{(\text{Listenverkaufspreis} - \text{Bezugspreis}) \cdot 100}{100}$$

BEISPIEL

Der Kalkulationszuschlag für die Hemden der Marke „Active Clothes“ ermittelt sich wie folgt:

$$\text{Kalkulationszuschlag} = \frac{(82{,}17\ € - 42{,}50\ €) \cdot 100}{42{,}50\ €} = 93{,}34\,\%$$

Preisberechnung mit dem Kalkulationszuschlag

Die Anwendung des ermittelten Kalkulationszuschlags erfolgt dadurch, dass zunächst der Bezugspreis ermittelt wird. Auf den Bezugspreis wird dann der Kalkulationszuschlag angewendet. Anschließend werden die beiden Beträge addiert.

Bezugspreis

+ Kalkulationszuschlag

= Listenverkaufspreis

Der Kalkulationszuschlag in Euro berechnet sich hierbei wie folgt:

Kalkulationszuschlag in € = Bezugspreis x Kalkulationszuschlag in %

Der errechnete Kalkulationszuschlag wird dann zum Bezugspreis addiert, um den Listenverkaufspreis zu ermitteln:

Listenverkaufspreis = Bezugspreis + Kalkulationszuschlag in €

BEISPIEL

Die Hoffmann KG berechnet den Listenverkaufspreis für sämtliche Herrenhemden mit einem Kalkulationszuschlag von 90 %. Der Bezugspreis für die Hemden der Marke ‚Active Clothes“ beträgt 42,50 €.

Ermittlung des Kalkulationszuschlages in Euro:

$$\frac{42{,}50\ € \cdot 90}{100} = 38{,}25\ €$$

Ermittlung des Kalkulationszuschlages in Euro:

Bezugspreis:	42,50 €
+ Kalkulationszuschlag	38,25 €
Listenverkaufspreis:	80,75 €

Kalkulationsfaktor

Die Ermittlung des Listenverkaufspreises kann durch die Anwendung eines Kalkulationsfaktors noch weiter vereinfacht werden. Hierfür wird der ermittelte Listenverkaufspreis durch den Bezugspreis dividiert.

$$\text{Kalkulationsfaktor} = \frac{\text{Listenverkaufspreis}}{\text{Bezugspreis}}$$

BEISPIEL

Der Kalkulationsfaktor für die Herrenhemden bei der Hoffmann KG ermittelt sich wie folgt:

$$\text{Kalkulationsfaktor} = \frac{80{,}75\ €}{42{,}50\ €} = 1{,}9$$

Der Kalkulationsfaktor für Herrenhemden beträgt bei der Hoffmann KG 1,9.

Für weitere Produkte lässt sich dann einfach durch Anwendung des Kalkulationsfaktors auf den Bezugspreis der Produkte der Listenverkaufspreis ermitteln.

BEISPIEL

Es wird ein neues Herrenhemd der Marke „X-Style" eingekauft. Der Bezugspreis beträgt 56,00 €. Der Listenverkaufspreis kann mithilfe des Kalkulationsfaktors einfach berechnet werden:

$$56{,}00\ € \cdot 1{,}9 = 106{,}40\ €$$

Der Listenverkaufspreis für das Hemd der Marke „X-Style" beträgt 106,40 €.

Rückwärtskalkulation bei Handelswaren

Auf Märkten kann es vorkommen, dass der Verkaufspreis einer Ware marktseitig vorgegeben ist.

Dies kann zum Beispiel daran liegen, dass die Hersteller oder der Staat einen Verkaufspreis vorgeben, aber auch daran, dass die Konkurrenz auf dem Markt sehr groß ist. Der Unternehmer ist dadurch an die Preise der Konkurrenz gebunden.

In einem solchen Fall kann der Unternehmer die Verkaufspreise nicht auf der Grundlage eines Angebotspreises kalkulieren. Er muss ausgehend vom Listenverkaufspreis rückwärts kalkulieren, um einen Listeneinkaufspreis zu ermitteln, zu dem er die Ware maximal einkaufen darf, um den marktseitig vorgegebenen Verkaufspreis einzuhalten.

BEISPIEL

Die Konkurrenz bietet die Herrenhemden der Marke „Active Clothes" für 80,00 € an. Wenn die Hoffmann KG zu den aktuellen Konditionen in den Markt einsteigt, kann sie das Hemd nur für 82,17 € anbieten. Die Kunden würden aber bei der Konkurrenz kaufen, da diese die Ware billiger anbietet.

Aufgrund dieser Problematik beschließt Frau Zahn, dass mit dem Lieferanten über das Angebot verhandelt werden muss. Dominik Schlote soll den maximalen Einkaufspreis berechnen, den die Hoffmann KG zahlen kann, wenn sie das Hemd für 80,00 € anbietet. Alle anderen Konditionen bleiben gleich.

Die Rückwärtskalkulation erfolgt nach demselben Schema wie die Vorwärtskalkulation. Allerdings beginnt man mit den Berechnungen von unten.

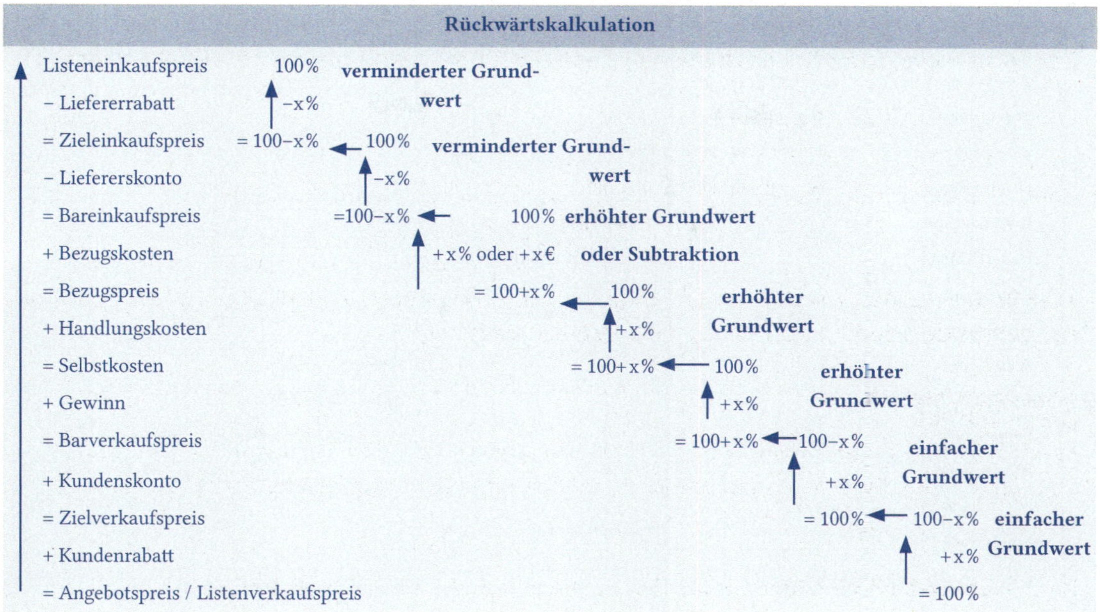

Die Berechnungen erfolgen in den ersten zwei Schritten mit dem einfachen Grundwert. Es kann eine einfache Prozentrechnung durchgeführt werden, z. B.

$$\text{Kundenrabatt} = \frac{\text{Listenverkaufspreis}}{100} \cdot x$$

In den nächsten drei Schritten erfolgt die Berechnung vom erhöhten Grundwert, das heißt, man dividiert durch eine Zahl, die größer als 100 ist, z. B.

$$\text{Gewinn} = \frac{\text{Barverkaufspreis}}{(100 + x)} \cdot x$$

In den letzten beiden Rechenschritten wird wieder mit einem verminderten Grundwert gerechnet. Das heißt, man dividiert durch eine Zahl, die kleiner als 100 ist, z. B.

$$\text{Liefererrabatt} = \frac{\text{Zieleinkaufspreis}}{(100 - x)} \cdot x$$

BEISPIEL

Wenn die Hoffmann KG die Hemden von „Active Clothes“ zu dem vom Markt vorgegebenen Preis von 80,00 € anbieten will, muss Dominik Schlote mithilfe der Rückwärtskalkulation den maximalen Listeneinkaufspreis berechnen, der an die Hessing KG gezahlt werden darf. Die Prozentsätze und die Bezugskosten bleiben unverändert.

Rückwärtskalkulation

Listeneinkaufspreis	44,07	100 %												
– Liefererrabatt	⑥ −4,41	−10 %												
= Zieleinkaufspreis	39,66	90 %	39,66	100 %										
– Liefererskonto			⑤ −0,79	−2 %										
= Bareinkaufspreis			38,87	98 %	38,87									
+ Bezugskosten					+2,50	2,50 €								
= Bezugspreis					41,37		41,37	100 %						
+ Handlungskosten							④ +8,28	+20 %						
= Selbstkosten							49,65	= 120 %	49,65	100 %				
+ Gewinn									③ +24,83	+50 %				
= Barverkaufspreis									74,48	150 %	74,48	98 %		
+ Kundenskonto											② +1,52	+2 %		
= Zielverkaufspreis											76,00	= 100 %	76,00	95 %
+ Kundenrabatt													① +4,00	+5 %
= Angebotspreis (Listenverkaufspreis)													80,00	= 100 %

Berechnungen:

1. $\text{Kundenrabatt} = \frac{80{,}00\ €}{100} \cdot 5 = 4{,}00\ €$

2. $\text{Kundenskonto} = \frac{76{,}00\ €}{100} \cdot 2 = 1{,}52\ €$

3. $\text{Gewinn} = \frac{74{,}48\ €}{100 + 50} \cdot 50 = 24{,}83\ €$

4. $\text{Handlungskosten} = \frac{49{,}65\ €}{100 + 20} \cdot 20 = 8{,}28\ €$

5. $\text{Liefererskonto} = \frac{38{,}87\ €}{100 - 2} \cdot 2 = 0{,}79\ €$

6. $\text{Liefererrabatt} = \frac{39{,}66\ €}{100 - 15} \cdot 10 = 4{,}41\ €$

Vereinfachte Rückwärtskalkulation bei Handelswaren

Auch für die Rückwärtskalkulation gibt es ein Verfahren, mit dem die Kalkulation des maximalen Bezugspreises bei einem vorgegebenen Listenverkaufspreis vereinfacht werden kann. Es handelt sich hierbei um die Handelsspanne.

Ermittlung der Handelsspanne

$$\text{Handelsspanne in \%} = \frac{\text{Listenverkaufspreis} - \text{Bezugspreis}}{\text{Listenverkaufspreis}} \cdot 100$$

BEISPIEL

Die Handelsspanne der Hemden von „Active Clothes“ berechnet sich wie folgt:

$$\text{Handelsspanne} = \frac{80{,}00\ € - 41{,}37\ €}{80{,}00\ €} \cdot 100 = 48{,}29\,\%$$

Bezugspreisberechnung mit der Handelsspanne

Wenn der Unternehmer die Handelsspanne für eine Warengruppe ermittelt hat, kann er für die übrigen Waren der Warengruppe den Bezugspreis ganz einfach berechnen.

BEISPIEL

Die Hoffmann KG möchte Hemden der Marke „Rütter“ in das Sortiment aufnehmen. Der Listenverkaufspreis ist marktseitig mit 65,00 € vorgegeben. Frau Zahn möchte nun wissen, wie hoch der maximale Bezugspreis sein darf.

Listenverkaufspreis:	65,00 €
– Handelsspanne 65,00 € · 0,4829 =	–31,39 €
= maximaler Bezugspreis	33,61 €

Der Bezugspreis für die Hemden der Marke „Rütter“ darf maximal 33,61 € betragen.

Differenzkalkulation

Die Differenzkalkulation ist die dritte Form der Kalkulation von Handelswaren. Sie kommt zur Anwendung, wenn sowohl der Listeneinkaufspreis als auch der Listenverkaufspreis auf einem Markt vorgegeben sind. Dem Unternehmer bleibt dann nichts anderes übrig, als sich an die Preisvorgaben zu halten. Er kann mithilfe der Differenzkalkulation ermitteln, ob durch den Verkauf der Ware dennoch ein Gewinn erwirtschaftet werden kann oder ob es sich um ein Verlustgeschäft handelt. Auf der Grundlage des Ergebnisses der Differenzkalkulation kann der Unternehmer dann entscheiden, ob er das Produkt weiterhin in seinem Sortiment führen bzw. es in das Sortiment aufnehmen will oder nicht.

Die Differenzkalkulation ist eine Mischung aus der Vorwärtskalkulation und der Rückwärtskalkulation.

Vom Listeneinkaufspreis ausgehend führt man die Vorwärtskalkulation bis zu den Selbstkosten durch.

Vom Listenverkaufspreis führt man die Rückwärtskalkulation bis zum Barverkaufspreis durch.

Aus der Differenz von Barverkaufspreis und den Selbstkosten ergibt sich der Gewinn oder Verlust in Euro, der mit dem Produkt erwirtschaftet wird.

DEFINITION

Barverkaufspreis – Selbstkosten = Gewinn/Verlust

BEISPIEL

Trotz Nachverhandlungen konnte Frau Zahn für die Hemden der Marke „Active Clothes“ keinen besseren Angebotspreis mit der Hessing KG aushandeln. Aus diesem Grund bittet Frau Zahn Dominik Schlote um die Überprüfung, ob trotz des vorhandenen Angebots und der Preisvorgabe von 80,00 € bei sonst gleichen Konditionen ein Gewinn mit den Hemden erwirtschaftet werden kann. Frau Zahn möchte die Hemden der Trendmarke unbedingt in das Sortiment aufnehmen.

Differenzkalkulation

Listeneinkaufspreis	45,36	100%												
– Liefererrabatt	–4,54	–10%												
= Zieleinkaufspreis	40,82	= 90% →	40,82	100%										
– Liefererskonto			–0,82	–2%										
= Bareinkaufspreis			40,00	= 98% →	40,00									
+ Bezugskosten					+2,50	2,50€								
= Bezugspreis					42,50 →		42,50	100%						
+ Handlungskosten							+8,50	+20%						
= Selbstkosten							51,00	= 120% →	51,00	100%				
+ Gewinn									23,48					
= Barverkaufspreis									(1) 74,48	150% ←	74,48	98%		
+ Kundenskonto											+1,56	+2%		
= Zielverkaufspreis											76,00	= 100% ←	76,00	95%
+ Kundenrabatt													+4,00	+5%
= Angebotspreis Listenverkaufspreis													80,00	= 100%

Berechnungen:

1. Gewinn = Barverkaufspreis – Selbstkosten
   74,48 € – 51,00 € = 23,48 €

2. Gewinn in Prozent
   $$\frac{74{,}48\ €}{51{,}00\ €} - 1 = 46{,}04\,\%$$

Mit den Hemden der Marke „Active Clothes" wird trotz der vorgegebenen Listeneinkaufs- und Listenverkaufspreises ein Gewinn in Höhe von 23,48 € erwirtschaftet. Dies entspricht 46,04 %. Der zu erzielende Gewinn ist geringfügig unter dem Gewinnziel von 50 % (bzw. 25,50 €). Frau Zahn kann nun entscheiden, ob das Produkt in das Sortiment aufgenommen werden soll oder nicht.

Entscheidungskriterien neben dem Gewinn

Ein Unternehmer kann die Entscheidung darüber, ob ein Produkt in das Sortiment aufgenommen werden bzw. im Sortiment verbleiben soll, nicht ausschließlich von dem Ergebnis der Preiskalkulation abhängig machen.

Andere Faktoren spielen bei derartigen Entscheidungen eine Rolle. Als solche kommen zum Beispiel infrage:

- Prestige durch das Anbieten eines bestimmten Produkts

BEISPIEL

Wenn ein Unternehmen exklusiv das neueste Handy eines namhaften Herstellers anbieten kann, dann wird es dies vielleicht auch tun, wenn der Gewinn unterdurchschnittlich ist.

- mögliche Folgeumsätze aufgrund des Verkaufs von Zubehör

BEISPIEL

Dadurch, dass ein Handy exklusiv von einem Unternehmen angeboten wird, wird zumeist auch das Zubehör exklusiv angeboten. Die Zubehörartikel haben möglicherweise eine höhere Gewinnspanne. In Summe ist das Anbieten des Artikels dann vielleicht wieder rentabel.

- Vervollständigung des Warensortiments

BEISPIEL

Von einem Elektrohändler wird erwartet, dass man dort auch noch alte Spiele für Spielkonsolen kaufen kann. Die Spiele werden folglich auch mit einem geringen Gewinn angeboten, um die Kunden weiterhin zu binden und das Ansehen zu wahren.

Derartige Gründe können dazu führen, dass der Unternehmer Produkte anbietet, obwohl er mit ihnen keinen oder nur einen geringen Gewinn erzielt.

In der Kalkulation selbst können sich zusätzliche Möglichkeiten ergeben, die den Gewinn des Unternehmers steigen lassen. Indem zum Beispiel nicht alle Kunden den Skontoabzug ausnutzen oder einen Rabatt erhalten, erwirtschaftet der Unternehmer einen höheren Gewinn. Die Preiskalkulation wird jedoch unter Einbezug sämtlicher möglicher Kosten und Risiken vorgenommen. Der Unternehmer kann ein Produkt mit einer geringen Gewinnmöglichkeit anbieten, wenn er sicher ist, dass er die eingekaufte Ware zum kalkulierten Listenverkaufspreis verkaufen wird. Der kalkulierte Gewinn ist sicher, und hinzu können noch zusätzlich Erträge aus nicht genutzten Skonti und Rabatten kommen.

AUFGABEN

1. Führen Sie die Kalkulation des Listenverkaufspreises mithilfe einer verkürzten Vorwärtskalkulation zu den folgenden Produkten und Konditionen durch.

	a) Kinderrad „Pumuckl“	b) Anzug „BC“	c) Unterhemd „Standard“	d) Reparaturset Fahrrad	e) Blazer „NYC“
Bezugs-/ Einstandspreis	223,00 €	140,00 €	3,60 €	1,98 €	57,00 €
Handlungskosten	25,0 %	29,0 %	20,0 %	18,0 %	30,0 %
Gewinn	32,0 %	70,0 %	45,0 %	30,0 %	55,0 %
Kundenskonto	1,0 %	2,0 %	2,0 %	1,0 %	2,0 %
Kundenrabatt	7,0 %	12,0 %	10,0 %	8,0 %	10,0 %

2. Führen Sie die Kalkulation des Listenverkaufspreises mithilfe der Vorwärtskalkulation zu den folgenden Produkten und Konditionen durch.

	a) Mountainbike „Sky-Racer"	b) Pullover „Fashionista"	c) Hose „Robbie"	d) Sattel „Old-School"	e) Strumpfhose „Lydia"
Listeneinkaufspreis	500,00 €	42,00 €	50,00 €	12,50 €	0,50 €
Liefererrabatt	10,0 %	15,0 %	7,5 %	5,0 %	7,0 %
Liefererskonto	1,0 %	2,0 %	1,5 %	1,0 %	0,0 %
Bezugskosten	5,00 €	0,60 €	0,5 %	0,20 €	0,05 €
Handlungskosten	25,0 %	30,0 %	40,0 %	20,0 %	10,0 %
Gewinn	20,0 %	75,0 %	60,0 %	30,0 %	60,0 %
Kundenskonto	2,0 %	2,0 %	2,0 %	0,0 %	1,0 %
Kundenrabatt	5,0 %	15,0 %	8,0 %	5,0 %	5,0 %

3. a) Ermitteln Sie für die Artikel aus Aufgabe 2 den Kalkulationszuschlag.
   b) Berechnen Sie mithilfe der Kalkulationszuschläge zu den Warengruppen aus Aufgabenteil a) die Verkaufspreise für:
      - das Mountainbike „Chipping" mit einem Bezugspreis von 260,00 €.
      - den Damenpullover „NYC" mit einem Bezugspreis von 27,85 €.
      - den Fahrradsattel „New Age" mit einem Bezugspreis von 15,64 €.
      - die Herrenhose „Steven", Bezugspreis 32,45 €.
   c) Ermitteln Sie für die Waren aus Aufgabe 2 nun die Kalkulationsfaktoren.
4. Die Hoffmann KG will 850 Hemden der Marke „Meyer" mit einem Listeneinkaufspreis von 34,50 € je Hemd einkaufen. Der Hersteller gewährt für gewöhnlich 7,5 % Rabatt und bei schneller Zahlung einen Skontoabzug von 2 %.
   Für die Anlieferung fallen laut Angebot 127,50 € an. Die Hoffmann KG kalkuliert in dem Segment mit einem Handlungskostenzuschlag von 20 % und einem Gewinn von 50 %. Ihren Abnehmern gewährt die Hoffmann KG 10 % Rabatt und 1,5 % Skonto.
   Berechnen Sie den Listenverkaufspreis, den die Hoffmann KG für ein Hemd der Marke „Meyer" mindestens verlangen sollte.
5. Der Hoffmann KG liegt ein Angebot für einen neuen Herrenanzug vor. 400 Anzüge sollen demnach 78.000,00 € netto kosten. Für Zahlung innerhalb von 10 Werktagen erhält die Hoffmann KG 2 % Skonto. Außerdem gewährt der Lieferant 10 % Rabatt. Die Lieferung der Anzüge kostet 250,00 €. Die Transportversicherung beträgt ebenfalls 250,00 €.
   Die Hoffmann KG rechnet in der Produktgruppe mit Handlungskosten von 28 % und einem Gewinnzuschlag von 75 %. Ihren Abnehmern gewährt die Hoffmann KG 12 % Rabatt und 1,5 % Skonto.
   Berechnen Sie den Listenverkaufspreis, den die Hoffmann KG mindestens je Anzug verlangen sollte.

6. Führen Sie die Kalkulation des maximalen Bezugspreises mithilfe einer verkürzten Rückwärtskalkulation zu den folgenden Produkten und Konditionen durch.

	a) Schlafanzug „Deluxe"	b) Fahrradhelm „Secure"	c) T-Shirt „Miami"	d) E-Bike „E-700"	e) Bluse „Business"
Listenverkaufspreis	74,50 €	79,90 €	35,00 €	1.299,00 €	49,95 €
Handlungskosten	30,0 %	23,0 %	30,0 %	23,0 %	22,0 %
Gewinn	69,0 %	27,0 %	75,0 %	47,0 %	72,0 %
Kundenskonto	1,5 %	3,0 %	2,0 %	2,0 %	1,0 %
Kundenrabatt	10,0 %	5,0 %	8,0 %	10,0 %	6,0 %

7. Führen Sie die Kalkulation des maximalen Listeneinkaufspreises mithilfe der Rückwärtskalkulation zu den folgenden Produkten und Konditionen durch.

	a) Trekkingrad „City"	b) Damenmantel	c) Seidenbluse „Maria"	d) E-Bike „E1200"	e) Herrensocken „Basic"
Listenverkaufspreis	420,00 €	350,00 €	120,00 €	1.899,00 €	3,50 €
Liefererrabatt	11,0 %	10,0 %	10,0 %	15,0 %	5,0 %
Liefererskonto	1,0 %	1,5 %	1,0 %	1,5 %	0,0 %
Bezugskosten	4,30 €	1,20 €	0,8 %	5,40 €	0,15 €
Handlungskosten	28,0 %	24,0 %	30,0 %	23,0 %	12,0 %
Gewinn	34,0 %	65,0 %	70,0 %	47,0 %	50,0 %
Kundenskonto	2,0 %	1,0 %	1,5 %	2,0 %	1,0 %
Kundenrabatt	10,0 %	8,0 %	5,0 %	10,0 %	5,0 %

8. In der Hoffmann KG gibt es Überlegungen, die neue Trendmarke „SuperStyle" in das Produktsortiment aufzunehmen. Der Anfang soll mit einem Kapuzenpullover gemacht werden. Der Pullover wird von allen Anbietern am Markt zu einem Listenverkaufspreis von 95,00 € angeboten. Die Hoffmann KG will wissen, zu welchem Preis sie diesen Pullover maximal einkaufen kann, um die Gewinnziele zu erreichen. Üblicherweise gewährt der Hersteller 5 % Rabatt und 2 % Skonto. Die Hoffmann KG gewährt ihren eigenen Kunden wiederum 7 % Rabatt und einen Skontoabzug von 1 %. Die Handlungskosten in dem Produktsegment betragen 30 % und das Gewinnziel 65 %. Die Bezugskosten werden mit 0,4 % berechnet.

9. Die Hoffmann KG bietet seit langer Zeit die Blusen der Marke „Seidenfein" an. Der Hersteller hat nun ein neues Angebot für die Zukunft unterbreitet. Die Konditionen bleiben grundsätzlich unverändert. Der Listeneinkaufspreis wurde um 5,00 € erhöht und beträgt jetzt 44,95 €. Die Hoffmann KG erhält 5 % Rabatt und 2 % Skonto auf den Einkauf. Die Bezugskosten betragen 0,15 € je Bluse. Bei den Blusen wird mit Handlungskosten von 17 % und einem Gewinnzuschlag von 60 % gerechnet. Den Abnehmern werden 5 % Rabatt und 1 % Skonto gewährt. Neu an dem vorliegenden Angebot ist allerdings, dass der Hersteller verlangt, dass die Blusen zu einem Preis von 75,00 € verkauft werden. Geben Sie eine Empfehlung, ob die Bluse zu den genannten Konditionen im Sortiment bleiben soll.

10. Führen Sie die Kalkulation des Gewinns mithilfe der Differenzkalkulation zu den folgenden Produkten und Konditionen durch.

	a) Sportsocken 5er-Pack	b) Jogging-anzug	c) Rennrad „Zabel“	d) Jeans „Evan“	e) Unterhemden 2er-Pack
Listeneinkaufspreis	1,99 €	24,95 €	789,00 €	28,50 €	5,60 €
Liefererrabatt	7,0 %	10,0 %	10,0 %	7,5 %	10,0 %
Liefererskonto	2,0 %	1,5 %	2,0 %	1,0 %	0,0 %
Bezugskosten	0,05 €	1,00 €	0,5 %	0,40 €	0,05 €
Handlungskosten	21,0 %	26,0 %	35,0 %	29,0 %	30,0 %
Kundenskonto	1,5 %	2,0 %	2,0 %	2,0 %	1,0 %
Kundenrabatt	10,0 %	8,0 %	10,0 %	10,0 %	5,0 %
Listenverkaufspreis	3,20 €	40,95 €	1.299,00 €	40,95 €	7,99 €

11. Die Hoffmann KG verkauft die Mützen der Trendmarke „Headster“, die bei den Abnehmern aktuell sehr gefragt ist, bisher zu folgenden Konditionen: Kunden wird ein Rabatt von 8 % auf den Listenverkaufspreis von 17,85 € und ein Skontoabzug von 2 % gewährt. Ihrerseits erhält die Hoffmann KG 10 % Rabatt und 1 % Skonto auf den Listeneinkaufspreis von 11,95 €. Die Handlungskosten sind mit 32 % eingepreist und die Bezugskosten betragen pro Mütze 0,05 €. Der Hersteller erhöht den Preis pro Mütze um 2,00 €. Die Konditionen sind nicht verhandelbar.

a) Berechnen Sie den Gewinn der Hoffmann KG für den Ausgangsfall und für die Situation nach der Preiserhöhung.

b) Geben Sie an, ob die Hoffmann KG die Mütze auch nach der Preiserhöhung im Sortiment lassen sollte oder nicht.

c) Überlegen Sie, ob die Hoffmann KG ihrerseits etwas ändern könnte, um mit den Konditionen des Herstellers die Mütze trotzdem mit Gewinn verkaufen zu können.

12. Informieren Sie sich über die Kalkulation der Preise von Handelswaren.

a) Beschreiben Sie, wie die Preise für Handelswaren in einem Beispielbetrieb ermittelt werden.

b) Notieren Sie sich die Berechnungsgrundlagen, die für die Kalkulation relevant sind (z. B. Handlungskosten, Gewinnzuschläge, übliche Skonti und Rabatte).

c) Klären Sie ab, inwieweit Sie die Ergebnisse Ihrer Recherchen öffentlich weitergeben dürfen. Erstellen Sie einen kurzen Überblick über Ihre Ergebnisse zu Aufgabe a) und b) und stellen Sie diesen Überblick der Klasse in geeigneter Form vor.

ZUSAMMENFASSUNG

Kalkulationsverfahren

- **Vorwärtskalkulation**
  - Berechnung des Verkaufspreises bei vorliegendem Angebotspreis
  - Vereinfachung möglich durch Anwendung von
    - Kalkulationszuschlag
    - Kalkulationsfaktor
- **Rückwärtskalkulation**
  - Berechnung des maximalen Listeneinkaufspreises bei vorgegebenem Verkaufspreis
  - Vereinfachung möglich durch Anwendung von
    - Handelsspanne
- **Differenzkalkulation**
  - Berechnung des Gewinns bei vorgegebenem Einkaufspreis und Verkaufspreis

	Vorwärtskalkulation (↓)	Rückwärtskalkulation (↑)	Differenzkalkulation
Listeneinkaufspreis − Liefererrabatt	Einfacher Grundwert	Verminderter Grundwert	Einfacher Grundwert (↓)
= Zieleinkaufspreis − Liefererskonto			
= Bareinkaufspreis + Bezugskosten		Erhöhter Grundwert	
= Bezugspreis + Handlungskosten			
= Selbstkosten + Gewinn			Subtraktion
= Barverkaufspreis + Kundenskonto	Verminderter Grundwert	Einfacher Grundwert	Einfacher Grundwert (↑)
= Zielverkaufspreis			
+ Kundenrabatt			
= Angebotspreis (Listenverkaufspreis)			

A

B

D

E

F

G

R

S

T

U

V

W

fotolia.com, New York: AR 40.1; beermedia 74.2; BillionPhotos.com 282.1; Dietl, Jeanette 282.5; F., Sascha 13.1; fotomek 15.1; Friedberg 43.1; goodluz 282.7; Hamels, Laurent 282.4; JackF 282.6; Kneschke, Robert 191.1; konradbak 282.3; Kzenon 274.1; Nerlich Images 56.1; photo 5000 138.3; sepy 282.2; thomasagstenkemp 138.1; Veneziano, Andrea 299.1; Wylezich, B. 109.1.

GBI-Genios Deutsche Wirtschaftsdatenbank GmbH, München: 335.1.

Görmann, Felix, Berlin: 11.1, 20.1, 34.1, 51.1, 97.1, 102.1, 107.1, 133.1, 136.1, 148.1, 171.1, 275.1, 289.1.

Görmann, Felix (RV), Berlin: 46.1, 83.1, 129.1, 211.1, 262.1, 310.1.

Hild, Claudia, Angelburg: 150.1, 158.1, 159.1, 159.2, 192.1, 193.1, 200.1, 261.1, 279.1, 285.1, 285.2, 287.1, 287.2, 311.1, 316.1, 317.1.

iStockphoto.com, Calgary: jacoblund 45.1; Jitalia17 365.1.

Jecht, Hans, Hildesheim: 381.1, 382.1, 382.2, 382.3, 382.4.

Jouve Germany GmbH & Co. KG, München: 70.1, 99.1, 100.1, 127.1, 140.1, 189.1, 286.1, 286.2.

mauritius images GmbH, Mittenwald: Rossenbach 125.1.

Müller, Bodo, Bartensleben: 148.2.

PantherMedia GmbH (panthermedia.net), München: KostyaKlimenko 110.1.

Peter Wirtz Fotografie, Dormagen: 113.1.

Picture-Alliance GmbH, Frankfurt a.M.: Baumgarten, Ulrich 138.2; dpa-infografik 23.1, 91.1, 144.1, 150.2, 165.1; dpa/Jaspersen, Carmen 85.1; Hackenberg, Rainer 55.1; Wavebreak Media LTD 318.1; ZB/ Kahnert, Sebastian 138.4.

Shutterstock.com, New York: Kaliva 368.1.

stock.adobe.com, Dublin: BERLINSTOCK 201.1; contrastwerkstatt 149.1; David 364.1; Drobot Dean 8.3; Freely 131.3; Gorodenkoff 334.1; Gstudio 355.1; Ideenkoch 155.1; juergenphilipps 205.1; Kardasov, Igor 131.4; kleberpicui Titel, Titel; Kneschke, Robert 139.1; Levitsky, Seva 8.2; luismolinero 8.4; Mainka, Markus 384.1; ozanbulbul 73.2; Photographee.eu 293.1; Raths, Alexander 8.1, 131.1; Ryzhov, Sergey 131.2; Schuppich, M. 7.1; Shebeko, Maksim 162.1; svort 319.1; th-photo 120.1; unitypix 154.1; Weis, Yvonne 74.3; WoGi 73.1; Wylezich, Björn 74.1.

UNESCO, Paris: CC-BY-SA 3.0 (https://www.unesco.de/bildung/agenda-bildung-2030/bildung-und-die-sdgs) 135.1.

Universitätsbibliothek Johann Christian Senckenberg, Frankfurt am Main: 345.1, 345.2, 346.1, 346.2, 346.3.